Novo Código do Procedimento Administrativo

ANOTADO E COMENTADO

Novo Código do Procedimento Administrativo

ANOTADO E COMENTADO

2023 · 8ª Edição (Revista e Ampliada)

Fernando Gonçalves
Manuel João Alves
Vítor Manuel Freitas Vieira
Rui Miguel Gonçalves
Bruno Correia
Mariana Violante Gonçalves

ALMEDINA

NOVO CÓDIGO DO PROCEDIMENTO ADMINISTRATIVO
ANOTADO E COMENTADO

AUTORES
Fernando Gonçalves
Manuel João Alves
Vítor Manuel Freitas Vieira
Rui Miguel Gonçalves
Bruno Correia
Mariana Violante Gonçalves

EDITOR
EDIÇÕES ALMEDINA, S.A.
Avenida Emídio Navarro, 81, 3D
3000-151 Coimbra
Tel.: 239 851 904 • Fax: 239 851 901
www.almedina.net • editora@almedina.net

DESIGN DE CAPA
EDIÇÕES ALMEDINA, S.A.

PRÉ-IMPRESSÃO
EDIÇÕES ALMEDINA, S.A.

IMPRESSÃO E ACABAMENTO

Abril, 2023

ISBN
978-989-40-1142-2

DEPÓSITO LEGAL
....

Apesar do cuidado e rigor colocados na elaboração da presente obra, devem os diplomas legais dela constantes ser sempre objecto de confirmação com as publicações oficiais.

ALMEDINA | GRUPOALMEDINA

NOTA PRÉVIA À 8ª EDIÇÃO

Decorridos oito anos sobre a publicação do novo CPA, esta obra, agora revista e ampliada em 8ª edição, deve o seu êxito editorial ao facto de ser, especialmente, dirigida a quem tem de lidar, regular ou esporadicamente, com a Administração Pública, sejam os próprios funcionários, advogados, gestores de recursos humanos ou outros. As teias dos serviços do Estado e os obstáculos ilegais, tantas vezes colocados pelos decisores na Administração Pública, constituem, na prática, uma diminuição efetiva dos direitos do cidadão. Nessa medida, os autores, fruto da sua diversificada experiência, procuraram, quer nas anotações, quer nos comentários, quer ainda na jurisprudência selecionada, contribuir para o sucesso da relação que o leitor possa vir a ter com os serviços públicos.

Os autores elaboraram, também, uma tabela de correspondência entre todos os artigos do novo CPA e os do antigo código.

AGRADECIMENTO

Os autores agradecem toda a colaboração e disponibilidade que, tão amavelmente, nos foi concedida, de forma completamente desinteressada, pelo Senhor Juiz Conselheiro Ferreira Pinto, do Supremo Tribunal Administrativo, que, entretanto, nos deixou fisicamente, mas cujo legado intelectual permanecerá, para sempre, na história do Direito Administrativo Português. Além da gratidão aqui expressa, fica, também, a nossa singela homenagem ao magistrado ilustre, ao notável autor jurídico e ao cidadão exemplar que, durante mais de 40 anos, se dedicou aos outros, quer através da sua brilhante carreira na magistratura, quer através da publicação de inúmeras obras jurídicas das quais destacamos, naturalmente, o Código do Procedimento Administrativo anotado.

Tabela de correspondência

ARTIGOS DO NOVO CPA – ARTIGOS DO ANTIGO CPA

Novo	Antigo	Novo	Antigo	Novo	Antigo	Novo	Antigo
1	1	26	19	51	42	76	51
2	2	27	20	52	43	77	–
3	3	28	21	53	54	78	–
4	4	29	22	54	–	79	–
5	10	30	23	55	–	80	–
6	5	31	24	56	–	81	–
7	5	32	25	57	–	82	61
8	6	33	26	58	56	83	62
9	6	34	27	59	57	84	63
10	6-A	35	28	60	60	85	64
11	7	36	29	61	–	86	71
12	8	37	30	62	–	87	72
13	9	38	31	63	70	88	73
14	–	39	32	64	–	89	84
15	11	40	33	65	–	90	85
16	–	41	34	66	–	91	98
17	65	42	41	67	52	92	99
18	–	43	–	68	53	93	106
19	–	44	35	69	44	94	107
20	13	45	–	70	45	95	112
21	14	46	36	71	46	96	–
22	15	47	37	72	47	97	115
23	16	48	38	73	48	98	–
24	17	49	39	74	49	99	116
25	18	50	40	75	50	100	117

ARTIGOS DO NOVO CPA – ARTIGOS DO ANTIGO CPA

Novo	Antigo	Novo	Antigo	Novo	Antigo	Novo	Antigo
101	118	126	105	151	123	176	151
102	74	127	-	152	124	177	151
103	77	128	58	153	125	178	151/157
104	-	129	-	154	126	179	155
105	80	130	108	155	127	180	156
106	81	131	110	156	128	181	157
107	82	132	111	157	129	182	-
108	76	133	113	158	130	183	-
109	83	134	-	159	131	184	158
110	55	135	-	160	132	185	-
111	-	136	-	161	133	186	150
112	70	137	-	162	134	187	-
113	-	138	-	163	135/136	188	-
114	66/68	139	131	164	137	189	-
115	87	140	-	165	-	190	-
116	88	141	-	166	139	191	161
117	89	142	-	167	140	192	-
118	90	143	-	168	-	193	166
119	91	144	-	169	138	194	169
120	93	145	-	170	143/144	195	-
121	100	146	-	171	145/146	196	173
122	101	147	158	172	-	197	174
123	102	148	120	173	147	198	175
124	103	149	121	174	148	199	-
125	104	150	122	175	-	200	-
						201	-
						202	-

Lei nº 42/2014, de 11 de julho

Autoriza o Governo a aprovar o novo Código do Procedimento Administrativo

A Assembleia da República decreta, nos termos da alínea *d)* do artigo 161º da Constituição, o seguinte:

Artigo 1º – Objeto

A presente lei concede ao Governo autorização legislativa para aprovar o novo Código do Procedimento Administrativo.

Artigo 2º – Sentido e extensão

No uso da autorização legislativa conferida pelo artigo anterior, pode o Governo:

a) Definir o procedimento administrativo como a sucessão ordenada de atos e formalidades relativos à formação, manifestação e execução da vontade dos órgãos da Administração Pública, e o processo administrativo como o conjunto de documentos devidamente ordenados em que se traduzem os atos e formalidades que integram o procedimento administrativo, estatuindo que os princípios gerais da atividade administrativa e as disposições do novo Código que concretizem preceitos constitucionais são aplicáveis a toda e qualquer atuação da Administração Pública, ainda que meramente técnica ou de gestão privada, e ainda a aplicação da parte do novo Código relativa aos órgãos da Administração Pública ao funcionamento dos órgãos da Administração Pública;

b) Estatuir que as disposições do novo Código respeitantes aos princípios gerais, ao procedimento e à atividade administrativa sejam aplicáveis à conduta de quaisquer entidades, independentemente da sua natureza, adotada no exercício de poderes públicos ou regulada de modo específico por disposições de direito administrativo;

c) Instituir que, para efeitos do novo Código do Procedimento Administrativo, integram a Administração Pública os órgãos do Estado e das regiões autónomas que exerçam funções administrativas a título principal, as autarquias locais e suas associações e federações de direito público, as entidades administrativas independentes, os institutos públicos e as associações públicas;

d) Determinar que as disposições do novo Código do Procedimento Administrativo, designadamente as garantias nele reconhecidas aos particulares, aplicam-se subsidiariamente aos procedimentos administrativos especiais;

e) Instituir como princípios gerais da atividade administrativa, os princípios da legalidade, da prossecução do interesse público e da proteção dos direitos e interesses dos cidadãos, da boa administração, da igualdade, da proporcionalidade, da justiça, da razoabilidade, da imparcialidade, da boa fé, da colaboração com os particulares, da participação, da decisão, da tendencial gratuitidade, da responsabilidade, da administração aberta, da proteção dos dados pessoais dos interessados, da cooperação leal com a União Europeia e ainda os princípios aplicáveis à administração eletrónica;

f) Conceder maior densidade ao princípio da igualdade, de modo a que a Administração Pública não possa privilegiar, beneficiar, prejudicar ou privar ninguém de qualquer direito em razão da sua orientação sexual;

g) Conceder maior densidade ao princípio da proporcionalidade, de modo a que a Administração Pública adote, na prossecução do interesse público, os comportamentos adequados aos fins prosseguidos;

h) Conceder maior densidade ao princípio da justiça, ligando-o ao princípio da razoabilidade, de modo a que a Administração Pública, relativamente a todos aqueles que com ela se relacionem, rejeite soluções manifestamente desrazoáveis ou incompatíveis com a ideia de Direito, nomeadamente em matéria de interpretação de normas jurídicas e das valorações próprias do exercício da função administrativa;

i) Conceder maior densidade ao princípio da imparcialidade, de modo a que a Administração Pública, relativamente a todos aqueles que com ela se relacionem, considere com objetividade todos e apenas os interesses relevantes no contexto decisório e adote as soluções organizatórias e procedimentais indispensáveis à preservação da isenção administrativa e à confiança nessa isenção;

j) Instituir o regime da composição dos órgãos da Administração Pública, as regras internas do seu funcionamento, a competência, a delegação de poderes e a resolução dos conflitos;

k) Consagrar os acordos endoprocedimentais, através dos quais, no âmbito da discricionariedade procedimental, o órgão competente para a decisão final e os interessados podem convencionar os termos do procedimento;

l) Enunciar os sujeitos privados e públicos da relação jurídica procedimental;

m) Definir a capacidade procedimental dos particulares no procedimento;

n) Consagrar o regime da legitimidade procedimental, por forma a permitir que iniciem o procedimento ou nele intervenham os titulares de direitos, interesses legalmente protegidos, deveres, encargos, ónus ou sujeições, bem como as associações para defesa de interesses coletivos ou defesa dos interesses individuais dos seus associados que caibam no âmbito dos seus fins;

o) Estender o regime da legitimidade procedimental aos órgãos que exerçam funções administrativas, quando as pessoas coletivas nas quais se integram se encontrem nas situações referidas na alínea anterior;

p) Reforçar, em matéria de impedimentos, escusa, suspeição e sanção, o regime das garantias de imparcialidade dos titulares dos órgãos da Administração Pública, respetivos agentes, bem como quaisquer outras entidades que, independentemente da sua natureza, se encontrem no exercício de poderes públicos ou cuja conduta seja regulada por normas de direito administrativo, estabelecendo-se, designadamente, que a relação de adoção, tutela ou apadrinhamento civil constitui uma causa de impedimento daqueles, assim como constituirá fundamento de sua suspeição e escusa a pendência em juízo de ação em que sejam parte o titular do órgão ou agente, o seu cônjuge ou pessoa com quem viva em condições análogas às dos cônjuges, parente em linha reta ou pessoa com quem vivam em economia comum, de um lado e, do outro, o interessado, o seu cônjuge ou pessoa com quem viva em condições análogas às dos cônjuges, parente em linha reta ou pessoa com quem vivam em economia comum;

q) Prever, no âmbito do regime referido na alínea anterior, que não pode haver lugar no procedimento administrativo à prestação de serviços de consultoria ou outros, a favor do responsável pela respetiva direção ou de quaisquer sujeitos públicos da relação procedimental, por parte de entidades relativamente às quais se verifique qualquer situação de impedimento prevista no Código do Procedimento Administrativo ou que haja prestado, há menos de três anos, serviços a qualquer dos sujeitos privados na relação procedimental;

r) Prever, no âmbito do regime referido nas alíneas *p)* e *q)*, que a prestação de serviços em violação do previsto na alínea anterior constitui o prestador no dever de indemnizar a Administração Pública e terceiros de boa fé pelos danos resultantes da anulação do ato ou contrato administrativo como sanção pela dita violação;

s) Prever, no âmbito do regime referido nas alíneas *p)*, *q)* e *r)*, que a falta ou a decisão negativa sobre a dedução da suspeição não prejudica a invocação da anulabilidade dos atos praticados ou dos contratos celebrados, quando do conjunto das circunstâncias do caso concreto resulte a razoabilidade de dúvida séria sobre a imparcialidade da atuação do órgão, revelada na direção do procedimento, na prática de atos preparatórios relevantes para o sentido da decisão ou na própria tomada de decisão;

t) Definir o regime das conferências procedimentais de modo a se obter a eficiência, a economicidade e a celeridade da atividade administrativa, incluindo o seu conceito e modalidade, a sua instituição, os atos praticados na conferência procedimental, sua realização, audiência dos interessados e conclusão da conferência;

u) Definir o regime do direito à informação procedimental, designadamente em matéria de procedimentos eletrónicos e informatizados;

v) Estabelecer que, sem prejuízo do exercício imediato dos direitos ou interesses legalmente protegidos do interessado no procedimento, não são devidas taxas quando, sempre que tal esteja legalmente previsto, os respetivos valores ou fórmulas de cálculo não sejam introduzidos nas plataformas eletrónicas no âmbito das quais correm os procedimentos a que dizem respeito, prevendo-se, porém, que tais taxas são devidas sempre que a falta de introdução dos respetivos valores ou fórmulas de cálculo nas plataformas não seja imputável à entidade destinatária das taxas, e no prazo de cinco dias contados do início do procedimento, sejam inseridos os respetivos valores ou fórmulas de cálculo nas plataformas e notificado o interessado para proceder ao seu pagamento;

w) Definir o regime da instrução do procedimento, dos pareceres, da decisão, das comunicações prévias, bem como dos prazos do procedimento, incluindo a sua dilação, bem como outras causas de extinção do procedimento;

x) Definir o regime das medidas provisórias no procedimento;

y) Definir o regime específico do procedimento do regulamento administrativo em matéria de petições, projeto de regulamento e audiência dos interessados, incluindo as situações em que o responsável pela direção do procedimento pode não proceder à audiência de interessados, devendo a decisão final indicar os fundamentos da não realização da audiência;

z) Definir o regime específico do procedimento do ato administrativo em matéria de notificações do início do procedimento e do ato, prevendo o dever de notificação, aos seus destinatários, dos atos que decidam sobre pretensões por eles formulados, que imponham deveres, encargos, ónus, sujeições ou sanções ou que causem prejuízos, e que criem, extingam, aumentem ou diminuam direitos ou interesses legalmente protegidos, ou afetem as condições do seu exercício;

aa) Prever, no domínio do regime referido na alínea anterior, as formas como as notificações são efetuadas, a saber, carta registada, contacto pessoal com o notificando, telefone, telefax, correio eletrónico ou notificação eletrónica, edital e anúncio, bem como as condições da perfeição das notificações em matéria de carta registada, telefone, telefax e meios eletrónicos;

bb) Prever, no domínio do regime referido nas alíneas *z)* e *aa)*, o direito de audiência prévia dos interessados, o modo do seu exercício, a notificação para a audiência, incluindo o projeto de decisão e demais elementos necessários para que os interessados possam conhecer todos os aspetos relevantes para a decisão, em matéria de facto e de direito, e ainda os casos e as condições em que pode haver dispensa da audiência por parte do responsável pela direção do procedimento;

cc) Definir o regime substantivo do regulamento administrativo;

dd) No âmbito do regime referido na alínea anterior, prever a definição de regulamento administrativo, a habilitação legal para a sua emissão, as relações entre os regulamentos, a proibição de eficácia retroativa de regulamentos impositivos, sancionatórios ou restritivos de direitos ou interesses legalmente protegidos, caducidade e revogação de regulamentos e impugnação dos mesmos;

ee) No âmbito do regime referido nas alíneas cc) e dd), instituir que os regulamentos desconformes à Constituição, à lei e aos princípios gerais de direito administrativo ou que infrinjam normas de direito internacional ou direito da União Europeia são inválidos, sendo igualmente inválidos os regulamentos que desrespeitem os regulamentos emanados dos órgãos hierarquicamente superiores ou dotados de poderes de superintendência, os regulamentos emanados pelo delegado, salvo se a delegação incluir a competência regulamentar, e os regulamentos que desrespeitem os estatutos emanados ao abrigo de autonomia normativa nas quais se funda a competência para a respetiva emissão;

ff) No âmbito do regime da invalidade referido na alínea anterior, prever que a mesma é invocável a todo o tempo, exceto as situações de ilegalidade formal ou procedimental da qual não resulte a sua inconstitucionalidade, caso em que a impugnação ou a declaração oficiosa de ilegalidade por parte da Administração Pública só pode ser efetuada no prazo de seis meses, salvo nos casos de carência absoluta de forma legal ou de preterição de consulta pública exigida por lei;

gg) Definir o regime substantivo do ato administrativo em matéria de cláusulas acessórias, eficácia, invalidade e execução;

hh) No âmbito do regime referido na alínea anterior, instituir que, em matéria de invalidade, a nulidade do ato administrativo tem de estar prevista em lei que comine expressamente essa forma de invalidade, prevendo-se a possibilidade de os atos nulos serem sujeitos a reforma ou conversão;

ii) No âmbito do regime referido nas alíneas *gg)* e *hh)*, instituir e definir as figuras de revogação e anulação administrativas, incluindo a iniciativa e a competência para a revogação e anulação administrativas, forma e formalidades do ato de revogação ou de anulação administrativa, bem como os efeitos da revogação e anulação administrativas e consequências desta última;

jj) Prever no âmbito da anulação administrativa as situações nas quais o efeito anulatório possa ser afastado, designadamente quando se demonstre que o ato anulável sempre seria praticado com o mesmo conteúdo, por este ser vinculado, ou por o vício não afetar o sentido da decisão;

kk) Prever que no domínio da revogação administrativa os atos administrativos constitutivos de direitos podem ser objeto de revogação, designadamente, com fundamento na superveniência de conhecimentos técnicos e científicos ou em alteração objetiva das circunstâncias de facto, em face dos quais, num ou noutro caso, não poderiam ter sido praticados;

ll) Prever que, nos casos em que ocorra a revogação prevista na alínea anterior, os beneficiários de boa fé têm direito a ser indemnizados nos termos do regime geral aplicável às situações de indemnização pelo sacrifício, sendo que, nas situações em que pela sua gravidade e intensidade seja eliminado ou restringido o conteúdo do direito, tais beneficiários terão direito a uma indemnização correspondente ao valor económico do direito eliminado ou da parte do direito que tiver sido restringida;

mm) Prever que, no domínio da anulação administrativa, os atos administrativos, podem ser objeto de anulação administrativa no prazo de seis meses, a contar da data do conhecimento pelo órgão competente da causa de invalidade ou, nos casos de invalidade resultante de erro do agente, desde o momento da cessação do erro, em qualquer dos casos desde que não tenham decorrido cinco anos, a contar da respetiva emissão;

nn) Prever que, na situação em que o ato tenha sido objeto de impugnação jurisdicional, a anulação administrativa só pode ter lugar até ao encerramento da discussão, mais se prevendo que, quando, nos casos previstos nas alíneas *mm)* e *qq)*, o ato se tenha tornado inimpugnável por via jurisdicional, o mesmo só pode ser objeto de anulação administrativa oficiosa;

oo) Prever como regra geral que a anulação administrativa, no caso de atos constitutivos de direitos, só pode ter lugar no prazo de um ano, a contar da data da emissão do ato;

pp) Prever que a anulação administrativa de atos constitutivos de direitos constitui os beneficiários que desconhecessem, sem culpa, a existência da invalidade e tenham auferido, tirado partido ou feito uso da posição de vantagem em que o ato os colocava, no direito a serem indemnizados pelos danos anormais que sofram em consequência da anulação;

qq) Prever as circunstâncias especiais, salvo se a lei ou o direito da União Europeia prescreverem prazos diferentes, da anulação administrativa de atos constitutivos de direitos no prazo de cinco anos, a contar da data da respetiva emissão, quando o respetivo beneficiário tenha utilizado artifício fraudulento com vista à sua obtenção, apenas com eficácia para o futuro quando se trate de atos para obtenção de prestações periódicas, no âmbito de uma relação continuada e quando se trate de atos de conteúdo pecuniário cuja legalidade, nos termos da legislação aplicável, possa ser objeto de fiscalização administrativa para além do prazo de um ano, com imposição do dever de restituição das quantias indevidamente auferidas;

rr) Prever, desde que ainda o possa fazer, que a Administração Pública tem o dever de anular o ato administrativo que tenha sido julgado válido por sentença transitada em julgado, proferida por um tribunal administrativo com base na interpretação do direito da União Europeia, invocando para o efeito nova interpretação desse direito em sentença posterior, transitada em julgado, proferida por um tribunal administrativo que, julgando em última instância, tenha dado execução a uma sentença de um tribunal da União Europeia vinculativa para o Estado português;

ss) Definir o regime da execução do ato administrativo, prevendo que a satisfação de obrigações e o respeito por limitações decorrentes de atos administrativos só podem ser impostos coercivamente pela Administração Pública nos casos e segundo as formas expressamente previstas na lei;

tt) Ressalvar do disposto na alínea anterior as situações de urgente necessidade pública, devidamente fundamentadas, na execução coerciva de obrigações impostas em estrita aplicação de determinações contidas em comandos normativos;

uu) Instituir o regime de garantias dos executados, prevendo que estes podem impugnar administrativa e contenciosamente o ato exequendo e, por vícios próprios, a decisão de proceder à execução administrativa ou outros atos administrativos praticados no âmbito do procedimento de execução, assim como requerer a suspensão contenciosa dos respetivos efeitos;

vv) Prever, no âmbito do regime referido na alínea anterior, que os executados podem propor ações administrativas comuns ou requerer providências cautelares para prevenir a adoção de operações materiais de execução ou promover a remoção das respetivas consequências, quando tais operações sejam ilegais por violação do regime referido na alínea *ss)*, por não ter sido emitido ou notificado ao executado a decisão de proceder à execução, por desconformidade com o conteúdo e termos da decisão de proceder à execução ou por violação do princípio da proporcionalidade ou por ofensa à dignidade da pessoa humana;

ww) Definir o regime das reclamações e dos recursos administrativos, instituindo que os interessados têm o direito de impugnar os atos administrativos perante a Administração Pública, solicitando a sua revogação, anulação, modificação ou substituição ou reagir contra a omissão ilegal de atos administrativos, em incumprimento do dever de decisão, solicitando a emissão do ato pretendido;

xx) No domínio do regime referido na alínea anterior, prever que as reclamações e os recursos administrativos têm caráter facultativo, salvo se a lei os denominar como necessários;

yy) No domínio do regime referido nas alíneas *ww)* e *xx)*, prever um prazo comum para as reclamações e recursos administrativos contra a omissão ilegal de atos administrativos;

zz) No domínio do regime referido nas alíneas *ww)*, *xx)* e *yy)*, prever a legitimidade para reclamar ou recorrer administrativamente, o início dos prazos de impugnação, os efeitos das impugnações administrativas facultativas ou necessárias sobre os atos administrativos impugnados, os efeitos das reclamações de atos ou omissões sujeitos a recurso necessário sobre o prazo da respetiva interposição;

aaa) No domínio do regime referido nas alíneas *ww)*, *xx)*, *yy)* e *zz)*, prever que a utilização de meios de impugnação administrativa facultativos contra atos administrativos suspende o prazo de propositura de ações nos tribunais administrativos na pendência da impugnação administrativa, bem como de requerer a adoção de providências cautelares;

bbb) No domínio do regime referido nas alíneas *ww)*, *xx)*, *yy)*, *zz)* e *aaa)*, prever o regime da reclamação e o regime do recurso hierárquico, incluindo a interposição, tramitação, rejeição, decisão e o prazo para a decisão e ainda o regime dos recursos administrativos especiais;

ccc) Definir o regime geral substantivo dos contratos administrativos celebrados pelos órgãos da Administração Pública, incluindo os contratos sujeitos a um regime de direito privado, assim como a estatuição de que, na ausência de lei própria, aplica-se à formação dos contratos administrativos o regime do procedimento administrativo do Código do Procedimento Administrativo, com as necessárias adaptações, sendo aplicáveis aos contratos sujeitos a um regime de direito privado as disposições do Código do Procedimento Administrativo que concretizem preceitos constitucionais e os princípios gerais da atividade administrativa;

ddd) Prever no decreto-lei emitido ao abrigo da presente lei a aplicação do regime constante do Código do Procedimento Administrativo em matéria de conferências procedimentais relativas a um único procedimento aos procedimentos administrativos já constantes de lei própria;

eee) Prever no decreto-lei referido na alínea anterior quais as situações em que se considera que as impugnações administrativas existentes à data da sua entrada em vigor têm caráter necessário.

Artigo 3º – Duração

A presente autorização legislativa tem a duração de 180 dias.

Aprovada em 6 de junho de 2014.

A Presidente da Assembleia da República, *Maria da Assunção A. Esteves.*

Promulgada em 3 de julho de 2014.

Publique-se.

O Presidente da República, ANÍBAL CAVACO SILVA.

Referendada em 4 de julho de 2014.

O Primeiro-Ministro, *Pedro Passos Coelho.*

Código do Procedimento Administrativo

Decreto-Lei nº 4/2015, de 7 de janeiro

1 – O Código do Procedimento Administrativo foi aprovado pelo Decreto-Lei nº 442/91, de 15 de novembro, tendo sido revisto pelo Decreto-Lei nº 6/96, de 31 de janeiro. Desde 1996, nunca mais foi objeto de revisão.

No entanto, essa revisão foi-se tornando necessária à medida que o tempo passava. Por um lado, alguns preceitos do Código revelavam uma desconformidade com alterações entretanto trazidas ao texto constitucional e ao direito ordinário. Por outro lado, novas exigências que neste intervalo de tempo foram colocadas à Administração Pública e, mais do que isso, ao exercício da função administrativa, e a alteração do quadro em que esta última era exercida, por força da lei e do direito da União Europeia, impunham que essas exigências tivessem correspondência no texto do Código.

Além disso, a experiência acumulada ao longo de mais de 20 anos de aplicação do Código e a vasta doutrina e jurisprudência entretanto formadas em torno de matérias nele reguladas forneciam contributos para o enriquecimento do Código que, na sua revisão, não podiam ser ignorados.

Por fim, o direito comparado sugeria algumas soluções que nesta matéria podiam ser úteis à ordem jurídica portuguesa.

Foi por todas estas razões que se procedeu à elaboração do presente diploma.

2 – Para o efeito, foi constituída uma comissão de especialistas, que preparou um anteprojeto de revisão. Esse anteprojeto foi submetido a discussão pública, que se revelou extremamente rica, com ampla participação de interessados dos mais diversos setores, desde a Administração Pública às universidades, passando por advogados e magistrados. A mesma comissão incorporou depois, no projeto final, muitas sugestões que resultaram desse debate.

Contudo, o projeto final revelou uma profunda transformação do Código do Procedimento Administrativo em vigor.

Assim, o Governo, constatando tal transformação, e apesar de reconhecer que o projeto não efetuou um corte radical com o Código do Procedimento Administrativo aprovado pelo Decreto-Lei nº 442/91, de 15 de novembro, entendeu que as soluções propostas para institutos tão importantes no direito administrativo, como sejam o regulamento e o ato administrativo, eram de tal forma inovatórias que se estava perante um novo Código.

A estas soluções inovatórias acrescem outras propostas que irão transformar profundamente o modo de funcionamento da Administração Pública nas suas relações com os cidadãos, como é o caso do novo regime das conferências procedimentais, pelo que, em face de tudo isto, se justifica que o projeto de revisão do anterior Código do Procedimento Administrativo seja agora assumido pelo Governo como constituindo um novo Código.

Por isso, estando o Governo a transformar a relação entre cidadãos e Administração num exercício de responsabilidades, à semelhança do sucedido com o Código de Processo Civil, que incute uma matriz muito diferente da instalada até hoje, das quais se realçam o dever de boa gestão, a realização das conferências procedimentais e a responsabilidade pelo incumprimento de prazos, bem como os códigos de conduta, justifica-se plenamente que esta transformação seja assumida através de um novo Código do Procedimento Administrativo.

O novo Código do Procedimento Administrativo é o resultado de todos os contributos da discussão atrás referida. Na sua elaboração foram, entretanto, também levados em conta os contributos da doutrina e da jurisprudência portuguesas, assim como do direito comparado, designadamente, da Alemanha, da Itália e da Espanha, e do direito da União Europeia.

3 – Na parte I do novo Código, sentiu-se a necessidade de introduzir alterações, tanto no domínio das definições, como no do âmbito de aplicação do Código. Não compete a um texto legislativo dar definições, a não ser com o objetivo de facilitar a interpretação e a aplicação das normas e dos institutos que ele contém. Assim se procedeu, desde logo, no artigo 1º Este artigo, tal, aliás, como na redação prevista no artigo 1º do anterior Código, reveste uma natureza vestibular, procurando esclarecer de que matérias se ocupa o Código. Contribui, assim, também para a definição do seu âmbito objetivo de aplicação, que a leitura do subsequente articulado permitirá compreender de modo mais preciso.

4 – Também relativamente ao anterior Código, o artigo 2º sofreu modificações. Tal como na redação anterior, ele ocupa-se do âmbito de aplicação do Código, dando particular relevo aos destinatários das suas normas. Nesta matéria, de formulação difícil, procurou introduzir-se maior clareza e precisão, alterando a sequência dos preceitos e também o seu conteúdo.

Assim, começa-se, no nº 1, por deixar claro que as disposições do Código respeitantes aos princípios gerais, ao procedimento e à atividade administrativa não são apenas aplicáveis à Administração Pública, mas à conduta de quaisquer entidades, independentemente da sua natureza, que exerçam a função administrativa.

Clarifica-se, depois, no nº 2, que, pelo contrário, o regime da parte II é exclusivamente aplicável ao funcionamento dos órgãos da Administração Pública. E, no nº 3, que a Administração Pública se encontra submetida aos princípios gerais da atividade administrativa e às disposições do presente Código que concretizam preceitos constitucionais no âmbito das suas atuações de caráter meramente técnico ou de gestão privada.

Enunciam-se, em seguida, no nº 4, as entidades que, para este efeito, integram a Administração Pública, acrescentando-se, na nova alínea *c)*, ao elenco que já constava da redação do anterior nº 2 do mesmo artigo, as entidades administrativas independentes. Trata-se apenas de uma precisão, que desfaz eventuais dúvidas sobre a pertença destas entidades à Administração Pública, em sentido subjetivo.

Por fim, no nº 5, estende-se o regime do Código, supletivamente, aos procedimentos administrativos especiais, no que respeita às garantias reconhecidas no Código aos particulares. Procurou-se uma redação que torne mais flexível o cotejo entre as garantias já vigentes naqueles procedimentos e o regime garantístico resultante do Código, de modo a permitir que a comparação seja feita quanto ao resultado global a que se chega em cada procedimento.

5 – No capítulo II da parte I do novo Código, dedicada aos «princípios gerais da atividade administrativa», registam-se inovações significativas relativamente ao disposto nesta matéria pelo anterior Código.

Começou por incluir-se no novo Código o princípio da boa administração, indo ao encontro ao que era sugerido pelo direito comparado, com essa ou outra designação, e a sugestões da doutrina. Integraram-se nesse princípio os princípios constitucionais da eficiência, da aproximação dos serviços das populações e da desburocratização (artigo 5º).

Também foram incluídos no Código os novos princípios da responsabilidade (artigo 16º), da administração aberta (artigo 17º), da segurança de dados (artigo 18º), da cooperação leal da Administração Pública com a União Europeia (artigo 19º), bem como princípios relativos à administração eletrónica (artigo 14º). Duas notas especiais: a inovação respeitante à cooperação entre a Administração Pública portuguesa e a União Europeia, à semelhança do que dispõem as leis alemã e espanhola, dá cobertura à crescente participação da Administração Pública portuguesa no processo de decisão da União Europeia, bem como à participação de instituições e organismos da União Europeia em procedimentos administrativos nacionais; por sua vez, o que aí se dispõe sobre a administração eletrónica, e que depois será desenvolvido ao longo do Código, sempre que isso se impuser, pretende ir ao encontro da importância que os meios eletrónicos hoje assumem, tanto nas relações interadministrativas, como nas relações da Administração Pública com os particulares.

Concedeu-se maior densidade aos princípios da igualdade (artigo 6º), da proporcionalidade (artigo 7º), da imparcialidade (artigo 9º), da boa-fé (artigo 10º) e da colaboração com os particulares (artigo 11º). Merecem especial referência a expressa inclusão, no princípio da proporcionalidade, da proibição de excesso, e a nova ligação entre a justiça e a razoabilidade (artigo 8º).

Quer com a inclusão dos referidos novos princípios, quer com a reformulação de princípios que já constavam do anterior Código, houve a intenção de robustecer os valores fundamentais que devem reger toda a atividade administrativa num Estado de Direito democrático.

6 – A parte II do novo Código deixou de intitular-se «Dos sujeitos», para passar a ter por epígrafe «Dos órgãos da Administração Pública». Na verdade, é só destes que ela trata e fá-lo sob uma perspetiva ainda não procedimental, mas tão-só centrada na composição dos órgãos, nas regras internas do seu funcionamento, na origem e desconcentração dos seus poderes e nos conflitos sobre a respetiva repartição.

Em contrapartida, foi introduzido na parte III um capítulo dedicado à «Relação jurídica procedimental», no qual, a partir de uma visão mais moderna do direito administrativo, se procede à identificação dos sujeitos da relação jurídica procedimental, reconhecendo o paralelismo entre particulares e Administração, como simultâneos titulares de situações jurídicas subjetivas que disciplinam as situações da vida em que ambos intervêm no âmbito do procedimento administrativo.

7 – São muito significativas as transformações introduzidas na parte III do novo Código, respeitante ao procedimento administrativo.

Para começar, optou-se por disciplinar, em títulos separados, o regime comum do procedimento e os regimes especiais aplicáveis ao procedimento do regulamento e do ato.

No capítulo I do título I da parte III, dedicado às «Disposições gerais» relativas ao regime geral do procedimento administrativo, merecem referência especial a prescrição da língua portuguesa como língua do procedimento, a consagração de um novo princípio da adequação procedimental, a previsão de acordos endoprocedimentais e a introdução de preceitos de âmbito genérico respeitantes à instrução por meios eletrónicos, às comunicações por telefax ou meios eletrónicos e ao balcão único eletrónico.

No artigo 55º, intitulado «Responsável pela direção do procedimento», procura-se reequacionar a distribuição das tarefas de direção do procedimento (e não apenas da instrução) e de decisão. A mera faculdade de delegação da competência de direção do procedimento, por parte do órgão competente para decidir, tal como se encontrava estabelecida no nº 2 do artigo 86º do anterior Código, converte-se agora num dever de delegação, embora rodeado de prudentes cláusulas de salvaguarda (nº 2 do artigo 55º). A separação entre a responsabilidade de promover a tramitação do procedimento e a tarefa decisória aproxima o sistema de uma solução hoje perfilhada em largas partes do globo e apresenta-se como mais idónea para assegurar a imparcialidade do decisor.

Merece realce a previsão da possibilidade da celebração de acordos endoprocedimentais (artigo 57º). Através destes, os sujeitos da relação jurídica procedimental podem convencionar termos do procedimento que caibam no âmbito da discricionariedade procedimental ou o próprio conteúdo da decisão a tomar a final, dentro dos limites em que esta possibilidade é legalmente admitida.

No nº 2 do artigo 57º, além de se deixar absolutamente claro o caráter jurídico dos vínculos resultantes da contratação de acordos endoprocedimentais, configura-se uma possível projeção participativa procedimental da contradição de pretensões de particulares nas relações jurídico-administrativas multipolares ou poligonais.

8 – O novo capítulo II do título I da parte III tem por epígrafe «Da relação jurídica procedimental». Divide-se em três secções: secção I: «Dos sujeitos do procedimento»; secção II: «Dos interessados no procedimento»; secção III: «Das garantias de imparcialidade». A matéria das Secções I e II é tratada sob uma perspetiva procedimental, que coloca em paralelo a Administração, os particulares e as pessoas de direito privado em defesa de interesses difusos, como simultâneos titulares de situações jurídicas subjetivas que disciplinam as situações da vida em que todos intervêm e que são objeto das relações jurídicas procedimentais.

Na secção I, procede-se, em primeiro lugar, à qualificação dos sujeitos da relação jurídica procedimental. No tocante aos sujeitos públicos, parte-se do elenco de órgãos constantes do artigo 2º e apuram-se, de entre esse panorama global, aqueles que sejam detentores de competência para a tomada de decisões e ou para a prática de atos preparatórios no âmbito do procedimento administrativo.

No nº 2 do artigo 65º, manteve-se, para a parte que se posiciona perante os sujeitos públicos da relação jurídica procedimental, a tradicional designação de «interessados» (interessados na relação jurídica procedimental). Foi uma opção consciente. Com efeito, não basta para identificar os sujeitos de situações jurídicas procedimentais que o particular seja titular ou portador institucional de interesse envolvido na materia decidendi. Como a doutrina tem notado, a essa posição substantiva terá de se somar uma intervenção formal, por iniciativa própria ou por convocação da Administração. Por outro lado, à democratização do procedimento importa que os particulares e a Administração nele apareçam face a face, enquanto titulares de situações subjetivas ativas e passivas recíprocas. Isso não significa uma igualização, porque, ao passo que os particulares detêm direitos, a Administração exerce um poder público. Mas os particulares não são reduzidos a objeto daquele poder, nem meramente afetados, positiva ou negativamente, pelo modo como sobre eles se refletem as consequências da respetiva concretização. Pelo contrário, a par de efeitos materiais, existem efeitos jurídicos, bem como pretensões de estofo jurídico quanto ao modo do respetivo exercício.

Na alínea *d)* do nº 1 do artigo 65º e no nº 4 do artigo 68º, são, entretanto, reconhecidas como uma das modalidades das relações jurídicas procedimentais as relações procedimentais entre órgãos da Administração Pública, respetivamente, nos papéis de exercerem poderes públicos e de figurarem como titulares ou defensores de situações jurídicas conformadas através do exercício de tais poderes. Assim sendo, e não sendo apropriado incluir estes órgãos no conceito de sujeitos privados, pareceu, apesar de tudo, preferível enquadrá-los no conceito de interessados na relação jurídica procedimental.

9 – O artigo 66º é dedicado à figura do auxílio administrativo. No seu nº 1, estabelecem-se pressupostos que, embora sob uma formulação simplificada, se inspiram no nº 1 do artigo 5º da lei alemã do procedimento administrativo. O artigo 92º do anterior Código é eliminado porque, na realidade, ele respeita ao auxílio administrativo, mas apenas no âmbito demasiado restrito da realização de diligências de prova.

No nº 2 do mesmo artigo 66º, estabelecem-se as garantias de sigilo, por remissão para o regime de acesso aos documentos administrativos.

No nº 3 ainda do mesmo artigo, prevê-se a situação de recusa do auxílio administrativo solicitado ou de dilação excessiva na sua prestação. Sem uma solução para o efeito, o auxílio administrativo não passaria de uma intenção piedosa. Mais uma vez, em lugar de conceber um regime ex novo, remeteu-se para a competência decisória que o Código define no domínio dos conflitos de jurisdição e de competência.

Por seu turno, o artigo 53º do anterior Código surge agora como artigo 68º, com alterações. No nº 1, a referência às associações é reelaborada. Por um lado, deixa-se cair a exigência de que não possuam caráter político ou sindical, porque o Tribunal Constitucional se pronunciou no sentido da inconstitucionalidade da recusa da legitimidade às associações sindicais para iniciarem procedimentos ou neles intervirem, tanto em defesa de interesses coletivos como em defesa coletiva de interesses individuais dos seus representados. Por outro lado, explicita-se agora a admissibilidade de as associações procederem, tanto à defesa de interesses coletivos, como à defesa coletiva de interesses individuais, desde que no âmbito do respetivo escopo institucional.

No nº 2, harmoniza-se o âmbito material dos interesses difusos com as qualificações levadas a cabo na alínea *a)* do nº 2 do artigo 53º da Constituição, e no nº 2 do artigo 9º do Código de Processo nos Tribunais Administrativos.

No nº 3, define-se, também em termos mais precisos, a legitimidade para a participação popular procedimental supletiva.

10 – As «Garantias de imparcialidade» surgem agora integradas na nova secção III (artigos 69º a 76º) deste capítulo II.

Trata-se de uma recolocação (e não refundição) dos artigos 44º a 51º do anterior Código. A principal novidade reside no aditamento de um nº 4 ao artigo 76º (anterior artigo 51º), na matéria tratada tradicionalmente como «suspeição». A ideia subjacente àquele preceito é a de que, independentemente de se estar fora de casos de presunção legal inilidível de parcialidade, será de todo o modo preciso, à luz das circunstâncias de cada caso, assegurar a credibilidade da decisão administrativa. Cabe ao legislador, não apenas neutralizar e reprimir situações mais ou menos declaradas de parcialidade subjetiva, mas também assegurar um clima na preparação e tomada das decisões que não favoreça a dúvida sobre a respetiva seriedade. Por isso, em vez de «suspeição», passa a falar-se da «razoabilidade de dúvida séria sobre a imparcialidade da atuação do órgão». O juízo não respeita tanto às condições subjetivas do agente, mas, mais, aos requisitos objetivos de confiança por parte da opinião pública.

11 – O capítulo III («Da conferência procedimental») do título I da mesma parte III abrange os artigos 77º a 81º A expressão conferência procedimental afigura-se preferível à de conferência de serviços, de inspiração italiana. Na verdade, quem conferência são órgãos e não «serviços» à maneira italiana. Por outro lado, a conferência, quando tenha lugar, torna-se numa fase do procedimento administrativo, que tem características próprias e assume grande relevo.

Caracterizam-se, desde logo, no nº 1 do artigo 77º, dois tipos distintos de conferências procedimentais: conferências para o exercício de competências em comum e conferências para o exercício conjugado de competências. Tal caracterização é completada no nº 3 do mesmo artigo 77º:

no caso das primeiras, uma conferência deliberativa assume-se como contexto para o exercício conjunto, através de um só ato, das competências dos órgãos participantes; nas conferências de coordenação, os diversos órgãos exercem de per si as suas competências, embora o façam de modo conjugado no contexto proporcionado pela conferência. Se se trata de conferência deliberativa, é produzido um único ato complexo, cujo conteúdo engloba os efeitos típicos dos vários atos que substitui. Se, pelo contrário, estivermos perante uma conferência de coordenação, cada um dos órgãos participantes emite formalmente no seu contexto o ato correspondente à sua competência.

Estabelece-se, no nº 1 do artigo 78º, que, sem prejuízo da realização de conferências de coordenação por acordo entre os órgãos envolvidos, a possibilidade da realização de conferências procedimentais no âmbito de cada tipo de procedimento depende de previsão específica em lei ou regulamento, ou em contrato interadministrativo a celebrar entre entidades públicas autónomas.

Sem prejuízo da disciplina própria constante do ato instituidor, os artigos 79º a 81º consagram um regime diretamente aplicável às conferências procedimentais, estabelecendo regras sobre os poderes, deveres e ónus dos órgãos participantes e, no artigo 80º, sobre a audiência dos interessados e a eventual realização de audiência pública. Merece referência especial o facto de, no nº 2 do artigo 79º, se estabelecer que a convocação daquela conferência, quando ela for requerida por um ou mais interessados, constitui o órgão competente no dever de a convocar.

12 – Provêm da parte III do anterior Código, ainda que com algumas adaptações, os capítulos III a VII do título I desta parte III, respeitantes, respetivamente, ao direito à informação (artigos 82º a 85º), aos prazos (artigos 86º a 88º, com um artigo praticamente novo sobre a contagem dos prazos), às medidas provisórias (artigos 89º e 90º, com diversas modificações), aos pareceres (artigos 91º e 92º) e à extinção do procedimento (artigos 93º a 95º).

13 – No título II desta parte III contém-se a regulação específica do procedimento dos regulamentos. E também nesta matéria se inova bastante.

Merecem especial referência os novos requisitos da publicitação do procedimento do regulamento (artigo 98º). E é totalmente inovador o artigo 99º, ao impor que, da nota justificativa do projeto de regulamento, conste uma ponderação dos custos e benefícios das medidas projetadas.

14 – Quanto ao regime aplicável ao procedimento dos atos administrativos, e constante do título III da mesma parte III, há que destacar as inovações introduzidas no que respeita ao regime aplicável ao conteúdo, forma e perfeição da notificação dos atos administrativos e à forma de apresentação dos requerimentos; a simplificação do regime da instrução do procedimento; e as importantes alterações no regime dos prazos para a decisão do procedimento e consequências da sua inobservância.

15 – O regime substantivo dos regulamentos administrativos encontrava-se ausente do anterior Código. Pretendeu-se, por isso, preencher uma lacuna no nosso direito administrativo, numa área tão importante para a atividade administrativa.

Assim, o novo capítulo I da parte IV, dedicado ao regulamento administrativo, para além de consagrar disposições que merecem o consenso nas nossas doutrina e jurisprudência, como sejam o conceito de regulamento, a exigência de habilitação legal para a emissão de regulamentos e a disciplina das relações entre regulamentos, inova no tratamento da invalidade e do regime da invalidade do regulamento, consagrando, como regra geral, que a invalidade do regulamento, quando não referida à forma ou ao procedimento, é invocável a todo o tempo e por qualquer interessado (artigo 144.º), e também nas consequências atribuídas à omissão de regulamento de cuja aprovação esteja dependente a aplicação de lei.

Um especial destaque merece ser, entretanto, dado à matéria da revogação dos regulamentos administrativos. Procurando dar resposta às questões colocadas pela doutrina em torno do regime da anterior versão do artigo 119.º, passa a prever-se expressamente que os regulamentos de execução não podem ser objeto de revogação sem que a matéria seja objeto de nova regulamentação, dispondo-se, ainda, que a inobservância desta regra implicará a vigência das normas regulamentares do diploma revogado das quais dependa a aplicabilidade da lei exequenda (artigo 146.º).

16 – No capítulo II da parte IV, respeitante ao ato administrativo, o novo Código visa adequar o conceito de ato administrativo ao regime substantivo e procedimental que lhe é aplicável, introduzindo a referência à sua aptidão para produzir efeitos externos, e pretende reconhecer o

âmbito atual da figura, eliminando a referência ao elemento orgânico da respetiva autoria (artigo 148º).

Em matéria de cláusulas acessórias, esclarecem-se as condições de validade da sua aposição e reconhece-se uma nova cláusula, a «reserva», típica das decisões de direito público (artigo 149º).

Em matéria de eficácia do ato administrativo, o novo Código limita-se à clarificação normativa de situações que suscitaram dúvidas, seja sobre a produção diferida ou condicionada dos efeitos (artigos 155º e 157º), seja sobre a diferença entre publicidade e publicação (artigo 158º), seja, sobretudo, sobre a garantia da inoponibilidade aos respetivos destinatários de atos constitutivos de deveres ou outras situações jurídicas passivas sem prévia notificação (artigo 160º).

17 – No que respeita à invalidade do ato administrativo, introduzem-se modificações mais profundas.

Por um lado, por razões de certeza e segurança, determina-se que a nulidade pressupõe a respetiva cominação legal expressa, eliminando-se a categoria das «nulidades por natureza», definidas através de conceitos indeterminados, que suscitariam dúvidas de interpretação. Em consequência, com base na doutrina e na prática jurisprudencial, alargam-se os casos de nulidade expressamente previstos até agora no anterior Código, designadamente, aos atos praticados com desvio de poder para fins de interesse privado, aos atos certificativos de factos inverídicos ou inexistentes e aos atos que criem obrigações pecuniárias sem base legal (artigo 161º). Aproveita-se ainda para clarificar e flexibilizar o regime da nulidade, acentuando-se a possibilidade de atribuição de efeitos putativos aos atos nulos em condições mais amplas do que na versão inicial do Código, e admitindo-se a sua reforma e conversão (artigos 162º e 164º).

Por outro lado, pormenoriza-se o regime da anulabilidade, determinando-se as circunstâncias e as condições em que é admissível o afastamento do efeito anulatório (artigo 163º), regulando-se expressamente os efeitos da anulação (artigo 172º), até agora constantes apenas do Código de Processo nos Tribunais Administrativos, e esclarecendo-se os efeitos da ratificação, reforma e conversão (artigo 164º).

18 – Sobre a revisão dos atos administrativos, o novo Código, passa agora a concretizar e aprofundar a distinção entre a revogação propriamente dita e a revogação anulatória, passando a designar esta, na esteira da generalidade da doutrina dos países europeus, como «anulação admi-

nistrativa» (artigo 165º). No seguimento da distinção, estabelecem-se os condicionalismos aplicáveis a cada uma das figuras, em função da sua finalidade e razão de ser, regulando-se com algum pormenor várias situações e resolvendo-se alguns problemas que têm sido suscitados (artigos 167º e 168º), dando-se expressão às propostas de alteração aos artigos 140º e 141º do anterior Código, que, ao longo dos últimos 20 anos, têm sido formuladas na doutrina e que, no essencial, são inspiradas pela lei alemã do procedimento.

Houve, designadamente, a preocupação de evitar soluções puramente logicistas, operando-se distinções de regime em função do conteúdo dos atos (favorável ou desfavorável), dos seus efeitos (instantâneos ou duradouros) e das posições jurídicas dos destinatários e de terceiros (direitos, interesses legalmente protegidos ou posições precárias), permitindo-se a ponderação de interesses e valores pela Administração nos casos concretos (tendo em conta a boa ou má-fé, a proteção da confiança legítima e a relevância dos interesses públicos e privados envolvidos). Neste contexto, conferiu-se especial importância à garantia de um equilíbrio entre a estabilidade do ato administrativo e a sua adequação às mudanças da realidade e à evolução dos conhecimentos, no quadro da realização dinâmica dos interesses públicos, com respeito pelos direitos e interesses legalmente protegidos dos particulares – um equilíbrio indispensável na atual sociedade de risco e de incerteza (artigo 167º). Por outro lado, em sintonia com a parte final do nº 3 do artigo 18º da Constituição, e, agora, com a alínea *d)* do nº 2 do artigo 161º do novo Código, a afetação, pela revogação, do conteúdo essencial de um direito concede ao titular desse direito, se estiver de boa-fé, direito a indemnização nos termos da indemnização por sacrifício.

É de salientar a diferenciação entre a anulação administrativa e a anulação judicial dos atos administrativos, fixando-se prazos que podem não coincidir para ambos os efeitos e permitindo-se, em certas circunstâncias e condições, a anulação administrativa de atos tornados contenciosamente inimpugnáveis, com efeitos retroativos ou apenas para o futuro, no pressuposto de que o mero decurso do prazo de impugnação judicial não torna válido o ato anulável. Merece destaque, ainda, a harmonização, nesta matéria, entre o direito interno e outros ordenamentos jurídicos, em especial quando a atuação administrativa envolva a aplicação do direito da União Europeia (artigo 168º).

19 – No que respeita ao regime da execução dos atos administrativos, a grande novidade é a consagração do princípio de que a execução coerciva dos atos administrativos só pode ser realizada pela Administração nos casos expressamente previstos na lei ou em situações de urgente necessidade pública, devidamente fundamentada (artigo 176º). Trata-se de opção sustentada ao longo dos últimos 30 anos por uma parte muito significativa da doutrina. No essencial, o regime do nº 2 do artigo 176º procura refletir, entretanto, o regime tradicionalmente vigente no direito francês sobre a matéria, embora com salvaguarda do regime aplicável à execução coerciva de obrigações pecuniárias.

Desta opção resulta a desnecessidade de se prever no Código os meios de execução. O conteúdo do regime dos artigos 155º a 157º do anterior Código é, no entanto, quase integralmente aproveitado no novo articulado.

No artigo 177º, propõe-se a explicitação do que presentemente apenas resulta implícito: que os procedimentos de execução têm início com a emissão de uma decisão autónoma de proceder à execução; a exigência que a esta decisão é associada de determinar o conteúdo e os termos da execução; a clarificação da função de interpelação ao cumprimento, que é associada à notificação da decisão de proceder à execução, a qual pode ser feita conjuntamente com a notificação do ato exequendo.

No artigo 182º, procura-se aperfeiçoar e densificar o regime das garantias dos executados perante atos administrativos e operações materiais de execução ilegais.

Por último, com o novo artigo 183º pretende-se preencher uma lacuna desde há muito identificada no nosso ordenamento jurídico no que respeita à determinação do modo de execução dos atos administrativos por via jurisdicional, quando não seja admitida a execução coerciva pela via administrativa.

20 – Também na secção VI do capítulo II da parte IV, que regula a reclamação e os recursos administrativos, foram introduzidas diversas alterações importantes.

Para começar, estabelece-se que, em regra, as reclamações e os recursos têm caráter facultativo (nº 2 do artigo 185º). Depois, elimina-se, neste domínio, a figura do indeferimento tácito, em sintonia com o que fica disposto no artigo 130º, para o procedimento declarativo de primeiro grau.

Além disso, introduz-se, no âmbito das impugnações administrativas, a regulação, até agora omissa, relativa ao incumprimento do dever de decidir, fixando-se o prazo para reagir contra a omissão ilegal de atos administrativos e prevendo-se, além do mais, a possibilidade de suprir a omissão, quer por parte da autoridade recorrida, quer por parte da autoridade para a qual se recorre (nº 5 do artigo 195º e nº 4 do artigo 197º).

Também se modificam as formalidades do recurso hierárquico, simplificando-se a respetiva tramitação (artigo 195º). E, por outro lado, determina-se que o órgão competente para conhecer do recurso não fica obrigado à proposta de pronúncia do autor do ato ou da omissão, e deve respeitar, na fundamentação da decisão que venha a tomar, quando não opte por aquela proposta, os requisitos gerais da fundamentação do ato administrativo (nº 2 do artigo 197º).

Por fim, os recursos anteriormente designados como «recursos hierárquicos impróprios» e o recurso tutelar passam a estar englobados na categoria dos «recursos administrativos especiais» (artigo 199º).

21 – Entendeu-se, entretanto, dever reunir num último capítulo, o capítulo III da parte IV, um pequeno conjunto de preceitos sobre os contratos da Administração Pública. Atendendo à existência do Código dos Contratos Públicos, que estabelece, com pormenor, o regime dos procedimentos administrativos de formação das principais espécies de contratos públicos e o regime substantivo comum dos contratos administrativos, optou-se por apenas se sintetizar, mediante remissão, o sistema das fontes disciplinadoras dos aspetos estruturais dos regimes que são aplicáveis, tanto no plano procedimental, como no plano substantivo, aos contratos celebrados pela Administração Pública.

Tendo em atenção que o regime de contratação pública do Código dos Contratos Públicos se não aplica à formação de todos os contratos administrativos, estatuiu-se que, na ausência de lei própria, se aplica à formação destes o regime geral do procedimento administrativo (nº 3 do artigo 201º).

Deixa-se clara a aplicabilidade da regra do nº 3 do artigo 2º, prevendo-se a incidência, sobre os órgãos da Administração Pública, no âmbito dos contratos sujeitos a um regime de direito privado, das disposições do Código do Procedimento Administrativo que concretizem preceitos constitucionais e dos princípios gerais da atividade administrativa.

22 – Com a publicação do novo Código do Procedimento Administrativo, o Governo está consciente de que dota a Administração Pública de um diploma fundamental para que ela possa responder de modo eficiente aos desafios que hoje lhe são colocados.

Foram ouvidos os órgãos de governo próprio das Regiões Autónomas, a Comissão Nacional de Proteção de Dados, a Associação Nacional de Municípios Portugueses, o Conselho Superior da Magistratura, o Conselho Superior do Ministério Público, o Conselho Superior dos Tribunais Administrativos e Fiscais, a Ordem dos Advogados e a Associação Sindical dos Juízes Portugueses.

Foi promovida a audição da Associação Nacional de Freguesias, do Conselho Distrital do Porto da Ordem dos Advogados, do Conselho Distrital de Coimbra da Ordem dos Advogados, do Conselho Distrital de Lisboa da Ordem dos Advogados, do Conselho Distrital de Évora da Ordem dos Advogados, do Conselho Distrital de Faro da Ordem dos Advogados, do Conselho Distrital dos Açores da Ordem dos Advogados, do Conselho Distrital da Madeira da Ordem dos Advogados, da Câmara dos Solicitadores, do Conselho dos Oficiais de Justiça, do Sindicato dos Magistrados do Ministério Público, do Sindicato dos Funcionários Judiciais, do Sindicato dos Oficiais de Justiça, da Associação dos Oficiais de Justiça e do Movimento Justiça e Democracia.

Assim:

No uso da autorização legislativa concedida pela Lei nº 42/2014, de 11 de julho, e nos termos das alíneas *a)* e *b)* do nº 1 do artigo 198º da Constituição, o Governo decreta o seguinte:

Artigo 1º – Objeto

O presente decreto-lei aprova o novo Código do Procedimento Administrativo.

Artigo 2º – Aprovação

É aprovado, em anexo ao presente decreto-lei, que dele faz parte integrante, o novo Código do Procedimento Administrativo, doravante designado por Código.

Artigo 3º – Impugnações administrativas necessárias

1 – As impugnações administrativas existentes à data da entrada em vigor do presente decreto-lei só são necessárias quando previstas em lei que utilize uma das seguintes expressões:

a) A impugnação administrativa em causa é «necessária»;

b) Do ato em causa «existe sempre» reclamação ou recurso;

c) A utilização de impugnação administrativa «suspende» ou «tem efeito suspensivo» dos efeitos do ato impugnado.

2 – O prazo mínimo para a utilização de impugnações administrativas necessárias é de 10 dias, passando a ser esse o prazo a observar quando seja previsto prazo inferior na legislação existente à data da entrada em vigor do presente decreto-lei.

3 – As impugnações administrativas necessárias previstas na legislação existente à data da entrada em vigor do presente decreto-lei têm sempre efeitos suspensivos da eficácia do ato impugnado.

4 – São revogadas as disposições incompatíveis com o disposto nos nºs 2 e 3.

Artigo 4º – Conferências procedimentais

1 – Sem prejuízo do disposto nos nºs 1 e 2 do artigo 78º do Código, o regime das conferências procedimentais constante dos seus nºs 1, 2 e 5 do artigo 77º, dos nºs 3 a 8 do artigo 79º, do artigo 80º e dos nºs 1 a 4 e 7 a 8 do artigo 81º, é imediatamente aplicável, nos termos dos números seguintes, ao procedimento previsto no Sistema de Indústria Responsável, aprovado em anexo ao Decreto-Lei nº 169/2012, de 1 de agosto, doravante designado por SIR.

2 – No âmbito do SIR, compete à entidade coordenadora, nos termos, prazos e condições previstos no artigo 22º desse regime, promover a convocação das entidades públicas que devam pronunciar-se sobre o pedido de autorização prévia para a instalação de estabelecimento industrial para a conferência mencionada no nº 5 do artigo 77º do Código:

a) Por sua iniciativa;

b) A pedido do interessado, desde que tal seja formulado aquando do início do procedimento de autorização prévia, nos termos do disposto no nº 1 do artigo 21º do SIR.

3 – Convocada a conferência procedimental, à mesma é aplicável o regime referido no nº 1, com exclusão das disposições do procedimento aí mencionado que disciplinem a tramitação da obtenção, por parte de entidades públicas, de aprovações e autorizações de localização ou de instalação.

4 – Decorrido o prazo mencionado no nº 2 sem que tenha sido convocada a conferência, a faculdade da sua convocação deixa de poder ser exercida, salvo se o interessado provar que requereu a convocação da mesma no respetivo procedimento.

5 – Verificada a situação prevista na parte inicial do número anterior, o procedimento administrativo referido no nº 1 segue os termos previstos no respetivo regime.

Artigo 5º – Boas práticas administrativas

1 – No prazo de um ano, a contar da data da entrada em vigor do presente decreto-lei, o Governo aprova, por Resolução do Conselho de Ministros, um «Guia de boas práticas administrativas».

2 – O guia referido no número anterior tem caráter orientador e enuncia padrões de conduta a assumir pela Administração Pública.

Artigo 6º – Norma transitória

O nº 2 do artigo 149º do Decreto-Lei nº 442/91, de 15 de novembro, alterado pelo Decreto-Lei nº 6/96, de 31 de janeiro, mantém-se em vigor até à data da entrada em vigor do diploma referido no nº 2 do artigo 8º

Artigo 7º – Norma revogatória

É revogado o Decreto-Lei nº 442/91, de 15 de novembro, alterado pelo Decreto-Lei nº 6/96, de 31 de janeiro.

Artigo 8º – Aplicação no tempo e produção de efeitos

1 – O disposto nas partes I e II, no capítulo III do título I da parte III e na parte IV do Código aplica-se aos procedimentos administrativos em curso à data da sua entrada em vigor, sendo as restantes disposições do

Código aplicáveis apenas aos procedimentos administrativos que se iniciem após a entrada em vigor do presente decreto-lei.

2 – O nº 1 do artigo 176º do Código aplica-se a partir da data da entrada em vigor do diploma que define os casos, as formas e os termos em que os atos administrativos podem ser impostos coercivamente pela Administração, a aprovar no prazo de 60 dias a contar da data da entrada em vigor do presente decreto-lei.

Artigo 9º – Entrada em vigor

O presente decreto-lei entra em vigor 90 dias após a sua publicação.

Visto e aprovado em Conselho de Ministros de 9 de outubro de 2014. – *Pedro Passos Coelho – Maria Luís Casanova Morgado Dias de Albuquerque – Paula Maria von Hafe Teixeira da Cruz – Pedro Alexandre Vicente de Araújo Lomba – António de Magalhães Pires de Lima – Jorge Manuel Lopes Moreira da Silva.*

Promulgado em 2 de janeiro de 2015.

Publique-se.

O Presidente da República, ANÍBAL CAVACO SILVA.

Referendado em 6 de janeiro de 2015.

O Primeiro-Ministro, *Pedro Passos Coelho.*

ANEXO
(a que se refere o artigo 2º)

Código do Procedimento Administrativo

PARTE I – DISPOSIÇÕES GERAIS

CAPÍTULO I – Disposições preliminares

Artigo 1º – Definições

1 – Entende-se por procedimento administrativo a sucessão ordenada de atos e formalidades relativos à formação, manifestação e execução da vontade dos órgãos da Administração Pública.

2 – Entende-se por processo administrativo o conjunto de documentos devidamente ordenados em que se traduzem os atos e formalidades que integram o procedimento administrativo.

ANOTAÇÃO:

O presente artigo desempenha, tal como acontecia na redação anterior, uma função vestibular definindo e objetivando, de um modo geral, o seu âmbito de aplicação, concretizado pelo articulado subsequente.

A atividade da Administração Pública é, em larga medida, uma atividade processual, sendo que, antes de cada decisão, existe sempre um maior ou menor número de atos a praticar que se enquadram em determinado modelo e numa sequência de formalidades cujo encadeamento constitui o procedimento administrativo. Este, nos termos do nº 1, consiste no conjunto de documentos devidamente ordenado com uma determinada finalidade.

Esta sequência organizada e ordenada de factos e operações estruturalmente distintos, tendem à produção de um determinado resultado ou modificação jurídico-administrativa – uma decisão final, que pode ser ato, regulamento ou contrato administrativo.

Diferente da noção de procedimento é a de processo administrativo a que se refere o nº 2 deste preceito o qual, por via da regra, assenta em suporte físico (documentos de entre outras formas) e pretende revelar de que forma se criou e manifestou a vontade jurídica da Administração.

Para efeitos do nº 1 a noção de órgãos deve ser interpretada em sentido amplo na aceção de centros de imputação de poderes e competências de natureza pública.

Por seu turno, e do mesmo modo, a noção de *Administração Pública* é aqui plasmada e deve ser interpretada em toda a sua amplitude, agregando o conjunto de entidades públicas, confirmando, assim, o âmbito subjetivo de aplicação do procedimento retratado no art. 2º deste código.

Artigo 2º – Âmbito de aplicação

1 – As disposições do presente Código respeitantes aos princípios gerais, ao procedimento e à atividade administrativa são aplicáveis à conduta de quaisquer entidades, independentemente da sua natureza, adotada no exercício de poderes públicos ou regulada de modo específico por disposições de direito administrativo.

2 – A parte II do presente Código é aplicável ao funcionamento dos órgãos da Administração Pública.

3 – Os princípios gerais da atividade administrativa e as disposições do presente Código que concretizam preceitos constitucionais são aplicáveis a toda e qualquer atuação da Administração Pública, ainda que meramente técnica ou de gestão privada.

4 – Para efeitos do disposto no presente Código, integram a Administração Pública:

a) Os órgãos do Estado e das regiões autónomas que exercem funções administrativas a título principal;

b) As autarquias locais e suas associações e federações de direito público;

c) As entidades administrativas independentes;

d) Os institutos públicos e as associações públicas.

5 – As disposições do presente Código, designadamente as garantias nele reconhecidas aos particulares, aplicam-se subsidiariamente aos procedimentos administrativos especiais.

ANOTAÇÃO:

A Lei nº 72/2020 de 16 de novembro veio estabelecer um regime transitório de simplificação de procedimentos administrativos, alterando o Código do Procedimento Administrativo:

Artigo 1º – Objeto

1 – A presente lei procede à primeira alteração ao Código do Procedimento Administrativo, aprovado em anexo ao Decreto-Lei nº 4/2015, de 7 de janeiro.

2 – A presente lei estabelece ainda um regime transitório de simplificação de procedimentos administrativos comuns previstos na lei geral e de procedimentos administrativos especiais previstos em legislação setorial.

CAPÍTULO II – Simplificação de procedimentos

Artigo 2º – Âmbito do regime transitório

1 – Sem prejuízo das disposições que, nos termos do disposto no nº 2 do artigo 2º do Código do Procedimento Administrativo, apenas se aplicam ao funcionamento dos órgãos da Administração Pública, o regime transitório definido no presente capítulo aplica-se à atividade de quaisquer entidades, independentemente da sua natureza, adotada no exercício de poderes públicos ou regulada de modo específico por disposições de direito administrativo.

2 – As disposições do presente capítulo aplicam-se aos procedimentos administrativos especiais.

3 – As disposições do presente capítulo não se aplicam:

a) Aos procedimentos de emissão de regulamentos administrativos;

b) Aos procedimentos de avaliação de impacte ambiental, aprovado pelo Decreto-Lei nº 151-B/2013, de 31 de outubro, e aos procedimentos de avaliação ambiental estratégica, aprovado pelo Decreto-Lei nº 232/2007, de 15 de junho.

Artigo 3º – Conferência procedimental deliberativa

1 – Nos procedimentos em que haja lugar à emissão de pareceres ou outro tipo de pronúncias por parte de diversas entidades ou noutros em que o grau de complexidade o justifique, é promovida obrigatoriamente a realização de uma conferência procedimental deliberativa pelo órgão que dirige o procedimento.

2 – Na conferência prevista no número anterior participam todas as entidades envolvidas no procedimento, com vista à emissão concomitante dos pareceres ou pronúncias necessários, bem como da decisão final do procedimento.

Artigo 4º – Realização da conferência

1 – A conferência referida no artigo anterior é presidida e convocada pelo órgão competente para a emissão do último ato administrativo necessário para satisfazer a pretensão formulada, no prazo de 15 dias a contar do início do procedimento, com antecedência mínima de sete dias em relação à data da reunião, juntamente com o envio de toda a documentação necessária à apreciação pelas entidades participantes.

2 – Caso o requerimento inicial do interessado seja remetido a outro órgão participante, este deve remetê-lo ao órgão com competência para a emissão do último ato administrativo necessário para satisfazer a pretensão do particular, no prazo de dois dias úteis.

3 – O direito de audiência prévia dos interessados é exercido nos termos do artigo 80º do Código do Procedimento Administrativo.

4 – É dispensada a participação das entidades que já tenham emitido os respetivos pareceres ou pronúncias, desde que se mantenham válidos e eficazes, relativamente a procedimentos administrativos sobre os quais não se verifiquem alterações de facto ou direito que justifiquem uma nova apreciação da sua parte.

Artigo 5º – Quórum

1 – Nas reuniões das conferências procedimentais realizadas nos termos dos artigos 3º e 4º, só pode deliberar-se quando se encontre presente a maioria do número legal dos seus membros com direito a voto.

2 – São membros com direito de voto aqueles que são competentes para a prática de atos no procedimento ou para a emissão de pareceres vinculativos.

3 – Os membros presentes nas reuniões devem dispor de adequados poderes de representação para vincular o órgão que representam.

4 – A não observância do disposto no número anterior é equiparada a ausência, não prejudicando, contudo, a verificação do quórum de funcionamento.

5 – A ausência de uma entidade conferente regularmente convocada não obsta ao funcionamento da conferência, considerando-se que a mesma nada tem a opor ao deferimento do pedido, salvo se invocar justo impedimento no prazo de dois dias.

Artigo 6º – Maioria exigível nas deliberações

1 – As deliberações nas conferências previstas nos artigos anteriores são tomadas por maioria absoluta de votos dos membros dos órgãos presentes.

2 – Nos casos em que a lei exija um parecer obrigatório vinculativo ou atribua a determinada pronúncia administrativa um efeito preclusivo do deferimento das pretensões apreciadas na conferência, a intervenção desfavorável da entidade competente para a sua emissão determina o indeferimento das pretensões apreciadas na conferência, salvo se as entidades conferentes acordarem nas alterações necessárias ao respetivo deferimento, convocando-se nova conferência no prazo de cinco dias a contar da concretização dessas alterações pelo interessado.

Artigo 7º – Conferências procedimentais realizadas entre a administração direta e indireta e autarquias locais

1 – Nos procedimentos que envolvam conjuntamente entidades da administração direta e indireta e das autarquias locais ou entidades intermunicipais, as conferências procedimentais realizam-se periodicamente, no âmbito das comunidades intermunicipais e áreas metropolitanas, competindo a convocação das mesmas ao presidente da respetiva comissão de coordenação e desenvolvimento regional.

2 – O disposto nos artigos anteriores aplica-se, com as necessárias adaptações, às conferências procedimentais previstas no presente artigo.

CAPÍTULO III – Alteração ao Código do Procedimento Administrativo

Artigo 8º – Alteração ao Código do Procedimento Administrativo

Os artigos 23º, 24º, 25º, 29º, 64º, 92º, 112º a 114º, 128º e 198º do Código do Procedimento Administrativo passam a ter a seguinte redação (alterações introduzidas nos artigos respetivos).

Artigo 9º – Aditamento ao Código do Procedimento Administrativo

É aditado ao Código do Procedimento Administrativo o artigo 24º-A, com a seguinte redação (alteração introduzida no local próprio).

CAPÍTULO IV – Disposições finais

Artigo 10º – Monitorização

1 – A aplicação do regime previsto no Capítulo II é objeto de monitorização pela Agência para a Modernização Administrativa, IP, com exceção do disposto no artigo 7º, que é objeto de monitorização pela Direção-Geral das Autarquias Locais.

2 – Para efeitos do disposto no número anterior, os órgãos e serviços da administração devem prestar informação mensal às entidades aí referidas, consoante o caso, quanto ao número de conferências procedimentais realizadas e de procedimentos administrativos concluídos.

Artigo 11º – Produção de efeitos

1 – O regime transitório de simplificação de procedimentos previsto no Capítulo II da presente lei produz efeitos até 30 de junho de 2021, aplicando-se aos procedimentos em curso.

2 – O disposto nos artigos 92º, 114º, 128º e 198º do Código do Procedimento Administrativo, na redação que lhes é dada pela presente lei, aplica-se aos procedimentos administrativos que se iniciem após 1 de dezembro de 2020.

3 – O disposto nos artigos 23º, 24º, 24º-A, 25º, 29º, 112º e 113º do Código do Procedimento Administrativo, na redação que lhes é dada pela presente lei, aplica-se aos procedimentos administrativos em curso à data da sua entrada em vigor.

Artigo 12º – Entrada em vigor

A presente lei entra em vigor no dia seguinte ao da sua publicação.

Aprovada em 9 de outubro de 2020.

O Presidente da Assembleia da República, Eduardo Ferro Rodrigues.

Promulgada em 4 de novembro de 2020.

Publique-se.

As instituições particulares de interesse público como é o caso das Instituições Particulares de Solidariedade Social, não estão englobadas no conceito de Administração Pública, pelo que, nos termos do nº 2, não lhes é aplicável a Parte II do presente código, apenas aplicável, portanto, às entidades públicas.

Ao contrário do que ocorria no anterior código, em que o art. 2º, nº 4, remetia para lei especial a aplicação dos respetivos preceitos a atos praticados por instituições particulares de interesse público, o novo código não exige essa norma especial, mas, tão só, o desenvolvimento da respetiva atividade de modo consentâneo com as especificas normas de direito administrativo, tal como se encontra previsto no nº 1 do artigo 2º deste novo CPA. Deste modo, abre-se caminho, como nunca, rumo à procedimentalização da atividade das instituições particulares de interesse público.

O presente artigo ocupa-se da concretização do âmbito de aplicação do código procurando dar relevo aos destinatários das normas em paridade com quem as emite.

A nova alínea *c)* do nº 4 acrescenta as entidades administrativas independentes que não sejam detentoras de personalidade jurídica, ao elenco das entidades que já constavam na redação anterior.

Determina, pois, a sua aplicação a toda a atividade administrativa levada a cabo quer por órgãos da Administração Pública em sentido subjetivo, quer por órgãos do Estado que não façam parte da Administração Pública *tout court.*

O nº 3 foca-se na disciplina a que se encontra sujeita a atividade administrativa cujo conteúdo específico, sendo-lhe juridicamente imputada e cujas consequências jurídicas são tidas, também, por normas administrativas, de que é exemplo concreto a atividade de caráter técnico. Tal sujeição aplica-se também à chamada Administração Pública de direito privado, à qual são aplicáveis os princípios constitucionais e administrativos gerais.

Estes princípios jurídicos são, intrinsecamente, distintos da outra categoria de normas que são as regras jurídicas.

Os princípios são normas dotadas de uma flexibilidade e de uma abertura valorativa intrínseca, e abarcam vários graus de concretização, conforme a sua importância e força, em comparação com outros princípios jurídicos.

Ao invés, as regras determinam, imperativamente, uma exigência que pode, ou não, ser cumprida.

Por todos, Gomes Canotilho sintetiza brilhantemente que *"a convivência dos princípios é conflitual; a convivência das normas é antinómica. Os princípios coexistem; as regras antinómicas excluem-se"* (Direito Constitucional, 5ª edição, p. 390).

REFERÊNCIAS BIBLIOGRÁFICAS:

M. Aroso de Almeida, *Teoria Geral do Direito Administrativo,* 2ª ed. Coimbra, 2015.

Freitas do Amaral, *Direito Administrativo,* Almedina; Marcelo Cetano, *Manual de Direito Administrativo,* Almedina; Sérvulo Correia, *Noções de Direito Administrativo* – Danúbio.

JURISPRUDÊNCIA:

Ac. TCAS de 24/02/2016, Proc. 12747/15

i) A audiência dos interessados prevista no artigo 121.º do Código de Procedimento Administrativo, com a redacção que lhe foi dada pelo Decreto-Lei n.º 4/2015, de 7 de Janeiro (anteriormente no art. 100.º), constitui juntamente com o princípio da participação, consagrado actualmente no artigo 12.º do mesmo diploma (anteriormente o art. 8.º), a concretização do modelo de administração participada, expresso nos n.ºs 1 e 5 do artigo

267.º da Constituição, que impõe à Administração Pública a participação dos particulares na formação das decisões que lhe digam respeito.

ii) A preterição da formalidade que constitui o facto de não ter sido assegurado o exercício do direito de audiência só pode degradar-se em formalidade não essencial, e assim destituída de efeito invalidante, se se demonstrar que, mesmo sem ela ter sido cumprida, a decisão final do procedimento não poderia ser diferente. Ónus esse de alegação e de prova que recai sobre a Administração.

Ac. STA de 18/2/2016, Proc. 581/11

A circunstância do processo disciplinar movido a uma funcionária da Caixa Geral de Depósitos ter seguido as normas do direito privado, e culminado na aplicação de um despedimento, em vez do devido regime de direito público, não é abstractamente causal da ilegalidade do acto sancionatório; só em concreto, através da comparação do que se fez e do que deveria ter sido feito, se poderá avaliar da legalidade desse acto punitivo.

Ac. STA de 25/1/2005, Proc. 1240/02

I – A audiência dos requerentes do procedimento de notificação prévia obrigatória das operações de concentração de empresas regulada no n. 6 do artigo 31º do DL 371/93, de 29 de Outubro visa exclusivamente a possibilidade de ser junta prova ou serem requeridas diligências para a conclusão da instrução do procedimento, sem regular igual oportunidade para os contra-interessados, mas não se refere ao dever de audiência prévia dos contra-interessados e mesmo em relação aos requerentes da notificação não substitui a audiência prevista no artigo 100º do CPA a qual tem como objectivo permitir a pronúncia sobre um projecto de decisão e não apenas sobre a suficiência e conclusão da instrução.

II – Na falta de normas no referido DL 371/93 sobre a audiência dos requerentes e dos contra-interessados nos mesmos termos que são regulados no artigo 100º do CPA, é aplicável esta norma naquele procedimento especial, quer por força do artigo 29º do mesmo DL, quer por força do artigo 2º do CPA.

III – Na falta de definição de quem são os contra-interessados naquele procedimento especial é aplicável a norma do art. 53º do CPA que confere legitimidade para intervir no procedimento administrativo a todos os titulares de direitos ou interesses que se situem "no âmbito das decisões que nele forem ou possam ser tomadas".

Ac. STA de 23/05/2006, Proc. 1328/03

I – O quadro normativo específico que regula o ingresso na jurisdição administrativa e fiscal ao abrigo do regime transitório previsto no artigo 7º Lei 13/2002, é o que decorre, para além do CPA (nº 5 do art. 2º), desse próprio dispositivo legal, do ETAF (cf. v.g.

art. 61º), do Regulamento aprovado pela Portª nº 386/2002, e do que o júri do curso de formação tenha prescrito, e não a regulação dos concursos da função pública vertida no Dec. Lei 204/98.

II – Tendo sido realizadas as provas durante o curso em epígrafe, e feita a respectiva correcção, e tendo apenas sido estabelecido posteriormente na altura da classificação pelo júri, os critérios em que assentaria o juízo negativo de não apto (com a consequente exclusão da lista de graduação), tal actuação corporiza violação do princípio da transparência concursal, que constitui uma garantia preventiva da imparcialidade.

III – A interpretação do acto administrativo, feita pela Subsecção, através dos elementos factuais da sua literalidade e das circunstâncias em que foi proferido constitui matéria de facto que o Pleno, funcionando como tribunal de revista tem de acatar (art. 21º, 3 do ETAF).

Ac. STA de 23/08/2006, Proc. 816/06-11

I – O exercício da função política consiste na escolha das grandes opções destinadas à melhoria, preservação e desenvolvimento de um determinado modelo económico e social, por forma a que os seus cidadãos se possam sentir mais seguros e, livremente, possam alcançar os bens, materiais e espirituais, que o mesmo é susceptível de proporcionar e que o exercício da função administrativa se traduz na materialização dessas opções.

II – Por isso é que só os órgãos superiores do Estado podem exercer a função política pois só eles têm competência para definir, em termos gerais, os fins que a sociedade deve almejar, os meios que cabe utilizar para os alcançar e os caminhos que para o efeito será necessário percorrer.

III – A actividade administrativa funciona, assim, a jusante da função política, com uma função complementar pois que se destina a pôr em prática as orientações gerais traçadas por aquela tendo em vista assegurar em concreto a satisfação de necessidades colectivas de segurança e de bem estar das pessoas.

IV – Nesta conformidade, a Resolução pela qual o Governo define os contornos globais da reforma que quer introduzir no sector dos laboratórios do Estado e enuncia uma série de medidas que em sua opinião seriam as melhores para atingir tal finalidade, que, por isso, previsivelmente, iriam ser adoptadas, trata-se de uma decisão derivada da sua função política e, por isso, a sua sindicância escapa à jurisdição administrativa.

V – Nos termos do art. 55º do CPTA, por via de regra, só são recorríveis os actos administrativos lesivos dos direitos e interesses legalmente protegidos, sendo certo que só se podem considerar actos administrativos "as decisões dos órgãos da Administração que ao abrigo de normas de direito público visem produzir efeitos jurídicos numa situação individual e concreta" *(art. 120º do CPA.).*

VI – Deste modo, e ainda que se admita que o segmento da referida Resolução que submete as medidas propostas à discussão pública possa ser configurado como uma decisão de carácter administrativo e, por isso, judicialmente impugnável, certo é que, não tendo a mesma introduzido nenhuma modificação na ordem jurídica existente nem afectado os direitos de nenhum dos representados pelo Requerente, o mesmo é irrecorrível.

Ac. STA de 3/5/2007, Proc. 1388/03-20

I – Os candidatos ao concurso em epígrafe e que dele foram excluídos detêm o prazo de recurso contencioso decorrente da regra geral contida no art. 28º da LPTA.

II – O quadro normativo específico que regula o ingresso na jurisdição administrativa e fiscal ao abrigo do regime transitório previsto no artigo 7º da Lei 13/2002, é o que decorre, para além do CPA (nº 5 do art. 2º), desse próprio dispositivo legal, do ETAF (cf. v.g. art. 61º), do Regulamento aprovado pela Portª nº 386/2002, e do que o júri do curso de formação tenha prescrito, e não o que decorre da regulação dos concursos da função pública vertida no Dec. Lei 204/98.

III – De harmonia com o princípio da preferência ou preeminência (cf. art. 112º, nº 7, da CRP), os regulamentos apenas podem conter normas secundum legem, não sendo admissível uma área normativa preenchida apenas por via regulamentar sem qualquer lei prévia.

IV – O regulamento do mesmo concurso, contido na Portaria nº 386/2002, encontra-se habilitado pelo artigo 7º da Lei nº 13/2002.

V – Em tal concurso, e já na fase do curso de formação teórica nele previsto, a adopção pelo júri dos critérios em que assentaria o juízo negativo de não apto (com a consequente exclusão da lista de graduação) já depois de realizadas e avaliadas todas as provas pelos candidatos corporiza violação do princípio da transparência concursal, que constitui uma garantia preventiva da imparcialidade.

VI – O recurso jurisdicional visa modificar ou anular as decisões submetidas a recurso e não conhecer de questões novas, salvo se se tratar de matéria de conhecimento oficioso e não decidida com trânsito em julgado.

Ac. STA de 9/8/2008, Proc. 781/08

I – Dada a conjunção dos critérios subjectivo e finalístico ou teleológico, tem natureza administrativa o contrato para o fornecimento de módulos de recolha de dados biométricos, necessários à concretização do projecto «Cartão do Cidadão».

II – A circunstância de, por despacho do ministro, ter sido excepcionada a sujeição do procedimento pré-contratual «ao disposto nos capítulos seguintes» àquele (o capítulo II) em que se incluía o art. 77º do DL nº 197/99, não afastava a aplicabilidade do que se dispunha no capítulo I do mesmo diploma.

III – Assim, e sob pena de ilegalidade, o procedimento tinha de observar os princípios e preceitos acolhidos nesse capítulo I, designadamente os que, para garantia da imparcialidade, impunham que o júri atempadamente definisse e divulgasse os critérios de eleição da proposta vencedora.

IV – A violação do princípio da imparcialidade basta-se com o mero perigo ou risco de favorecimento.

V – Dado o disposto no art. 2º, nº 6, do CPA, ofendeu o art. 100º do mesmo diploma o acto que, culminando aquele procedimento, adjudicou o fornecimento a um dos proponentes sem antes ouvir os interessados e sem que, à luz do art. 103º do CPA, tal audiência estivesse objectivamente excluída ou a sua preterição se mostrasse justificada

Acórdão do TC nº 278/2011, Processo nº 547/10, 3ª Secção

"É de sublinhar que as entidades administrativas que dispõem de poderes sancionatórios, designadamente em matéria de responsabilidade contra-ordenacional, encontram-se, simultaneamente obrigadas ao respeito dos princípios gerais aplicáveis a qualquer procedimento administrativo [vide artigos 3º a 12º do Código de Procedimento Administrativo (CPA)] e ao respeito das garantias de defesa dos arguidos em procedimentos contra-ordenacionais (artigo 32º, nº 10, da CRP). Como tal, independentemente de beneficiarem – apenas a final – do produto das coimas pagas pelos arguidos, certo é que persistem vinculados aos princípios da imparcialidade e da justiça (artigo 6º do CPA), da igualdade e da proporcionalidade (artigo 5º do CPA) e da boa fé (artigo 6º-A do CPA)".

Ac. STA de 20-05-2010, Processo: 01113/09

I – Salvo disposição legal em contrário, os órgãos das sociedades anónimas de capitais exclusivamente públicos – hoje empresas públicas, «ex vi» do art. 3º do DL nº 558/99, de 17/12 – são órgãos da Administração Pública nos termos e para os efeitos do disposto no art. 2º, nº 2, do CPA, quando exerçam poderes de autoridade.

II – Assim, a deliberação por que o Conselho de Administração de uma sociedade do referido género puniu disciplinarmente uma funcionária, segundo normas de direito público, era um acto administrativo sujeito à disciplina do CPA – designadamente do seu art. 24º, nº 2, que impunha que a deliberação se tomasse por escrutínio secreto.

Ac. STA de 20-03-2003, Proc. nº 0401/03

I – A aplicação supletiva a que alude o nº 7, do artigo 2º do CPA reporta-se às normas procedimentais do Código.

II – A questão da violação do princípio da auto-vinculação da Administração só se pode colocar em relação aos actos praticados no exercício de poderes discricionários.

Acórdão do TC 278/200, Processo nº 54/10, 3ª Secção

Demonstrando que as entidades administrativas com poderes sancionatórios em matéria de disciplinar estão vinculadas aos princípios gerais do código aplicáveis a qualquer procedimento administrativo.

Acórdão do STA de 20 de Maio de 2010, Processo nº 01113/09

Que exara a conclusão de que as empresas de obras públicas mesmo que sob a for de sociedade comercial fazem parte da Administração Pública para os efeitos do nº 2 do art. 2º da antiga versão do CPA, quando exerçam poderes de autoridade.

CAPÍTULO II – Princípios gerais da atividade administrativa

Artigo 3º – Princípio da legalidade

1 – Os órgãos da Administração Pública devem atuar em obediência à lei e ao direito, dentro dos limites dos poderes que lhes forem conferidos e em conformidade com os respetivos fins.

2 – Os atos administrativos praticados em estado de necessidade, com preterição das regras estabelecidas no presente Código, são válidos, desde que os seus resultados não pudessem ter sido alcançados de outro modo, mas os lesados têm o direito de ser indemnizados nos termos gerais da responsabilidade da Administração.

ANOTAÇÃO:

Antes de mais, o conceito de *Administração Pública* aqui plasmado, em sentido amplo, abarca as entidades públicas e também as privadas, que exerçam a função administrativa quer a título principal quer a título acessório.

O *estado de necessidade* consiste na legitimação por via desculpante da inobservância das normas estabelecidas por lei face a um perigo atual e eminente que possa lesar interesses legalmente protegidos, que obrigue à intervenção imediata da administração, desde que, em respeito ao princípio constitucional da proporcionalidade e apenas nos casos em que os resultados da atividade administrativa, não pudessem ser alcançados de outro modo.

O Princípio da Legalidade Administrativa é por este artigo caracterizado de uma forma bem mais ampla do que aquela que surgiu com o advento do Liberalismo no qual imperava a formulação, exclusivamente, negativa.

Parte da doutrina defende que, a vinculação da Administração à lei significa uma exigência de simples **compatibilidade**, de preferência ou prevalência de lei, cerceando os poderes à Administração, de contrariar ou desobedecer às normas legais pré-existentes, pela negativa. Fora do âmbito constitucionalmente reservado ao poderes legislativo, ou seja, fora do âmbito onde se determine uma reserva de ato legislativo, a Administração poderia produzir, ela própria, normas ou atuar à revelia da existência de lei, sendo, por isso, perfeitamente legal a sua atuação, bastando que não fosse *contra legem*.

Outros, por seu turno, julgam que a *legalidade* exige a **conformidade** da atuação administrativa com a lei, não bastando, por isso, que se trate de um ato não proibido, não previsto. Qualquer que seja o âmbito da atividade administrativa, exige-se que tal intervenção, para ser juridicamente válida, seja objeto de uma prévia qualificação ou habilitação legal.

Esta nova formulação, do princípio da legalidade Administrativa *lato sensu*, tem implícita a submissão à ordem jurídica nela incluídas os princípios e valores constitucionais não escritos, na senda, aliás, do art. 266º da CRP.

A obediência à Lei *strito sensu* não é a única via, pois, a exigência de conformidade estabelece-se também em relação ao Direito. Aliás, o nº 2 é "o exemplo" das exceções, na medida em que permite à Administração Pública agir em estado de necessidade, conceito jurídico balizado, principalmente, pelo princípio da proporcionalidade e consequente indemnização a eventuais particulares lesados nos termos da responsabilidade civil extracontratual do Estado e demais entidades públicas.

REFERÊNCIAS BIBLIOGRÁFICAS:

André Gonçalves Pereira – *Erro e Legalidade no ato Administrativo*, Lisboa, 1962.

Sérvulo Correia – *Legalidade e Autonomia Contratual nos Contratos Administrativos*, Almedina, Coimbra, 1987

Jorge M. Coutinho de Abreu – *Sobre os Regulamentos Administrativos e o Princípio da Legalidade*, Almedina, Coimbra, 1997

Mário Esteves de Oliveira, Pedro Gonçalves e J. Pacheco de Amorim – *Código do Procedimento Administrativo* (anotado e comentado). Almedina, Coimbra, 2010

JURISPRUDÊNCIA:

Ac. STA de 8/2/2017, proc. 0789/16

O regime de isenção de licenciamento de publicidade mormente designado por «licenciamento ZERO» implementou a eliminação do licenciamento da afixação e da inscrição de mensagens publicitárias de natureza comercial. Nestes termos, tendo em conta que a taxa municipal de publicidade referente a placas e anúncios luminosos existentes na estrada nacional foi renovada em 31 de dezembro de 2012 e que foi liquidada ao abrigo de Regulamento Municipal válido e antes da produção de efeitos do regime de isenção de licenciamento de publicidade, a taxa cobrada é válida.

I – Os efeitos do Decreto-Lei nº 48/2011, de 1 de Abril, só operaram a partir de 02.05.2013.

II – Resultando demonstrado que a renovação das taxas de publicidade objecto de impugnação nos presentes autos se operou em 31.12.2012, nesta data, da ocorrência dos factos tributários o regime de isenção de licenciamento de publicidade estabelecido pelo Decreto-Lei nº 48/2011 ainda não se aplicava às taxas objecto da presente impugnação.

III – Não sofre de nulidade o Regulamento de Cobrança e Tabela de Taxas, Licenças e Outras Receitas Municipais para 2013 derivada de falta de critérios económico-financeiros porque os contém devidamente definidos no seu art. 6º.

Ac. TCAS de 16/2/2017, proc. 13662/16

O Governo pode conceder a naturalização aos indivíduos que, não sendo apátridas, tenham tido a nacionalidade portuguesa, aos que forem havidos como descendentes de portugueses, aos membros de comunidades de ascendência portuguesa e aos estrangeiros que tenham prestado ou sejam chamados a prestar serviços relevantes ao Estado Português ou à comunidade nacional. Ora, não tendo a requerente provado ser filha de cidadão estrangeiro com nacionalidade portuguesa, tendo tido perdido a cidadania portuguesa aquando a independência de Angola e vivendo no estrangeiro, tais factos são insuficientes para o Estado português lhe conceder a cidadania por naturalização. Com efeito, a lei exige mais para a concessão da naturalização, nomeadamente ter deixado de ser português em idade adulta e ter profundas ou especiais ligações atuais à comunidade nacional, o que não se provou.

I – O Ministro da Justiça pode conceder a naturalização, com dispensa dos requisitos previstos nas alíneas b) e c) do nº 1 do artigo 6º da Lei da Nacionalidade, aos indivíduos que, não sendo apátridas, tenham tido a nacionalidade portuguesa desde o nascimento.

II – O Ministro da Justiça tem, no caso previsto no artigo 6º, no 6, da Lei da Nacionalidade, uma (grande) margem de livre decisão administrativa, a qual, como se sabe, é limitada sempre pelo seguinte: (i) precedência de lei, (ii) interesse público, (iii) fim lícito, (iv) eventuais vinculações legais específicas, (v) todos os princípios constitucionais da atividade administrativa e (vi) racionalidade ou falta de erros grosseiros.

Ac. STA de 23/02/2017, Prc. 01268/16

Uniformização de Jurisprudência. Recurso Hierárquico. Suspensão do Prazo.

É fixada jurisprudência no sentido de que a suspensão do prazo de impugnação contenciosa decorrente de interposição de recurso hierárquico facultativo cessa com a notificação da decisão proferida sobre essa impugnação administrativa ou com o decurso do prazo legal para a decidir, conforme o facto que ocorrer em primeiro lugar. Com efeito, a notificação da decisão da impugnação administrativa e o decurso do respetivo prazo legal põem termo à suspensão do prazo de impugnação. Nestes termos, o prazo para a propositura da impugnação contenciosa começou a contar a partir da notificação do despacho que negou provimento à reclamação do ato que ordenou a reposição da quantia, referente a prestações de desemprego recebidas, suspendendo-se com a interposição do recurso hierárquico e recomeçando no final do prazo para a sua decisão por ter sido o primeiro dos momentos a ocorrer. Deste modo, a ação foi proposta extemporaneamente, pelo que se julga procedente a caducidade do direito de ação.

Ac. STA de 4/9/2014, Proc. 1117/33

I – Para que certa pretensão possa ser abrangida pelo efeito de «caso resolvido» formado a respeito de determinada decisão administrativa, ela deverá caber na previsão subjectiva e objectiva dessa decisão.

II – O direito a receber o subsídio de função front office *atribuído pela CGD entre 01.07.1983 [OS nº 8798] e 01.01.2001 [OS nº 1/91] tinha como seu facto constitutivo o desempenho efectivo das funções de* front office.

III – No âmbito de relações de trabalho em regime de direito público, o princípio da igualdade, na sua vertente de trabalho igual, salário igual, *não poderá servir de fonte à ilegalidade, tal a de atribuir um subsídio de função a quem não tem direito ao mesmo apenas porque a ilegalidade se estende a outros.*

IV – Sendo a causa de pedir da acção administrativa comum a concreta situação de igualdade de situações laborais, e a injustificada disparidade de tratamento no pagamento do subsídio front office, *ao autor competiria alegar e provar essa «concreta situação de igualdade».*

Ac. STA de 23/01/2007, Proc. 1541/03-20

I – A observância dos princípios da legalidade, justiça, igualdade, transparência e imparcialidade que devem presidir ao procedimento concursal obriga a que na apreciação das propostas se não introduzam sub critérios ou sub factores de avaliação já depois de conhecidos os concorrentes e as suas propostas, pois que só assim será possível impedir a introdução de factores de diferenciação e de valoração em função desse conhecimento e só assim será possível evitar a possibilidade de um tratamento desigual e injusto dos concorrentes, beneficiando uns em detrimento de outros.

II – É lícito, porém, fixar parâmetros com vista a desenvolver e densificar os critérios de avaliação atempadamente fixados.

III – A distinção entre o parâmetro de avaliação e o sub factor reside no facto de, em relação a este último, na rígida independência ou estanquicidade e a atribuição de uma valorização prefixa, enquanto o parâmetro pode interagir com outros parâmetros e tem de ser avaliado com os restantes dentro do conjunto de elementos que se unificam num determinado factor

IV – Assim, para que se possa falar num parâmetro e não num critério novo, ou sub-factor é necessário (i) que o mesmo se inclua no âmbito de um factor predefinido e, uma vez aí incluído, (ii) não seja a bitola de uma avaliação pré-fixa, com independência e estanquicidade dos demais elementos incluídos na compreensão *e* extensão *dos* termos *desse factor.*

V – Integra um novo factor de avaliação o facto de o júri, após a apreciação das candidaturas, deliberar atribuir a pontuação zero, no critério "consistência do projecto de gestão" (pontuável nos termos do Regulamento do concurso de 0 a 10 pontos) todos os projectos que solicitassem um apoio financeiro superior ao limite máximo anunciado no aviso de abertura do concurso, o que viola o princípio da estabilidade do concurso, bem como os princípios da transparência e isenção, corolários do princípio da imparcialidade, consagrado nos artigos 266, nº 2, da CRP, e 6, do CPA.

Ac. STA de 29/4/2009, Proc. 182/08

I – Encontrando-se o P.D.M. de Loures em vigor, as suas prescrições eram obrigatórias, e prevaleciam, naturalmente, sobre qualquer "projecto" para o local em causa, ainda não aprovado e publicado, pelo que enferma de vício de violação de lei o acto que indefere licenciamento de obra, por a mesma não se conformar com as valorações do denominado "Plano de Urbanização da Plataforma da B..., ainda não aprovado, nos termos de lei, nem publicado.

II – O art. 100º do Código do Procedimento Administrativo surge na sequência e em cumprimento da directiva constitucional contida no nº 4 do art. 267º da CRP, obrigando o órgão administrativo competente a, de alguma forma, associar o administrado à preparação da decisão final.

III – Tratando-se de formalidade essencial – que visa não só garantir a participação do interessado nas decisões que o afectem, como ainda contribuir para o acerto das decisões administrativas, permitindo, a quem tem de decidir o melhor conhecimento possível das realidades –, é de cumprimento obrigatório em todos os casos, a não ser que se esteja perante alguma das situações previstas no art. 103, nº 1, alíneas b) e c) do CPA, ou quando ocorra alguma das hipóteses contempladas nas alíneas a) e b) do nº 2 do mesmo artigo, que permitem ao órgão instrutor dispensar a audiência.

IV – A jurisprudência deste STA tem admitido que, em aplicação do princípio do aproveitamento do acto administrativo, não se determine a anulação do acto que não deu prévio cumprimento ao dever de audiência, "quando ele, de tão impregnado de vinculação legal, não consente nenhuma outra solução (de facto e de direito), a não ser a que foi consagrada".

V – Não basta, porém, para o aludido aproveitamento do acto, que ele seja praticado no exercício de poderes vinculados, pois, sempre que exista a possibilidade de os interessados, através da audiência prévia, influírem no sentido da determinação da decisão final, não haverá que retirar efeitos invalidantes ao vício de preterição da referida formalidade.

Ac. STA de 27/2/2008, Proc. 269/02

I – O conceito de interesse público a que alude o art. 13º do DL 422/89, de 2/12 (que prevê a possibilidade de prorrogação dos prazos de concessão dos contratos de exploração de jogos de fortuna ou azar, considerado o interesse público) é um conceito jurídico indeterminado, pelo que a Administração, neste domínio, goza de liberdade de escolha do elemento ou elementos atendíveis para o preenchimento de tal tipo de conceito desde que essa escolha se faça com observância dos princípios que enformam a actividade administrativa, designadamente o da legalidade, da justiça, da igualdade, da proporcionalidade e do interesse público.

II – Os Tribunais não se podem substituir às entidades públicas na formulação de valorações que, por envolverem apenas juízos sobre a conveniência e oportunidade da sua actuação, se inscrevem no âmbito próprio da discricionariedade administrativa, e, por isso, a sua sindicância judicial tem de quedar-se pela análise do cumprimento das normas e dos princípios jurídicos que vinculam a Administração e por verificar se a decisão assentou em erro patente ou critério inadequado.

III – Não padece destas irregularidades a decisão do Governo que prorrogou o contrato de concessão na zona permanente de jogo do Estoril, através de acto administrativo contido no DL 275/2001, de 17/10, por a mesma se ter fundado no interesse público da obtenção, num limitado período temporal, dos avultados meios financeiros capazes de financiar os investimentos necessários ao desenvolvimento da política do turismo e tal não evidenciar nenhum erro patente ou uso de critério inadequado.

IV – O exercício abusivo do poder discricionário não constitui um vício a se, *com autonomia e independência em relação aos restantes vícios tipificados na lei e, portanto, susceptível de ser sindicado por si próprio. E, porque assim é, só se pode dizer que a Administração exerceu abusivamente o poder quando daí resulte a violação de qualquer comando legal.*

V – A previsão legal, constante do art. 13º do D.L. 422/89, da prorrogação inconcursada do prazo de concessão da exploração de jogos de fortuna ou azar não viola o princípio da igualdade.

VI – A prorrogação de um prazo contratual só constitui violação do princípio da proporcionalidade se a mesma for desadequada, desnecessária ou desproporcionada em relação à finalidade que se quer obter.

VII – Não pode considerar-se violado o princípio da tutela da confiança – o qual pressupõe a protecção de particulares relativamente aos comportamentos administrativos que objectivamente provoquem uma crença na sua efectivação – se não existiu qualquer comportamento da Administração que justificasse a alegada confiança do Recorrente na prolação decisão por ele pretendida.

VIII – A fundamentação é um conceito relativo que varia em função do tipo legal de acto em causa que visa responder às necessidades de esclarecimento do interessado, procurando-se através dela informá-lo do seu itinerário cognoscitivo e valorativo informando-o das razões, de facto e de direito, que determinaram a sua prática.

Ac. STA de 4/12/2008, Proc. 621/07

I – O proprietário de terreno, que interpôs recurso contencioso de anulação de acto de indeferimento de pedido de informação prévia sobre construção a edificar nesse terreno, mantém legitimidade para tal recurso, depois de alienar esse mesmo terreno e enquanto o adquirente não for admitido a substitui-lo, por meio de habilitação.

II – O direito de audiência, regulado no artigo 100 do Código do Procedimento Administrativo é aplicável aos procedimentos especiais, por força do nº 6 do artigo 2 do mesmo Código.

III – É possível a revogação implícita de acto administrativo, por incompatibilidade entre o acto revogatório e o revogado, na ausência de declaração revogatória.

IV – O artigo 125 do Código do Procedimento Administrativo, ao preceituar que a fundamentação dos actos administrativos pode consistir em mera declaração de concordância com os fundamentos de anterior parecer, fundamentação ou proposta, não exige uma declaração formal expressa, mas uma declaração inequívoca que não deixe dúvidas quanto à identificação dos fundamentos do acto.

V – A caducidade do alvará de loteamento opera pelo simples não exercício do correspondente direito, no prazo legalmente estabelecido, não constituindo, por isso, a notificação do acto declarativo dessa mesma caducidade requisito de eficácia deste acto.

VI – A consagração constitucional do direito de propriedade não tutela o jus aedificandi, *que é uma concessão jurídico-pública, decorrente do ordenamento jurídico urbanístico, pelo qual é modelado.*

VII – Os princípios constitucionais da igualdade, da justiça e da boa-fé operam, apenas, no como limites internos da actividade discricionária da Administração, consumindo--se, na actividade vinculada, no princípio da legalidade.

Ac. STA de 3/06/2003, Proc. 1271/02

I – Antes da declaração de inconstitucionalidade, com força obrigatória geral, da alínea a) do nº 7 da Portaria nº 162/76, de 24 de Março, não existia qualquer norma que previsse a formulação da opção pelo serviço activo por Deficientes das Forças Armadas fora dos momentos indicados no art. 7º do Decreto-Lei nº 43/76, de 20 de Janeiro, designadamente que a permitisse a qualquer momento, quando o interessado bem entendesse e fora do âmbito de uma «revisão do processo», tal como estava prevista naquela Portaria.

II – Se essa norma não existia antes dessa declaração de inconstitucionalidade, também não passou a existir com ela, pois os efeitos das declarações de inconstitucionalidade com força obrigatória geral, definidos no art. 282º da C.R.P., consistem apenas na eliminação jurídica retroactiva da norma declarada inconstitucional e repristinação de normas que a norma declarada inconstitucional eventualmente tenha revogado, efeitos estes que podem ser restringidos, nos termos do nº 4 do mesmo artigo, mas não ampliados.

III – Não há qualquer norma da Portaria nº 162/76 que preveja uma situação que apresente similitude com a situação dos DFA que foram automaticamente considerados como tal por serem considerados deficientes ao abrigo do disposto no Decreto-Lei nº 210/73, pelo que não é possível encontrar por via de analogia, regulamentação para o exercício do direito de opção pelo serviço activo destes DFA, no âmbito do Decreto-Lei nº 43/76.

IV – Inexistindo qualquer regulamentação sobre a forma e momento de concretização por estes DFA, no âmbito do Decreto-Lei nº 43/76, do direito de opção pelo serviço activo que lhes é reconhecido no acórdão do Tribunal Constitucional em que foi declarada a inconstitucionalidade da norma referida, não podia a Administração reconhecer tal direito, pois o princípio da legalidade (previsto no art. 266º, nº 2, da C.R.P. e enunciado no art. 3º do C.P.A.), a que está sujeita a generalidade da actuação da Administração, inclusivamente quando constitutiva, tem um conteúdo positivo, que se traduz em esta só poder fazer o que lhe é permitido pela Constituição, pela lei, e por actos a que estas reconhecem força vinculativa.

V – Por isso, na falta de regulamentação aplicável ao exercício do direito referido, a Administração não podia deferir um requerimento de regresso ao serviço activo em condições que dispensem plena validez, apresentado por um DFA que tinha podido optar pelo serviço activo no âmbito do Decreto-Lei nº 210/73.

VI – Em situações em que existe um regime jurídico introduzido pela lei ordinária, em que se reconhece a determinados cidadãos um direito com fundamento constitucional, mas se gera uma situação discriminatória incompatível com a Constituição, por esse reconhecimento não ser extensível a outros cidadãos que se encontram em situação substancialmente idêntica, pode entender-se que se está perante uma inconstitucionalidade por acção, ao atribuir-se o direito aos cidadãos beneficiados, ou perante uma inconstitucionalidade por omissão, por o direito não ser reconhecido aos outros cidadãos.

VII – No entanto, em qualquer das hipóteses, o direito não poderia ser reconhecido administrativamente a cidadãos incluídos no grupo não abrangido pelo benefício, pois o reconhecimento da inconstitucionalidade por acção conduziria à eliminação do benefício em relação a todos e a inconstitucionalidade por omissão apenas pode ser apreciada pelo Tribunal Constitucional, em processo próprio, nos termos do art. 283º da C.R.P..

VIII – Também não poderia reconhecer-se administrativamente o direito, afirmando a inconstitucionalidade parcial da norma que atribui o direito, na parte em que o restringe apenas a um grupo de cidadãos, quando o regime legal sobrevivente à declaração de inconstitucionalidade, pelas suas próprias características, é inaplicável à situação dos restantes cidadãos.

Ac. STA de 3/04/2008, Proc. 1079/07

I – A revista só pode ter como fundamento a violação de lei substantiva ou processual, competindo ao tribunal de revista aplicar definitivamente o direito aos factos materiais fixados pelo tribunal recorrido, o que significa que, à partida, está excluído o recurso com fundamento em erro de julgamento quanto à matéria de facto (nºs 2 a 4 do art. 150 do CPTA).

II – Não ocorre violação do princípio da separação de poderes nem dos preceitos que o consagram (art. 111 da CRP e art. 3 do CPA) se, cada um dos intervenientes, a Administração, praticando um acto administrativo nos termos em que o fez, e os tribunais deferindo o pedido de suspensão de eficácia com os fundamentos avançados, agiram utilizando os poderes a cada um conferidos pela lei e pela Constituição (art. 266 e ss. e 202º e 207º respectivamente).

III – A atribuição de carácter urgente a uma declaração de utilidade pública não constitui qualquer obstáculo à pronúncia dos tribunais sobre essa matéria ou sobre o pedido de suspensão de eficácia que sobre ela incida já que nenhum aspecto do acto administrativo praticado em execução da lei pode ser subtraído a fiscalização judicial.

IV – A evidência do carácter urgente atribuído à expropriação, que decorre da lei, não inibe os tribunais de exercerem os seus poderes constitucionais, designadamente fazendo ceder esse interesse público relevante perante interesses privados considerados de maior valia.

V – A ponderação dos interesses e do peso relativo dos prejuízos decorrentes, em concreto, da recusa ou concessão das providências cautelares, prevista no nº 2 do art. 120 do

CPTA, desde que feita sem apelo a critérios jurídicos ou normativos, configura matéria de facto que não pode ser sindicada pelo tribunal de revista.

VI – Já o juízo sobre se a resolução prevista no art. 128, nº 1, do CPTA está devidamente fundamentada é um juízo jurídico, incorporando-se naquilo a que normalmente se chama de matéria de direito.

VII – Todavia, o juízo sobre se "o deferimento da execução seria gravemente prejudicial para o interesse público" será, normalmente um juízo factual, por ser um juízo avaliativo de factos que é, ele mesmo, também, matéria de facto.

IX – Permite perceber que o diferimento da execução seria gravemente prejudicial para o interesse público o despacho que procede à declaração de utilidade pública da expropriação de duas parcelas, com carácter urgente, *necessárias à execução do Plano de Pormenor do Centro Histórico de Viana do Castelo e inseridas no âmbito das acções do Programa... previstas para a cidade, se o carácter urgente da expropriação decorre da própria lei – art. 6 e 7 do DL 314/2000, de 2.12 – o que, à luz do nº 2 do art. 15 do Código das Expropriações, aprovado pela Lei nº 168/99, de 18.9, confere de imediato ao expropriante, a posse administrativa da parcela em causa e, ainda, se da mesma resolução decorre a paralisação e recalendarização de outras intervenções, a reafectação de recursos humanos, a reconfiguração do programa de financiamento e o aumento significativo das despesas orçamentadas, agravamento das condições de financiamento e comprometimento da comparticipação financeira dos fundos comunitários.*

Ac. STA de 6-5-2003, Proc. 902/02

I – Sendo diferenciados os pressupostos da (não) concessão de autorização excepcional de residência *ao abrigo do art. 88º do DL nº 244/88 (segundo a redacção original ou a decorrente do Dec. Lei nº 4/2001 de 10 de Janeiro), relativamente a* uma declaração de extinção do procedimento *(proferida com invocação dos art.s 8º do DL nº 4/2001 e 112º do CPA), instaurado com vista àquela finalidade, devem considerar-se manifestamente improcedentes arguições do recorrente tendentes a demonstrar que reunia os pressupostos da aplicação do aludido* regime excepcional *de autorização de residência.*

II – A manifestação de oposição pelo interessado, prevista no nº 2 do art. 8º do Dec. Lei nº 4/2001, no sentido de que um pedido de autorização de residência que se encontre pendente não seja enquadrado nas disposições dos artigos 55º, 56º e 87º do Decreto-Lei nº 244/98, de 8 de Agosto, apenas será de molde a impedir que o mesmo veja um normal (melhor, o regulado na Secção II do Capítulo VI deste Dec. Lei, alterado pelo 4/2001), pedido de autorização de residência *enquadrado naqueles dispositivos do Decreto-Lei nº 244/98, mas já será de todo inócua, face ao disposto no nº 2 do art. 8º do Dec. Lei nº 4/2001, para impedir que possa ser declarada a extinção do procedimento relativamente ao pedido de concessão de autorização excepcional de residência um interessado se posteriormente lhe foi concedida autorização de permanência.*

III – À luz do exposto, o acto que declarou extinto o procedimento iniciado com o pedido de autorização excepcional de residência, dada a emergência da concessão ao interessado de autorização de permanência, não violou o princípio da prossecução do interesse público e da protecção dos direitos e interesses dos cidadãos.

IV – Por outro lado, a declaração de extinção do procedimento, nos enunciados termos, também não pode considerar-se como tendo violado o princípio constitucional da igualdade, dado que tal princípio rector da actividade administrativa apenas cobra autonomia no domínio do poder discricionário, sendo certo que no caso a Administração se moveu no âmbito de actividade vinculada.

Ac. STA de 17/04/2008, Proc. 548/07

I – Das disposições conjugadas da Lei de Bases da Saúde (Lei nº 48/90, de 24 de Agosto), concretamente do disposto na Base XII, nº 3 e na Base XLI, e do DL nº 97/98, de 18 de Abril (regulamenta o Regime de Convenções), especialmente do disposto nos arts. 4º, nº 1, 6º, nº 2 e 11º, nº 1, resulta, de modo evidente, um regime de estreita articulação entre os organismos de saúde públicos e os das entidades convencionadas, no âmbito dos serviços contratualizados, norteado pela prossecução do interesse público fundamental do acesso dos cidadãos aos cuidados de saúde, bem como do racional aproveitamento da capacidade instalada no sector público, cabendo à Administração garantir a acessibilidade de todos os cidadãos aos cuidados de saúde, e avaliar, de forma sistemática, a qualidade dos cuidados prestados pelas entidades convencionadas.

II – É, pois, a essa luz que deve ser entendida a definição de convenção, contida na al. a) do art. 3º do citado DL nº 97/98, para efeitos deste diploma, como "contrato de adesão celebrado entre o Ministério da Saúde, através da Direcção-Geral da Saúde, ou as administrações regionais de saúde e as pessoas privadas, singulares ou colectivas, que tenham por objecto a prestação de cuidados de saúde, em articulação com o Serviço Nacional de Saúde, integrando-se na rede nacional de prestação de cuidados de saúde".

III – As convenções celebradas com entidades privadas, ao abrigo do citado DL nº 97/98, tiveram como objectivo claro o de possibilitar aos utentes do SNS a prestação de alguns cuidados de saúde, designadamente ao nível dos meios terapêuticos e de diagnóstico, nos casos em que as entidades públicas do SNS não tivessem meios ou capacidade suficiente de resposta às solicitações dos seus utentes.

IV – A deliberação do C.A. de uma Unidade de Saúde Local (USL) que decidiu «viabilizar a maximização da utilização da capacidade instalada pelos Serviços de Patologia Clí-

nica e de Anatomia Patológica, iniciando a realização, nestes Serviços, dos exames que têm sido requisitados ao exterior pelos Centros de Saúde e que podem ser realizados nestes Serviços», ou seja, dos exames que vinham sendo requisitados a entidades privadas, no âmbito de convenção anteriormente celebrada pela ARS ao abrigo do DL nº 97/98, dada a capacidade instalada entretanto adquirida, não opera qualquer alteração unilateral do objecto ou dos termos dessa convenção, pois que os contornos e fundamentos da decisão administrativa contida na deliberação estão já contemplados ou admitidos no próprio texto da convenção. Ou seja, a convenção celebrada não só não excluía a imediata viabilização da capacidade instalada entretanto adquirida nas unidades de saúde públicas, como até a pressupunha nos termos do disposto no citado nº 2 do art. 6º do DL nº 97/98.

V – A deliberação impugnada não violou o princípio da legalidade, muito menos o da legalidade-fundamento (art. 3º, nº 1 do CPA), pois que – como vimos – foi precisamente por imposição legal que a Recorrente decidiu passar a efectuar nas suas próprias instalações os exames anteriormente requisitados às entidades convencionadas, como igualmente não violou os princípios da boa-fé e tutela da confiança, consagrados nos arts. 266º, nº 2 da CRP e 6º-A do CPA.

Ac. STA de 2/04/2003, Proc. 923/02

I – O funcionamento de cursos de mestrado numa universidade integrada no ensino cooperativo depende do funcionamento na mesma do respectivo curso de licenciatura há mais de cinco anos e da manutenção desse funcionamento, enquanto decorrer a ministração do curso de mestrado (arts. 39º, nº 1, do Estatuto do Ensino Superior Particular e Cooperativo, aprovado pelo Decreto-Lei nº 16/94, de 22 de Janeiro).

II – No entanto, a autorização de funcionamento do curso de mestrado não depende da verificação, em relação ao curso de licenciatura, dos requisitos previstos nos arts. 14º e 28º daquele Estatuto, relativamente à composição do corpo docente, designadamente em relação ao número e categoria académica dos professores e regime de tempo integral em que prestam serviço à universidade que pretende ministrar o mestrado, pois existem regras próprias nos arts. 8º e 11º do Decreto-Lei nº 216/92 para este tipo de cursos, diferentes das dos daqueles artigos e não valem em relação aos cursos de mestrado as razões que justificam que se façam aquelas exigências em relação aos cursos de licenciatura.

III – À face do princípio da legalidade, que deve enformar toda a actividade da Administração nas relações com os particulares (arts. 266º, nº 2, da C.R.P. e 3º, nº 1, do C.P.A.), não é possível a utilização dos poderes conferidos para autorizar cursos de mestrado, que têm em vista assegurar o cumprimento da legalidade quanto a eles mesmos e garantir a satisfação dos fins públicos com eles conexionados, em desconformidade «com os fins para que os mesmos foram conferidos» (art. 3º, nº 1, do C.P.A.), designadamente como um meio preventivo suplementar, não arrolado no art. 76º do Estatuto do Ensino Superior Particular e Cooperativo, para obrigar a instituição universitária requerente da autorização satisfazer os requisitos legalmente exigidos para o funcionamento do curso de licenciatura.

Ac. STA de 20/05/2003, Proc. 47.950/02

I – Antes da declaração de inconstitucionalidade, com força obrigatória geral, da alínea a) do nº 7 da Portaria nº 162/76, de 24 de Março, não existia qualquer norma que previsse a formulação da opção pelo serviço activo por Deficientes das Forças Armadas fora dos momentos indicados no art. 7º do Decreto-Lei nº 43/76, de 20 de Janeiro, designadamente que a permitisse a qualquer momento, quando o interessado bem entendesse e fora do âmbito de uma «revisão do processo», tal como estava prevista naquela Portaria.

II – Se essa norma não existia antes dessa declaração de inconstitucionalidade, também não passou a existir com ela, pois os efeitos das declarações de inconstitucionalidade com força obrigatória geral, definidos no art. 282º da C.R.P., consistem apenas na eliminação jurídica retroactiva da norma declarada inconstitucional e repristinação de normas que a norma declarada inconstitucional eventualmente tenha revogado, efeitos estes que podem ser restringidos, nos termos do nº 4 do mesmo artigo, mas não ampliados.

III – Não há qualquer norma da Portaria nº 162/76 que preveja uma situação que apresente similitude com a situação dos DFA que foram automaticamente considerados como tal por serem considerados deficientes ao abrigo do disposto no Decreto-Lei nº 210/73, pelo que não é possível encontrar por via de analogia, regulamentação para o exercício do direito de opção pelo serviço activo destes DFA, no âmbito do Decreto-Lei nº 43/76.

IV – Inexistindo qualquer regulamentação sobre a forma e momento de concretização por estes DFA, no âmbito do Decreto-Lei nº 43/76, do direito de opção pelo serviço activo que lhes é reconhecido no acórdão do Tribunal Constitucional em que foi declarada a inconstitucionalidade da norma referida, não podia a Administração reconhecer tal direito, pois o princípio da legalidade (previsto no art. 266º, nº 2, da C.R.P. e enunciado no art. 3º do C.P.A.), a que está sujeita a generalidade da actuação da Administração, inclusivamente quando constitutiva, tem um conteúdo positivo, que se traduz em esta só poder fazer o que lhe é permitido pela Constituição, pela lei, e por actos a que estas reconhecem força vinculativa.

V – Por isso, na falta de regulamentação aplicável ao exercício do direito referido, a Administração não podia deferir um requerimento de regresso ao serviço activo em condições que dispensem plena validez, apresentado por um DFA que tinha podido optar pelo serviço activo no âmbito do Decreto-Lei nº 210/73.

VI – Em situações em que existe um regime jurídico introduzido pela lei ordinária, em que se reconhece a determinados cidadãos um direito com fundamento constitucional, mas se gera uma situação discriminatória incompatível com a Constituição, por esse reconhecimento não ser extensível a outros cidadãos que se encontram em situação substancialmente idêntica, pode entender-se que se está perante uma inconstitucionalidade por acção, ao atribuir-se o direito aos cidadãos beneficiados, ou perante uma inconstitucionalidade por omissão, por o direito não ser reconhecido aos outros cidadãos.

VII – No entanto, em qualquer das hipóteses, o direito não poderia ser reconhecido administrativamente a cidadãos incluídos no grupo não abrangido pelo benefício, pois o reconhecimento da inconstitucionalidade por acção conduziria à eliminação do benefício em relação a todos e a inconstitucionalidade por omissão apenas pode ser apreciada pelo Tribunal Constitucional, em processo próprio, nos termos do art. 283º da C.R.P..

VIII – Também não poderia reconhecer-se administrativamente o direito, afirmando a inconstitucionalidade parcial da norma que atribui o direito, na parte em que o restringe apenas a um grupo de cidadãos, quando o regime legal sobrevivente à declaração de inconstitucionalidade, pelas suas próprias características, é inaplicável à situação dos restantes cidadãos.

Ac. STA de 12/11/2003, Proc. 48.072/02

I – Antes da declaração de inconstitucionalidade, com força obrigatória geral, da alínea a) do nº 7 da Portaria nº 162/76, de 24 de Março, não existia qualquer norma que previsse a formulação da opção pelo serviço activo por Deficientes das Forças Armadas fora dos momentos indicados no art. 7º do Decreto-Lei nº 43/76, de 20 de Janeiro, designadamente que a permitisse a qualquer momento, quando o interessado bem entendesse e fora do âmbito de uma «revisão do processo», tal como estava prevista naquela Portaria.

II – Se essa norma não existia antes dessa declaração de inconstitucionalidade, também não passou a existir com ela, pois os efeitos das declarações de inconstitucionalidade com força obrigatória geral, definidos no art. 282º da C.R.P., consistem apenas na eliminação jurídica retroactiva da norma declarada inconstitucional e repristinação de normas que a norma declarada inconstitucional eventualmente tenha revogado, efeitos estes que podem ser restringidos, nos termos do nº 4 do mesmo artigo, mas não ampliados.

III – Não há qualquer norma da Portaria nº 162/76 que preveja uma situação que apresente similitude com a situação dos DFA que foram automaticamente considerados como tal por serem considerados deficientes ao abrigo do disposto no Decreto-Lei nº 210/73, pelo que não é possível encontrar por via de analogia, regulamentação para o exercício do direito de opção pelo serviço activo destes DFA, no âmbito do Decreto-Lei nº 43/76.

IV – Inexistindo qualquer regulamentação sobre a forma e momento de concretização por estes DFA, no âmbito do Decreto-Lei nº 43/76, do direito de opção pelo serviço activo que lhes é reconhecido no acórdão do Tribunal Constitucional em que foi declarada a inconstitucionalidade da norma referida, não podia a Administração reconhecer tal direito, pois o princípio da legalidade (previsto no art. 266º, nº 2, da C.R.P. e enunciado no art. 3º do C.P.A.), a que está sujeita a generalidade da actuação da Administração, inclusivamente quando constitutiva, tem um conteúdo positivo, que se traduz em esta só poder fazer o que lhe é permitido pela Constituição, pela lei e por actos a que estas reconhecem força vinculativa.

V – Por isso, na falta de regulamentação aplicável ao exercício do direito referido, a Administração não podia deferir um requerimento de regresso ao serviço activo em condições que dispensem plena validez, apresentado por um DFA que tinha podido optar pelo serviço activo no âmbito do Decreto-Lei nº 210/73.

VI – Em situações em que existe um regime jurídico introduzido pela lei ordinária, em que se reconhece a determinados cidadãos um direito com fundamento constitucional, mas se gera uma situação discriminatória incompatível com a Constituição, por esse reconhecimento não ser extensível a outros cidadãos que se encontram em situação substancialmente idêntica, pode entender-se que se está perante uma inconstitucionalidade por acção, ao atribuir-se o direito aos cidadãos beneficiados, ou perante uma inconstitucionalidade por omissão, por o direito não ser reconhecido aos outros cidadãos.

VII – No entanto, em qualquer das hipóteses, o direito não poderia ser reconhecido administrativamente a cidadãos incluídos no grupo não abrangido pelo benefício, pois o reconhecimento da inconstitucionalidade por acção conduziria à eliminação do benefício em relação a todos e a inconstitucionalidade por omissão apenas pode ser apreciada pelo Tribunal Constitucional, em processo próprio, nos termos do art. 283º da C.R.P..

VIII – Também não poderia reconhecer-se administrativamente o direito, afirmando a inconstitucionalidade parcial da norma que atribui o direito, na parte em que o restringe apenas a um grupo de cidadãos, quando o regime legal sobrevivente à declaração de inconstitucionalidade, pelas suas próprias características, é inaplicável à situação dos restantes cidadãos.

Ac. STA de 15/10/2003, Proc. 832/03

I – O Despacho nº 14.030-A/99, da Entidade Reguladora do Sector Eléctrico, publicado no Diário da República, II Série, de 22/07/99, foi emitido por ela nos termos e em cumprimento do art. 26º do Regulamento das Relações Comerciais, aprovado pelo Despacho da mesma entidade nº 16.288-A/98, de 15 de Setembro (2.ª série, suplemento) visando regulamentar a «comparticipação nos custos de reforço da rede».

II – O art. 24º deste Regulamento, estabelece o regime da apresentação de orçamentos para construção dos elementos necessários à ligação de infra-estruturas eléctricas à rede pública de distribuição, orçamentos esses que são de apresentação obrigatória para o distribuidor vinculado e que devem ser elaborados com base no custo dos elementos necessários para proporcionar a ligação (nºs 1 e 2), ou com base em tabelas de preços calculadas em «função da potência requisitada e ao comprimento da ligação a construir» (nº 5), para além do encargos suportados com os estudos necessários para elaboração do orçamento (nºs 6, 7 e 8).

III – Sendo esse o regime legal a que está subordinada a elaboração destes orçamentos, por força do princípio da legalidade, que deve enformar toda a actividade da Administração nas relações com os particulares (arts. 266º, nº 2, da C.R.P. e 3º, nº 1, do C.P.A.) não podem ser utilizados para cálculo do orçamento elementos não previstos, designadamente a fórmula de cálculo da «comparticipação nos custos de reforço da rede», indicada no art. 26º do mesmo Regulamento, que utiliza, além, da «potência requisitada», também a «potência de referência» e o «valor unitário da comparticipação de potência».

IV – Tendo aquele princípio da legalidade uma formulação positiva, nos termos da qual o bloco de legalidade aplicável não é apenas um limite à actuação da Administração, mas também o fundamento da acção administrativa, a Administração, em todos os aspectos da actividade administrativa, e não apenas aqueles que possam consistir na lesão de direitos ou interesses dos particulares, só pode fazer aquilo que a legalmente lhe for permitido.

V – Por isso, não podem ser utilizados para cálculo do orçamento previsto no referido art. 24º elementos aí não previstos, mesmo que da aplicação da fórmula utilizada possa resultar um valor menor do que o que resulta da aplicação daqueles elementos.

Ac. STA de 17/12/2003, Proc. 1.492/03

I – A Administração esta subordinada, na globalidade da sua actuação, ao princípio da legalidade (arts. 266º, nº 2, da C.R.P. e 3º do C.P.A.) e, para se poder concluir pela atribuição de um poder discricionário, é necessario que a lei atribua à Administração o poder de escolha entre várias alternativas diferentes de decisão.

II – Assim, não existindo qualquer disposição legal que atribua à Administração um poder discricionário de autorizar a transferência de farmácias, no âmbito do programa especial previsto na Portaria nº 936-B/99, de 22 de Outubro (ao contrário do que sucede no regime geral de transferência previsto no nº 16º da Portaria nº 936-A/99, da mesma data) tem de concluir-se que aquele poder de autorizar transferências é um poder vinculado.

III – No art. 3º do C.P.A., o princípio da legalidade passou a ter uma formulação positiva, constituindo não só o limite mas também o fundamento e o critério de toda a actuação administrativa, o que tem como corolário que não haja um poder de a Administração fazer o que bem entender, salvo quando a lei lho proibir, mas sim que a Administração só possa fazer aquilo que a lei lhe permitir que faça.

IV – Em face do conteúdo positivo do princípio da legalidade, as condições previstas nos nºs 2º e 3º da Portaria nº 936-A/99, para que remete o nº 2º da Portaria nº 936-B/99, são as únicas condições de que depende o exercício do direito de transferência de farmácias que este último diploma reconhece, pois não é permitido à Administração criar condições suplementares, não previstas no bloco de legalidade aplicável ao caso.

Ac. STA de 3/3/2004, Proc. 1.522/03-13

I – Estando a concessão do regime de 42 horas semanais de trabalho de médicos, nos termos do nº 3 do art. 24º do Decreto-Lei nº 73/90, de 6 de Março (redacção inicial), dependente da existência de interesse para o bom funcionamento dos serviços, esse regime só poderia ser retirado quando deixasse de existir interesse dos serviços na concessão desse horário, mas já não quando houvesse «deficiente cumprimento das obrigações do médico», que, nos termos da mesma disposição, era uma causa privativa da retirada do regime de dedicação exclusiva.

II – A legalidade dos actos administrativos afere-se à face do regime legal vigente no momento em que eles foram praticados, como decorre do nº 2 do art. 12º do Código Civil.

III – Por isso, o facto de a nova redacção dada ao nº 4 do art. 24º daquele diploma pelo Decreto-Lei nº 412/99, de 15 de Outubro, ter previsto o deficiente cumprimento das obrigações do médico como fundamento de cessação do regime de dedicação exclusiva com o horário de quarenta e duas horas de trabalho por semana, não afasta a ilegalidade de actos anteriores à vigência deste diploma que invocaram tal fundamento quando a lei ainda não o admitia como suporte daquela cessação.

IV – A Administração está obrigada a actuar em conformidade com o princípio da legalidade, não podendo invocar como fundamento das suas decisões factos que a lei não previu como podendo servir de suporte ao decidido.

Ac. STA de 24/9/2003, Proc. 130/02

I – Sendo o direito de propriedade constitucionalmente garantido «nos termos da Constituição» (parte final do nº 1 do art. 62º da C.R.P.) e impondo esta ao Estado, designadamente, o dever de «promover o aproveitamento racional dos recursos naturais, salvaguardando a sua capacidade de renovação e a estabilidade ecológica» [art. 66º, nº 2, alínea d), da C.R.P.], tem de concluir-se que o direito de propriedade apenas é reconhecido constitucionalmente na medida em que o exercício das faculdades nele inerentes seja compatível, designadamente, com as necessidades de ordenamento cinegético.

II – Assim, os prédios rústicos estão constitucionalmente sujeitos aos ónus necessários para assegurar ao Estado o cumprimento dos seus deveres de concretizar o ordenamento cinegético, entre os quais se inclui o de suportar a criação de zonas de caça, e, por isso, esses ónus são limites imanentes do direito de propriedade constitucionalmente reconhecido, pelo que a constituição de uma zona de caça não implica o pagamento de indemnização aos titulares de direitos sobre os terrenos por ela abrangidos.

III – O princípio da igualdade não proíbe que se estabeleçam distinções, mas sim, distinções desprovidas de justificação objectiva e racional.

IV – Em situações em que existe um regime jurídico introduzido pela lei ordinária em que se reconhece a determinados cidadãos um direito, mas ele não é reconhecido à totalidade das pessoas que se encontram em situação em que, com o mesmo fundamento, deveria ser reconhecido, a compatibilidade da legislação ordinária com a Constituição tanto pode ser atingida através da eliminação jurídica da norma que atribui tal direito como através da extensão do seu reconhecimento à generalidade dos cidadãos, devendo apurar-se, para determinar os efeitos da inconstitucionalidade, se se está perante a atribuição ilegítima de um privilégio aos beneficiados ou perante uma discriminação ilegítima daqueles a quem o direito é reconhecido.

V – Não excluindo a Constituição qualquer parcela do território nacional do âmbito dos deveres estaduais de promoção do aproveitamento racional dos recursos naturais [art. 66º, nº 2, alínea d), da C.R.P.], a exploração ordenada dos recursos cinegéticos, deve abranger todo o território nacional,

VI – Assim, estando presente em todas as situações de criação de zonas de caça, incluindo as de interesse turístico e associativo, o interesse público subjacente àquela norma constitucional, justificar-se-ia que não fosse necessário o acordo dos titulares de direitos sobre os terrenos para a criação de quaisquer zonas de caça.

VII – Por isso, a não se entender justificada uma distinção entre as situações da criação das zonas de caça de interesse turístico e associativo e as restantes, a nível da necessidade de acordo dos titulares de direitos sobre os terrenos por elas abrangidos, a inconstitucionalidade das normas da Lei nº 173/99 e do Decreto-Lei nº 227-A/2000 que o dispensam estará não na dispensa de acordo prévios dos titulares dos direitos sobre os terrenos para a criação de zonas de caça de interesse municipal (que é a que está em causa), mas sim na sua exigência para a concessão de zonas de caça de interesse turístico e associativo.

VIII – O interesse municipal na criação de uma zona de caça municipal concretiza-se em permitir o acesso privilegiado dos caçadores do município respectivo, tanto aos neles residentes como aos titulares de direitos sobre os terrenos, àquela zona de caça.

IX – Não obsta à criação de uma zona de caça municipal a circunstância de entre os seus limites existirem «terrenos não cinegéticos», desde que a zona de caça abranja apenas os «terrenos cinegéticos» incluídos nesses limites.

X – Não é necessário para aprovar a criação de uma zona de caça municipal que seja especificado ou estimado o número de caçadores que a irão frequentar, nem que seja publicado qualquer edital.

XI – No contencioso administrativo é atribuída aos particulares legitimidade apenas para a defesa dos seus interesses (art. 46º, nº 1º, do R.S.T.A.), sendo apenas ao Ministério Público que é atribuída legitimidade para defesa da legalidade objectiva (nº 2 do mesmo artigo), pelo que está excluída a legitimidade de particulares para invocação de vícios que se consubstanciem em ilegalidades que os tenham beneficiado ou cuja prática seja indiferente para os seus interesses.

XII – Da referência à obediência «ao direito» contida no art. 3º, nº 1 do C.P.A., conclui-se que a Administração não está subordinada apenas ao estabelecido em diplomas com valor legislativo, mas à generalidade dos actos normativos, incluindo os de natureza regulamentar.

XIII – Não se demonstrando que na área da zona de caça municipal existam «áreas classificadas», a portaria prevista no nº 7 da Portaria nº 467/2001, de 8 de Maio, para a sua criação pode ser emitida por secretário de Estado, agindo no âmbito de competência delegada

Ac. STA de 2/6/2004, Proc. 48017/01

I – O acto pelo qual se decidiu que tinham caducado os incentivos anteriormente concedidos, em forma de subsídio, no âmbito das Iniciativas de Desenvolvimento Local (D-L nº 34/95, de 11.2 Res. Cons. Ministros nºs 34/95, de 17.6 e 154/96, de 17.9), em virtude de o promotor não querer, presumivelmente, assinar o contrato não constitui acto de execução do que lhe atribuíra os ditos subsídios.

II – O facto de o interessado ter interposto recurso do primeiro acto, com fundamento em o mesmo ter determinado uma redução do apoio inicialmente aprovado, não autoriza a Administração a presumir que ele não está interessado em assinar o contrato de concessão do incentivo, e a dispensar-se de lhe fazer a notificação para esse efeito, prevista no nº 9 do art. 17º do Regulamento aprovado pela dita Res. C. M. nº 154/96.

III – O interesse do Estado em libertar tão cedo quanto possível as verbas destinadas aos incentivos deste tipo tem de ceder perante a vinculação que resulta da regulamentação aplicável, face à subordinação da Administração ao princípio da Legalidade e ao respeito pelos direitos e interesses legítimos dos particulares (CRP, art. 266º e CPA, arts. 3º e 4º).

Ac. STA de 7/7/2004, Proc. 567/04

I – Os recursos contenciosos são de mera legalidade (art. 6º da L.P.T.A.), visando-se neles apreciar a legalidade da actuação da Administração tal como ela ocorreu, não podendo o tribunal, perante a constatação da invocação de um fundamento ilegal como suporte da decisão administrativa, apreciar se a sua actuação poderia basear-se noutros fundamentos, mesmo que invocados a posteriori na resposta ao recurso contencioso.

II – As restrições indicadas no art. 1360º do Código Civil à abertura de janelas, portas, varandas e obras semelhantes visam tutelar os interesse privados dos titulares de direitos sobre prédios vizinhos, obstando a que estes prédios sejam facilmente objecto de indiscrição de estranhos e impedindo que o prédio seja facilmente devassado com o arremesso de objectos e não os interesses públicos da estética, segurança e salubridade de edificações e do planeamento urbanístico.

III – Os poderes conferidos às autoridades municipais para o licenciamento de construções e obras de construção civil têm em vista prossecução por estas daqueles interesses públicos e não quaisquer interesses privados.

IV – Por força do princípio da legalidade, enunciado no art. 3º do C.P.A., «os órgãos da Administração Pública devem actuar em obediência à lei e ao direito, dentro dos limites dos poderes que lhes estejam atribuídos e em conformidade com os fins para que os mesmos poderes lhes forem conferidos», pelo que enfermam de vício de violação de lei os actos que os órgãos municipais legalmente competentes para o licenciamento de construções praticarem visando satisfazer fins diferentes daqueles para os quais os poderes de licenciamento de construções lhes foram concedidos, designadamente os fins privados visados pelo referido art. 1360º.

Ac. STA de 24/3/2011, Proc. 90/10

I – Estão sujeitas a licenciamento municipal todas as obras de construção civil e todos os trabalhos que, não possuindo natureza exclusivamente agrícola, impliquem alteração da topografia local e só dele estão dispensadas (1) as obras de simples conservação, restauro, reparação ou limpeza que não impliquem a modificação da estrutura das fachadas, dos telhados, da natureza e da cor materiais dos revestimentos exteriores, isto é, que não alterem substancialmente o edificado e (2) os trabalhos que possuam natureza exclusivamente agrícola ou não impliquem a alteração da topografia local.

II – O regime jurídico fixado no art.s 106º do DL 555/99, de 16/12, pauta-se pelo princípio da proporcionalidade, numa lógica de impor ao executado o menor sacrifício possível, o que se traduz na impossibilidade de ordenar a demolição de obras que, apesar de ilegais, cumprem os requisitos legais e regulamentares de urbanização, de estética, de segurança e de salubridade, ou são susceptíveis de os vir a cumprir.

III – A lei não autoriza que, em caso de obra ilegal, a medida mais radical e mais gravosa para o particular – a demolição – seja tomada sem precedência de uma avaliação, ainda que sumária, sobre a possibilidade de legalização, pelo que a Administração tem o dever legal de formular esse juízo, independentemente de requerimento.

IV – O que não quer dizer que a Administração está, sempre e em qualquer caso, impedida de ordenar a demolição quando as obras, apesar de ilegais, são susceptíveis de legalização. E isto porque, pautando-se a sua actividade pelo princípio da legalidade (art. 3º do CPA), cumpre-lhe reparar a ordem jurídica violada ordenando, se necessário, a demolição da obra ilegal, o que deverá acontecer sempre que constatar que o interessado, pela sua passividade, não irá contribuir para a reposição da legalidade ou que a irá mesmo dificultar.

Ac. do STA de 19 de junho de 2014, Processo 0579/14, 1ª Secção
Suspensão de Eficácia de Normas – Declaração de Ilegalidade de Normas

I – A declaração de ilegalidade com força obrigatória geral apenas pode ser pedida pelos particulares interessados depois de a norma ter sido desaplicada em três casos concretos, nos termos do disposto no art. 73º, nº 1, do CPTA, salvo se o pedido for feito pelo Ministério Público, oficiosamente ou a requerimento das entidades legitimadas para a acção popular (nº 3 do mesmo preceito).

II – Por sua vez, segundo o nº 1 do art. 130º do CPTA pode ser pedida a suspensão, com alcance geral, dos efeitos de qualquer norma quem tenha deduzido ou se proponha deduzir pedido de declaração de ilegalidade dessa norma com força obrigatória geral mas, não sendo o requerente o Ministério Público, o deferimento do pedido de suspensão com alcance geral dos efeitos de qualquer norma "depende da demonstração de que a aplicação da norma em causa foi recusada por qualquer tribunal, em três casos concretos, com fundamento na sua ilegalidade" (nº 3).

III – Não tendo demonstrado a existência de três decisões judiciais que hajam recusado a sua aplicação, os requerentes enquanto actores populares (ou directamente interessados), carecem de legitimidade para pedir a suspensão, com alcance geral, dos efeitos (das normas) do plano de urbanização; como não a têm, pela mesma razão, para deduzir o correspondente pedido de declaração de ilegalidade com força obrigatória geral.

Ac. STA de 03-05-2011, Proc. nº 0976/10

I – De harmonia com o disposto nos arts. 11º e 12º do DL nº 167/93, de Maio, que estabeleceu o regime da propriedade resolúvel sobre prédios urbanos ou suas fracções autónomas, a resolução da propriedade com fundamento em não utilização do fogo para residência própria e permanente do adquirente não pode ser declarada por acto administrativo.

II – Nos casos de resolução de propriedade resolúvel não há lugar a despejo administrativo, por não estar previsto na lei e a necessidade de utilização da via judicial pela Administração resultar do preceituado nos nºs 3 e 4 daquele art. 12º.

III – No art. 3º do Código do Procedimento Administrativo, o princípio da legalidade tem uma formulação positiva, constituindo não só o limite mas também o fundamento e o critério de toda a actuação administrativa, o que tem como corolário que não haja um poder de a Administração fazer o que bem entender, salvo quando a lei lho proibir, mas sim que a Administração só possa fazer aquilo que a lei lhe permitir que faça.

Ac. STA de 06-09-2011, Proc. nº 0371/11

I – A nulidade de sentença por contradição entre os fundamentos e a decisão não ocorre quando as contradições se verificam entre fundamentos de uma mesma decisão.

II – Os recursos contenciosos são de mera legalidade (art. 6º da LPTA), visando-se neles apreciar a legalidade da actuação da Administração tal como ela ocorreu, não podendo o tribunal, perante a constatação da invocação de um fundamento ilegal como suporte da decisão administrativa, apreciar se a sua actuação poderia basear-se noutros fundamentos, designadamente invocados a posteriori nas peças apresentadas no processo de recurso contencioso.

III – À face do DL nº 312/2001, o que releva para aferir da viabilidade dos pedidos de informação prévia para ligação às redes do Serviço Eléctrico Nacional é a capacidade de receber no concreto ponto de recepção que o interessado pretende utilizar a energia eléctrica que pretende produzir, não sendo motivo de indeferimento dos pedidos o eventual excesso de fornecimento de energia que se verifique a nível nacional somando de todos os pedidos relativos a outros pontos de recepção, em que os pedidos excedem a respectiva capacidade de recepção.

IV – O princípio da legalidade, enunciado no art. 3º do CPA, tem uma formulação positiva, nos termos da qual o bloco de legalidade aplicável não é apenas um limite à actuação da Administração, mas também o fundamento da acção administrativa, o que implica que a Administração só pode fazer aquilo que a legalmente lhe for permitido e não tudo o que não é proibido.

Artigo 4º – Princípio da prossecução do interesse público e da proteção dos direitos e interesses dos cidadãos

Compete aos órgãos da Administração Pública prosseguir o interesse público, no respeito pelos direitos e interesses legalmente protegidos dos cidadãos.

ANOTAÇÃO:

A ideia de prossecução do interesse público e do respeito pelos direitos e interesses legalmente protegidos dos cidadãos cuja previsão legal, sendo menos densa do que o correspondente comando constitucional inscrito no art. 266º nº 1, para ele remete e naturalmente a ele obedece.

Com efeito, a redação do presente artigo não é, porém, evidentemente, tão clara como a do referido preceito constitucional, quanto à ligação entre a Administração Pública e o interesse público. Na verdade, o princípio da prossecução do interesse público aparece no Código do Procedimento Administrativo como uma norma de *competência*, enquanto na Constituição ele é uma norma sobre os *fins* ou interesses pelos quais a Administração deve guiar-se na sua atuação, consolidando-se, assim, o interesse público é o "momento teleológico necessário" na feliz expressão de Gomes Canotilho e Vital Moreira, (ob. cit., 3ª ed., pág. 922) de qualquer ato da Administração, seja de atos jurídicos de direito público ou privado, seja de operações materiais.

A prossecução do interesse público vincula a Administração Pública, impondo-lhe um dever de atuação (por ação ou omissão), cerceando, por completo, a discricionariedade administrativa quando ela mostre ser contra a prossecução do interesse público (limite externo).

Este artigo reflete a tensão que está na base do Direito Administrativo ou seja, a proteção dos direitos e interesses legalmente protegidos dos cidadãos como limite ou fronteira, ainda que ténue, com a prossecução do interesse público. De facto, a linha de fronteira não é estanque, nem nítida, nem inultrapassável. Veja-se o exemplo da expropriação por interesse público e o Direito à indemnização dos particulares lesados.

O respeito pelos direitos e interesses legalmente protegidos dos cidadãos é um critério geral que determina para a Administração o dever de ponderação do sacrifício da prossecução do interesse público, *tout court,* face aos referidos direitos e interesses legalmente protegidos dos cidadãos.

Não basta que a administração siga a regra estrita, ou siga cegamente a «cartilha», por assim dizer, mas impõe-se que haja uma ponderação entre o interesse publico e direitos e interesses legalmente protegidos dos cidadãos que não têm de ser, necessariamente, antagónicos. Os interesses podem até ser coincidentes ou complementares.

Cf. ainda a Carta dos Direitos Fundamentais da União Europeia. (2000/C 364/01). PT. 18.12.2000 – Jornal Oficial das Comunidades Europeias C 364/01.

REFERÊNCIAS BIBLIOGRÁFICAS:

J. M. CARDOSO DA COSTA, *A Tutela dos Direitos Fundamentais*, Lisboa.

VIEIRA DE ANDRADE, *Os Direitos Fundamentais dos Cidadãos na Constituição Portuguesa de 1976*, 2ª ed., Coimbra, 2001.

JURISPRUDÊNCIA:

Ac. STA de 11/2/2003, Proc. 613/02

I – A decisão de conceder autorização excepcional de residência nos termos do artigo 88º do DL 244/98, de 8/8, está dependente de «reconhecido interesse nacional» ou "razões humanitárias" expressões com acentuado grau de indeterminação que à Administração cumpre preencher em cada caso.

II – Quando o requerente daquela autorização excepcional invoca casos que identifica, decididos favoravelmente pelo mesmo órgão, os quais considera iguais ao seu, a Administração, para indeferir, está vinculada a apresentar os elementos de facto dos respectivos procedimentos e ponderar se aqueles casos tinham efectivamente as mesmas características e a fazê-lo de forma que tenha o mínimo de demonstração objectiva no procedimento e, não o fazendo, desrespeita a vinculação que consiste na exigência de ponderação, imposta pelos artigos 266º, nº 1 da Const. e 4º do CPA, e a decisão está inquinada de violação de lei.

Ac. STA de 7/2/2002, Proc. 47981

I – Nos termos do artigo 3, nº 1, al. a), do DL 445/91, de 20.11, não estão sujeitas a licenciamento municipal as obras de simples conservação e reparação, quando não impliquem modificação da natureza dos materiais de revestimentos exteriores.

II – Não tem essa natureza e está, por isso, sujeita a licenciamento, a obra de reparação de um caminho de acesso a um prédio de habitação em que o revestimento de gravilha é substituído por alcatrão.

III – Não viola o princípio da prossecução do interesse público o acto que determina demolição desta obra e a reposição do caminho na situação anterior, com fundamento em que a mesma foi realizada sem a necessária licença camarária.

Ac. STA de 28/5/2003, Proc. 132/03

I – A fundamentação do acto administrativo é um conceito relativo que varia conforme o tipo de acto e as circunstâncias do caso concreto, mas só é suficiente quando permite a um destinatário normal aperceber-se do itinerário cognoscitivo e valorativo seguido pelo autor do acto para proferir a decisão, isto é, quando aquele possa conhecer as razões por que o autor do acto decidiu como decidiu e não de forma diferente, de forma a poder desencadear dos mecanismos administrativos ou contenciosos de impugnação.

II – A expressão «tendo em conta o parecer...», utilizada num acto administrativo revela adesão aos fundamentos daquele parecer, na parte que no próprio acto não seja afastada.

III – A prestação de garantia bancária, a pedido da concorrente a um concurso público de fornecimento, antes de ser decidida a adjudicação, não sendo um acto praticado pela Administração no procedimento do concurso, não pode afectar a validade do acto praticado.

IV – Não estando prevista no concurso público de fornecimento de refeições a apresentação de propostas com alteração de cláusulas do caderno de encargos e sendo imposta por este apresentação de uma ementa-tipo para 30 dias em que a composição das refeições observasse capitações mínimas constantes de determinadas tabelas, não pode ser admitida, por força do disposto na alínea b) do nº 2 do art. 49º do Decreto-Lei nº 197/99, de 8 de Junho, uma proposta em que se inclui uma ementa-tipo que, em vários pontos, apresenta capitações inferiores às mínimas exigidas.

V – Os requisitos de admissibilidade das propostas são determinados pelo bloco de legalidade formado pelo Decreto-Lei nº 197/99, pelo caderno de encargos e pelo programa do concurso, não dependendo de prévia definição pelo júri de critérios de inaceitabilidade.

VI – É generalizadamente admitida a possibilidade de correcção de lapsos materiais relativamente a quaisquer actos jurídicos, ao abrigo do disposto nos arts. 249º e 295º do Código Civil, mas apenas são de considerar como lapsos de escrita os que sejam ostensivos, que facilmente se detectem e se identifiquem como tais pelo contexto e que respeitem à expressão material da vontade e não os que possam ter influenciado a formação dessa vontade.

VII – Estando em causa no princípio da boa fé a possibilidade de relevância da confiança suscitada nos particulares pela actuação da Administração, não se pode considerar demonstrado que um acto enferme de violação de tal princípio se não se demonstra que o concorrente a concurso público de fornecimento apresentou proposta sem os requisitos exigidos por ter sido induzido em erro por actos praticados pela Administração.

VIII – A prossecução do interesse público pela Administração, que tem de ser levada a cabo no âmbito da legalidade, não pode justificar que seja adjudicado contrato a concorrente que apresentou preços muito mais baixos que outro, mas cuja proposta não satisfaz os requisitos exigidos pelo programa do concurso e pelo caderno de encargos.

Ac. STA de 06-11-2003, Proc. 080/02

I – A concessão de autorização de residência a estrangeiros ao abrigo do regime excepcional previsto no art. 88º do Decreto-Lei nº 244/98, de 8 de Agosto, emana do exercício de um poder discricionário.

II – Tendo o requerente da autorização de residência invocado a existência de vários casos concretos anteriores, que considera substancialmente idênticos aos que foram decididos favoravelmente, a autoridade decidente estava vinculada a ponderar se havia ou não precedentes válidos e auto-vinculação, se as situações eram materialmente equiparáveis e, em caso afirmativo se lhe era lícito afastar-se da prática anterior.

III – Nas condições descritas, a omissão desse dever de ponderação é invalidante do acto administrativo por violação do princípio do respeito pelos direitos e interesses legalmente protegidos dos cidadãos, consagrado na segunda parte do artigo 4º do Código do Procedimento Administrativo.

Artigo 5º – Princípio da boa administração

1 – A Administração Pública deve pautar-se por critérios de eficiência, economicidade e celeridade.

2 – Para efeitos do disposto no número anterior, a Administração Pública deve ser organizada de modo a aproximar os serviços das populações e de forma não burocratizada.

ANOTAÇÃO:

Fruto dos tempos, o legislador ter-se-á sentido impelido a incluir no Código o princípio da Boa Administração. Sendo ela suposta, foi necessário justificar esta inclusão com a alegada necessidade de ir ao encontro do que era sugerido pelo Direito Comparado e sugestões da Doutrina, nos exatos termos dos pontos da exposição de motivos onde o legislador integra, e bem, a eficiência na boa administração, tal como a aproximação dos serviços às populações quando a realidade presente, e afigura-se-nos a futura, aponta drástica e infelizmente em sentido contrário.

O direito comunitário estabelece de forma bem mais aprofundada, o princípio da boa administração. Na verdade, o artigo 41º da Carta dos Direitos Fundamentais da União Europeia estabelece elementos procedimentais exigentes, como é o caso da legalidade formal, ao contrário do que acontece entre nós, onde apenas se idealiza a eficácia e a economicidade sem nenhuma enunciação concreta.

REFERÊNCIAS BIBLIOGRÁFICAS:

M. Aroso de Almeida, *Teoria Geral do Direito Administrativo*, 2ª ed. Coimbra, 2015.

JURISPRUDÊNCIA:

Acórdão do TJUE de 11 de julho de 2013

No âmbito do "caso Ziegler" que considera com base no artigo 41 da Carta dos Direitos Fundamentais da União Europeia que o princípio da boa administração confere aos cidadãos europeus um verdadeiro direito fundamental.

Artigo 6º – Princípio da igualdade

Nas suas relações com os particulares, a Administração Pública deve reger-se pelo princípio da igualdade, não podendo privilegiar, beneficiar, prejudicar, privar de qualquer direito ou isentar de qualquer dever ninguém em razão de ascendência, sexo, raça, língua, território de origem, religião, convicções políticas ou ideológicas, instrução, situação económica, condição social ou orientação sexual.

ANOTAÇÃO:

O presente artigo corresponde ao art. 5º da anterior versão do CPA quanto ao princípio da Igualdade.

Antes de mais, o Princípio da Igualdade limita a discricionariedade e afasta liminarmente o arbítrio. Assim, este "princípio sagrado" do Direito, não apenas do Administrativo, impõe tratamento igual a situações iguais e tratamento desigual a situações diferentes.

Na senda do art. 13º da CRP, todos os cidadãos têm a mesma dignidade social e são iguais perante a lei, pelo que ninguém pode ser privilegiado, beneficiado, prejudicado, privado de qualquer direito ou isento de qualquer dever em razão de ascendência, sexo, raça, língua, território de origem, religião, convicções políticas ou ideológicas, instrução, situação económica, condição social ou orientação sexual. Do mesmo modo, o direito internacional é, também, fonte inspiradora desta disposição do CPA através, nomeadamente, do que se encontra consagrado a nível europeu no art. 14º da Convenção Europeia dos Direitos do Homem e a nível mundial na Declaração Universal dos Direitos do Homem, *ex vi* do seu art. 2º, nº 2.

Nas palavras de Gomes Canotilho e Vital Moreira, a vinculação da Administração pelo princípio da igualdade obedece a:

a) proibição de medidas administrativas portadoras de incidências coativas desiguais na esfera jurídica dos cidadãos (igualdade na repartição de encargos e deveres);

b) exigência de igualdade de benefícios ou prestações concedidas pela Administração (administração de prestações) – hoje, objeto de regulamentação administrativa específica na Lei nº 26/94, de 19.VIII;

c) autovinculação (casuística) da Administração no âmbito dos seus poderes discricionários, devendo ela utilizar critérios substancialmente idênticos para a resolução de casos idênticos, sendo a mudança de critérios, sem qualquer fundamento material, violadora do princípio da igualdade: a Administração só pode afastar-se de uma prática anterior, que não seja ilegal, se existirem alterações na dimensão do interesse público prosseguido ou dos interesses particulares com ele comprometidos.

d) direito à compensação de sacrifícios, quando a Administração, por razões de interesse público, impôs a um ou vários cidadãos sacrifícios especiais, violadores do princípio da igualdade perante os encargos públicos (in Constituição Anotada, 3ª edição revista, págs. 130 e segs.).

A principal linha de orientação do CPA é, naturalmente, a CRP, mas também os instrumentos jurídicos internacionais sobre esta matéria como é o caso da Declaração Universal dos Direitos do Homem (art. 2º, nº 2) e da Convenção Europeia dos Direitos do Homem (art. 14º).

A jurisprudência nacional considera, quase unanimemente, que a violação da igualdade gera a anulabilidade do ato administrativo e não a nulidade. Os tribunais têm estribado as suas decisões na inexistência de comando legal expresso a consagrar a nulidade. No entanto, a doutrina da qual destacamos L.S. Cabral de Moncada, tem insistentemente e, a nosso ver, bem, defendido que a violação dos direitos fundamentais, como o da igualdade, implica, tal como outros (v.g. o direito de audição prévia), a nulidade do ato administrativo, pelo menos nos casos em que a violação da igualdade for grosseira e evidente, fruto de arbítrio.

REFERÊNCIAS BIBLIOGRÁFICAS:

M. Esteves de Oliveira e R. Esteves, *Concursos e Outros Procedimentos de Contratação Pública*, Coimbra, 2011.

Martim de Albuquerque, *Da Igualdade – Introdução à Jurisprudência*, Coimbra, 1993.

JURISPRUDÊNCIA:

Ac. TCAN de 18 de novembro de 2016 Proc. 03129/10

O mandato dos juízes de paz é por três anos, sendo aplicável aos mesmos a título subsidiário, no que concerne a deveres, incompatibilidades e direitos, o regime da função pública

Ora, tendo deixado de ser juiz de paz em abril de 2007, não era expectável que em 2010 a mesma fosse renomeada, pelo que a deliberação do Conselho de Acompanhamento dos Julgados de Paz não padece de falta de fundamentação, uma vez que a justificação daí constante é suficientemente clara e expressa. Com efeito, a deliberação assentou na inexistência de vagas no Julgado de Paz do Porto e teve igualmente subjacente necessidade do provimento de vagas ser realizada por concurso e nenhum estar aberto.

Ac. TCAS de 7/4/2016, Proc. 12891/16

O facto de uma trabalhadora grávida se deslocar todos os dias a uma conservatória, não a diminui em nada face ao atendimento prioritário às grávidas nas repartições públicas.

Deve ser dada prioridade ao atendimento dos idosos, doentes, grávidas, pessoas com deficiência ou acompanhadas de crianças de colo e outros casos específicos com necessidades de atendimento prioritário nas repartições públicas. No caso dos autos, o Instituto dos Registos e Notariado negou prioridade à trabalhadora de uma sociedade de advogados, que se encontrava grávida e que se deslocava todos os dias à Conservatória. Ora, considerando que a trabalhadora não agiu com abuso de direito, o IRN não poderia exclui-la daquela prioridade de atendimento. Com efeito, a conduta diária da cidadã a trabalhar diariamente por conta de outrem e que está grávida, não se está a desviar do fim social do direito correspetivo do dever de atendimento prioritário, onde se inclui o minorar do sofrimento físico das grávidas causado pelo esperar nas repartições públicas e ainda o de eliminar obstáculos à normal atividade social e laboral das senhoras grávidas.

Ac. STA de 10/9/2015, Proc. 260/15

I – O regime da aposentação antecipada – aplicável aos subscritores da CGA com, pelo menos, 55 anos de idade e que, ao perfazê-la, tivessem já completado, pelo menos 30 anos de serviço – não é invocável por quem só perfez 31 anos de serviço aos 58 anos de idade.

II – Esse regime legal não é arbitrário nem fere o princípio da igualdade

Ac. STA de 4/9/2014, Proc. 1117/33

I – Para que certa pretensão possa ser abrangida pelo efeito de «caso resolvido» formado a respeito de determinada decisão administrativa, ela deverá caber na previsão subjectiva e objectiva dessa decisão.

II – O direito a receber o subsídio de função front office *atribuído pela CGD entre 01.07.1983 [OS nº 8798] e 01.01.2001 [OS nº 1/91] tinha como seu facto constitutivo o desempenho efectivo das funções de* front office.

III – No âmbito de relações de trabalho em regime de direito público, o princípio da igualdade, na sua vertente de trabalho igual, salário igual, *não poderá servir de fonte à ilegalidade, tal a de atribuir um subsídio de função a quem não tem direito ao mesmo apenas porque a ilegalidade se estende a outros.*

IV – Sendo a causa de pedir da acção administrativa comum a concreta situação de igualdade de situações laborais, e a injustificada disparidade de tratamento no pagamento do subsídio front office, *ao autor competiria alegar e provar essa «concreta situação de igualdade».*

Ac. STA de 8/1/2003, Proc. 1072/02

No âmbito dos procedimentos de concurso, o princípio da igualdade tem por objectivo, designadamente, assegurar a inexistência de desequilíbrios de situações jurídicas, por forma a obviar as discriminações entre os diferentes candidatos, pretendendo-se evitar situações de favorecimento, devendo as propostas apresentadas serem apreciadas em função do seu mérito objectivo.

Ac. STA de 30/1/2003, Proc. 1106/02

I – O D. Lei 445/91, alargou o âmbito material de licenciamento municipal, no que se refere às obras de Iniciativa dos Particulares, circunscrevendo a isenção a meras obras de conservação ou reparação.

II – O princípio da igualdade não confere um direito à igualdade na ilegalidade.

Ac. STA de 13/1/2011, Proc. 728/10

I – Nos termos do art. 37º-A do Estatuto da Aposentação, a taxa de redução da pensão é de 4,5% por cada ano de antecipação relativamente à idade exigida para aposentação, não se considerando meios anos ou outras unidades de tempo inferiores, nem se reduzindo tal taxa em conformidade.

II – Enquanto regime excepcional de adesão facultativa, a aposentação antecipada é, ou tomada, ou rejeitada em bloco, não fazendo sentido perseguir os seus benefícios e rejeitar os seus inconvenientes.

III – O regime jurídico da aposentação antecipada, sendo geral e igual para todos, não ofende o princípio da igualdade.

IV – Porque o campo de aplicação do art. 63º, nº 4, da CRP, não abrange as hipóteses de aposentação antecipada, o regime jurídico deste não pode ofender aquele preceito.

Ac. STA de 19/2/2003, Proc. 207/02

I – A violação dos princípios constitucionais da proporcionalidade e da igualdade só assume relevância autónoma quando a Administração actua no exercício de poderes discricionários.

II – O acto administrativo que decide sobre o posicionamento de funcionários na respectiva carreira e correspondente índice remuneratório é praticado no exercício de poderes vinculados.

III – O objecto do recurso jurisdicional é a decisão recorrida e não o acto administrativo cuja legalidade nela foi apreciada.

IV – Assim, improcede o recurso jurisdicional se, na correspondente alegação, os recorrentes não indicam razões de discordância com a decisão recorrida e se limitam a renovar a invocação dos vícios que imputam ao acto contenciosamente impugnado.

Ac. STA de 5/6/2007, Proc. 278/07

I – A circunstância de um curso de licenciatura em Relações Internacionais integrar o domínio das ciências sociais não basta para que se conclua que esse grau académico deve conferir a habilitação própria para a docência que é individualmente reconhecida a outras licenciaturas do mesmo domínio científico.

II – Havendo diferenças curriculares – e, portanto, também ao nível da formação ministrada – entre o curso de Relações Internacionais e os que constam do elenco de habilitações próprias para a docência, não ofende os princípios da igualdade, da proporcionalidade e da justiça o facto de aquele curso não integrar o referido elenco.

Ac. STA de 23/5/2006, Proc. 933/05

I – A norma do art. 44º, nº 3 do EMFA/99, aprovado pelo DL nº 236/99, de 25 de Junho, na redacção dada pela Lei nº 25/2000, de 23 de Agosto (segundo a qual passou a relevar, para efeito do cálculo da pensão de reforma, o tempo de permanência do militar na reserva fora da efectividade de serviço), tem carácter inovatório, sendo inaplicável retroactivamente às relações jurídicas estabelecidas anteriormente à sua vigência.

II – Por isso, a referida norma não se aplica aos militares que se reformaram ao abrigo do regime do EMFA/90, aprovado pelo DL nº 34-A/90, de 24 de Janeiro, à luz do qual o tempo de permanência do militar na reserva fora da efectividade de serviço não relevava para efeito do cálculo da pensão de reforma.

III – Resultando a desigualdade entre os militares reformados até à entrada em vigor do EMFAR/99 relativamente aos que passaram a tal situação posteriormente da sucessão de regimes estatutários reflectida no diferente momento de constituição da relação jurídica de aposentação, tal constitui um critério objectivo e racional que não fomenta diferenciações injustificadas nem contraria a segurança e a justiça.

IV – Com a consagração constitucional de que todo o tempo de trabalho contribui (nos termos da lei) para o cálculo das pensões (cf. nº 4 do art. 63º da Lei Fundamental) quis-se afirmar o princípio do aproveitamento total do tempo de trabalho prestado em várias actividades e respectivos descontos para os diversos organismos da segurança social.

Ac. STA de 18/3/2003, Proc. 47537

I – Os membros da Comissão Executiva da Região do Turismo do Alto Minho que não recebam remuneração terão direito a receber uma senha de presença por cada reunião, ordinária ou extraordinária a que comparecem, cujo quantitativo será fixado pela Comissão Regional não podendo exceder 1/22 da remuneração do vogal em regime de permanência (art. 22º, nº 3 do Dec. Lei 81/93, de 15 de Março).

II – Em 3-8-93 a Comissão Regional fixou o quantitativo das senhas de presença no montante máximo previsto na lei.

III – Os montantes devidos a título de senhas de presença só podem ser exigidos a partir do despacho de 3-8-93, que fixou o seu quantitativo, mas são devidos desde o início da vigência do Dec. Lei 82/93, de 15 de Março.

IV – A diferença verificada entre os membros da Comissão Executiva que renunciaram ao direito a receber as senhas de presença e os membros que pretendem exercer tal direito é uma diferença legítima, não ofensiva do princípio da igualdade, porque se fundamenta num regime substancialmente igualitário, que atribui aos sujeitos jurídicos a possibilidade de, livremente, exercerem ou renunciarem aos seus direitos.

Ac. STA de 12/1/2006, Proc. 879/05

I – Os princípios da justiça e da igualdade funcionam como limites internos da actividade discricionária da Administração, ou seja, tais princípios só se configuram como fonte autónoma de invalidade quando a Administração goze de liberdade para escolher o comportamento a adoptar, confundindo-se, no domínio da actividade vinculada, consistente na simples subsunção da situação concreta à previsão normativa, com o princípio da legalidade.

II – A reclassificação profissional assenta na exigência, entre outros, dos "requisitos habilitacionais e profissionais" necessários à integração na nova carreira, resultantes da legislação aplicável (arts. 3º, nº 1, 7º, nº 1 e 15º, nº 1 do DL nº 497/99, de 19 de Novembro).

III – O DL nº 404-A/98, de 18 de Dezembro, dispõe, no seu art. 6º, nº 1, al. d), que o recrutamento para as categorias da carreira técnico-profissional se faz, no que toca aos técnicos profissionais de 2ª classe, "de entre indivíduos habilitados com adequado curso tecnológico, curso das escolas profissionais, curso das escolas especializadas de ensino artístico, curso que confira certificado de qualificação profissional de nível III, definida pela Decisão nº 85/368/CEE, do Conselho das Comunidades Europeias, de 16 de Julho de 1985, ou curso equiparado".

IV – Tendo em conta o conteúdo da área funcional da carreira de "fiscal técnico de obras", fixado no Mapa II anexo à Portaria nº 226-A/88, de 13 de Abril, não viola os referidos preceitos legais o despacho que negou a reclassificação profissional do recorrente, possuidor do Curso Geral de Electricidade, a que foi atribuída equivalência ao Curso Complementar de Electrotecnia (11º ano), com o fundamento de que tal curso não pode considerar-se incluído na dita al. d) do nº 1 do art. 6º do DL nº 404-A/98.

Ac. STA de 29/3/2007, Proc. 412/05

I – Ao exercer os seus poderes disciplinares em sede de graduação da culpa e de determinação da medida concreta da pena, a Administração goza de certa margem de liberdade, numa área designada de "justiça administrativa", movendo-se a coberto da sindicância judicial, salvo se os critérios de graduação que utilizou ou o resultado que atingiu forem grosseiros ou ostensivamente inadmissíveis.

II – Esta orientação jurisprudencial não viola o princípio constitucional da igualdade (art. 13º da CRP), por alegado menor controlo judicial das decisões disciplinares em sede de relação de emprego público, comparativamente com o total controlo dessas decisões no âmbito da relação de emprego privado pelos tribunais comuns.

III – A relação jurídica de emprego público está naturalmente imbuída de elementos de referência juspublicista (ligados à salvaguarda da ordem interna dos serviços públicos e aos fins prosseguidos pela pessoa colectiva de direito público), que podem justificar determinados aspectos específicos da regulação disciplinar, como é, justamente, o de aceitar, em sede de determinação da medida da pena, a existência de uma margem de liberdade de decisão, numa área designada de "justiça administrativa", apenas sindicável nas situações referidas.

IV – Essa margem de liberdade administrativa, reconhecida na conformação da actividade disciplinar da Administração, não afronta a garantia constitucional da tutela jurisdicional efectiva (art. 20º da CRP).

V – O uso ou não dos poderes de atenuação especial ou de suspensão de execução da pena insere-se no exercício de poderes discricionários, contenciosamente insindicável para além do erro grosseiro, desvio de poderes ou violação dos princípios constitucionais ligados ao exercício de actividade administrativa.

VI – O direito constitucional de liberdade de expressão (art. 37º da CRP) não é irrestrito ou ilimitado, e o seu exercício não é incompatível com a salvaguarda de outros direitos constitucionalmente tutelados, podendo consubstanciar ilícito penal, e, portanto, também ilícito disciplinar.

Ac. STA de 12/5/2010, Proc. 375/09

I – Segundo o nº 4 do art. 88º da Lei 10-A/2008, de 27 de Fevereiro, os actuais trabalhadores nomeados definitivamente que exercem funções em condições diferentes das referi-

das no seu artigo 10º mantêm os regimes de cessação da relação jurídica de emprego público e de reorganização de serviços e colocação de pessoal em situação de mobilidade especial próprios da nomeação definitiva e transitam, "sem outras formalidades", para a modalidade de contrato por tempo indeterminado.

II – Inclui-se na previsão/estatuição do referido nº 4 do art. 88º o pessoal da Direcção-Geral dos Impostos (DGCI), nomeadamente o integrado no grupo de pessoal de administração tributária (carreiras de gestão e inspecção tributárias – cfr. Decreto-Lei nº 557/99 – Anexo III).

III – O princípio constitucional de igualdade postula que se dê tratamento igual a situações de facto essencialmente iguais e tratamento desigual para as situações de facto desiguais (proibindo, inversamente, o tratamento desigual de situações iguais e o tratamento igual das situações desiguais);

IV – O qual não é violado quando, através da Lei 10-A/2008, se não procedeu à inclusão no elenco dos trabalhadores a que se referem as disposições combinadas dos artigos referidos em 1., por não consubstanciar relativamente a esse pessoal qualquer discriminação ilegítima e infundada;

V – Como também não pode falar-se em ofensa ao princípio constitucional da protecção da confiança, ínsito na ideia de Estado de direito democrático, por alegadamente haverem sido defraudadas as expectativas de manutenção de um regime de vinculação por parte dos referidos trabalhadores.

Ac. STA de 16/9/2010, Proc. 551/09

I – Na sequência da anulação de um acto administrativo por decisão judicial, a Administração tem o dever de executar, podendo a reconstituição da «situação que existiria se o acto anulado não tivesse sido praticado» incluir a prática de um novo acto, de conteúdo decisório idêntico ou não ao acto anulado, desde que o seu conteúdo não conflitue com o sentido da decisão anulatória;

II – Viola o princípio da igualdade, enunciado no art. 13º, nº 1, da CRP, e imposto à actuação da globalidade da Administração Pública pelo art. 266º, nº 2, da CRP e pelo art. 5º, nº 1, do CPA, dar tratamento mais célere às queixas apresentadas por determinados cidadãos do que o que é dado às dos restantes, sem existir qualquer razão que possa justificar essa diferença de tratamento;

III – O princípio da imparcialidade está conexionado com o princípio da igualdade, exigindo aos titulares de poderes públicos que assumam uma posição isenta e equidistante em relação a todos os particulares, assegurando a «igualdade de tratamento dos interesses dos cidadãos através de um critério uniforme de prossecução do interesse público», ocorrendo a sua violação quando a actuação daqueles titulares não seja ditada pela prossecu-

ção daquele interesse, mas influenciada pela intenção de favorecer ou prejudicar interesses privados;

IV – O Estatuto Disciplinar dos Trabalhadores Que Exercem Funções Públicas, aprovado pela Lei nº 58/2008, de 9 de Setembro, apenas é aplicável subsidiariamente aos Magistrados do Ministério Público, não tendo sido revogado o regime de aplicação de penas previstas no Estatuto do Ministério Público que não são previstas no regime geral.

Ac. STA de 13/11/2008, Proc. 73/08

I – A autoridade administrativa, para fundamentar a decisão final, não está obrigada a rebater todas as razões e argumentos aduzidos pelo particular, em sede de audiência de interessados, contra o projecto de decisão, estando apenas vinculada a ponderar ou ter em consideração tais contributos.

II – O princípio da igualdade traduz-se numa proibição do arbítrio, impondo, na consideração das suas dimensões igualizante e diferenciante, um tratamento igual de situações de facto iguais e um tratamento diverso de situações de facto diferentes.

III – Segundo os princípios da justiça e imparcialidade e da boa-fé, consagrados nos arts. 6º e 6º-A do CPA, a Administração deve tratar de forma justa e imparcial todos os que com ela se relacionem, e agir e relacionar-se com os particulares segundo as regras da boa-fé, incompatíveis com comportamentos desleais e incorrectos.

Ac. STA de 20/13/2003, Proc. 1799/02

I – O princípio constitucional da igualdade tem carácter estruturante do sistema jurídico global, constituindo, numa das suas dimensões, a proibição de arbítrio, um limite externo da liberdade de conformação de todos os poderes públicos;

II – Na vinculação directa da Administração, o princípio de igualdade releva no domínio dos actos praticados no exercício de poderes discricionários.

III – Porém, deve ser decretada a invalidade de um acto vinculado, por erro nos respectivos pressuposto de direito, se as normas jurídicas que o enformam ou a interpretação que delas foi feita, violar o princípio constitucional da igualdade.

IV – As normas do DL 404-A/98 de 18-12, designadamente a do nº 4 do seu art. 21º devem ser interpretadas, se necessário, extensivamente, no pleno respeito dos princípios gerais da coerência e equidade que presidem ao sistema de carreiras da função pública, obviando a que uma funcionária, em termos de escala indiciária pudesse ser ultrapassada por colegas da mesma categoria e de menor antiguidade.

Ac. STA de 11/11/2004, Proc. 873/03

I – Enquanto os PROT são apontados como instrumento programático e normativo, em que avultam estatuições meramente indicativas, embora coexistam disposições precep-

tivas e constringentes circunscritas ao âmbito regional, os planos especiais, como os POOC, são definidos como instrumento (de intervenção do governo) de concretização e desenvolvimento da política de ordenamento do território de âmbito nacional, estabelecendo "usos preferenciais, condicionados e interditos, determinados por critérios de conservação da natureza e da biodiversidade, por forma a compatibilizá-la com a fruição pelas populações" (art. 12º do DL nº 380/99).

II – A expressão "devem indicar", inserida no art. 25º, nº 2 do citado diploma, contém um sentido de recomendação ou ordenação, não cominativo, não sendo sustentável que do eventual incumprimento dessa indicação resulte a invalidade das normas inovatórias contidas no plano especial.

III – Viola o disposto no art. 20º, nº 1, al. b) do Regulamento do POOC de Burgau--Vilamoura (aprovado pela Resolução do Conselho de Ministros nº 33/99, de 27 de Outubro) o acto de licenciamento de construção de uma moradia em terreno classificado como "espaço natural de arribas", no qual o citado preceito declara interditas novas construções.

IV – A simples existência de um loteamento, bem como a declaração da sua compatibilidade com o PROT, não confere, sem mais, um direito adquirido à construção, cujo licenciamento está dependente, não só da conformação com as prescrições do respectivo alvará de loteamento, como também, e entre outras coisas, das imposições decorrentes dos instrumentos de planeamento territorial em vigor à data da respectiva aprovação (art. 63º, nº 1, al. a) do DL nº 445/91, de 20 de Novembro – Regime de Licenciamento de Obras Particulares).

V – A necessidade do licenciamento não afronta o direito de propriedade tal como está gizado na Constituição da República (art. 62º, nº 1), devendo o direito de construir ser sempre exercido dentro dos condicionamentos urbanísticos legalmente estabelecidos, de molde a não serem afrontados outros direitos e deveres também constitucionalmente consagrados.

VI – Os princípios constitucionais da igualdade, da justiça e da proporcionalidade funcionam como limites da discricionariedade, não relevando no domínio da actividade vinculada.

Ac. STA de 13/10/2004, Proc. 46416

I – Relativamente aos bens expropriados ao abrigo das leis da reforma agrária que integravam o capital de exploração e foram devolvidos, o prejuízo sofrido pelos titulares de direitos sobre eles consubstancia-se na privação temporária que é indemnizada autonomamente, abrangendo o rendimento líquido dos bens florestais, pelo que a atribuição cumulativa de uma indemnização por frutos pendentes, que constituem uma parte do rendimento líquido do prédio durante o período de privação, reconduzir-se-ia a uma duplicação parcial de indemnização pelo mesmo prejuízo.

II – Do preceituado no art. 7º, nºs 1 e 2 do Decreto-Lei nº 199/88, na redacção do Decreto-Lei nº 38/95, resulta que as indemnizações por expropriações e nacionalizações efectuadas ao abrigo das leis da Reforma Agrária serão fixadas com base no valor corrente dos bens ou direitos, mas estes valores devem «referir-se a data da ocupação, nacionalização ou expropriação, consoante o acto que tiver ocorrido em primeiro lugar».

III – Assim, a indemnização relativa a extracção de produtos florestais, depois de determinado o valor do rendimento liquido dos produtos florestais [com base nos valores de venda desses produtos c dos encargos previstos no art. 5º, nº 1, do Decreto-Lei nº 312/95, de 31 de Julho, aplicável por força do disposto na alínea d), do nº 2 do art. 5 º do Decreto-Lei nº 199/88] há que determinar qual o valor que correspondia a esse rendimento à data em que o proprietário ficou privado do uso e fruição dos prédios.

IV – O valor assim encontrado é actualizado nos termos do art. 24º da Lei nº 80/77, de 26 de Outubro, em que se estabelece que os juros das obrigações em que se consubstancia o pagamento das indemnizações se vencem desde a data da nacionalização ou expropriação ou da ocupação efectiva dos prédios.

V – O regime de indemnização previsto no Decreto-Lei nº 199/88 não contende com o direito assusta indemnização, previsto no art. 62º, nº 2 da C.R.P., por a indemnização por expropriação no âmbito da reforma agrária estar previra no art. 94º (anteriormente no art. 97º) da C.R.P., em termos que não impõem uma reconstituição integral da situação que existiria se não tivesse ocorrido a ocupação e expropriação, mas apenas exigem uma indemnização que cumpra as exigências mínimas de justiça ínsitas na ideia de Estado de Direito e não conduzam ao estabelecimento de montantes irrisórios.

VI – Por outro lado, inserindo-se na reserva relativa de competência legislativa da Assembleia da República legislar sobre os critérios de indemnizações a pagar por nacionalizações e expropriações realizadas ao abrigo das leis da Reforma Agrária [arts. 82º e 168 º, nº 1, alínea I), da C.R.P. na redacções de 1982, e 83º e 168º, nº 1, alínea I), nas redacções de 1989 e 1992], não podia o Governo, ao aprovar os Decretos-Lei nºs 199/88, 199/91, e 38/95, estabelecer, sem incorrer em inconstitucionalidade orgânica, critérios de indemnização distintos dos previstos na Lei nº 80/77, cujo regime jurídico desenvolveu através daqueles diplomas (arts. 115º, nº 2, da C.R.P., em qualquer daquelas redacções).

VII – No âmbito das exigências de justiça e proporcionalidade, o valor do bem de que o titular do direito de indemnização foi privado não é o único factor a atender, pois é uma da tarefas prioritárias do Estado promover a igualdade real entre os portugueses [art. 9º alínea d), da C.R.P. em todas as redacções] e é uma das suas incumbências prioritárias no âmbito económico a correcção das desigualdades na distribuição da riqueza [art. 81º, alínea b), da C.R.P., a que corresponde a alínea d) na redacção de 1976] e a lei é o meio mais adequado a promover a «progressiva eliminação de situações de desigualdade de facto de natureza economia».

Ac. STA de 22/10/2003, Proc. 1423/02

I – Aplicando-se a determinada situação de facto normas jurídicas que não estão em vigor na data em que é prolatado o acto administrativo que a define, ocorre o vicio de violação de lei por erro nos pressupostos de direito.

II – Tal vício é, por força do princípio "utile per inutile non vitiatur", irrelevante, caso as normas que deviam ter sido aplicadas tenham conteúdo exactamente igual às que foram ilegalmente aplicadas, como é o caso dos artigos 110 e 113, e 88 e 91, do Estatuto do Ministério Público na redacção da Lei nº 60/98 e da Lei nº 47/86, respectivamente.

III – Não viola o princípio da justiça e da igualdade a valoração em termos diferentes do serviço prestado por um Magistrado num Tribunal onde o mesmo é pouco exigente e de reduzida expressão processual, ainda que tal facto não seja imputável ao recorrente, e o mesmo serviço prestado noutro Tribunal em que o volume do serviço é elevado e mais exigente.

IV – Compete ao recorrente alegar e provar factos concretos demonstrativos de que a conduta da Administração não se pautou pelos princípios constitucionais que diz terem sido violados, não bastando a alegação de dúvida sobre a sua observância ou a simples insinuação sobre o incumprimento dos mesmos.

V – Está devidamente fundamentado um acto administrativo quando um destinatário normal, colocado na posição do real destinatário do acto, em face da fundamentação aduzida, ou seja, perante o itinerário cognoscitivo e valorativo constante daquele acto, se poderia aperceber das razões do decidido em ordem a ficar habilitado a defender conscientemente os seus direitos e interesses legítimos, isto é, a acatar a decisão se a considerar justa e legal, ou a sua defesa cabal, lançando mão dos meios contenciosos ao seu alcance, no caso contrário.

Ac. STA de 9/10/2003, Proc. 1797/02

I – Está devidamente fundamentado o acto de DUP, de expropriação que remete para pareceres técnicos constantes do respectivo procedimento onde se conclua pela necessidade de tal expropriação.

II – O princípio de proporcionalidade, ou de proibição de excesso impõe que a expropriação se contenha dentro dos limites imprescindíveis à realização de fins de utilidade pública.

III – Impende sobre as recorrentes o ónus de prova do eventual excesso de expropriação em relação ao necessário à satisfação dos declarados fins de utilidade pública de expropriação.

Ac. STA de 3/7/2003, Proc. 48/46

I – O artigo 2º do DL 34/93, de 13 de Fevereiro, introduziu no ordenamento jurídico a interpretação autêntica da norma do nº 3 do artigo 18 do DL 323/89, de 26 de Setembro, por forma que deverá entender-se que o "regime de progressão consagrado na alínea a) (numero precedente) em relação aos funcionários oriundos de carreiras ou corpos especiais depende (e dependia) da verificação dos requisitos especiais de acesso previstos nas respectivas leis reguladoras, bem como das habilitações literárias exigidas".

II – O princípio da igualdade só se configura como fonte autónoma de invalidade quando a Administração goze de liberdade para escolher o comportamento a adoptar, não relevando no domínio da actividade administrativa legalmente vinculada.

III – No âmbito de recurso jurisdicional de decisão proferida no Tribunal Central Administrativo não deve conhecer-se de matéria que, não sendo de conhecimento oficioso, não foi objecto de alegação no recurso contencioso nem de apreciação no acórdão recorrido.

Ac. STA 11/01/2011, Proc. Nº 724/10.12

I – Nos recursos jurisdicionais em que seja impugnada a decisão proferida sobre a matéria de facto é aplicável o regime do nº 1 do art. 690º-A do CPC, pelo que o recorrente tem obrigatoriamente especificar quais os concretos pontos de facto que considera incorrectamente julgados e quais os concretos meios probatórios, constantes do processo ou de registo ou gravação nele realizada, que impunham decisão sobre os pontos da matéria de facto impugnados diversa da recorrida.

II – Nas acções administrativas especiais, a invocação de novos factos que sejam fundamento de invalidade do acto impugnado, constitutivos do direito que o autor se arroga, só pode fazer-se, em regra, até à fase das alegações.

III – O princípio da igualdade não proíbe que se estabeleçam distinções, mas sim, distinções desprovidas de justificação objectiva e racional.

IV – Não se estando perante uma situação com enquadramento nas alíneas do art. 6º ou na 1ª parte do nº 2 do art. 7º Lei nº 67/98, de 26 de Outubro, só com o consentimento de todos os arrendatários de prédio em que um deles pretende instalar um sistema de videovigilância este poderá ser autorizado de forma a captar imagens daqueles outros arrendatários, mesmo em zona de acesso comum.

Ac. STA de 08-07-2010, Proc. nº 0275/10

A alteração introduzida no nº 2 do art. 86º do Código dos Contratos Públicos (CCP), aprovado pelo DL 18/08, de 29.1, posteriormente alterado pelo DL 278/09, de 2.10, no sentido de facultar ao interessado a possibilidade de se pronunciar "Sempre que se verifique um facto que determine a caducidade da adjudicação nos termos do nº 1" corresponde à regra geral desde há muito existente na ordem jurídica portuguesa, plasmada no art. 100º do CPA, segundo a qual o direito de audiência do interessado previamente à emissão de um acto administrativo lesivo constitui um princípio geral da actividade administrativa ditado por imposição constitucional (art. 267º, nº 5, do CRP) mais não sendo do que uma clarificação da situação anterior.

TCA SUL, Processo: 02774/07, Data do Acórdão: 11-12-2008
Sumário:

I – A violação do princípio da igualdade só tem autonomia no âmbito dos actos administrativos praticados no exercício de poderes discricionários, funcionando como limite interno da discricionariedade;

II – Na actividade vinculada, esse princípio é consumido pelo princípio da legalidade;

III – A violação do princípio da igualdade não se resolve através da nulidade, mas, na medida em que consubstancia uma violação dos limites internos da actuação administrativa, é caracterizável como violação de lei sancionável apenas com a anulabilidade, só não sendo assim se ferir o núcleo do conteúdo essencial do direito fundamental consagrado no art. 13º da CRP, o que ocorre se atinge o cerne do direito vertido nas categorias do nº 2 desta disposição constitucional em que «se colocam discriminações ilegítimas baseadas no sexo, língua, religião, convicções políticas, religiosas, etc., ou em outras categorias subjectivas traduzidas por "direitos especiais de igualdade" como os que estão contemplados no art. 36º, nº 4 da CRP» (cfr., exemplificativamente e por mais recente, ac. do STA de 19-04-2007, proc. nº 809/06);

IV – Fora destes casos de ofensa do núcleo do conteúdo essencial desse direito fundamental, sancionáveis com nulidade nos termos da al. d) do nº 2 do art.133º do CPA, a acção administrativa especial de condenação à prática do acto devido, fundada na ilegalidade de um indeferimento por violação do princípio da igualdade, sempre terá de ser proposta no prazo estabelecido no nº 2 do art. 69º do CPTA.

Ac. STA de 26-09-2007, Processo: 01187/06

I – Segundo os arts. 19º, nº 2 e 36º, nº 3 do DL nº 204/98, a Entrevista Profissional pode ser utilizada como método de selecção complementar da Avaliação Curricular, não podendo, isoladamente "ter ponderação superior à fixada para a prova de conhecimentos ou de avaliação curricular", pelo que não está legalmente vedado que ela tenha, na fórmula de classificação final, a mesma ponderação ou notação valorativa.

II – O art. 22º, nº 2 do citado diploma, ao referir que na habilitação académica de base se pondera a titularidade de grau académico, não proíbe, na ausência deste, a ponderação de frequência universitária dos candidatos, não se vendo razões para que a mesma não possa ser considerada e valorada pelo júri, no âmbito dos seus poderes de livre apreciação, desde que essa ponderação não ofenda os princípios e garantias consignados no art. 5º do DL nº 204/98, designadamente o de igualdade de condições e de tratamento de todos os candidatos.

III – O princípio da igualdade traduz-se numa proibição do arbítrio, impondo, na consideração das suas dimensões igualizante e diferenciante, um tratamento igual de situações de facto iguais e um tratamento diverso de situações de facto diferentes.

Ac. STA de 28-01-2004, Proc. 048133

I – A nulidade da sentença por omissão de pronúncia está relacionada com o dever do Juiz de conhecer de todas as questões que as partes lhe colocam.

II – Todavia, isso não significa que o Juiz tenha de conhecer de todos os argumentos usados pelas partes na sua defesa, porquanto uma coisa são as questões submetidas ao Tribunal – e só estas o Juiz está obrigado a conhecer – e outra bem diferente é a argumentação usada na sua defesa.

III – O princípio da igualdade impõe que se dê tratamento igual ao que é igual e tratamento diferente ao que é diferente e na medida dessa diferença e, porque assim, a apreciação da violação deste princípio reconduz-se a uma análise comparativa das diversas situações em presença, visto ser essa comparação que permitirá concluir se, de facto, as situações são iguais e se, existindo essa igualdade, lhes foi dado desigual tratamento.

IV – O princípio da confiança postula que a Administração respeite os direitos dos administrados e as expectativas que a sua actividade legitima e juridicamente lhes cria, censurando as afectações inadmissíveis, arbitrárias ou excessivamente onerosas que goram aquelas expectativas e que com as quais não se poderia razoavelmente contar.

V – O Pleno opera como um Tribunal de revista – art. 21º, nº 3, do ETAF – e, por isso, a apreciação da matéria objecto do recurso só pode ocorrer se o Tribunal a quo tiver fixado a factualidade necessária a tal apreciação.

VI – As servidões militares têm por finalidade garantir a segurança das organizações e instalações militares, das pessoas e bens instaladas nas suas zonas confinantes e permitir que o exercício da actividade militar se faça em segurança e sem riscos.

VII – Se o indeferimento do pedido de licenciamento de construção por parte do Sr. Ministro da Defesa se fundou na defesa daqueles valores nenhum vício lhe pode ser imputado.

Acórdão do STJ de 4 de março de 2004, Processo nº 01502/03

Sobre a natureza estruturante do princípio da Igualdade.

Artigo 7º – Princípio da proporcionalidade

1 – Na prossecução do interesse público, a Administração Pública deve adotar os comportamentos adequados aos fins prosseguidos.

2 – As decisões da Administração que colidam com direitos subjetivos ou interesses legalmente protegidos dos particulares só podem afetar essas posições na medida do necessário e em termos proporcionais aos objetivos a realizar.

ANOTAÇÃO:

O presente artigo corresponde ao art. 5º, nº 2, da anterior versão do CPA, quanto ao princípio da Proporcionalidade.

O Princípio da Proporcionalidade aqui consagrado, embora não reproduzido expressamente, segue necessariamente os ditames neles contidos, como sejam a justiça, a imparcialidade e a boa-fé (art. 266º, nº 2 da CRP).

O Princípio da Proporcionalidade ou da Proibição do Excesso constitui uma fronteira interna da discricionariedade administrativa impondo a todos os órgãos ou agentes públicos a ação adequada à prossecução do interesse público e que esta lese o menos possível os direitos dos particulares. Em suma a atividade administrativa deve ser proporcional, adequada e necessária.

A exigência da proporcionalidade aplica-se a todas as fases do processo. As circunstâncias de «tempo e modo» têm de obedecer a este princípio. A demora despropositada ou a exigência de atos desnecessários, especialmente quando onerosos, entram em conflito com o princípio da proporcionalidade ou da adequação.

REFERÊNCIAS BIBLIOGRÁFICAS:

Vide por todos: Gomes Canotilho/Vital Moreira – *Constituição da República Portuguesa anotada*, Volume I, Coimbra Editora.

JURISPRUDÊNCIA:

Ac. STA de 25/2/2016, Proc. 0541/15

I – A não verificação por parte de Procuradora-Adjunta do prazo da prisão preventiva aplicável, em processo da sua competência, evitando que esse fosse ultrapassado, bem como que a sua violação se prolongasse por mais 48 dias, implica que o mesmo não agiu com o cuidado que se impunha perante as circunstâncias do caso e essa conduta, por omissão e também por ação (neste caso quando promoveu a manutenção da prisão preventiva) constitui infração disciplinar, por violação do dever de zelo a que está obrigada, estabelecido e definido, à data dos factos, no artigo 3º, nº 2, al. e) e nº 7 do EDTFP (e atualmente no artigo 73º, nº 2, alínea e) e nº 7 da LTFP).

II – Não viola o princípio da proporcionalidade a aplicação de uma pena disciplinar de vinte dias de multa no âmbito de uma moldura penal que tem como limite mínimo 5 dias e limite máximo 90 dias atendendo às circunstâncias agravantes e atenuantes do caso concreto.

III – O EMP e o RIPGR estabelecem os casos em que se justifica o impedimento para o exercício das funções de relator pelo que, não existindo qualquer outra limitação legal, não podia ser considerada como impedimento o facto de um mesmo membro do CSMP que foi relator no ato em que se decidiu instaurar o processo disciplinar (por conversão do inquérito pré-disciplinar) seja também relator no ato punitivo no termo do processo disciplinar, sob pena de se violarem os preceitos legais relativos à distribuição por sorteio.

IV – A falta de realização de sorteio ou a entrega do processo a relator que não foi o sorteado, sem qualquer justificação, não permite o aproveitamento do ato já que não podemos dizer que a decisão final sempre teria sido a mesma se o processo tivesse sido entregue ao relator que o deveria ter sido por sorteio, independentemente de a mesma ter sido votada em Plenário.

Ac. STA de 20/11/2014, Proc. 1120/14

A aplicação do art. 685º, 3, do Código de Processo Civil (actualmente, art. 639º, 3, do Código aprovado pela Lei nº 41/2003, de 26 de Junho), nomeadamente quanto à apreciação e determinação das consequências do deficiente cumprimento do ónus de concluir, coloca delicadas questões de limites, praticabilidade e exigências de proporcionalidade e surge persistentemente na prática judiciária, pelo que a intervenção do Supremo Tribunal Administrativo permitirá construir padrões de aplicação e assegurar a garantia de controlo do sistema em casos mais acentuadamente duvidosos.

Ac. STA de 23/10/2008, Proc. 596/08

I – O princípio da proporcionalidade postula que a limitação dos bens ou interesses privados por actos dos poderes públicos deve ser adequada e necessária aos fins concretos que tais actos prosseguem, bem como tolerável quando confrontada com aqueles fins.

II – Não viola esse princípio a deliberação camarária que, no termo de procedimento iniciado com participação de munícipe, sobre o funcionamento de oficina de reparação automóvel no rés do chão de moradia geminada com a do participante, determina o encerramento, no prazo de trinta dias, dessa oficina, com fundamento em que o prédio, relativamente ao qual não foi emitida licença de utilização, se situa em urbanização residencial.

Ac. STA de 18/5/2004, Proc. 47693/02

I – O princípio da proporcionalidade funciona como limite interno da actividade discricionária da Administração, não sendo operante na zona vinculada da sua intervenção, e só sairá violado, relativamente a acto expropriativo, se se mostrar que os bens expropriados não eram necessários, ou indispensáveis, à obra ou iniciativa que constituía o fim concreto da expropriação, e não a outra expropriação hipotética ou alternativa.

II – Assim, alegando o recorrente que a expropriação do seu terreno desrespeitou as prescrições do PDM, que só prevê a construção de uma via de 15-20 metros de largura, e não uma alameda com 60-80, improcede a alegação de violação do princípio da proporcionalidade baseada no facto de não ser necessário expropriar os terrenos para construir uma via com as características do PDM, pois não foi esse, na tese do próprio recorrente, o acto praticado, mas um acto com conteúdo e fim diferente.

III – Se a planta de zonamento do PDM define a implantação duma via pública de ligação numa planta à escala 1:5000, de tal modo que a respectiva largura, assim medida, rondará os 15 a 20 metros, a construção de uma larga alameda com 60 ou 80 metros, ladeada por duas vias marginantes, não é indiferente nem se conforma com as prescrições do PDM, pois isso representa uma solução de planeamento diferente, com implicações no ambiente urbano construído, gerando efeitos reflexos de vária ordem, como ao nível da profundidade dos lotes confinantes e da altura das edificações.

IV – Essa diferença não é, porém, susceptível de modificar a destinação ou finalidade da unidade urbana atravessada pela nova via, retirando-lhe ipso facto a afectação predominantemente habitacional.

V – A definição das grandes vias de comunicação faz parte dos grandes objectivos do planeamento, e integra-se na função dos planos directores, aos quais incumbe a fabricação dos espaços e do modo de se interligarem.

VI – A marcação em planta de zonamento de uma grande via de ligação é um modo de lhe definir vinculativamente as características (dimensões, implantação, traçado), com as quais os projectos de intervenção concreta no terreno se terão de conformar.

VII – O Regulamento do PDM do Porto (art. 9º) afirma o carácter vinculativo da estrutura viária fundamental definida na sua planta de zonamento.

VIII – Se a declaração de utilidade pública assentou expressamente na consideração de que aquela obra constituía uma estrutura viária prevista no PDM, o acto expropriativo mostra-se inquinado por erro nos pressupostos.

Ac. STA de 10/11/2004, Proc. 342/03

I – A legalidade/ilegalidade de acto praticado no exercício de poderes vinculados terá de aferir-se em função do conteúdo do próprio acto, sendo irrelevante para tal efeito a motivação atribuída ao seu autor na Resposta da entidade recorrida.

II – A Deliberação nº 194/2002 da Comissão Nacional de Acesso ao Ensino Superior, na parte em que estabelece o pré-requisito dos cursos do Grupo B não viola o disposto no art. 16º, nº 2, conjugado com o art. 22º, nº 1, alínea c), ambos do Decreto-Lei nº 256-A//98, de 25 de Setembro, não extravasando o conceito legal de pré-requisito resultante dos citados preceitos.

III – O art. 59º da Portaria nº 711/2002, de 25/6 ao cominar, sem mais, a exclusão dos candidatos que não satisfaçam os pré-requisitos exigidos para a apresentação a qualquer fase do concurso, não é ilegal, designadamente por violação do princípio da proporcionalidade.

De facto, num procedimento tão complexo e abrangente, como é o caso do concurso de acesso ao ensino superior, é legítimo que se estabeleçam patamares de apreciação que permitam ir eliminando os candidatos que não satisfaçam algumas das condições da candidatura, sem o que, o procedimento se poderia alongar de forma desrazoável, tornando incertos os resultados finais do concurso, como todos os prejuízos inerentes, designadamente para os candidatos que observaram escrupulosamente a lei.

Ac. STA de 5/5/2011, Proc. 289/10

I – O locador é obrigado a assegurar o gozo da coisa para os fins a que ela se destina, o que pode implicar a execução das obras necessárias ao cumprimento dessa obrigação e que, não sendo estas executadas, o arrendatário pode fazê-las com direito ao reembolso do seu custo ou requerer a intervenção da Câmara Municipal tendo em vista a sua efectiva realização.

II – Se optar por esta via, a Câmara "pode, a todo tempo, oficiosamente ou a requerimento de qualquer interessado determinar a execução de obras de conservação necessárias à correcção de más condições de segurança ou salubridade." *(art. 89º/2 do DL 555/99, de 16/12, com sublinhado nosso).*

III – O que quer dizer que o poder que a lei reserva à Câmara Municipal nesta matéria é discricionário visto só poder ser exercido se ela considerar necessárias e indispensáveis as obras reclamadas pelos arrendatários. E se assim é a margem de discricionariedade que o exercício desse poder comporta pode ser judicialmente controlada.

IV – Deste modo, os sacrifícios que a Câmara pode impor ao locador só serão aceitáveis se tal imposição for indispensável ao correcto cumprimento dos objectivos que a lei reservou à Administração e, além disso, se eles não se mostrarem desajustados, por desproporcionais, à contraprestação recebida das arrendatárias.

V – O que é tanto mais certo quanto o contrato de arrendamento ser um contrato de direito civil cujo cumprimento não é fiscalizável pela Administração e ser um contrato sinalagmático em que a renda deve representar uma equilibrada retri-

buição do gozo e fruição que o senhorio proporciona que o inquilino faça da coisa arrendada.

VI – Não estando em causa a segurança do prédio a Câmara só poderia exigir ao locador a realização de obras que fossem razoáveis e indispensáveis à sua habitabilidade.

Ac. STA de 9/9/2010, Proc. 76/10

I – O vício de usurpação de poderes traduz-se na prática, por um órgão da Administração, de um acto que decide uma questão cuja apreciação está reservada aos tribunais ou ao poder legislativo, consistindo pois numa forma de incompetência agravada por falta de atribuições.

II – Não enferma de tal vício a deliberação da Comissão Nacional de Protecção de Dados (CNPD) que, independentemente da fundamentação expendida, apreciou e decidiu o pedido de autorização de tratamento de dados pessoais relativos à realização de testes de alcoolémia pelos trabalhadores de um Município, nos termos de Regulamento Interno submetido à sua apreciação, tomando a decisão de não autorizar o tratamento desses dados pessoais no uso dos poderes e atribuições que a lei lhe confere (arts. 2º da Lei nº 43/04, de 18 de Agosto, e 21º a 23º da Lei nº 67/98, de 26 de Outubro).

III – O vício de desvio de poder pressupõe uma discrepância entre o fim legal e o fim real efectivamente prosseguido pela Administração, traduzindo-se no exercício de um poder discricionário por um motivo determinante que não condiz com o fim visado pela lei ao conferi-lo.

IV – O princípio da proporcionalidade impõe à Administração a prossecução do fim legal em termos adequados e proporcionais aos objectivos a realizar, adoptando, de entre as medidas necessárias e adequadas à prossecução desse fim, aquelas que se afigurem menos intrusivas e que impliquem menos sacrifícios ou perturbações à posição jurídica dos administrados.

V – Na dogmática jurídico-administrativa, o erro sobre os pressupostos de facto consiste na errada percepção da realidade por parte da autoridade administrativa, isto é, na divergência entre a realidade e a percepção que dela dá conta a decisão administrativa, de modo a que esta decisão tenha considerado e valorado juridicamente factos desconformes com a realidade.

Ac. STA de 4/5/2006, Proc. 47790/01

I – À luz dos artigos 2º e 3º, nº 1, do Código das Expropriações e no quadro da observância do princípio da proporcionalidade, a que está vinculada no exercício de poderes discricionários, a Administração deverá actuar por forma a que a medida adoptada seja não só idónea para lograr o fim legalmente proposto mas também deverá optar pela via que se mostre menos gravosa para o Particular, causando-lhe menos "danos", tudo em sintonia com o princípio da intervenção mínima, destarte se compaginando com o princípio favor libertatis, postergando-se ou limitando ao mínimo necessário, sempre que possível, as intervenções contra cives, desde que, como é obvio, a via menos gravosa se compatibilize com os interesses públicos.

II – Temos, assim, que o princípio da proporcionalidade acaba por funcionar como factor de equilíbrio, de garantia e de controle dos meios e medidas adoptadas pela Administração.

Ac. STA de 24/11/2004, Proc. 465/02

I – Relativamente aos bens expropriados ao abrigo das leis da reforma agrária que integravam o capital de exploração e foram devolvidos, o prejuízo sofrido pelos titulares de direitos sobre eles consubstancia-se na privação temporária que é indemnizada autonomamente, abrangendo o rendimento líquido dos bens florestais, pelo que a atribuição cumulativa de uma indemnização por frutos pendentes, que constituem uma parte do rendimento líquido do prédio durante o período de privação, reconduzir-se-ia a uma duplicação parcial de indemnização pelo mesmo prejuízo.

II – Do preceituado no art. 7º, nºs 1 e 2 do Decreto-Lei nº 199/88, na redacção do Decreto-Lei nº 38/95, resulta que as indemnizações por expropriações e nacionalizações efectuadas ao abrigo das leis da Reforma Agrária serão fixadas com base no valor corrente dos bens ou direitos, mas estes valores devem «referir-se a data da ocupação, nacionalização ou expropriação, consoante o acto que tiver ocorrido em primeiro lugar».

III – Assim, a indemnização relativa a extracção de produtos florestais, depois de determinado o valor do rendimento liquido dos produtos florestais [com base nos valores de venda desses produtos e dos encargos previstos no art. 5, nº 1, do Decreto-Lei nº 312/95, de 31 de Julho, aplicável por força do disposto na alínea d), do nº 2 do art. 5 º do Decreto-Lei nº 199/88] há que determinar qual o valor que correspondia a esse rendimento à data em que o proprietário ficou privado do uso e fruição dos prédios.

IV – O valor assim encontrado é actualizado nos termos do art. 24º da Lei nº 80/77, de 26 de Outubro, em que se estabelece que os juros das obrigações em que se consubstancia o pagamento das indemnizações se vencem desde a data da nacionalização ou expropriação ou da ocupação efectiva dos prédios.

V – O regime de indemnização previsto no Decreto-Lei nº 199/88 não contende com o direito a justa indemnização, previsto no art. 62º, nº 2 da C.R.P., por a indemnização por expropriação no âmbito da reforma agrária estar prevista no art. 94º (anteriormente no art. 97º) da C.R.P., em termos que não impõem uma reconstituição integral da situação que existiria se não tivesse ocorrido a ocupação e expropriação, mas apenas exigem uma indemnização que cumpra as exigências mínimas de justiça ínsitas na ideia de Estado de Direito e não conduzam ao estabelecimento de montantes irrisórios.

VI – Por outro lado, inserindo-se na reserva relativa de competência legislativa da Assembleia da República legislar sobre os critérios de indemnizações a pagar por nacionalizações e expropriações realizadas ao abrigo das leis da Reforma Agrária (arts. 82º e 168º, nº 1, alínea 1), da C.R.P. na redacções de 1982, e 83º e 168º, nº 1, alínea 1), nas redacções de 1989 e 1992], não podia o Governo, ao aprovar os Decretos-Lei nºs 199/88, 199/91, e 38/95, estabelecer, sem incorrer em inconstitucionalidade orgânica, critérios de indemnização distintos dos previstos na Lei nº 80/77, cujo regime jurídico desenvolveu através daqueles diplomas (arts. 115º, nº 2, da C.R.P., em qualquer daquelas redacções).

VII – No âmbito das exigências de justiça e proporcionalidade, o valor do bem de que o titular do direito de indemnização foi privado não é o único factor a atender, pois é uma da tarefas prioritárias do Estado promover a igualdade real entre os portugueses [art. 9º alínea d), da C.R.P. em todas as redacções] e é uma das suas incumbências prioritárias no âmbito económico a correcção das desigualdades na distribuição da riqueza [art. 81º, alínea b), da C.R.P., a que corresponde a alínea d) na redacção de 1976] e a lei é o meio mais adequado a promover a «progressiva eliminação de situações de desigualdade de facto de natureza económica».

Ac. STA de 11/10/2006, Proc. 297/06

I – A circunstância de uma licenciatura em Relações Internacionais integrar o domínio das ciências sociais (e, por isso mesmo, se constatar a existência de algumas disciplinas comuns ao mesmo tipo de cursos – ciclo de base, *como refere a Portª 663/79) não basta para que se conclua que esse grau académico deve conferir a habilitação própria para o docência que é individualmente reconhecida a outras licenciaturas do mesmo domínio científico.*

II – Assim, não decorrendo do DL. nº 129º-A/79, de 23.11., nem da Portaria nº 663/79 de 10.12, a equiparação absoluta de todos os cursos no âmbito das ciências sociais, em total paridade, para efeitos de habilitação própria para a docência, não ofende os princípios da igualdade, da proporcionalidade e da justiça o facto de aquela licenciatura não conferir aquela habilitação, que é porém conferida a outras licenciaturas.

Ac. STA de 19/11/2009, Proc. 300/09

I – Conforme o disposto no artigo 24º do Regulamento do PDM de Olhão, ratificado pela Resolução do Conselho de Ministros nº 50/95, de 13 de Abril de 1995, não são permitidas, fora dos espaços urbanos e urbanizáveis, novas edificações que provoquem ou aumentem a edificação dispersa, salvo razões ponderosas, demonstradas pelo interessado.

II – Assim, devia ser indeferido pedido de informação prévia, relativamente à possibilidade de construção de um edifício de habitação em prédio rústico, classificado, pelo referido Regulamento, como espaço agrícola, se o interessado não demonstrou nem, mesmo, invocou razões que, excepcionalmente, pudessem justificar, nos termos legais, a autorização de tal construção.

III – O princípio da proporcionalidade releva, apenas, no domínio da actuação discricionária da Administração, sendo tutelada a prossecução de tal princípio, no exercício da actividade vinculada, pelo princípio da legalidade.

Ac. STA de 3/2/2011, Proc. 0869/10

Acto de Execução – Falta de Notificação

I – A impugnação de um acto de execução apenas é admissível na medida em que exceda "os limites do acto exequendo" (art. 151º, nº 3, do CPA) ou a ilegalidade que lhe for imputada "não seja consequência da ilegalidade do acto exequendo" (nº 4), isto é, por vícios próprios.

II – A notificação de um acto administrativo é requisito de eficácia e não vício do acto.

Ac. STA de 10/12/2008, Proc. 2071/03

I – Não integra o conceito de estrutura urbana consolidada para efeitos da al. a), do nº 10, do artigo 43, do Regulamento do PDM de Castro Marim, um conjunto de 120 construções levadas a efeito num prédio rústico ao abrigo de um loteamento entretanto declarado caduco por falta de realização e de deficiências das respectivas infraestruturas.

II – Não viola o princípio da proporcionalidade a decisão que ordena o embargo das obras em curso em conformidade com um licenciamento municipal que, em violação dos parâmetros urbanísticos fixados no Regulamento do PDMCM, na medida em que estando tal medida cautelar prevista na lei para aquela situação a ponderação sobre a proporcionalidade e adequação da "reacção da ordem jurídica é feita pelo legislador, dentro margens amplas do seu poder de conformação da ordem jurídica, sendo que nestes casos, em que se está fora da actuação discricionária da Administração, o respeito pelo princípio da proporcionalidade confunde-se com o princípio da legalidade pois resume-se à observância da lei.

Ac. do STA de 30 de maio de 2013, Processo 0136/13, 1ª Secção

Só pode ser ordenada a demolição de uma construção que ameace ruína ou que constitua perigo para a segurança das pessoas, ao abrigo do disposto no art. 64º, 5, c) da Lei 169/99, se não for possível garantir essa segurança por outra via.

Ac. STA de 29-11-2006, Proc. Nº 45899/00-20

I – Nos termos do artigo 15 do Código das Expropriações, aprovado pelo Decreto-Lei nº 438/91, de 9 de Novembro, a declaração de utilidade pública será sempre publicada por extracto, na 2ª série do Diário da República (nº 1) e deve identificar sucintamente os bens sujeitos a expropriação, com referência à descrição predial e à inscrição matricial, mencionar os direitos, ónus e encargos que sobre ele incidem e os nomes dos respectivos titulares e indicar o fim da expropriação (nº 2), podendo tal identificação ser substituída por planta, em escala adequada e graficamente representada, que permita delimitação legível do bem necessário ao fim da utilidade pública (nº 3).

II – Assim, ocorre violação desse preceito legal, se a publicação da declaração de utilidade pública, contida em determinado acto administrativo, não identifica os prédios sujeitos a expropriação nem os respectivos proprietários e remete para a planta para que, pela sua escala, não dá sequer noção clara da área, delimitação ou localização do bem a expropriar.

III – Face à clareza da exigência, contida naquele mesmo preceito legal, de que a identificação dos bens sujeitos a expropriação conste da publicação na folha oficial, não basta ao cumprimento dessa norma que tal identificação conste eventualmente do procedimento administrativo organizado pela entidade expropriante.

IV – O princípio da proporcionalidade, consagrado no artigo 3, número 1 do Código das Expropriações de 1991, postula que a Administração prossiga o interesse público pelo meio que represente um menor sacrifício para os particulares.

V – É ilegal, por violação desse princípio, a declaração de utilidade pública de expropriação, para construção de habitação social, de uma parcela de terreno com edifícios de habitação do respectivo proprietário e seus familiares, se, em torno daqueles edifícios e incluída no perímetro dessa parcela, existe área livre, onde é possível a construção da habitação social, invocada como fim da expropriação.

Artigo 8º – Princípios da justiça e da razoabilidade

A Administração Pública deve tratar de forma justa todos aqueles que com ela entrem em relação, e rejeitar as soluções manifestamente desrazoáveis ou incompatíveis com a ideia de Direito, nomeadamente em matéria de interpretação das normas jurídicas e das valorações próprias do exercício da função administrativa.

ANOTAÇÃO:

O presente artigo corresponde ao art. 6º, da anterior versão do CPA, quanto ao princípio da Justiça.

A Administração Pública deve pautar-se por critérios de justiça abstrata, *lato sensu*, constitucionalmente consagrada *ex vi* do art. 266º, nº 2 da CRP, mas também, e fundamentalmente, por critérios de justiça concreta, respeitando valores como a dignidade e a efetividade dos direitos, ou ainda, o princípio do tratamento mais adequado.

O padrão de referência não é o critério de justiça do decisor, mas antes o critério de justiça do ordenamento jurídico que compreende valores universais como a igualdade, a proporcionalidade, a equidade e a razoabilidade.

O princípio da justiça não é aferido por critérios de justiça abstrata que a Administração Pública possa adotar já que o conceito de justiça, neste sentido, passa por «*certos critérios materiais ou de valor, como por exemplo, o da dignidade da pessoa humana, da efectividade dos direitos fundamentais, da igualdade*» (Gomes Canotilho e Vital Moreira, ob. cit., pág. 925) não é, pois, por referência à conceção subjetiva do decisor administrativo ou do juiz, sobre o que seria justo no caso concreto, que se encontra a avaliação da hipotética invalidade do ato injusto, mas antes por referência a critérios e valores de justiça consagrados no ordenamento jurídico, especialmente, ao nível constitucional.

Acresce que, o *princípio da justiça* não apresentará, a não ser em casos limite, autonomia jurídica em relação a outros princípios de certa forma dele decorrentes, como os da proporcionalidade, da imparcialidade e da proteção de direitos e interesses legalmente protegidos. O princípio da justiça é um dos pilares da subordinação da administração ao Direito que torna inválidos os atos praticados por esta em oposição aos ditames deste princípio.

A exigência da razoabilidade expressamente é plasmada *ex novo* no presente artigo.

Aqui, como na vida, a justiça é indissociável da razoabilidade. A razoabilidade permite a procura das soluções mais aceitáveis, logo tendencialmente mais justas. A consagração deste princípio é aplicável, aliás, desejavelmente, desde logo em sede de fixação de prazos.

REFERÊNCIAS BIBLIOGRÁFICAS:

GOMES CANOTILHO e VITAL MOREIRA, *ob. cit.*, II.

JURISPRUDÊNCIA:

Ac. STA de 1/10/2003, Proc. 48035/02-20

I – Em conformidade com o princípio da transparência, que constitui uma garantia preventiva da imparcialidade, os órgãos da Administração devem actuar por forma a darem de si mesma uma imagem de objectividade, isenção e equidistância dos interesses em presença, de modo a projectar para o exterior um sentimento de confiança.

II – É ilegal a adjudicação de uma empreitada para construção duma barragem feita ao concorrente cuja proposta incluía um projecto-base da autoria da empresa que realizou para o dono da obra os estudos de preparação do próprio concurso (definição geral da obra, estimativa orçamental, peças escritas e desenhadas do caderno de encargos, etc.), que é apresentada nessa proposta como a responsável pela elaboração do projecto definitivo de execução, e que, já depois de aberto o concurso, face a pedidos de esclarecimento de alguns concorrentes, interveio a solicitação do dono da obra para corrigir erros em peças do concurso.

III – Nessas circunstâncias, releva o simples perigo ou risco um comportamento de favor, não sendo necessária a demonstração de que se verificou, em concreto, uma actuação parcial com reflexos no acto de adjudicação – sem prejuízo de os recorridos fazerem a prova de que o resultado decisório do concurso seria inelutavelmente esse.

Ac. STA de 29/6/2004, Proc. 48.152/01

I – No âmbito da Reforma Agrária, a indemnização devida ao proprietário do prédio rústico, pela privação das rendas auferidas, deve ser determinada atendendo às rendas que seriam devidas, como se o contrato se tivesse mantido em vigor no período que mediou entre a data da ocupação e a data da devolução.

II – Esse valor não tem de corresponder, necessariamente, aos valores das rendas do prédio à data da ocupação multiplicado pelo tempo que esta durou, nem com o valor das rendas que sucessivamente pudessem ser estipuladas ao longo desse período, mediante aplicação directa e automática das tabelas de rendas máximas constantes das Portarias editadas ao abrigo do artigo 10º da Lei nº 76/77, de 29/9, mas antes ao que, no processo administrativo especial previsto nos artigos 8º e 9º do Decreto-Lei nº 199/88, se vier a apurar, em juízo de prognose póstuma, correspondente à evolução previsível e presumível das rendas nesse período.

III – A actualização do valor das indemnizações apuradas nos termos antes referidos é apenas a que resulta da aplicação e capitalização dos juros previstas nos art.s 13º, 19º e 24º da Lei 80/77, de 26-10.

IV – O enunciado regime indemnizatório não viola os princípios constitucionais da "justa indemnização", previsto no art. 62º, nº 2, da CRP, por a indemnização por expropriação no âmbito da Reforma Agrária estar regulada no seu artigo 94º, que não impõe uma reconstituição integral da situação que existiria se não tivesse ocorrido a expropriação, mas apenas uma indemnização que cumpra as exigências mínimas de justiça ínsitas na ideia de Estado de Direito, também não violando os princípios da justiça e da proporcionalidade.

Ac. STA de 17/6/2004, Proc. 47.476/01

I – Relativamente aos bens expropriados ao abrigo das leis da reforma agrária que integravam o capital de exploração e foram devolvidos, o prejuízo sofrido pelos titulares de direitos sobre eles consubstancia-se na privação temporária, que é indemnizada autonomamente, abrangendo o rendimento líquido dos bens florestais, pelo que a atribuição cumulativa de uma indemnização por frutos pendentes, que constituem uma parte do rendimento líquido do prédio durante o período de privação, reconduzir-se-ia a uma duplicação parcial de indemnização pelo mesmo prejuízo.

II – Do preceituado no art. 7º, nºs 1 e 2, do Decreto-Lei nº 199/88, na redacção do Decreto-Lei nº 38/95, resulta que as indemnizações por expropriações e nacionalizações efectuadas ao abrigo das leis da Reforma Agrária serão fixadas com base no valor corrente dos bens ou direitos, mas estes valores devem «referir-se à data da ocupação, nacionalização ou expropriação, consoante o acto que tiver ocorrido em primeiro lugar».

III – Assim, relativamente a indemnização relativa a extracção de produtos florestais, depois de determinado o valor do rendimento líquido dos produtos florestais [com base nos valores de venda desses produtos e dos encargos previstos no art. 5º, nº 1, do Decreto-Lei nº 312/95, de 31 de Julho, aplicável por força do disposto na alínea d), do nº 2 do art. 5º do Decreto-Lei nº 199/88] há que determinar qual o valor que correspondia a esse rendimento à data em que o proprietário ficou privado do uso e fruição dos prédios.

IV – O valor assim encontrado é actualizado nos termos do art. 24º da Lei nº 80/77, de 26 de Outubro, em que se estabelece que os juros das obrigações em que se consubstancia o pagamento das indemnizações se vencem desde a data da nacionalização ou expropriação ou da ocupação efectiva dos prédios.

V – O regime de indemnização previsto no Decreto-Lei nº 199/88 não contende com o direito a justa indemnização, previsto no artigo 62º, nº 2, da C.R.P., por a indemnização por expropriação no âmbito da reforma agrária estar prevista no art. 94º (anteriormente no art. 97º) da C.R.P., em termos que não impõem uma reconstituição integral da situação que existiria se não tivesse ocorrido a ocupação e expropriação, mas apenas exigem uma indemnização que cumpra as exigências mínimas de justiça ínsitas na ideia de Estado de Direito e não conduzam ao estabelecimento de montantes irrisórios.

VI – Por outro lado, inserindo-se na reserva relativa de competência legislativa da Assembleia da República legislar sobre os critérios de indemnizações a pagar por nacionalizações e expropriações realizadas ao abrigo das leis da Reforma Agrária [arts. 82º e 168º, nº 1, alínea l), da C.R.P. na redacções de 1982, e 83º e 168º, nº 1, alínea l), nas redacções de 1989 e 1992], não podia o Governo, ao aprovar os Decretos-Lei nºs 199/88, 199/91, e 38/95, estabelecer, sem incorrer em inconstitucionalidade orgânica, critérios de indemnização distintos dos previstos na Lei nº 80/77, cujo regime jurídico desen-

volveu através daqueles diplomas (art. 115º, nº 2, da C.R.P., em qualquer daquelas redacções).

VII – No âmbito das exigências de justiça e proporcionalidade, o valor do bem de que o titular do direito de indemnização foi privado não é o único factor a atender, pois é uma das tarefas prioritárias do Estado promover a igualdade real entre os portugueses [art. 9º, alínea d), da C.R.P. em todas as redacções] e é uma das suas incumbências prioritárias no âmbito económico a correcção das desigualdades na distribuição da riqueza [art. 81º, alínea b), da C.R.P., a que corresponde a alínea d) na redacção de 1976] e a lei é o meio mais adequado a promover a «progressiva eliminação de situações de desigualdade de facto de natureza económica.

Ac. STA de 2/6/2004, Proc. 1339/02

I – No âmbito da Reforma Agrária, a indemnização devida ao proprietário do prédio rústico, pela privação das rendas auferidas deve ser determinada atendendo às rendas que seriam devidas, como se o contrato se tivesse mantido em vigor no período que mediou entre a data da ocupação e a devolução.

II – Esse valor não coincide necessariamente com o valor da renda do prédio à data da ocupação multiplicado pelo módulo do tempo em que esteve privado do prédio, nem com o valor máximo das rendas que sucessivamente pudesse vir a ser estipulado ao longo desse período, mediante a aplicação directa e automática das tabelas de rendas máximas, constantes das portarias editadas ao abrigo do art. 10º da Lei 76/77, de 29/9, mas antes ao que, no processo administrativo especial previsto nos arts. 8º e 9º do Dec. Lei 199/88, de 31/5, se vier a apurar, em juízo de prognose póstuma, corresponder à evolução previsível e presumível das rendas naquele período.

Ac. STA de 12/11/2003, Proc. 41291

I – Os poderes de cognição do Pleno da Secção, em processos que não sejam de conflitos, estão restritos a matéria de direito (art. 21º, nº 3, do E.T.A.F.), pelo que, em recurso jurisdicional interposto de acórdão da Secção proferido em processo de recurso contencioso, não pode esta formação censurar a fixação da matéria de facto efectuada no acórdão recorrido, nem as ilações de facto que ela daquela retirou, se não se verificar qualquer das situações previstas no nº 2 do art. 722º do C.P.C..

II – Por força dos princípios do aproveitamento do acto e da inoperância dos vícios, a constatação de que um acto administrativo enferma de um vício nem sempre justifica que ele seja anulado, não se justificando a anulação designadamente, quando a existência de um vício de forma não afectou, no caso concreto, o procedimento administrativo e a sua decisão nem lesou os interessados.

III – Assim, que, nos casos em que se apurar em concreto, com segurança, atentas as específicas circunstâncias do caso, que não ocorreu uma lesão dos direitos dos interessados, não se justificará a anulação do acto, mesmo que se esteja perante qualquer erro de aplicação da lei.

IV – O juízo sobre a razoabilidade da fixação de um prazo para a prática de um acto, quando não estiver em causa a não observância de mínimo legal, tem natureza casuística e assenta numa análise em concreto sobre a sua suficiência ou não para a prática adequada desse acto, reconduzindo-se a um mero juízo de facto, a formular com base nas regras da experiência e não com apelo a normas jurídicas.

V – A notificação para exercício do direito de audiência prevista no nº 3 do art. 101º do C.P.A. não tem de conter uma síntese dos factos e razões de direito que sustentam o sentido provável da decisão final, exigindo-se apenas que seja fornecida aos interessados informação suficiente para ficarem a conhecer todos os aspectos relevantes para a decisão, nas matérias de facto e de direito, a fim de poderem pronunciar-se sobre elas, sendo a questão de saber se a informação fornecida foi suficiente, no caso concreto, uma questão essencialmente de facto.

VI – A formulação de juízos sobre a conveniência ou não da realização de diligências para averiguar factos cuja averiguação se mostre necessária é uma actividade que não tem a ver com a interpretação de qualquer norma legal, mas que exige apenas a aplicação de regras da experiência, não se englobando nos poderes de cognição dos tribunais com meros poderes de revista.

VII – Resulta do art. 107º do C.P.A. que, se no procedimento administrativo for proferida decisão final expressa, há um dever de pronúncia generalizado da Administração sobre todas as questões pertinentes suscitadas pelos interessados, pronúncia essa que, a não ocorrer antes da decisão final, deverá ser nela incluída, e que deve abranger a posição assumida sobre pedido de realização de diligências formulado pelos interessados no exercício do direito de audiência.

VIII – A interpretação do acto administrativo feita pela Secção, através dos elementos factuais da sua literalidade, no sentido de a referência nele feita a um relatório anterior ter o alcance de remeter para a sua fundamentação, sendo feita sem fazer apelo ao tipo legal do acto ou a interpretação de normas, princípios ou conceitos jurídicos, constitui matéria de facto, que o Pleno, funcionando como tribunal de revista, tem de acatar.

IX – A fundamentação do acto administrativo é um conceito relativo que varia conforme o tipo de acto e as circunstâncias do caso concreto, mas ela só é suficiente quando permite a um destinatário normal aperceber-se do itinerário cognoscitivo e valorativo seguido pelo autor do acto para proferir a decisão, isto é, quando aquele possa conhecer as razões por que o autor do acto decidiu como decidiu e não de forma diferente, de forma a poder desencadear dos mecanismos administrativos ou contenciosos de impugnação.

X – O art. 124º, nº 1, do C.P.A., ao referir o «dever de fundamentação» dos actos que «decidam em contrário de pretensão ou oposição formulada por interessado», ou «decidam de modo diferente da prática habitualmente seguida na resolução de casos semelhantes», não está a indicar requisitos da fundamentação, que constam do art. 125º, mas sim a arrolar os casos em que a fundamentação dos actos administrativos é obrigatória.

XI – Tendo uma escola profissional, na sequência de irregularidades financeiras e contabilísticas, atingido uma situação financeira deficitária com reflexos negativos no campo pedagógico, que se consubstanciaram em falta de cumprimento de planos curriculares, desorganização quanto a processos de alunos, falta de controlo da sua assiduidade, admissão de alunos que não dispunham das necessárias habilitações e a serem leccionadas disciplinas por professores sem habilitações para as leccionarem, a medida de encerramento compulsivo prevista no art. 24º, nº 1, do Decreto-Lei nº 70/93, de 10 de Março, não ofende os princípios da justiça e da proporcionalidade.

XII – Os direitos de ensinar e o direito à propriedade privada, reconhecidos pelos arts. 43º e 62º da C.R.P., não são direitos absolutos, tendo de ser compatibilizados com o manifesto interesse público em que seja ministrado ensino de qualidade, ínsito no direito a aprender também reconhecido por aquele art. 43º, interesse este que é tutelado pelo referido art. 24º do Decreto-Lei nº 70/93, ao permitir o encerramento compulsivo de escolas profissionais e a atribuição a outra escola profissional dos bens que hajam sido afectados pelo Estado, na escola encerrada, às finalidades do ensino profissional.

XIII – O art. 58º, nº 1, da Lei nº 46/86, de 14 de Outubro, impõe ao Estado o dever de fiscalizar pedagogicamente o ensino particular e cooperativo, dever este que tem como corolário a possibilidade de proibição de funcionamento de estabelecimentos de ensino não estatal que não satisfaçam os requisitos pedagógicos exigidos para assegurar a qualidade do ensino e, por isso, o Decreto-Lei nº 70/93, ao estabelecer no seu art. 24º, nº 1, a possibilidade de ser ordenado o encerramento das escolas profissionais quando o seu funcionamento decorra em situações de manifesta degradação pedagógica, encontra suporte bastante naquela Lei nº 46/86

Ac. STA de 12/11/2003, Proc. 31.806/93-20

I – Não envolve nulidade por excesso de pronúncia (arts. 660º, nº 2 e 668º, nº 1, al. d) do C.P.C.) a anulação do acto que aprova as classificações finais num concurso da carreira médica hospitalar, com fundamento em não ter sido notificada aos candidatos acta da deliberação do júri em que este estabeleceu o método de classificação, pondo em causa os princípios da imparcialidade e da transparência, se os recorrentes contenciosos alegaram oportunamente essa falta de notificação, embora sem mencionarem a violação de tais princípios – pois que se trata apenas de uma configuração diferente, e mais completa, do mesmo vício alegado – o comportamento da Administração que viola a lei.

II – A mencionada violação da transparência consuma-se pela criação do risco ou perigo de quebra do dever de imparcialidade, que é consequência do estabelecimento de uma zona envolvente desse bem jurídico que alarga o seu campo de incidência; não é, assim, necessário que o recorrente demonstre que a violação da transparência teve reflexos concretos no acto decisório – sem prejuízo de o recorrido fazer a prova de que tais reflexos não existiram.

III – Se todos os membros do júri classificaram os candidatos por unanimidade, e na ausência de indícios que ponham em causa o facto de terem exprimido, um a um, a sua classificação, é dispensável a elaboração, por cada um deles, de documento com a sua notação individual.

Ac. STA de 15-02-2001, Proc. nº 046690

I – Segundo os princípios da justiça e da proporcionalidade na actividade administrativa, os órgãos da Administração devem actuar "dentro dos limites dos poderes que lhes estejam atribuídos e em conformidade com os fins para que os mesmos poderes lhes forem conferidos", e as suas decisões que colidam com direitos subjectivos ou interesses legalmente protegidos dos particulares "só podem afectar essas posições em termos adequados e proporcionais aos objectivos a realizar".

II – A lei não impõe que a autoridade administrativa realize as diligências eventualmente requeridas pelos interessados, no âmbito da audiência prévia prevista no art. 100º do CPA, reconhecendo-lhe a prerrogativa de decidir pela necessidade ou conveniência da sua realização.

Acórdão do STA de 13 de novembro de 1986, AD, 307, 958

Sobre o conteúdo Princípio da Justiça que abrange a igualdade.

Acórdão do STA a de 13 do 1 de 2008, 1ª Secção de decisão em subsecção, Processo nº 73/08-11

Sobre o alcance do Princípio da Justiça.

Artigo 9º – Princípio da imparcialidade

A Administração Pública deve tratar de forma imparcial aqueles que com ela entrem em relação, designadamente, considerando com objetividade todos e apenas os interesses relevantes no contexto decisório e adotando as soluções organizatórias e procedimentais indispensáveis à preservação da isenção administrativa e à confiança nessa isenção.

ANOTAÇÃO:

O presente artigo corresponde ao art. 6º, da anterior versão do CPA, quanto ao princípio da Imparcialidade.

Antes de mais, a obrigação de Imparcialidade, também ela com assento constitucional (nº 2 do art. 266º da CRP), transporta consigo a exigência de objetividade da ação administrativa.

O Princípio da Imparcialidade obriga a Administração Pública a atuar de forma isenta relativamente a todos os particulares com que se relacione.

Esta exigência proíbe, p.e., a intervenção do decisor em atos administrativos em que seja diretamente interessado.

A importância deste princípio assume enorme relevo em sede de invalidação do ato administrativo, dado que, quer na sua aceção garantística, onde assume grande relevo, quer no seu conteúdo, fundamentalmente procedimental, que o sujeita à consideração aberta e equilibrada de todos os interesses juridicamente atendíveis.

O dever de imparcialidade, tão posto em causa por uma Administração Pública partidarizada, serve para proteger os cidadãos perante os funcionários e, em especial, perante aqueles que são decisores, da Administração Pública.

REFERÊNCIAS BIBLIOGRÁFICAS:

Teresa de Melo Ribeiro, *O princípio da Imparcialidade da Administração*, Coimbra, 1996.

Vieira de Andrade, *A Imparcialidade da Administração Como Princípio Constitucional*, Separata do Boletim da Faculdade de Direito de Coimbra (BFDC), nº 49º 1974.

JURISPRUDÊNCIA:

Ac. STA de 12/7/2007, Proc. 1950/03

I – O art. 51º, nº 1, do CPTA permite a impugnação contenciosa de actos procedimentais não finais, tendo essa natureza uma Resolução do Conselho de Ministros que declare o interesse público da extinção de determinados direitos de uso privativo sobre bens do domínio público.

II – O princípio da imparcialidade impõe que a Administração Pública se comporte de forma isenta e equidistante em relação a todos os particulares, assegurando a igualdade de tratamento dos interesses dos cidadãos, através de um critério uniforme de prossecução do interesse público, não tendo campo de aplicação no domínio da ponderação do peso relativo de interesses públicos e privados conflituantes.

III – A fundamentação do acto administrativo é um conceito relativo que varia conforme o tipo de acto e as circunstâncias do caso concreto, mas ela só é suficiente quando permite a um destinatário normal aperceber-se do itinerário cognoscitivo e valorativo seguido pelo autor do acto para proferir a decisão, isto é, quando aquele possa conhecer as razões por que o autor do acto decidiu como decidiu e não de forma diferente, de forma a poder desencadear os mecanismos administrativos ou contenciosos de impugnação.

IV – Não sendo a eventual organização da America's Cup 2007, o único interesse público em que se baseou a declaração de extinção de direitos de uso privativo sobre bens do domínio público a que se reporta a Resolução do Conselho de Ministros nº 162/2003, de 2 de Outubro, antes se incluindo nos fundamentos de tal deliberação o interesse público da requalificação urbanística, afirmado como relevante independentemente do sucesso da candidatura àquela organização, não pode afirmar-se a inexistência de suporte fáctico para a deliberação tomada pelo Governo, pelo facto de esta organização ser um acontecimento futuro e incerto.

Ac. STA de 6/12/2005, Proc. 1126/02

I – A fundamentação é um conceito relativo que varia em função do tipo de acto e das respectivas circunstâncias e ainda da específica situação do destinatário, considerado este como destinatário normal.

II – Não está suficientemente fundamentado um acto administrativo que ao classificar as candidaturas a apoios financeiros ao teatro profissional, não concretiza os factos que determinaram a pontuação obtida e se limita a remeter para fórmulas genéricas previamente definidas como parâmetros de avaliação.

III – A mera invocação da disparidade de classificações atribuídas (facto normal em qualquer procedimento de apreciação e selecção de candidaturas) nada substancia em termos de violação dos princípios da igualdade e da justiça e imparcialidade da actividade administrativa, violação que só seria concebível se reportada a candidaturas objectivamente iguais, ou sobre as quais tivesse recaído uma idêntica apreciação por parte do júri, incompatível com uma diversa valoração.

IV – As regras de transparência e isenção aplicáveis aos procedimentos concursais exigem que a escolha dos critérios de valoração, tomados em consideração na decisão final, não sejam efectuados depois de conhecidas as propostas.

Ac. STA de 13/10/2004, Proc. 48079

I – A observância dos princípios da legalidade, justiça, igualdade, transparência e imparcialidade que devem presidir ao procedimento concursal obriga a que na apreciação das propostas se não introduzam sub critérios já depois de conhecidos os concorrentes e as suas propostas, pois que só assim será possível impedir a introdução de factores de diferenciação e de valoração em função desse conhecimento e só assim será possível evitar a possibilidade de um tratamento desigual e injusto dos concorrentes, beneficiando uns em detrimento de outros.

II – Deste modo, e em obediência a tais princípios, a haver utilidade ou necessidade na criação de subcritérios, estes têm de ser anunciados antes de serem conhecidos as situações a valorar e têm de respeitar o conteúdo substancial dos critérios ou factores anteriormente fixados.

III – Ainda que nem sempre seja fácil traçar a fronteira entre aquilo que pode ser considerado como um subcritério e aquilo que o não é já que, por vezes, a distinção entre um subcritério e o discurso fundamentador da decisão adoptada é bem ténue, atentas as semelhanças que se podem estabelecer entre eles, pode afirmar-se que a justificação dessas decisões, desde que se contenha nos limites dos critérios de avaliação, nunca poderá ser vista como constituindo a criação de subfactores não previstos. E, para além disso, a criação destes tem de significar a construção de um elemento avaliativo com autonomia em relação ao critério que visam subdividir de tal forma que lhe seja possível atribuir uma valoração separada.

IV – Se o Programa do Concurso prevê um critério relativo à "experiência geral do concorrente para o trabalho que se requer" *e outro relativo ao* "currículo dos técnicos responsáveis pela elaboração do estudo" *não pode considerar-se que a Comissão de Análise tenha criado subfactores quando na apreciação daqueles critérios teve em conta, num caso, a avaliação de trabalhos semelhantes aos previstos para o estudo objecto do presente concurso e, noutro, a experiência de funcionamento em equipa dos elementos da equipa técnica e o carácter pluridisciplinar dos técnicos na elaboração da carta dos solos e da aptidão das terras.*

Ac. STA de 1/9/2004, Proc. 888/04

I – Na omissão de pronúncia há que distinguir entre "questões" ou "razões ou argumentos": a omissão de pronúncia só constitui nulidade da sentença quando o juiz se tenha abstido de conhecer de questão suscitada pelas partes, não ocorrendo quando o juiz deixou de apreciar qualquer consideração ou argumento apresentado pela parte.

II – A celebração de um contrato de fornecimento de serviços, na pendência de recurso de anulação interposto do acto de adjudicação do concurso que a precedeu, não determina inutilidade superveniente da lide.

III – Viola a lei e os princípios da transparência e da imparcialidade, em concurso público de aquisição de serviços, a consideração, pelo júri, na apreciação do mérito das propostas, de elementos que, interferindo na aplicação do critério de adjudicação, não foram oportunamente definidos, nos termos previstos no art. 94º, nº 1 do DL. nº 197/99 de 8/6 e mencionados, com atribuição de pontuação de pontuação autónoma e estanque, só depois de serem conhecidas as propostas concorrentes.

Ac. STA de 22-02-2011, Proc. nº 0936/10

I – O princípio da imparcialidade, do mesmo passo que visa pôr o administrado a salvo de decisões iníquas, quer proteger a confiança dos cidadãos na capacidade de a Administração tomar decisões justas.

II – Assim, a transparência é uma dimensão fulcral e preventiva daquele princípio, a impor aos agentes administrativos que actuem por forma a projectarem para o exterior uma imagem de objectividade, isenção e equidistância em relação aos interesses em presença.

III – Anulado, por decisão administrativa, um determinado procedimento concursal, a partir do aviso de abertura, por violação do princípio da divulgação atempada dos critérios de selecção, uma vez retomado o procedimento, com os mesmos candidatos, sem que no procedimento reformulado se saiba quem fixou o sistema classificativo, incluindo os critérios de avaliação (se foi o júri ou a própria entidade promotora do concurso), nem se quem os fixou teve, ou não, prévio conhecimento dos currículos, renova-se, pela incerteza, a situação de falta de transparência violadora do princípio da imparcialidade.

IV – Nestas circunstâncias, releva o simples perigo ou risco de um comportamento de favor, não sendo necessária a demonstração de que, em concreto, se verificou uma acção parcial.

Ac. STA de 09-10-2008, Proc. nº 0781/08

I – Dada a conjunção dos critérios subjectivo e finalístico ou teleológico, tem natureza administrativa o contrato para o fornecimento de módulos de recolha de dados biométricos, necessários à concretização do projecto «Cartão do Cidadão».

II – A circunstância de, por despacho do ministro, ter sido excepcionada a sujeição do procedimento pré-contratual «ao disposto nos capítulos seguintes» àquele (o capítulo II) em que se incluía o art. 77º do DL nº 197/99, não afastava a aplicabilidade do que se dispunha no capítulo I do mesmo diploma.

III – Assim, e sob pena de ilegalidade, o procedimento tinha de observar os princípios e preceitos acolhidos nesse capítulo I, designadamente os que, para garantia da imparcialidade, impunham que o júri atempadamente definisse e divulgasse os critérios de eleição da proposta vencedora.

IV – A violação do princípio da imparcialidade basta-se com o mero perigo ou risco de favorecimento.

V – Dado o disposto no art. 2º, nº 6, do CPA, ofendeu o art. 100º do mesmo diploma o acto que, culminando aquele procedimento, adjudicou o fornecimento a um dos propo-

nentes sem antes ouvir os interessados e sem que, à luz do art. 103º do CPA, tal audiência estivesse objectivamente excluída ou a sua preterição se mostrasse justificada.

Acórdão do STA de 18 de Fevereiro de 1988, AD nº 323, p. 1362
Onde se afirma que a falta de diligência necessárias para a constituição da base fática de decisão afeta esta se forem omitidos factos relevantes alegados pelos interessados.

Acórdão do STA de 9 de Outubro de 2006, Processo nº 07 81/08
Enfatizando que a violação do Princípio da Imparcialidade se basta com o mero perigo ou risco de favorecimento.

Artigo 10º – Princípio da boa-fé

1 – No exercício da atividade administrativa e em todas as suas formas e fases, a Administração Pública e os particulares devem agir e relacionar-se segundo as regras da boa-fé.

2 – No cumprimento do disposto no número anterior, devem ponderar-se os valores fundamentais do Direito relevantes em face das situações consideradas, e, em especial a confiança suscitada na contraparte pela atuação em causa e o objetivo a alcançar com a atuação empreendida.

ANOTAÇÃO:

O CPA reflete, aqui, a dimensão ética e a dimensão intencional, já que admite que a Administração Pública possa praticar atos indevidos, por princípio retificáveis, desde que tenham sido praticados com a convicção, ainda que errónea, de conformidade.

O Legislador parece ter optado, com a consagração deste princípio, *ex vi* do art. 6º-A do anterior CPA, por uma conceção objetivista ou ética da boa fé, por oposição à conceção subjetivista ou psicológica.

Não existe em sede administrativa, tão pouco, em sede civilista, um conceito *totum casus* de "boa-fé", ou seja, um conceito único de aplicação universal.

A boa-fé comporta uma dupla natureza, a subjetiva ou intencional que corresponde ao «querer» daquele que age em representação da Administração e a objetiva que não é mais do que o conjunto de critérios plasmados em normas jurídicas.

REFERÊNCIAS BIBLIOGRÁFICAS:

P. Moniz Lopes, *Princípio da Boa Fé e Decisão Administrativa*, Coimbra, 2011.

JURISPRUDÊNCIA:

Ac. STA de 23/6/2016, Proc. 0252/16

I – O acto – declarativo de uma caducidade – que exerceu poderes vinculados não pode ser eficazmente atacado mediante a denúncia de que violou princípios administrativos, como o da boa fé, que internamente limitam e regulam o exercício da discricionariedade.

II – A pronúncia anulatória de dois actos, que não se fundamentara na ilegalidade de um outro, permanece indemne se apenas for acometida através da alegação de que esse outro acto é legal.

Ac. STA de 30/9/2009, Proc. 662/09

Viola a lei e os princípios da estabilidade das propostas e da boa fé, em concurso público de aquisição de equipamento técnico, a adjudicação a candidato cuja proposta não cumpria o programa do concurso não só por não contemplar um equipamento que era exigido como também por ter apresentado um equipamento com 1,75 metros de altura, quando o programa exigia mais de 1,75 metros de altura.

Ac. STA de 18/1/2005, Proc. 60/04-12

I – O princípio da boa-fé enunciado no artigo 6º-A do CPA é de aplicação geral e vincula não só os particulares como a Administração. No que a esta respeita e no uso de poderes não vinculados por normas mais específicas releva a vinculação a comportamentos éticos, o que significa, desde logo, coerentes, não contraditórios com as normas que ela própria criou e os fins que lhe incumbe prosseguir.

II – Contraria a regra de comportamento regido pela boa-fé que é imposta pelo artigo 6º A do CPA a actuação da Administração que fundamenta o indeferimento de transferência de uma farmácia no considerando de que autorizar seria deixar a população da freguesia de origem desprovida de cobertura farmacêutica. Tal fundamento representa uma tentativa de justificação do mérito e da oportunidade da decisão com uma razão que é contraditória com a determinação normativa de admitir o procedimento de transferência e a sua solução positiva, a qual sempre envolve aquele efeito. Assim, o interesse público de manter a cobertura do fornecimento de medicamentos do lugar donde é transferida a farmácia, é suposto pela norma que admite a actuação tendente à transferência (nº 16 da Portaria 936-A/99, de 22 de Outubro), ser apreciada e decidida em momento e processo posterior ao da transferência, sem constituir quanto à apreciação desta mais do que um elemento de ponderação relativa, nunca um elemento decisivo de indeferimento.

Ac. STA de 13/1/2005, Proc. 730/04-11

I – A objectividade, a neutralidade e a transparência são alguns corolários do princípio da imparcialidade.

II – A violação do princípio da imparcialidade consagrado no nº 2, do art. 266º do C.P.C. e também no art.6º do C.P.A., não está dependente da prova de concretas actuações parciais, verificando-se sempre que um determinado procedimento faz perigar as garantias de isenção, de transparência e de imparcialidade.

III – É que, no fundo, à Administração não basta ser imparcial, exigindo-se também que pareça imparcial.

IV – Essencialmente, o que se visa é evitar a prática de certas condutas da Administração, que possam ser tidas como susceptíveis de afectar a imagem pública de imparcialidade.

V – De resto, a este nível, a imparcialidade acaba por se assumir também como uma regra de deontologia administrativa.

Ac. STA de 6/5/2003, Proc. 48 433

I – Os regulamentos devem indicar expressamente as leis que visam regulamentar ou que definem a competência subjectiva e objectiva para a sua emissão (art. 112º, 8º da CRP). Os regulamentos complementares devem, assim, indicar a lei que visam regulamentar e os regulamentos autónomos devem indicar expressamente a lei ou leis que atribuem competência para a sua emissão.

II – O Despacho Conjunto IIDD02, de 29-7-94 é um regulamento complementar, uma vez que estabelece os termos procedimentais de acesso dos particulares ao regime de incentivos criado pelo Decreto Lei 177/94, de 27/6, no que respeita à formação profissional, limitando-se a tornar possível a sua aplicação a casos concretos;

III – O Despacho 86/95, DR II Série, 142 de 22-6-95, que abriu concurso para a realização de acções de especialização na área da gestão industrial e estabeleceu o regulamento, desse mesmo concurso, também é um regulamento complementar, que se limita a dar execução a uma das espécies de incentivos previstos num concreto diploma legal.

IV – Dado que ambos os regulamentos indicam a lei que visam regulamentar não ofendem o art. 112, 8 da CRP.

V – Tais regulamentos estão em conformidade com as leis que visam regulamentar e, portanto, também não são ilegais.

VI – O Gabinete de Dinamização e Acompanhamento de Formação Profissional foi criado ao abrigo dos artigos 8º, 2 e 18º, 3 Do Dec. Lei 177/94, das Resoluções do Conselho de Ministros 22/88, 75/93 que criaram a entidade "Gestor do Programa", e ainda pela Resolução do Conselho de ministros 64/97, de 21/4.

VII – Não configura a prática de um crime de falsificação, geradora de nulidade do acto administrativo, a existência no processo instrutor de três versões de um relatório feito por uma firma de revisores de contas, versões estas surgidas no sentido de esclarecimento das versões anteriores, quando a realidade representada nesses relatórios não é sequer posta em causa pelo recorrente. Também não implica a falsificação desses mesmos relatórios a falta de assinatura de um dos revisores.

VIII – O facto do recorrente só ter tido acesso aos documentos mais tarde do que entendia correcto não configura uma irregularidade relevante, tendo em conta que o recorrente veio a obter tal acesso a tempo de poder impugnar o acto contenciosamente.

IX – O princípio da boa fé é acolhido expressamente no art. 6/A do CPA e concretiza-se através de dois princípios básicos: (i) tutela da confiança legítima e (ii) materialidade subjacente. A tutela da confiança assenta por seu turno nos seguintes pressupostos: – boa fé ou ética do lesado; – elementos objectivos capazes de provocarem uma crença plausível; desenvolvimento de actividades jurídicas assentes sobre a crença consubstanciada; existência de um autor a quem se deva a entrega confiante do tutelado. O princípio da materialidade subjacente requer que o exercício de posições jurídicas se processe em termos de verdade material, impondo-se uma ponderação substancial dos valores em jogo.

X – Não viola o princípio da boa fé a actividade da Administração que considera não elegível uma acção de formação com base no art. 5º do Programa do Concurso, quando este artigo exigia que o número de mínimo de formandos o início da formação não poderia ser inferior a 15, e a acção não poderia funcionar com menos de 10, e acção de formação em causa nunca teve mais de 8 formandos.

XI – Tal decisão também não viola os princípios da justiça e da proporcionalidade, uma vez que a decisão tomada era a única que se adequava aos fundamentos nela invocados.

XII – Os fundamentos invocados em tal decisão foram os seguintes: i) o recorrente não cumpriu o requisito quanto ao número mínimo de formandos, e o art. 5º do Despacho 86/95, estabelecia que sem esse requisito a acção não seria elegível; ii) dos oito formandos que frequentaram a acção, dois eram trabalhadores por conta própria e dois eram internos da entidade formadora, e o art. 4º do mesmo despacho referia que os destinatários deveriam ser quadros de empresas; iii) o art. 3º do mesmo despacho impunha como duração mínima das acções o período de 3 meses, e na acção em causa cada formando frequentou apenas 40 horas a título de estágio (uma semana). Ora, entre os fundamentos invocados e a decisão de considerar não elegível a acção verifica-se uma total adequação, pelo que não se verifica o invocado desvio do poder.

XIII – Tal decisão também não viola os artigos mencionados na sua fundamentação e referidos no ponto anterior. Com efeito nunca a acção teve mais de oito formandos; é plausível a interpretação relativamente ao perfil dos destinatários (quadros de empresas) e é evidente que o tempo da formação não foi cumprido.

XIV – O acto administrativo está suficientemente fundamentado desde que um destinatário normal fique a saber quais os motivos de facto e de direito determinantes da decisão. Não se exige, para que a fundamentação seja suficiente, que esta consiga convencer o destinatário, uma vez que a sua função é apenas a de permitir o controlo do acto. No caso em que a decisão tomada é a única possível face a um (ou alguns) dos fundamentos de facto e de direito, torna-se desnecessário explicitar as razões que levaram a Administração a não optar por uma medida menos drástica.

Ac. STA de 15/10/2003, Proc. 46.577

I – Se o deferimento de um pedido de concessão de exploração de um depósito mineral foi subordinado ao cumprimento, pela requerente, de determinadas condições, não viola o princípio da boa fé o facto de a Administração ter estabelecido prazos flexíveis para elas serem satisfeitas, ter avisado a interessada dos riscos da sua inércia no cumprimento das condições e ter recusado celebrar o contrato de concessão por as condições ainda não estarem preenchidas.

II – Quando o art. 37º, nº 1, do CPA, diz que o acto de delegação deve «especificar» os poderes que são delegados, o verbo está usado no sentido corrente de «indicar», «determinar» ou «mencionar» aqueles poderes, e não no sentido etimológico de circunscrever uma espécie de poderes por contraposição a um género em que ela se incluísse.

III – Assim, e por se mostrar suficientemente determinado, claro e apreensível por um qualquer destinatário, é válido o acto em que o Ministro da Economia delegou no Secretário de Estado da Indústria e Energia a «competência para orientação e despacho dos assuntos relativos» ao Instituto Geológico e Mineiro, delegação essa que manifestamente abrangia o poder de decidir os pedidos de concessão da exploração dos recursos minerais.

IV – Não tendo a recorrente persuadido da invalidade do acto de delegação, soçobra o vício de incompetência que decorreria de o autor do acto o ter praticado ao abrigo de uma delegação inválida.

Ac. STA de 28/5/2003, Proc. 132/03-13

I – A fundamentação do acto administrativo é um conceito relativo que varia conforme o tipo de acto e as circunstâncias do caso concreto, mas só é suficiente quando permite a um destinatário normal aperceber-se do itinerário cognoscitivo e valorativo seguido pelo autor do acto para proferir a decisão, isto é, quando aquele possa conhecer as razões por que o autor do acto decidiu como decidiu e não de forma diferente, de forma a poder desencadear dos mecanismos administrativos ou contenciosos de impugnação.

II – A expressão «tendo em conta o parecer...», utilizada num acto administrativo revela adesão aos fundamentos daquele parecer, na parte que no próprio acto não seja afastada.

III – A prestação de garantia bancária, a pedido da concorrente a um concurso público de fornecimento, antes de ser decidida a adjudicação, não sendo um acto praticado pela Administração no procedimento do concurso, não pode afectar a validade do acto praticado.

IV – Não estando prevista no concurso público de fornecimento de refeições a apresentação de propostas com alteração de cláusulas do caderno de encargos e sendo imposta por este apresentação de uma ementa-tipo para 30 dias em que a composição das refeições observasse capitações mínimas constantes de determinadas tabelas, não pode ser admitida, por força do disposto na alínea b) do nº 2 do art. 49º do Decreto-Lei nº 197/99, de 8 de Junho, uma proposta em que se inclui uma ementa-tipo que, em vários pontos, apresenta capitações inferiores às mínimas exigidas.

V – Os requisitos de admissibilidade das propostas são determinados pelo bloco de legalidade formado pelo Decreto-Lei nº 197/99, pelo caderno de encargos e pelo programa do concurso, não dependendo de prévia definição pelo júri de critérios de inaceitabilidade.

VI – É generalizadamente admitida a possibilidade de correcção de lapsos materiais relativamente a quaisquer actos jurídicos, ao abrigo do disposto nos arts. 249º e 295º do Código Civil, mas apenas são de considerar como lapsos de escrita os que sejam ostensivos, que facilmente se detectem e se identifiquem como tais pelo contexto e que respeitem à expressão material da vontade e não os que possam ter influenciado a formação dessa vontade.

VII – Estando em causa no princípio da boa fé a possibilidade de relevância da confiança suscitada nos particulares pela actuação da Administração, não se pode considerar demonstrado que um acto enferme de violação de tal princípio se não se demonstra que o concorrente a concurso público de fornecimento apresentou proposta sem os requisitos exigidos por ter sido induzido em erro por actos praticados pela Administração.

VIII – A prossecução do interesse público pela Administração, que tem de ser levada a cabo no âmbito da legalidade, não pode justificar que seja adjudicado contrato a concorrente que apresentou preços muito mais baixos que outro, mas cuja proposta não satisfaz os requisitos exigidos pelo programa do concurso e pelo caderno de encargos.

Ac. STA de 10/3/2003, Proc. 383/03-13

I – A expropriação, ainda que por utilidade pública, constitui uma importante restrição ao direito de propriedade – constitucionalmente consagrado no art. 62º da CRP – e, porque assim, e porque sendo espúrio ao harmónico conteúdo do direito de propriedade só deve ser admitida quando for absolutamente indispensável, isto é quando as finalidades de utilidade pública que se visam prosseguir não possam ser alcançados por meios menos gravosos.

II – É nisso que se traduz o princípio da necessidade da expropriação, o qual, nestes casos, pode ser visto como uma manifestação do princípio da proporcionalidade, porquanto também aqui a privação que o particular é forçado deve ser adequada e necessária aos fins concretos prosseguidos pela Administração e deve ser tida como tolerável quando confrontada com esses fins e, portanto, também aqui a proibição do excesso deve ser alcançada através da realização das três dimensões fundamentais desse princípio, a da adequação, a da necessidade e a do equilíbrio.

III – Por outro lado, as medidas ablativas decorrentes da expropriação só devem ter lugar quando a aquisição por via negocial – que obrigatoriamente tem de ser previamente explorada – se gorar e não houver outra forma de alcançar o cumprimento do interesse público senão através do recurso à expropriação. O que quer dizer que a expropriação só pode ser decretada quando a aquisição consensual for inviável ou, pelo menos, inconciliável com a realização do interesse público

IV – O princípio da boa fé – com consagração constitucional no art. 266º, nº 2, da CRP, e assento no art. 6º-A do CPA – postula que a Administração no exercício da sua actividade, em todas as suas formas e fases, deve agir e relacionar-se segundo as regras da boa fé, isto é, do modo como se comportaria uma pessoa de bem por forma a que nas suas relações com os Administrados se estabeleça um clima de confiança e previsibilidade.

V – Não viola nenhum destes princípios a expropriação que só foi decretada depois de constatada a impossibilidade da aquisição negociada.

Ac. STA de 10-5-2006, Proc. 246/04-12

I – São pressupostos da responsabilidade civil extracontratual por factos ilícitos*: o facto, a ilicitude, a culpa, o dano e o nexo de causalidade entre o facto e o dano.*

II – São pressupostos da responsabilidade civil extracontratual por factos lícitos: *o acto administrativo legal ou material lícito, o dano de que advenham prejuízos especiais e anormais, um interesse geral e o nexo causal entre o facto e o dano.*

III – A Administração viola o princípio da boa fé, *quando falta à confiança que fundadamente despertou num particular, ao actuar em desconformidade com aquilo que previsivelmente fazia antever o seu comportamento anterior.*

IV – O princípio da confiança *implica um mínimo de certeza nos direitos das pessoas e nas expectativas que lhe são juridicamente criadas.*

V – O princípio da boa fé é corolário do princípio da tutela da confiança e ambos estão intimamente relacionados com o princípio da segurança jurídica inerente ao Estado de Direito.

VI – A imposição em 1989, de condicionantes à construção de um projectado empreendimento num imóvel inventariado pela Câmara, desde 1986, como valor cultural concelhio, não permite criar legítima ou fundada *confiança aos seus comproprietários de que a situação desse imóvel se manteria, assim, indefinidamente.*

VII – Por isso, a desinventariação, pela Câmara, do referido prédio em 1995, ocorrida no âmbito da revisão do levantamento do património arquitectónico do concelho, deixando, em consequência, de se justificar as condicionantes à construção anteriormente decorrentes dessa inventariação, quando os comproprietários já haviam desistido do projectado empreendimento e vendido o imóvel em 1993, o qual a Câmara veio a adquirir em 1997 para construir um equipamento municipal, não constitui, só por si, *qualquer conduta desleal da Câmara, não se podendo, por causa disso, dizer que esta defraudou a confiança daqueles ou que existe uma situação passível de corresponder a um* «venire contra factum proprium».

VIII – Não se provando outros factos que permitam concluir pela violação dos citados princípios, onde assenta a alegada ilicitude *da conduta da Câmara referida em VI e VII, improcede o pedido indemnizatório, com fundamento em responsabilidade civil extracontratual, por factos ilícitos.*

IX – Não se provando também o nexo de causalidade, *em termos de causalidade adequada (art. 563º do CC), entre aqueles actos e os alegados prejuízos sofridos pelos AA, improcede também o pedido indemnizatório, com fundamento em responsabilidade civil por factos lícitos.*

X – Com efeito, aos AA incumbia o ónus daquela prova (art. 342, nº 1 do CC) e sendo cumulativos *os pressupostos da responsabilidade civil, quer por factos ilícitos, quer por factos lícitos, basta a falta de um, para que a acção improceda.*

Ac. STA de 7-10-2009, Proc. 941/08-12

I – Não é ilegal o acto de indeferimento de pedido de alterações a anterior licenciamento de construção quando, tendo em vista o que decorre do artigo 24º, nº 1/a) do RJUE, o mesmo viola várias normas do RPDM, o que, nos termos do art. 68º, a) do RJUE, levaria a considerar-se como ferido de nulidade o seu eventual deferimento.

II – Nos termos do disposto no artigo 106º do RJUE a demolição de obra de construção não pode ser ordenada se for susceptível de ser licenciada ou autorizada ou se for possível assegurar a sua conformidade com as disposições legais e regulamentares que lhe são aplicáveis mediante a realização de trabalhos de correcção ou de alteração, o que constitui uma manifestação dos princípios da necessidade, adequação, indispensabilidade ou melhor ingerência possível, decorrentes do princípio da proporcionalidade.

III – O princípio da boa fé (a par de outros, como os da igualdade e justiça ou da proporcionalidade) opera, apenas, como limite interno da actividade discricionária da Administração.

IV – Condutas havidas à margem dos procedimentos legalmente previstos, como obras de construção ilegais levadas a efeito mercê de omissões da fiscalização camarária ou com conhecimento dos serviços ou/e resultantes de sugestões de técnicos, não fazem inquinar os posteriores actos de indeferimento e de demolição da obra, referidos em 1. e 2., como violando tal princípio.

V – A desconformidade com o fim visado pela lei, que constitui vício de desvio de poder, deve ser demonstrada pelo interessado, ao qual incumbe alegar e provar os respectivos elementos constitutivos, demonstrando concretamente qual o fim ilícito prosseguido, diverso do fim legal.

Ac. STA de 9-7-2009, Proc. 203/09

I – A violação da boa fé pode configurar um facto ilícito gerador de responsabilidade civil (art. 6-A do CPA).

II – Não há frustração da confiança legítima numa situação em que a aceitação pelos interessados da nomeação na categoria de peritos tributários de 1.ª classe foi precedida de despacho do Director Geral das Contribuições e Impostos, relativo ao respectivo reposi-

cionamento no escalão salarial, mas não foi esse despacho – posteriormente revogado por ilegalidade – determinante da aceitação do lugar.

Ac. STA de 26-9-2007, Proc. 5699/06

I – A responsabilidade civil extracontratual do Estado e demais entes públicos, por facto ilícito de gestão pública, assenta na verificação cumulativa dos pressupostos da idêntica responsabilidade prevista na lei civil, que são o facto, a ilicitude, a imputação do facto ao lesante, o prejuízo ou dano e o nexo de causalidade entre este e o facto.

II – A verificação do pressuposto ilicitude não se basta com a existência de ilegalidade, sendo necessário que esta se traduza na violação de normas que incluem, entre os fins que visam tutelar, a protecção – não meramente reflexa ou ocasional, mas directa e intencional – do interesse particular.

III – A demora, por parte da Administração, na apreciação e decisão de pedido formulado por particular só corresponderá a conduta ilícita, geradora de responsabilidade, se implicar falta de decisão de tal pedido em prazo razoável.

IV – A determinação do que seja, para esse efeito, um prazo razoável *não pode fazer-se em abstracto, antes havendo que ter em consideração as circunstâncias concretas do caso, atendendo, designadamente, à complexidade das diligência a realizar, à conduta dos serviços e ao comportamento do próprio interessado.*

VI – A Administração viola o princípio da boa fé, quando falta à confiança que, fundamente, despertou num particular, ao actuar em desconformidade com aquilo que, previsivelmente, fazia antever o seu comportamento anterior.

VII – Assim, não ocorre violação desses princípios, na ausência de qualquer actuação, por parte dos órgãos e agentes administrativos, susceptível de criar nos particulares interessados a expectativa legítima de que seriam de sentido diferente as decisões tomadas, relativamente aos pedidos por estes formulados.

Ac. STA de 6-6-2007, Proc. 67/07

I – O princípio da boa-fé *tem o seu campo privilegiado de operatividade na actividade discricionária da Administração.*

Fora desse ambiente discricionário, o princípio em apreço apenas é relevante, a ponto de gerar invalidade, quando a lei *ou a* natureza do acto *impuserem a vinculatividade da Administração ao sentido da expectativa criada.*

II – Não viola esse princípio o cancelamento da licença de ocupação da via pública *e a retirada de uma banca de venda de jornais, determinada por uma Câmara Municipal, dirigida ao particular seu detentor (ardina), mesmo que há cerca de seis anos entre Câmara e empresa proprietária do respectivo mobiliário urbano,* titular de licença de publicidade, *tenha havido negociações para a sua instalação e escolha do modelo respectivo.*

III – Se tudo aquilo se passou em tempos tão recuados com o objectivo de, precisamente, obter soluções sobre escolha de lugares públicos e modelos de bancas, não poderia a titular da licença de publicidade vir, tanto tempo depois, invocar a mesma atmosfera de diálogo e expectativa para exigir que, sobre outro assunto completamente diferente, a Câmara se comportasse da mesma maneira.

IV – Para além disto, a Câmara não tinha sobre o assunto qualquer margem de livre escolha decisória, se o caso concreto constituía precisamente o exemplo de uma fati specie *legal que implicava a adopção da solução ali prevista: a violação durante cerca de seis meses do dever de utilização intensiva previsto no art. 33º do* Regulamento Geral de Mobiliário Urbano e Ocupação da Via Pública, *aprovado pelo Edital nº 101/91 e publicado no Diário Municipal de 16.4.91, e cuja cominação era, sem fuga possível, o cancelamento da respectiva licença, nos termos do art. 21º, nº 1, al. e), do mesmo diploma.*

V – As mesmas razões impedem que a decisão esteja inquinada por violação do princípio da proporcionalidade.

Ac. do STA de 9 de julho de 2014, Processo 01561/13, 1ª Secção

Princípio da Boa-Fé – Princípio da Protecção da Confiança – Princípio da Segurança Jurídica – Acto Nulo

I – A atuação correta, leal e de boa fé dos intervenientes no procedimento, ignorando a violação de qualquer disposição legal, não convalidará ou não fará desaparecer ilegalidade invalidante de que enferme o ato administrativo impugnado.

II – Os princípios da boa fé, da proteção da confiança e da segurança jurídica não possuem efeitos convalidatórios ou sanatórios, não se destinando a preservar ou manter na ordem jurídica um ato administrativo ilegal sancionado com o desvalor da nulidade, e, assim, impedir que o mesmo seja declarado em processo judicial deduzido com tal objetivo.

Ac. STA de 08-09-2011, Proc. nº 0267/11

I – As coisas públicas estão fora do comércio jurídico privado, o que significa serem insusceptíveis de redução à propriedade particular, inalienáveis, imprescritíveis, impenhoráveis e não oneráveis pelos modos do direito privado, enquanto coisas públicas.

II – A atribuição do caráter público dominial a um bem resulta não da forma ou das circunstâncias da sua aquisição mas da verificação de um dos seguintes requisitos: (1) da existência de norma legal que o inclua numa classe de coisas na categoria do domínio público, (2) de acto que declare que certa e determinada coisa pertence a esta classe e (3) da afectação dessa coisa à utilidade pública, sendo que esta afectação tanto pode resultar de um acto administrativo formal (decreto ou ordem que determine a abertura, utilização ou inauguração), como de um mero facto (a inauguração) ou de uma prática consentida pela Administração em termos de manifestar a intenção de consagração ao uso público.

III – Todavia, o facto das coisas públicas não poderem ser objecto de contratos de direito civil, nem reduzidas à propriedade privada ou ser objecto de posse civil não significa que elas não possam ser subtraídas ao domínio público e integradas no domínio privado e que, na sequência desta alteração, não possam ser objecto de actos de comércio.

IV – O princípio da confiança envolve uma ideia de proteção da confiança dos cidadãos e da comunidade na ordem jurídica exigindo que a actuação da Administração se paute pelo respeito do direito à certeza e segurança jurídicas e à proteção das suas legítimas expectativas, o que conduz a que devam considerar ilegais os actos que de forma intolerável, arbitrária ou demasiado opressiva violem aqueles mínimos de certeza e segurança que as pessoas e a comunidade têm direito.

V – Porque assim, isto é, porque nesta matéria se confrontam os direitos e as legítimas expectativas dos cidadãos com o dever da Administração prosseguir o interesse público, onde se inclui a liberdade de escolher as condutas que melhor satisfaçam esse interesse, importa proceder a um justo balanceamento nesse confronto, tanto mais quanto é certo que dele pode resultar o sacrifício dos interesses dos particulares.

Ac. STA de 09-07-2009, Processo: 0203/09

I – A violação da boa fé pode configurar um facto ilícito gerador de responsabilidade civil (art. 6º-A do CPA).

II – Não há frustração da confiança legítima numa situação em que a aceitação pelos interessados da nomeação na categoria de peritos tributários de 1ª classe foi precedida de despacho do Director Geral das Contribuições e Impostos, relativo ao respectivo reposicionamento no escalão salarial, mas não foi esse despacho – posteriormente revogado por ilegalidade – determinante da aceitação do lugar.

Ac. STA de 13-11-2008, Processo: 073/08

I – A autoridade administrativa, para fundamentar a decisão final, não está obrigada a rebater todas as razões e argumentos aduzidos pelo particular, em sede de audiência de interessados, contra o projecto de decisão, estando apenas vinculada a ponderar ou ter em consideração tais contributos.

II – O princípio da igualdade traduz-se numa proibição do arbítrio, impondo, na consideração das suas dimensões igualizante e diferenciante, um tratamento igual de situações de facto iguais e um tratamento diverso de situações de facto diferentes.

III – Segundo os princípios da justiça e imparcialidade e da boa-fé, consagrados nos arts. 6º e 6º-A do CPA, a Administração deve tratar de forma justa e imparcial todos os que com ela se relacionem, e agir e relacionar-se com os particulares segundo as regras da boa-fé, incompatíveis com comportamentos desleais e incorrectos.

Acórdão do STA de 9 de julho de 2009, Processo nº 203/09
Afirmando que a violação da boa-fé pode configurar um facto Ilícito gerador de responsabilidade civil da administração.

Acórdão do STA de 21 de setembro de 2011, Processo nº 0753/11
Considerando que a violação da boa-fé pode ser fonte autónoma de violação de lei.

Artigo 11º – Princípio da colaboração com os particulares

1 – Os órgãos da Administração Pública devem atuar em estreita colaboração com os particulares, cumprindo-lhes, designadamente, prestar aos particulares as informações e os esclarecimentos de que careçam, apoiar e estimular as suas iniciativas e receber as suas sugestões e informações.

2 – A Administração Pública é responsável pelas informações prestadas por escrito aos particulares, ainda que não obrigatórias.

ANOTAÇÃO:

Antes de mais, cumpre salientar que os deveres de colaboração da Administração para com os particulares, em sede de procedimento administrativo, não se subsumem, necessariamente, apenas ao decurso deste, já que, pode ser precisamente no período prévio à existência do procedimento que este dever mais releve.

O Princípio da Colaboração da Administração com os Particulares limita a discricionariedade administrativa e assegura o direito dos particulares de participar na gestão pública tal como enunciado no artigo 267º, nº 1 da CRP.

De realçar que, este princípio da colaboração ou cooperação acarreta o ónus para a Administração Pública de prestar as informações necessárias e adequadas aos particulares que delas necessitam e tenham legitimidade em obter. Em obediência ao art. 268, nº 1 da CRP, consagra-se aqui um modelo de administração aberta com o dever de prestar informações aos particulares que delas careçam, acolhendo e estimulando, tanto quanto possível, as suas iniciativas sugestões e informações.

De notar que, quando a Administração Pública presta informações por escrito, mesmo nos casos em que não está obrigada a tal, é responsável pelos erros neles contidos.

Paradigmático e muito à frente do seu tempo, o acórdão do STA, de 17 março de 1994, considerou violado o princípio da colaboração da administração com os particulares, porque no caso *subjudice* havia sido indeferido um pedido de localização de estabelecimento industrial, com o fundamento em deficiente instrução do processo, antes de o requerente ser notificado para juntar os elementos necessários à completa instrução do procedimento.

O Dever de Colaboração é um princípio aqui consagrado como maximalista, quiçá para contrariar a velha, e ainda tão presente, prática minimalista da Administração.

REFERÊNCIAS BIBLIOGRÁFICAS:

SÉRVULO CORREIA, *O Direito à Informação Administrativa Procedimental*, Porto, 1999.

FERNANDO CONDESSO, *O Direito à Informação Administrativa*, Lisboa, 1995.

JURISPRUDÊNCIA:

Ac. STA de 12-12-2001, Proc. 45766

I – A actividade administrativa relativa à concessão da exploração de depósitos minerais está ligado ao interesse público no seu aproveitamento e assenta numa colaboração entre o Estado e os particulares interessados,

II – A Administração, no exercício daquela actividade, deve colaborar com os particulares e dar-Ihe o seu apoio técnico e científico de acordo com o princípio da colaboração e do inquisitório, (art., 70º, nº 1 e 56º e 87º, nº 1 do CPA).

III – É violado o art. 7º, do C.P. e arts. 56º e 87º, do CPA se a Administração considerar, em relação a um pedido de concessão de exploração de depósitos minerais, que o ónus de todos os elementos que comprovam a existência do depósito e a sua rendibilidade cabem ao Interessado, como condição básica e essencial para a atribuição da concessão.

Ac. STA de 17-01-2008, Processo: 0896/07

I – O nº 2 do art. 268º da CRP impõe que a Administração paute a sua actividade pelos princípios da transparência e da publicidade de modo a que não só as suas decisões sejam públicas e acessíveis, mas também que o procedimento que as precede possa ser objecto de consulta e informação pois que só assim se promove a formação de uma opinião pública esclarecida e só assim se permite que os interessados conheçam as razões que determinaram os seus actos.

II – O direito de acesso aos arquivos e registos administrativos vem sendo considerado como um direito fundamental cujo sacrifício só se justifica quando confrontado com direitos e valores constitucionais de igual ou de maior valia, como são os relativos à segurança interna e externa, à investigação criminal e à reserva da intimidade das pessoas.

III – O direito à informação materializa-se por diversos meios de que são exemplos a consulta do processo, a reprodução ou declaração autenticada de documentos, a prestação de indicações sobre a sua existência e conteúdo e a passagem de certidões. Por isso a postura da Administração perante um pedido de informação não pode ser meramente passiva.

IV – É certo que este dever de colaboração não compreende, como é lógico, a elaboração de dossiers estruturados ou sínteses da documentação existente nem a obrigação de produzir uma nova documentação administrativa com o propósito de satisfazer o pedido do Requerente porque tais actividades ultrapassam o dever legal de colaboração e de informação, mas também o é que a inexistência da obrigação de proceder a tais trabalhos não pode ser cobertura para uma interpretação minimalista do dever constitucional de prestar informações e de, na prática, constituir um boicote ao seu cumprimento.

Ac. STA de 11-10-2006, Proc. 0404/06

I – À homologação de lista de classificação final em concurso de admissão de pessoal para a Região de Turismo do Algarve é aplicável o regime jurídico do DL 204/98, de 11/7, em coordenação com o diploma que o adaptou à Administração Local, concretamente, o art. 5º do DL 238/99, de 25 de Junho, de acordo com o qual, da homologação da acta de que consta a lista de classificação final cabe recurso, nos termos do regime geral do contencioso administrativo, logo cabe recurso contencioso sem mais necessidade de impugnação administrativa.

II – A notificação daquela lista com a indicação: "Nos termos do nº 2 do art. 43º do DL nº 204/98, de 11 de Julho, aplicado à Administração Local pelo DL nº 238/99, de 25 de Junho, da homologação da lista de classificação final cabe recurso hierárquico, a interpor no prazo de dez dias úteis" é de molde a criar no destinatário a convicção da necessidade de recurso administrativo para aceder à via contenciosa.

III – Na sequência daquela notificação, interposto recurso para o membro do Governo da tutela da Região de Turismo, o despacho que o rejeitou com fundamento em não caber recurso hierárquico, ainda que impróprio, nem tutelar, ofende o princípio enunciado no art. 7º do CPA da colaboração da Administração com os particulares, ao omitir o esclarecimento e as diligências necessárias para evitar que o erro havido na notificação tolhesse a iniciativa do particular e as possibilidades de dar seguimento à vontade de recorrer que tinha manifestado.

IV – A anulação do despacho de rejeição é o único meio para abrir caminho ao remédio para o caso, (a manutenção do acto retiraria a capacidade de intervenção posterior do Tribunal, tornando a ineficaz a censura que fez à actuação administrativa) embora não seja suficiente, porque se impõe ao mesmo tempo uma actuação pró-activa do Tribunal definindo desde já a inoponibilidade para efeitos contenciosos da notificação (mal) efectuada, pelo que a execução desta anulação deve consistir em nova notificação do despacho homologatório, esclarecendo-se deste modo a impugnabilidade contenciosa do acto, para a partir da respectiva data se começar a contar novo prazo para aquele efeito.

TCA Norte, Processo: 02031/09.6BEPRT
Secção: 1ª Secção – Contencioso Administrativo
Data do Acórdão: 14-06-2013
Tribunal: TAF do Porto

Os princípios que enformam o relacionamento da administração com os particulares – da boa fé, cooperação, justiça, proteção dos interesses dos cidadãos, prestação de informações legalmente correctas e da proporcionalidade – impõem que a responsabilidade pelo recebimento indevido das prestações de subsídio de desemprego para além do prazo legalmente previsto, seja imputada à má/incorrecta actuação dos serviços da segurança social (com a eventual responsabilização dos interventores/decisores) e ao próprio beneficiário pois que, mesmo numa situação mais fragilizada (apesar de não denotar o seu comportamento qualquer actuação dolosa) o desconhecimento da lei, não lhe pode aproveitar.

TCA Norte, Processo: 00950/05.8BEPRT
Secção: 1ª Secção – Contencioso Administrativo
Data do Acórdão: 10-04-2008
Tribunal: TAF do Porto

I – O princípio da igualdade é um princípio constitucional estruturante e informador de toda a nossa ordem jurídica, pode e deve desdobrar-se em várias dimensões, de forma a levedar juridicamente toda a vida em sociedade, e, no seu núcleo fundamental, proíbe o arbítrio, proíbe a discriminação, e obriga à diferenciação;

II – Todas as funções estaduais estão vinculadas ao princípio da igualdade, que se impõe como determinante heterónoma da função legislativa, administrativa e jurisdicional;

III – A vinculação da administração pelo princípio da igualdade encontra a sua maior relevância na proibição de medidas geradoras de situações de desigualdade, na exigência de igualdade no tocante a prestações concedidas aos administrados, bem como na sua autovinculação no âmbito dos poderes discricionários, devendo utilizar critérios que sejam iguais para a resolução de casos iguais;

IV – No âmbito específico dos concursos, este princípio desdobra-se, sobretudo, na exigência de igualdade de condições e oportunidades para todos os candidatos, o que significa, desde logo, que vincula a administração a fixar métodos de selecção e critérios de classificação que permitam a igualdade de tratamento dos candidatos, proibindo-lhe a fixação de critérios geradores de desigualdades injustificadas, e exigindo-lhe que consagre métodos e critérios respeitadores das situações desiguais;

V – O princípio da proporcionalidade é princípio material informador e conformador da actividade administrativa, o que significa que à administração, no exercício dos seus poderes discricionários, não basta prosseguir o fim legal justificador de tais poderes, ela deve prosseguir os fins legais, os interesses públicos, segundo o princípio da justa medida;

VI – No âmbito específico dos concursos, o princípio da proporcionalidade proíbe a adopção de critérios desproporcionados ou excessivos em relação aos fins a obter, de modo a deturpar o resultado visado de uma justa avaliação dos candidatos;

VII – O princípio da colaboração da administração com os particulares constitui um princípio geral que abrange toda a actividade administrativa, consagra uma filosofia que privilegia e garante o relacionamento da administração com o administrado de modo a que sejam tomadas decisões justas, úteis e oportunas, integra o dever de a administração receber os requerimentos, sugestões e informações apresentadas pelos interessados, e a imposição de que a acção administrativa não perca de vista os direitos e interesses legalmente protegidos do mesmos, procurando obter o concerto possível entre estes e o interesse público.

Acórdão do STA de 14 de dezembro de 2000, 1ª Secção, decisão em subsecção, Processo nº 45.766
Evidenciando o conteúdo do dever administrativo de colaboração com os particulares.

Acórdão do STA de 17 de janeiro de 2008, Processo nº 0896/07
Concluindo que estão em causa direitos fundamentais dos cidadãos e que a postura da administração perante um pedido de informação não pode ser meramente passiva.

Artigo 12º – Princípio da participação

Os órgãos da Administração Pública devem assegurar a participação dos particulares, bem como das associações que tenham por objeto a defesa dos seus interesses, na formação das decisões que lhes digam respeito, designadamente através da respetiva audiência nos termos do presente Código.

ANOTAÇÃO:

Uma das decorrências do Princípio do Contraditório *"auditum et altera pars"* é precisamente, a possibilidade de tanto os particulares como as associações que os representam defenderem os seus legítimos direitos e interesses, quando intervêm nas decisões administrativas que lhe dizem respeito, na qualidade de interessados ou na defesa de interesses difusos ou de bens do Estado.

A participação dos particulares no processo de decisão, além de constituir um princípio garantístico destinado a reforçar os seus direitos face à administração, representa a função legitimadora que carateriza as administrações públicas modernas e democráticas, constituindo a audiência prévia e os acordos endoprocedimentais os seus principais corolários.

A revisão a que foi sujeito o presente código traduz, também ela, um reforço dos direitos, diríamos mesmo poderes, do cidadão face à administração colocando-os nos exatos termos da exposição de motivos "em paralelo" como iguais, numa perspetiva procedimental na titularidade de situações jurídicas subjetivas.

A participação dos interessados na formação das decisões que lhes digam respeito não é um princípio unicamente garantístico, com vista a acautelar e a reforçar um direito de defesa dos particulares. O princípio da participação representa, em sede político-constitucional, substancialmente mais que isso, sendo, não temos dúvidas, consequência da moderna tendência das democracias representativas.

As formas de democracia participativa constituem não apenas um controlo político dos governos, por parte dos cidadãos administrados, como, concomitantemente, representam, igualmente, uma verdadeira participação no exercício do poder executivo.

A par de outros já elencados, é precisamente em sede de procedimento administrativo que o princípio da participação tem o seu campo de aplicação primordial, por via da audiência prévia (que representa o teor legal mínimo do direito de participação, ainda que o interessado não manifeste outras pretensões) consagrada nos arts. 121º e segs. Diversas outras manifestações de participação dos interessados no procedimento administrativo são também reguladas no presente código.

REFERÊNCIAS BIBLIOGRÁFICAS:

Baptista Machado, *Participação, Descentralização, Democraticidade e Neutralidade na Constituição Portuguesa de 1976*, Coimbra, 1982.

JURISPRUDÊNCIA:

Ac. STA de 4-12-2016, Proc. 205/15

I – Resulta do princípio do contraditório que o juiz não deve decidir qualquer questão, de facto ou de direito, mesmo que de conhecimento oficioso, sem que as partes tenham tido a possibilidade de sobre ela se pronunciarem, para que se possa assegurar a sua participação efetiva no desenvolvimento do litígio.

II – Quando a questão não tinha sido suscitada até ao momento no processo e a matéria em causa não estava sedimentada na ordem jurídica temos de concluir que a referida omissão de um ato que a lei prescreve, a audição das partes, é suscetível de influir no exame ou na decisão da causa, pelo que constitui nulidade processual secundária. (art. 195º, nº 1 do CPC).

Ac. STA de 18-3-2003, Proc. 1749/02

I – A audiência prévia prevista no art. 100º do Código de Procedimento Administrativo constitui uma manifestação do princípio do contraditório, assumindo-se também como uma dimensão qualificada a que alude o art. 8º do CPA, visto a mesma possibilitar não só o confronto dos critérios da Administração com os administrados, de modo a poderem ser obtidas plataformas de entendimento, mas também a possibilidade de estes apontarem razões e fundamentos, quer de facto quer de direito, que invalidem o caminho que a Administração intenta percorrer e levem a que outro seja o sentido da decisão.

II – Havendo que anular o acto por incumprimento do art. 100º do CPA, isto é, por falta de audiência prévia, haverá que repetir o procedimento que leva à prolação do acto, o que pode prejudicar o conhecimento dos outros vícios invocados.

Ac. STA de 25-1-2005, Proc. 1029/03

I – Diz-se que um acto está fundamentado sempre que o administrado colocado na sua posição de destinatário normal fica esclarecido acerca das razões que o motivaram.

II – Só em caso de erro manifesto ou de critérios claramente desajustados pode o tribunal sindicar os juízos manifestados pela Administração nos actos de avaliação e classificação de mérito dos magistrados.

III – Os princípios da igualdade, justiça, proporcionalidade, boa fé e razoabilidade devem ser acompanhados das razões de facto por que foram invocados.

IV – A circunstância de o Magistrado ter obtido em inspecções anteriores classificações de "Bom" e "Bom com distinção" não determina que deva obter iguais classificações em inspecções posteriores, por serem diferentes as condições de exercício da função e as performances registadas. Não se verifica nessas circunstâncias violação do princípio da igualdade.

V – Se o interessado respondeu ao relatório do Senhor Inspector, o facto de o acto final de classificação do Conselho Superior do Ministério Público não ter acolhido a posição por que se bateu não significa violação do princípio da participação contido no art.8º do CPA.

Ac. STA de 31-3-2004, Proc. 35338/94

I – O direito de audiência constitui um princípio estruturante do processamento da actividade administrativa, assumindo-se como uma manifestação do princípio do contraditório e uma dimensão qualificada do princípio da participação a que se alude no art. 8º do CPA e, porque assim, o seu cumprimento constitui uma formalidade essencial cuja violação ou a sua incorrecta realização determina – atenta a interdependência e conexão sequencial entre os diversos actos procedimentais – a ilegalidade do próprio acto final.

II – Todavia, nem sempre assim acontece já que tal formalidade pode, em certos casos, degradar-se em formalidade não essencial, isto é, numa mera irregularidade procedimental incapaz de determinar a anulação do acto. Tal acontecerá, por exemplo, quando, atentas as circunstâncias, a intervenção do interessado se tornou inútil, seja porque o contraditório já se encontre assegurado, seja porque não haja nada sobre que ele se pudesse pronunciar seja porque, independentemente da sua intervenção e dos elementos que pudesse juntar, a decisão da Administração, porque sujeita ao princípio da vinculação, só pudesse ser aquela que foi tomada.

III – Os DL.s 176-A/88 e 351/93 não afrontam os princípios e as normas constitucionais sendo certo, por outro lado, que quando os interesses que a Administração visa salvaguardar ao praticar o acto impugnado são de fundamental relevo e interesse público é justo e legal que prevaleçam sobre os interesses particulares.

IV – No direito de propriedade consagrado constitucionalmente, não se tutela o ius aedificandi como elemento natural e natural daquele direito.

V – O acto que declara a incompatibilidade de um licenciamento com um PROT, em bom rigor, não constituiu um acto revogatório, uma vez que se não debruçou sobre a legalidade desse licenciamento nem sobre ele emitiu qualquer pronúncia e se limitou a declarar que os direitos dele decorrentes eram incompatíveis com aquele instrumento de gestão territorial.

VI – Não se traduzindo o licenciamento na concessão de um direito eterno a ser concretizado no momento escolhido pelo seu titular, nada impede que o legislador, tendo em vista a defesa de interesses públicos relevantes, venha dispor de modo diferente em legislação posterior e que das novas disposições resulte a inviabilização da realização dos direitos decorrentes do licenciamento.

VII – A fundamentação é um conceito relativo que varia em função do tipo legal de acto administrativo e visa responder às necessidades de esclarecimento do Administrado, procurando-se através dela informá-lo do itinerário cognoscitivo e valorativo do acto e permitir-lhe conhecer as razões, de facto e de direito, que determinaram a sua prática e porque motivo se decidiu num sentido e não noutro.

Ac. STA de 26-05-2010, Proc. 65/10-12

I – É da competência da assembleia municipal, em matéria regulamentar e de organização e funcionamento, sob proposta da câmara, aprovar posturas e regulamentos (art. 53º, nº 2, al.a) da Lei nº 169/99, de 18/9).

II – Um Regulamento de Afixação de Publicidade da autoria duma assembleia municipal não pode ser alterado por um despacho da autoria de um vereador.

III – O princípio da participação (art. 8º do CPA) é um princípio geral que deve presidir a toda a actividade administrativa e que a nível procedimental tem afloramentos nos arts. 59º, 61º, 88º, 100º e 104º do CPA.

IV – Finda a instrução e antes de ser proferida a decisão administrativa deve a Administração ouvir o interessado.

Ac. STA de 08-07-2010, Proc. nº 0275/10

A alteração introduzida no nº 2 do art. 86º do Código dos Contratos Públicos (CCP), aprovado pelo DL 18/08, de 29.1, posteriormente alterado pelo DL 278/09, de 2.10, no sentido de facultar ao interessado a possibilidade de se pronunciar "Sempre que se verifique um facto que determine a caducidade da adjudicação nos termos do nº 1 corresponde à regra geral desde há muito existente na ordem jurídica portuguesa, plasmada no art. 100º do CPA, segundo a qual o direito de audiência do interessado previamente à emissão de um acto administrativo lesivo constitui um princípio geral da actividade administrativa ditado por imposição constitucional (art. 267º, nº 5, do CRP) mais não sendo do que uma clarificação da situação anterior.

Ac. STA de 28-01-2003, Proc. nº 0838/02

I – O princípio da audiência prévia, consagrado no artigo 100º do CPA, dá forma ao princípio da participação dos cidadãos na formação das decisões ou deliberações que lhes disserem respeito, consagrado no nº 4 do artigo 267º da CRP e no artigo 8º do CPA, com o que se pretende aproveitar o contributo dos administrados na formação da vontade administrativa, através do mais cabal esclarecimento dos factos, por um lado, e do conhecimento da sua posição jurídica perante eles, por outro, de molde a potenciar uma decisão mais acertada e justa.

II – Só há lugar a ela, salvo o caso de inexistência ou de dispensa, consagrados no referido artigo 103º do CPA, quando tiver havido instrução, sendo pacífico, na doutrina e na jurisprudência, que o conceito de instrução, para este efeito, "integra a actividade administrativa destinada a captar os factores e interesses relevantes para a decisão final, nela se incluindo informações, pareceres, apresentação ou realização de provas, realização de diligências, vistorias, exames e avaliações necessárias à prolacção da decisão".

III – Num pedido de contagem de tempo, para efeitos de promoção e progressão na carreira, em que foram prestados um parecer e uma informação dos serviços, aliás, divergentes, houve instrução e, como tal, havia lugar à audiência prévia da requerente.

IV – Tendo sido julgado procedente o vício de forma, por preterição dessa formalidade e não constando dos autos e do processo burocrático todos os elementos que habilitem o Tribunal a concluir, com absoluta segurança, que a decisão tomada era a única possível, não se pode lançar mão do princípio do aproveitamento dos actos administrativos

Acórdão do STA de 13 de fevereiro de 2003, Processo nº 4840 3

Sobre as consequências anulatória de omissão do contraditório.

Artigo 13º – Princípio da decisão

1 – Os órgãos da Administração Pública têm o dever de se pronunciar sobre todos os assuntos da sua competência que lhes sejam apresentados e, nomeadamente, sobre os assuntos que aos interessados digam diretamente respeito, bem como sobre quaisquer petições, representações, reclamações ou queixas formuladas em defesa da Constituição, das leis ou do interesse público.

2 – Não existe o dever de decisão quando, há menos de dois anos, contados da data da apresentação do requerimento, o órgão competente tenha praticado um ato administrativo sobre o mesmo pedido, formulado pelo mesmo particular com os mesmos fundamentos.

3 – Os órgãos da Administração Pública podem decidir sobre coisa diferente ou mais ampla do que a pedida, quando o interesse público assim o exija.

ANOTAÇÃO:

A prática fundada na interpretação da lei levava a Administração Pública a pronunciar-se, sempre, acerca de todas as questões que lhes eram colocadas, bastando ao requerente demonstrar a sua qualidade de interessado, quando ela não fosse evidente, aliás na linha orientadora do art. 52º, nº 1 da CRP.

Este princípio reforça, também, a proteção do cidadão administrado face às omissões administrativas, que dão origem à formação dos atos tácitos que constituem uma segunda linha de reforço das garantias dos particulares face aos poderes de órgãos e agentes com poderes públicos.

A Administração tem esse poder/dever que, muitas vezes leva ao exercício abusivo de um direito, até aqui, demasiado amplo relativamente ao cidadão. A presente disposição dispensa a Administração Pública de responder, desde que não estejam decorridos dois anos após a resposta ao mesmo pedido.

A interpretação do STA tem sido no sentido de ser feita uma nova apreciação (atual) do pedido, considerando que, caso se verifiquem os mesmos pressupostos, a nova decisão é meramente confirmativa, não se abrindo sequer o prazo para recorrer contenciosamente, já que tal prazo correu e excutiu-se na decisão anterior.

REFERÊNCIAS BIBLIOGRÁFICAS:

M. Esteves de Oliveira e outros, *Código do Procedimento Administrativo*, 2.ª edição, Coimbra, 2010.

JURISPRUDÊNCIA:

Ac. STA de 2-4-2009, Proc. 1021/08-12

É ilegal, por violação do disposto no artigo 9º, nº 1 do Código do Procedimento Administrativo, o despacho do Secretário dos Assuntos Fiscais que, com fundamento em inexistência de dever legal de decidir, rejeita recursos hierárquicos de actos de processamento de abonos.

Ac. STA de 2-2-2005, Proc. 1153/04-13

I – Por ser de natureza pessoal, o impedimento previsto no art. 44º, nº 1, al. g), do CPA, não se comunica aos inferiores hierárquicos do impedido, mesmo na hipótese extrema de eles se pronunciarem a coberto de uma sua delegação de assinatura.

II – É na qualidade de subalternos da entidade «ad quem», e não da entidade «a quo», que os inferiores hierárquicos do autor do acto hierarquicamente recorrido elaboram informações ou pareceres tendentes à decisão do recurso.

III – O «princípio da decisão», acolhido no art. 9º do CPA, só pode ser violado pela conduta oposta, que completamente omita a pronúncia devida.

IV – O art. 5º do DL nº 42/97, de 7/2 – que permitiu que os funcionários da DGCI pertencentes ao grupo de pessoal técnico de administração fiscal, desde que detentores de um mínimo de antiguidade e de classificação e habilitados com certos cursos superiores, pudessem ser nomeados como supranumerários para as categorias de perito tributário de 2.ª classe ou de perito de fiscalização tributária de 2.ª classe – foi revogado, por incompatibilidade, pelo DL nº 557/99, de 17/12, que aprovou o novo estatuto de pessoal e o regime de carreiras da Direcção-Geral dos Impostos.

Ac. STA de 3-11-2004, Proc. 848/04-11

É ilegal, por violação do disposto no artigo 9º, nº 1 do Código do Procedimento Administrativo, o despacho do Secretário dos Assuntos Fiscais que, com fundamento em inexistência de dever legal de decidir, rejeita recursos hierárquicos de actos de processamento de abonos.

Ac. STA de 28-9-2004, Proc. 223/04

I. A Administração Pública, através dos órgãos competentes, tem o dever de resolver todas as questões pertinentes suscitadas durante o procedimento (art. 9º e 107º do CPA).

II. Não há violação de tal dever no caso da Administração através de decisão expressa indeferir a pretensão do interessado, refutando as razões por ele invocadas ao ser ouvido, no âmbito do direito de audiência

Ac. STA de 18-3-2004, Proc. 156/04-11

I – Os procedimentos administrativos de licenciamento da edificação e de licença ou autorização de utilização são procedimentos autónomos e com tramitação própria.

II – Nos termos do art. 9º nº 2 do CPA, não existe o dever de decisão quando, há menos de dois anos contados da data da apresentação do requerimento, o órgão competente tenha praticado um acto administrativo sobre o mesmo pedido formulado pelo mesmo particular com os mesmos fundamentos.

Ac. STA de 22-03-2000, Proc. nº 39934

I – O dever legal de decidir imposto à Administração pelo art. 9º, 1 do CPA mantém--se, mesmo que seja de presumir tacitamente indeferida a pretensão do interessado e que este tenha deixado transcorrer o prazo para a interposição do recurso contencioso daquele indeferimento.

II – Assim enferma de vício de violação de lei o despacho que, no circunstancionalismo referido em I, não decide a pretensão do interessado e manda simplesmente arquivar o procedimento.

Ac. STA de 28-03-2001, Proc. nº 038188

I – O acto final do procedimento administrativo que não satisfaz pretensão formulada pelo interessado, mesmo que tenha natureza declarativa, não pode deixar de considerar-se lesivo, para efeitos de admissibilidade de impugnação contenciosa.

II – Um acto que declara a caducidade de um direito ou de uma situação jurídica, embora tenha natureza de acto declarativo, tem criar uma situação de maior «certeza» sobre a existência dos pressupostos de caducidade, que é corolário da força da autoridade pública de quem o praticou que, só por si, pode ser considerada potencialmente lesiva para o particular interessado.

III – Os prazos fixados no art. 11º, nºs 2 e 3, do Decreto-Lei nº 423/83, de 5 de Dezembro, têm a natureza de prazos de caducidade.

IV – Os actos cujos efeitos tenham caducado podem ser objecto de revogação com eficácia retroactiva, relativamente a efeitos ainda subsistentes, e, por isso, não é contraditória a possibilidade de revogação prevista na alínea d) do nº 2 do art. 14º do Decreto-Lei nº 423/83, com aquela natureza dos prazos referidos.

V – No contexto do Decreto-Lei nº 423/83, o decurso do prazo fixado no despacho de atribuição de utilidade turística a título prévio, não implica uma impossibilidade definitiva de os interessados beneficiarem de tal estatuto, pois prevê-se a possibilidade de confirmação, que pode ser pedida mesmo para além do termo do prazo de validade daquela atribuição, como se depreende da conjugação do disposto nos arts. 11º, nº 2, e 12º.

VI – Sendo um pedido de confirmação da atribuição da utilidade turística atribuída a título prévio formulado tempestivamente, antes do decurso do prazo de caducidade, é ilegal, por violação do preceituado nos arts. 12º do Decreto-Lei nº 423/83 e 9º do C.P.A., o acto em que se decidiu não apreciar tal pedido, com o fundamento incorrecto de a caducidade a tal obstar.

Acórdão do STA de 12 de novembro de 2003, 1ª Secção decisão do plenário, Processo nº 41 291

Sobre o âmbito do dever de pronúncia da administração.

Artigo 14º – Princípios aplicáveis à administração eletrónica

1 – Os órgãos e serviços da Administração Pública devem utilizar meios eletrónicos no desempenho da sua atividade, de modo a promover a eficiência e a transparência administrativas e a proximidade com os interessados.

2 – Os meios eletrónicos utilizados devem garantir a disponibilidade, o acesso, a integridade, a autenticidade, a confidencialidade, a conservação e a segurança da informação.

3 – A utilização de meios eletrónicos, dentro dos limites estabelecidos na Constituição e na lei, está sujeita às garantias previstas no presente Código e aos princípios gerais da atividade administrativa.

4 – Os serviços administrativos devem disponibilizar meios eletrónicos de relacionamento com a Administração Pública e divulgá-los de forma adequada, de modo a que os interessados os possam utilizar no exercício dos seus direitos e interesses legalmente protegidos, designadamente para formular as suas pretensões, obter e prestar informações, realizar consultas, apresentar alegações, efetuar pagamentos e impugnar atos administrativos.

5 – Os interessados têm direito à igualdade no acesso aos serviços da Administração, não podendo, em caso algum, o uso de meios eletrónicos implicar restrições ou discriminações não previstas para os que se relacionem com a Administração por meios não eletrónicos.

6 – O disposto no número anterior não prejudica a adoção de medidas de diferenciação positiva para a utilização, pelos interessados, de meios eletrónicos no relacionamento com a Administração Pública.

ANOTAÇÃO:

Este é um princípio geral novo, cuja génese se encontra desenhada no nº 3 do art. 125º, do anterior CPA, relativamente aos requisitos da fundamentação do ato administrativo.

Este artigo, verdadeiramente novo, é também inovador ao substituir o, administrativamente tradicional, vocábulo "podem" por "devem". Com tal alteração, o legislador dá um sinal claro aos Órgãos e Serviços da Administração Pública no sentido do *facere*, compelindo estes, de forma significativa, no sentido da sua modernização, como forma privilegiada de alcançar a eficiência e a transparência administrativa e aumentar a proximidade com os interessados, reduzindo, através da via eletrónica, distâncias relativas.

Considerando os efeitos decorrentes da utilização da informatização de dados e a facilidade da sua irreversível difusão, o legislador consagrou nos nºs 2, 3 e 4 um conjunto de garantias, como reforço, e remeteu para outras já previstas na lei, quanto à utilização de meios eletrónicos.

O legislador criou um novo ónus que recai sobre a administração que implica, por parte desta, a disponibilização de meios eletrónicos ao interessado, quer para aceder ou prestar informações quer para efetuar alegações relacionadas com a sua pretensão, quer ainda para impugnar decisões administrativas ou proceder a pagamentos. Sobre os meios eletrónicos nesta sede cfr. os art. 61º nº 1, arts. 104º, 112º e 113º, nº 1.

No número 5 é assegurada a igualdade de tratamento entre aqueles que usam os meios eletrónicos e os que usam os meios tradicionais no relacionamento com a Administração Pública.

O nº 6 consagra a admissibilidade das medidas de discriminação positiva.

O Balcão Único Eletrónico foi instituído pelo Decreto-Lei nº 92/2010, de 26 de julho, que transpõe a Diretiva nº 2006/123/CE, do Parlamento Europeu e do Conselho, de 12 de Dezembro, que ficou conhecida como «Diretiva Bolkestein», consta desta obra na "legislação complementar".

Cf. ainda o Regulamento (UE) 2016/679 de 27 abril (proteção das pessoas singulares no que diz respeito ao tratamento de dados pessoais e à livre circulação desses dados e que revoga a Diretiva 95/46/CE –Regulamento Geral sobre a Proteção de Dados-) [JOUE 4 de Maio de 2016].

REFERÊNCIAS BIBLIOGRÁFICAS:

M. Prata Roque, *O Nascimento da Administração Eletrónica num Espaço Transnacional (Breves notas a propósito do projeto de revisão do Código do Procedimento Administrativo)*, República, Revista Eletrónica de Direito Público.

Artigo 15º – Princípio da gratuitidade

1 – O procedimento administrativo é tendencialmente gratuito, na medida em que leis especiais não imponham o pagamento de taxas por despesas, encargos ou outros custos suportados pela Administração.

2 – Em caso de insuficiência económica, a Administração isenta, total ou parcialmente, o interessado do pagamento das taxas ou das despesas referidas no número anterior.

3 – A insuficiência económica deve ser provada nos termos da lei sobre apoio judiciário, com as devidas adaptações.

ANOTAÇÃO:

Não obstante a aparente redundância o Princípio da Gratuitidade determina que ao cidadão não pode ser cobrada qualquer taxa no procedimento administrativo, exceto aquelas relativamente às quais leis especiais imponham o pagamento.

Ao passo que o acesso à Justiça depende do pagamento das respectivas taxas já o acesso à Administração é, por princípio ou tendencialmente, gratuito.

Daí que os particulares só possam ser chamados a pagar taxas ou despesas procedimentais nos casos, expressamente, consagrados na lei, e ainda, aqueles que são previstos na decorrência desta.

Cumpre, ainda, alertar que a falta de pagamento das taxas ou despesas de que a lei faça depender a realização de "actos procedimentais", determina a extinção do procedimento, exceto em caso de insuficiência económica cuja prova é ónus do interessado.

A um cidadão, que no âmbito de um processo, dê entrada de documentos e requeira a quitação da entrega dos mesmos, não pode ser cobrada qualquer taxa por via dessa certificação, sob pena de, com tal procedimento serem-lhe diminuídas, *conta legem,* as garantias que, enquanto cidadão, detém face à Administração. O mesmo se aplica, de forma reforçada, aos processos sancionatórios, aliás, em cumprimento do disposto no art. 32º, nº 10 da CRP.

Por fim, o nº 5 remete para a Lei do apoio judiciário (diploma constante da legislação complementar incluída nesta obra), as regras relativas à prova da suficiência económica.

De sublinhar que, a falta de pagamento das taxas ou despesas de que a lei faça depender a realização dos atos procedimentais, quando devidas, determina a extinção do procedimento nos termos consagrados no nº 1 do art. 133º. Não obstante os interessados podem obstar à extinção do procedimento se realizarem o pagamento em dobro da quantia em falta nos 10 dias seguintes ao termo do prazo fixado para o seu pagamento, conforme estipula o nº 2 do art. 133º.

No caso de insuficiência económica e nos termos do nº 2 deste art. 15º conjugado com o disposto no nº 1 do art. 133º, o procedimento não se extingue se o interessado fizer prova dessa condição, nos termos da lei sobre o apoio judiciário, com as devidas adaptações, conforma resulta do nº 3 do presente artigo.

O legislador, a nosso ver mal, não curou de concretizar a que adaptações está sujeita a prova de insuficiência económica em sede administrativa, relativamente à que é exigida para fins judiciários na Lei 34/2004, de 29 de Julho. A letra da Lei não esclarece se bastará, em sede administrativa, o requerimento acompanhado com uma declaração da junta de freguesia ou cópia da declaração do IRS das pessoas que fazem parte do agregado familiar.

JURISPRUDÊNCIA:

Ac. STA de 17 de Novembro de 2016, proc. 0408

É uniformizada jurisprudência no sentido de que os processos de impugnação judicial no âmbito da concessão de asilo ou proteção subsidiária configuram-se como processos gratuitos. Tanto na fase administrativa, como na fase judicial está prevista a gratuitidade na tramitação daqueles processos, tendo em conta a especial vulnerabilidade e fragilidade da situação dos requerentes de asilo. Ora, se o legislador da lei especial posterior quis manter um regime de gratuitidade desses processos, essa gratuitidade não pode restringir-se apenas aos requerentes do estatuto de refugiado, mas estende-se também à administração enquanto parte no litígio. Com efeito, na fase judicial apenas há uma parte, a administração, que defende interesses opostos ao do requerente do estatuto de refugiado e se o legislador tivesse querido que os processos apenas tivessem caráter gratuito para os requerentes tê-lo-ia expressado no texto legal. Nestes termos, estes tipos de processo são gratuitos para os seus intervenientes, requerente de asilo e/ou Administração Pública.

Artigo 16º – Princípio da responsabilidade

A Administração Pública responde, nos termos da lei, pelos danos causados no exercício da sua atividade.

ANOTAÇÃO:

Artigo novo, embora não inovador no sentido de se limitar a transportar para o corpo do Código do Procedimento Administrativo aquilo que já resultava de legislação extravagante.

Na verdade a responsabilidade civil extracontratual do Estado, nos moldes que a conhecemos hoje, mantendo grosso modo as suas grandes linhas de orientação, já remonta ao Decreto-lei nº 48051 de 21 de novembro de 1967. Foram quarenta anos de resistência à erosão dos tempos e à vertiginosa mutação politica, económica, social e cultural operada em Portugal nas últimas quatro décadas.

É claro que esta longevidade resultou, claramente, das enormes resistências que a responsabilização dos poderes públicos, encontradas sucessivamente pelo legislador, quando se tratava de responsabilizar, em particular, aqueles que concorrem para a construção do edifício legislativo.

Com o advento da Lei nº 67/2007, de 31 de dezembro, alterada pela Lei nº 31/2008, de 17 de julho, foi sendo alargado o âmbito objetivo da aplicação da responsabilidade civil às funções administrativa, legislativa e judicial.

Quando o autor de conduta ilícita e lesiva haja atuado dolosamente ou com culpa grave no exercício das suas funções ou por causa desse exercício o Estado é solidariamente responsável pela indemnização, pelo que, pode ser demandado conjuntamente com o autor da conduta ilícita.

Ao Estado, em caso de condenação, caberá, naturalmente, o Direito de Regresso sobre o autor do ato ilícito.

Em suma, cumpre enfatizar que este *princípio da responsabilidade* se assume, desde logo, como um princípio geral, quando remete para o que se encontra previsto na lei, ou seja, como referimos a Lei 67/2007, para os atos de natureza extracontratual e decorrentes de atos de gestão pública, e o Código Civil e a legislação avulsa relacionada, para atos de direito privado.

REFERÊNCIAS BIBLIOGRÁFICAS:

Carla Amado Gomes, *A responsabilidade e as suas circunstâncias,* Anotação ao AC do STA de 4/12/2003, Cadernos de Justiça Administrativa nº 45, maio/junho 2004 pág. 36 a 49; Dimas de Lacerda, *Responsabilidade Civil Extracontratual do Estado e Contencioso Administrativo*, Braga, 1986, pág. 239 a 260.

JURISPRUDÊNCIA:

Ac. TRE de 6 de Abril de 2017 proc. 69/15

A responsabilidade civil que eventualmente possa recair sobre o agente de execução não obedece ao regime da responsabilidade civil do Estado e demais entidades públicas, pois inexistem fundamentos para equiparar os solicitadores ou dos agentes de execução aos demais agentes administrativos, bem como para considerar que os atos praticados pelo solicitador de execução sejam de qualificar como efetuados no âmbito da função administrativa do Estado. Deste modo, considerando que a função dos agentes de execução não está subordinada ao regime da responsabilidade civil extracontratual do Estado e que o Estado não é responsável pelos danos decorrentes da conduta ilícita desenvolvida pelos solicitadores ou agentes de execução, a ação de efetivação da responsabilidade civil competirá aos tribunais comuns.

Ac. TCAS de 30 de março de 2017 Proc. 07576/11

O Estado Português é condenado a pagar 1.111.679,98 euros, a título de indemnização pelos danos patrimoniais causados pela ordem de proibição de venda de carne de aves congelada que determinou a destruição de 691.240 kg de carne da propriedade de uma sociedade.

Ac. TCAS de 15 de dezembro de 2016 Proc. 13030/16

O Estado Português é condenado a pagar uma indemnização no valor de cem mil euros pelo disparo ilícito e negligente da arma de fogo pelo militar da GNR que provocou a morte ao jovem que fugia das autoridades policiais.

RESPONSABILIDADE CIVIL EXTRACONTRATUAL. DANO MORTE. Ainda que o dano da morte não tenha natureza patrimonial, haverá que recorrer equitativamente aos critérios de grau de culpabilidade do agente e a sua situação económica e a do lesado e as demais circunstâncias do caso o justifiquem para fixação de indemnização a título de danos não patrimoniais. Ora, considerando a situação económica de quase falência do Estado e a culpa leve do militar da Guarda Nacional Republicana que atingiu acidental e involuntariamente o jovem que fugia das autoridades policiais, afigura-se como adequada e justa a indemnização no valor de cem mil euros, sendo setenta mil euros pelo dano morte, dez mil euros pelo sofrimento da vítima até ao momento da morte e vinte mil euros pelo sofrimento do filho da vítima. NEGLIGÊNCIA GROSSEIRA. Tendo em conta que numa situação de perseguição noturna a um delinquente potencialmente perigoso o militar disparou acidental e involuntariamente, a sua conduta ilícita não padece de culpa grave ou negligência grosseira, não gozando o Estado de direito de regresso contra o militar.

Ac. TCA Sul de 16/6/2016, Proc. 13283/1

I – ...

II – ...

III – Sendo o objecto do recurso delimitado pelas respectivas alegações importa conhecer da pretensão recursiva formulada e que se prende com a discordância da recorrente face à decisão recorrida, que julgou verificados os pressupostos legalmente consagrados na <u>Lei 67/2007, de 31 de Dezembro</u> diploma que aprovou o regime da responsabilidade civil extracontratual do Estado e demais entidades públicas».

A obrigação de assegurar permanentemente a circulação da autoestrada em boas condições de segurança e comodidade consiste na prova de comportamentos preventivos ou reparadores situados na faixa delimitada por aquilo que, de acordo com as circunstâncias, seja razoavelmente exigível. Ora, ainda que a concessionária tenha provado que nas imediações do local do acidente, a vedação se encontrava sem falhas, ruturas ou aberturas e que nessa data efetuaram mais do que um patrulhamento a toda a extensão da autoestrada, impunha-se à concessionária o ónus da prova de que os seus procedimentos são adequados ao risco acrescido para a circulação numa zona onde é frequente o aparecimento de javalis. Deste modo, não se mostrando ilidida a presunção de incumprimento, sobre a concessionária impende o dever de indemnizar.

Artigo 17º – Princípio da administração aberta

1 – Todas as pessoas têm o direito de acesso aos arquivos e registos administrativos, mesmo quando nenhum procedimento que lhes diga diretamente respeito esteja em curso, sem prejuízo do disposto na lei em matérias relativas à segurança interna e externa, à investigação criminal, ao sigilo fiscal e à privacidade das pessoas.

2 – O acesso aos arquivos e registos administrativos é regulado por lei.

ANOTAÇÃO:

O presente artigo constitui uma evolução no sentido da abertura da Administração Pública ao cidadão. Na verdade, este caminho, já longo, começou a ser trilhado pela Lei nº 65/ 93 de 26 de agosto, Lei de Acesso aos Documentos Administrativos que ficou conhecida por LADA (revogada, a partir de 01.09.2007, na redação da Lei 8/95 de 29 de Março, de 16 de Julho e do art. 19 da Lei 19/2006 de 12 de Junho e pela Lei 46/2007 de 24.08.2007)

Agora, e inovadoramente, o legislador abandonou o termo, "todos os interessados", substituindo-o por "todas as pessoas" para evitar problemas de interpretação, designadamente com os "interessados" os "diretamente interessados" ou os "legitimamente interessados" em conhecer os dados em causa.

O legislador deixou cair o caráter nominativo que havia sido criado através do art. 7 nº 1 da LADA.

Assim, todos têm o direito de acesso aos dados na posse da Administração Pública, sem sequer estarem sujeitos ao requerimento por escrito. Naturalmente que, a administração pode, e quanto a nós deve, efetuar registo escrito das pessoas que acedem aos dados de outrem.

Compreensivelmente, o legislador continua a impor restrições relativas à segurança interna e externa do país, à investigação criminal, ao sigilo fiscal e à intimidade das pessoas.

Por fim, o nº 2 remete para Lei própria o acesso aos arquivos e registos administrativos.

REFERÊNCIAS BIBLIOGRÁFICAS:

JORGE MIRANDA, *O Direito de Informação dos Administrados, ob. cit.*

JURISPRUDÊNCIA:

Ac. STA de 13-7-2016, Proc. 0577/16

I – O direito à informação não procedimental, como é o caso presente, é conferido a todas as pessoas, tendo natureza análoga aos direitos liberdades e garantias e só podendo estar sujeito às restrições expressamente previstas na Constituição e na lei (cfr. art. 268º, nº 2 da CRP e arts. 5º, 6º, 7º e 11º, nº 5 da LADA).

II – Vigorando aqui o princípio do arquivo aberto, agora consagrado no art. 17º do CPA e 1º da LADA, o acesso à informação não procedimental engloba os direitos de consulta, de reprodução e de informação sobre a existência e conteúdo dos documentos administrativos (cfr. referidos arts. 5º e 11º da LADA).

III – O dever de colaboração não compreende a elaboração de dossiers estruturados ou sínteses da documentação existente, nem a obrigação de produzir uma nova documentação administrativa para satisfazer o pedido do requerente, por essas actividades ultrapassarem o dever legal de informação, mas a inexistência desta obrigação não pode ser cobertura para uma interpretação de tal modo minimalista que negue o direito à informação.

Ac. TCAS, Ac. de 16 de Junho de 2016

Estando em causa o acesso a documentos de matéria técnica e de engenharia exclusiva de uma empresa, é de indeferir o pedido de informação sobre a evolução da rede de televisão digital terrestre feito pela Associação Portuguesa para a Defesa do Consumidor.

Ac. STA de 30-9-2009

I – O art. 268º/2 da CRP impõe que a Administração paute a sua actividade pelos princípios da transparência e da publicidade de modo a que não só as suas decisões sejam públicas e acessíveis, mas também que o procedimento que as precede possa ser objecto de consulta e informação pois que só assim se permite que os interessados conheçam as razões que determinaram os seus actos.

II – O direito de acesso aos arquivos e registos administrativos vem sendo considerado como um direito fundamental cujo sacrifício só se justifica quando confrontado com direitos e valores constitucionais de igual ou de maior valia, como são os relativos à segurança interna e externa, à investigação criminal e à reserva da intimidade das pessoas.

III – A LADA adoptou o critério amplo segundo o qual as empresas públicas, mesmo quando agem segundo as regras do direito privado para prossecução da sua missão de "contribuir para o equilíbrio económico e financeiro do conjunto do sector público e para obtenção de níveis adequados de satisfação das necessidades da colectividade" (art. 4º DL 558/99) estão, indirectamente, a desenvolver uma actividade ou função materialmente administrativa e, por consequência, a mesma é-lhes aplicável.

IV – O regime geral que regula o acesso à documentação administrativa estipula que o interessado tem direito a esse acesso mas que ele pode ser restringido ou condicionado quando estiver em causa a consulta de documentos que revelem os seus segredos comerciais, industriais ou sobre a vida interna de uma empresa.

V – O poder da Administração recusar o acesso à sua documentação é um poder vinculado aos princípios e objectivos fixados por lei, a ser exercido segundo os princípios da transparência e da proporcionalidade, que só deve ser invocado quando o mesmo for indispensável para evitar prejuízos que não poderiam ser evitados doutra forma.

VI – O terceiro que queira aceder a documentos administrativos que contenham segredos comerciais, industriais ou sobre a vida interna da Administração e que não tenha a necessária autorização escrita para o efeito, só pode ver o respectivo direito reconhecido se demonstrar ter interesse directo, pessoal e legítimo nessa consulta e que este é suficientemente relevante de acordo com o princípio da proporcionalidade.

Acórdão do STA de 27 de Maio de 2009, Processo nº 0779/09
Sobre o Princípio da Administração Aberta.

Acórdão do TC nº 117/2015 de 12 de fevereiro
Onde se distingue claramente entre dois componentes do valor da transparência administrativa, um deles coberto pelo direito à informação administrativa procedimental (constante do nº 1 do artigo 268º da CRP) cujos titulares são apenas os diretamente interessados e outro, coberto pelo nº 2 do mesmo artigo cujos titulares são os cidadãos em geral sem ser necessária qualquer relação procedimental.

Artigo 18º – Princípio da proteção dos dados pessoais

Os particulares têm direito à proteção dos seus dados pessoais e à segurança e integridade dos suportes, sistemas e aplicações utilizados para o efeito, nos termos da lei.

ANOTAÇÃO:

Este artigo que o legislador decidiu autonomizar, quando poderia, e quanto a nós deveria, integrar o corpo da artigo anterior, pois não daria a ideia de uma aparente contradição, consagra um princípio novo que grosso modo veio sintetizar o que se encontrava já previsto na legislação extravagante da Lei nº 67/98 de 26 de Outubro.

Sobre a proteção de dados vide a Lei n.º 58/2019 de 8 de agosto (Sumário: *Assegura a execução, na ordem jurídica nacional, do Regulamento (UE) 2016/679 do Parlamento e do Conselho, de 27 de abril de 2016, relativo à proteção das pessoas singu-*

lares no que diz respeito ao tratamento de dados pessoais e à livre circulação desses dados. Assegura a execução, na ordem jurídica nacional, do Regulamento (UE) 2016/679 do Parlamento e do Conselho, de 27 de abril de 2016, relativo à proteção das pessoas singulares no que diz respeito ao tratamento de dados pessoais e à livre circulação desses dados).

A administração pública central e a autárquica, detentoras de um manancial enorme de dados do cidadão, têm hoje no que tange à proteção de dados um comportamento radicalmente oposto ao facilitismo de outrora. Fruto, porventura, de décadas a «dar tudo a todos», em que toda a informação era acedida e cedida a qualquer pessoa que a pedisse, e face à nova filosofia nacional e comunitária que limita o acesso de dados, entrou-se numa espiral proibicionista sem qualquer sentido nem suporte legal. Uma entidade pública que proíba o pedido de certidões e outros documentos, a não ser ao titular ou alguém mandatado por este, não está a cumprir o princípio da prossecução do interesse público e da proteção dos direitos e interesses dos cidadãos, plasmado no art. 4.º deste código. Além do mais, ao ter esta prática viola também o princípio da boa administração, previsto no art. 5.º do mesmo dispositivo legal, na medida em que burocratiza e hostiliza o cidadão, de forma que o afasta, em vez de o aproximar, como determina expressamente a norma em apreço. Na verdade, nada justifica essa prática incompreensível e inexplicável que padece da falta da mais básica racionalidade, senão vejamos: Um serviço público que aceite um pedido efetuado por alguém, que não é titular do direito ou do interesse protegido, não está a colocar em risco a esfera de proteção do mesmo. Até o pedido ser satisfeito, por via da entrega de certidões ou outros documentos, a informação continua na esfera do ente público, seja quem for que a tenha solicitado. Assim, só a entrega de dados é crítica e carece de proteção e não o mero pedido dos mesmos. Quando muito, por uma questão de transparência e cumprimento do dever genérico de informação, a entidade que aceite o requerimento deve informar o requerente, de preferência no próprio formulário, que o documento requerido só será entregue ao titular do direito ou a terceiro mandatado por este. Qualquer outra limitação ao livre exercício do direito de formular requerimentos à administração púbica central e à autárquica é, ostensivamente, *contra legem*.

JURISPRUDÊNCIA:

Ac. TCAN de 04/11/2016, Proc. 00002/12.4BCPRT

1 – Nos termos do CPA, mesmo na anterior versão, o Artº 109º nº 1, apontava no sentido do regime regra, perante o silêncio da Administração, ser a do indeferimento tácito, sem prejuízo da possibilidade de recurso aos mecanismos constantes do CPTA de modo a contrariar a omissão decisória da entidade administrativa (Vg. prática de ato devido).

2 – Uma vez que a Lei nº 41/2004, de 18.08, que transpôs para a ordem jurídica nacional a Diretiva 2002/58/CE, de 12 de julho do Conselho, relativa ao tratamento de dados pessoais e à proteção da privacidade no setor das comunicações eletrónicas, viabilizar a gravação de chamadas, não prevendo, no entanto, a fixação de qualquer prazo para a sua conservação, deverá o mesmo ser fixado pela entidade competente, no caso a Comissão Nacional de Proteção de Dados – CNPD.

Perante a ausência de prazo legal para o efeito, mostra-se legitimo que a CNPD atento o artigo 5º nº 1, alínea e), da Lei nº 67/98, de 26.10, que estabelece que os dados em questão serão apenas conservados durante o período necessário para a prossecução das finalidades da recolha e do tratamento posterior, tenha concretizado o correspondente prazo, no âmbito da sua discricionariedade, em 7 anos, em paralelo com o prazo estabelecido para a conservação das gravações, no Artº 14º nº 2 da Lei nº 25/2008 (lei do combate ao branqueamento de capitais e do financiamento ao terrorismo).

Com efeito, se para efeitos do combate ao branqueamento de capitais e do financiamento ao terrorismo, o prazo estabelecido para a conservação de quaisquer suportes duradouros e dos registos das operações, não deverá ultrapassar os 7 anos, e tendo a CNPD que estabelecer um prazo para efeitos de manutenção de gravações dos contactos telefónicos com os clientes dos Bancos, mostra-se adequado, proporcional e não censurável, estabelecer para o efeito um prazo não superior àquele.

Artigo 19º – Princípio da cooperação leal com a União Europeia

1 – Sempre que o direito da União Europeia imponha à Administração Pública a obrigação de prestar informações, apresentar propostas ou de, por alguma outra forma, colaborar com a Administração Pública de outros Estados-membros, essa obrigação deve ser cumprida no prazo para tal estabelecido.

2 – Na ausência de prazo específico, a obrigação referida no número anterior é cumprida no quadro da cooperação leal que deve existir entre a Administração Pública e a União Europeia.

No fundo, esse novo princípio vem reforçar aquelas que são as obrigações nacionais enquanto Estado-membro da EU.

ANOTAÇÃO:

Esta é mais uma alteração do nosso quadro legislativo face às normas da União Europeia que, quer por força dos Tratados, quer por força do disposto do art. 8º, nº 4 da CRP, aliás, criado com o fim específico de aceitar a submissão às normas da UE no quadro do respeito pelos direitos fundamentais que norteiam os Estados de Direito Democráticos dos quais o nosso país, naturalmente faz parte.

Esta nova redação impunha-se, e só peca por tardia, dado que a sua anterior redação levantou problemas de relevo no seio da Administração Pública.

REFERÊNCIAS BIBLIOGRÁFICAS:

M. PRATA ROQUE, *Direito Processual Administrativo Europeu*, Coimbra, 2011.

S. TAVARES DA SILVA, *Direito Administrativo Europeu*, Coimbra, 2011.

PARTE II – DOS ÓRGÃOS DA ADMINISTRAÇÃO PÚBLICA

CAPÍTULO I – Natureza e regime dos órgãos

Artigo 20º – Órgãos

1 – São órgãos da Administração Pública os centros institucionalizados titulares de poderes e deveres para efeitos da prática de atos jurídicos imputáveis à pessoa coletiva.

2 – Os órgãos são, nos termos das normas que os instituem ou preveem a sua instituição, singulares ou colegiais e permanentes ou temporários.

3 – Os órgãos colegiais podem adotar o seu regimento no quadro das normas legais e estatutárias aplicáveis.

ANOTAÇÃO:

A Parte II diz respeito exclusivamente aos órgãos e não aos sujeitos cuja identificação é feita em sede de relação jurídica procedimental na Parte III. Nesta parte II trata-se exclusivamente de órgãos (não de sujeitos) numa ótica focada:

a) Na composição dos órgãos (em especial os órgãos colegiais).

b) Nas regras do seu funcionamento (em especial os órgãos colegiais).

c) Na génese e desconcentração dos respetivos poderes (delegação de competências)

d) Nos conflitos sobre a respetiva repartição.

Este artigo corresponde ao art. 13º da anterior versão do CPA e procede à definição legal dos órgãos.

Cfr. anotações ao art. 2º.

REFERÊNCIAS BIBLIOGRÁFICAS:

J. M. dos Santos Botelho, A. P. Esteves e J. C. de Pinho, *Código do Procedimento Administrativo Anotado e Comentado*, 5.ª edição, 2002.

CAPÍTULO II – Dos órgãos colegiais

Artigo 21º – Presidente e secretário

1 – Sempre que a lei não disponha de forma diferente, cada órgão colegial da Administração Pública tem um presidente e um secretário, a eleger pelos membros que o compõem.

2 – Cabe ao presidente do órgão colegial, além de outras funções que lhe sejam atribuídas, abrir e encerrar as reuniões, dirigir os trabalhos e assegurar o cumprimento das leis e a regularidade das deliberações.

3 – O presidente pode, ainda, suspender ou encerrar antecipadamente as reuniões, quando circunstâncias excecionais o justifiquem, mediante decisão fundamentada, a incluir na ata da reunião, podendo a decisão ser revogada em recurso imediatamente interposto e votado favoravelmente, de forma não tumultuosa, por maioria de dois terços dos membros com direito a voto.

4 – O presidente, ou quem o substituir, pode reagir judicialmente contra deliberações tomadas pelo órgão a que preside quando as considere ilegais, impugnando atos administrativos ou normas regulamentares ou pedindo a declaração de ilegalidade por omissão de normas, bem como requerer as providências cautelares adequadas.

ANOTAÇÃO:

O presente artigo corresponde ao art. 14º da anterior versão do CPA.

Em regra, "o todo" do poder colegial distribui-se, por igual, por cada um dos membros do colégio. Só que, por razões operativas e de funcionamento, no entanto, alguns deles têm poderes e deveres funcionais distintos, como é o caso do presidente e do secretário. Os restantes membros do colégio designam-se por vogais.

Damos especial enfoque ao poder conferido ao presidente para suspender ou encerrar, antecipadamente, as reuniões em circunstâncias excecionais nos termos do nº 3, e ainda o poder do presidente (ou de quem o substituir) para reagir judicialmente, contra deliberações do órgão a que preside, quer pedindo a declaração de ilegalidade por omissão de normas, quer requerendo providências cautelares.

REFERÊNCIAS BIBLIOGRÁFICAS:

Diogo Freitas do Amaral, *Curso de Direito Administrativo*, I, 3.ª edição, Coimbra, 2006.

Artigo 22º – Suplência do presidente e do secretário

1 – Salvo disposição legal, estatutária ou regimental em contrário, intervêm como suplentes do presidente e do secretário de qualquer órgão colegial, quando ocorra a sua ausência ou impedimento, respetivamente, o vogal mais antigo e o vogal mais moderno.

2 – No caso de os vogais possuírem a mesma antiguidade reportada ao momento da assunção do cargo, intervêm como suplentes, respetivamente, o vogal de mais idade e o vogal mais jovem.

3 – Em caso de conflito entre o presidente e o órgão quanto aos pressupostos de intervenção de um seu suplente, prevalece a vontade colegial quando não caiba a outro órgão a competência para o dirimir.

ANOTAÇÃO:

O presente artigo corresponde ao art. 15º da anterior versão do CPA.

Esta norma tem natureza supletiva, visando suprimir a inexistência de designação em caso de falta ou impedimento do Presidente, do secretário ou ambos.

A anterior redação do correspondente artigo levantava dúvidas em saber a que "antiguidade" a lei se referia, se era a antiguidade na categoria profissional, ou se era a antiguidade no cargo ou função. A Doutrina e a jurisprudência inclinaram-se, maioritariamente, para a antiguidade na função, interpretação que subscrevemos e que a atual versão do código, através do presente artigo, esclarece definitivamente ao determinar a antiguidade reportada à assunção do cargo (nº 2). De referir, também, que esta situação de suplência «especial» corresponde à anterior figura da substituição que, por razões de mais clareza, levou o legislador a optar pela nova designação. Do mesmo modo, a suplência «geral» prevista no artigo 42º.

REFERÊNCIAS BIBLIOGRÁFICAS:

M. Esteves de Oliveira e outros, *ob. cit*

Artigo 23º – Reuniões ordinárias(*)

1 – Na falta de determinação legal, estatutária ou regimental, ou de deliberação do órgão, cabe ao presidente a fixação do local, dos dias e horas das reuniões ordinárias e, quando aplicável, a indicação dos meios telemáticos disponibilizados para participação dos membros.

2 – Quaisquer alterações ao dia e hora fixados para as reuniões devem ser comunicadas a todos os membros do órgão, de forma a garantir o seu conhecimento seguro e oportuno.

ANOTAÇÃO:

Corresponde ao art. 16º do anterior CPA.

As reuniões ordinárias (tal como as extraordinárias) visam a prossecução de um determinado fim que se alcança através de apresentação de propostas e realização de debates, sempre que necessário, com a finalidade de obter a melhor deliberação acerca da questão em apreciação.

A reunião do órgão colegial assume, sempre, um caráter formal, dado que a lei impõe a ritualização, precisamente com vista à obtenção desse mesmo formalismo.

O incumprimento no estipulado no nº 2 gera, automaticamente o vício de forma. Sobre a sanação de irregularidades, decorrentes da inobservância das disposições sobre convocação de reuniões, cfr. o disposto no art. 28º.

REFERÊNCIAS BIBLIOGRÁFICAS:

A. F. de Sousa, *Código do Procedimento Administrativo Anotado*, Lisboa, 1993.

Fernando Brandão Ferreira-Pinto, *Código do Procedimento Administrativo Anotado*, 2.ª Edição, Lisboa, 2011.

Artigo 24º – Reuniões extraordinárias(**)

1 – As reuniões extraordinárias têm lugar mediante convocação do presidente, salvo disposição especial.

(*) A redação do presente artigo foi alterada pelo artigo 8º da Lei nº 72/2020, de 16 de Novembro, que veio estabelecer um regime transitório de simplificação de procedimentos administrativos e alterar o Código do Procedimento Administrativo.

O nº 3 do artigo 11º da mesma Lei veio estipular um regime transitório determinando que a nova redação aplica-se aos procedimentos administrativos em curso à data da sua entrada em vigor.

(**) A redação do presente artigo foi alterada pelo artigo 8º da Lei nº 72/2020, de 16 de Novembro, que veio estabelecer um regime transitório de simplificação de procedimentos administrativos e alterar o Código do Procedimento Administrativo.

2 – O presidente é obrigado a proceder à convocação sempre que pelo menos um terço dos vogais lho solicitem por escrito, indicando o assunto que desejam ver tratado.

3 – A convocatória da reunião deve ser feita para um dos 15 dias seguintes à apresentação do pedido, mas sempre com uma antecedência mínima de 48 horas sobre a data da reunião extraordinária.

4 – Da convocatória devem constar, de forma expressa e especificada, os assuntos a tratar na reunião, o local, o dia e hora da reunião e, quando aplicável, a indicação dos meios telemáticos disponibilizados para participação dos membros.

5 – Se o presidente não proceder à convocação requerida nos termos do nº 2, podem os requerentes efetuá-la diretamente, com invocação dessa circunstância, expedindo a convocatória para os endereços eletrónicos de todos os membros do órgão, quando aqueles se encontrem registados nos termos estatutários ou regimentais, ou publicitando-a mediante publicação num jornal de circulação nacional ou local e nos locais de estilo usados para a notificação edital.

6 – A convocatória efetuada de acordo com o disposto no número anterior deve ser feita com a antecedência mínima de 48 horas.

ANOTAÇÃO:

Corresponde ao art. 17º do anterior CPA.

As reuniões são extraordinárias quando ocorrem fora das datas regulares (ditas ordinárias) previstas na lei, nos estatutos, no regimento ou em deliberação do órgão.

A redação do presente artigo veio pôr fim às situações de impasse resultantes da anterior redação do CPA, nos casos em que pelo menos um terço dos vogais solicitassem, por escrito, a realização de reunião extraordinária e o presidente, ainda assim, não efetuasse a convocatória.

Nos termos do nº 5, os requerentes podem proceder à convocação pretendida quando o presidente não o faça nos termos do nº 2.

A convocatória é o documento através do qual se anuncia, aos titulares de um órgão, o dia, hora e local da reunião. Nela constarão, necessariamente, os assuntos a tratar da "ordem do dia" que é tratada no artigo seguinte.

O nº 3 do artigo 11º da mesma Lei veio estipular um regime transitório determinando que a nova redação aplica-se aos procedimentos administrativos em curso à data da sua entrada em vigor.

A convocatória é efetuada com uma antecedência mínima de 48 horas sobre a data da reunião com vista a permitir a preparação dos assuntos a serem objeto da reunião.

Sempre que pelo menos um terço dos vogais requeira, por escrito, ao presidente ou a quem o substitua poderá ter lugar a realização da reunião extraordinária. O requerimento indicará os assuntos que se pretende sejam sujeitos a discussão.

No caso de o presidente não a convocar (ato ilegal) podem os requerentes fazer diretamente a convocatória, com expressa menção de que o fazem por incumprimento do dever de convocar por parte do presidente. Esta convocatória atípica cumprirá os ditames previstos no nº 5. Para tal será enviada para os *emails*, de todos os membros do órgão, estando estes registados conforme estatuto ou regimento, ou publicando-a num jornal de circulação nacional ou local e nos locais de estilo usados para a notificação edital, cumprindo, desta forma, a imposição de publicitação, sendo efetuada com a antecedência mínima de 48 horas sobre a data da reunião (nº 6).

Nas Autarquias Locais e nos termos do anexo I à Lei nº 75/2013, de 14 de setembro, regulam esta matéria os artigos:

12º – Sessões extraordinárias da Assembleia de Freguesia.

20º e 22º – Sessões extraordinárias da Junta de Freguesia.

28º – Sessões extraordinárias da Assembleia Municipal.

41º – Sessões extraordinárias da Camara Municipal.

46º, 48º e 49º – para todos os órgãos autárquicos.

Em relação ao formalismo dos requerimentos que convocam as sessões extraordinárias, o artigo 60º estabelece o seguinte:

1. Os requerimentos aos quais se reportam as alíneas *c)* dos nºs 1 dos artigos 12º e 28ºsão acompanhados de certidões comprovativas da qualidade de cidadão recenseado na área da respetiva autarquia local.

2. As certidões referidas no número anterior são passadas no prazo de oito dias pela comissão recenseadora respetiva e estão isentas de quaisquer taxas, emolumentos e do imposto do selo.

3. A apresentação do pedido das certidões deve ser acompanhada de uma lista contendo as assinaturas, bem como de documento de identificação dos cidadãos que pretendem requerer a convocação da sessão extraordinária.

REFERÊNCIAS BIBLIOGRÁFICAS:

Fernando Brandão Ferreira-Pinto, *ob. cit.*

Artigo 24º-A – Realização por meios telemáticos(*)

1 – Sempre que as condições técnicas o permitam, as reuniões podem ser realizadas por meios telemáticos.

2 – A utilização de meios telemáticos nas reuniões deve constar de forma expressa na respetiva ata.

Artigo 25º – Ordem do dia(**)

1 – A ordem do dia de cada reunião é estabelecida pelo presidente, e, salvo disposição especial em contrário, deve incluir os assuntos que para esse fim lhe forem indicados por qualquer vogal, desde que sejam da competência do órgão e o pedido seja apresentado por escrito com uma antecedência mínima de cinco dias sobre a data da reunião.

2 – A ordem do dia deve ser entregue a todos os membros com a antecedência de, pelo menos, 48 horas sobre a data da reunião.

3 – No caso previsto no nº 5 do artigo 24º, a competência conferida no nº 1 ao presidente é devolvida aos vogais que convoquem a reunião.

ANOTAÇÃO:

Corresponde ao art. 18º do anterior CPA.

Tendo em vista a garantia de transparência, lealdade, informação e responsabilidade, a ordem do dia deverá ser levada ao conhecimento de todos os membros com antecedência de 48 horas de modo a que estes possam preparar os assuntos a debater através da discussão esclarecida, eficaz e justa.

A fórmula em vigor para as autarquias é bem mais feliz, na medida em que estipula dois dias úteis (art. 53º, nº 2 do anexo I à Lei 75/2013 de 12 de setembro).

(*) O presente artigo foi aditado pelo artigo 9º da Lei nº 72/2020, de 16 de Novembro, que veio estabelecer um regime transitório de simplificação de procedimentos administrativos e alterar o Código do Procedimento Administrativo.

O nº 3 do artigo 11º da mesma Lei veio estipular um regime transitório determinando que este novo artigo do CPA aplica-se aos procedimentos administrativos em curso à data da sua entrada em vigor.

(**) A redação do presente artigo foi alterada pelo artigo 8º da Lei nº 72/2020, de 16 de Novembro, que veio estabelecer um regime transitório de simplificação de procedimentos administrativos e alterar o Código do Procedimento Administrativo.

O nº 3 do artigo 11º da mesma Lei veio estipular um regime transitório determinando que a nova redação aplica-se aos procedimentos administrativos em curso à data da sua entrada em vigor.

A ordem do dia é o núcleo central da reunião, muito embora, na verdade, não seja um seu exclusivo. Usualmente, é admissível um período antes de começarem a ser tratados os assuntos preestabelecidos, o qual é precisamente designado de "antes da ordem do dia".

Encerrados os assuntos da "ordem do dia" é também usual, muito em especial no âmbito autárquico, ter lugar período para perguntas ou pequenas intervenções quando as reuniões são abertas ao público.

O presente artigo reproduz, na sua essência, a redação anterior, tendo sido aditado o nº 3, com o propósito de fazer aplicar o nº 5 do artigo 24º ao nº 1 do presente artigo.

REFERÊNCIAS BIBLIOGRÁFICAS:

M. ESTEVES DE OLIVEIRA e outros, *ob. cit.*

Artigo 26º – Objeto das deliberações

1 – Só podem ser tomadas deliberações cujo objeto se inclua na ordem do dia da reunião.

2 – Excetuam-se do disposto no número anterior os casos em que, numa reunião ordinária, pelo menos dois terços dos membros do órgão reconheçam a urgência de deliberação imediata sobre assunto não incluído na ordem do dia.

ANOTAÇÃO:

Corresponde ao art. 16º do anterior CPA.

O nº 1 estipula como regra a inadmissibilidade de serem tomadas deliberações cujo objeto não esteja incluído na "ordem do dia" da reunião.

O nº 2, no entanto, tal como já acontecia na anterior redação, vem excecionar a regra do nº 1 quando, pelo menos dois terços dos membros do órgão, reconheçam a urgência e pertinência de deliberação imediata sobre o assunto não incluído na ordem do dia. Estranhamente, o legislador mantém esta possibilidade apenas em sede de reuniões ordinárias, excluindo, assim, a possibilidade de, em sede de reunião extraordinária, serem tomadas deliberações cujo objeto não se inclua na ordem do dia, ainda que a questão seja da maior importância e ainda que todos os membros do órgão colegial estejam de acordo. Ou seja, se não for evocado o caráter da urgência não pode haver deliberação mesmo que fundada em critérios de utilidade e conveniência.

No mesmo sentido vai a lei autárquica através do nº 2 do art. 50º do anexo I à Lei 75/2013 de 12 de setembro, com a particularidade de que a percentagem de dois terços exigida na votação reporta-se ao número legal dos seus membros e não aos dois terços dos presentes na votação.

REFERÊNCIAS BIBLIOGRÁFICAS:
M. Esteves de Oliveira e outros, *ob. cit.*

Artigo 27º – Reuniões públicas

1 – As reuniões dos órgãos da Administração Pública não são públicas, salvo disposição legal em contrário.

2 – Quando as reuniões hajam de ser públicas, deve ser dada publicidade aos dias, horas e locais da sua realização, de forma a garantir o conhecimento dos interessados com uma antecedência de, pelo menos, 48 horas sobre a data da reunião.

3 – Quando a lei o determinar ou o órgão tiver deliberado nesse sentido, podem os assistentes às reuniões públicas intervir para comunicar ou pedir informações, ou expressar opiniões, sobre assuntos relevantes da competência daquele.

ANOTAÇÃO:
Corresponde ao art. 20º do anterior CPA.

O nº 1 estabelece como regra geral o caráter não público das reuniões dos órgãos administrativos, ressalvando os casos em que a lei dispõe em sentido diverso.

A regra "em sentido diverso", decorrendo precisamente da estipulação legal prevista no nº 1 é a que vigora p.e. no parlamento e na maior parte das reuniões das comissões (que inclusive são transmitidas em canal televisivo próprio), nos órgãos deliberativos das regiões autónomas e nas autarquias locais (Câmaras Municipais e Juntas de Freguesias). Aliás, nas autarquias locais a lei consagra a obrigatoriedade de, pelo menos, uma reunião pública mensal (art. 49º, nº 2 da LAL na redação dada pela Lei 50/2018 de 16 de agosto).

REFERÊNCIAS BIBLIOGRÁFICAS:
Fernando Brandão Ferreira-Pinto, *ob. cit.*
M. Esteves de Oliveira e outros, *ob. cit.*

Artigo 28º – Inobservância das disposições sobre convocação de reuniões

A ilegalidade resultante da inobservância das disposições contidas nos artigos 23º e 24º e dos prazos estabelecidos no artigo 25ºsó se considera sanada quando todos os membros do órgão compareçam à reunião e nenhum suscite logo de início oposição à sua realização.

ANOTAÇÃO:

Corresponde ao art. 21º do anterior CPA.

A atual redação dada pelo legislador ao presente artigo representa um salto qualitativo em termos de objetividade, previsão normativa e acerto com o sistema jurídico.

Na anterior redação ficava sanada qualquer ilegalidade resultante da convocação da reunião fosse ela qual fosse. A atual redação permite que as ilegalidades, resultantes da inobservância das disposições contidas nos artigos 23º e 24º e dos prazos estabelecidos no art. 25º, possam ser sanadas (apenas essas) quando todos os membros do órgão compareçam à reunião e nenhum suscite logo de início, oposição à sua realização. Por argumento *a contrario,* a oposição não é válida no decorrer ou no final dos trabalhos.

Assim, quaisquer outras ilegalidades são insuscetíveis de sanação desta forma.

Com a atual redação, fica claro que, não fica sanada a ilegalidade resultante da convocatória ter sido efetuada, p.e., sob coação, ou que resulte da prática de qualquer outro crime ou anormalidade, sendo, neste caso, ato nulo nos termos das alíneas *c), f)* e *h)* do nº 2 do art. 159º.

Em idêntico sentido vai a Lei autárquica que, *ex vi* do art. 51º da Lei 75/2013 de 12 de setembro.

REFERÊNCIAS BIBLIOGRÁFICAS:

J. M. dos Santos Botelho, A. P. Esteves e J. C. de Pinho, *ob. cit.*

Artigo 29º – Quórum(*)

1 – Os órgãos colegiais só podem, em regra, deliberar quando a maioria do número legal dos seus membros com direito a voto esteja fisicamente presente ou a participar através de meios telemáticos.

(*) A redação do presente artigo foi alterada pelo artigo 8º da Lei nº 72/2020, de 16 de Novembro, que veio estabelecer um regime transitório de simplificação de procedimentos administrativos e alterar o Código do Procedimento Administrativo.

2 – Quando se não verifique na primeira convocação o quórum previsto no número anterior, deve ser convocada nova reunião com um intervalo mínimo de 24 horas.

3 – Sempre que se não disponha de forma diferente, os órgãos colegiais reunidos em segunda convocatória podem deliberar desde que esteja presente um terço dos seus membros com direito a voto.

4 – Nos órgãos colegiais compostos por três membros, é de dois o quórum necessário para deliberar, mesmo em segunda convocatória.

ANOTAÇÃO:

Corresponde ao art. 22º do anterior CPA.

Quórum, do latim quorum (dos quais), é a percentagem necessária para serem votadas e por isso condição de validade das deliberações dos órgãos colegiais.

Nada impede que o quórum seja intermitente durante a reunião em que entre ou saia algum dos seus membros o que importa é o momento da deliberação e correspondente votação em que, aí sim, o quórum é condição de validade ou eficiência. Cfr. art. 159º, nº 2 alínea *h)*.

Nesta norma regula-se o número legal de membros do órgão colegial cuja presença é necessária para que as deliberações possam ser votadas e ser eficazes.

Em regra, os órgãos colegiais só podem deliberar quando esteja presente a maioria do número legal dos seus membros com direito a voto; quando se não se verifique na primeira convocação este quórum, deve ser convocada nova reunião com um intervalo mínimo de 24 horas. Nesta reunião, decorrente da segunda convocatória, os órgãos colegiais podem deliberar, desde que esteja presente um terço dos membros com direito a voto.

Nos órgãos colegiais compostos por três membros, é de dois o quórum necessário para deliberar, aplicando-se esta regra à reunião decorrente da primeira convocatória bem como a todas as outras.

De acordo com o artigo 54º da Lei nº 75/2013 de 12 de setembro, nas Autarquias Locais os órgãos das autarquias locais só podem reunir e deliberar quando esteja presente a maioria do número legal dos seus membros sendo as deliberações tomadas à multiplicidade de votos, tendo o presidente voto de qualidade

O nº 3 do artigo 11º da mesma Lei veio estipular um regime transitório determinando que a nova redação aplica-se aos procedimentos administrativos em curso à data da sua entrada em vigor.

em caso de empate (as abstenções não contam para o apuramento da maioria). Quando o órgão não possa reunir por falta de quórum, o presidente designa outro dia para nova sessão ou reunião, que terá, necessariamente, a mesma natureza da anterior, e será convocada nos termos previstos na referida Lei. As sessões ou reuniões canceladas por falta de quórum implicam, também elas, a elaboração de ata na qual se registam as presenças e ausências dos respetivos membros, dando estas lugar à marcação de falta.

REFERÊNCIAS BIBLIOGRÁFICAS:

A. F. DE SOUSA, *Código do Procedimento Administrativo Anotado*, Lisboa, 1993.

JURISPRUDÊNCIA:

Ac. STA de 18/3/1999, Proc. 34.067

I – As deliberações dos órgãos colegiais que não forem tomadas em reunião dos seus membros são juridicamente inexistentes.

II – A decisão tomada em nome do Conselho Directivo do INGA, por dois dos seus membros, fora do âmbito de qualquer reunião convocada para formação da vontade colectiva deste Instituto, constitui um despacho conjunto, que não existe como deliberação daquele órgão.

III – A inexistência jurídica de acto impugnado através de recurso contencioso, deve ser declarada através deste meio processual, sempre que a aparência de acto seja potencialmente lesiva da esfera jurídica do recorrente.

Não constitui fundamento para anulação da deliberação do júri do concurso que excluiu um dos candidatos, a circunstância de o Relatório a que se alude no n. 2 do art. 48 do E.C.D.U. apenas ter sido assinado pelos membros do júri presentes na 1 reunião, sendo certo que a decisão foi tomada por um número de membros superior ao mínimo o que a lei exige para a constituição do júri e aquele número representava mais de metade dos membros nomeados.

Ac. TCAS de 17/06/2010, Proc. 03005/07

I – Recai sobre a Administração o ónus de prova de existência de quórum das reuniões de órgãos colegiais.

II – Tal prova faz-se através da respectiva acta, que além conter a reprodução fiel do que se passou na reunião, deve mencionar a identificação de todos os membros do órgão presentes na mesma.

III – Uma acta que não contenha tais elementos, impossibilitando a prova da existência de quórum da reunião, acarreta a nulidade da deliberação que nela seja tomada, nos termos do art. 133º, nº 2, al. g), do CPA.

TCA SUL, Proc. nº 03005/07
Secção: CA – 2º JUÍZO
Data do Acórdão: 17-06-2010
Sumário:

I – Recai sobre a Administração o ónus de prova de existência de quórum das reuniões de órgãos colegiais;

II – Tal prova faz-se através da respectiva acta, que além conter a reprodução fiel do que se passou na reunião, deve mencionar a identificação de todos os membros do órgão presentes na mesma;

III – Uma acta que não contenha tais elementos, impossibilitando a prova da existência de quórum da reunião, acarreta a nulidade da deliberação que nela seja tomada, nos termos do art. 133º, nº 2, al. g), do CPA.

Artigo 30º – Proibição da abstenção

No silêncio da lei, é proibida a abstenção aos membros dos órgãos consultivos e aos dos órgãos deliberativos, quando no exercício de funções consultivas.

ANOTAÇÃO:

Corresponde ao art. 23º do anterior CPA.

Dada a discussão gerada no meio académico em torno da anterior fórmula, que proibia a abstenção dos membros dos órgãos colegiais consultivos, o legislador veio agora especificar que a proibição abarca, também, os membros do órgãos deliberativos quando estes se encontrem a exercer funções deliberativas.

A nosso ver, a proibição da abstenção aos membros dos órgãos colegiais consultivos, salvo estipulação legal em sentido contrário, é uma fórmula pouco feliz, com o propósito de acautelar ou evitar situações de eventual impasse resultante p.e. da abstenção de todos os membros.

Melhor teria sido que o legislador, em vez de escolher uma formulação limitadora da liberdade de voto, estatuísse uma consequência para a abstenção de todos, p.e., a aprovação, face à inexistência de votos contra.

REFERÊNCIAS BIBLIOGRÁFICAS:

Fernando Brandão Ferreira-Pinto, *Ob. cit.*

Artigo 31º – Formas de votação

1 – As deliberações são antecedidas de discussão das respetivas propostas sempre que qualquer membro do órgão colegial nisso mostre interesse e, salvo disposição legal em contrário, são tomadas por votação nominal, devendo votar primeiramente os vogais e, por fim, o presidente.

2 – As deliberações que envolvam um juízo de valor sobre comportamentos ou qualidades de pessoas são tomadas por escrutínio secreto, devendo o presidente, em caso de dúvida fundada, determinar que seja essa a forma para a votação.

3 – Quando exigida, a fundamentação das deliberações tomadas por escrutínio secreto é feita pelo presidente do órgão colegial após a votação, tendo presente a discussão que a tiver precedido.

4 – Não podem estar presentes no momento da discussão nem da votação os membros do órgão que se encontrem ou se considerem impedidos.

ANOTAÇÃO:

Corresponde ao art. 24º do anterior CPA.

A nova redação dada ao nº 1 introduz a possibilidade de intervenção, antes de tomada a deliberação, por parte de qualquer membro do órgão colegial que o solicite, não lhe podendo ser negada essa prorrogativa.

Na esteira da redação anterior impõe que, salvo disposição legal em contrário as votações sejam nominais e que os vogais votem antes do presidente. Esta imposição pretende acautelar o "seguidismo" dos vogais, em relação à vontade do presidente.

Relativamente ao nº 2 cumpre acentuar que, as garantias nele previstas se aplicam supletivamente aos procedimentos administrativos especiais *ex vi* do nº 5 do art. 2º.

Em sentido idêntico vai a Lei autárquica através do art. 55º da Lei 75/2013 de 12 de setembro.

REFERÊNCIAS BIBLIOGRÁFICAS:

GOMES CANOTILHO e VITAL MOREIRA, *Constituição da República Portuguesa Anotada*, 1993, Pag 936 e segs.

VIEIRA DE ANDRADE, *O Dever de Fundamentação Expressa dos Actos Administrativos*, 1990, pág. 53 e segs.

ANTUNES VARELA e outros, *Manual de Processo Civil*, Coimbra Editora, 2.ª ed, 1985, pág. 687 e segs.

Alberto dos Reis, *Código de Processo Civil Anotado*, Coimbra Editora, 1984, Vol. V, pág. 139 e segs.

Marcelo Caetano, *Manual de Direito Administrativo*, Vol. I, Almedina, 1991, pág. 477 e segs.

Freitas do Amaral, *Curso de Direito Administrativo*, Vol. II, Almedina 2001, pág. 352 e segs.

Pinto Fernandes e Nuno Pinto Fernandes, *CIMSISSD Anotado e Comentado*, 4.ª Ed., Rei dos Livros, 1997, pág. 657.

JURISPRUDÊNCIA:

Ac. STA de 25 de fevereiro de 2009 proc. nº 1211/06

Relativamente à fundamentação no caso de considerações de índole pessoal

Ac. STA de 25/2/2009, Proc. 1211/06.06-11

I – Tendo sido anulada, por se ter baseado em critério de avaliação extemporaneamente fixado pelo júri do concurso, a deliberação que excluiu da fase de estágio candidatos ao concurso de ingresso na jurisdição administrativa e fiscal, a execução do julgado anulatório consiste na prática, com referência ao quadro normativo aplicável, de novo acto de avaliação desses candidatos, isento do vício determinante daquela anulação.

II – Assim, não viola o caso julgado anulatório o acto, renovatório da deliberação anulada, que excluiu, de novo, aqueles candidatos, com base, apenas, no critério de avaliação estabelecido na lei.

III – Este novo acto tem eficácia retroactiva, por se reportar ao momento em que, após o termo do curso inicial de formação teórica, deveriam os candidatos ser avaliados, em conformidade com o regime legal do concurso, para efeito de admissão à fase (de estágio) seguinte.

IV – O escrutínio secreto é a forma de votação, imposta pelo artigo 24, número 2, do Código de Procedimento Administrativo, nas deliberações que envolvam apreciação de comportamentos ou qualidades de uma pessoa, aferindo da sua valia como ser humano, designadamente, pela sua hombridade, integridade, sensibilidade, inteligência e compostura.

V – A supra referida deliberação de avaliação de candidatos não envolve esta apreciação e não está, por isso, sujeita à forma de votação por escrutínio secreto.

Ac. STA de 5/2/2009, Proc. 461/08-11

I – O escrutínio secreto é a forma de votação, imposta pelo artigo 24, número 2, do Código de Procedimento Administrativo, nas deliberações que envolvam apreciação de comportamentos ou qualidades de uma pessoa, aferindo da sua valia como ser humano, designadamente, pela sua hombridade, integridade, sensibilidade, inteligência e compostura.

II – A entrevista profissional de selecção implica uma apreciação traduzida necessariamente em juízos de carácter pessoal baseados em impressões subjectivas, pelo que, nesse caso, a exigência legal de fundamentação basta-se com um mínimo de densidade do conteúdo declarativo do discurso fundamentador.

III – Não atinge essa densidade mínima a fundamentação em que, de uma forma genérica e abstracta se invocam meros juízos de valor ou considerações de tal modo abrangentes que podem ser aplicáveis a um número indefinido de situações.

IV – Assim, está insuficientemente fundamentada a deliberação do júri do concurso externo para admissão de agentes estagiários para a Policia Judiciária, que se limita a indicar determinada pontuação numérica para cada um dos factores de análise utilizados na entrevista e a referir que o candidato «não revelou condições para a função».

Artigo 32º – Maioria exigível nas deliberações

1 – As deliberações são tomadas por maioria absoluta de votos dos membros presentes à reunião, salvo nos casos em que, por disposição legal ou estatutária, se exija maioria qualificada ou seja suficiente maioria relativa.

2 – Quando seja exigível maioria absoluta e esta não se forme, nem se verifique empate, procede-se imediatamente a nova votação e, se aquela situação se mantiver, adia-se a deliberação para a reunião seguinte, na qual a maioria relativa é suficiente.

ANOTAÇÃO:

Corresponde ao art. 25º do anterior CPA.

O presente artigo define a maioria exigível para serem validamente tomadas as deliberações (nº 1) e estatui consequências relativas à sua não verificação (nº 2).

Diz-se absoluta a maioria cujo número de votos é superior a metade.

Contrariamente ao que era previsto na redação anterior do correspondente artigo, o legislador admite agora que possa ser válida a maioria relativa quando disposição estatutária (cumulativa ou isoladamente com a lei) o admita.

Maioria relativa é aquela que atinge o maior número de votos sem que ultrapasse a metade.

Por fim, maioria qualificada pode ser qualquer uma, previamente estipulada, que seja superior ao número exigível para que se verifique maioria absoluta.

REFERÊNCIAS BIBLIOGRÁFICAS:
FERNANDO BRANDÃO FERREIRA-PINTO, *ob. cit.*

Artigo 33º – Empate na votação

1 – Em caso de empate na votação, o presidente tem voto de qualidade, ou, sendo caso disso, de desempate, salvo se a votação se tiver efetuado por escrutínio secreto.

2 – Havendo empate em votação por escrutínio secreto, procede-se imediatamente a nova votação e, se o empate se mantiver, adia-se a deliberação para a reunião seguinte.

3 – Se, na primeira votação da reunião seguinte, se mantiver o empate, procede-se a votação nominal, na qual a maioria relativa é suficiente.

ANOTAÇÃO:

Corresponde ao art. 26º do anterior CPA.

O nº 1 estipula que, em caso de empate, o presidente tem voto de qualidade ou, se for o caso, de desempate. Esta regra sugere, tacitamente, que os órgãos colegiais devam ser constituídos em número impar. A verificar-se o vencimento de uma deliberação só porque o presidente votou em sentido contrário, havendo empate, fica a sensação de que o que prevaleceu não foi a razão mas sim o árbitro. Esta questão coloca-se com especial ênfase, em sede judicial, nos tribunais superiores, quando os coletivos são constituídos por quatro magistrados que tomam decisões em sede criminal.

O artigo desaplica esta regra quando a votação tiver caráter secreto (nº 1). O nº 2 e 3 respondem às situações de persistência de empate por escrutínio secreto, aceitando, como última *ratio*, a maioria relativa efetuada através de votação nominal.

Em sentido idêntico vai a Lei autárquica através do art. 55 nº 4 do anexo I da Lei 75/2013 de 12 de setembro.

REFERÊNCIAS BIBLIOGRÁFICAS:
FERNANDO BRANDÃO FERREIRA-PINTO, *ob. cit.*

JURISPRUDÊNCIA:

Ac. STA de 25/6/2003, Proc. 1018/03

I – Nos termos dos respectivos Estatutos (publicados no DR II série, nº 321, de 07.10.98), são órgãos de gestão do ISCAC entre outros, a Assembleia de Representantes e o Conselho Directivo (art. 4º, nº 1), sendo que "compete à Assembleia de Representantes (...) eleger e destituir o Conselho Directivo" (art. 6/a).

II – A Assembleia de Representantes ao reunir para efeitos de deliberar sobre a eleição do Conselho Directivo, fá-lo ao abrigo de uma competência própria e exclusiva, visando a prossecução de interesses eminentemente públicos, já que a actividade desenvolvida nessa reunião diz respeito à organização bem como ao normal funcionamento dos órgãos de gestão escolares.

III – Ao ter-se verificado empate na votação para o Conselho Directivo e perante o impasse a que na votação se havia chegado, era permitido à Assembleia de Representantes para resolver a situação decorrente desse impasse, o recurso ao regime previsto no art. 26º do CPA, não só por a Assembleia de Representantes ao proceder à eleição do Conselho Directivo estar a desenvolver uma actividade administrativa como ainda pelo facto de o art. 2º, nº 6 do CPA tornar extensivo a aplicação imediata das suas disposições "relativas à organização e à actividade administrativa", como seja a norma em referência a "todas as actuações da Administração Pública no domínio da gestão pública".

Artigo 34º – Ata da reunião

1 – De cada reunião é lavrada ata, que contém um resumo de tudo o que nela tenha ocorrido e seja relevante para o conhecimento e a apreciação da legalidade das deliberações tomadas, designadamente a data e o local da reunião, a ordem do dia, os membros presentes, os assuntos apreciados, as deliberações tomadas, a forma e o resultado das respetivas votações e as decisões do presidente.

2 – As atas são lavradas pelo secretário e submetidas à aprovação dos membros no final da respetiva reunião ou no início da reunião seguinte, sendo assinadas, após a aprovação, pelo presidente e pelo secretário.

3 – Não participam na aprovação da ata os membros que não tenham estado presentes na reunião a que ela respeita.

4 – Nos casos em que o órgão assim o delibere, a ata é aprovada, logo na reunião a que diga respeito, em minuta sintética, devendo ser depois transcrita com maior concretização e novamente submetida a aprovação.

5 – O conjunto das atas é autuado e paginado de modo a facilitar a sucessiva inclusão das novas atas e a impedir o seu extravio.

6 – As deliberações dos órgãos colegiais só se tornam eficazes depois de aprovadas as respetivas atas ou depois de assinadas as minutas e a eficácia das deliberações constantes da minuta cessa se a ata da mesma reunião não as reproduzir.

ANOTAÇÃO:

Corresponde ao art. 27º do anterior CPA.

A ata não é mais que a redução a escrito do que se passou na reunião a que diz respeito.

Por razões de segurança jurídica, o nº 5 determina a autuação e paginação das atas.

As atas devem reproduzir o mais fielmente possível, quer a oralidade quer a factualidade, embora, nos termos admitidos pela própria lei, tal possa ser feito através de resumo. A fidelidade da ata em relação às deliberações tomadas é condição de eficiência por força do nº 6, embora, nos termos exarados no Ac. do STA de 8 de março de 2000, processo nº 40644, não afete a sua existência jurídica, salvo os casos de falsificação ou extravio em que terá que se recorrer ao testemunho dos intervenientes ou qualquer outro meio legalmente admissível.

As atas têm o propósito de garantir a certeza, a confiança e a transparência no seio da Administração Pública, devendo as mesmas ser aprovadas pelos membros no final da respetiva reunião ou no início da reunião seguinte pelos membros que estiveram presentes (cf. novo nº 3), devendo ser assinadas, após a votação, pelo presidente e pelo secretário.

A ata, quando a lei impuser exclusivamente esta, ou seja, quando não admite outro tipo de registo como válido, é o único meio de prova das deliberações e do que nela se contem.

A ata deve conter um resumo de tudo o que for relevante para o conhecimento e a apreciação da legalidade das deliberações tomadas, nomeadamente: a data e o local da reunião; a ordem do dia; a indicação dos membros presentes; os assuntos tratados; as deliberações tomadas; a forma e o resultado das respetivas votações e as decisões de quem presidiu (o presidente ou o seu substituto).

Outra norma importante, o novo nº 5, que determina que o conjunto das atas seja autuado e paginado de modo a facilitar a sucessiva inclusão das novas atas e a impedir o seu extravio. É um fator importante de certeza, confiança e transparência e seriedade digno de registo.

A ata ou a minuta assinadas são requisitos de eficácia das deliberações tomadas pelos órgãos colegiais, sendo que a eficácia das deliberações plasmadas na minuta findará se a ata de respetiva reunião não as reproduzir.

Nos termos do artigo 57º da Lei nº 75/2013 nas Autarquias Locais é lavrada ata, de cada sessão ou reunião, a qual contém um resumo do que de essencial nela se tiver passado, indicando, nomeadamente, a data e o local da sessão ou reunião, os membros presentes e ausentes, os assuntos tratados, as decisões e deliberações tomadas e a forma e o resultado das respetivas votações e, bem assim, o facto de a ata ter sido lida e aprovada. Sempre que tal seja possível as atas são lavradas por funcionário da autarquia designado para o efeito e são colocadas à aprovação de todos os membros no final da respetiva sessão ou reunião (ou inicio da seguinte), devendo ser assinadas, após aprovação, pelo presidente e por quem a lavrou. As atas, bem como o texto das deliberações mais importantes podem ser aprovadas em minuta no final de cada sessão ou reunião, desde que tal seja deliberado pela maioria dos membros presentes, sendo assinadas, após aprovação, pelo presidente e por quem as lavrou. As deliberações dos órgãos só adquirem eficácia depois de aprovadas e assinadas as respetivas atas ou depois de assinadas as minutas.

REFERÊNCIAS BIBLIOGRÁFICAS:
FERNANDO BRANDÃO FERREIRA-PINTO, *ob. cit.*

JURISPRUDÊNCIA:
Ac. TCAN de 15/05/2020, Proc. 00306/18.2BECBR

1 – As atas são documentos que contêm a narração ou descrição do que de essencial se passou numa reunião, assistindo ao membro que vote de vencido o direito a fazer constar da ata a sua declaração de voto, contendo as respetivas razões.

2 – Uma ata, enquanto documento que descreve o que se passou numa reunião, não pode ser diferente em função da data em que é aprovada, pelo que o voto de vencido apresentado por um membro, em relação ao seu conteúdo, deve constar da ata a que respeita o assunto que motiva a declaração de voto.

Ac. STA de 23/1/2003, Proc. nº 46.299/02

I – A interpretação dos actos administrativos constitui matéria de facto de que não conhece o Pleno, como tribunal de revista (art. 21º, nº 3 do ETAF), salvo nos casos do nº 2 do art. 722º do CPC e bem assim quando o resultado interpretativo foi obtido por intermédio de critérios normativos ou juízos de valor legais, que imprimam carácter prevalentemente jurídico à operação empreendida.

II – Nos termos do art. 8º do DL 144/93, de 26 de Abril, têm natureza pública os poderes das federações desportivas exercidos no âmbito da regulamentação e disciplina das competições desportivas, que sejam conferidos pela lei para a realização obrigatória de finalidades compreendidas nas atribuições do Estado e envolvam, perante terceiros, o desempenho de prerrogativas de autoridade ou a prestação de apoios ou serviços legalmente determinados.

III – Só o exercício desses poderes está sujeito a um regime de direito administrativo, cabendo à Administração Pública fiscalizar o seu exercício mediante a realização de inspecções, inquéritos e sindicâncias (art. 10º do DL 144/93).

IV – É nulo, por falta de atribuições, o despacho ministerial que mandou instaurar inquérito a uma federação desportiva para apurar a responsabilidade de uma federação desportiva e seus agentes na morte de um atleta, ocorrida em consequência de um acidente de viação, que não cabe no domínio referido na alínea anterior.

V – Só o acto que tenha por objecto a abdicação da titularidade ou do exercício dos poderes legalmente conferidos ao órgão administrativo e não o erro sobre a própria competência integra a nulidade prevista no nº 2 do art. 29º do CPA.

Ac. STA de 19/3/2002, Proc. nº 47.734

I – O recurso jurisdicional visa a apreciação da decisão impugnada, ou seja a sindicação de eventuais erros de julgamento ou ilegalidades contidas nessa decisão.

II – A forma do acto administrativo é o modo pelo qual a vontade do órgão administrativo manifesta, normalmente exprimindo-se esta pela linguagem oral ou escrita.

III – A forma escrita é, geralmente, obrigatória para os actos administrativos, constituindo, uma excepção relativamente aos actos dos órgãos colegiais que revestem a forma oral.

IV – A forma oral justifica-se plenamente relativamente aos órgãos colegiais pois que eles deliberam através da conjunção (numa maioria) dos votos dos membros, sendo a vontade do órgão colegial apurada e declarada verbalmente pelo respectivo presidente, levando-se, depois, a deliberação tomada à acta da respectiva reunião.

V – Porém, razões de certeza dos efeitos jurídicos decorrentes de um acto oral exigem que este seja registado: por isso as decisões verbais são logo consignadas em acta, sem o que não produzirão quaisquer efeitos (arts. 27º, nº 1 e 122º, nº 2 do CPA e arts.86º, nº 1 do DL. nº 100/84 e 92º, nº 4 da Lei nº 169/99, de 18/9).

VI – A diferença entre acta e acto escrito está em que aquela é narrativa, é uma descrição ou narração do que se passou, enquanto este é a manifestação da vontade do órgão administrativo.

VII – A função típica da acta, a ausência de norma em contrário, é apenas a de informar da existência da deliberação (documento ad probationem actus) não se assumindo como elemento constitutivo da mesma (documento ad substantiam), por conseguinte como pressuposto da respectiva validade, mas antes como requisito da eficácia da deliberação.

VIII – A acta constitui um requisito de eficácia dos actos administrativos praticados de forma oral pelos órgãos colegiais, pelo que a falta nela de algum dos seus elementos de menção obrigatória, a que alude o art. 27º, nº 1 do CPA, não implica a invalidade da deliberação do órgão colegial.

IX – Constando da acta quais os elementos presentes na reunião (Presidente da Câmara Municipal de Mira + 6 vereadores) e que o pedido formulado pela requerente foi indeferido, não constando da acta qualquer voto contra, entende-se que todos os elementos constituintes daquele órgão votaram no mesmo sentido.

X – As deliberações são, salvo disposição legal em contrário, tomadas por votação nominal e se envolverem a apreciação de comportamentos ou das qualidades de qualquer pessoa são tomadas por escrutínio secreto (art. 24º do C.P.A.).

XI – Estando em causa a demolição de um barracão e o pagamento de uma indemnização à recorrente, por não estarem em causa a apreciação de comportamentos ou de qualidades de qualquer pessoa, a deliberação não estava sujeita à forma de escrutínio secreto.

XII – Na hipótese referida em XI, sendo o regime regra o da "votação nominal" e o "escrutínio secreto" a excepção, e não justificando a matéria em causa o uso deste regime excepcional, então se nada se referir na acta quanto à forma de votação tem de entender-se que se usou o regime regra, pois só a utilização doutro regime, que não o normal, justificaria que tal ficasse mencionado na acta.

Ac. STA de 4/10/2000, Proc. nº 45599

I – Não são nulos por não consubstanciarem uma renúncia ao exercício da competência legal, nos termos do art. 29º do CPA, os pareceres condicionalmente favoráveis, formulados pelas entidades chamadas a pronunciarem-se sobre um pedido de informação prévia de obra.

II – O acto administrativo que, ainda que tacitamente, dê por verificadas as condições expressas nos pareceres referidos em I, e licencie a obra, não enferma de nulidade.

III – Para que se verifique o vício de desvio de poder terá o recorrente que alegar e provar factos reveladores do prosseguimento de fim ilícito pelo autor do acto recorrido.

IV – A aplicabilidade do regime excepcional consagrado no art. 8º, nº 2, alínea c) do DL nº 13/71, de 23 de Janeiro, depende da verificação, em concreto, dos condicionalismos nele consagrados.

V – Para que se verifique a violação das condicionantes plasmadas nos artsº 58º e 63º, do RGEU, terá o recorrente que alegar e provar os factos em que se consubstancia essa violação, não bastando a mera formulação de juízos conclusivos.

VI – O que fica dito em V aplica-se relativamente à violação dos princípios da imparcialidade e da igualdade

Ac. STA de 8/3/2000, Proc. nº 40.644

I – Resultando do processo administrativo que os membros do órgão colegial em causa – Conselho de Administração do Hospital Distrital de Santarém – adoptaram efectivamente a deliberação de indeferir a pretensão da recorrente, deliberação que reduziram a escrito e assinaram no rosto do requerimento em que tal pretensão fora formulada, não enferma tal deliberação de inexistência jurídica por falta de elaboração da correspondente acta.

II – A falta de registo em acta poderá eventualmente produzir ineficácia do acto administrativo, mas não afecta a sua existência jurídica.

III – A bonificação de tempo de serviço para efeitos de progressão na carreira concedida pelo artigo 66º, nº 1, alínea a), do Decreto-Lei nº 437/91, de 8 de Novembro, pressupõe a habilitação com curso pós-básico de enfermagem diferente daquele que já sustentara a transição para a nova categoria.

Cfr. Ac. do STA de 29 de fevereiro de 2000 no âmbito do processo 43895 e Ac. do STA de 8 de março de 2000, processo 41888

I – A acta constitui um requisito de mera eficácia dos actos administrativos dos órgãos colegiais, que tenham sido praticados por forma oral tratando-se de uma formalidade posterior à prática do acto, inserida na fase integrativa da sua eficácia, e não contendendo com a sua existência.

II – Face ao disposto no art. 53º, nº 1 do CPA e tendo o interessado recebido determinado quantitativo em dinheiro a título de ajuda à produção de tabaco, tem legitimidade para intervir no procedimento em que lhe é ordenada a restituição da quantia recebida.

III – Dado que o regime de prémios à produção de tabaco em rama, instituído pelo art. 3º do Reg. CEE nº 2075, do Conselho de 30/06, tem por objectivo apoiar o rendimento do produtor, e atendendo a que à noção de produtor enunciada no nº 2º do Regulamento (CEE) nº 3477/92 da Comissão está associada a existência de um contrato de cultura (e atentas as finalidades deste contrato – cf. legislação comunitária pertinente), e face à natureza unitária daquele prémio, deve considerar-se em conformidade com tal normação a ordem de reposicão integral do prémio recebido (e não apenas a parte correspondente às entregas não produzidas pelo interessado) quando este, a par de entregas de tabaco da respectiva produção, anuiu a que fossem feitas entregas de tabaco que não foi por si produzido.

IV – Decorrendo a prática do aludido acto da interpretação e aplicação da legalidade vigente, carece de sentido a invocada violação dos princípios constitucionais, da proporcionalidade e justiça, visto que os mesmos apenas cobram autonomia no plano da actividade discricionária da Administração de que constituem seus limites internos, sendo que no plano da actividade vinculada, se confundem com o princípio da legalidade.

Artigo 35º – Registo na ata do voto de vencido

1 – Os membros do órgão colegial podem fazer constar da ata o seu voto de vencido, enunciando as razões que o justifiquem.

2 – Aqueles que ficarem vencidos na deliberação tomada e fizerem registo da respetiva declaração de voto na ata ficam isentos da responsabilidade que daquela eventualmente resulte.

3 – Quando se trate de pareceres a dar a outros órgãos administrativos, as deliberações são sempre acompanhadas das declarações de voto apresentadas.

ANOTAÇÃO:

Corresponde ao art. 28º do anterior CPA.

Reproduz, na essência, a redação da versão anterior do código.

O nº 1 permite o registo em ata dos votos de vencido.

O nº 2 isenta de responsabilidade os membros que fizerem o registo de vencido nos termos do nº anterior, o que, por argumento *a contrario*, significa que podem ser responsabilizados pelas eventuais consequências da deliberação, os membros que não fizeram o registo do seu voto de vencido.

REFERÊNCIAS BIBLIOGRÁFICAS:

M. Esteves de Oliveira e outros, *ob. cit.*

CAPÍTULO III – Da competência

Artigo 36º – Irrenunciabilidade e inalienabilidade

1 – A competência é definida por lei ou por regulamento e é irrenunciável e inalienável, sem prejuízo do disposto quanto à delegação de poderes, à suplência e à substituição.

2 – É nulo todo o ato ou contrato que tenha por objeto a renúncia à titularidade ou ao exercício da competência conferida aos órgãos administrativos, sem prejuízo da delegação de poderes e figuras afins legalmente previstas.

ANOTAÇÃO:

Corresponde ao art. 29º do anterior CPA.

O regime-regra é o da competência ser determinada pela lei ou por regulamento, aliás, em respeito ao princípio da legalidade administrativa, sendo insuscetível de renúncia ou alienação, sem prejuízo do que se encontra disposto quanto à delegação de poderes (art. 44º e seguintes), à suplência (art. 42º) e à substituição (art. 43º).

Nos termos do Ac. do STA de 23 de janeiro de 2003, no âmbito do processo 46299/2, «só o ato que tenha por objeto a abdicação de titularidade ou do exercício dos poderes legalmente conferidos ao órgão administrativo e não o erro sobre a própria competência integra a nulidade prevista no nº 2 do art. 29º do CPA», ou seja a nulidade prevista no atual art. 36º, nº 2 que é o seu correspondente na atual versão.

A fixação resulta direta ou indiretamente da lei, e com isso, cumpre-se o princípio da legalidade. Quer seja a lei a determinar a competência quer seja o regulamento determinado ou admitido por lei, esta resultará sempre da concordância da lei ficando assim excluída a legalidade de competência *contra legem*. Quando a competência resulta de contrato, como ocorre frequentemente nas concessões nem assim deixa de ser exigida a legalidade fundada na lei que, além de criar a competência, permite a sua transferência para entidades privadas por via contratual. Nessa medida, a competência é irrenunciável e inalienável, pois é obrigatoriamente exercida sem prejuízo de o seu exercício poder ser transferido para outrem para o exercer. A renúncia é, por isso, nula conforme estipula o nº 2 do presente artigo. Nesse sentido vai também o Ac. do STA de 23/1/2003, decisão do Pleno no âmbito do processo nº 46.299/02.

Cfr. art. 159º do CPA.

REFERÊNCIAS BIBLIOGRÁFICAS:

FERNANDO BRANDÃO FERREIRA-PINTO, *ob. cit.*

JURISPRUDÊNCIA:

TCA SUL, Processo: 07512/14

Secção: CT – 2º JUÍZO

Data do Acórdão: 10-07-2014

Sumário:

1 – A omissão de pronúncia (vício de "petitionem brevis") pressupõe que o julgador deixa de apreciar alguma questão que lhe foi colocada pelas partes (cfr. art. 615, nº 1, al. d), do C. P. Civil).

2 – No processo judicial tributário o vício de omissão de pronúncia, como causa de nulidade da sentença, está previsto no art. 125, nº 1, do C. P. P. Tributário, no penúltimo segmento da norma.

3 – A competência é conceptualizada como um conjunto de poderes funcionais que a lei confere a um órgão para a prossecução das atribuições da pessoa colectiva pública que integra, assumindo-se como a pedra basilar e de vanguarda do princípio geral da legalidade administrativa. Em consequência, a competência só pode ser definida por lei ou regulamento, sendo imodificável, irrenunciável e inalienável (art. 29, C.P. Administrativo). Não obstante, a crescente flexibilidade da actividade administrativa, fruto da subsidiariedade da actuação dos poderes públicos na sociedade, tem determinado o legislador na adopção de cláusulas gerais de delegação de poderes, afastando um modelo rígido, fechado e inflexível de ordenação da competência de um órgão. Nesse sentido, o C. P. Administrativo institui, no seu art. 35, uma genérica delegabilidade de poderes, confiando nas mãos dos órgãos administrativos a concreta definição de quais, dentro da habilitação legal, gozam de determinada competência. No universo normativo tributário, tal cláusula geral encontra-se prevista no art. 62, da L.G.Tributária.

4 – A incompetência pode definir-se como o vício que consiste na prática, por um órgão da Administração, de um acto incluído nas atribuições ou na competência de outro órgão.

5 – Perante a prática de um acto administrativo por órgão desprovido de competência para tal, pode o titular do órgão competente promover a sua ratificação-sanação, acto administrativo secundário destinado à sanação do vício gerador da ilegalidade do acto administrativo principal.

6 – Os vícios do acto administrativo-tributário são, em regra, fundamento da sua anulabilidade, só implicando a nulidade do mesmo quando se verifique a falta de qualquer dos seus elementos essenciais (v.g.autor do acto; destinatário do acto; fim público do acto; acto viciado por usurpação de poder) ou quando houver lei que expressamente preveja essa forma de invalidade (cfr. art. 133, nº 2, do C.P.A.).

7 – A A. Fiscal no exercício da sua competência de fiscalização da conformidade da actuação dos contribuintes com a lei, actua no uso de poderes estritamente vinculados, submetida ao princípio da legalidade, cabendo-lhe o ónus de prova da existência de todos os pressupostos do acto de liquidação. Mais se deve realçar que o órgão instrutor pode utilizar, para conhecimento dos factos necessários à decisão do procedimento, todos os meios de prova admitidos em direito (cfr. art. 72, da L.G.T.).

8 – Nos termos do C.I.V.A., a obrigação geral dos sujeitos passivos disporem de contabilidade adequada ao apuramento e fiscalização do imposto deriva do estabelecido no art. 28, nº 1, al. g), do mesmo diploma. Assim se explica que os sujeitos que face à lei comercial e fiscal estão obrigados a dispor de contabilidade organizada, devam observar, igualmente, certas obrigações contabilísticas em ordem a obter segurança e clareza no registo das operações decorrentes da aplicação do Código do I.V.A. e necessárias ao cálculo do imposto, bem como para permitir o seu controlo.

9 – Contrariamente à dedutibilidade em sede de I.R.C., inexistindo factura ou documento equivalente com os requisitos do art. 35, nº 5, do C.I.V.A., fica logo afastada a dedutibilidade do I.V.A. E recorde-se que é posição unânime na jurisprudência dos Tribunais Superiores que tais requisitos consubstanciam verdadeiras formalidades "ad substantiam".

Artigo 37º – Fixação da competência

1 – A competência fixa-se no momento em que se inicia o procedimento, sendo irrelevantes as modificações de facto que ocorram posteriormente.

2 – São igualmente irrelevantes as modificações de direito, exceto se o órgão a que o procedimento estava afeto for extinto ou deixar de ser competente ou se lhe for atribuída a competência de que inicialmente carecesse.

3 – Quando o órgão competente passar a ser outro, deve o processo ser-lhe remetido oficiosamente.

ANOTAÇÃO:

Corresponde ao art. 30º do anterior CPA.

Este artigo reproduz na essência a redação do anterior CPA.

Nestes termos, mantém o brocardo latino que lhe está subjacente, "uma vez competente, sempre competente" também conhecido como "princípio da jurisdição perpétua".

Esta não foi uma formulação inovadora no CPA dado que, claramente, foi "transportada" do processo civil, mais concretamente do artigo 63º do Decreto-Lei 129/84 de 27 de abril.

Cfr. quanto ao presente artigo o disposto no art. 41º deste CPA e respetivas notas.

REFERÊNCIAS BIBLIOGRÁFICAS:

Fernando Brandão Ferreira-Pinto, *ob. cit.*

JURISPRUDÊNCIA:

Ac. STJ de 11/2/2016, Proc. nº 255/14

Fica excluída do âmbito da jurisdição administrativa e fiscal a apreciação de litígios emergentes de contratos individuais de trabalho, ainda que uma das partes seja uma pessoa coletiva de direito público, com exceção dos litígios emergentes de contratos de trabalho em funções públicas. Ora, no caso em apreço, a relação contratual era titulada por um contrato definido pelo autor como de prestação de serviços em regime de avença, cuja nulidade constituiria um impedimento à transformação da relação de trabalho em causa num contrato sujeito ao regime de contrato de trabalho em funções públicas. Nestes termos, estando em causa aferir a qualificação da relação entre o trabalhador e o município, a competência para conhecer do litígio em toda a sua plenitude pertence aos Tribunais Judiciais.

Tribunal da Relação de Lisboa, Acórdão de 5 Abr. 2016, Processo 6183/13
Ac. TRL de 5/4/2016, Proc. nº 6183/13

Os tribunais administrativos são competentes para apreciar questões referentes a casos em que o procedimento prévio do contrato assumiu a forma de procedimento administrativo pré-contratual e a casos em que a entidade administrativa contratante optou legalmente por uma forma de pré-contratação de natureza privatista. Ora, estando em causa a apreciação de um litígio relacionado com fornecimento de bens ou serviços no âmbito de um contrato de gestão hospitalar, de cariz administrativo e sujeito a procedimento pré-contratual, tal apreciação é cometida à jurisdição administrativa. Com efeito, quando na base desse fornecimento está a obrigação de prestação de cuidados de saúde a utentes do Serviço Nacional de Saúde por entidades gestoras desse serviço de saúde e sendo um contrato de gestão celebrado entre o Hospital Amadora Sintra e o Estado, tais relações entre as partes contratantes são reguladas por normas de direito público.

Ac. TRP de 29/2/2016, Proc. nº 1641/11

Por regra, os litígios emergentes de danos causados no âmbito das relações jurídicas inerentes ao procedimento expropriativo por utilidade pública são da competência dos tribunais administrativos. Contudo, nas relações estabelecidas na fase litigiosa do processo expropriativo, a competência é atribuída aos tribunais comuns. Nestes termos, perante a desistência da expropriação, em que existiu uma declaração de expropriação de terrenos e houve posse administrativa dos terrenos e negociações para estabelecer consensualmente o montante indemnizatório, o processo expropriativo não chegou a entrar na fase litigiosa. Assim, para conhecer de eventuais danos emergentes do processo expropriativo por utilidade pública, são competentes os tribunais administrativos.

Ac. STA de 30/10/2001, Proc. nº 35.531

Revogado o acto de abertura de concurso para chefe de serviço hospitalar depois de apresentados as candidaturas, viola o princípio da imparcialidade o novo acto de abertura que altera o número de vagas e estabelece novas condições de avaliação, depois de conhecidos os currículos dos candidatos referentes às candidaturas já apresentados que foram aproveitados para o novo concurso.

Ac. TRC de 20 de Abr de 2016, Proc. nº 1/16

É da competência dos tribunais comuns o procedimento cautelar em que o requerente pretende que uma autarquia local suspenda a construção das instalações de um polidesportivo

Competência em razão da matéria. Embargo de obra de município. *A competência dos tribunais administrativos e fiscais dependerá da ponderação sobre se se está, ou não, perante pleitos derivados de relações jurídicas administrativas e fiscais. Em conformidade, devem ser consideradas relações jurídicas administrativas aquelas em que um dos sujeitos, pelo menos, seja uma entidade pública ou uma entidade particular no exercício de um poder público, atua com vista à realização de um interesse público legalmente definido. Ora, ainda que o procedimento cautelar tenha sido requerido com o objetivo de suspender a construção dos alicerces de um polidesportivo, levada a cabo por um município, o que está em causa é a pretensão de reconhecimento do direito de propriedade de um particular sobre determinada nascente de água e/ou o reconhecimento do seu direito de servidão de aproveitamento das águas. Com efeito, tal pretensão não surge ligada a qualquer relação jurídica administrativa, mas a uma relação jurídica de direito privado, cabendo à jurisdição comum a sua apreciação.*

Artigo 38º – Questões prejudiciais

1 – Se a decisão final depender da decisão de uma questão que tenha de constituir objeto de procedimento próprio ou específico ou que seja da competência de outro órgão administrativo ou dos tribunais, deve o órgão competente para a decisão final suspender o procedimento administrativo, com explicitação dos fundamentos, até que tenha havido pronúncia sobre a questão prejudicial, salvo se da não resolução imediata do assunto resultarem graves prejuízos para interesses públicos ou privados.

2 – A suspensão cessa:

a) Quando a decisão da questão prejudicial depender da apresentação de pedido pelo interessado e este não o apresentar perante o órgão administrativo ou o tribunal competente nos 30 dias seguintes à notificação da suspensão;

b) Quando o procedimento ou o processo instaurado para conhecimento da questão prejudicial estiver parado, por culpa do interessado, por mais de 30 dias;

c) Quando, por circunstâncias supervenientes, a falta de resolução imediata do assunto causar graves prejuízos para interesses públicos ou privados.

3 – Se não for declarada a suspensão ou esta cessar, o órgão administrativo conhece das questões prejudiciais, mas a respetiva decisão não produz quaisquer efeitos fora do procedimento em que for proferida.

ANOTAÇÃO:

Corresponde ao art. 31º do anterior CPA.

«Questão prejudicial» ocorre quando o conhecimento do objeto de uma determinada ação depende da decisão de órgão administrativo diverso ou dos tribunais.

Este artigo vem, em relação à redação anterior, exigir a explicação dos fundamentos que justificam a suspensão do procedimento administrativo, até que tenha havido pronúncia sobre a questão prejudicial que levou à suspensão (nº 1), ressalvando os casos em que a não resolução imediata do assunto acarrete graves prejuízos para interesses públicos e privados.

O nº 2 aliena *c)* em idêntico sentido veio, também, em relação à redação anterior, precisar que os interesses a proteger são, indistintamente, os públicos e os privados.

REFERÊNCIAS BIBLIOGRÁFICAS:

FERNANDO BRANDÃO FERREIRA-PINTO, *ob. cit.*

JURISPRUDÊNCIA:

TCA NORTE, Processo: 00730/10.9BECBR

Secção: Primeira

Data do Acórdão: 25-5-2012

Sumário:

(...)

V – Questão prejudicial para efeito do disposto no art. 31º, nº 1 do CPA tem de ser entendida como toda e qualquer questão que se suscita no procedimento e cuja resolução é da competência de outro órgão administrativo ou dos tribunais e que, sem estar decidida, prejudica ou impede seja proferida a decisão final no procedimento.

Artigo 39º – Conflitos de competência territorial

Em caso de dúvidas sérias de entendimento ou de aplicação das normas de competência territorial, deve ser utilizado, como critério interpretativo, o da localização mais adequada do órgão decisor para a eficiente resolução do assunto.

ANOTAÇÃO:

Corresponde ao art. 32 do anterior CPA.

Nos termos do art. 51º, nº 2 os conflitos de competência territorial em matéria administrativa competem ao órgão imediatamente superior aos que estão em conflito.

Desde logo, fica excluída a aplicação desta norma a órgãos pertencentes a ministérios distintos, pois, neste caso, o Primeiro-ministro seria o único com esse poder como órgão máximo da Administração. O espírito do legislador foi no sentido de fazer intervir o órgão de menor categoria hierárquica sobre os conflituantes como resulta claramente da letra da lei.

A letra da lei impõe ao decisor que utilize como critério interpretativo o da localização mais adequada do órgão que irá tomar a decisão para a mais eficiente resolução do assunto.

JURISPRUDÊNCIA:

Ac. STA de 27/1/2016, Proc. nº 1197/14

I – Não se integrando a DGAV nas entidades –repartições de finanças, tesourarias da Fazenda Pública Mº das Finanças e órgãos e postos aduaneiros da DGAIEC todavia face ao disposto no nº 3 do artigo da LGT para efeitos de precisão do âmbito de aplicação da Lei Geral Tributária da regulação das relações jurídico tributárias e da atribuição da competência territorial dos Tribunais Tributários a DGAV não pode deixar de ser considerada como outro serviço da Administração Tributária.

II – Por força do disposto no nº 2 do artigo 12 do CPPT no caso de taxas liquidadas pela DGVA é territorialmente competente para as sindicar o tribunal Tributário de 1.ª instância da área do domicílio ou sede do contribuinte.

Artigo 40º – Controlo da competência

1 – Antes de qualquer decisão, o órgão da Administração Pública deve certificar-se de que é competente para conhecer da questão.

2 – A incompetência deve ser suscitada oficiosamente pelo órgão e pode ser arguida pelos interessados.

ANOTAÇÃO:

Corresponde ao art. 33º do anterior CPA.

O nº 1 transpõe, literalmente, a redação da versão anterior do código.

O nº 2 faz idêntica transposição apenas com a diferença da eliminação da expressão "administrativo" quando se refere ao órgão. Abre assim, deste modo, o âmbito de aplicação a outras entidades não administrativas, aliás, como se impunha, também por força do alargamento do âmbito de aplicação do próprio código, operado através do art. 2º.

O controlo ou verificação da competência é prévio a qualquer outra questão. O ato praticado por órgão incompetente é nulo não produzindo quaisquer efeitos jurídicos, independentemente da declaração de nulidade nos termos conjugados dos arts. 159º e 160º deste Código.

Referência Jurisprudencial: Ac. STA de 22 de dezembro de 2006, expendido no âmbito do processo 7/6/0611.

REFERÊNCIAS BIBLIOGRÁFICAS:

FERNANDO BRANDÃO FERREIRA-PINTO, *ob. cit.*

JURISPRUDÊNCIA:

Ac. STA de 3/2/2016, Proc. nº 862/15

I – Constitui questão fiscal aquela cuja apreciação e resolução exige a interpretação e aplicação de normas de direito fiscal, inscritas no domínio da actividade tributária da administração.

II – A repartição de jurisdição entre os tribunais administrativos e os tribunais fiscais tem como critério a natureza da relação jurídica de onde emergem as questões submetidas à apreciação dos tribunais: relação jurídica administrativa ou relação jurídica tributária.

Ac. STA de 22/12/2006, 1ª Secção, Processo nº 7/6/0611

Determinando que o controlo de competência deve ser feito pelo órgão administrativo a quem o recurso hierárquico vem dirigido.

Artigo 41º – Apresentação de requerimento a órgão incompetente

1 – Quando seja apresentado requerimento, petição, reclamação ou recurso a órgão incompetente, o documento recebido é enviado oficiosamente ao órgão titular da competência, disso se notificando o particular.

2 – Nos casos previstos nos números anteriores, vale a data da apresentação inicial do requerimento para efeitos da sua tempestividade.

ANOTAÇÃO:

Corresponde ao art. 34º do anterior CPA.

Foi longo e demorado o «caminho administrativo» percorrido até chegarmos à redação do presente artigo. O "início do trilho" podemos encontrá-lo nas grandes opções do plano para 1989-1992 aprovadas pela Lei nº 155/88 que apontava para a necessidade de se legislar no sentido da modernização da Administração Pública, colocando-a ao serviço do cidadão e não contra ele.

Identificado que estava o caminho, o legislador fez publicar o Decreto-Lei 129/91 de 2 de abril que, *ex vi do* seu art. 2º, impunha a "prevalência do procedimento mais favorável ao utente".

No entanto, só volvidos oito anos surgiu o DL nº 135/99 de 22 de abril que veio concretizar, pelo menos em parte, esse desiderato.

Uma das inovações desse diploma foi o comando do nº 2 do art. 12º que impôs aos serviços públicos a obrigação de remeterem, direta e oficiosamente, toda a correspondência que lhes fosse indevidamente endereçada, para as entidades e serviços competentes, informando disso os interessados. Pena é que o legislador não tenha ido mais longe logo na primeira revisão do CPA de 1991, operada através do Decreto-Lei nº 6/96 de 31 de janeiro, nem tão pouco o tenha feito neste novo CPA em 2015. Mal se compreende que se possa pensar que um serviço público deva servir apenas parcialmente o cidadão quando, na verdade, lhe incumbe cumprir plenamente esse dever para com os particulares. Em pleno Séc. XXI, na Europa, não é próprio de uma administração que se pretende moderna, a indefinição instalada quanto aos concretos deveres desta para com o cidadão em questões meramente logísticas. Continua a não resultar, de forma suficientemente clara, que p.e., um documento que seja entregue, para validação (ou outro procedimento que não imponha a presença do interessado), num serviço público (que está expressamente obrigado a fazer remessa dele, nomeadamente, a qualquer dos seus congéneres), não seja devolvido pelo serviço ao qual foi remetido, depois de efetuado o procedimento, ao serviço onde foi entregue, ou outro, a requerimento do interessado. Não obstante essa obrigação resultar implicitamente do art. 11º (Princípio da Colaboração com os Particulares) a nosso ver, ela deveria constar, expressamente, do presente artigo.

Relativamente aos requerimentos dirigidos ao órgão central dos respetivos serviços, aplicar-se-á o disposto no artigo 103º.

O nº 2, por sua vez, pretende garantir que os cidadãos não deixem de poder exercer, por extemporaneidade, quer os seus direitos ou interesses legalmente protegidos quer os meios de defesa, cumprindo também desta forma, a garantia constitucional inscrita no art. 32º, nº 10 da CRP.

REFERÊNCIAS BIBLIOGRÁFICAS:
M. ESTEVES DE OLIVEIRA e outros, *ob. cit.*

JURISPRUDÊNCIA:
Ac. STA de 20/3/2003, Proc. nº 1860/02
O acto de remessa oficiosa de recurso hierárquico ao órgão competente, proferido pela Administração ao abrigo do art. 34º, nº 1, al. a) do Código do Procedimento Administrativo, não é contenciosamente recorrível por consubstanciar acto de trâmite procedimental e não afectar a pretensão de fundo do interessado.

Ac. STA de 23/4/1996, Proc. nº 039618
Que considera que a omissão do dever de remessa gera responsabilidade civil da Administração.

Artigo 42º – Suplência

1 – Nos casos de ausência, falta ou impedimento do titular do órgão ou do agente, cabe ao suplente designado na lei, nos estatutos ou no regimento, agir no exercício da competência desse órgão ou agente.

2 – Na falta de designação, a suplência cabe ao inferior hierárquico imediato e, em caso de igualdade de posições, ao mais antigo.

3 – O exercício de funções em suplência abrange os poderes delegados ou subdelegados no órgão ou no agente.

ANOTAÇÃO:
Corresponde ao art. 41 do anterior CPA.

A “suplência”, prevista neste preceito, em bom rigor, reproduz a orientação do artigo 41º da versão anterior do Código. Fê-lo, no entanto, de um modo que não veio facilitar a interpretação do regime legal, que se mantém e remonta ao período anterior à codificação. O problema da adequada interpretação multiplica-se à medida que as categorias profissionais vão sendo unificadas nas respetivas carreiras (p.e. os técnicos superiores que anteriormente se subdividam em: técnico superior de 2ª classe, técnico superior de 1ª classe, técnico superior principal, assessor e assessor principal, que têm hoje a mesma categoria, designada de «técnico superior»). Deste modo a resolução do problema (aparente) de saber quem substitui o titular (quando a lei o não estipula), em caso de coexistir uma pluralidade de inferiores hierárquicos imediatos, com a mesma categoria, não fica evidenciada. Tal como ocorria na versão anterior do código a suplência cabe ao subordinado com maior categoria hierárquica, sendo que, no caso de se verificar a pluralidade de titulares na mesma categoria, nas carreiras pluricategoriais, exerce, em regime de suplência, aquele que detém maior antiguidade no escalão remuneratório. Por sua vez, nas carreiras unicategoriais, exerce a suplência aquele que detém há mais tempo a posição remuneratória mais elevada na tabela remuneratória única.

Segundo Paulo Otero «a suplência é uma forma de substituição *ex lege* (-), uma vez que resulta sempre directa e automaticamente da lei» ou seja, não implica qualquer designação («O Poder de Substituição em Direito Administrativo – Enquadramento Dogmático-Constitucional», Vol. II, Lex, Lisboa, 1995, p. 477).

Por fim, o funcionário provido em suplência ou substituição, adquire o direito à perceção da remuneração que cabe ao titular do lugar» (Cf. Pareceres do Conselho Consultivo da PGR nº 47/96 De 31 de Outubro de 1996, publicado no Diário da República, II série, nº 284, de 10 de Dezembro de 1997, ponto III e nº 2698, Publicado no DR, II Série, nº 51 de 13 de Março de 2007 p. 6822).

REFERÊNCIAS BIBLIOGRÁFICAS:

FERNANDO BRANDÃO FERREIRA-PINTO, *ob. cit.*

JURISPRUDÊNCIA:

Ac. TCA Sul de 27/4/2006, Proc. nº 11696/02

Determina que a intervenção do suplente fora do quadro legal que justifica a suplência, corrompe o ato final por erro sobre os pressupostos de direito dos poderes do suplente.

TCA SUL, Processo: 11696/02

Ac. STA de 27/1/2011, Proc. nº 1079/09-11

I – O poder de conversão do inquérito em processo disciplinar, integrando uma competência própria do CSMP (art. 214º, nº 1 do EMP), não é exclusivo deste órgão colegial, sendo delegável no Procurador-Geral da República.

II – O Procurador-Geral da República é, nos termos do art. 13º, nº 1 do EMP, "coadjuvado e substituído pelo Vice-Procurador-Geral da República", *pelo que toda a competência daquele, própria ou delegada, é também exercitável por este, enquanto seu substituto legal ou suplente, em situações de "ausência, falta ou impedimento" do titular (art. 41º, nº 1 do CPA).*

III – A circunstância de estar a advogar em causa própria no requerimento que dirigiu ao Presidente do Tribunal de Contas, a propósito das actas do concurso para recrutamento de Juízes para aquele Tribunal, ao qual se candidatara na qualidade de Procurador-Geral Adjunto, não desvincula o A. dos deveres funcionais a que está estatutariamente sujeito, de entre os quais o dever de correcção e respeito, cuja violação integra infracção disciplinar, nos termos do art. 163º do EMP.

IV – O processo disciplinar é distinto e autónomo do processo penal, assentando essa autonomia (hoje, aliás, reconhecida no art. 165º do EMP) na diversidade de pressupostos da responsabilidade criminal e disciplinar, bem como na diferente natureza e finalidade das penas nesses processos aplicáveis, podendo ser diversas as valorações que cada um deles faz dos mesmos factos e circunstâncias.

Secção: Contencioso Administrativo – 1º Juízo liquidatário
Data do Acórdão: 27-04-2006
Sumário:

1 – Investidos, embora, na titularidade dos poderes funcionais, os vogais suplentes concorrem para a formação da vontade colegial apenas em caso de suplência do vogal efectivo, tomando lugar na composição do quorum de funcionamento e deliberação do órgão colegial unicamente em caso de falta, ausência ou impedimento do titular efectivo – arts. 15º, nº 1 e 41º CPA.

2 – A vontade individual expressa no voto pelos dois vogais suplentes fora do quadro legal de suplência dos vogais efectivos é, em si, inválida por não preencher as condições de direito de que depende a respectiva intervenção na formulação dos poderes funcionais do júri – falta, ausência ou impedimento – ex vi art. 41º CPA.

3 – A invalidade das intervenções dos vogais suplentes fora do quadro dos pressupostos legais de suplência por intervenção conjunta com os vogais efectivos inquina o acto colegial de violação de lei por erro sobre os pressupostos de direito de exercício dos poderes funcionais dos titulares suplentes e implica a anulabilidade do acto colegial do júri concursal de aprovação da lista de classificação final dos candidatos.

4 – A homologação é o acto pelo qual um órgão administrativo com competência decisória declara concordar com o parecer ou proposta apresentados por outro órgão.

Artigo 43º – Substituição de órgãos

Nos casos em que a lei habilita um órgão a suceder, temporária ou pontualmente, no exercício da competência que normalmente pertence a outro órgão, o órgão substituto exerce como competência própria e exclusiva os poderes do órgão substituído, suspendendo-se a aplicação da norma atributiva da competência deste último.

ANOTAÇÃO:

Este artigo é uma inovação da nova versão do CPA.

Na verdade, não tem correspondência com a versão anterior não obstante o antigo art. 41º ter o mesmo nome (substituição) ocorre porém que o legislador passou a chamar-lhe «Suplência», plasmada no atual artigo 42º que trata das questões relacionadas com a ausência, falta ou impedimento do titular do órgão ou do agente.

Assim, o legislador passou a designar por substituição a sucessão temporária ou pontual no exercício da competência por parte de um órgão que passa a exercer, de modo não definitivo, as competências do órgão substituído, suspendendo-se a aplicação da norma atributiva da competência deste último, enquanto durar a substituição.

O órgão substituto exerce, plenamente, as funções do órgão substituído, fazendo-o no exercício de competência própria e exclusiva, ou seja, a amplitude dos poderes durante esse exercício é exatamente a mesma que cabia ao órgão substituído.

REFERÊNCIAS BIBLIOGRÁFICAS:

M. Esteves de Oliveira e outros, *ob. cit.*

CAPÍTULO IV – Da delegação de poderes

Artigo 44º – Delegação de poderes

1 – Os órgãos administrativos normalmente competentes para decidir em determinada matéria podem, sempre que para tal estejam habilitados por lei, permitir, através de um ato de delegação de poderes, que outro órgão ou agente da mesma pessoa coletiva ou outro órgão de diferente pessoa coletiva pratique atos administrativos sobre a mesma matéria.

2 – Para efeitos do disposto no número anterior, considera-se agente aquele que, a qualquer título, exerça funções públicas ao serviço da pessoa coletiva, em regime de subordinação jurídica.

3 – Mediante um ato de delegação de poderes, os órgãos competentes para decidir em determinada matéria podem sempre permitir que o seu imediato inferior hierárquico, adjunto ou substituto pratiquem atos de administração ordinária nessa matéria.

4 – O disposto no número anterior vale igualmente para a delegação de poderes dos órgãos colegiais nos respetivos presidentes, salvo havendo lei de habilitação específica que estabeleça uma particular repartição de competências entre os diversos órgãos.

5 – Os atos praticados ao abrigo de delegação ou subdelegação de poderes valem como se tivessem sido praticados pelo delegante ou subdelegante.

ANOTAÇÃO:

Corresponde ao art. 35º do anterior CPA.

O presente artigo trata da delegação de poderes tida vulgarmente pelo administrado e pela própria Administração Pública como "delegação de competências". A "delegação de poderes" ou "delegação de competências" não regulamentar consiste no ato formal através do qual uma entidade transfere um poder ou competência, que lhe está atribuído por Lei, a outra pessoa hierarquicamente inferior. Diversamente, a deliberação de atribuições ou funções não se subsume às relações interorgânicas sendo, pelo contrário, praticadas em regra entre entes sem dependência hierárquica de que são exemplo a delegação de atribuições ou funções do poder central aos municípios, às universidades e às fundações.

Isto é, a delegação de poderes prevista no nº 1 pressupõe, necessariamente, a delegação de atribuições. Assim, além da delegação de poderes interorgânica passou a ser possível agora, também, a delegação intersubjetiva.

Mantendo-se a titularidade da competência, a delegação de poderes faz operar apenas o exercício da mesma. A delegação de poderes não pressupõe necessariamente uma prévia relação hierárquica entre o delegante e o delegado nem que ambos pertençam à mesma pessoa coletiva.

Não obstante constar de capítulo próprio constante nos artigos 44º a 50º o regime jurídico da delegação de poderes não é exclusivo do CPA, pois existem normas avulsas fora do código.

O previsto no nº 5 esclarece que os atos praticados ao abrigo de delegação ou subdelegação de poderes valem como se tivesse sido praticados pelo delegante ou subdelegante o que reveste-se de especial importância, na medida em que clarifica, nomeadamente, o regime da reclamação e/ou recurso a efetuar para o titular ou superior, respetivamente. De notar, no entanto, que o regime do recurso sofreu significativa alteração, na medida em que, nos termos do art. 199º, nº 2, o recurso para o delegante ou subdelegante dos atos praticados por delegado ou subdelegado só pode ter lugar por disposição legal expressa.

REFERÊNCIAS BIBLIOGRÁFICAS:

M. Esteves de Oliveira e outros, *ob. cit.*

Fernando Brandão Ferreira-Pinto, *ob. cit.*

Paulo Otero, *O Poder de Substituição em Direito Administrativo. Enquadramento Dogmático-Constitucional*, Coimbra 1995.

JURISPRUDÊNCIA:

Ac. TCAN de 07/10/2016, Proc. n.º 03098/12.5BEPRT

I – A usurpação de poderes consiste na prática por um órgão da Administração de ato que decide uma questão que é da competência dos outros poderes do Estado (legislativo, moderador e/ou judicial).

II – As normas constantes do art. 44º do CPA destinam-se, primordialmente, a assegurar a transparência e a imparcialidade da actividade administrativa, e abrangem nas suas proibições não só os órgãos e agentes com competência para proferir decisões, mas igualmente quem tem no procedimento outro tipo de "intervenção".

III – São garantias de imparcialidade que estão em causa na consagração da figura (e dos casos) de impedimentos previstos no art. 44.º do CPA, visando-se com tais impedimentos obstar a que participem em dado procedimento administrativo os titulares de órgãos que tenham interesse pessoal na decisão do caso.

Ac. STA de 25/9/2003, Proc. nº 120/03

I – Os actos praticados ao abrigo de uma delegação ou subdelegação de poderes têm a mesma natureza que teriam se praticados pelo delegante ou subdelegante nessa matéria.

II – Desta maneira, admitindo que o acto do delegante ou subdelegante fosse definitivo e recorrível contenciosamente, assim também o será o acto concreto da autoria do delegado ou subdelegado.

III – Os actos administrativos produzidos por um Subdirector ao abrigo de uma cadeia sucessiva de poderes delegados pelo Ministro e subdelegados pelo Secretário de Estado e pelo Director respectivo são recorríveis imediatamente.

Ac. STA de 18/3/2010, Proc. nº 528/08

I – A nulidade de sentença, por omissão de pronúncia, só ocorre quando não conhecer de questão que deva decidir e não já quando deixe de apreciar algum dos argumentos ou raciocínios expostos na defesa das teses em confronto.

II – Não incorre em vício de incompetência o acto administrativo praticado ao abrigo de delegação de competência válido e eficaz.

III – A competência do presidente da câmara para a fiscalização administrativa de operações urbanísticas, prevista na Secção V do DL 555/99, de 16 de Dezembro, abrange as medidas de tutela da legalidade urbanística, especificadas na Secção III daquela mesma Secção V.

IV – A competência referida em 3. é passível de delegação em qualquer dos vereadores, nos termos do artigo 69, número 2 da Lei das Autarquias Locais e 94, número 2, do RJUE.

Ac. STA de 21/1/2003, Proc. nº 910/02

I – O recurso contencioso de acto praticado no uso de delegação de poderes deve ser interposto contra o acto do delegado, que age em nome próprio mas como se estivesse posicionado na escala hierárquica ao nível do delegante, isto é, sem necessidade, em princípio, de recurso hierárquico – arts. 7º e 51º, nº a) do ETAF.

II – A sentença que apreciou e decidiu a questão referida em I, essencialmente adjectiva, não pode ser revista em recurso jurisdicional com fundamento em questão nova, consistindo agora na alegada ilegalidade da delegação por falta de lei habilitante, com projecção de efeitos substanciais sobre a ilegalidade do acto.

III – Assim, a ordem de despejo de construção clandestina emitida pela Directora Municipal de Planeamento e Controle de Gestão da Câmara Municipal de Lisboa, no uso de delegação emitida pelo Presidente da Câmara e publicitada, mas sem que existisse lei habilitante, é acto lesivo e recorrível, ferido de vício de incompetência que não foi invocado nem apreciado na 1.ª instância e também não pode ser invocado em recurso jurisdicional pela dita Directora Municipal, quer por ser questão nova, quer por configurar «venire contra factum proprium».

IV – O recurso contencioso da dita ordem de despejo de uma garagem produziu efeitos (até para além da mera desocupação, uma vez que os órgãos da mesma autarquia que ordenou o despejo procederam à demolição da garagem), que se mantêm, tal como o próprio acto se mantém na ordem jurídica como acto válido enquanto não for destruído pelo recurso contencioso contra ele instaurado, de modo que este mantém todo o interesse, desde logo porque não é indiferente a anulação e reposição da ordem jurídica violada ou a acomodação à "via de facto", a qual o tribunal não pode consagrar através da extinção da instância por inutilidade, sem afronta dos princípios da tutela judicial efectiva devida ao particular interessado – art. 268º, nº 4 da CRP – e da defesa do estado de direito e da legalidade objectiva que incumbe também aos tribunais conforme os artigos 2º; 3º e 202º da Const. e 1º e 3º do ETAF.

Ac. STA de 22/4/2004, Proc. 327/04

I – Os Secretários de Estado não detêm competência própria, exercendo, em cada caso, a competência que lhes for delegada pelo Primeiro Ministro ou pelo Ministro respectivo (art. 5º da Lei Orgânica do XV Governo Constitucional).

II – Os actos praticados pelos Secretários de Estado, haja ou não delegação de poderes, são verticalmente definitivos e executórios, como tal susceptíveis de impugnação contenciosa directa, uma vez que entre eles e os Ministros não existe qualquer subordinação hierárquica (a haver hierarquia é no plano estritamente político, e não sob o ponto de vista jurídico), mas sim uma repartição funcional de competências sem relação de hierarquia administrativa.

Tribunal Central Administrativo Norte, Processo: 00003/07.4BCPRT
Secção: 2ª Secção – Contencioso Tributário
Data do Acórdão: 08-06-2011
Sumário:

I – A delegação de poderes consiste no acto pelo qual um órgão normalmente competente para a prática de certos actos jurídicos autoriza um outro órgão ou agente, indicados por lei, a praticá-los também;

II – A delegação de poderes pressupõe que a lei a preveja, ou seja depende de uma lei habilitante, isto porque a delegação de poderes não pode resultar da mera vontade de um órgão administrativo, uma vez que a competência que lhe é conferida é irrenunciável e inalienável;

III – Sem essa habilitação a delegação é ilegal e os actos praticados ao abrigo dela ficam feridos do vício de incompetência relativa, geradora de anulabilidade – Cfr. arts. 99º-b) do CPPT e 135º do CPA;

IV – Esta doutrina não se aplica ao procedimento tributário que dispõe de norma própria, no caso o art. 62º da LGT que, sob a epígrafe "Delegação de poderes" estabelece (na redacção alterada pela Lei 55º-A/2010, de 31 de Dezembro), o seguinte:

> *"1 – Salvo nos casos previstos na lei, os órgãos da administração tributária podem delegar a competência do procedimento ao seu imediato inferior hierárquico.*
>
> *2 – A competência referida no número anterior pode ser subdelegada, com autorização do delegante, salvo nos casos em que a lei o proíba".*

V – Estabelece tal norma uma regra geral de admissibilidade de delegação de poderes do órgão competente no imediato inferior hierárquico, ao contrário do que acontece com o artigo 35º, nº 1 do CPA;

VI – A regra geral é, assim, no procedimento tributário, a possibilidade de delegação dos poderes, constituindo a proibição de delegação a excepção, o que significa que toda e qualquer competência pode ser delegada, salvo excepção legal, e daqui decorrendo que não é necessária para a delegação de poderes no procedimento tributário a existência de lei habilitante exterior à LGT, ao contrário do que acontece no procedimento administrativo.

VII – Os actos administrativos que sejam válidos são livremente revogáveis, excepto, designadamente, quando forem constitutivos de direitos ou de interesses legalmente protegidos – Cfr. art. 140º-1-b) do CPA;

VIII – Os actos administrativos que sejam inválidos só podem ser revogados com fundamento na sua invalidade e dentro do prazo do respectivo recurso contencioso ou até à resposta da entidade recorrida – Cfr. art. 141º-1 do mesmo Código;

IX – O acto de deferimento tácito configura um acto constitutivo de direitos, pelo que só pode ser revogado com fundamento em invalidade e dentro do prazo de um ano a contar da data em que se formou – Cfr. arts. 140º e 141º do CPA, ex vi dos art. 2º-c) da LGT e 2º-d) do CPPT;

X – Os conceitos de "Razões económicas válidas" e "inserção numa estratégia de redimensionamento e desenvolvimento empresarial de médio ou longo prazo, com efeitos positivos na estrutura produtiva" para efeitos de transmissibilidade dos prejuízos fiscais, prevista no artigo 69º do CIRC, são, segundo o entendimento que vem sendo a ser perfilhado pela jurisprudência, conceitos indeterminados cujo preenchimento cabe à Administração e que, ao contrário do poder discricionário verdadeiro e próprio, como poder de eleger uma de entre várias soluções igualmente válidas, só admitem uma solução justa no caso concreto, constituindo tais conceitos indeterminados matéria de discricionariedade técnica, insindicável judicialmente.

STA, Processo: 049/02
Data do Acórdão: 08-10-2002
Tribunal: 2ª SUBSECÇÃO DO CA
Sumário:

I – O princípio da audiência decorre do imperativo constitucional inscrito no art. 267º da CRP, o qual consagra o princípio da participação, tendo sido vertido com caráter geral no CPA, com destaque para o art. 100º.

II – Deve considerar-se cumprido o dever de audiência se tiverem sido fornecidos ao interessado os elementos que presidiram ao projecto de decisão.

III – Não ocorre incongruência na fundamentação do acto administrativo quando a pretensa contraditoriedade e incongruência é aferida em função de elementos, como um parecer emitido para uma acção de formação diferente da que estava em causa nos autos ou com referência a uma informação que não se revelou com interesse para a estatuição contida no acto.

IV – São garantias de imparcialidade que estão em causa na consagração da figura (e dos casos) de impedimentos previstos no art. 44º do CPA, visando-se com tais impedimentos obstar a que participem em dado procedimento administrativo os titulares de órgãos que tenham interesse pessoal na decisão do caso.

V – Não integra tal figura, por não estarmos perante entidade que não é titular de órgão ou agente da Administração, a intervenção no procedimento de uma empresa especializada em auditoria contabilístico-financeira, mesmo que por uma segunda vez (depois do cumprimento do citado art. 100º), intervenção operada aliás ex vi alínea a) do nº 1 do art. 2º do Decreto-Lei nº 37/91, de 18 de Janeiro (ao abrigo da qual o DAFSE pode solicitar a colaboração de outras entidades, públicas ou privadas, para proceder ao acompanhamento e controlo das acções apoiadas pelo Fundo Social Europeu), pese embora a Administração, ao decidir, haja remetido para o conteúdo do relatório produzido por aquela empresa.

Artigo 45º – Poderes indelegáveis

Não podem ser objeto de delegação, designadamente:

a) A globalidade dos poderes do delegante;

b) Os poderes suscetíveis de serem exercidos sobre o próprio delegado;

c) Poderes a exercer pelo delegado fora do âmbito da respetiva competência territorial.

ANOTAÇÃO:

O presente artigo não tem correspondência na versão anterior do CPA, pois é um artigo novo e inovador.

Antes de mais, ao delegante cabe definir, em concreto, os poderes delegados, indicando os seus limites temporais e substanciais, p.e. desde, e até quando, vigora a delegação ou um determinado montante pecuniário máximo dentro do qual o delegado pode decidir.

O legislador, pela primeira vez, vem pôr fim à possibilidade de o delegante delegar todos os seus poderes. Em si mesma, a possibilidade até aqui permitida, comportava, no limite, a possibilidade de o delegado, que recebia a globalidade dos poderes do delegante, poder, por ele, pedir a demissão como derradeiro ato.

Até aqui, na ausência de indicação, o poder transferido para o delegado coincidia com o que o delegante detinha na totalidade, o que agora é vedado por força da alínea *a)*. Assim, face a esta disposição, e na falta de estipulação que especifique concretamente os poderes que são delegados ou os atos que podem ser praticados pelo delegado ou subdelegado, consideram-se delegados todos os poderes do delegante exceto aqueles que possam ser exercidos sobre o próprio delegado, conforme estipula a alínea *b)*.

Não sendo estabelecido limite temporal, a subdelegação valerá para sempre, até ser revogada, ou por ocorrência de fato que juridicamente lhe ponha termo (p.e. morte, demissão ou aposentação do delegado, extinção do cargo, *terminus* da comissão de serviço do delegado ou delegante).

Quanto a nós, não tem qualquer razão de ser a consagração do disposto na alínea c) deste artigo. Antes de mais, os poderes a exercer pelo delegado não são os seus, mas o do delegante. Assim, o delegante está, evidentemente, sujeito a todos os limites de competência, incluindo a respetiva competência territorial. Mal se concebe, por isso, que o código proíba ao delegado, o exercício de poder delegado fora da respetiva competência territorial. Fará sentido p.e. que um chefe de finanças de um bairro não possa exercer competências delegadas, fora do seu âmbito territorial, mesmo que seja no bairro ao lado, por este não pertencer à sua delimitação territorial? A nosso ver, essa limitação além de não trazer nenhuma vantagem pode acarretar sérios prejuízos para o bom funcionamento e racionalização dos serviços do Estado. Face à cada vez maior e mais agonizante escassez de meios (humanos e outros) na Administração Pública, parece-nos chocante que a um serviço com meios seja vedado exercer, por delegação, alguns dos poderes que cabem a um outro serviço, porventura com menos funcionários ou menos qualificados ou com menores meios logísticos.

Aparentemente, a questão é de simples solução e passaria pela nomeação em regime de substituição, do dirigente que iria acumular as duas áreas territoriais. Ocorre, porém, que essa nomeação, afastaria, automaticamente, o dirigente do serviço do território acumulado. Assim, fica, incompreensivelmente, vedado o exercício de qualquer poder delegado fora do âmbito da restrita competência territorial.

Artigo 46º – Subdelegação de poderes

1 – Salvo disposição legal em contrário, o delegante pode autorizar o delegado a subdelegar.

2 – O subdelegado pode subdelegar as competências que lhe tenham sido subdelegadas, salvo disposição legal em contrário ou reserva expressa do delegante ou subdelegante.

ANOTAÇÃO:

Corresponde ao art. 36º do anterior CPA.

A presente redação transpõe na íntegra os dois primeiros números da versão anterior do código.

O nº 1 permite ao delegante autorizar o delegado a subdelegar sem limitações, a não ser aquelas que constam de disposição legal.

O nº 2 permite ao subdelegado, também ele, subdelegar exceto disposição legal em contrário ou reserva expressa do delegante ou do subdelegante que subdelegue.

Nestes termos, o subdelegante não necessita de permissão para subdelegar, pode sempre fazê-lo, salvo se o delegante ou subdelegante expressamente se opuser.

Por fim, resulta deste artigo que, o delegado para poder subdelegar necessita autorização do delegante (nº 1) ao passo que o subdelegado não carece de autorização para, também ele, subdelegar (nº 2). Como não podia deixar de ser, neste último caso, ao subdelegado que subdelegue pode ser imposta reserva expressa do delegante ou subdelegante ou ainda essa proibição resultar da lei (nº 2 *in fine*).

REFERÊNCIAS BIBLIOGRÁFICAS:

M. Esteves de Oliveira e outros, *ob. cit.*

Fernando Brandão Ferreira-Pinto, *ob. cit.*

JURISPRUDÊNCIA:

Ac. STA de 21/1/2003, 1.ª Secção

Onde se considera que a impugnação contenciosa de ato praticado no uso de delegação de poderes deve ser interposta contra o ato delegado.

Ac. TCAS de 12 de Maio de 2016, Proc. nº 09256/15

Não tendo a delegação de competências concedido poderes para revogar os atos praticados pelo delegante, a revogação da isenção praticada pelo delegado padece do vício de incompetência.

Ac. STA de 13/5/2004., Proc. 48.143

I – Em recurso contencioso de anulação a utilidade da lide é uma utilidade jurídica pelo que a lide se mantém útil enquanto o recorrente puder retirar, em resultado da anulação do acto, uma qualquer vantagem juridicamente relevante, não sendo forçoso que a anulação seja susceptível de levar à reconstituição da integralidade da situação actual hipotética, bastando que da procedência do recurso resulte uma mais célere e eficaz satisfação do seu direito indemnizatório.

II – Os actos praticados ao abrigo de uma delegação ou subdelegação de poderes têm a mesma natureza que teriam se praticados pelo delegante ou subdelegante.

III – O recurso hierárquico interposto para o delegante de acto praticado pelo delegado, ao abrigo da delegação de poderes que lhe foram conferidos pelo primeiro, tem natureza facultativa pelo que o despacho de indeferimento do recurso, por nada inovar na esfera jurídica do interessado, é confirmativo dos actos praticados pelo Director Geral e, como tal, contenciosamente irrecorrível, por falta de lesividade própria (artigos 25, da LPTA, 120, do CPA e 268, nº 4, da CRP).

Ac. STA de 25/9/2003., Proc. 120/03

I – Os actos praticados ao abrigo de uma delegação ou subdelegação de poderes têm a mesma natureza que teriam se praticados pelo delegante ou subdelegante nessa matéria.

II – Desta maneira, admitindo que o acto do delegante ou subdelegante fosse definitivo e recorrível contenciosamente, assim também o será o acto concreto da autoria do delegado ou subdelegado.

III – Os actos administrativos produzidos por um Subdirector ao abrigo de uma cadeia sucessiva de poderes delegados pelo Ministro e subdelegados pelo Secretário de Estado e pelo Director respectivo são recorríveis imediatamente.

Ac. STA de 14/7/2005., Proc. 345/05

I – Os actos praticados ao abrigo de delegação ou subdelegação de poderes válidas têm a mesma natureza dos actos que teriam sido praticados pelo delegante ou subdelegante.

II – Assim, se o acto do delegante ou subdelegante fosse recorrível contenciosamente, também o seria o acto praticado pelo delegado ou subdelegado.

III – Deste modo, o recurso hierárquico interposto para o delegante de acto do género dos referidos em 1 não é necessário, mas sim meramente facultativo (cf. art. 167, nºs 1 e 2 do CPA).

IV – Porém, incumbe ao delegante o dever legal de o decidir com a consequência de o recorrente poder presumir indeferida a sua pretensão (cf. nº 3 do artº 175º do CPA).

V – Só que, num tal condicionalismo, tal presumido acto de indeferimento não se reveste de lesividade própria, a qual já radicava no aludido acto do subalterno, devendo ser rejeitado o recurso contencioso dele interposto.

Ac. STA de 14/6/2005., Proc. 60/05

I – Os actos praticados ao abrigo de delegação ou subdelegação de poderes válidas têm a mesma natureza dos actos que teriam sido praticados pelo delegante ou subdelegante.

II – Assim, se o acto do delegante ou subdelegante fosse recorrível contenciosamente, também o seria o acto concreto praticado pelo delegado ou subdelegado.

III – Praticado um acto por um subalterno, ao abrigo de uma subdelegação de poderes válida, o recurso interposto para o delegante não é necessário, mas sim meramente facultativo, pelo que o delegante não tem o dever legal de o decidir com a consequência de, não o fazendo, o recorrente poder presumir indeferida a sua pretensão, para efeitos do exercício do direito de impugnação contenciosa.

Ac. STA de 14/6/2005., Proc. 483/05

I – Os actos praticados pelo delegado são contenciosamente impugnáveis na exacta medida em que o seriam se praticados pelo delegante.

II – Mas, para que assim seja, é necessário que a delegação seja válida e eficaz. Se o não for e o delegado estiver integrado na cadeia hierárquica dos serviços, ocupando uma posição intermédia, o recurso contencioso interposto de acto praticado por este agente é de rejeitar, podendo o recorrente interpor recurso hierárquico no prazo de 30 dias, a contar do trânsito da decisão que rejeitou o recurso (artigo 56º da LPTA).

III – O § 1º do artigo 105º do CA mantém-se em vigor (artigo 96º da LAL, aprovada pelo Decreto-Lei nº Lei nº 100/84, de 29/3), apenas permitindo, contudo, a delegação para a prática de negócios correntes.

IV – O conceito de negócios correntes é similar ao conceito de administração ordinária estabelecido no artigo 35º, nº 2, do CPA, apenas abarcando poderes de actos instrumentais de actos decisórios, configurando uma delegação de poderes de natureza burocrática, deixando de fora poderes decisórios no âmbito de licenciamento de obras.

V – Assim, o recurso interposto de um acto do Director de Serviços do Urbanismo da Câmara Municipal de Lisboa que indeferiu um licenciamento de obras, ao abrigo de delegação de poderes do Presidente da Câmara, para esse efeito, e que é inválida nos termos definidos em III e IV, não é contenciosamente impugnável, devendo o recurso ser rejeitado, ficando a tutela jurisdicional do recorrente assegurada pelo recurso referido em II.

Artigo 47º – Requisitos do ato de delegação

1 – No ato de delegação ou subdelegação, deve o órgão delegante ou subdelegante especificar os poderes que são delegados ou subdelegados ou os atos que o delegado ou subdelegado pode praticar, bem como mencionar a norma atributiva do poder delegado e aquela que habilita o órgão a delegar.

2 – Os atos de delegação ou subdelegação de poderes estão sujeitos a publicação, nos termos do artigo 159º

ANOTAÇÃO:

Corresponde ao art. 37º do anterior CPA.

Tal como na redação da versão anterior do código o nº 1 exige que o órgão delegante ou subdelegante especifique concretamente o modo como devem ser exercidos os poderes que são delegados, bem como o modo de praticar os atos por parte do delegado ou subdelegado.

O legislador, no entanto, acrescentou mais uma exigência que consiste na obrigatoriedade de menção da norma atributiva do poder delegado, bem como aquela que habilita a delegar.

O nº 2 estipula, por remissão para o art. 159º, a forma de publicitação através da publicação dos atos de delegação ou subdelegação.

A falta de publicação ou a publicação que é feita em incumprimento do preceituado no art. 159º gera a incompetência do delegado ou subdelegado que, perante o não cumprimento da lei quanto à publicação, nem sequer é, juridicamente, titular desse poder, já que, não reunindo os requisitos legais, nem sequer pode ser qualificado como tal.

A delegação não tem mera eficácia interna, a sua eficácia é externa e, como tal, deve ser dado conhecimento da qualidade de delegado ou subdelegado sempre que estes se relacionem com os cidadãos.

JURISPRUDÊNCIA:

Ac. STA de 5/5/2011, Proc. 163/11

Para que seja válido, o acto de delegação de competências deve especificar os poderes que são delegados e quais os actos que o delegado poderá praticar.

Ac. STA de 11/1/2007., Proc. 899/06

I – O art. 37º, nº 1 do CPA, ao referir que o órgão delegante deve "especificar" os poderes que são delegados, usa o verbo no sentido corrente de "indicar", "determinar" ou "men-

cionar" aqueles poderes, sempre no sentido de, por um lado, afastar as delegações genéricas de competência, mas, por outro lado, sem a exigência de um enunciado preciso e taxativo dos poderes delegados, impondo-se apenas uma indicação suficientemente clara, determinada e apreensível por qualquer destinatário.

II – À luz do art. 27º, nº 1 do DL nº 204/98, de 11 de Julho, e sob pena de violação do princípio da imparcialidade administrativa, a fixação dos critérios de apreciação e ponderação da avaliação curricular, bem como do sistema de classificação final, incluindo a respectiva fórmula classificativa, deve ser feita em momento anterior ao conhecimento (real ou possível), pelo júri, da identidade dos candidatos e, consequentemente, à abordagem dos respectivos currículos, o que significa que a fixação desses elementos não pode ocorrer depois de decorrido o prazo para apresentação das candidaturas, numa altura em que o júri já tinha possibilidade de conhecimento da identidade dos candidatos.

Artigo 48º – Menção da qualidade de delegado ou subdelegado

1 – O órgão delegado ou subdelegado deve mencionar essa qualidade no uso da delegação ou subdelegação.

2 – A falta de menção da delegação ou subdelegação no ato praticado ao seu abrigo, ou a menção incorreta da sua existência e do seu conteúdo, não afeta a validade do ato, mas os interessados não podem ser prejudicados no exercício dos seus direitos pelo desconhecimento da existência da delegação ou subdelegação.

ANOTAÇÃO:

Corresponde ao art. 38º do anterior CPA.

O nº 1 impõe ao órgão delegado ou subdelegado que, quando pratique atos administrativos, ao abrigo de delegação ou subdelegação, mencione essa qualidade no próprio ato.

Esta imposição concretiza, concomitantemente, o dever de informação e o dever de transparência dos órgãos e agentes administrativos. O legislador garante assim, desde logo, que o cidadão saiba a quem pertence, verdadeiramente, a titularidade do ato.

O nº 2 é novo e não constava do anterior CPA. Na verdade esta previsão normativa vem dar eco e consagração à opinião, quase unânime, da doutrina e da jurisprudência.

A omissão ou incorreta menção acerca da existência e conteúdo da delegação ou subdelegação não afeta nem prejudica o exercício dos direitos dos interessados, pelo desconhecimento da existência de delegação ou subdelegação.

O órgão ou agente, que também por essa razão receba documento indevidamente endereçado, remete-o aquele que detém a competência para a sua apreciação ou decisão nos moldes previstos no art. 34º.

Não tendo a delegação mera eficácia interna, a falta de indicação da mesma não prejudica, nem seria admissível prejudicar ao interessado o exercício pleno dos seus direitos. Esta é, aliás, a forma de assegurar a tutela efetiva do direito dos particulares que não têm o ónus de saber se houve delegação e, em caso positivo, se foi corretamente feita. A falta de indicação da delegação é uma irregularidade *ope legis* que se considera automaticamente sanada com a garantia da impossibilidade de tal falha da Administração ser desfavorável ao administrado.

De sublinhar que, a falta de indicação da delegação é sanável ao passo que a inexistência de delegação é insanável, transformando esta última os atos praticados pelo «delegado» em atos inválidos por falta de competência.

JURISPRUDÊNCIA:

Ac. STA de 6-3-2008, Proc. 927/07

I – A falta de menção, no acto ou na respectiva notificação, da delegação de poderes na autoridade recorrida constitui irregularidade não invalidante.

II – Se, nos termos do art. 4º do Reg. (CEE) nº 3665/87, da Comissão, de 27/11, o pagamento da restituição fica subordinado à apresentação de uma certa prova, relativa à regularidade da conduta do beneficiário, também o pagamento antecipado da restituição há-de estar subordinado a ela, ainda que tal prova tenha necessariamente de se fazer no futuro.

III – Assim, o próprio tipo legal do acto que satisfaça um pagamento antecipado da restituição configura-o como um acto sob condição resolutiva.

IV – Consequentemente, o despacho que, constatando a irregularidade da conduta do beneficiário, determine a devolução do pagamento antecipado da restituição limita-se a accionar a condição resolutiva, não tendo natureza revogatória.

V – Nos termos do art. 3º, nº 1, do sobredito Regulamento, o dia da exportação é a data em que o serviço aduaneiro aceita a declaração de exportação em que se indica que será pedida uma restituição.

VI – Então, os produtos a exportar ficam sob controle aduaneiro até à saída do território da Comunidade, devendo ser exportados num prazo máximo de 60 dias e «no mesmo estado» em que se encontravam (arts. 3º, nº 6, e 4º, nº 1, do dito Regulamento).

VII – O facto de o interessado não ter ainda fabricado o produto a exportar no dia da exportação, impossibilitando que o mesmo fique sob controle da alfândega a partir daí, traduz a falta de um pressuposto de atribuição do subsídio regulado nos arts. 22º e ss. do aludido Regulamento – o pagamento antecipado da restituição em caso de exportação directa.

Ac. STA de 6-11-2002, Proc. 21959

I – Se o requerimento a que se refere o art. 69º, nº 1, do CIRC (redacção do DL 221/01 e ex-artigo 62º, nº 5) for apresentado depois do prazo legal aí previsto, verifica-se caducidade do direito que se pretendia fazer valer ou extemporaneidade do pedido, pelo que há uma questão que prejudica o desenvolvimento normal do processo e impede a tomada de decisão sobre o objecto do requerimento;

II – A falta de menção da qualidade de delegado no uso da delegação não constitui a preterição de uma formalidade essencial para a decisão, mas mera irregularidade por violação do art. 38º do Código de Procedimento Administrativo, a qual fica sanada se houver recurso contencioso

Ac. STA de 18-12-1990, Proc. 18614

I – A falta de menção de delegação de poderes traduz apenas a preterição de uma formalidade que se degrada em não essencial, passando a constituir mera irregularidade, que não afecta a validade do acto, quando se alcança o objectivo pretendido pela lei, no que respeita ao meio de impugnação contencioso utilizado pelo recorrente.

II – Está suficientemente fundamentado o despacho que concorda com as conclusões do relatório do processo disciplinar, das quais resulta, não só o enquadramento disciplinar proposto, mas também a matéria de facto que lhe serve de suporte.

III – A condenação definitiva proferida na acção penal apenas constitui caso julgado quanto à existência e qualificação da falta punível e quanto à determinação dos seus agentes, não abrangendo, portanto, as circusntâncias atenuantes da infracção.

IV – Assim, o facto de na sentença proferida no processo crime se terem considerado provadas atenuantes que justificaram a atenuação extraordinária da pena não impede que no processo disciplinar se não considere existente qualquer circunstância atenuante o que afasta desde logo a possibilidade de atenuação extraordinária da pena.

Ac. STA de 21-1-2003, Proc. 44491

I – O acto administrativo e o acto da sua notificação são realidades diferentes, sendo que as irregularidades desta, designadamente a omissão da notificação da fundamentação do acto, não atingem a validade deste;

II – Nesta conformidade, e porque a notificação é um acto exterior ao acto notificado, as irregularidades daquela relevam apenas para eficácia do acto notificado e não constituem fundamento da impugnação do acto;

III – Encontra-se fundamentado de facto e de direito o acto do governador civil que determina o encerramento de determinado declarando expressamente que o faz ao abrigo do artigo 55º do DL 328/86, de 30 de Setembro, e face a proposta fundamentada da câmara municipal;

IV – A existência da proposta camarária fundamentada não é matéria de fundamentação do acto, mas um pressuposto do acto;

V – Nos termos do artigo 55º do DL 328/86, de 30 de Setembro, a competência do governador civil para determinar o encerramento de estabelecimentos não estava circunscrita aos casos em que se verificasse que a abertura ou exploração dos mesmos se tinha efectuado sem licença ou alvará para cuja emissão fosse também ele o competente;

V – Os recursos jurisdicionais visam modificar as decisões recorridas e não criar decisões sobre matéria nova (art.s 676º, nº 1 e 684º, nº 3 do CPC), não sendo, assim, lícito às partes suscitar questões que não tenham sido objecto das decisões impugnadas, excepto nas situações em que a lei preveja diversamente ou em matérias de conhecimento oficioso;

VI – A falta da menção de delegação de poderes no acto, não acarreta a invalidade deste constituindo mera irregularidade.

Artigo 49º – Poderes do delegante ou subdelegante

1 – O órgão delegante ou subdelegante pode emitir diretivas ou instruções vinculativas para o delegado ou subdelegado sobre o modo como devem ser exercidos os poderes delegados ou subdelegados.

2 – O órgão delegante ou subdelegante tem o poder de avocar, bem como o de anular, revogar ou substituir o ato praticado pelo delegado ou subdelegado ao abrigo da delegação ou subdelegação.

ANOTAÇÃO:

Corresponde ao art. 39º do anterior CPA.

O disposto no nº 1 permite ao delegante limitar a competência delegada.

"O poder", diga-se bastante lato, de que o delegante dispõe sobre o modo como devem ser exercidos poderes delegados ou subdelegados, confere-lhe a possibilidade de exercer um controlo, quer qualitativo quer quantitativo, dos atos a praticar pelo delegado.

Através do nº 2, o legislador concedeu ao delegante o poder de "a todo o tempo" avocar, ou seja, chamar a si, o poder de decisão sobre os atos praticados pelo delegado e também o poder de anular, revogar ou substituir o ato. Paralelamente, o legislador conferiu, *ex vi* do nº 1 do art. 144º, a prorrogativa, a qualquer interessado, de invocar a invalidade do regulamento, naturalmente, se não tiver sido declarado inválido pelos órgãos administrativos competentes que dispõem desse poder, nos prazos e condições aí previstos.

De realçar, a especial relação gerada pela delegação de poderes que cria um vínculo de ligação entre o titular delegante e o titular delegado insuscetível de manutenção se algum desses titulares mudar. Mudando de titulares, a delegação (tal como a subdelegação) extingue-se.

Por fim, referir que, a delegação de poderes pode esbater a relação de hierarquia entre o delegado e os seus superiores, com hierarquia abaixo do delegante, mas este desadensamento não anula a hierarquia, nomeadamente em matéria disciplinar, que mantém intacta a prevalência do superior hierárquico, em relação ao subordinado, ainda que a este tenham sido delegadas relevantes competências, porventura superiores às competências próprias daqueles que têm posição hierárquica superior.

REFERÊNCIAS BIBLIOGRÁFICAS:

M. ESTEVES DE OLIVEIRA e outros, *ob. cit.*

JURISPRUDÊNCIA:

Ac. STA de 24-9-2008, Proc. 159/08

I – Não ocorre nulidade por omissão de pronúncia quando na sentença expressamente se apontam as razões pelas quais se não conhece das questões tidas por não apreciadas; uma tal abstenção poderá integrar erro de julgamento mas não aquela nulidade.

II – Em sede de impugnação de deliberação do Conselho Directivo da Ordem dos Médicos Dentistas que indeferiu o pedido de atribuição de especialista de ortodontia ao interessado, não cumpre conhecer de vícios atinentes aos processos de criação da especialidade, de titulação dos primeiros especialistas e de criação do Colégio de Especialidades, por total falta de interesse em agir, e ainda em virtude de estes actos se não inserirem no procedimento administrativo em que o acto recorrido foi praticado.

III – Do princípio constitucional da tutela judicial efectiva, consagrado no nº 1 do art. 20º da C.R.P. não decorre um acesso irrestrito aos tribunais.

IV – Não viola o princípio da imparcialidade na modalidade da transparência concursal a elaboração de critérios classificativos antes do conhecimento das candidaturas.

V – Não podendo norma de hierarquia inferior revogar norma de hierarquia superior (cf. princípio da primariedade e da obediência à lei art. 115º, nº 5 da CRP), nunca a regulamentação interna de uma Ordem poderia impedir a possibilidade de avocação por parte do delegante, sob pena de ser contrariado o poder de avocação estabelecido no CPA (art. 39, nº 2).

VI – Uma actuação do júri cuja acta regista as razões por que o candidato foi reprovado, especificando as suas debilidades e também as classificações atribuídas por cada membro, cumpre o mínimo de densificação exigível para a satisfação do dever de fundamentação de uma prova oral.

VII – Prescrevendo o regulamento dos cursos em causa que em cada ano civil terá início um único processo de especialidades não é o mesmo violado por ter sido aberto um processo regular quando ainda decorria um processo especial.

VIII – O facto de um membro do Conselho Directivo ser secretário-geral da associação e de ter integrado o Colégio de Especialidade não viola o nº 3 do art. 16º dos estatutos (que não permite "a acumulação de cargos, salvo nos casos previstos neste Estatuto), pois que, não só nos termos do nº 2 do art. 42º dos estatutos "O presidente é o secretário-geral da APMD" como, por outro lado, a referida proibição se aplica a cargos referentes a diferentes órgãos, sendo que o Colégio de Especialidade não constitui qualquer órgão.

Artigo 50º – Extinção da delegação ou subdelegação

A delegação e a subdelegação de poderes extinguem-se:

a) Por anulação ou revogação do ato de delegação ou subdelegação;

b) Por caducidade, resultante de se terem esgotado os seus efeitos ou da mudança dos titulares dos órgãos delegante ou delegado, subdelegante ou subdelegado.

ANOTAÇÃO:

Corresponde ao art. 40º do anterior CPA.

Nos termos definidos no presente artigo, a delegação e a subdelegação de poderes pode extinguir-se pelas razões indicadas nas respetivas alíneas. A enumeração constante da lei é meramente exemplificativa, por serem, como referimos na nota ao artigo anterior, múltiplas as possibilidades legais de extinção da delegação. A não ser assim, estaríamos perante a possibilidade de ocorrência de um vazio legal.

Quanto à produção de efeitos, eles hão-de ser *ex nunc*, *ex tunc* ou ambos consoante o que for decidido por quem detém o poder de revogação nos termos do art. 146º, ou seja, a revogação pode valer só para o futuro ou ter efeito retroativo, dependendo tal circunstância da decisão do revogante, obedecendo, naturalmente aos limites impostos pela lei.

JURISPRUDÊNCIA:

Ac. STA de 22-4-2004, Proc. 48.140

I – Apesar de revogado pelo art. 159º do DL nº 380/99, de 22/09 (RJIGT), o DL nº 176-A/88, de 18/05 não deixou de vigorar imediatamente. Os planos aprovados nos termos deste diploma continuaram em vigor até à revisão obrigatória pelas comissões de coordenação regional, o que haveria de ocorrer obrigatoriamente nos três anos subsequentes ao início de vigência do RJIGT (art. 153º, do DL nº 380/99).

II – Significa que durante esse período se mantinha o carácter vinculativo para os particulares do regime estabelecido pelo DL nº 176-A/88 e, consequentemente, a sua submissão à disciplina impositiva configurada pelo art. 1º, nº 1 do DL nº 351/93, de 7/10, nas situações em que as licenças tivessem sido emitidas na vigência de um PROT aprovado antes do RJIGT.

III – Em execução do julgado, a renovação de um acto anulado por vício de forma cumpre-se com o expurgo da violação detectada e de acordo com a situação e as normas jurídicas que regulavam a situação na data do acto anulado.

IV – O que se transporta no tempo para sustentar a legalidade do novo acto (renovador) é todo o bloco jurídico que dominava à época do acto anulado (renovado), nele se incluindo o próprio acto de delegação de poderes.

Nesta medida, mesmo que o órgão delegante tenha entretanto mudado, não se opera aqui a extinção por caducidade prevista no art. 40º, al. b), do CPA, uma vez que o acto renovador se continua a fundar na delegação de competência operada quando do acto anulado.

IV – Se a confirmação de compatibilidade de um loteamento com o PROTALI tiver que ser obtida por duas pronúncias convergentes num despacho conjunto, uma só delas, negando a solução a que tendia o procedimento, porque dele é mero fragmento, não pode valer pelo todo.

Porém, essa pronúncia, pela autonomia e destacabilidade decisória que representa e porque inviabiliza desde logo a declaração de compatibilidade, não significa que sofra de incompetência, já que não invade a esfera de poderes do outro co-decisor.

V – Na execução de um julgado anulatório, se a Administração voluntariamente o não cumpre, ou o observe insuficientemente ou fora dos prazos legais nem por isso se forma acto tácito.

CAPÍTULO V – Dos conflitos de atribuições e de competência

Artigo 51º – Competência para a resolução de conflitos

1 – Os conflitos de atribuições são resolvidos:

a) Pelos tribunais administrativos, mediante processo de conflito entre órgãos administrativos, quando envolvam órgãos de pessoas coletivas diferentes ou no caso de conflitos entre autoridades administrativas independentes;

b) Pelo Primeiro-Ministro, quando envolvam órgãos de ministérios diferentes;

c) Pelo ministro, quando envolvam pessoas coletivas dotadas de autonomia, sujeitas ao seu poder de superintendência;

d) Pelo Presidente do Governo Regional, quando envolvam órgãos de secretarias regionais diferentes;

e) Pelo secretário regional, quando envolvam pessoas coletivas dotadas de autonomia sujeitas, ao seu poder de superintendência.

2 – Os conflitos de competência são resolvidos pelo órgão de menor categoria hierárquica que exerça poderes de supervisão sobre os órgãos envolvidos.

ANOTAÇÃO:

Corresponde ao art. 42º do anterior CPA.

A presente redação vem reformular a competência para a resolução de conflitos.

Desde logo, o legislador eliminou o nº 1 da redação anterior do código que estipulava a competência para a resolução de conflitos de jurisdição, pretensão que a atual redação abandonou de vez.

O atual nº 1, através da alínea *a)* atribui competências aos tribunais administrativos através do "processo de conflito" quando o diferendo envolva órgãos de pessoas coletivas diferentes ou autoridades administrativas independentes.

As alíneas *b) c) d)* e *e)* vêm estipular a resolução de conflitos, de base hierárquica, chamando a intervir o superior hierárquico de menor categoria (por maior que ela seja).

No mesmo sentido, o nº 2 atribui a resolução dos conflitos de competência ao órgão de menor categoria hierárquica que exerça poderes de supervisão sobre os órgãos envolvidos.

Artigo 52º – Resolução administrativa dos conflitos

1 – A resolução dos conflitos de atribuições entre ministérios ou entre secretarias regionais diferentes, bem como dos conflitos de competência, pode ser solicitada por qualquer interessado, mediante requerimento fundamentado dirigido à entidade competente para a decisão do procedimento, e deve ser oficiosamente suscitada pelos órgãos em conflito logo que dele tenham conhecimento.

2 – O órgão competente para a resolução deve ouvir os órgãos em conflito, se estes ainda se não tiverem pronunciado, e proferir a decisão no prazo de 30 dias.

ANOTAÇÃO:

Corresponde ao art. 43º do anterior CPA.

Este artigo mantém, basicamente, o disposto na redação anterior apenas com a diferença de ter expressamente incluído as secretarias regionais em paridade com os ministérios, aplicando a ambos as regras procedimentais em sede de resolução administrativa de conflitos.

O nº 2 mantém também o princípio da audição dos órgãos em contenda e os mesmos 30 dias como prazo limite para a decisão sobre a resolução de conflito.

Assim, o mecanismo processual, para a resolução de conflitos, pode partir da iniciativa de qualquer interveniente, sejam os órgãos em contenda sejam os particulares com interesse no procedimento que, na ausência de resolução decretada oficiosamente, a podem requerer.

PARTE III – DO PROCEDIMENTO ADMINISTRATIVO

TÍTULO I – Regime comum

CAPÍTULO I – Disposições gerais

Artigo 53º – Iniciativa

O procedimento administrativo inicia-se oficiosamente ou a solicitação dos interessados.

ANOTAÇÃO:

Corresponde ao art. 54º do anterior CPA.

Diferentemente do que ocorre no processo civil, esta disposição permite que se inicie o procedimento *ex officio*, ou seja, por iniciativa do órgão ou agente. Permite ainda, e também diferentemente do processo civil comum, que quem não é parte possa requerer que se inicie um determinado procedimento administrativo, bastando-lhe para tal deter a titularidade de um interesse ligado à causa.

De notar que, o procedimento administrativo não abarca necessariamente todos os atos relacionados com a decisão a produzir.

Do ponto de vista técnico-jurídico, incluem-se no procedimento administrativo apenas aos atos praticados por órgãos ou agentes administrativos e ainda por particulares que tenham servido à produção da decisão respetiva, depois desta se ter iniciado (e por esse motivo dela fazendo parte).

Ficam assim de fora, p.e., atos particulares pré-procedimentais como queixas, denuncias ou meras informações.

Tal como acontece na resolução de conflitos, referida na nota ao artigo anterior, a iniciativa do procedimento administrativo tanto pode ser oficiosa por despacho, como despoletada por outros a requerimento. Na verdade, além do clássico requerimento, o procedimento pode ser despoletado através de outros instrumentos como sejam a petição, reclamação, queixa, entre outros.

JURISPRUDÊNCIA:

Ac. STA de 29-11-2005, Proc. 509/05

I – O despacho ministerial a que se refere o art. 11º, al. d) do Dec-Lei nº 120/97, de 16.5 (autorização do IPPAR para intimar o particular a demolir obras feitas contra a legislação do património cultural) é uma manifestação da chamada tutela administrativa prévia, ou a priori, *competindo à direcção do IPPAR, e não ao Ministro, a prática do acto externo e lesivo a determinar essa imposição. Por esse motivo, não tem aquele de ser obrigatoriamente notificado ao interessado, nem essa falta de notificação produz quaisquer efeitos no plano da validade da decisão do IPPAR.*

II – Se o acto foi praticado com delegação de poderes (nele não mencionada mas conhecida do recorrente) desnecessário se torna saber se foram cumpridas as condições legais para a intervenção do órgão delegado ao abrigo do regime de substituição nas faltas e impedimentos.

III – No domínio do exercício de poderes vinculados, não pode ditar-se a anulação contenciosa de um acto que não se ancora nos preceitos legais indicados como fundamentos pelo respectivo autor mas encontra o seu suporte decisório noutros que o mesmo não invocou, pois neste tipo de acto o que importa, para saber se a lei foi cumprida, é ver se ele se conforma ou não com os seus pressupostos legais, independentemente da motivação expressa que tenha sido utilizada.

IV – É diferente, e menos intenso, o grau de exigência da fundamentação de um acto do IPPAR que manda demolir uma obra realizada sem autorização em zona non aedificandi *de monumento nacional, pois, ao contrário do que sucede com a emissão de parecer vinculativo relativamente a projecto de construção em zona de jurisdição de imóvel classifi-*

cado, a obra não é pura e simplesmente possível, não sendo por isso caso de o IPPAR ter de justificar a respectiva incompatibilidade com a existência do bem classificado e os valores do património cultural que inspiraram essa especial protecção.

V – Degradam-se em meras irregularidades, quer a não comunicação do início do procedimento a que se reporta o art. 55º do CPA, quer a concessão de prazo inferior ao da lei na audiência prévia regulada no art. 100º, se o interessado interveio no procedimento expondo as suas razões e sem solicitar a respectiva prorrogação.

VI – Não há igualdade na ilegalidade, pelo não são invocáveis para anular determinado acto situações em que a Administração, em vez de se comportar de maneira tão diligente, teria deixado passar o tempo e contemporizado com a actuação ilegal de particulares.

Artigo 54º – Língua do procedimento

A língua do procedimento é a língua portuguesa.

ANOTAÇÃO:

Este artigo vem, pela primeira, vez determinar a obrigatoriedade do uso da língua portuguesa. Escusado será dizer que esta situação era, ou poderia ser, completamente limitadora para o normal exercício das funções dos organismos do Estado, nomeadamente serviços com competência fiscalizadora, inspetiva e ou sancionatória. Perante o desconhecimento da língua, a estes serviços restava-lhes recorrer a tradutores para conhecer ou dar a conhecer o conteúdo de determinado documento, sendo que para avançar para o procedimento sancionatório, o instrutor tinha, sempre, de recorrer a tradutores certificados, sob pena de poder ser, justamente, posta em causa a acusação, por ter sido violada uma garantia de defesa, inscrita no artigo 32º, nº 10 da CRP.

Artigo 55º – Responsável pela direção do procedimento

1 – A direção do procedimento cabe ao órgão competente para a decisão final, sem prejuízo do disposto nos números seguintes.

2 – O órgão competente para a decisão final delega em inferior hierárquico seu, o poder de direção do procedimento, salvo disposição legal, regulamentar ou estatutária em contrário ou quando a isso obviarem as condições de serviço ou outras razões ponderosas, invocadas fundamentadamente no procedimento concreto ou em diretiva interna respeitante a certos procedimentos.

3 – O responsável pela direção do procedimento pode encarregar inferior hierárquico seu da realização de diligências instrutórias específicas.

4 – No órgão colegial, a delegação prevista no nº 2 é conferida a membro do órgão ou a agente dele dependente.

5 – A identidade do responsável pela direção do procedimento é notificada aos participantes e comunicada a quaisquer outras pessoas que, demonstrando interesse legítimo, requeiram essa informação.

ANOTAÇÃO:

O presente artigo vem consagrar a figura do responsável pela direção do procedimento, cuja competência cabe ao órgão a quem cabe a decisão final (nº 1) que delega em inferior hierárquico o exercício dessa direção (nº 2) cuja identidade é notificada aos participantes e comunicada a quaisquer outras pessoas que, demonstrando interesse legítimo, façam requerimento nesse sentido (nº 5).

Debate-se já, nos círculos académicos, relativamente ao nº 2, se a «delegação em inferior hierárquico» aí prevista, se refere à delegação de poderes consagrada no art. 44º ou se corresponde apenas a uma mera ordem do superior hierárquico (na circunstância o órgão competente para a decisão final que «encarrega» inferior hierárquico seu de dirigir o procedimento), sendo que a nossa posição vai no sentido da primeira interpretação.

Defendemos que o órgão «delega» (nº 2) e o responsável pela direção do procedimento «encarrega» (nº 3). Aliás o nº 7 do preâmbulo refere que, no artigo 55º, intitulado «Responsável pela direção do procedimento», procura-se reequacionar a distribuição das tarefas de direção do procedimento (e não apenas da instrução) bem como as de decisão. Diz ainda que, «a mera faculdade de delegação da competência de direção do procedimento, por parte do órgão competente para decidir, tal como se encontrava estabelecida no nº 2 do artigo 86º do anterior Código, converte-se agora num dever de delegação, embora rodeado de prudentes cláusulas de salvaguarda (nº 2 do artigo 55º). A separação entre a responsabilidade de promover a tramitação do procedimento e a tarefa decisória aproxima o sistema de uma solução hoje perfilhada em largas partes do globo e apresenta-se como mais idónea para assegurar a imparcialidade do decisor».

Cf. nota ao art. 126º.

Artigo 56º – Princípio da adequação procedimental

Na ausência de normas jurídicas injuntivas, o responsável pela direção do procedimento goza de discricionariedade na respetiva estruturação, que, no respeito pelos princípios gerais da atividade administrativa, deve ser orientada pelos interesses públicos da participação, da eficiência, da economicidade e da celeridade na preparação da decisão.

ANOTAÇÃO:

Este artigo, verdadeiramente novo, vem criar um novo princípio, o da adequação procedimental. Fá-lo através da estipulação de que na ausência de normas jurídicas imperativas, o responsável pela direção do procedimento estrutura-o de forma discricionária. Contudo, o legislador acautelou o uso da discricionariedade administrativa, impondo que o mesmo seja subordinado, necessariamente, ao interesse público da participação, da eficiência, da economicidade e da celeridade na preparação da decisão.

Naturalmente que, à inclusão do critério da economicidade não é alheia a situação económica que o país atravessa.

A referência à celeridade parece-nos dispensável, tendo em consideração que esse dever é autonomamente tratado no artigo 59º.

Artigo 57º – Acordos endoprocedimentais

1 – No âmbito da discricionariedade procedimental, o órgão competente para a decisão final e os interessados podem, por escrito, acordar termos do procedimento.

2 – Os acordos referidos no número anterior têm efeito vinculativo e o seu objeto pode, designadamente, consistir na organização de audiências orais para exercício do contraditório entre os interessados que pretendam uma certa decisão e aqueles que se lhe oponham.

3 – Durante o procedimento, o órgão competente para a decisão final e os interessados também podem celebrar contrato para determinar, no todo ou em parte, o conteúdo discricionário do ato administrativo a praticar no termo do procedimento.

ANOTAÇÃO:

O legislador tomou, desde sempre, partido na velha querela entre procedimentalistas e processualistas, aderindo manifestamente à via procedimentalista, fazendo da vontade da administração o modo como o "caminho" administrativo é trilhado. É, no entanto, indiscutível que a relação jurídica entre a Administração Pública e o cidadão tem evoluído, fortemente, em favor deste último. Até a discricionariedade administrativa passou a ser partilhada, na letra da lei, com o cidadão. Veremos, no entanto, de que modo a Administração Pública cumprirá esta imposição que a obriga a abdicar da sua história hegemonia decisória.

No entanto, o presente artigo é, provavelmente, o melhor exemplo dessa evolução (pelo menos legislativa) ao permitir, precisamente, os acordos endoprocedimentais.

Tal como definido desde logo, na exposição de motivos do projeto de revisão, os sujeitos da relação jurídica procedimental podem convencionar os termos do procedimento, pressupondo, por consequência, conversações tendo em vista a obtenção do acordo. Naturalmente que, os acordos endoprocedimentais hão-de caber dentro das balizas da discricionariedade procedimental.

O nº 1 estabelece a exigência da redução a escrito e o nº 2 estipula o efeito vinculativo quanto a este, admitindo o exercício do contraditório, através de audiências orais, como forma de cada uma das partes poderem pugnar pelos respetivos interesses. Como foi, *ab initio*, expressamente destacado no preâmbulo do projeto, o nº 2 além de deixar claro o caráter dos vínculos resultantes da contratação, através de acordos endoprocedimentais, confirma a projeção participativa procedimental da contradição de pretensões de particulares, nas variadas relações jurídico-administrativas.

De destacar neste artigo o caráter jurídico dos vínculos resultantes da contratação de acordos endoprocedimentais em que as partes podem convencionar os termos do procedimento ou até do conteúdo da decisão final a ser tomada, sendo que o conteúdo discricionário é apenas admissível nos procedimentos facultativos.

Do nº 2 resulta evidenciado o carácter jurídico dos vínculos resultantes da contratação de acordos endoprocedimentais, configurando-se uma projeção participativa procedimental da contradição de pretensões de particulares nas relações jurídico-administrativas multipolares ou poligonais.

No nº 3 admite-se a celebração de contratos para determinar no todo ou em parte o conteúdo legalmente admissível (ou seja, fora dos casos vinculados) de ato administrativo.

Artigo 58º – Princípio do inquisitório

O responsável pela direção do procedimento e os outros órgãos que participem na instrução podem, mesmo que o procedimento seja instaurado por iniciativa dos interessados, proceder a quaisquer diligências que se revelem adequadas e necessárias à preparação de uma decisão legal e justa, ainda que respeitantes a matérias não mencionadas nos requerimentos ou nas respostas dos interessados.

ANOTAÇÃO:

Corresponde ao art. 56º do anterior CPA.

Alguns autores criticaram, relativamente a versões anteriores do código, a formulação encontrada pelo legislador para consagrar o princípio do inquisitório. A atual redação mantém o problema que, quanto a nós, é mais uma questão de desadequação de epígrafe que do corpo do artigo. Ao invés de se chamar "Princípio do Inquisitório", melhor teria sido se o legislador o tivesse designado, nomeadamente devido ao seu conteúdo, por: "Princípio da Livre Averiguação Instrutória".

Neste artigo, permite-se que o responsável pela direção do procedimento e os outros que participem na instrução possam proceder a quaisquer diligências que se revelem adequadas e necessárias à preparação de uma decisão legal e justa.

Relativamente à redação anterior, o legislador veio eliminar a possibilidade de os órgãos da Administração Pública ou, atualmente, também o responsável pela direção do procedimento, poderem decidir (nesta sede), sobre objeto diverso ou mais amplo que o pedido, mesmo perante o interesse público que lhe seja inerente. É verdade que, a Administração prossegue o interesse público, mas tem de o fazer em obediência à lei (artigos 3º e 4º).

Permite-se que os órgãos da Administração possam decidir sobre coisa diversa ou mais ampla do que a pedida pelo interessado, nos termos do disposto no nº 3 do artigo 13º, e também, em sede de instrução procedimental, permite-se que levem a cabo as diligências mesmo as relativas a matérias não aludidas nos requerimentos ou nas respostas dos interessados. Uma instrução "insuficiente" pode levar à invalidade do ato final do procedimento. Esta consequência vem na linha do previsto no artigo 119º, que, quanto à falta de prestação de provas, determina a livre apreciação da prova quando se verifique a falta de cumprimento da notificação com vista a o interessado juntar elementos ao processo.

JURISPRUDÊNCIA:

Ac. STA de 15-1-2004, Proc. 0205/03

I – Um dos valores subjacentes ao procedimento passa pela necessidade de a decisão ser a expressão tão perfeita e completa quanto possível da verdade dos factos que interessam para uma adequada composição dos interesses em causa, vigorando o princípio da verdade material.

II – A transcendência da actividade probatória varia não só consoante o procedimento em causa como também dentre deste, de acordo com a factualidade que urge proceder.

III – Como resulta do nº 1, do art. 87º do CPA é admissível o recurso a todos os meios de prova admitidos em direito, assim se acolhendo o interesse do "numerum apertus" em relação aos meios de prova.

IV – O princípio acolhido no citado nº 1 do art. 87º é postulado pelo princípio do inquisitório.

V – O princípio do inquisitório a que alude o art. 56º do CPA, tem de ser conciliado com a regra do nº 1, do art. 88º do CPA.

Ac. STA de 8-7-2003, Proc. 507/03

I – Nada tem a ver com pretensa violação do dever de audiência o desatendimento de pretensão do recorrente endereçada a Vereador no sentido de ser levada a efeito uma perícia em processo tendente ao embargo e posterior demolição de obra.

II – Não demonstrando o interessado que tal diligência era relevante para que pudesse ser representado o que fluía do respectivo processo (que culminou nos licenciamentos, de loteamento e de construção), não pode dizer-se que haja sido violado algum dos princípios que regem o procedimento administrativo, nomedamente o do inquisitório e o da direcção da instrução (cf. arts. 56º, 86º, 87º e 88º do CPA).

III – Consolidadas na ordem jurídica, as referidas licenças de loteamento e de construção, e não sendo demonstrado que dada ordem de demolição de prédio se mostre desconforme às definições ali enunciadas (concretamente quanto ao alinhamento do prédio, em função das distâncias correspondentes às larguras quer da faixa de rodagem quer dos passeios), não pode dizer-se que aquela ordem de demolição se mostre viciada, seja quanto aos seus pressupostos (de direito ou de facto), ou que o seu conteúdo não seja perceptível por um destinatário médio.

Ac. STA de 18-12-2003, Proc. 185/03

I – Um dos valores subjacentes ao procedimento passa pela necessidade de a decisão ser a expressão tão perfeita e completa quanto possível da verdade dos factos que interessam para uma adequada composição dos interesses em causa, vigorando o princípio da verdade material.

II – A transcendência da actividade probatória varia não só consoante o procedimento em causa como também dentro deste, de acordo com a factualidade que nega provar.

III – Como resulta do nº 1, do art. 87º do CPA, é admissível o recurso a todos os meios de prova admitidos em direito, assim se acolhendo o sistema do "numerus apertus" em relação aos meios de prova.

IV – O princípio acolhido no citado nº 1, do art. 87º é postulado pelo princípio do inquisitório.

V – O princípio do inquisitório a que alude o art. 56º do CPA tem de ser conciliado com a regra do nº 1 do art. 88º do CPA.

Ac. STA de 22-4-2007, Proc. 681/03

I – A arguição de inconstitucionalidade material de uma norma sem imputação ao acto administrativo impugnado de vício decorrente da aplicação da norma ao caso concreto não constitui impugnação contenciosa do acto fundada em violação de lei por aplicação de preceito inconstitucional.

II – A arguição assim feita em termos gerais configura pedido de fiscalização abstracta da constitucionalidade.

III.O Supremo Tribunal Administrativo é materialmente incompetente para conhecer desse pedido, que, por imperativo dos artigos 281, nº 1, al. a) da CRP e 6 da Lei do Tribunal Constitucional só a este último Tribunal cabe decidir.

IV – O art. 56º do CPA consagra o princípio do inquisitório, que impõe à Administração, além do mais, o dever de proceder às investigações necessárias ao conhecimento dos factos essenciais ou determinantes para a decisão, exigindo-se dela a descoberta e a ponderação de todas as dimensões de interesses públicos e privados, que se liguem com a decisão a produzir.

V – Este princípio liga-se às ideias de completude instrutória ou de máxima aquisição de (factos e) interesses, cuja inobservância pode implicar ilegalidade do acto final do procedimento, por déficit de instrução.

VI – Nos termos do nº 1 do art. 5 da Portaria nº 197-A/95, de 17.3, "Para efeitos de aplicação do DL 199/88, de 31.5, alterado pelos DL 199/91, de 29.5, e 38/95, de 14.2, o procedimento regulamentado no presente diploma é de interesse público e particular, conjuntamente, podendo ser desencadeado oficiosamente ou a requerimento de qualquer titular de direitos relevantes sobre os bens objecto de indemnização..."

VII – Este preceito sublinha a natureza pública e oficiosa do procedimento administrativo nela previsto, o que mais determinaria (para além da regra geral do CPA) uma atitude positiva e colaborante por parte das diversas instituições públicas intervenientes.

VIII – Há défice de instrução, gerador de ilegalidade, se a Administração não aceita nem averigua a autenticidade de declarações subscritas por titulares de cooperativas agrí-

colas que procederam à ocupação de prédios na zona de intervenção de Reforma Agrária tendentes a demonstrar que houvera ocupação, nem pondera nem investiga documentos internos donde parece aceitar-se a existência dessa ocupação.

Ac. STA de 19-6-2007, Proc. 1240/06

I – A nulidade prevista na alínea d. do nº 1 do art. 668º do C.P.C. está directamente relacionada com o comando que se contém no nº 2 do art. 660º, servindo de cominação ao seu desrespeito: o juiz deve resolver na sentença todas as questões (não resolvidas antes) que os factos tenham suscitado.

II – Relativamente a certificado de exportação (cujas normas comuns constam do Regulamento (CE) nº 1291/2000 da Comissão, de 9 de Junho) que não tenha sido esgotado, o interessado, em conformidade com o disposto no nº 1 do art. 40º deste Regulamento, deve expor ao competente organismo da Administração o facto integrador de caso de força maior impeditivo daquele esgotamento e concomitante apresentação da respectiva prova nos seis meses seguintes ao termo do período de eficácia do certificado, ou em prazo suplementar que para o efeito lhe tenha sido concedido.

III – Não tendo o interessado usufruído da totalidade daquele certificado e não tendo procedido em conformidade com o exposto, solicitando simplesmente a devolução da garantia bancária prestada, e tendo a Direcção-Geral das Alfândegas e dos Impostos Especiais sobre o Consumo, de harmonia com o disposto no nº 1 do art. 29º do Regulamento (CE) nº 2220/85 da Comissão (alterado pelo Reg. (CE) 3403/03), ordenado a execução da mesma garantia,não se mostra o acto administrativo respectivo inquinado de erro sobre os pressupostos.

IV – O princípio do inquisitório não prejudica o ónus de alegação e prova que recai sobre o interessado relativamente a factos pressupostos da obtenção de uma vantagem para o próprio, nomeadamente em procedimentos inseridos naquilo que se denomina como Administração prestativa (cf. art. 88º do CPA).

V – Desde que as razões de facto e de direito em que se fundou o acto administrativo sejam compreensíveis a um destinatário médio colocado na situação concreta, deve dar-se por cumprido o dever legal de fundamentação garantido na CRP (art. 268º, nº 3), e enunciado na lei ordinária (art. 125º do CPA).

Ac. STA de 2-3-2006, Proc. 330/03

I – Se a Comunicação da Comissão Europeia, anunciando um concurso para concessão de exploração de uma rota de transportes aéreos, não fazia exigências no tocante à indicação de alguns elementos procedimentais, não podia o INAC (entidade previamente ouvida), nem o Secretário de Estado dos Transportes (órgão decisor) servir-se da inexistên-

cia desses elementos para desvalorizar determinada proposta apresentada por um operador aéreo.

II – Tendo o INAC solicitado ao proponente, e dele obtido, o esclarecimento sobre alguns desses elementos, não podia o acto administrativo final deixar de os considerar também ao abrigo dos arts. 56º e 89º, ambos do CPA.

III – Se a Comunicação obrigava os interessados à demonstração do cumprimento das "obrigações de serviço público", *além da apresentação de um* "plano económico comprovativo da sua capacidade de exploração da rota", *somente será de averiguar da legalidade do acto se ele, para indeferir uma determinada proposta, se fundamentou unicamente no não cumprimento das referidas obrigações.*

Supremo Tribunal Administrativo, Processo: 0205/03
Data do Acórdão: 15-01-2004
Tribunal: 1ª SUBSECÇÃO DO CA
Sumário:

I – Um dos valores subjacentes ao procedimento passa pela necessidade de a decisão ser a expressão tão perfeita e completa quanto possível da verdade dos factos que interessam para uma adequada composição dos interesses em causa, vigorando o princípio da verdade material.

II – A transcendência da actividade probatória varia não só consoante o procedimento em causa como também dentre deste, de acordo com a factualidade que urge proceder.

III – Como resulta do nº 1, do art. 87º do CPA é admissível o recurso a todos os meios de prova admitidos em direito, assim se acolhendo o interesse do "numerum apertus" em relação aos meios de prova.

IV – O princípio acolhido no citado nº 1 do art. 87º é postulado pelo princípio do inquisitório.

V – O princípio do inquisitório a que alude o art. 56º do CPA, tem de ser conciliado com a regra do nº 1, do art. 88º do CPA.

Tribunal Central Administrativo Sul, Processo: 04215/00
Secção: Contencioso Administrativo – 1º Juízo Liquidatário
Data do Acórdão: 17-05-2007
Sumário:

I – Tendo o dever de decidir em função do princípio da verdade material, os órgãos administrativos podem e devem proceder às diligências que considerem convenientes para a instrução dos procedimentos, ainda que sobre matérias não mencionadas nos requerimentos ou nas respostas dos interessados (cfr. os arts. 56º e 59º do CPA).

II – Ao abrigo deste princípio (princípio do inquisitório) a Administração está vinculada a apreciar os pressupostos de facto invocados pelo interessado que requer a justificação de uma falta, nomeadamente se estes forem manifestamente divergentes da versão oficial.

III – A falta de tal diligência implica a violação do art. 56º do C.P.A. e dos artigos 18º, nº 1 e 71º do D.L. 100/99, de 31 de Março.

Artigo 59º – Dever de celeridade

O responsável pela direção do procedimento e os outros órgãos intervenientes na respetiva tramitação devem providenciar por um andamento rápido e eficaz, quer recusando e evitando tudo o que for impertinente e dilatório, quer ordenando e promovendo tudo o que seja necessário a um seguimento diligente e à tomada de uma decisão dentro de prazo razoável.

ANOTAÇÃO:

Corresponde ao art. 57º do anterior CPA.

Esta norma, que «grosso modo» mantém a versão anterior do código é uma norma de referência, aliás, comum à generalidade dos outros ramos do direito.

Sendo esta norma virada "para fora", relativamente aos atos dilatórios ou impertinentes o certo é que a morosidade da Administração Pública nos seus procedimentos se deve não a atos dilatórios ou impertinentes, por parte do cidadão, mas essencialmente à forma como a própria Administração Pública está estruturada.

Ao contrário do que se passa com os tribunais, onde os procedimentos dilatórios são a "arma sempre presente", na Administração Pública eles não têm qualquer expressão ou significado. A morosidade da Administração Pública deve-se essencialmente, ao emaranhado de leis que, a regulam e que na maioria das vezes têm como único resultado dificultar a boa administração que, naturalmente, deve ser célere e justa.

O princípio da atividade administrativa (artigo 5º) tem como um dos seus corolários o dever de celeridade que, na circunstância, é um dever procedimental que permite à Administração "desconsiderar" tudo o que for irrelevante, impertinente ou dilatório já que o cumprimento dos prazos legais, que leve a uma decisão dentro de prazo razoável, é condição *sine qua non* para a prossecução do magno objetivo da decisão justa, aliás na linha do que se encontra plasmado no artigo seguinte.

JURISPRUDÊNCIA:

Ac. STA de 7-10-2009, Proc. 884/09

I – Para ser proferida intimação para protecção de direitos, liberdades e garantias é necessário que se verifique uma situação em que a célere emissão da intimação seja indispensável para assegurar o respectivo exercício, "por não ser possível, nas circunstâncias do caso, o decretamento provisório de uma providência cautelar, segundo o disposto no artigo 131º".

II – A tutela judicial para situações em que ocorra lesão ou ameaça de lesão de direitos, liberdades e garantias, deve ser assegurada, preferencialmente, através da propositura de uma acção administrativa comum ou acção administrativa especial, se necessário acompanhada de pedido de decretamento de providência cautelar, destinada a assegurar a utilidade da sentença que vier a ser proferida no âmbito dessa acção.

III – Só quando se constatar que a utilização da via normal não é possível ou suficiente para assegurar o exercício, em tempo útil, do direito, liberdade ou garantia pode deferir-se intimação para protecção de direitos liberdades e garantias.

IV – Não pode proferir-se intimação para protecção de direitos liberdades e garantias quando o requerente pretende ver satisfeita uma pretensão de reclassificação profissional, previamente requerida à Administração e que não foi decidida favoravelmente no prazo previsto na lei para decisão, pois, numa situação deste tipo, é suficiente para assegurar adequada tutela judicial para essa pretensão, a acção de condenação à prática de acto devido, complementada com uma providência cautelar, se necessário com decretamento provisório.

Artigo 60º – Cooperação e boa-fé procedimental

1 – Na sua participação no procedimento, os órgãos da Administração Pública e os interessados devem cooperar entre si, com vista à fixação rigorosa dos pressupostos de decisão e à obtenção de decisões legais e justas.

2 – Os interessados devem concorrer para a economia de meios na realização de diligências instrutórias e para a tomada da decisão num prazo razoável, abstendo-se de requerer diligências inúteis e de recorrer a expedientes dilatórios.

ANOTAÇÃO:

Corresponde ao art. 60º do anterior CPA.

A redação do presente artigo representa uma significativa evolução garantística, no âmbito do procedimento administrativo. O artigo correspondente na redação anterior, "Deveres Gerais dos Interessados", indiciava uma espécie de ascendente moral e ético que era ao mesmo tempo um atestado de menoridade cívica, ditada pelo legislador que omitia, em relação à administração, a imposição de idênticos deveres.

A atual redação além de igualitária vem estabelecer o dever recíproco de cooperação com vista à obtenção de decisões legais e justas (nº 1).

O nº 2, como dissemos, busca garantir que, dentro de prazos razoáveis se obtenham apropriadas e justas na esteira do artigo anterior e também do art. 54º estabelecendo-se para tanto, um dever de cooperação e boa-fé procedimental (expressamente imposta no artigo 10º) entre todos os intervenientes impondo-lhes o dever de colaboração que, a ser cumprido, evitará diligências inúteis e expedientes dilatórios.

JURISPRUDÊNCIA:

TCA NORTE, Processo: 00079/07.ABEPRT

Secção: Primeira

Data do Acórdão: 15-6-2012

Sumário:

I – A instrução probatória desnecessária, para qualquer das soluções jurídicas que se mostram possíveis no caso concreto, deve ser evitada em nome da ilicitude da realização de atos inúteis.

II – A apreciação administrativa baseada em documentos verdadeiros que instruíram requerimento alegadamente falso não se mostra contaminada por esta falsidade.

III – O indeferimento de pedido de legalização de obras com base em incumprimento de condições impostas em licenciamento condicional não revoga este licenciamento, antes culmina o procedimento de legalização que foi por ele condicionado.

Artigo 61º – Utilização de meios eletrónicos

1 – Salvo disposição legal em contrário, na instrução dos procedimentos devem ser preferencialmente utilizados meios eletrónicos, tendo em vista:

a) Facilitar o exercício de direitos e o cumprimento de deveres através de sistemas que, de forma segura, fácil, célere e compreensível, sejam acessíveis a todos os interessados;

b) Tornar mais simples e rápido o acesso dos interessados ao procedimento e à informação;

c) Simplificar e reduzir a duração dos procedimentos, promovendo a rapidez das decisões, com as devidas garantias legais.

2 – Quando na instrução do procedimento se utilizem meios eletrónicos, as aplicações e sistemas informáticos utilizados devem indicar o responsável pela direção do procedimento e o órgão competente para a decisão, assim como garantir o controlo dos prazos, a tramitação ordenada e a simplificação e a publicidade do procedimento.

3 – Para efeitos do disposto do número anterior, os interessados têm direito:

a) A conhecer por meios eletrónicos o estado da tramitação dos procedimentos que lhes digam diretamente respeito;

b) A obter os instrumentos necessários à comunicação por via eletrónica com os serviços da Administração, designadamente nome de utilizador e palavra-passe para acesso a plataformas eletrónicas simples e, quando legalmente previsto, conta de correio eletrónico e assinatura digital certificada.

ANOTAÇÃO:

O presente artigo, novo e inovador, estipula como procedimento – regra a utilização dos meios eletrónicos, salvo se a lei dispuser em sentido contrário (nº 1), que, além disso, identifica nas suas alíneas os objetivos de tal opção.

O nº 2 visa a identificação, e por consequência, a eventual responsabilização sancionatória do responsável pelo procedimento ou do órgão. A sua importância é, também, evidente em termos de reclamação ou recurso. Visa ainda, anunciadamente, garantir o controlo dos prazos, a tramitação ordenada e a simplificação e publicidade do procedimento.

O nº 3 elenca os direitos do cidadão que opta pela instrução por meios eletrónicos.

De notar, também, as alterações introduzidas pelo Decreto-Lei nº 73/2014 de 13 de maio (altera o Decreto-Lei nº 135/99, de 22 de abril):

I – Os serviços e organismos da Administração Pública tendo em conta os princípios da qualidade confiança nos cidadãos em geral e nos agentes económicos em particular, devem valorizar as suas declarações e dispensar comprovativos, sem prejuízo de penalização dos infratores, bem como promover a obtenção oficiosa de informação já detida pela Administração Pública.

II – Privilegiar a opção pelos procedimentos mais simples, cómodos, expeditos e económicos, sendo em regra o atendimento, bem como o desenrolar de todo e qualquer procedimento administrativo, realizado através de meios digitais.

III – Os utentes do serviço público têm direito a solicitar, oralmente ou por qualquer forma escrita, incluindo por correio eletrónico ou por requerimento a apresentar no balcão único eletrónico ou em portais ou sítios na Internet dos serviços ou organismos competentes, informação sobre o andamento dos procedimentos administrativos que lhes digam respeito.

IV – Em cada procedimento administrativo, é designado um gestor do procedimento, responsável por dar resposta aos esclarecimentos solicitados relativos ao seu andamento, cuja identificação e contacto são obrigatoriamente facultados aos utentes. (É dispensada a designação do gestor do procedimento administrativo sempre que a atividade administrativa solicitada através de requerimento apresentado pelo interessado seja de execução automática ou imediata).

V – Sempre que possível, a Administração Pública disponibiliza ao cidadão o acesso livre à Internet de banda larga sem fios.

VI – Os portadores de convocatórias ou os utentes com marcação prévia, feita nomeadamente por telefone ou *online*, têm prioridade

VII – Sempre que possível e adequado, os sistemas de atendimento telefónico aos cidadãos devem ser alargados de forma a poder incluir comunicações por *chat* em plataformas eletrónicas ou por teleconferência, nomeadamente através de *VoIP*. (estas comunicações carecem de consentimento do cidadão).

VIII – Na instrução de procedimentos administrativos para os quais sejam legalmente exigidos modelos específicos em suporte de papel devem, em alternativa, ser adotados formulários ou modelos disponibilizados eletronicamente.

IX – As notificações realizadas no âmbito dos procedimentos administrativos podem ser efetuadas por via eletrónica, nos termos do CPA ou de lei especial.

X – Os suportes de comunicação administrativa escrita, de natureza externa, devem sempre referir, para além da designação oficial do serviço sem siglas, o endereço postal, os números de telefone e fax, o endereço de correio eletrónico e o sítio na Internet do respetivo emissor.

XI – As comunicações referidas no número anterior devem sempre identificar os trabalhadores em funções públicas ou titulares dos órgãos subscritores das mesmas e em que qualidade o fazem.

XII – Quando nas comunicações dirigidas aos cidadãos se faça referência a disposições de caráter normativo ou a circulares internas da Administração, é obrigatório transcrever a parte que é relevante ou anexar-se cópia digital ou em papel do documento que a consubstancia.

XIII – Nas minutas e nos modelos de requerimento só devem constar os dados indispensáveis, nos termos do CPA, ficando vedada a exigência de elementos que não se destinem a ser tratados ou não acrescentem informação relevante à já existente no serviço ou que conste dos documentos exigidos.

XIV – A identificação das pessoas, singulares ou coletivas, faz-se de acordo com o disposto no CPA sem prejuízo de ser completada por um ou dois de entre os seguintes meios:

a) Nº do documento de identificação civil ou passaporte e sua validade;

b) Nº de identificação fiscal e sua validade;

c) Número de identificação de entidade equiparada a pessoa coletiva e sua validade;

d) Nº de identificação de empresário em nome individual e sua validade;

e) Nº de identificação de estabelecimento individual de responsabilidade limitada e sua validade;

f) Nº de contribuinte ou de beneficiário de sistema ou subsistema de segurança social e sua validade.

XV – Sempre que solicitado, é emitido recibo comprovativo da receção de documentos ou de cópia simples, em suporte digital ou de papel, dos mesmos, no qual se inscreve a data e hora de entrega, se esta for relevante para o efeito, bem como a sua descrição.

XVI – Quando da formulação dos pedidos não constarem todos os elementos necessários, o requerente será convidado a suprir as deficiências existentes, devendo os serviços fazê-lo por escrito, preferencialmente através de meios eletrónicos, se o interessado o solicitar.

XVII – Sempre que sejam produzidas certidões, atestados ou outros atos meramente declarativos, destinados aos cidadãos, devem os serviços facultar a opção de disponibilização ou remessa por via eletrónica ou por via postal.

XVIII – Quando os serviços e organismos não possam entregar no ato do requerimento documentos que lhes sejam solicitados, podem os interessados optar pela sua disponibilização ou remessa por via eletrónica ou por via postal.

XIX – Com vista a acelerar o processo de decisão, *devem os serviços proceder às necessárias consultas mútuas* para obtenção de declarações, atestados, certidões e outros elementos ou informações já detidos pela Administração Pública, através da plataforma de interoperabilidade da Administração Pública (iAP), de correio eletrónico, telefone, fax ou outros meios eletrónicos, nomeadamente através dos sítios na Internet dos serviços, sem prejuízo de ulterior *confirmação quando estritamente indispensável.*

XX – Sempre que alguém se dirija por escrito a qualquer serviço público, designadamente nos requerimentos, petições ou recursos, e não recorra a meios eletrónicos, devem ser utilizadas folhas de papel normalizadas, brancas ou de cores pálidas, de formato tipo A4 ou A5. No entanto, salvo o que diz respeito às queixas e reclamações apresentadas através do livro, não é permitida a recusa de aceitação de documentos com fundamento na inadequação dos suportes em que estão escritos, desde que não fique prejudicada a sua legibilidade.

XXI – Na transferência de informação através de meios eletrónicos deve ser assegurada a autenticidade da informação e da identidade dos seus emissores por meios adequados.

XXII – Quando for necessário recolher informação que dispense a presença do utente pode ser-lhe enviado documento pedindo o preenchimento de formulário para reenvio por meios eletrónicos ou por carta ou postal de resposta sem franquia, devidamente autorizada.

XXIII – Para a instrução de procedimentos administrativos *é suficiente a cópia simples*, em suporte digital ou de papel, de documento autêntico ou autenticado, mas pode ser exigida a exibição de original ou documento autenticado nos casos em que tal resulte de lei especial ou, para conferência, quando haja *dúvidas fundadas* acerca do conteúdo ou autenticidade da cópia simples, devendo para o efeito ser fixado um prazo não inferior a cinco dias úteis. O funcionário declara a sua conformidade com o original, mediante aposição da sua rubrica na cópia simples ou mediante declaração em documento autónomo.

XXIV – Se o documento autêntico ou autenticado constar de arquivo de serviço público, a conformidade da respetiva cópia simples com o original decorre, automaticamente, de menção expressa no próprio documento, quando este seja originariamente digital; ou de declaração de conformidade do dirigente competente do respetivo arquivo, através de assinatura na cópia simples, ou em documento autónomo. As cópias simples de documentos, reconhecidas nestes termos, não produzem, no entanto, fé pública.

XXV – Os serviços e organismos da Administração Pública devem assegurar, entre si, a partilha de dados e ou documentos públicos necessários a um determinado processo ou prestação de serviços, em respeito pelas regras relativas à proteção de dados pessoais.

XXVI – Deve ser promovida a criação de certidões permanentes *online* ou mecanismos de consulta de dados eletrónicos por via da plataforma iAP, reduzindo-se ao mínimo a necessidade de entrega de documentos instrutórios por parte dos cidadãos.

XXVII – Sem prejuízo do disposto em lei especial, as taxas, emolumentos ou outros encargos devidos pela correspondente atividade administrativa dos serviços e organismos da Administração que disponibilizem documentos ou informação nos termos dos números anteriores, são cobrados pelo serviço ou organismo ao qual foi dado consentimento para a obtenção oficiosa desses documentos ou informações.

XXVIII – Os elogios, sugestões e reclamações dos utentes relativos aos serviços prestados por um serviço ou organismo da Administração Pública e às pessoas que o tenham prestado, são feitos *online* em plataformas próprias disponibilizadas na Internet.

XXIX – A divulgação dos sítios na Internet onde são disponibilizadas as plataformas referidas no número anterior deve ser feita em todos os serviços públicos e em todos os serviços *online*, de forma bem visível para o utente. A AMA, I. P., disponibiliza uma plataforma na Internet destinada a acolher os elogios, sugestões e reclamações dos serviços e organismos da Administração Pública que não tenham uma plataforma específica para o efeito.

XXX – Devem ser disponibilizados meios informáticos que permitam aos utentes, querendo, apresentar *online*, no próprio local de atendimento, elogios, sugestões e reclamações. Nos locais de atendimento ao público são disponibilizados, como meios subsidiários de apresentação de elogios, sugestões e reclamações, a caixa de sugestões e elogios, bem como o livro de reclamações, devendo ser utilizados apenas quando seja impossível ou inconveniente a apresentação *online* dos mesmos.

Vide ainda a anotação ao art. 14º.

JURISPRUDÊNCIA:

Ac. TCAN, de 25/01/2019, Proc. n.º 01775/18.6BEBRG

1 – Nos termos do artigo 104.º do CPTA "quando não seja dada integral satisfação a pedidos formulados no exercício do direito à informação procedimental ou do direito de acesso aos arquivos e registos administrativos, o interessado pode requerer a intimação da entidade administrativa competente" para a prestação de informações, consulta de processos ou passagem de certidões.

2 – Neste contexto, o CPA consagra o direito dos interessados de serem informados pela Administração, sempre que o requeiram, sobre o andamento dos procedimentos em que sejam diretamente interessados, no prazo de 10 dias, abrangendo as informações a prestar os atos e diligências praticados, as decisões adotadas e quaisquer outros elementos solicitados (artigo 61.º), bem como a obter certidão dos documentos que constem dos processos (artigo 62.º, n.º 3) e certificados de dados constantes de documentos do processo (artigo 61.º, n.º 2).

3 – A procedência do presente meio depende pois da verificação dos seguintes requisitos:

a) A qualidade de interessado do Requerente;

b) A existência de um pedido prévio à interposição da intimação dirigido à Administração solicitando a prestação de informação, a emissão de certidão, ou a consulta do processo;

c) Que a Administração, por omissão ou recusa, não tenha prestado a "informação" solicitada no prazo legal;

d) Que o Requerente intime judicialmente a Administração no prazo processual de 20 dias;

e) Que não ocorram limites, restrições, exceções constitucionais e/ou legais justificativas de recusa da administração em prestar a "informação" solicitada.

4 – Não se estando em presença de matéria confidencial ou que se possa configurar como relativa a dados pessoais de natureza íntima, como seriam, por exemplo, os dados genéticos, de saúde ou que se prendessem com a vida sexual, bem como os relativos às convicções políticas, filosóficas ou religiosas, que pudessem traduzir-se numa invasão da reserva da vida privada, mas antes perante meros registos administrativos, não se mostra admissível a recusa na prestação de informações.

5 – Informações relativas ao modo como terão sido concretizadas avaliação de desempenho de docentes em determinados anos letivos, não configuram manifestamente dados pessoais, pelo que não podem gozar do regime de proteção de dados pessoais, pois que estamos em presença de meras questões relativas à avaliação dos docentes e ao seu reposicionamento remuneratório e funcional, sendo questões saudavelmente públicas, não se podendo consubstanciar como documentos de natureza nominativa, em homenagem aos princípios da transparência e da publicidade.

Artigo 62º – Balcão único eletrónico

1 – Sempre que um procedimento administrativo se possa iniciar e desenvolver através de um balcão eletrónico, este deve designadamente proporcionar:

a) Informação clara e acessível a qualquer interessado sobre os documentos necessários para a apresentação e instrução dos correspondentes pedidos e condições para a obtenção dos efeitos jurídicos pretendidos com o pedido;

b) Meios de consulta eletrónica do estado dos pedidos;

c) Meios de pagamento por via eletrónica das taxas devidas, quando seja caso disso;

d) Informação completa sobre a disciplina jurídica dos procedimentos administrativos que se podem realizar através do balcão eletrónico em causa;

e) Endereço e contacto da entidade administrativa com competência para a direção do procedimento administrativo em causa;

f) Informação sobre os meios de reação judiciais e extrajudiciais de resolução de eventuais litígios.

2 – Os balcões eletrónicos devem poder intermediar nos procedimentos a serem desenvolvidos entre os interessados e as autoridades administrativas competentes, recebendo os atos de uns e outros, mediante a entrega do correspondente recibo, e transmitindo-o imediatamente.

3 – O tempo que medeia entre a receção pelo balcão eletrónico dos documentos apresentados e a sua entrega ao destinatário é descontado nos prazos procedimentais em caso de justo impedimento, designadamente quando ocorra, de modo comprovado, uma interrupção técnica do funcionamento dos meios eletrónicos indispensáveis à transmissão, que não seja imputável ao órgão competente.

4 – Salvo o disposto em lei especial, os balcões eletrónicos asseguram a emissão automatizada de atos meramente certificativos e a notificação de decisões que incidam sobre os requerimentos formulados através daquele suporte eletrónico.

5 – Sem prejuízo do exercício imediato dos direitos ou interesses legalmente protegidos do interessado no procedimento, não são devidas taxas quando, sempre que tal esteja legalmente previsto, os respetivos valores ou fórmulas de cálculo não sejam introduzidos nas plataformas eletrónicas no âmbito das quais correm os procedimentos a que dizem respeito.

6 – As taxas referidas no número anterior são, porém, devidas sempre que:

a) A falta de introdução dos respetivos valores ou fórmulas de cálculo nas plataformas a que se refere o número anterior não seja imputável à entidade destinatária das taxas; e

b) No prazo de cinco dias contados do início do procedimento, sejam inseridos os respetivos valores ou fórmulas de cálculo nas plataformas e notificado o interessado para proceder ao seu pagamento.

ANOTAÇÃO:

O legislador cria a possibilidade de serem prestadas informações e correrem processos através do balcão único eletrónico. A opção tomada, ou seja, o uso e funcionamento do balcão único eletrónico, será regulado por lei ou por regulamento As várias alíneas do nº 1 vêm, no entanto, atribuir já um conjunto de funções e procedimentos ao balcão, enquanto o nº 2 vem reforçar o uso dos meios eletrónicos, impondo-o como um dever e já não como uma opção como a que ocorre no nº 1 do art. 61º.

Para os devidos e legais efeitos, nomeadamente de prova e de contagem de prazos, os balcões eletrónicos devem emitir um recibo de receção de documentos, assim como efetuar a produção automatizada de atos unicamente certificativos, bem como a notificação de decisões que recaiam sobre os requerimentos efetuados através daquele suporte eletrónico.

Determina-se, ainda, que o tempo que dista entre a receção pelo balcão eletrónico dos documentos e a sua entrega ao destinatário é descontado nos prazos procedimentais.

Quando a Administração Pública pode cobrar taxas, (exceção à regra geral do artigo 15º), quer os valores quer as fórmulas de cálculo deverão constar nas respetivas plataformas eletrónicas, exceto se no prazo de cinco dias contados do início do procedimento, forem inscritos os respetivos valores ou fórmulas de cálculo nas plataformas e o interessado for notificado para proceder ao seu pagamento. No entanto, se a não introdução dos valores ou formas de cálculo nas plataformas decorrer de facto não imputável à entidade destinatária das taxas, estas já serão devidas.

Através dos Pareceres 73/2013 e 37/2014 a Comissão Nacional de Proteção de dados pronunciou-se sobre o balcão único eletrónico.

Vide em particular a anotação ao artigo 14º.

JURISPRUDÊNCIA:

Ac. TCAN, de 25/01/2019, Proc. n.º 01775/18.6BEBRG

1 – Nos termos do artigo 104.º do CPTA "quando não seja dada integral satisfação a pedidos formulados no exercício do direito à informação procedimental ou do direito de acesso aos arquivos e registos administrativos, o interessado pode requerer a intimação da entidade administrativa competente" para a prestação de informações, consulta de processos ou passagem de certidões.

2 – Neste contexto, o CPA consagra o direito dos interessados de serem informados pela Administração, sempre que o requeiram, sobre o andamento dos procedimentos em que sejam diretamente interessados, no prazo de 10 dias, abrangendo as informações a prestar os atos e diligências praticados, as decisões adotadas e quaisquer outros elementos solicitados (artigo 61.º), bem como a obter certidão dos documentos que constem dos processos (artigo 62.º, n.º 3) e certificados de dados constantes de documentos do processo (artigo 61.º, n.º 2).

3 – A procedência do presente meio depende pois da verificação dos seguintes requisitos:

a) A qualidade de interessado do Requerente;

b) A existência de um pedido prévio à interposição da intimação dirigido à Administração solicitando a prestação de informação, a emissão de certidão, ou a consulta do processo;

c) Que a Administração, por omissão ou recusa, não tenha prestado a "informação" solicitada no prazo legal;

d) Que o Requerente intime judicialmente a Administração no prazo processual de 20 dias;

e) Que não ocorram limites, restrições, exceções constitucionais e/ou legais justificativas de recusa da administração em prestar a "informação" solicitada.

4 – Não se estando em presença de matéria confidencial ou que se possa configurar como relativa a dados pessoais de natureza íntima, como seriam, por exemplo, os dados genéticos, de saúde ou que se prendessem com a vida sexual, bem como os relativos às convicções políticas, filosóficas ou religiosas, que pudessem traduzir-se numa invasão da reserva da vida privada, mas antes perante meros registos administrativos, não se mostra admissível a recusa na prestação de informações.

5 – Informações relativas ao modo como terão sido concretizadas avaliação de desempenho de docentes em determinados anos letivos, não configuram manifestamente dados pessoais, pelo que não podem gozar do regime de proteção de dados pessoais, pois que estamos em presença de meras questões relativas à avaliação dos docentes e ao seu reposicionamento remuneratório e funcional, sendo questões saudavelmente públicas, não se podendo consubstanciar como documentos de natureza nominativa, em homenagem aos princípios da transparência e da publicidade.

Artigo 63º – Comunicações por telefax, telefone ou meios eletrónicos

1 – Salvo disposição legal em contrário, as comunicações da Administração com os interessados ao longo do procedimento só podem processar-se através de telefax, telefone ou correio eletrónico mediante seu prévio consentimento, prestado por escrito, devendo o interessado, na sua primeira intervenção no procedimento ou posteriormente, indicar,

para o efeito, o seu número de telefax, telefone ou a identificação da caixa postal eletrónica de que é titular, nos termos previstos no serviço público de caixa postal eletrónica.

2 – Presume-se que o interessado consentiu na utilização de telefax, de telefone ou de meios eletrónicos de comunicação quando, apesar de não ter procedido à indicação constante do número anterior, tenha estabelecido contacto regular através daqueles meios.

3 – As comunicações da Administração com pessoas coletivas podem processar-se através de telefax, de telefone ou de meios eletrónicos, sem necessidade de consentimento, quando sejam efetuadas para plataformas informáticas com acesso restrito ou para os endereços de correio eletrónico ou número de telefax ou de telefone indicados em qualquer documento por elas apresentado no procedimento administrativo.

ANOTAÇÃO:

Este artigo, começa por referir-se, no nº 1, ao Serviço Público de Caixa Postal Eletrónica (CPE), que nos termos da Lei do Comércio Eletrónico.

No nosso país, existe apenas um serviço de caixa postal eletrónica de caráter público que se encontra concessionado aos CTT e é designado por «Serviço ViaCTT».

O «ViaCTT» é uma caixa postal eletrónica que funciona como um recetáculo de correio digital. De notar que, os CTT apenas podem carregar na CPE documentos de entidades previamente autorizadas, ou seja, subscritas, pelos cidadãos ou empresas.

A adesão às notificações eletrónicas é de caráter obrigatório para todos os sujeitos passivos de IRC e para os sujeitos passivos residentes, enquadrados no regime normal de IVA.

Os sujeitos passivos obrigados a possuir caixa postal eletrónica têm o dever de comunica-la à Autoridade Tributária e Aduaneira (AT) no prazo de 30 dias, a contar da data do início de atividade ou da data do início do enquadramento no regime normal do IVA, quando o mesmo ocorra por alteração. Por cada sujeito passivo é atribuída apenas uma caixa postal eletrónica. Do mesmo modo, o nº 1 do presente artigo vem estabelecer que, salvo disposição legal em contrário, as comunicações eletrónicas da Administração com os interessados far-se-ão através da caixa postal eletrónica. O legislador, além de não ter regulamentado os requisitos para a utilização da caixa de correio eletrónico, ao invés do que consagrou para a administração tributária, veio, através do nº 2, estabelecer a presunção de consentimento do interessado, abrindo, deste modo, a possibilidade de ser utilizado qualquer endereço eletrónico através do qual o interessado tenha estabelecido contacto regular com a Administração. Assim, tendo em consideração que, nos termos do art. 113º, nº 5, a notificação considera-se efetuada, no caso de correio eletrónico, no momento em que o destinatário aceda ao e-mail endereçado, afigura-se-nos muito complicada ou até impossível a demonstração do momento em que tal acesso ocorreu.

Inevitavelmente, a Administração continuará a ter de usar carta registada, pelo menos nos casos em que o interessado não seja uma empresa.

Acresce que, ao estabelecer-se a obrigatoriedade de consentimento prévio na transmissão via telefax ou meios eletrónicos vai, no que diz respeito ao telefax, acarretar um significativo aumento da burocracia e de custos dado que este tipo de comunicação se processa através de "papel e tinta". Além disso obriga a administração a fazer arquivo de todas as autorizações prévias emitidas pelo cidadão interessado, na medida em que este pode, a todo o tempo, alegar que não prestou esse consentimento prévio.

Por outro lado, a presunção do nº 2 não pode dar-se no primeiro contacto da Administração com o interessado. O contacto inicial através de correio eletrónico, de telefax ou de telefone nunca poderá ocorrer por parte da Administração, pois esta não tem o consentimento do interessado, nem detém em seu poder comunicações anteriores que lhe permitam beneficiar da presunção prevista. Assim, o primeiro contacto, por uma destas vias, só pode ocorrer quando seja efetuado para plataformas informáticas, com acesso restrito ou para os endereços de correio eletrónico, número de telefax ou de telefone, indicados pelo interessado no âmbito do procedimento administrativo.

O nº 3 vem estabelecer que as comunicações da Administração com as pessoas coletivas não necessitam de consentimento quando sejam levadas a cabo por plataformas informáticas com acesso restrito ou ainda para os emails ou número de telefax ou telefone indicados em qualquer documento apresentado no procedimento administrativo. Aqui, estamos perante uma limitação inconcebível à operacionalidade da administração, na medida em que o legislador, ao admitir apenas os contactos «indicados em qualquer documento apresentado no procedimento administrativo», deixou de fora da previsão legal a possibilidade da Administração poder socorrer-se de outras formas de obtenção de contactos como é o caso da página oficial da empresa na internet.

Vide em particular a anotação ao art. 14º.

JURISPRUDÊNCIA:

Ac. STA de 26-5-2010, Proc. 990/09

I – Nos termos do disposto no art. 102º/2 do DL nº 555/99, de 16/12, o acto juridicamente relevante para determinar a paralisação de uma obra é o da sua notificação, o qual tem ser feito obrigatoriamente nas pessoas do responsável pela sua direcção técnica no local e do titular do alvará de licença ou autorização. Sem a notificação dessas pessoas o embargo não está apto a produzir todos os seus efeitos.

II – Aquela formalidade é, também, determinante para identificar o termo a quo do prazo da impugnação judicial do acto que ordenou o embargo.

III – Essa notificação pode ser, no entanto, dispensada quando "o interessado, através de qualquer intervenção no procedimento, revele perfeito conhecimento do conteúdo dos actos em causa", isto é, quando seja certo e seguro que, apesar da omissão dessa formalidade, aquela intervenção permitiu ao interessado conhecer o acto e os elementos que obrigatoriamente têm de lhe ser transmitidos (os identificados no art. 70º do CPA), contando-se, neste caso, os prazos de impugnação a partir do dia imediato àquele em que ocorreu intervenção (art. 67º/1b) e 2 do CPA).

IV – Nos termos do art. 7 do DL nº 555/99 a execução das operações urbanísticas, com excepção das promovidas pelos municípios, está sujeita a parecer prévio não vinculativo da câmara municipal.

V – O conceito de operações urbanísticas referido naquele normativo engloba todas as operações de utilização do solo e as edificações nele implantadas, desde que elas não se destinem a fins exclusivamente agrícolas, pecuários, florestais, mineiros ou de abastecimento público de água, e, se assim é, o mesmo não pode deixar de abranger as obras de edificação e de utilização dos solos promovidas pelos concessionárias de serviços públicos – designadamente a incorporação no solo, com carácter de permanência, de parte das infra estruturas e a aplicação no exterior do edifício de diversas tubagens – com vista à prossecução do seu objectivo.

Ac. STA de 3-4-2008, Proc. 272/07

I – O prazo de interposição de recurso contencioso de acto administrativo expresso, sujeito a notificação e publicação obrigatórias, conta-se a partir da data da verificação do último destes actos de comunicação.

II – Assim, apesar de notificado um tal acto ao interessado, o prazo para o correspondente recurso contencioso, previsto no artigo 28, número 1, aliena a), da Lei de Processo nos Tribunais Administrativos, não se inicia sem que ocorra a respectiva publicação, nos termos legalmente exigidos.

III – O despacho de vereador camarário, que, sob invocação dos artigos 111 e 112 do Código do Procedimento Administrativo, declara deserto e determina, por inutilidade superveniente, a extinção e consequente arquivamento de processo de licenciamento de obras, com fundamento em que o requerente do licenciamento não cumpriu condição anteriormente imposta e em que, para o local das obras a licenciar, outro interessado apresentara, entretanto, novo projecto de construção, constituiu acto administrativo, susceptível de impugnação contenciosa.

Artigo 64º – Documentação das diligências e integridade do processo administrativo(*)

1 – Das diligências realizadas oralmente são lavrados autos e termos, que devem conter a menção dos elementos essenciais e da data e lugar da realização da diligência a que respeitam.

2 – O processo administrativo é preferencialmente desmaterializado, através de ferramentas que permitam a inclusão dos documentos que nele são incorporados e impeçam a sua violação e extravio.

3 – As ferramentas eletrónicas devem assegurar a autenticação dos intervenientes no procedimento e, nos casos em que tal não seja possível, o órgão responsável pela direção do procedimento deve assinar digitalmente o processo, de forma a garantir a integridade e a inviolabilidade do mesmo.

4 – Nos casos em que, excecionalmente, o processo administrativo seja suportado em papel, é autuado e paginado de modo a facilitar a inclusão dos documentos que nele são sucessivamente incorporados e a impedir o seu extravio, devendo o órgão responsável pela direção do procedimento rubricar todas as suas folhas e podendo os interessados e seus mandatários rubricar quaisquer folhas do mesmo.

ANOTAÇÃO:

Este artigo regula os termos das diligências orais (nº 1), e em suporte de papel (nº 2), impondo que os mesmos sejam autuados e paginados para impedir o seu extravio e para facilitar a eventual inclusão de documentos (nº 2), devendo o responsável pela direção do procedimento rubricar todas as folhas do processo conferindo ex novo o direito a que, quer os interessados quer os seus mandatários possam, também eles, rubricar qualquer das folhas do processo administrativo (nº 3). Naturalmente que, estas regras não se aplicam ao processo administrativo, em suporte eletrónico, que é definido em diploma próprio (nº 4).

(*) A redação do presente artigo foi alterada pelo artigo 8º da Lei nº 72/2020, de 16 de Novembro, que veio estabelecer um regime transitório de simplificação de procedimentos administrativos e alterar o Código do Procedimento Administrativo.

CAPÍTULO II – Da relação jurídica procedimental

SECÇÃO I – Dos sujeitos do procedimento

Artigo 65º – Sujeitos da relação jurídica procedimental

1 – São sujeitos da relação jurídica procedimental:

a) Os órgãos das entidades referidas no nº 1 do artigo 2º, quando competentes para a tomada de decisões ou para a prática de atos preparatórios;

b) Os particulares legitimados nos termos do nº 1 do artigo 68º;

c) Pessoas singulares e coletivas de direito privado, em defesa de interesses difusos, segundo o disposto nos nºs 2 e 3 do artigo 68º;

d) Os órgãos que exerçam funções administrativas, nas condições previstas no nº 4 do artigo 68º

2 – Para efeitos do disposto no presente Código, consideram-se interessados no procedimento os sujeitos da relação jurídica procedimental referidos nas alíneas *b)*, *c)* e *d)* do número anterior que como tal nele se constituam, ao abrigo de um dos títulos de legitimação previstos no artigo 68º

ANOTAÇÃO:

Este artigo identifica não só os sujeitos públicos na relação jurídica procedimental (nº 1) como aqueles que são "interessados" (nº 2).

Como foi, desde logo, pertinentemente referido no projeto, a versão anterior do CPA dava-nos uma conceção do objeto do direito administrativo como sendo, quase em exclusivo, a titularidade e o exercício do *ius imperii* por parte do Estado. Concedia-se ao particular, numa visão tipicamente ottomayeriana, o mero papel de súbdito. Esse estatuto era-lhe atribuído pela lei que pouco mais lhe reservava que o papel de destinatário desses poderes.

Esta nova abordagem da relação jurídica procedimental, que coloca em paralelo o cidadão e a administração "quase" como iguais na titularidade de situações jurídicas subjetivas, era uma velha aspiração que corresponde ao moderno direito administrativo e que foi finalmente consagrada.

Diversamente do plasmado nos artigos 20º e seguintes do Código, o presente artigo trata dos sujeitos da relação jurídica procedimental. O que está em apreço é somente o tratamento em termos procedimentais dos sujeitos da relação jurídica. Em relação a estes, saliente-se que são reconhecidas, como uma das modalidades das relações jurídicas procedimentais, as relações procedimentais entre órgãos de Administração Pública, respetivamente, com vista a exercerem poderes públicos e de figurarem como titulares ou garantes de situações jurídicas efetivadas através do exercício desses mesmos poderes, pelo que não é adequado englobar estes órgãos dentro do conceito de "sujeitos privados". Aliás, o legislador inseriu-os no conceito de "interessados na relação jurídica procedimental" (cf. alínea *d)* do nº 1 do artigo 65º e do nº 4 do artigo 68º).

Os sujeitos da relação jurídica procedimental referidos nos números 2, 3 e 4 serão "interessados no procedimento" se nele se constituam como tal, no âmbito de um dos títulos de legitimação previstos no artigo 68º.

Mantém-se na relação jurídica procedimental a já velha designação de "interessados", isto é: interessados na relação jurídica procedimental.

Para identificar alguém como sujeito de relações jurídicas procedimentais não basta que alguém particular seja titular de interesse envolvido na *materia decidendi,* já que é necessária uma intervenção formal, ocorra ela por iniciativa própria ou através convocação da administração.

Artigo 66º – Auxílio administrativo

1 – Para além dos casos em que a lei imponha a intervenção de outros órgãos no procedimento, o órgão competente para a decisão final deve, por iniciativa própria, por proposta do responsável pela direção do procedimento ou a requerimento de um sujeito privado da relação jurídica procedimental, solicitar o auxílio de quaisquer outros órgãos da Administração Pública, indicando um prazo útil, quando:

a) O melhor conhecimento da matéria relevante exija uma investigação para a qual o órgão a quem é dirigida a solicitação disponha de competência exclusiva ou de conhecimentos aprofundados aos quais o órgão solicitante não tenha acesso;

b) Só o órgão a quem é dirigida a solicitação tenha em seu poder documentos ou dados cujo conhecimento seja necessário à preparação da decisão;

c) A instrução requeira a intervenção de pessoal ou o emprego de meios técnicos de que o órgão competente para a decisão final não disponha.

2 – À comunicação de documentos ou dados solicitados nos termos do número anterior aplicam-se as restrições fixadas na legislação sobre o acesso aos documentos administrativos.

3 – Em caso de recusa de auxílio administrativo requerido nos termos do nº 1, ou de dilação na sua prestação, a questão é resolvida, consoante o caso, pela autoridade competente para a resolução de conflitos de atribuições ou de competência entre os órgãos solicitante e solicitado ou, não a havendo, por órgão que exerça poderes de direção, superintendência ou tutela sobre o órgão solicitado.

ANOTAÇÃO:

Este artigo consagra, pela primeira vez, como um dever, a solicitação de auxílio administrativo, quando se verifiquem as razões enumeradas no próprio artigo ou em eventual lei para a qual a alínea *a)* remete.

Esta figura inspira-se no *Amtshilfe,* do direito alemão que tem um forte papel incentivador no sentido de incrementar as relações e a colaboração inter-institucional.

A figura da *Amtshilfe* prevista no procedimento administrativo alemão (*verwaltungsverfahrensgesetz*), decorre do comando constitucional inscrito no art. 35º da constituição germânica. A ordem consagrada vai no sentido do poder discricionário da Administração, mas somente quando a lei não preveja outro concreto regime.

O art. 5º da *verwaltungsverfahrensgesetz* determina, de forma não taxativa, casos em que pode ter lugar o auxílio administrativo de que são exemplo, o impedimento legal do órgão; a falta de recursos (humanos ou técnicos) ou o aconselhamento técnico.

Entre nós o auxílio administrativo pode ter lugar em três situações, são elas: necessidade de investigação para o qual o órgão solicitado tenha competência exclusiva ou conhecimentos especiais que permitam um melhor conhecimento da questão em apreço; Quando o órgão solicitado possua documentos ou elementos relevantes que sejam indispensáveis à emissão da decisão ou, por fim, quando seja necessária a intervenção de meios humanos ou técnicos de que o órgão com competência para a decisão final não disponha.

Resulta, também, do presente preceito legal a aplicação da lei relativa ao acesso aos documentos da Administração Pública.

Em caso de recusa de prestação de auxílio administrativo, essa recusa deve ser fundamentada, devendo procede-se à notificação dessa recusa.

Perante a recusa de prestação de auxílio administrativo, o legislador consagrou, ao remeter, estranhamente, ex vi do nº 3, para os artigos 51º e 52º, duas soluções distintas conforme se trate de conflito de atribuições ou de competências. Se, quer o órgão solicitante quer o órgão solicitado integrarem o mesmo ministério aplicar-se-á o nº 2 do art. 51º que determina que resolva o conflito o órgão de menor categoria hierárquica que exerça poderes de superintendência sobre os órgão em contenda. Se, no entanto, os órgãos envolvidos pertencerem a ministérios diferentes a questão será dirimida como manda o artigo 51º, nº 1 nos termos aí estipulados, ou seja através dos tribunais administrativos.

O nº 2 garante o sigilo, remetendo o acesso aos documentos administrativos para o regime geral previsto em lei própria. Sobre esta questão em especial *vide* nota aos arts. 17º e 18º.

O nº 3 remete a competência decisória, estipulada no código, para os conflitos de jurisdição e competência, nos casos de recusa do auxílio solicitado ou de dilação excessiva na sua prestação.

Em suma, um órgão da Administração pode solicitar a instrução do procedimento a outro órgão administrativo que se encontre em melhores condições de o fazer.

Cfr. Acordão do Tribunal Constitucional nº 117/2015 de 12-02-2015 (P. 682/12) – 7-ABR-2015 – que decide julgar inconstitucional a norma da Lei de Acesso aos Documentos Administrativos, quando interpretada no sentido de abranger apenas as empresas públicas que emergem diretamente do Estado, excluindo as empresas públicas criadas por outras empresas públicas.

JURISPRUDÊNCIA:

Ac. TCAS, Ac. de 16 de Junho de 2015

Estando em causa o acesso a documentos de matéria técnica e de engenharia exclusiva de uma empresa, é de indeferir o pedido de informação sobre a evolução da rede de televisão digital terrestre feito pela Associação Portuguesa para a Defesa do Consumidor

SECÇÃO II – Dos interessados no procedimento

Artigo 67º – Capacidade procedimental dos particulares

1 – Os particulares têm o direito de intervir pessoalmente no procedimento administrativo ou de nele se fazer representar ou assistir através de mandatário.

2 – A capacidade de intervenção no procedimento, salvo disposição especial, tem por base e por medida a capacidade de exercício de direitos

segundo a lei civil, a qual é também aplicável ao suprimento da incapacidade.

ANOTAÇÃO:

Corresponde com significativas alterações ao art. 52º do anterior CPA.

O artigo em apreço refere-se à intervenção procedimental dos particulares que tenham a qualidade jurídica de interessados, abrangendo esta, naturalmente os procedimentos individuais e os coletivos.

O particular pode, nos termos gerais, fazer-se representar no procedimento por advogado a quem sejam conferidos poderes para os atos mandatados. Nessa circunstância o mandatário passará a ser o interlocutor de todos os atos procedimentais. O particular pode ainda socorrer-se de peritos por si nomeados, sendo deste a responsabilidade pela remuneração e despesas dos mesmos.

Este artigo confere aos particulares o direito de intervir, pessoalmente, no procedimento administrativo ou nele se fazer representar por mandatário (nº 1). A capacidade de intervenção dos particulares afere-se pelas disposições do Código Civil relativas à capacidade de exercício de direitos e ao suprimento da incapacidade (nº 2), nos termos previstos nos arts. 67º, 69º, 123º, 124º, 127º, 138º, 139º 160º do código civil português.

Disposições pertinentes do Código Civil:

Artigo 67º – (Capacidade jurídica)

As pessoas podem ser sujeitos de quaisquer relações jurídicas, salvo disposição legal em contrário: nisto consiste a sua capacidade jurídica.

Artigo 69º – (Renúncia à capacidade jurídica)

Ninguém pode renunciar, no todo ou em parte, à sua capacidade jurídica.

Artigo 123º – (Incapacidade dos menores)

Salvo disposição em contrário, os menores carecem de capacidade para o exercício de direitos.

Artigo 124º – (Suprimento da incapacidade dos menores)

A incapacidade dos menores é suprida pelo poder paternal e, subsidiariamente, pela tutela, conforme se dispõe nos lugares respectivos.

Artigo 127º – (Excepções à incapacidade dos menores)

1. São excepcionalmente válidos, além de outros previstos na lei:

a) Os actos de administração ou disposição de bens que o maior de dezasseis anos haja adquirido por seu trabalho;

b) Os negócios jurídicos próprios da vida corrente do menor que, estando ao alcance da sua capacidade natural, só impliquem despesas, ou disposições de bens, de pequena importância;

c) Os negócios jurídicos relativos à profissão, arte ou ofício que o menor tenha sido autorizado a exercer, ou os praticados no exercício dessa profissão, arte ou ofício.

2. Pelos actos relativos à profissão, arte ou ofício do menor e pelos actos praticados no exercício dessa profissão, arte ou ofício só respondem os bens de que o menor tiver a livre disposição.

Artigo 138º – (Pessoas sujeitas a interdição)

1. Podem ser interditos do exercício dos seus direitos todos aqueles que por anomalia psíquica, surdez-mudez ou cegueira se mostrem incapazes de governar suas pessoas e bens.

2. As interdições são aplicáveis a maiores; mas podem ser requeridas e decretadas dentro do ano anterior à maioridade, para produzirem os seus efeitos a partir do dia em que o menor se torne maior.

3. (Revogado pelo Decreto-Lei nº 496/77, de 25 de Novembro).

Artigo 139º – (Capacidade do interdito e regime da interdição)

Sem prejuízo do disposto nos artigos seguintes, o interdito é equiparado ao menor, sendo-lhe aplicáveis, com as necessárias adaptações, as disposições que regulam a incapacidade por menoridade e fixam os meios de suprir o poder paternal.

Artigo 160º – (Capacidade)

1. A capacidade das pessoas colectivas abrange todos os direitos e obrigações necessários ou convenientes à prossecução dos seus fins.

2. Exceptuam-se os direitos e obrigações vedados por lei ou que sejam inseparáveis da personalidade singular.

JURISPRUDÊNCIA:

Ac. TCAS de 26-11-2020, Proc. 1940/19.9BELSB

I – O mandato forense é mandato especial que inclui os poderes gerais de representação, seja em juízo, seja no âmbito de procedimentos administrativos. Por via do indicado contrato de mandato forense são conferidos ao mandatário poderes para representar o respectivo mandante em todos os actos e termos de qualquer processo e respectivos incidentes, mesmo perante tribunais superiores, pleiteando em juízo. Esse mesmo mandato confere poderes de representação geral no âmbito de quaisquer procedimentos administrativos. Por via do indicado mandato forense o mandatário passa a ter poderes para praticar actos jurídicos em nome do mandante;

II – Os arts. 67.º e 111.º do Código do Procedimento Administrativo (CPA) permitem que os interessados se façam representar no procedimento – ainda em aberto ou já concluído – por mandatário constituído e determinam que quando o interessado assim esteja representado, as notificações que devem ser feitas na sua pessoa passem a ser feitas ao seu mandatário;

III – O acto (jurídico) de receber uma notificação no âmbito de um procedimento administrativo deve ser entendido como se enquadrando no âmbito dos "actos de administração ordinária" – cf. art. 1159.º do CC;

IV – Trata-se também de um acto para o qual a lei não exige que se confiram poderes especiais ao representante quando advogado. Diversamente, atendendo ao consignado no art. 111.º do CPA estão incluídos nos poderes gerais do mandatário constituído no procedimento administrativo os poderes para receber notificações (da Administração) em nome e em representação do mandante;

V – Os actos que imponham deveres, encargos, ónus, sujeições ou sanções, que causem prejuízos ou restrinjam direitos e interesses legalmente protegidos, ou afectem condições do seu exercício devem ser notificados pessoalmente aos seus destinatários, interessados e só lhes são oponíveis após tal notificação. Porém, estando esse destinatário, interessado, representado no procedimento através do seu mandatário forense, devidamente constituído, essa notificação pessoal deve ser feita na pessoa desse mandatário, que o representa para efeitos de receber as notificações da Administração, conforme art. 111.º do CPA:

VI – Nos termos dos arts. 112.º, n.º 1, al. c) e 113.º, n.º 5, do CPA, a Administração pode proceder a notificações por correio electrónico;

VII – A imperfeição da notificação não equivale à omissão da notificação e não torna inoponível o acto notificado caso seja comunicado pela Administração o sentido e alcance do acto administrativo. Conforme o art. 60.º, n.º 1, do CPTA, o acto administrativo só deixa de ser oponível ao particular quando a notificação ou a publicação não dêem a conhecer o sentido da decisão.

Artigo 68º – Legitimidade procedimental

1 – Têm legitimidade para iniciar o procedimento ou para nele se constituírem como interessados os titulares de direitos, interesses legalmente protegidos, deveres, encargos, ónus ou sujeições no âmbito das decisões que nele forem ou possam ser tomadas, bem como as associa-

ções, para defender interesses coletivos ou proceder à defesa coletiva de interesses individuais dos seus associados que caibam no âmbito dos respetivos fins.

2 – Têm, também, legitimidade para a proteção de interesses difusos perante ações ou omissões da Administração passíveis de causar prejuízos relevantes não individualizados em bens fundamentais como a saúde pública, a habitação, a educação, o ambiente, o ordenamento do território, o urbanismo, a qualidade de vida, o consumo de bens e serviços e o património cultural:

a) Os cidadãos no gozo dos seus direitos civis e políticos e os demais eleitores recenseados no território português;

b) As associações e fundações representativas de tais interesses;

c) As autarquias locais, em relação à proteção de tais interesses nas áreas das respetivas circunscrições.

3 – Têm, ainda, legitimidade para assegurar a defesa de bens do Estado, das regiões autónomas e de autarquias locais afetados por ação ou omissão da Administração, os residentes na circunscrição em que se localize ou tenha localizado o bem defendido.

4 – Têm igualmente legitimidade os órgãos que exerçam funções administrativas quando as pessoas coletivas nas quais eles se integram sejam titulares de direitos ou interesses legalmente protegidos, poderes, deveres ou sujeições que possam ser conformados pelas decisões que nesse âmbito forem ou possam ser tomadas, ou quando lhes caiba defender interesses difusos que possam ser beneficiados ou afetados por tais decisões.

ANOTAÇÃO:

Corresponde com significativas alterações ao art. 53º do anterior CPA.

A legitimidade procedimental resulta do conteúdo de determinados direitos e/ou interesses legalmente protegidos quer de pessoas singulares quer coletivas e, ainda, do exercício de determinadas atribuições e competências. Tal significa, portanto, que não é uma prorrogativa exclusiva do requerente e requerido, é, isso sim, um direito suscetível de ser exercido por uma multiplicidade de interessados sejam eles públicos ou privados. Na circunstância, a legitimidade afere-se apenas da qualidade de interessado *lato senso* interpretada no sentido de abarcar, também, como interessados os que detenham determinadas competências ou atribuições.

A defesa dos direitos, interesses legalmente protegidos, deveres, encargos, ónus ou sujeições no âmbito das decisões que nele foram ou possam vir a ser tomadas, pode ser levada a cabo de modo individual ou coletivo. A legitimidade para a defesa de interesses individualizados é singular. Por seu turno, a defesa dos direitos e interesses das pessoas coletivas faz-se normalmente de modo coletivo, através de associações. No entanto, há direitos coletivos que podem ser exercidos individualmente como é o caso da defesa de interesses difusos (pessoa individual ou coletiva, p.e. uma associação), dado não se tratar de interesses individualizados nem individualizáveis.

Este artigo vem estabelecer as regras sobre a legitimidade para iniciar o procedimento ou nele se constituir como interessado, prevendo um leque alargado de legítimos intervenientes.

REFERÊNCIAS BIBLIOGRÁFICAS:

M. Teixeira de Sousa, *A Legitimidade Popular na Defesa de Interesses Difusos*, Lisboa, 2003.

JURISPRUDÊNCIA:

Acórdão nº 118/97 do Tribunal Constitucional – Processo nº 31/94

I – Relatório

O Provedor de Justiça, ao abrigo do disposto no artigo 281º, n.os 1 e 2, alínea d), da Constituição da República Portuguesa, veio requerer ao Tribunal Constitucional a apreciação e declaração, com força obrigatória geral, da inconstitucionalidade da norma constante do nº 1 do artigo 53º do Código do Procedimento Administrativo, aprovado pelo Decreto-Lei nº 442/91, de 15 de Novembro, na parte em que nega às associações sindicais legitimidade para iniciar o procedimento administrativo e para nele intervir.

II – Decisão

Nestes termos, decide-se declarar, com força obrigatória geral, a inconstitucionalidade – por violação do artigo 56º, nº 1, da Constituição da República Portuguesa – da norma constante do nº 1 do artigo 53º do Código do Procedimento Administrativo, aprovado pelo Decreto-Lei nº 442/91, de 15 de Novembro, na parte em que nega às associações sindicais legitimidade para iniciar o procedimento administrativo e para nele intervir, seja em defesa dos interesses colectivos, seja em defesa colectiva de interesses individuais dos trabalhadores que representam.

SECÇÃO III – Das garantias de imparcialidade

Artigo 69º – Casos de impedimento

1 – Salvo o disposto no nº 2, os titulares de órgãos da Administração Pública e os respetivos agentes, bem como quaisquer outras entidades que, independentemente da sua natureza, se encontrem no exercício de poderes públicos, não podem intervir em procedimento administrativo ou em ato ou contrato de direito público ou privado da Administração Pública, nos seguintes casos:

a) Quando nele tenham interesse, por si, como representantes ou como gestores de negócios de outra pessoa;

b) Quando, por si ou como representantes ou gestores de negócios de outra pessoa, nele tenham interesse o seu cônjuge ou pessoa com quem viva em condições análogas às dos cônjuges, algum parente ou afim em linha reta ou até ao segundo grau da linha colateral, bem como qualquer pessoa com quem vivam em economia comum ou com a qual tenham uma relação de adoção, tutela ou apadrinhamento civil;

c) Quando, por si ou como representantes ou gestores de negócios de outra pessoa, tenham interesse em questão semelhante à que deva ser decidida, ou quando tal situação se verifique em relação a pessoa abrangida pela alínea anterior;

d) Quanto tenham intervindo no procedimento como perito ou mandatário ou hajam dado parecer sobre questão a resolver;

e) Quando tenha intervindo no procedimento como perito ou mandatário o seu cônjuge ou pessoa com quem viva em condições análogas às dos cônjuges, parente ou afim em linha reta ou até ao segundo grau da linha colateral, bem como qualquer pessoa com quem vivam em economia comum ou com a qual tenham uma relação de adoção, tutela ou apadrinhamento civil;

f) Quando se trate de recurso de decisão proferida por si, ou com a sua intervenção, ou proferida por qualquer das pessoas referidas na alínea *b)* ou com intervenção destas.

2 – Excluem-se do disposto no número anterior:

a) As intervenções que se traduzam em atos de mero expediente, designadamente atos certificativos;

b) A emissão de parecer, na qualidade de membro do órgão colegial competente para a decisão final, quando tal formalidade seja requerida pelas normas aplicáveis;

c) A pronúncia do autor do ato recorrido, nos termos do nº 2 do artigo 195º

3 – Sob pena das sanções cominadas pelos nºs 1 e 3 do artigo 76º, não pode haver lugar, no âmbito do procedimento administrativo, à prestação de serviços de consultoria, ou outros, a favor do responsável pela respetiva direção ou de quaisquer sujeitos públicos da relação jurídica procedimental, por parte de entidades relativamente às quais se verifique qualquer das situações previstas no nº 1, ou que hajam prestado serviços, há menos de três anos, a qualquer dos sujeitos privados participantes na relação jurídica procedimental.

4 – As entidades prestadoras de serviços no âmbito de um procedimento devem juntar uma declaração de que se não encontram abrangidas pela previsão do número anterior.

5 – Sempre que a situação de incompatibilidade prevista no nº 3 ocorrer já após o início do procedimento, deve a entidade prestadora de serviços comunicar desde logo o facto ao responsável pela direção do procedimento e cessar toda a sua atividade relacionada com o mesmo.

ANOTAÇÃO:

Corresponde ao art. 44 do anterior CPA.

Do presente artigo até ao art. 76º o legislador autonomizou as garantias de imparcialidade. Fê-lo, defendendo que as medidas que procuram limitar a parcialidade – a par da participação do cidadão (*audi alteram partem*) – constituem um dos pilares valorativos da dinâmica procedimental, precisamente a imparcialidade do decisor (p.e., *ex vi* do *nemo judex in causa sua*). Esta outra coluna do *due process* remonta, também ela, ao direito romano.

De notar que, a proibição de intervenção quando se trata de recurso de decisão, proferida pelo próprio, não é absoluta. Não o era na anterior versão do código (art. 172º) como não é atualmente, podendo, e devendo, o autor do ato ou da omissão pronunciar-se sobre o recurso, conforme determina o atual nº 2 do art. 195º.

Fundamentalmente e em suma, o que legislador se propõe estabelecer são os requisitos da participação administrativa na relação jurídica procedimental.

Sobre esta questão vide por todos o Ac. do STA de 1 de março de 1994 (pág. 668).

JURISPRUDÊNCIA:

Ac. TCAN de 29/03/2019, Proc. 01094/15.0BEAVR

I – A Autora invocou a invalidade decorrente da violação do artigo 69º/1/d) do CPA e dos princípios da justiça e da imparcialidade;

I.1 – argumentou para tanto, que o Coordenador do SIJ interveio no procedimento administrativo que culminou com o acto impugnado, em três fases distintas: como Director do serviço do SIJ, pois propôs a instauração do processo; na mesma qualidade subscreveu a proposta de decisão que recaiu no parecer elaborado pelo instrutor por si nomeado; na qualidade de membro da Comissão de Jogos, subscreveu e assinou a deliberação que a multa; que tal situação tem inerente a possibilidade de influência da decisão final;

I.2 – na sentença recorrida esta invalidade foi claramente identificada, analisada e afastada;

I.3 – já no que concerne à alegada omissão de pronúncia quanto à violação do princípio da participação, sendo certo que não tendo sido directamente invocada a violação deste princípio, por parte da Recorrente, a factualidade alegada e que poderia consubstanciar a sua violação, foi enfrentada aquando da pronúncia acerca da violação do direito de audiência prévia, razão pela qual é destituída de suporte a aventada nulidade (art. 615º/1/d) do CPC, ex vi art. 1º do CPTA);

I.4 – do exposto decorre que não vingando os vícios imputados à sentença sob escrutínio, ela terá de ser mantida na ordem jurídica.

Ac. STA de 23-4-2003, Proc. 651/03

I – O membro do júri legalmente impedido de intervir no concurso, está obrigado a comunicar logo esse facto ao presidente de júri, com vista à sua imediata substituição (nº 1 do art. 45º do CPA). Já não o interessado na declaração do impedimento, que não tem a obrigação, mas antes a faculdade de requerer essa declaração (nº 2 do mesmo preceito legal).

II – Sendo hoje facultativa a impugnação administrativa dos actos endoprocedimentais, nos termos dos art. 181º e 185º do CPA, a sua falta não impede a impugnação contenciosa desses actos.

III – Essa impugnação é feita na impugnação do acto final de adjudicação, atento o princípio da impugnação unitária.

IV – Estão legalmente impedidos de intervir como membros do júri, nos termos do art. 44º, nº 1, alínea a), os accionistas de uma das empresas concorrentes, por terem, por si, interesse no resultado do concurso.

V – O impedimento de qualquer membro do júri, porque faz recair sobre o mesmo a suspeita de parcialidade, atinge de invalidade qualquer acto em que aquele intervenha, antes ou depois do conhecimento público de quem são os concorrentes.

VI – Tendo intervindo na reunião que definiu os subcritérios e a ponderação dos critérios estabelecidos no Programa do Concurso e também no acto público de abertura e admissão das propostas, estes actos encontram-se viciados e são anuláveis nos termos do art. 51º do CPA.

VII – E aquela intervenção é susceptível de influenciar o acto final de adjudicação, já que a proposta escolhida é uma das admitidas no acto público e a adjudicação é feita segundo os subcritérios e a ponderação dos critérios definidos pelo júri integrado pelos membros impedidos.

VIII – O que tem por consequência, a invalidade do próprio acto de adjudicação.

Ac. STA de 17-11-2004, Proc. 2038/03

I – As normas constantes do art. 44º do CPA destinam-se, primordialmente, a assegurar a transparência e a imparcialidade da actividade administrativa, e abrangem nas suas proibições não só os órgãos e agentes com competência para proferir decisões, mas igualmente quem tem no procedimento outro tipo de "intervenção".

II – A al. g) do nº 1 é, além disso, inspirada pela preocupação de assegurar, nos recursos, o duplo grau de decisão e a função garantística do recurso hierárquico, visando também contribuir para a ponderação e correcção das decisões administrativas.

III – O preceito do art. 172º do CPA não conflitua com esta regra, devendo, no entanto, a intervenção do autor do acto hierarquicamente impugnado limitar-se a sustentar, esclarecer ou reparar a sua decisão – pois é essa a finalidade que o mesmo artigo serve.

IV – De harmonia com a citada al. g), não é legal a decisão de recurso hierárquico unicamente com base em informação/proposta subscrita por jurista dos serviços do órgão recorrido que já tinha elaborado a informação/proposta em que a decisão primária havia assentado.

Ac. STA de 13-10-2010, Proc. 1218/10

I – A alegada contradição entre o objecto do litígio e os factos dados como provados apenas determinará a nulidade da sentença se o vício de que esta enferma se consubstanciar em algum dos vícios taxativamente elencados no artigo 125º do Código de Procedimento e de Processo Tributário (CPPT), pois apenas estes, e não quaisquer outros, são susceptíveis de ferir de nulidade a sentença proferida em processo de impugnação judicial.

II – Constatando-se na sentença recorrida lapso de escrita não rectificado, impõe-se a sua rectificação, ex vi *do disposto no artigo 667º do Código de Processo Civil.*

III – O impedimento previsto na alínea e) do nº 1 do artigo 44º do Código de Procedimento Administrativo, também aplicável aos órgãos e agentes da Administração fiscal, funciona de forma abstracta, impondo a observância do princípio da transparência, impedindo que se criem situações em que haja risco ou quebra do dever de imparcialidade, designadamente atribuindo efeito anulatório a factos que não envolvem uma efectiva violação desse princípio, mas têm ínsito o risco ou perigo da sua violação.

IV – A não declaração do impedimento verificado fere o acto praticado de vício de violação de lei, determinante da sua anulabilidade (artigo 51º, nº 1 do CPA), vício de que enfermam igualmente os actos consequentes daquele, designadamente o de liquidação objecto de impugnação judicial

Ac. STA de 24-11-2004, Proc. 565/04

I – Nos termos do art. 44º, nº 1, al. a), do CPA, não se considera impedido o titular de órgão competente para ordenar a instauração de um procedimento disciplinar mesmo que, simultaneamente, reúna a qualidade de ofendido pela actuação do arguido.

II – As competências para as distintas fases de instauração, instrução e decisão do procedimento são exercidas separadamente por diferentes órgãos e o autor do acto que o manda instaurar nenhuma outra intervenção decisiva nele tem.

III – Para a "instauração" do procedimento, nem o art. 39º, do Estatuto Disciplinar (DL nº 24/84, de 16/01), nem qualquer outra disposição legal estabelecem limites a respeito do âmbito pessoal da competência, ao contrário do que sucede com o art. 52º do mesmo E.D. relativamente à pessoa que dirigirá a "instrução".

IV – O princípio da imparcialidade não é fatalmente omnipresente. Isto é, embora ele atravesse todo o procedimento e não se reserve apenas para a fase da decisão final, a intervenção e o exercício dos poderes funcionais no seu decurso só adquire desvalor antijurídico quando determinem ou influenciem a decisão administrativa num certo sentido.

E tal não acontece com o despacho que se limita à mera abertura do procedimento.

V – Por outro lado, a reunião na mesma pessoa da qualidade de ofendido e de autor do acto que manda instaurar o procedimento disciplinar, por si só, não ofende o conteúdo essencial da posição jurídica do arguido, nem afecta os direitos deste a um procedimento justo, isento e imparcial.

Ac. STA de 10-11-2004, Proc. 957/02

I – O art. 44º, nº 1, alínea g), do C.P.A., que estabelece que «nenhum titular de órgão ou agente da Administração Pública pode intervir em procedimento administrativo (...) quando se trate de recurso de decisão proferida por si, ou com a sua intervenção», não é obstáculo a que um inquérito e um processo disciplinar sejam instruídos pelo mesmo Inspector do Ministério Público que levou a cabo uma inspecção em que propôs a atribuição da classificação de Suficiente.

II – Não se justifica a inquirição de testemunhas que foi requerida com o objectivo de formularem juízos sobre a existência de nexo de causalidade entre factos.

III – O princípio da tipicidade das penas, plenamente válido para o direito criminal, por força do disposto nos nºs 1 e 3 do art. 29º da C.R.P., não vale com a mesma intensidade em relação às penas disciplinares, nomeadamente em relação às não expulsivas.

IV – Os nºs 1 dos arts. 158º da L.O.M.P. e 183º do E.M.P., que estabelecem que «as penas de suspensão de exercício e de inactividade são aplicáveis nos casos de negligência grave ou de grave desinteresse pelo cumprimento de deveres profissionais ou quando os magistrados forem condenados em pena de prisão, salvo se a sentença condenatória aplicar pena de demissão», contêm uma definição suficiente das condutas abrangidas pela previsão normativa, pelo que não são materialmente inconstitucionais.

V – Os referidos arts. 158º da L.O.M.P. e 183º do E.M.P. são normas de natureza especial, relativamente a este Estatuto Disciplinar, pelo que afastam, no seu domínio específico de aplicação as normas deste Estatuto, que são de aplicação meramente supletiva.

VI – A fundamentação do acto administrativo é um conceito relativo que varia conforme o tipo de acto e as circunstâncias do caso concreto, mas a fundamentação só é suficiente quando permite a um destinatário normal aperceber-se do itinerário cognoscitivo e valorativo seguido pelo autor do acto para proferir a decisão, isto é, quando aquele possa conhecer as razões por que o autor do acto decidiu como decidiu e não de forma diferente, de forma a poder desencadear dos mecanismos administrativos ou contenciosos de impugnação.

VII – O Conselho Superior do Ministério Público é o órgão máximo dos serviços do Ministério Público e, por isso, o conhecimento da falta pelo dirigente máximo do serviço, referido no nº 2 do transcrito art. 4º do Estatuto Disciplinar dos Funcionários e Agentes da Administração Central, Regional e Local, tem de reportar-se ao conhecimento por este Conselho.

VIII – Sendo este Conselho um órgão colegial, só quando os factos chegaram ao seu conhecimento, enquanto tal, se poderá afirmar existir um conhecimento pelo dirigente máximo do serviço.

IX – Na falta de disposições aplicáveis no Estatuto Disciplinar dos Funcionários e Agentes da Administração Central, Regional e Local, há que fazer apelo ao regime do Código Penal para determinar o início do prazo de prescrição de infracções permanentes.

X – A tardia movimentação de processos que ainda não estavam prescritos não constitui reparação dos danos provocados por longos atrasos na movimentação de processos a cargo do magistrado, que, em alguns casos conduziram a situações de prescrição do procedimento criminal e prescrição de direitos de pessoas cujos interesses o Ministério Público deveria defender.

XI – Em situações de acentuada gravidade e de desinteresse do magistrado Ministério Público pelo cumprimento dos seus deveres funcionais, que se traduziram em grande quantidade de atrasos de vários anos e meses na movimentação de processos, inclusivamente alguns de natureza urgente, justifica-se que entre as penas de suspensão e de inactividade, previstas nos arts. 158º da L.O.M.P. e 183º do E.M.P. para condutas desse tipo, se opte pela pena de inactividade.

XII – Não justifica uma atenuação especial, por não diminuir acentuadamente a gravidade do facto ou a culpa do agente» (arts. 161º da L.O.M.P. e 186º do E.M.P.), a circunstância de, depois de ter obtido uma classificação de Medíocre, um magistrado do Ministério Público ter obtido a classificação de Suficiente, por ter movimentado processos (mas não todos) que se encontravam com despachos em atraso quando foi realizada a inspecção que esteve na base da atribuição da primeira classificação.

Ac. STA de 7-10-2004, Proc. 1851/03

I – O art. 44º, al. g), do CPA visa impedir que o órgão ou agente intervenha de forma decisiva no procedimento de 2º grau (em impugnação administrativa) da mesma forma com que autoritariamente o fizera anteriormente, decidindo o procedimento de 1º grau, através do acto administrativo impugnado.

Estando, porém, impedido de intervir directamente no acto decisor do recurso hierárquico ou de cometer alguma ingerência que condicione ou determine de forma praticamente irremediável a decisão do recurso, já nada obsta a que intervenha para esclarecer ou sustentar a sua posição, sem extravasar o âmbito dos poderes que o art. 172º do CPA lhe comete.

II – No quadro do poder inquisitivo que se reconhece ao órgão competente para decidir recurso hierárquico – v.g. de ordenar a realização de nova instrução e de proceder a diligências complementares: arts. 56º, 92º, 94º e 174º, nº 2, do CPA –, não se pode considerar impedido de nomear uma Comissão para a análise dos inúmeros recursos interpostos pelos candidatos excluídos num concurso.

III – Se o acto recorrido remete para ao relatório da Comissão, em que esta se limita a dizer: a) ter feito o confronto das provas com a grelha de correcção; b) não encontrar falta de valorização das questões; c) não encontrar qualquer lapso nas somas respectivas; d) admitir a subjectividade na avaliação das respostas escritas e a existência de pontuais desvios na valorização das questões, mas sempre de pequena monta, isto é, na casa das décimas ou centésimas de valor, estamos perante vício de forma, por insuficiente fundamentação, se o interessado no recurso que interpôs suscitou uma série de questões concretas relativas a erro de pontuação nas respostas, umas vezes por as achar totalmente certas (merecendo pontuação máxima), outras por as entender parcialmente certas (neste caso, com pontuação superior à obtida), sem que o órgão competente tenha analisado ponto por ponto os casos assinalados pelo recorrente.

TCA NORTE, Processo: 00510/03 – Porto
Secção: 1ª Secção – Contencioso Administrativo
Data do Acórdão: 11-05-2006
Tribunal: TAF do Porto
Sumário:

I – De acordo com o disposto no art. 266º da CRP, a Administração Pública visa a prossecução do interesse público, no respeito pelos direitos e interesses legalmente protegidos dos cidadãos, estando os órgãos e agentes administrativos subordinados à Constituição e à lei e devendo actuar, no exercício das suas funções, com respeito pelos princípios da igualdade, da proporcionalidade, da justiça, da imparcialidade e da boa-fé;

II – Em ordem à salvaguarda do princípio da imparcialidade, de harmonia com a norma que se contém no art. 44º do CPA, nenhum titular de órgão ou agente da Administração Pública pode intervir em procedimento administrativo ou em acto ou contrato de direito público ou privado da Administração Pública, designadamente, quando contra ele, seu cônjuge ou parente em linha recta esteja intentada acção judicial proposta por interessado ou pelo respectivo cônjuge.

III – Em conformidade com o disposto nos arts 45º e 51º, ainda do CPA, quando se verifique causa de impedimento em relação a qualquer titular de órgão ou agente administrativo, deve o mesmo comunicar desde logo o facto ao respectivo superior hierárquico ou ao presidente do órgão colegial dirigente, consoante os casos, constituindo a omissão do dever de comunicação falta grave para efeitos disciplinares.

IV – O dever de comunicação do facto impediente pressupõe o prévio conhecimento da causa de impedimento com relação à intervenção do órgão ou agente da Administração no procedimento administrativo.

Tribunal Central Administrativo Norte, Processo: 02033/04.9BEPRT
Secção: 1ª Secção – Contencioso Administrativo
Data do Acórdão: 01-03-2007
Tribunal: TAF do Porto
Sumário:

I – O disposto no artigo 44º, nº 1, alínea f) do CPA visa a concretização de uma das garantias preventivas da imparcialidade, que norteiam a actividade da Administração e também o procedimento administrativo, e encontra a sua consagração no artigo 266º, nº 2 da CRP, e reafirmação no artigo 6º do CPA.

II – O contra – interessado em recurso de anulação da deliberação de 26/5/00 do Júri do Concurso para provimento de uma vaga de Professor Catedrático do 1º Grupo da FAUP que o colocou em 1º lugar e ao recorrente em 2º lugar (e de cuja sentença aquele interpôs recurso jurisdicional), está impedido nos termos e para os efeitos daquele art. 44º, nº 1 al. f) do CPA de decidir pedido de licença sabática deste.

Supremo Tribunal Administrativo, Processo: 0218/10
Data do Acórdão: 13-10-2010
Tribunal: 2ª SECÇÃO
Sumário:

I – A alegada contradição entre o objecto do litígio e os factos dados como provados apenas determinará a nulidade da sentença se o vício de que esta enferma se consubstanciar em algum dos vícios taxativamente elencados no artigo 125º do Código de Procedimento e de Processo Tributário (CPPT), pois apenas estes, e não quaisquer outros, são susceptíveis de ferir de nulidade a sentença proferida em processo de impugnação judicial.

II – Constatando-se na sentença recorrida lapso de escrita não rectificado, impõe-se a sua rectificação, ex vi do disposto no artigo 667º do Código de Processo Civil.

III – O impedimento previsto na alínea e) do nº 1 do artigo 44º do Código de Procedimento Administrativo, também aplicável aos órgãos e agentes da Administração fiscal, funciona de forma abstracta, impondo a observância do princípio da transparência, impedindo que se criem situações em que haja risco ou quebra do dever de imparcialidade, designadamente atribuindo efeito anulatório a factos que não envolvem uma efectiva violação desse princípio, mas têm ínsito o risco ou perigo da sua violação.

IV – A não declaração do impedimento verificado fere o acto praticado de vício de violação de lei, determinante da sua anulabilidade (artigo 51º, nº 1 do CPA), vício de que enfermam igualmente os actos consequentes daquele, designadamente o de liquidação objecto de impugnação judicial.

TCA SUL, Processo: 04367/08
Secção: CA – 2º JUÍZO
Data do Acórdão: 21-02-2013
Sumário:

I – O princípio da imparcialidade exige que o Presidente do Conselho Fiscal de uma sociedade que detém parte relevante do capital de outra e o Mandatário com amplos poderes dessa mesma sociedade, invoquem a figura da escusa e suspeição quando participam e deliberam numa Assembleia Municipal a favor da sociedade detida.

II – Os titulares de órgãos e agentes da Administração que não estejam impedidos face ao elenco de casos taxativo e reduzido do artigo 44º do CPA, por imposição do princípio da imparcialidade, estão obrigados a invocar a figura da escusa e suspeição, prevista no artigo 48º desse Código, sempre que exista um conflito ou fusão de interesses.

III – Pode instalar-se um posto de abastecimento de combustível num terreno pertencente ao domínio público.

IV – A instalação de um posto de abastecimento de combustível é um equipamento de uso colectivo que envolve sempre uma especial perigosidade e é uma actividade económica que provoca cheiros e gases tóxicos e irritantes.

V – Visando-se a defesa dos bens de uma autarquia local, o direito de acção popular pode ater-se à defesa da legalidade objectiva.

VI – O critério para aferir a impugnabilidade de um acto administrativo é o da sua lesividade, aferindo-se esta pela causa de pedir.

Artigo 70º – Arguição e declaração do impedimento

1 – Quando se verifique causa de impedimento em relação a qualquer titular de órgão ou agente da Administração Pública, deve o mesmo comunicar desde logo o facto ao respetivo superior hierárquico ou ao presidente do órgão colegial, consoante os casos.

2 – Quando a causa de impedimento incidir sobre outras entidades que, sem a natureza daquelas a quem se refere o nº 1, se encontrem no exercício de poderes públicos, devem as mesmas comunicar desde logo o facto a quem tenha o poder de proceder à respetiva substituição.

3 – Até ser proferida a decisão definitiva ou praticado o ato, qualquer interessado pode requerer a declaração do impedimento, especificando as circunstâncias de facto que constituam a sua causa.

4 – Compete ao superior hierárquico ou ao presidente do órgão colegial conhecer da existência do impedimento e declará-lo, ouvindo, se considerar necessário, o titular do órgão ou agente.

5 – Tratando-se do impedimento do presidente do órgão colegial, a decisão do incidente compete ao próprio órgão, sem intervenção do presidente.

6 – O disposto nos nºs 3 a 5 aplica-se, com as necessárias adaptações, às situações referidas no nº 2.

ANOTAÇÃO:

Corresponde ao art. 45º do anterior CPA.

Este artigo visa, *prima facie*, a obtenção de um processo justo e equitativo (due process of law) na linha do art. 32º, nº 1 da CRP.

O nº 1 replica, na íntegra, a redação da versão anterior do código. A única "nuance" verifica-se na substituição da velha fórmula "agente administrativo" por "agente da Administração Pública". Este último, bem mais amplo, abarca quer os agentes administrativos quer os que o não sejam mas exerçam poderes administrativos de autoridade nos termos do nº 3 do art. 2º.

O nº 2, tal como o nº 1, determinam que a iniciativa parta daquele sobre quem recai o impedimento. Pretende, com isto, o legislador, limitar o risco de poder ser violado o princípio da imparcialidade, no plano subjetivo, tendo em vista a prossecução de outro grande pilar valorativo da dinâmica processual que é a imparcialidade do decisor, demonstrada, precisamente, por via da sua própria iniciativa.

O nº 3 permite que qualquer interessado requeira a declaração de impedimento, bastando-lhe, para tal, indicar as circunstâncias de facto que possam constituir a sua causa.

Cfr. Ac. do Tribunal Constitucional nº 124/90, Processo: nº 58/89, 2ª Secção, de 19.04.1990, publicado no Diário da República, II Série, de 8 de Fevereiro de 1991 que se pronuncia sobre o conceito de imparcialidade.

Cfr. também o art. 9º do presente código.

O nº 4 determina a competência para a apreciação de decisão permitindo ao superior hierárquico ou ao presidente do órgão colegial, a audição do titular do órgão ou agente, se necessário.

O nº 5 estipula a exclusão do presidente do órgão colegial na decisão do incidente que diga respeito à própria pessoa do presidente.

JURISPRUDÊNCIA:

Ac. TCA Norte, de 11/5/2006, 1.ª Secção, Proc. nº 510/03

Que estipula que o titular de órgão ou agente deve comunicar, desde logo, o facto ao respetivo superior hierárquico ou ao presidente do órgão colegial diretivo.

Artigo 71º – Efeitos da arguição do impedimento

1 – O titular do órgão ou agente ou outra qualquer entidade no exercício de poderes públicos devem suspender a sua atividade no procedimento, logo que façam a comunicação a que se refere o nº 1 do artigo anterior ou tenham conhecimento do requerimento a que se refere o nº 3

do mesmo preceito, até à decisão do incidente, salvo determinação em contrário de quem tenha o poder de proceder à respetiva substituição.

2 – Os impedidos nos termos do artigo 69º devem tomar todas as medidas que forem inadiáveis em caso de urgência ou de perigo, as quais carecem, todavia, de ratificação pela entidade que os substituir.

ANOTAÇÃO:

Corresponde ao art. 46º do anterior CPA.

Este artigo obriga à autosuspensão, por parte do titular do órgão ou agente ou outra qualquer entidade, no uso de poderes de autoridade pública.

Esta autosuspensão decorre além da iniciativa do próprio, que evoca o seu impedimento ou ainda a requerimento, com vista à declaração do impedimento por parte de qualquer interessado a quem a lei concede o direito de suscitar o incidente.

O impedimento perdura até que seja tomada decisão sobre o incidente, mas não impede o visado de tomar medidas inadiáveis, urgentes ou suscetíveis de causar perigo se não forem tomadas. Durante o impedimento, todos os atos praticados ao abrigo destas condições excecionais ficam sujeitos a ratificação por quem exercer a substituição.

Esta fórmula não é, quanto a nós, a mais feliz pois o legislador deveria ter atribuído o poder de ratificação à entidade que decide o incidente e não àquele que fica a exercer a substituição, por regra um inferior hierárquico, verificando-se uma estranha inversão temporária de papéis entre subordinado e superior hierárquico.

Cfr. Lei nº 52/2019, de 31 de Julho *(Aprova o regime do exercício de funções por titulares de cargos políticos e altos cargos públicos).*

Artigo 72º – Efeitos da declaração do impedimento

1 – Declarado o impedimento, é o impedido imediatamente substituído no procedimento pelo respetivo suplente, salvo se houver avocação pelo órgão competente para o efeito.

2 – Tratando-se de órgão colegial, se não houver ou não puder ser designado suplente, o órgão funciona sem o membro impedido.

ANOTAÇÃO:

Corresponde ao art. 47º do anterior CPA.

Arguido o impedimento, o impedido é imediatamente substituído pelo suplente resultante da designação da lei ou dos estatutos ou, na ausência de designação, através da regra da suplência prevista no art. 42º.

Só não tem lugar a intervenção do substituto ou do suplente, se for efetuada a avocação pelo órgão com competência para o efeito (nº 1). Se o impedimento ocorrer no seio de órgão colegial, designa-se suplente (se ele não se encontrar previamente designado). Se não for possível designar suplente o órgão funciona sem o membro impedido (nº 2). Afigura-se-nos estranha e de improvável ocorrência, uma situação em que um órgão possa continuar a funcionar sem o membro impedido e não possa designar suplente.

Artigo 73º – Fundamento da escusa e suspeição

1 – Os titulares de órgãos da Administração Pública e respetivos agentes, bem como quaisquer outras entidades que, independentemente da sua natureza, se encontrem no exercício de poderes públicos devem pedir dispensa de intervir no procedimento ou em ato ou contrato de direito público ou privado da Administração Pública quando ocorra circunstância pela qual se possa com razoabilidade duvidar seriamente da imparcialidade da sua conduta ou decisão e, designadamente:

a) Quando, por si ou como representante ou gestor de negócios de outra pessoa, nele tenha interesse parente ou afim em linha reta ou até ao terceiro grau da linha colateral, ou tutelado ou curatelado dele, do seu cônjuge ou de pessoa com quem viva em condições análogas às dos cônjuges;

b) Quando o titular do órgão ou agente, o seu cônjuge ou pessoa com quem viva em condições análogas às dos cônjuges, ou algum parente ou afim na linha reta, for credor ou devedor de pessoa singular ou coletiva com interesse direto no procedimento, ato ou contrato;

c) Quando tenha havido lugar ao recebimento de dádivas, antes ou depois de instaurado o procedimento, pelo titular do órgão ou agente, seu cônjuge ou pessoa com quem viva em condições análogas às dos cônjuges, parente ou afim na linha reta;

d) Se houver inimizade grave ou grande intimidade entre o titular do órgão ou agente, ou o seu cônjuge ou pessoa com quem viva em condições análogas às dos cônjuges, e a pessoa com interesse direto no procedimento, ato ou contrato;

e) Quando penda em juízo ação em que sejam parte o titular do órgão ou agente, o seu cônjuge ou pessoa com quem viva em condições análogas às dos cônjuges, parente em linha reta ou pessoa com quem viva em economia comum, de um lado, e, do outro, o interessado, o seu cônjuge ou pessoa com quem viva em condições análogas às dos cônjuges, parente em linha reta ou pessoa com quem viva em economia comum.

2 – Com fundamento semelhante, pode qualquer interessado na relação jurídica procedimental deduzir suspeição quanto a titulares de órgãos da Administração Pública, respetivos agentes ou outras entidades no exercício de poderes públicos que intervenham no procedimento, ato ou contrato.

ANOTAÇÃO:

Corresponde ao art. 48º do anterior CPA.

Reproduz com as necessárias adaptações impostas pelo art. 2º o teor do anterior CPA.

As causas de impedimento são previstas taxativamente na lei, ao contrário das causas que podem originar a escusa ou a suspeição. A razão é muito simples, pois, seria impossível ao legislador prever todas as circunstâncias da vida que podem dar lugar à escusa ou à suspeição.

O pedido de escusa, tal como o requerimento com vista à declaração de suspeição, deve ser alvo de despacho favorável sempre que se verifiquem circunstâncias das quais se possa, razoavelmente, inferir, seriamente, que delas possa resultar a imparcialidade da conduta ou da tomada de decisão. Ou seja, o legislador não exige a prova concreta e absoluta de situações, normalmente subjetivas, mas também não admite que alegações ou requerimentos levianos e de má-fé, possam pôr em causa o funcionamento do órgão com o argumento de falta de isenção e imparcialidade daqueles a quem cabe tomar decisões (Cfr. a este propósito o art. 9º e seguintes).

JURISPRUDÊNCIA:

Ac. STA de 21-3-1991, Proc. 23476

I – O DL n. 370/83, de 6 de Outubro, visou concretizar o princípio da imparcialidade da Administração e é aplicável ao incidente de suspeição deduzido contra titular de orgãos intervenientes no processo administrativo.

II – O incidente de oposição de suspeição contra membro de um júri de concurso integra um subprocedimento que confere autonomia ao acto que dele resulta, o qual é impugnável contenciosamente se constituir uma lesão para o particular.

III – A "grave inimizade" do funcionário suspeito é causa de incompatibilidade para o desempenho do cargo de membro do júri.

IV – Os efeitos da verificação desta incompatibilidade, não podem, em princípio, ser reparados na decisão final.

V – O acto de homologação das listas classificativas deverá manter-se na ordem jurídica enquanto não for dado provimento a recurso interposto do acto que recuse a suspeição do membro visado.

VI – Se o acto de recusa for renovável após expurgação de mero vício de forma que inquina aquele acto, o provimento do recurso interposto do mesmo acto com tal fundamento, não constitui motivo bastante para a anulação do acto de homologação das listas classificativas.

VII – A eliminação dos efeitos do acto de homologação das listas (ou o obstáculo a essa eliminação por falta do candidato às provas) é questão enquadrável no processo de execução pela Administração da decisão proferida no recurso de anulação do acto incidental.

Artigo 74º – Formulação do pedido

1 – Nos casos previstos no artigo anterior, o pedido deve ser dirigido à entidade competente para dele conhecer, indicando com precisão os factos que o justifiquem.

2 – O pedido do titular do órgão ou agente só é formulado por escrito quando assim for determinado pela entidade a quem for dirigido.

3 – Quando o pedido seja formulado por interessado na relação jurídica procedimental, é sempre ouvido o titular do órgão ou o agente visado.

4 – Os pedidos devem ser formulados logo que haja conhecimento da circunstância que determina a escusa ou a suspeição.

ANOTAÇÃO:

Corresponde ao art. 49º do anterior CPA.

O presente artigo reproduz, na íntegra, os três primeiros números da redação do artigo correspondente na anterior versão do código.

O nº 1 determina a quem e em que termos deve ser formulado o pedido, ao passo que o nº 2 determina a forma do pedido, e o nº 3 vem impor a audição obrigatória do titular do órgão ou o agente visado.

A atual versão da *formulação do pedido* veio criar uma importantíssima imposição através do nº 4, que é novo e consiste no dever de formulação do pedido logo que haja conhecimento da circunstância que determina a escusa ou a suspeição.

Evita-se, assim, a prática de atos prévios à escusa ou suspeição, vedando a possibilidade de a arguição ter lugar no momento "mais oportuno", dado que o pedido tem que ser formulado de imediato, logo que haja conhecimento da causa da eventual escusa ou suspeição.

Artigo 75º – Decisão sobre a escusa ou suspeição

1 – A competência para decidir da escusa ou suspeição é deferida nos termos referidos nos nºs 4 a 6 do artigo 70º

2 – A decisão deve ser proferida no prazo de oito dias.

3 – Sendo reconhecida procedência ao pedido, é observado o disposto nos artigos 71º e 72º.

ANOTAÇÃO:

Corresponde ao art. 50º do anterior CPA.

Com as devidas adaptações, o presente artigo reproduz o que se encontrava previsto na redação do artigo correspondente da versão anterior do Código.

O nº 1 dado que os efeitos jurídicos da escusa e da suspeição são os mesmos que os que resultam dos impedimentos, remete, acertadamente, para o art. 72º, nº 4 a 6.

O nº 2 estipula o prazo máximo para ser proferida decisão (prazo a partir do qual pode ser interposto recurso).

O nº 3 vem, em caso de precedência do pedido, mandar aplicar os arts. 73º e 74º (como de outra forma não poderia fazer atendendo ao disposto no nº 1).

O STA tem-se pronunciado pela possibilidade de impugnação contenciosa autónoma da decisão que nega provimento ao pedido de escusa ou suspeição.

JURISPRUDÊNCIA:

Ac. STA, AD nº 91, p. 1026

No sentido de aceitar a impugnação contenciosa da decisão de não concessão de escusa ou suspeição.

Artigo 76º – Sanções

1 – São anuláveis nos termos gerais os atos ou contratos em que tenham intervindo titulares de órgãos ou agentes impedidos ou em cuja

preparação tenha ocorrido prestação de serviços à Administração Pública em violação do disposto nos nºs 3 a 5 do artigo 69º.

2 – A omissão do dever de comunicação a que alude o nº 1 do artigo 70º constitui falta grave para efeitos disciplinares.

3 – A prestação de serviços em violação do disposto nos nºs 3 a 5 do artigo 69º constitui o prestador no dever de indemnizar a Administração Pública e terceiros de boa-fé pelos danos resultantes da anulação do ato ou contrato.

4 – A falta ou decisão negativa sobre a dedução da suspeição não prejudica a invocação da anulabilidade dos atos praticados ou dos contratos celebrados, quando do conjunto das circunstâncias do caso concreto resulte a razoabilidade de dúvida séria sobre a imparcialidade da atuação do órgão, revelada na direção do procedimento, na prática de atos preparatórios relevantes para o sentido da decisão ou na própria tomada da decisão.

ANOTAÇÃO:

Corresponde ao art. 51º do anterior CPA.

O legislador determina que os atos ou contratos em que tenham intervindo titulares de órgão ou agente impedidos ou em cuja preparação tenha ocorrido a prestação de serviços à Administração Pública, são anuláveis nos termos gerais.

O nº 2 vem classificar, para efeitos disciplinares, como grave, a falta a que se refere o art. 70º, nº 1.

O nº 3 constitui o prestador de serviços que atua em violação do disposto nos nºs 3 a 5 do art. 69º, no dever de indemnizar quer a Administração Pública quer os terceiros de boa fé pelos danos que resultarem da anulação do ato ou contrato.

Por fim o nº 4 vem, e bem, estabelecer que a falta de decisão ou a decisão negativa sobre a dedução de suspeição, não constitui "caso julgado", pelo que não prejudica a continuidade da invocação da anulabilidade dos atos praticados ou dos contratos celebrados, independentemente de ter sido, ou não, interposto recurso dessa mesma decisão, negativa ou de omissão sobre a dedução de suspeição.

O "aditamento" deste nº 4, em relação à redação do anterior CPA (art. 51) vem regular a questão comummente designada por «suspeição». Mesmo fora dos casos de presunção inilidível de parcialidade, o legislador achou por bem reforçar a credibilidade da decisão administrativa em que o juízo crítico não incide tanto nas condições subjetivas do agente, mas mais nos aspetos objetivos de confiança por parte da opinião pública, ou seja, do cidadão. Daí que nos pareça acertada a opção do legislador que em vez de dar especial enfoque à «suspeição» o tenha feito em relação à «razoabilidade de dúvida séria sobre a imparcialidade da atuação do órgão».

CAPÍTULO III – Da conferência procedimental (*)

Artigo 77º – Conceito e modalidades

1 – As conferências procedimentais destinam-se ao exercício em comum ou conjugado das competências de diversos órgãos da Administração Pública, no sentido de promover a eficiência, a economicidade e a celeridade da atividade administrativa.

2 – As conferências procedimentais podem dizer respeito a um único procedimento ou a vários procedimentos conexos, e dirigir-se à tomada de uma única decisão ou de várias decisões conjugadas.

3 – As conferências procedimentais relativas a vários procedimentos conexos ou a um único procedimento complexo, em que há lugar à tomada de diferentes decisões por diferentes órgãos, podem assumir uma das seguintes modalidades:

a) Conferência deliberativa, destinada ao exercício conjunto das competências decisórias dos órgãos participantes através de um único ato de conteúdo complexo, que substitui a prática, por cada um deles, de atos administrativos autónomos;

b) Conferência de coordenação, destinada ao exercício individualizado, mas simultâneo, das competências dos órgãos participantes, através da prática, por cada um deles, de atos administrativos autónomos.

(*) O artigo 7º da Lei nº 72/2020, de 16 de Novembro, que veio Estabelecer um regime transitório de simplificação de procedimentos administrativos e alterar o Código do Procedimento Administrativo, estipula que as Conferências procedimentais realizadas entre a administração direta e indireta e autarquias locais:

1 – Nos procedimentos que envolvam conjuntamente entidades da administração direta e indireta e das autarquias locais ou entidades intermunicipais, as conferências procedimentais realizam-se periodicamente, no âmbito das comunidades intermunicipais e áreas metropolitanas, competindo a convocação das mesmas ao presidente da respetiva comissão de coordenação e desenvolvimento regional.

2 – O disposto nos artigos anteriores aplica-se, com as necessárias adaptações, às conferências procedimentais previstas no presente artigo.

4 – Quando não exista incompatibilidade entre a forma contratual e a matéria a conformar, as conferências deliberativa e de coordenação podem terminar pela celebração de um contrato entre os órgãos participantes e o interessado, em substituição do ato ou dos atos cuja preparação se visava.

5 – As conferências procedimentais relativas a um único procedimento podem envolver apenas o órgão competente para a decisão final ou para uma decisão intercalar e órgãos titulares de competências consultivas, sendo, nesse caso, aplicável o disposto no nº 7 do artigo 79º

ANOTAÇÃO:

Todo este Capítulo III é novo, como é nova a noção de conferência procedimental.

A conferência procedimental resulta da colaboração de vários órgãos da Administração Pública, com vista ao exercício conjunto ou conjugado das competências respetivas.

Este tipo de conferências procura atingir o objetivo, tantas vezes proposto e quase nunca conseguido, da eficiência numa ótica de celeridade e economicidade. Estas podem ser deliberativas (centralização decisória), quando visam o exercício comum das competências, ou podem ser de coordenação, quando visam o exercício conjugado das referidas competências.

Por sua vez, os órgãos consultivos podem participar quer nas conferências deliberativas quer nas de coordenação, desde que estas digam respeito apenas a um só procedimento.

Nesta matéria, a *vexata quaestio* consiste na conjugação deste artigo com o disposto no art. 169º, nº 2 que atribui competência para a revogação de atos administrativos ao autor dos mesmos ou ao seu superior hierárquico. Ocorre, porém, e desde logo, que nas conferências deliberativas em que intervêm vários órgãos, podem ser, também, vários, distintos e não dependentes entre si, os superiores hierárquicos daqueles que tomaram a decisão. Por seu turno, nas conferências de simples coordenação a revogação do ato, por parte do superior hierárquico daquele que pratica o ato estender-se-ia, também, a atos praticados por quem não é inferior hierárquico de quem revogou.

Cf. art. 4º do diploma preambular a este código.

Desde logo o nº 1 caracteriza inovadoramente, entre nós, uma dupla tipologia relativa às conferências procedimentais, a saber:

As conferências para o exercício de competências em comum e as conferências para o exercício conjugado de competências.

Nas **conferências para o exercício de competências em comum**, a função deliberativa é assumida como contexto para exercício comum, levado a cabo através de um só ato, das competências dos órgãos intervenientes.

Por seu turno, nas **conferências para o exercício conjugado de competências** (ou conferência de coordenação) os distintos órgãos exercem, cada um deles, as suas competências, embora esse exercício seja, necessariamente, levado a cabo de modo conjugado no contexto da conferência.

Cada conferência procedimental assume uma de entre as modalidades enunciadas no nº 3, que resultam da lei ou do contrato administrativo.

Aliás, outra solução não seria adequada dada a diversificada matriz das conferências procedimentais plasmada na presente disposição, reportada à figura do contrato interadministrativo (cfr. art. 338º do Código dos Contratos Públicos), no âmbito da modalidade de contrato-quadro ou *umbrella agreement.*

Transcrevemos, para melhor compreensão, o artº 338º do Código dos Contratos Públicos:

Contratos interadministrativos

Artigo 338º – Contratos entre contraentes públicos

1 – A parte iii é aplicável aos contratos celebrados entre contraentes públicos, sem prejuízo das necessárias adaptações quando os mesmos sejam celebrados num plano de igualdade jurídica, designadamente no que respeita ao exercício dos poderes de conformação da relação contratual.

2 – O disposto na parte final do artigo anterior não afasta a possibilidade de qualquer um dos contraentes públicos exercer o poder de resolução unilateral do contrato por razões de interesse público.

Artigo 78º – Instituição das conferências procedimentais

1 – Sem prejuízo da realização de conferências de coordenação por acordo entre os órgãos envolvidos, a possibilidade da realização de conferências procedimentais no âmbito de cada tipo de procedimento depende de previsão específica em lei ou regulamento, ou em contrato interadministrativo a celebrar entre entidades públicas autónomas.

2 – No âmbito da administração direta e indireta do Estado, a instituição da possibilidade da realização de conferências procedimentais pode ser feita por portaria dos ministros competentes para a direção e tutela

dos organismos envolvidos ou para a resolução dos conflitos de atribuições ou competências entre os órgãos em causa.

3 – O ato que institui a possibilidade da realização de conferências procedimentais no âmbito de cada tipo de procedimento:

a) Determina o órgão competente para convocar e presidir às conferências;

b) Vincula os demais órgãos participantes à observância dos deveres que lhes são impostos no presente capítulo;

c) Habilita os órgãos participantes a delegar em membros seus, no caso de órgãos colegiais, ou em agentes deles dependentes os poderes necessários ao funcionamento das conferências procedimentais, segundo o disposto no presente capítulo;

d) Confere aos órgãos participantes em conferência deliberativa a competência conjunta para deliberarem através de um único ato de conteúdo complexo, a que corresponderia a prática isolada de atos administrativos por cada um deles.

ANOTAÇÃO:

A possibilidade de realização das conferências procedimentais, no âmbito de cada tipo de procedimento, depende do que se encontra estipulado por lei, regulamento ou em contrato interadministrativo celebrado entre entidades públicas autónomas, sem prejuízo da realização das conferências de coordenação realizadas por acordo entre os órgãos envolvidos.

A realização das conferências procedimentais, no âmbito de cada tipo de procedimento pode ser feita por portaria conjunta dos ministros que tutelam os organismos envolvidos ou através da resolução dos conflitos de atribuições ou competências entre os órgãos em crise.

O ato que determina a realização de conferência procedimental tem, nos termos do nº 3, o poder-dever de determinação do órgão competente (alínea *a)*), e o poder de vincular os demais órgãos (alínea *b)*), habilitar os órgãos participantes a delegar (alínea *c)*, e conferir competências de deliberação (alínea *d)*).

Sem prejuízo da realização de conferências de coordenação, por acordo entre órgãos envolvidos ou por contrato interadministrativo quando se trate de entidades públicas autónomas, a realização da conferência procedimental é estabelecida no âmbito de cada concreto procedimento por comando legal que deve apontar qual o órgão competente para convocar as mesmas e indicar ainda quem as preside.

Cf. art. 4º do diploma preambular a este código.

Artigo 79º – Realização da conferência procedimental

1 – Cada conferência procedimental é convocada relativamente a uma situação concreta, por iniciativa própria do órgão competente nos termos do ato instituidor previsto no artigo anterior, ou quando requerida por um ou mais interessados.

2 – O requerimento dos interessados constitui o órgão competente no dever de convocar a conferência no prazo de 15 dias.

3 – A convocatória da primeira reunião da conferência deve ser feita com a antecedência mínima de cinco dias em relação à data da reunião, podendo os órgãos participantes, em caso de impossibilidade fundamentada, propor um adiamento não superior a 10 dias.

4 – Sem prejuízo do disposto nos números seguintes, as reuniões da conferência podem ter lugar presencialmente ou por videoconferência.

5 – Cada um dos órgãos convocados tem o dever de participar na conferência, delegando, para o efeito, num dos seus membros, no caso de órgãos colegiais, ou em agentes dele dependentes os poderes necessários para nela assumir, de modo definitivo, a posição do órgão sobre a matéria da deliberação a adotar, ou para tomar ele próprio a decisão correspondente à competência do órgão, no âmbito das conferências de coordenação.

6 – A ausência de um órgão regularmente convocado não obsta ao funcionamento da conferência, considerando-se que os órgãos que tenham faltado à conferência procedimental deliberativa nada têm a opor ao deferimento do pedido, salvo se invocarem justo impedimento no prazo de oito dias.

7 – Quando na conferência procedimental participem órgãos titulares de competência consultiva, estes exprimem o sentido da sua decisão de forma oral, juntando o parecer escrito no prazo de oito dias, para ser anexado à ata.

8 – O interessado pode ser convocado para estar presente nas reuniões, sem direito de voto, quando tal se revele necessário a uma boa decisão.

ANOTAÇÃO:

Este artigo vem estabelecer as regras sobre a convocação da conferência procedimental (nº 1).

O nº 2, por sua vez, estabelece quanto ao órgão, o dever de convocação da conferência no prazo de 15 dias face ao requerido pelo interessado.

A conferência procedimental pode ser realizada por videoconferência (nº 4), podendo o interessado participar nas reuniões da conferência e por maioria de razão nas sessões por videoconferência, sem direito a voto, nos termos do nº 8.

O dever que recai sobre o órgão convocante é, plenamente, um dever que traduz um direito procedimental de natureza análoga aos Direitos Liberdades e Garantias (DLG) cuja recusa ou omissão é judicialmente impugnável nos termos gerais, na medida em que os seus efeitos, sendo externos, são potencialmente lesivos dos direitos dos interessados.

Como dissemos e agora reiteramos, a conferência é convocada pelo órgão competente em cada caso concreto, através do ato instituidor por iniciativa própria da Administração ou a requerimento do(s) interessado(s).

De notar que, a participação dos órgãos convocados faz-se por meio da delegação de poderes especiais para o efeito. No ato que confere a delegação de poderes, estipular-se-á se esta compreende os poderes necessários para, relativamente à deliberação a adotar, dar a conhecer a posição do órgão delegante ou, no caso das conferências de coordenação, para ser o próprio delegante a tomar a decisão.

Cf. art. 4º do diploma preambular a este código.

Artigo 80º – Audiência dos interessados e audiência pública

1 – Na conferência procedimental, o direito de audiência dos interessados é exercido oralmente, em sessão na qual estejam presentes todos os órgãos participantes, e, no caso da conferência de coordenação, em simultâneo quanto às várias decisões a adotar, podendo os interessados apresentar alegações escritas, as quais devem constar como anexo da ata da sessão.

2 – Para o efeito do disposto do número anterior, os interessados são convocados nos termos do disposto no artigo 122º.

3 – Nos procedimentos em que seja obrigatória a audiência pública, a realização desta na pendência da conferência procedimental suspende o prazo para a conclusão da mesma.

ANOTAÇÃO:

O presente artigo vem consagrar o magno princípio da audiência de interessados, permitindo aos mesmos apresentar alegações escritas que constarão obrigatoriamente como anexo da ata da sessão (nº 1). Os interessados são convocados nos termos do art. 122º, em caso de obrigatoriedade de audiência pública a realização desta, no âmbito de conferência procedimental suspende o prazo para a conclusão da mesma.

Poder-se-á dizer que a audiência prévia é o mais importante instrumento procedimental dos interessados que traduz o direito subjetivo fundamental plasmado no art. 267º, nº 5 da CRP. Sendo a audiência de interessados uma formalidade essencial da conferência de interessados, a preterição da mesma consubstancia a correspondente invalidade.

Cf. art. 4º do diploma preambular a este código.

Artigo 81º – Conclusão da conferência procedimental

1 – O prazo para a realização da conferência procedimental é de 60 dias, prorrogável por mais 30 dias, e, no seu decurso, suspendem-se os prazos para a conclusão dos procedimentos nos quais deveriam ser praticados os vários atos envolvidos.

2 – A conferência procedimental finda:

a) Com a prática do ato ou dos atos que visa preparar;

b) No termo do prazo, sem que o ato ou os atos que visa preparar tenham sido praticados.

3 – No termo da conferência procedimental, o órgão que a ela presidiu elabora uma ata, na qual são registados os sucessivos passos da conferência e, quando for o caso, o ato ou atos decisórios nela praticados, com a respetiva fundamentação, e os restantes atos nela autonomamente praticados por cada órgão participante.

4 – Em caso de falta de acordo, os órgãos participantes emitem uma declaração para constar da ata, na qual especificam as razões da sua discordância e, sempre que possível, as alterações que consideram necessárias à viabilização do projeto, atividade, regulação de um bem ou situação que constitua o objeto da conferência.

5 – A pronúncia desfavorável de qualquer dos participantes na conferência deliberativa determina o indeferimento das pretensões apreciadas na conferência, salvo se os órgãos acordarem nas alterações necessárias ao respetivo deferimento e na possibilidade da repetição da conferência, caso essas alterações sejam concretizadas pelo interessado.

6 – O disposto no número anterior não impede os órgãos participantes na conferência, que não tenham apresentado objeções quanto à matéria

da sua competência, de praticarem individualmente o ato administrativo que lhes compete, no prazo de oito dias, a contar do termo da conferência.

7 – Sem prejuízo do disposto na segunda parte do nº 5, a conferência finda nos termos da alínea *b)* do nº 2 pode ser repetida em casos excecionais, devidamente justificados, quando todos os órgãos envolvidos nisso, previamente, acordem.

8 – Em caso de repetição da conferência, são aproveitados os atos praticados no decurso da primeira cuja atualidade se mantenha.

ANOTAÇÃO:

Sumariamente, este artigo vem regular os prazos aplicáveis à conferência procedimental (nº 1).

O nº 2 vem estipular o(s) modo(s) de conclusão da conferência enquanto o nº 3 trata do registo em ata e do conteúdo obrigatório da mesma.

O nº 7 prevê que em casos excecionais, fundamentalmente e com a concordância prévia de todos os órgãos envolvidos, possa ser repetida a conferência procedimental com aproveitamento dos atos praticados na primeira, que se mantenham atuais, nos casos em que a conferência tenha findado nos termos do nº 2 alínea *b)* ou seja, ter sido atingido o limite do prazo sem que tenha(m) sido praticado(s) o(s) ato(s) que a conferência tinha como objetivo praticar.

O nº 1 do presente artigo estipula o prazo de 60 dias, prorrogável por mais 30, para a conclusão da conferência. Ou seja, por regra, a conferência encerrará no decurso do prazo quando concluída (nº 2 a)) ou no final do prazo ainda que não concluída (nº 2 b)). Ocorre, porém, que o *terminus* das conferências deliberativa e de coordenação (procedimentais) pode ainda ocorrer quando da celebração de um contrato administrativo entre órgão(s) participante(s) e interessado(s) nos termos do art. 77º, nº 4.

Cf. art. 4º do diploma preambular a este código.

REFERÊNCIAS BIBLIOGRÁFICAS:

GOMES CANOTILHO e VITAL MOREIRA, *Constituição da República Portuguesa Anotada*, 1993, pág. 936 e segs.

VIEIRA DE ANDRADE, *O Dever de Fundamentação Expressa dos Actos Administrativos*, 1990, pág. 53 e segs.

ANTUNES VARELA e outros, *Manual de Processo Civil*, Coimbra Editora, 2.ª ed, 1985, pág. 687 e segs.

ALBERTO DOS REIS, *Código de Processo Civil Anotado*, Coimbra Editora, 1984, Vol. V, pág. 139 e segs.

MARCELO CAETANO, *Manual de Direito Administrativo*, Vol. I, Almedina, 1991, pág. 477 e segs.

FREITAS DO AMARAL, *Curso de Direito Administrativo*, Vol. II, Almedina, 2001, pág. 352 e segs..

PINTO FERNANDES e NUNO PINTO FERNANDES, *CIMSISSD*, Anotado e Comentado, 4.ª Ed., Rei dos Livros, 1997, pág. 657.

CAPÍTULO IV – Do direito à informação

Artigo 82º – Direito dos interessados à informação

1 – Os interessados têm o direito de ser informados pelo responsável pela direção do procedimento, sempre que o requeiram, sobre o andamento dos procedimentos que lhes digam diretamente respeito, bem como o direito de conhecer as resoluções definitivas que sobre eles forem tomadas.

2 – As informações a prestar abrangem a indicação do serviço onde o procedimento se encontra, os atos e diligências praticados, as deficiências a suprir pelos interessados, as decisões adotadas e quaisquer outros elementos solicitados.

3 – As informações solicitadas ao abrigo do presente artigo são fornecidas no prazo máximo de 10 dias.

4 – Nos procedimentos eletrónicos, a Administração deve colocar à disposição dos interessados, na Internet, um serviço de acesso restrito, no qual aqueles possam, mediante prévia identificação, obter por via eletrónica a informação sobre o estado de tramitação do procedimento.

5 – Salvo disposição legal em contrário, a informação eletrónica sobre o andamento dos procedimentos abrange os elementos mencionados no nº 2.

ANOTAÇÃO:

Corresponde ao art. 61º do anterior CPA.

O nº 1 reproduz na essência o disposto no art. 268º, nº 1 da CRP e transpõe o direito (constitucional) à informação para a lei ordinária com vista à sua operacionalização.

Na verdade, raramente a administração cumpre, como deve, esta imposição legal com vista à salvaguarda e respeito pelos direitos do cidadão.

Mesmo quando requerido pelo interessado a administração, ou não responde ou responde evasivamente, limitando-se a informar, quando muito, em que fase da decisão se encontra o objeto do pedido ou ainda que a questão está "em análise" ou "para apreciação" ou então "para despacho". Esta prática ignora por completo o disposto no nº 2 que obriga à informação concreta e pormenorizada sobre o andamento dos procedimentos.

As informações exaradas no âmbito do presente artigo são fornecidas ao requerente diretamente interessado no prazo máximo de 10 dias conforme determina o nº 3.

Por fim, os nºs 4 e 5 regulam o acesso à informação através da internet.

Cfr. a este propósito o art. 37º da CRP (direito de informar e ser informado, sem impedimentos nem discriminações).

O STA considera que o direito à informação concretiza-se através de diversos meios de que são exemplo a consulta do processo, a produção de documentos e a emissão de certidões que obrigam a um *facere*, ou postura ativa por parte da administração. Cfr. Ac. do STA de 17 jan de 2008.

Nos termos do Ac. do STA de 6 de novembro de 1991, a recusa ou omissão por parte da administração relativa à pratica dos referidos atos, consubstancia a "violação do contendo essencial do direito constitucional ao recurso contencioso dos atos da administração, arguidos de ilegais, e do direito à informação dos cidadãos sobre o andamento dos processos administrativos em que sejam diretamente interessados". Esta falta grave, por parte da administração, pode constituir razão para a cessação da comissão de serviço do dirigente responsável por este incumprimento, por violação grave e grosseira dos seus deveres.

Por fim, enfatizar que a legitimidade resulta do conteúdo de determinados direitos e/ou interesses legalmente protegidos, quer de pessoas singulares quer coletivas e, ainda, do exercício de determinadas atribuições e competências. Tal significa, portanto, que não é uma prorrogativa exclusiva do requerente e requerido, é, isso sim, um direito suscetível de ser exercido por uma multiplicidade de interessados, sejam eles públicos ou privados. Na circunstância a legitimidade afere-se apenas da qualidade de interessado *lato senso* interpretada no sentido de abarcar, também, como interessados os que detenham determinadas competências ou atribuições.

REFERÊNCIAS BIBLIOGRÁFICAS:

Sérvulo Correia "O direito à informação e o direito dos particulares no processo" in *Cadernos de Ciência e Legislação*, INA nº 9/10.

Gomes Canotilho/Vital Moreira – "CRP Anotada" 4ª Edição revista Volume I, Coimbra Editora, 2007.

Mário Esteves de Oliveira, Pedro Gonçalves e J. Pacheco de Amorim, *Código do Procedimento Administrativo Comentado*, 21 edição. Almedina, Coimbra 1997.

Sérvulo Correia, *O Direito à Informação Administrativa Procedimental*, Porto, 1999.

Fernando Condesso, *O Direito à Informação Administrativa*, Lisboa, 1995.

JURISPRUDÊNCIA:

Ac. STA de 16-3-2016, Proc. 224/16

I – Nos termos do disposto no art. 104º do CPTA o interessado pode requerer a correspondente intimação da autoridade administrativa quando não seja dada integral satisfação a pedidos formulados no exercício do direito à informação procedimental.

II – O direito à informação procedimental tem assento constitucional, art. 268º, da Constituição da República Portuguesa, foi recebido pelo legislador nos artigos 60º a 63º do CPA, sendo que repetidamente o Tribunal constitucional tem clarificado a amplitude deste direito: «o cidadão interessado tem não apenas o direito de ser informado do seu andamento (procedimento administrativo) (...) mas também o direito de consultar o processo, com todos os documentos e registos que o componham, e de obter as certidões necessárias *(...)*».

III – Explicar o conteúdo e a utilidade que a Administração Tributária pretendia retirar de um email referenciado no procedimento, não chega para dar execução ao direito que o recorrente tem de ter um conhecimento integral, ipsis verbis *de tudo quanto conste do procedimento que a ele diz respeito. Tal direito só se preenche com a cópia do email ou a certificação narrativa do respectivo conteúdo.*

IV – O recorrente tem direito de conhecer o texto integral do invocado email e será ele que poderá aferir do interesse ou falta de interesse que o mesmo revista para a sua actuação processual, sem que a Administração Tributária ou o Tribunal tenham qualquer poder de o tutelar nessa decisão, ou por ele decidirem que o texto do email lhe não interessa.

Ac. STA de 2-11-2010, Proc. 692/10

I – O processo de intimação para prestação de informações, regulado pelos arts 104º e seguintes do CPTA, visa tutelar judicialmente o direito ao acesso à informação procedimental, conferido pelo art. 61º do CPA.

II – Não é aplicável tal regime relativamente a informação respeitante a queixas susceptíveis de originarem processos contra-ordenacionais ou judiciais.

Ac. STA de 25-12-2009, Proc. 998/08-11

I – Os nºs 1 e 2 do art. 268º da Constituição da República, cuja tutela é concretizada nos arts. 61º a 65º do CPA, reportam-se, respectivamente, ao direito de informação sobre o andamento dos processos em que o requerente seja interessado e sobre as resoluções definitivas que neles tenham sido tomadas (direito de informação procedimental), e ao direito de acesso aos arquivos e registos administrativos, à margem de qualquer procedimento administrativo, decorrente do princípio da administração aberta (direito de informação extra-procedimental).

II – Enquanto o direito à informação procedimental, exercido no âmbito e decurso de um procedimento administrativo, cabe aos "directamente interessados" no procedimento (arts. 61º a 63º do CPA) e, por extensão, aos que, não detendo essa qualidade, demonstrem ter um interesse legítimo no conhecimento dos elementos pretendidos (art. 64º do mesmo Código), o direito de acesso aos registos e arquivos administrativos faculta a qualquer pessoa o acesso à informação respeitante a procedimentos administrativos findos, não estando o exercício deste direito dependente da invocação, pelo requerente, de qualquer interesse legítimo ligado aos registos ou documentos a que pretende ter acesso (arts. 65º do CPA e 5º da LADA).

III – Sendo universal a titularidade desse direito de acesso aos documentos administrativos, o seu exercício está naturalmente sujeito às restrições legalmente previstas em "matérias relativas à segurança interna e externa, à investigação criminal e à intimidade das pessoas" (arts. 268º, nº 2 da CRP e 65º, nº 1 do CPA), bem como as relativas a "matérias em segredo de justiça", a "segredos comerciais, industriais ou sobre a vida interna de uma empresa" ou à "violação dos direitos de autor ou dos direitos de propriedade industrial" (arts. 6º e 8º da LADA).

Ac. STA de 12-11-2003, Proc. 47985

I – O direito à informação consagrado no art. 268º da CRP e regulamentado nos arts. 61º a 63º do CPA dirige-se aos "directamente interessados" no procedimento administrativo, ou seja, aos cidadãos que nele são "parte" ou directamente "visados" pelo que a sua esfera jurídica poderá ser afectada pela resolução final que nesse procedimento vier a ser tomada.

II – O art. 64º, nº 1, do CPA torna ainda "extensivo" o acesso à informação nos termos facultados ou reconhecidos pelos arts. 61º a 63º do mesmo diploma a qualquer pessoa que, não tendo um interesse directo no procedimento, prove no entanto ter "interesse legítimo" no conhecimento dos elementos que pretenda, ou seja, um interesse específico atendível, dentro de determinados e razoáveis critérios, a apreciar casuisticamente.

III – A existência e o âmbito do direito à informação dependem essencialmente da relação existente entre o requerente e o objecto a esclarecer.

IV – A invocação pelo requerente da mera qualidade de "contribuinte" ou/e de "accionista" de sociedade directamente interessada no procedimento não lhe confere, só por si, um "interesse legítimo", nos termos e para efeitos do disposto no art. 64º do CPA.

V – A estrita qualidade de accionista apenas integra faculdades susceptíveis de serem exercidas enquanto accionista e, portanto no âmbito da respectiva sociedade.

Ac. STA de 27-5-2009, Proc. 279/09

I – Os nºs 1 e 2 do art. 268º da Constituição da República, cuja tutela é concretizada nos arts. 61º a 65º do CPA, reportam-se, respectivamente, ao direito de informação sobre o andamento dos processos em que o requerente seja interessado e sobre as resoluções definitivas que neles tenham sido tomadas (direito de informação procedimental), e ao direito de acesso aos arquivos e registos administrativos, à margem de qualquer procedimento administrativo, decorrente do princípio da administração aberta (direito de informação extra-procedimental).

II – Enquanto o direito à informação procedimental, exercido no âmbito e decurso de um procedimento administrativo, cabe aos "directamente interessados" no procedimento (arts. 61º a 63º do CPA) e, por extensão, aos que, não detendo essa qualidade, demonstrem ter um interesse legítimo no conhecimento dos elementos pretendidos (art. 64º do mesmo Código), o direito de acesso aos registos e arquivos administrativos faculta a qualquer pessoa o acesso à informação respeitante a procedimentos administrativos findos, não estando o exercício deste direito dependente da invocação, pelo requerente, de qualquer interesse legítimo ligado aos registos ou documentos a que pretende ter acesso (arts. 65º do CPA e 5º da LADA).

III – Sendo universal a titularidade desse direito de acesso aos documentos administrativos, o seu exercício está naturalmente sujeito às restrições legalmente previstas em "matérias relativas à segurança interna e externa, à investigação criminal e à intimidade das pessoas" (arts. 268º, nº 2 da CRP e 65º, nº 1 do CPA), bem como as relativas a "matérias em segredo de justiça", a "segredos comerciais, industriais ou sobre a vida interna de uma empresa" ou à "violação dos direitos de autor ou dos direitos de propriedade industrial" (arts. 6º e 8º da LADA).

Ac. STA de 17-1-2008, Proc. 0896/07

I – O nº 2 do art. 268º da CRP impõe que a Administração paute a sua actividade pelos princípios da transparência e da publicidade de modo a que não só as suas decisões sejam públicas e acessíveis, mas também que o procedimento que as precede possa ser objecto de consulta e informação pois que só assim se promove a formação de uma opinião pública esclarecida e só assim se permite que os interessados conheçam as razões que determinaram os seus actos. II – O direito de acesso aos arquivos e registos administrativos vem sendo considerado como um direito fundamental cujo sacrifício só se justifica quando confrontado com direitos e valores constitucionais de igual ou de maior valia, como são os relativos à segurança interna e externa, à investigação criminal e à reserva da intimidade das pessoas.

III – O direito à informação materializa-se por diversos meios de que são exemplos a consulta do processo, a reprodução ou declaração autenticada de documentos, a prestação de indicações sobre a sua existência e conteúdo e a passagem de certidões. Por isso a postura da Administração perante um pedido de informação não pode ser meramente passiva.

IV – É certo que este dever de colaboração não compreende, como é lógico, a elaboração de dossiers estruturados ou sínteses da documentação existente nem a obrigação de produzir uma nova documentação administrativa com o propósito de satisfazer o pedido do Requerente porque tais actividades ultrapassam o dever legal de colaboração e de informação, mas também o é que a inexistência da obrigação de proceder a tais trabalhos não pode ser cobertura para uma interpretação minimalista do dever constitucional de prestar informações e de, na prática, constituir um boicote ao seu cumprimento.

Artigo 83º – Consulta do processo e passagem de certidões

1 – Os interessados têm o direito de consultar o processo que não contenha documentos classificados ou que revelem segredo comercial ou industrial ou segredo relativo à propriedade literária, artística ou científica.

2 – O direito referido no número anterior abrange os documentos relativos a terceiros, sem prejuízo da proteção dos dados pessoais nos termos da lei.

3 – Os interessados têm o direito, mediante o pagamento das importâncias que forem devidas, de obter certidão, reprodução ou declaração autenticada dos documentos que constem dos processos a que tenham acesso.

ANOTAÇÃO:

Corresponde ao art. 62º do anterior CPA.

Este artigo reproduz na íntegra a redação do artigo correspondente na versão anterior do CPA.

Na sua origem está o princípio da administração aberta consagrado no nº 2 do art. 268 da CRP, que dispõe que "os cidadãos têm direito de acesso aos arquivos e registos administrativos, sem prejuízo do disposto na lei em matérias relativas à segurança interna e externa, à investigação criminal e à intimidade das pessoas":

Importa precisar que, o processo que contenha segredos relacionados com a propriedade literária, artística, científica ou que contenha documentos classificados, nem por isso é insuscetível de consulta. O que fica sujeito a restrições, atento o princípio da proporcionalidade, não é o processo, mas antes o acesso a documentos classificados ou que revelem segredos protegidos por lei e que dele façam parte. Ou seja, o princípio constitucional da proporcionalidade impõe que não sejam restringidos, mais do que estritamente necessário, os direitos dos legitimamente interessados na consulta do processo, desde que salvaguardados os direitos dos visados, nos termos previstos na lei.

Ou seja, a consulta do processo e a passagem de certidões não são mais do que instrumentos que fortalecem o exercício do direito à informação por parte dos interessados.

Os direitos dos interessados à informação cedem apenas perante o interesse maior consubstanciado na proteção da informação constante em documentos classificados ou, aqueles que o não sendo contenham segredos relativos à propriedade literária, cientifica ou artística conforme determina expressamente o nº 1 que é taxativo, omitindo, incompreensivelmente, qualquer referência aos documentos que contenham segredos profissionais.

REFERÊNCIAS BIBLIOGRÁFICAS:

M. Esteves de Oliveira e outros, *ob. cit.*

Fernando Brandão Ferreira-Pinto, *ob. cit.*

JURISPRUDÊNCIA:

Ac. STA de 25/2/2009, 1.ª Secção, decisão de Sub., Proc. nº 998/08-11

Que evidencia os limites que se colocam aos direitos em questão, as questões de segurança interna e externa, investigação criminal, intimidade das pessoas, segredo de justiça e segredos comerciais e industriais e outros sobre a vida interna de uma empresa, tutela da propriedade industrial e direitos de autor.

Ac. STA de 27-4-2011, Proc. 605/10

I – Conforme as disposições dos artigos 37, número 1, do DL 24/84, de 16.1, e 33, número 1, da Lei 58/2008, de 9.11, respectivamente, o processo disciplinar é secreto, apenas, até à acusação.

II – Assim, os interessados têm o direito de obter, nos termos dos artigos 62, números 2 e 3, do Código do Procedimento Administrativo, certidão de documentos pertencentes a processos disciplinares em que já tenha sido deduzida acusação ou que tenham sido arquivados.

III – A integração de documentos de tais processos disciplinares em inquéritos criminais não sujeitos a segredo de justiça ou em processos judiciais de impugnação contenciosa de decisões, naqueles proferidas, não obsta à obtenção de certidão desses documentos, expurgados dos dados pessoais que, nos termos da lei, não sejam públicos.

IV – O direito indicado supra em 2. é extensivo a jornalistas, nos termos do disposto no artigo 64, do Código do Procedimento Administrativo.

V – A obtenção da referida certidão, por interessado jornalista, corresponde ao exercício de direito a informação procedimental.

VI – Nos termos do número 2, daquele artigo 64, a satisfação deste direito incumbe ao dirigente do serviço titular do procedimento administrativo a que pertençam os documentos solicitados e não à entidade responsável pelo processo judicial a que esses documentos, eventualmente, sejam chamados.

Artigo 84º – Certidões independentes de despacho

1 – Os serviços competentes são obrigados a passar aos interessados, independentemente de despacho e no prazo máximo de 10 dias, a contar da apresentação do requerimento, certidão, reprodução ou declaração autenticada de documentos de que constem, consoante o pedido, todos ou alguns dos seguintes elementos:

a) Data de apresentação de requerimentos, petições, reclamações, recursos ou documentos semelhantes;

b) Conteúdo dos documentos referidos na alínea anterior ou pretensão nestes formulada;

c) Andamento que tiveram ou situação em que se encontram os documentos a que se refere o nº 1;

d) Resolução tomada ou falta de resolução.

2 – O dever estabelecido no número anterior não abrange os documentos classificados ou que revelem segredo comercial ou industrial ou segredo relativo à propriedade literária, artística ou científica.

3 – Quando os elementos constem de procedimentos informatizados, as certidões, reproduções ou declarações previstas no nº 1 são passadas, com a devida autenticação, no prazo máximo de três dias, por via eletrónica ou mediante impressão nos serviços da Administração.

ANOTAÇÃO:

Corresponde ao art. 63º do anterior CPA.

Esta norma, que constituiu uma inovação da versão anterior do código administrativo português, tem como escopo o reforço dos direitos do cidadão, impondo procedimentos obrigatórios à Administração Pública, concedendo-lhe um apertado prazo para o cumprimento deste dever.

Tal como referimos na anotação ao art. 79º, o incumprimento do disposto neste preceito é gerador de responsabilidade disciplinar do funcionário, podendo determinar a cessação da comissão de serviço ao dirigente responsável, bem como faz incorrer a administração na responsabilidade civil extracontratual do Estado.

O nº 2 vem reforçar a proibição prevista no nº 1 do artigo anterior.

O nº 3 reduz para 3 dias o prazo concedido à administração para emitir certidões, reproduções ou declarações previstas no nº 1, quando sejam utilizados procedimentos informatizados, a realizar ou por via eletrónica ou por impressão nos próprios serviços da administração.

A nossa Administração Pública é pródiga no incumprimento desta norma. Tal ocorre, porque entre nós existe uma cultura de subserviência e aceitação em relação aos poderes públicos. Quando o dirigente de um serviço público recusa ou omite o cumprimento desse dever, por regra, o cidadão roga uma e outra vez até conseguir a sua pretensão. Não raras vezes a Provedoria de Justiça é chamada a intervir nestas situações, nem sempre com sucesso. Em qualquer país do norte da Europa a violação deste dever implica a destituição do cargo ou até a prisão no caso de incumprimento da ordem do *ombudsman*.

Em Portugal, o dirigente que comete tal ilegalidade não sofre nenhuma consequência, sendo, a destituição, uma verdadeira utopia da Lei, pois, o incumpridor não é, sequer, advertido superiormente pelo incumprimento de tão importante dever. É incompreensível, face à previsão legal, não ocorrer a destituição, pelo menos nos casos em que tenha sido necessária a intervenção da Provedoria de Justiça ou dos tribunais.

JURISPRUDÊNCIA:

Ac. STA de 30-09-2009, Proc. 453/009

I – Da leitura articulada das disposições dos artigos 3º e 4º da Lei nº 46/2007, de 24 de Agosto, (LADA) resulta que o diploma qualifica como documento administrativo "qualquer suporte de informação sob forma escrita, visual, sonora, electrónica ou outra forma material" – *com excepção de* "notas pessoais, esboços, apontamentos e outros registos de natureza semelhante *[art. 3º/1/a) e 2/a)]* –, *que* esteja na posse ou seja detido em nome de um dos entes enunciados no art. 4º *e* "cuja elaboração releve da actividade administrativa".

II – A LADA é aplicável às empresas públicas societárias *tal como definidas no art. 3º, nº 1 do DL 558/99, de 17.12 (RSEE), com a redacção do DL 300/2007, de 23.08, vg. às* sociedades anónimas de capitais exclusivamente públicos.

Artigo 85º – Extensão do direito à informação

1 – Os direitos reconhecidos nos artigos 82º a 84ºsão extensivos a quaisquer pessoas que provem ter interesse legítimo no conhecimento dos elementos que pretendam.

2 – O exercício dos direitos previstos no número anterior depende de despacho do dirigente do serviço, exarado em requerimento escrito, instruído com os documentos probatórios do interesse legítimo invocado.

ANOTAÇÃO:

Corresponde ao art. 64º do anterior CPA.

O legislador ao permitir o aceso ao direito de informação às pessoas (todas) que podem ter interesse legítimo no conhecimento dos elementos requeridos, vem alargar o direito à informação a quem não tenha interesse direto, aliás, na esteira do art. 268º, nº 2 da CRP.

De notar que, os interessados na relação jurídica procedimental são aqueles que se encontram elencados no nº 2 do art. 65º.

De relevância, também, digna de nota, é o alargamento, crescente, do âmbito dos direitos difusos, aliás, sinal de modernidade e avanço civilizacional.

Este alagamento no acesso à informação tem levantado inúmeras questões relativas ao acesso por parte dos meios de comunicação social no cumprimento do seu dever de informar e na concretização do direito do cidadão a ser informado.

Ao contrário do que acontece com os intervenientes ou titulares o direito dos legítimos interessados depende de requerimento e de despacho respetivo, proferido, naturalmente, após ponderação sobre a prova da condição de interessado por parte do requerente. Em caso de indeferimento ou recusa fica aberta a via da impugnação contenciosa.

JURISPRUDÊNCIA:

Ac. STA de 27/05/2009, Proc. nº 0279/99

Que faz a distinção entre o interesse procedimental e o acesso à informação, mais abrangente, dado que não depende da invocação de qualquer interesse legitimo no âmbito do procedimento.

CAPÍTULO V – Dos prazos

Artigo 86º – Prazo geral

1 – Exceto quanto ao prazo de decisão do procedimento e na falta de disposição especial ou de fixação pela Administração, o prazo para os atos a praticar pelos órgãos administrativos é de 10 dias.

2 – É igualmente de 10 dias o prazo para os interessados requererem ou praticarem quaisquer atos, promoverem diligências, responderem sobre os assuntos acerca dos quais se devam pronunciar ou exercerem outros poderes no procedimento.

ANOTAÇÃO:

Corresponde ao art. 71º do anterior CPA.

Exceto disposição especial em contrário, a possibilidade de fixação de prazos diversos, por parte da administração, com vista à prática de atos, não é prejudicial à fixação do prazo máximo de 90 dias previsto no nº 1 do art. 128º, com as exceções aí previstas.

O legislador concede o mesmo prazo à administração e aos cidadãos (10 dias) para esta praticar atos, e estes se pronunciarem em sede de participação no processo administrativo.

Cfr. a este propósito a Secção que trata da audiência dos interessados arts. 121 a 125º.

JURISPRUDÊNCIA:

Ac. STA de 22/11/1994, 2.ª Subseção do CA, Proc. nº 033221

Caraterizando como ordenadora a natureza dos prazos.

Ac. STJ de 9-06-1988, Proc. 1893

Nos prazos substantivos, o termo ocorre em dia certo sem se suspender nas ferias, feriados, sabados ou domingos, salvo a hipotese do seu termo ocorrer num destes dias;

Ac. STJ de 17-06-1997, Proc. 32005

I – Transferido o termo de um prazo em feriado ou domingo para o primeiro dia útil seguinte, sendo as férias judiciais equiparadas por lei ao domingo ou dia feriado, há que transferir também para o primeiro dia útil após férias o termo do prazo para a propositura da acção.

II – No artigo 279 do CPC, estamos perante um prazo de caducidade, substantivo dado que da sua observância depende a vivência do direito de acção.

III – A alínea e) do citado artigo 279 refere-se tão somente a transferência do termo de prazo a correr em férias, domingos ou dia feriado para o primeiro dia útil subsequente, nada tendo a ver com a suspensão da caducidade.

Artigo 87º – Contagem dos prazos

À contagem dos prazos são aplicáveis as seguintes regras:

a) O prazo começa a correr independentemente de quaisquer formalidades;

b) Não se inclui na contagem o dia em que ocorra o evento a partir do qual o prazo começa a correr;

c) O prazo fixado suspende-se nos sábados, domingos e feriados;

d) Na contagem dos prazos legalmente fixados em mais de seis meses, incluem-se os sábados, domingos e feriados;

e) É havido como prazo de um ou dois dias o designado, respetivamente, por 24 ou 48 horas;

f) O termo do prazo que coincida com dia em que o serviço perante o qual deva ser praticado o ato não esteja aberto ao público, ou não funcione durante o período normal, transfere-se para o primeiro dia útil seguinte;

g) Considera-se que o serviço não está aberto ao público quando for concedida tolerância de ponto, total ou parcial.

ANOTAÇÃO:

Corresponde, em parte, ao art. 72º do anterior CPA.

As alíneas *a)*, *b)*, *c)* e *d)* reproduzem na integra a previsão legal plasmada no correspondente artigo do anterior CPA.

O legislador optou por subdividir as alíneas do correspondente artigo na redação anterior do CPA. Fê-lo com o declarado escopo de clarificar situações jurídicas, demonstrando a autonomia destas entre si. Por outro lado, concretiza que, um dia de prazo, corresponde a 24 horas de duração e dois dias a 48 horas.

Assume especial importância, a concretização de que o prazo de 24 horas corresponde a um dia, ou seja, quando seja dado um prazo de 24 horas para um determinado procedimento entende-se que tal corresponde a um dia de calendário. Isto é, p.e., um prazo de 24 horas que é dado ao instrutor de processo disciplinar, que seja determinado às 14 horas de um determinado dia não termina às 14 horas do dia seguinte. Há de aplicar-se aqui também o disposto nas alíneas *b)* e *c)* do presente artigo (neste sentido cfr. Ac. do STA de 22/11/1994).

Não vemos, no entanto, qualquer sentido ao disposto na alínea *g)*, relativamente a considerar-se os serviços da administração encerrados nos dias de tolerância de ponto parcial, usualmente para cinquenta por cento dos funcionários. Não há razão, pelo menos aparente, para que esse dia não seja considerado dia útil.

No CPA vigora a regra da contagem dos prazos em dias úteis ao contrário do que ocorre com os prazos no âmbito dos processos judiciais e com os prazos substantivos que são contados de forma contínua. No procedimento administrativo os prazos legalmente fixados são contados de forma contínua quando o prazo for superior a seis meses (d). Se o prazo for igual ou inferior a seis meses a contagem não inclui os sábados, domingos e feriados a não ser se a lei especificamente venha determine em sentido diverso.

O incumprimento do prazo por via da omissão ou decisão tardia pode gerar deferimento tácito ou dispensa de autorização prévia e de aprovação nos termos do art. 130º.

O incumprimento do prazo, por parte da Administração, é suscetível de reclamação e recurso hierárquico (meios graciosos) e ainda de ação administrativa especial com vista à prática do ato devido (meio contencioso).

JURISPRUDÊNCIA:

Ac. STA de 18-06-2003, Proc. 362/03

De acordo com o preceituado no art. 72º, nº 1, al. b) e 2 do CPA, os prazos legalmente fixados até seis meses, suspendem-se nos sábados, domingos e feriados.

Ac. STA de 17-06-2004, Proc. 706/02

I – O Decreto-Lei nº 351/93, de 7 de Outubro, estabeleceu o regime de caducidade dos pedidos e dos actos de licenciamento de obras, loteamentos e empreendimentos turísticos, impondo a confirmação da compatibilidade das licenças de loteamento, de obras de urbanização e de construção emitidas anteriormente à data da entrada em vigor de planos regionais de ordenamento do território com as regras de uso, ocupação e transformação do solo constantes do respectivo plano (art. 1º, nº 1).

II – O Decreto-Lei nº 351/93 não foi revogado pela Lei nº 48/98, de 11 de Agosto, nem pelo Decreto-Lei nº 380/99, de 22 de Setembro, que previram regimes transitórios durante o qual aquele primeiro diploma seria aplicável.

III – Nas situações em que se prevê que um pedido de confirmação de compatibilidade de um acto de licenciamento com um plano urbanístico seja apreciado através de um despacho conjunto, cada um dos órgãos a quem é atribuída competência toma a sua posição autonomamente, sendo da cumulação de posições concordantes no sentido positivo que resulta o acto conjunto, pelo que basta que um dos órgãos competentes se oponha ao deferimento, para se verificar uma válida decisão de indeferimento da pretensão, por ficar desde logo definitivamente prejudicada a possibilidade de deferimento.

IV – Nem no procedimento administrativo previsto no Decreto-Lei nº 351/93 nem no C.P.A. se prevê que, nos casos em que da actuação lícita da Administração possam resultar prejuízos qualificáveis como especiais e anormais para efeitos do art. 9º do Decreto-Lei nº 48051, de 21-11-1967, ela deva fixar indemnizações no próprio acto que é susceptível de os gerar, nem tal seria possível, uma vez que, se os prejuízos resultam do acto administrativo lícito praticado no procedimento administrativo, eles não existirão ainda no momento em que ele é praticado.

V – Apenas há um dever de pronúncia, susceptível de gerar ilegalidade do acto por omissão de pronúncia, em relação a questões suscitadas pelos interessados no procedimento (art. 107º do C.P.A.).

VI – O Decreto-Lei nº 351/93, ao prever a possibilidade de declaração de incompatibilidade com planos regionais de ordenamento do território de licenças de loteamento, de obras de urbanização e de construção, devidamente tituladas, designadamente por alvarás, emitidas anteriormente à data da entrada em vigor do respectivo plano, permite que sejam afectados actos administrativos constitutivos de direitos anteriormente praticados, pelo que, tratando-se de um diploma especial, fica afastada, no seu específico domínio de aplicação, a aplicação das regras gerais sobre revogabilidade de actos administrativos, designadamente o art. 140º do C.P.A..

VII – À face do art. 72º do C.P.A., os prazos procedimentais não se suspendem em dias de tolerância de ponto.

VIII – Na fixação de qualquer prazo peremptório está ínsito que, se o acto não for nele praticado, o interessado perde o direito de o praticar.

IX – Sendo apresentada extemporaneamente a resposta do interessado no procedimento administrativo, no exercício do direito de audiência, a administração não tem a considerar, para efeitos de praticar o acto recorrido.

X – A fundamentação do acto administrativo é um conceito relativo que varia conforme o tipo de acto e as circunstâncias do caso concreto, mas a fundamentação só é suf-

ciente quando permite a um destinatário normal aperceber-se do itinerário cognoscitivo e valorativo seguido pelo autor do acto para proferir a decisão, isto é, quando aquele possa conhecer as razões por que o autor do acto decidiu como decidiu e não de forma diferente, de forma a poder desencadear os mecanismos administrativos ou contenciosos de impugnação.

Ac. STA de 14-10-2010, Proc. 941-A/05/04

I – O prazo previsto no nº 1 do art. 175º do CPTA tem natureza administrativa (procedimental) contando-se, por isso, nos termos do art. 72º do CPA.

II – O prazo fixado no nº 2, do art. 176º do CPTA é um prazo de caducidade, que terá de ser contado nos termos do art. 144º do CPC.

III – A decisão que anulou um acto administrativo deve ser executada pela Administração, reconstituindo a situação actual hipotética como se o acto anulado não tivesse existido na ordem jurídica.

IV – Perante um acto anulado, a Administração não pode ficar inactiva, sem nada fazer, deixando subsistir a situação produzida pelo acto ilegal.

V – De acordo com o disposto no art. 163º, nº 1, do CPA só são figuráveis como causa legítima de inexecução, a impossibilidade **absoluta** *de executar e o* **grave** *prejuízo para o interesse público na execução da sentença.*

Ac. STA de 23-2-2005, Proc. 1582/03

O prazo de 180 dias concedido ao interessado nos termos do nº 1 do art. 17º-A do DL 445/91, de 20/11 (aditado pelo art. 2º do DL 250/94, de 15/10), para apresentar o pedido de aprovação dos projectos das especialidades, tem natureza procedimental, sendo-lhe aplicáveis as regras constantes do art. 72º do CPA, suspendendo-se nos sábados, domingos e feriados.

Ac. STA de 17/6/2004, Proc. nº 0707/02

Onde se considera que a tolerância de ponto não suspende o prazo.

Artigo 88º – Dilação

1 – Quando os interessados residam ou se encontrem fora do continente e neste se localize o serviço por onde o procedimento corra, os prazos fixados na lei, se não atenderem já a essa circunstância, só se iniciam depois de decorridos:

a) Cinco dias, se os interessados residirem ou se encontrarem no território das regiões autónomas;

b) 15 dias, se os interessados residirem ou se encontrarem em país estrangeiro europeu;

c) 30 dias, se a notificação tiver sido efetuada por edital ou se os interessados residirem em país estrangeiro fora da Europa.

2 – A dilação prevista na alínea *a)* do número anterior é igualmente aplicável se o procedimento correr em serviço localizado numa Região Autónoma e os interessados residirem ou se encontrarem noutra ilha da mesma Região Autónoma, na outra Região Autónoma ou no continente.

3 – As dilações previstas nas alíneas *b)* e *c)* do nº 1 são também aplicáveis aos procedimentos que corram em serviços localizados nas regiões autónomas.

4 – Sem prejuízo do disposto nos números anteriores, sempre que a notificação não se encontre traduzida na língua do interessado estrangeiro ou numa outra língua que este possa entender sem constrangimentos excessivos, há lugar a uma dilação de 30 dias.

5 – As dilações previstas no presente artigo não se aplicam quando os atos e formalidades em causa sejam praticados através de meios eletrónicos.

ANOTAÇÃO:

Corresponde ao art. 73º do anterior CPA.

O legislador, já na redação anterior do código, ao criar novas delimitações geográficas relativamente às quais fixa prazos de dilação diferenciados, cometeu erros incompreensíveis, que mantém. A alínea *b)* do nº 1 refere-se a país estrangeiro europeu, alheando-se do facto de o continente europeu não ter sempre uma delimitação coincidente com fronteiras como é o caso da Turquia e da Rússia.

Além do mais, continua a não ter em conta que as regiões ultra periféricas da Europa que se situam noutros continentes, normalmente nos confins dos oceanos, que ainda assim são territórios da europa, concedendo o mesmo prazo de dilação que é concedido, por exemplo, em relação à Espanha.

Por fim, o legislador, e neste caso bem, deixou de consignar um prazo especial a Macau, tendo em consideração que Macau é hoje uma região autonómica da Republica Popular da China.

Apesar da norma ser omissa, quanto à possibilidade dos prazos serem dilatados, na verdade apesar do caráter imperativo da Dilação, tal não significa que os seus prazos não possam ser dilatados.

Quanto à supressão da Dilação, a norma já a impõe *ex vi* do nº 5.

CAPÍTULO VI – Das medidas provisórias

Artigo 89º – Admissibilidade de medidas provisórias

1 – Em qualquer fase do procedimento, pode o órgão competente para a decisão final, oficiosamente ou a requerimento dos interessados, ordenar as medidas provisórias que se mostrem necessárias, se houver justo receio de, sem tais medidas, se constituir uma situação de facto consumado ou se produzirem prejuízos de difícil reparação para os interesses públicos ou privados em presença, e desde que, uma vez ponderados esses interesses, os danos que resultariam da medida se não mostrem superiores aos que se pretendam evitar com a respetiva adoção.

2 – A decisão de ordenar ou alterar qualquer medida provisória não carece de audiência prévia, deve ser fundamentada e fixar prazo para a sua vigência.

3 – A revogação das medidas provisórias deve ser fundamentada.

4 – Os atos administrativos que ordenem medidas provisórias são passíveis de impugnação junto dos tribunais administrativos.

ANOTAÇÃO:

Corresponde ao art. 84º do anterior CPA.

O legislador optou, em relação à redação do correspondente artigo da versão anterior, por substituir a previsão normativa baseada na "lesão grave" substituindo-a pela constituição "de facto consumado". A nosso ver foi uma alteração acertada, na medida em que, deste modo, admite a possibilidade de ser lesado o interesse público se, ponderados os interesses, se concluir que esta não é superior aos danos que se pretendam evitar com a(s) medida(s) a adotar (nº 1).

O nº 2 e 3 mantêm basicamente a redação da versão anterior do código.

O nº 4, por sua vez, vem, *ex novo*, permitir impugnação judicial direta dos atos administrativos que ordenem medidas provisórias.

De notar que, o presente artigo ou qualquer outro do código não concretiza quais as medidas provisórias que a administração pode adotar, deixando na esfera da discricionariedade concedida a esta que terá apenas de cumprir o dever de fundamentação, que é obrigatório.

As medidas provisórias são levadas a cabo por via de um ato administrativo de cariz menos exigente, já que o nº 2 diz expressamente que *a decisão de ordenar ou alterar qualquer medida provisória não carece da audiência prévia,* devendo no entanto ser fundamentada.

JURISPRUDÊNCIA:

Ac. STA de 18-3-2003, Proc. 259/03

I – A deliberação camarária a determinar que fosse levantado auto de contra-ordenação e, face à gravidade da situação, também ordenou o encerramento de um estabelecimento de discoteca por falta de segurança contra incêndios e falta de certificado de conformidade ou projecto de segurança, deve interpretar-se como medida provisória tomada logo na abertura do procedimento em que poderia ser aplicado o encerramento – art.s 32; 38º al. l) e 39º, nº 1 al. c) e nº 2 do DL 168/97, de 4 de Julho – destinada a evitar lesão grave do interesse público na preservação da segurança para a protecção da vida e da saúde das pessoas, como prevê o artigo 84º do CPA.

II – A medida provisória é temporária, reversível, e destinada a evitar um dano que justificadamente se receia como iminente, não é uma medida sancionatória, ainda que exista uma sanção com a mesma designação de encerramento.

III – As medidas administrativas provisórias, atenta a sua natureza e os fins que prosseguem podem ser tomadas em qualquer estado ou fase do procedimento – artigo 84º do CPA – pelo que a sentença que interpretou a medida cautelar como sanção e considerou que não podia ser tomada antes de concluído o processo de contra-ordenação em que a lei prevê, além de uma coima a sanção acessória de encerramento do estabelecimento, comete erro de interpretação do acto impugnado e erro de julgamento.

Artigo 90º – Caducidade das medidas provisórias

Salvo disposição especial, as medidas provisórias caducam quando:

a) Seja proferida decisão definitiva no procedimento;

b) Expire o prazo que lhes tenha sido fixado ou a respetiva prorrogação;

c) Expire o prazo fixado na lei para a decisão final;

d) A decisão final não seja proferida dentro dos 180 dias seguintes à instauração do procedimento.

ANOTAÇÃO:

Corresponde ao art. 85º do anterior CPA.

As alíneas a) e b) reproduzem na íntegra a previsão legal plasmada no correspondente artigo do anterior CPA.

O legislador veio manter na essência, pelo menos aparente, o disposto nas alíneas c) e d), ocorre, porém, que, ao alterar a redação das mesmas, deliberada ou inadvertidamente veio impedir que o prazo possa ser superior aos 180 dias a não ser que lei especial disponha prazo maior. A medida provisória caducará, portanto, no prazo de 180 dias. Assim, se a Administração marcar prazo superior a 180 dias para a decisão final, o prazo das medidas provisórias não o acompanhará a não ser que lei especial o venha estipular.

CAPÍTULO VII – Dos pareceres

Artigo 91º – Espécies de pareceres

1 – Os pareceres são obrigatórios ou facultativos, consoante sejam ou não exigidos por lei, e são vinculativos ou não vinculativos, conforme as respetivas conclusões tenham ou não de ser seguidas pelo órgão competente para a decisão.

2 – Salvo disposição expressa em contrário, os pareceres legalmente previstos consideram-se obrigatórios e não vinculativos.

ANOTAÇÃO:

O presente artigo corresponde ao art. 98º da anterior versão do CPA.

Os pareceres são opiniões técnicas de caráter cientifico que nada têm a ver com o parecer meramente opinativo. Os pareceres, na aceção do presente artigo são juízos técnicos-valorativos suportados pela ciência que, quer a sua elaboração formal, quer o seu conteúdo, não só pressupõem como exigem.

O princípio geral quanto aos pareceres, baseia-se na sua obrigatoriedade e na sua não vinculação (nº 2). Esta regra só pode ser contrariada por disposição legal. Ou seja, a falta de parecer obrigatório gera vício de forma, mas quando emitido, por princípio, não vincula o órgão a decidir de forma concordante com o que é defendido no parecer.

Cfr. art. 426º do CPC quanto à junção de pareceres.

JURISPRUDÊNCIA:

Ac. STA, pleno, de 15/11/20011, Proc. nº 37.811

Considera que os pareceres vinculativos, não obstante a sua natureza de atos prejudiciais do procedimento, constituem automaticamente efeitos fora da administração dado terem influência na decisão final, razão pela qual são contenciosamente impugnáveis.

Ac. STA de 6/12/2005, 1ª Secção, decisão do Plenário no Processo nº 239/04

Estabelecendo que o parecer vinculativo é impugnável autonomamente dados os seus efeitos externos e lesivos.

Ac. STA de 6-12-2005, Proc. 239/04

I – O parecer vinculativo, apesar de não ser o acto final decisor com que se extingue o procedimento administrativo, é impugnável autonomamente, pela eficácia externa que produza e pela lesividade que represente.

II – Mas o recurso contencioso que dele seja interposto, não trava o prosseguimento do procedimento e, portanto, não impede a prática do acto final.

III – Isto significa que um tal recurso contencioso só pode ser entendido no quadro do exercício de uma mera faculdade, não operando aí os efeitos do caso decidido pela sua não interposição.

IV – A Câmara Municipal, entidade decisora do procedimento de licenciamento de obras, está vinculada a acatar os fundamentos e sentido do parecer vinculante do IPPAR, sob pena de nulidade, salvo nos casos em que o parecer seja inexistente, nulo ou padeça de alguma irregularidade formal que aquela possa mandar repetir.

V – O particular lesado que recorre do acto final de indeferimento pode, de acordo com o princípio da impugnação unitária, imputar-lhe as ilegalidades de que o próprio parecer padeça.

Ac. STA de 12-3-2009, Proc. 8/09

I – À luz do art. 98º, nº 2, do CPA, e não havendo norma que expressamente atribua carácter vinculativo aos pareceres da IGT previstos no art. 55º, nº 1, al. c), do DL nº 244/98, de 8/8 (na redacção do DL nº 4/2001, de 10/1), e relativos à autorização de permanência de estrangeiros em território nacional, têm eles de ser considerados como não vinculativos.

II – Não tendo natureza vinculativa, tais pareceres não lesam «a se» a esfera jurídica dos interessados nem determinam o sentido da decisão final do procedimento a que respeitam, motivo por que carecem da definitividade prevista na LPTA e não podem ser objecto de uma autónoma impugnação contenciosa.

Artigo 92º – Forma e prazos dos pareceres(*)

1 – Os pareceres devem ser sempre fundamentados e concluir de modo expresso e claro sobre todas as questões indicadas na consulta.

(*) A redação do presente artigo foi alterada pelo artigo 8º da Lei nº 72/2020, de 16 de Novembro, que veio estabelecer um regime transitório de simplificação de procedimentos administrativos e alterar o Código do Procedimento Administrativo.

O nº 2 do artigo 11º da mesma Lei veio estipular um regime transitório determinando que a nova redação aplica-se aos procedimentos administrativos que se iniciem após 1 de Dezembro de 2020.

2 – O responsável pela direção do procedimento deve solicitar, sempre que possível em simultâneo, aos órgãos competentes a emissão dos pareceres a que haja lugar logo que, perante a marcha do procedimento, estejam reunidos os pressupostos para tanto.

3 – Na falta de disposição especial, os pareceres são emitidos no prazo de 20 dias, exceto quando o responsável pela direção do procedimento fixar, fundamentadamente, prazo diferente.

4 – O prazo diferente previsto no número anterior não deve ser inferior a 10 dias nem superior a 30 dias.

5 – Quando um parecer obrigatório não for emitido dentro dos prazos previstos no número anterior, pode o procedimento prosseguir e vir a ser decido sem o parecer, salvo disposição legal expressa em contrário.

6 – No caso de o parecer obrigatório ser vinculativo, a decisão final só pode ser proferida sem a prévia emissão daquele desde que o responsável pela direção do procedimento tenha interpelado, no prazo de 10 dias, o órgão competente para o emitir, sem que este o tenha feito no prazo de 20 dias a contar dessa interpelação.

ANOTAÇÃO:

Corresponde ao art. 99º do anterior CPA.

O legislador mantém na íntegra a redação de três primeiros números da versão anterior do código.

No entanto, inovou ao estipular que o procedimento só possa ser decidido sem o parecer obrigatório vinculativo quando o responsável pela direção do procedimento tenha interpelado o órgão competente com vista à emissão do mesmo. A interpelação deve ser feita no prazo máximo de 10 dias após o prazo previsto no nº 3, cabendo ao órgão competente emitir o parecer no prazo máximo de 20 dias (nº 6).

O parecer é emitido no prazo de 30 dias (nº 3) podendo, por razões devidamente fundamentadas, ser emitido no prazo de 15 a 45 dias (nº 4).

O entendimento que nesta matéria tem prevalecido entre nós, quanto ás formalidades, incluindo as determinadas por lei, vai no sentido de que estas são exteriores ao próprio ato administrativo e, consequentemente, a respetiva preterição não gera a anulabilidade, nada obstando à prossecução do procedimento e à tomada de uma decisão final válida. Quanto a nós, este entendimento não pode ser tomado como se de um princípio geral se tratasse, na medida em que razões de boa administração apontam em sentido contrário (v.g. a falta de emissão de parecer médico obrigatório). Há pareceres dos quais a administração não pode prescindir, nomeadamente, por razões que se prendem com os deveres de prossecução do interesse público e da proteção dos direitos e interesses dos cidadãos.

CAPÍTULO VIII – Da extinção do procedimento

Artigo 93º – Causas de extinção

O procedimento extingue-se pela tomada da decisão final ou por qualquer dos outros factos previstos no presente Código.

ANOTAÇÃO:

O presente artigo corresponde, com alterações, ao art. 106º do anterior CPA.

A decisão que põe termo ao procedimento, extinguindo-o, não é impeditiva que o objeto da mesma possa ser retomado noutro procedimento administrativo de segundo grau, como são exemplo a reclamação e o recurso.

A extinção pode resultar de uma decisão administrativa ou, simplesmente, decorrer da lei. Neste caso, a lei deve entender-se pelo próprio CPA que ao contrário do código anterior (que concentrava as causas de extinção numa secção), as dispersa no diploma.

Este artigo, que inaugura o capítulo relativamente às causas de extinção do procedimento, vem determinar que este se extingue quer através da decisão final, quer pelos factos previstos na presente secção que determinem essa consequência.

REFERÊNCIAS BIBLIOGRÁFICAS:

M. Esteves de Oliveira e outros, *ob. cit.*

Fernando Brandão Ferreira-Pinto, *ob. cit.*

Artigo 94º – Decisão final

1 – Na decisão final, o órgão competente deve resolver todas as questões pertinentes suscitadas durante o procedimento e que não hajam sido decididas em momento anterior.

2 – À decisão final proferida através de meios eletrónicos deve ser aposta assinatura eletrónica ou outro meio idóneo de autenticação do titular do órgão competente, nos termos de legislação própria, o qual deve ser devidamente identificado.

ANOTAÇÃO:

O presente artigo corresponde, com alterações, ao art. 107º do anterior CPA.

A decisão final resultará, necessariamente, da ponderação do que resultou do processo no seu todo e não apenas na parte, quer seja o relatório do responsável pela direção do procedimento consagrado no art. 126º, quer sejam os eventuais pareceres ou informações carreadas no processo.

Quanto às exigências relativas ao conteúdo da decisão elas referem-se, naturalmente, às decisões expressas e não às tácitas.

Note-se que, a exigência de assinatura eletrónica afasta outros meios mais simples de garantir a certeza e veracidade da assinatura, mas não afasta, naturalmente, outros graus mais seguros como a assinatura presencial ou a assinatura reconhecida.

O nº 1 vem determinar que, em sede de decisão final, o órgão competente deve resolver todas as questões pendentes, que sejam pertinentes e não tenham sido decididas em momento anterior.

O nº 2 vem remeter para legislação própria o modo de autenticação da assinatura eletrónica ou outro meio idóneo de autenticação do titular do órgão que deve ser devidamente identificado.

Artigo 95º – Impossibilidade ou inutilidade superveniente

1 – O procedimento é declarado extinto quando o órgão competente para a decisão verifique que a finalidade a que ele se destinava ou o objeto da decisão se tornaram impossíveis ou inúteis.

2 – A declaração da extinção a que se refere o número anterior é sempre fundamentada, podendo ser impugnada nos termos gerais.

ANOTAÇÃO:

Corresponde ao art. 112º do anterior CPA.

O legislador manteve a redação do correspondente artigo da versão anterior do código.

Neste artigo, é reconhecida, dentro do âmbito do poder de apreciação e decisão da administração, a prorrogativa, discricionária, de declarar que o procedimento deixou de se justificar (nº 1), ficando a administração obrigada a fundamentar a decisão, ficando também esta, sujeita a impugnação nos termos gerais (nº 2).

Estranhamente, o legislador, na letra da lei, continua a considerar apenas a impossibilidade ou inutilidade superveniente, deixando de fora a impossibilidade ou inutilidade obrigatória. A nosso ver perdeu-se, mais uma vez, a oportunidade de clarificar o âmbito de aplicação deste comando legal. Apesar de tudo, é pacífico o entendimento de que o titular do órgão pode "deitar mão" a este preceito para declarar extinto o procedimento originariamente impossível ou inútil.

De alertar que, sendo a decisão administrativa final, inútil ou impossíveis os seus fins no procedimento, se verificará, necessariamente, a extinção da instância por «inutilidade ou impossibilidade superveniente».

JURISPRUDÊNCIA:

Ac. STA de 19-06-2007, Proc. 122/07

Viola o art. 112º do C.P.A. o despacho da entidade administrativa que ordena o arquivamento, por inutilidade superveniente da lide, do recurso hierárquico interposto de decisão em relação à qual se encontra pendente recurso contencioso, contestado pela mesma entidade.

Ac. STA de 27-11-1990, Proc. 24.769

Se o acto recorrido deixa de vigorar na ordem juridica, por ter sido revogado na pendencia do recurso, este perde o seu objecto, o que implica a impossibilidade superveniente da lide, com a correspondente extinção da instancia, nos termos do disposto nos arts. 287, alinea e) e 663, n. 1, parte final, do CPC, aplicaveis por força do art. 1 da LPTA.

Ac. STA de 29-3-1990, Proc. 18.878

Um acto que visa sanar a ilegalidade de um acto anterior mantendo o mesmo conteudo deste, e um acto de ratificação que substitui o acto primario da ordem juridica e determina a perda do objecto do recurso do primeiro acto, o que e causa de extinção da instancia por impossibilidade superveniente da lide.

Ac. STA de 6-5-2003, Proc. 902/02

I – Sendo diferenciados os pressupostos da (não) concessão de autorização excepcional de residência *ao abrigo do art. 88º do DL nº 244/88 (segundo a redacção original ou a decorrente do Dec. Lei nº 4/2001 de 10 de Janeiro), relativamente a* uma declaração de extinção do procedimento *(proferida com invocação dos art.s 8º do DL nº 4/2001 e 112º do CPA), instaurado com vista àquela finalidade, devem considerar-se manifestamente improcedentes arguições do recorrente tendentes a demonstrar que reunia os pressupostos da aplicação do aludido* regime excepcional *de autorização de residência.*

II – A manifestação de oposição pelo interessado, prevista no nº 2 do art. 8º do Dec. Lei nº 4/2001, no sentido de que um pedido de autorização de residência que se encontre pendente não seja enquadrado nas disposições dos artigos 55º, 56º e 87º do Decreto-Lei nº 244/98, de 8 de Agosto, apenas será de molde a impedir que o mesmo veja um normal (melhor, o regulado na Secção II do Capítulo VI deste Dec. Lei, alterado pelo 4/2001), pedido de autorização de residência *enquadrado naqueles dispositivos do Decreto-Lei nº 244/98, mas já será de todo inócua, face ao disposto no nº 2 do art. 8º do Dec. Lei nº 4/2001, para impedir que possa ser declarada a extinção do procedimento relativamente ao pedido de concessão de autorização excepcional de residência um interessado se posteriormente lhe foi concedida autorização de permanência.*

III – À luz do exposto, o acto que declarou extinto o procedimento iniciado com o pedido de autorização excepcional de residência, dada a emergência da concessão ao interessado de autorização de permanência, não violou o princípio da prossecução do interesse público e da protecção dos direitos e interesses dos cidadãos.

IV – Por outro lado, a declaração de extinção do procedimento, nos enunciados termos, também não pode considerar-se como tendo violado o princípio constitucional da igualdade, dado que tal princípio rector da actividade administrativa apenas cobra autonomia no domínio do poder discricionário, sendo certo que no caso a Administração se moveu no âmbito de actividade vinculada.

TÍTULO II – Procedimento do regulamento e do ato administrativo

Artigo 96º – Objeto

Além do disposto no título anterior, o procedimento do regulamento e do ato administrativo regem-se, respetivamente, pelos capítulos I e II do presente título.

ANOTAÇÃO:

Esta disposição relativa ao Procedimento do Regulamento e do Ato Administrativo remete para as regras do título anterior e do presente título.

CAPÍTULO I – Procedimento do regulamento administrativo

Artigo 97º – Petições

1 – Os interessados podem apresentar aos órgãos competentes petições em que solicitem a elaboração, modificação ou revogação de regula-

mentos, as quais devem ser fundamentadas, sem o que a Administração não toma conhecimento delas.

2 – O órgão com competência regulamentar deve informar os interessados do destino dado às petições formuladas ao abrigo do nº 1, bem como dos fundamentos da posição que tome em relação a elas.

ANOTAÇÃO:

Corresponde ao art. 115º do anterior CPA.

Os interessados, na aceção do art. 68º, têm o direito de apresentar petições sobre matéria regulamentar.

A administração não tem o dever de proferir qualquer decisão nos termos do art. 13º se a petição não for fundamentada, caso em que nem sequer é tomado conhecimento (nº 1).

De notar que, a exigência de fundamentação é formal e não de mérito. A petição que apresente fundamentação errada ou insuficiente nem por isso deixa de cumprir a exigência de fundamentação pelo que, neste caso, tem ela de ser apreciada e sobre ela ser tomada uma decisão.

O nº 2 impõe ao órgão, com competência regulamentar, o dever de informar os interessados do destino dado a petições formuladas ao abrigo do nº 1, sendo-lhe, inclusivamente aplicável, o dever de emitir certidões independentes de despacho nos termos do art. 31º que, na alínea *a)* do seu nº 1, elenca precisamente as petições.

A petição regulamentar não gera o dever de decidir, nos termos do requerimento na aceção do art. 53º, pois o procedimento regulamentar depende de um ato de vontade (fundamentado) da administração.

Assim, não se verifica a consequência de a "não decisão" transformar-se em "decisão tácita", nos termos do art. 126º.

Inquestionavelmente, não obstante a letra da lei, a iniciativa do regulamento pode decorrer do impulso incontornável dos interessados quando, p.e., estes o façam no âmbito do direito de petição consagrado no artigo 52º da CRP. Este direito não é confundível com a legitimidade procedimental dos que individual ou coletivamente detêm a posição de interessados procedimentais.

REFERÊNCIAS BIBLIOGRÁFICAS:

FREITAS DO AMARAL, *Curso de Direito Administrativo*, Almedina, 2001.

Artigo 98º – Publicitação do início do procedimento e participação procedimental

1 – O início do procedimento é publicitado na Internet, no sítio institucional da entidade pública, com a indicação do órgão que decidiu desencadear o procedimento, da data em que o mesmo se iniciou, do seu objeto e da forma como se pode processar a constituição como interessados e a apresentação de contributos para a elaboração do regulamento.

2 – Quando as circunstâncias o justifiquem, podem ser estabelecidos os termos de acompanhamento regular do procedimento por acordo endoprocedimental com as associações e fundações representativas dos interesses envolvidos e com as autarquias locais em relação à proteção de interesses nas áreas das respetivas circunscrições.

ANOTAÇÃO:

Este artigo determina não apenas a publicitação, obrigatoriamente na internet, como o próprio procedimento e a participação no procedimento, criando novos requisitos, nomeadamente, o da publicitação no início do procedimento.

Permite a constituição como interessado e a apresentação de contributos por parte deste (nº 1). Permite ainda a participação, por acordo endoprocedimental, das fundações representativas dos interesses envolvidos e das autarquias locais em relação a questões da circunscrição respetiva (nº 2).

Esta norma prevê, de modo expresso, o acordo endoprocedimental logo no início do procedimento regulamentar, isto é, admite que a participação dos interessados seja pactuada com a Administração, indo ao encontro do que se encontra plasmado no art. 57º, em sede de regime comum do procedimento administrativo na vertente do contrato administrativo sobre o exercício de poderes públicos.

De salientar, no entanto, que, o acordo endoprocedimental, no procedimento regulamentar, circunscreve-se aos termos de acompanhamento regular do procedimento pelas referidas associações e fundações representativas dos interesses abrangidos e pelas autarquias locais, relativamente à proteção de interesses na respetiva área de circunscrição. Isto é o mesmo que dizer que, ficam, necessariamente, excluídos os acordos quanto ao conteúdo final da norma regulamentar a criar, exclusão que não se verifica quanto ao ato administrativo em si, conforme resulta do nº 3 do art. 57º. Ou seja o alcance do acordo endoprocedimental no que diz respeito ao ato administrativo, é bem maior do que aquele que se refere ao regulamento administrativo.

Por fim referir que, a Administração não pode limitar-se a auscultar as entidades representativas que manifestem a vontade de participar. Em nome dos princípios constitucionais da imparcialidade e da colaboração com os interessados, a Administração tem o ónus de procurar ouvir todas as entidades representativas, independentemente da manifestação de vontade por parte destas.

Artigo 99º – Projeto de regulamento

Os regulamentos são aprovados com base num projeto, acompanhado de uma nota justificativa fundamentada, que deve incluir uma ponderação dos custos e benefícios das medidas projetadas.

ANOTAÇÃO:

Corresponde ao art. 116º do anterior CPA.

Consequentemente com o que se encontra previsto no artigo anterior, o órgão com competência regulamentar tem a prorrogativa de iniciar o procedimento com vista à elaboração de regulamento. Para tal, elabora o projeto aqui previsto acompanhado de nota justificativa, fundamentada, ouvindo os interessados e sujeitando o mesmo à apreciação pública nos termos dos artigos 99º e 100º, tal já constava da redação do correspondente artigo do anterior CPA. No entanto, o legislador veio agora impor que a nota justificativa do projeto de regulamento inclua a ponderação de custos e benefícios das medidas projetadas. Naturalmente que, a correlação há de pender sempre para o lado dos benefícios pois, caso contrário, nem sequer faria sentido elaborar o projeto de regulamento.

O projeto de regulamento é uma formalidade impreterível no âmbito do procedimento que encerra a fase da instrução levada a cabo pela Administração que admite contributos por parte dos interessados. O projeto, apesar de ainda não ter havido audiência de interessados (ou consulta pública, quando a esta deva ter lugar), fixa direito concreto pelo que a sua alteração obedecerá, obrigatoriamente, aos mesmos requisitos do projeto inicial.

O projeto, antes de mais, dá conhecimento público da pretensão da Administração (que inclui outros contributos que eventualmente tenham sido dados pelos interessados), quanto ao conteúdo da norma a ser aprovada. Para que haja verdadeiro conhecimento da pretensão da Administração, o projeto deverá ser guarnecido com a chamada «nota justificativa», sendo esta incorporada no próprio projeto. A nota é como que a fundamentação da proposta que o projeto encerra, devendo esta fazer a ponderação dos custos e benefícios do que é proposto no projeto. A ausência desta ponderação invalida o projeto por «vício de forma», concretamente por «vício de procedimento».

Da nota justificativa deve especificar, concretamente, dados que indiciem os benefícios da proposta, face aos custos e, ainda, as razões demonstrativas da oportunidade.

Por fim realçar que a nota justificativa não é uma conclusão, ela pode ser, e muitas vezes é, prévia ao projeto, justificando a elaboração do mesmo.

Artigo 100º – Audiência dos interessados

1 – Tratando-se de regulamento que contenha disposições que afetem de modo direto e imediato direitos ou interesses legalmente protegidos dos cidadãos, o responsável pela direção do procedimento submete o projeto de regulamento por prazo razoável, mas não inferior a 30 dias, a audiência dos interessados que como tal se tenham constituído no procedimento.

2 – A audiência dos interessados pode ser escrita ou oral e processa-se, salvo quanto aos prazos, nos termos dos artigos 122º e 123º

3 – O responsável pela direção do procedimento pode não proceder à audiência quando:

a) A emissão do regulamento seja urgente;

b) Seja razoavelmente de prever que a diligência possa comprometer a execução ou a utilidade do regulamento;

c) O número de interessados seja de tal forma elevado que a audiência se torne incompatível, devendo nesse caso proceder-se a consulta pública;

d) Os interessados já se tenham pronunciado no procedimento sobre as questões que importam à decisão.

4 – Nas situações previstas no número anterior, a decisão final deve indicar os fundamentos da não realização da audiência.

5 – A realização da audiência suspende a contagem dos prazos do procedimento administrativo.

ANOTAÇÃO:

Corresponde ao art. 117º do anterior CPA.

O presente artigo apresenta uma nova e significativa evolução, relativamente aos direitos dos cidadãos que passam a ser sempre atendíveis, ao contrário do que acontecia na redação do correspondente artigo da versão anterior do código que colocava em primeiro lugar, sempre, o interesse publico.

Impõe-se, ainda, um prazo mínimo, aceitável, de 30 dias para a audiência de interessados (nº 1).

O nº 2 remete para os artigos 122º e 123º quanto à audiência de interessados excecionando a aplicação dos prazos neles previstos.

O nº 3 dispensa o órgão instrutor de proceder à audiência nos casos aí previstos desde que fundamente conforme determina o nº 4.

O nº 5, por sua vez, vem determinar a suspensão da contagem dos prazos durante o prazo estipulado para a audiência.

Quanto à questão da participação cfr. o art. 267º, nº 1 da CRP.

O direito constitucional de participação do cidadão no processo de decisão da Administração, subdivide-se nas figuras da audiência dos interessados e na da consulta pública.

De notar que a audiência de interessados no procedimento regulamentar não é confundível com a audiência pública. Os interessados que não se constituíram no procedimento enquanto tais, nos termos do art. 67º, podem, no entanto, participar via consulta pública, nos termos do artigo 101º.

A audiência é um imperativo geral do procedimento que a pressuponha, com vista à audição dos interessados que são todos aqueles que, como tal, se constituam no procedimento.

É ao responsável pela direção do procedimento quem promove a audiência dos interessados que tanto pode assumir a forma escrita como oral. Tal audiência consubstancia-se com a sujeição do projeto, dentro de prazo razoável, não inferior a 30 dias (nº 1), à intervenção daqueles que se constituíram como interessados no âmbito do procedimento. A audiência pode, no entanto, ser dispensada, cabendo, tal prorrogativa, dentro do poder discricionário conferido ao responsável pelo procedimento nos casos permitidos ou, na circunstância, não excluídos da previsão do nº 3. Ou seja, a dispensa da audiência só é permitida nos casos aí elencados que, como referimos supra, deve ser devidamente fundamentada e obrigatoriamente notificada aos interessados, sob pena de vicio por violação de formalidade essencial.

Artigo 101º – Consulta pública

1 – No caso previsto na alínea *c)* do nº 3 do artigo anterior ou quando a natureza da matéria o justifique, o órgão competente deve submeter o

projeto de regulamento a consulta pública, para recolha de sugestões, procedendo, para o efeito, à sua publicação na 2ª série do Diário da República ou na publicação oficial da entidade pública, e na Internet, no sítio institucional da entidade em causa, com a visibilidade adequada à sua compreensão.

2 – Os interessados devem dirigir, por escrito, as suas sugestões ao órgão com competência regulamentar, no prazo de 30 dias, a contar da data da publicação do projeto de regulamento.

3 – No preâmbulo do regulamento, é feita menção de que o respetivo projeto foi objeto de consulta pública, quando tenha sido o caso.

ANOTAÇÃO:

Corresponde ao art. 118º do anterior CPA.

O presente artigo vem impor a consulta pública nos casos previstos na alínea *c)* do nº 3 do artigo anterior, ou seja, quando o órgão instrutor não proceder à audiência dos interessados, e ainda nos casos em que a natureza da matéria o justifique. Nesta última situação o legislador não curou de indicar, suficientemente que casos podem cair na alçada desta previsão tão ampla. Nem sequer indicou suficientemente, os critérios, tais como, o interesse publico, os direitos protegidos dos cidadãos, a ponderação de interesses, ou outros.

O projeto é, obrigatoriamente publicado em Diário da Republica e na internet no sítio institucional da entidade (nº 1).

Os interessados têm 30 dias a partir da data da publicação para dirigir por escrito as suas sugestões ao órgão (nº 2).

No preâmbulo do regulamento é obrigatoriamente feita menção da consulta pública quando ela teve lugar (nº 3), que é o mesmo que dizer que em caso de consulta pública o regulamento tem que ter preâmbulo, quanto mais não seja para fazer a menção obrigatória a que se refere o nº 3.

A génese da consulta pública, remonta, entre nós, ao direito de participação popular procedimental, instituído pela Lei 83/95 de 31 de agosto. A consulta pública não é mais do que a apreciação pública do projeto de regulamento e tem como escopo consagrar a participação procedimental, em matérias que são do interesse de uma diversidade não automaticamente identificável de pessoas, logo indeterminável, daí a previsão da alínea c) do nº 3 do artigo anterior. Claro que, a determinação da inexequibilidade da audiência no âmbito do procedimento regulamentar, firma-se não em critérios objetivos, mas, antes, na subjetividade discricionária do responsável pela direção do procedimento que faz essa avaliação. O legislador não estipulou, nem tal seria adequado, a que número concreto corresponde a previsão legal da referida alínea, ou seja quando «o número de interessados seja de tal forma elevado» de modo a tornar a audiência incompatível, dando lugar à consulta pública.

CAPÍTULO II – Procedimento do ato administrativo

SECÇÃO I – Da iniciativa particular

Artigo 102º – Requerimento inicial

1 – O requerimento inicial dos interessados, salvo nos casos em que a lei admite o pedido verbal, deve ser formulado por escrito e conter:

a) A designação do órgão administrativo a que se dirige;

b) A identificação do requerente, pela indicação do nome, domicílio, bem como, se possível, dos números de identificação civil e identificação fiscal;

c) A exposição dos factos em que se baseia o pedido e, quando tal seja possível ao requerente, os respetivos fundamentos de direito;

d) A indicação do pedido, em termos claros e precisos;

e) A data e a assinatura do requerente, ou de outrem a seu rogo, se o mesmo não souber ou não puder assinar;

f) A indicação do domicílio escolhido para nele ser notificado;

g) A indicação do número de telefax ou telefone ou a identificação da sua caixa postal eletrónica, para os efeitos previstos no nº 1 do artigo 63º.

2 – Podem ser formulados num único requerimento vários pedidos, desde que entre eles exista conexão.

3 – Salvo disposição em contrário, podem ser formuladas num único requerimento as pretensões correspondentes a uma pluralidade de pessoas que tenham conteúdo e fundamento idênticos ou substancialmente similares.

ANOTAÇÃO:

Corresponde ao art. 74º do anterior CPA.

Ao presente artigo foram aditadas duas alíneas relativamente à redação do artigo correspondente do anterior CPA.

Salvo para os casos em que a lei admita o pedido verbal, este artigo vem estabelecer os requisitos formais e substanciais do requerimento.

O exercício de direitos, de conhecimento obrigatório da administração, mas que não dependam de autorização, é feito através de comunicação e não de requerimento, v.g., o direito de reunião e de manifestação.

Se o requerimento não cumprir o disposto no presente artigo, o requerente é convidado a suprir a(s) deficiência(s) existente(s) (art. 108º, nº 1), sendo que sempre que se trate de deficiência(s) menor(es), como simples irregularidade(s) ou mera imperfeição na formulação do pedido, os órgãos ou agentes administrativos devem suprir oficiosamente essas deficiências (art. 108º, nº 2) sendo, liminarmente, indeferidos os requerimentos não identificados e aqueles cujo pedido seja ininteligível (art. 108º, nº 3).

Ainda dentro do nº 1, a alínea *f)* estipula a indicação do domicílio escolhido para nele ser notificado e a alínea *g)* impõe a indicação do número de telefax ou a identificação da caixa postal eletrónica no caso de o requerente ser notificado por qualquer dessas vias.

O nº 2 vem permitir a formulação, num único requerimento, de vários pedidos, desde que entre eles exista conexão. No mesmo sentido, o nº 3 vem permitir (salvo disposição em sentido contrário) a formulação, também num único requerimento, de pretensões correspondentes a uma pluralidade de pessoas que tenham conteúdo e fundamento idênticos ou substancialmente similares.

Ou seja, ao contrário do que se encontrava previsto no artigo correspondente do anterior código (art. 74º, nº 2), que exigia um requerimento por cada pretensão apresentada, a lei atual permite que, no mesmo requerimento, sejam solicitados vários pedidos, desde que entre eles se verifique uma objetiva conexão e sejam dirigidos à mesma entidade.

O requerimento institui a Administração no dever de decidir sobre o que é requerido, mesmo que o requerente não seja interessado, caso em que o indeferimento se fundará, necessariamente, nessa mesma fundamentação.

Por fim, cumpre alertar para a possibilidade de, lei especial, exigir outros elementos no requerimento, além dos elencados neste artigo (p.e. elementos no âmbito de processo urbanístico).

REFERÊNCIAS BIBLIOGRÁFICAS:

M. Esteves de Oliveira e outros, *ob. cit.*
Fernando Brandão Ferreira-Pinto, *ob. cit.*

JURISPRUDÊNCIA:

Ac. STA de 9-10-2008, Proc. 565/08

I – De acordo com o disposto no art. 5º, nº 1, alínea f) e nº 2, alínea b) do DL 11/03, de 18.1, com os pedidos de autorização de instalação de infra-estruturas de suporte das estações de radiocomunicações deverão ser juntas "Cópia do documento de que conste a autorização expressa dos proprietários dos terrenos para a instalação das infra-estruturas" *e* "cópia do documento de que conste a autorização expressa para a instalação do proprietário ou dos condóminos, nos termos da lei aplicável."

II – Compete pois, ao requerente, proceder à apresentação desses documentos, não excluindo a lei a junção pelo facto de a proprietária desses terrenos ou prédios ser uma câmara municipal ou qualquer outra entidade pública ou de utilidade pública.

III – Nos termos do art. 6, nº 1, do DL 11/03 "O presidente da câmara municipal profere despacho de rejeição liminar do pedido no prazo de 8 dias a contar da respectiva apresentação, sempre que o requerimento não seja instruído com os elementos referidos no artigo anterior".

IV – Não impede a rejeição liminar o facto de a câmara municipal ter concedido a possibilidade de suprir a irregularidade e a interessada não ter agido (art. 76 do CPA).

V – A exigência de determinadas formalidades no procedimento, nomeadamente a referente a impressos, mesmo que pagos, e capeamentos cabe na alínea c) do nº 1 do art. 74 do CPA, conduzindo ao indeferimento liminar se a notificação para suprir a irregularidade se mostrar infrutífera (art. 76 do CPA).

Ac. STA de 15-10-2003, Proc. 397/03

I – Nos casos de competência conjunta, em que a lei impõe que intervenha na prática do acto mais que um órgão administrativo, a decisão procedimental resultante da intervenção de todas as entidades que devem decidir é apenas uma, integrando-se o acto decisório na categoria dos actos complexos praticados em co-autoria, actos que se realizam com a fusão de duas ou mais declarações de vontade homogéneas e com o mesmo fim de dois ou mais órgãos da Administração.

II – Em actos deste tipo, as declarações de vontade individualizadas emitidas por cada um dos órgãos não têm autonomia e não são susceptíveis de, separadamente, produzir quaisquer efeitos jurídicos.

III – Correlativamente, para gerar dever legal de decidir um recurso hierárquico que deve ser decidido por despacho conjunto de mais que um membro do Governo, basta que a respectiva petição seja apresentada a uma das entidades que deva intervir na formação da decisão.

IV – O facto de a petição ser dirigida apenas a um dos três membros do Governo com competência para decidir não pode ser considerado um obstáculo de ordem formal relevante para afastar o dever de decidir de todos eles, se não foi dirigido ao recorrente um convite para suprir essa hipotética deficiência, como impõem os arts. 74º, nº 1, alínea a), e 76º do C.P.A..

V – Assim, a falta de decisão, no prazo legal, de um recurso interposto ao abrigo do disposto no nº 5 do art. 21º do Decreto-Lei nº 404-A/98, de 18 de Dezembro, dirigido ao Ministro do Trabalho e da Solidariedade, confere ao recorrente a faculdade de presumir indeferido esse recurso, para poder interpor recurso

Artigo 103º – Local de apresentação dos requerimentos

1 – Os requerimentos devem ser apresentados nos serviços dos órgãos aos quais são dirigidos, salvo o disposto nos números seguintes.

2 – Os requerimentos dirigidos aos órgãos centrais podem ser apresentados nos serviços locais desconcentrados do mesmo ministério ou organismo, quando os interessados residam na área da competência destes, ou nos gabinetes de apoio aos representantes da República nas regiões autónomas.

3 – Os requerimentos apresentados nos termos previstos no número anterior são remetidos aos órgãos competentes pelo registo do correio, ou por via eletrónica, no prazo de três dias após o seu recebimento, com a indicação da data em que este se verificou.

4 – Os requerimentos podem ser apresentados nos serviços das representações diplomáticas ou consulares sediadas no país em que residam ou se encontrem os interessados.

5 – As representações diplomáticas ou consulares remetem os requerimentos aos órgãos a quem sejam dirigidos, com a indicação da data em que se verificou o recebimento.

ANOTAÇÃO:

Corresponde, em parte, ao art. 77º do anterior CPA.

Este artigo mantém grande parte da redação do correspondente artigo da versão anterior do código, tendo sido eliminado, por motivos óbvios, o número que se referia aos governos civis.

Relativamente ao nº 2, que determina que os requerimentos dirigidos aos serviços centrais podem ser apresentados nos serviços locais desconcentrados do mesmo ministério ou organismo, mal se compreende por que razão o legislador não aplicou o mesmo princípio à administração autárquica, permitindo que os requerimentos, dirigidos ao município, possam ser apresentados na Junta de Freguesia da área de residência do requerente.

O apertado prazo de três dias, concedido aos serviços desconcentrados para remeterem o requerido aos respetivos serviços centrais, coincide com a dilação prevista no Código de Processo Civil para a notificação postal, que a Lei presume ter sido feita no terceiro dia posterior ao do registo, ou no primeiro dia útil seguinte a esse, quando o não seja.

Relativamente aos requerimentos dirigidos a serviço diverso do órgão central, comummente designado por "serviços centrais", que tenham sido entregues em qualquer outro serviço que seja incompetente (p.e. em função da matéria ou do território) para a prática do ato requerido, aplicar-se-á o disposto no artigo 41º.

O incumprimento do dever de remessa oficiosa tem duas consequências fundamentais, sendo elas, a impossibilidade que recai sobre a Administração de considerar a extemporaneidade contra o interessado que cumpriu o prazo e, ainda, a consequência disciplinar, por incumprimento de um dever, que recai sobre quem, tendo o dever de ordenar ou efetuar a remessa, incumpriu esse dever.

JURISPRUDÊNCIA:

Ac. STA de 18-6-2009, Proc. 393/08

I – Ao envio de requerimentos para os órgãos administrativos, como seja o da interposição de um recurso hierárquico, feito por correio electrónico, não pode deixar de ser aplicado o regime de apresentação previsto no CPA (arts. 77º e segs.), aplicável a todos os requerimentos, exposições e reclamações (art. 82º), designadamente no que concerne ao modo e ao tempo de apresentação juridicamente relevantes.

II – Com o advento do correio electrónico, e com a regulamentação legal da sua utilização nos procedimentos administrativos, através do DL nº 135/99, de 22 de Abril, o legislador não procedeu à alteração das disposições do CPA reitoras da comunicação administrativa, mantendo incólumes os preceitos dos arts. 77º e segs.

Antes determinou, no nº 2 do art. 26º deste diploma, que "A correspondência transmitida por via electrónica tem o mesmo valor da trocada em suporte de papel, devendo ser-lhe conferida, pela Administração e pelos particulares, idêntico tratamento."

III – É intempestivo o requerimento de recurso hierárquico remetido por correio electrónico no último dia do prazo, às 21h 14m, ou seja, após o encerramento do serviço administrativo competente para o seu recebimento.

IV – A garantia constitucional do acesso ao direito e à tutela jurisdicional efectiva não pode ser dissociada dos pressupostos legais do seu exercício, designadamente dos relativos aos prazos legais a observar e à forma de apresentação dos requerimentos. A não ser que esses pressupostos se traduzissem numa intolerável compressão ou restrição do exercício da referida garantia, o que manifestamente se não verifica.

Ac. STA de 2-2-2006, Proc. 1108/05

I – Em matéria de apresentação de requerimentos no âmbito do procedimento administrativo, rege o art. 77 do CPA, que tem essa epígrafe, e onde se dispõe que "Os requerimentos devem ser apresentados nos serviços dos órgãos aos quais são dirigidos" (nº 1) "nos serviços locais desconcentrados do mesmo ministério ou organismo" quando aí tenham a sua residência (os interessados) e se dirijam a órgãos centrais (nº 2) ou nos Governos Civis ou nos gabinetes dos Ministros Regionais, se não existirem serviços na área da residência dos interessados (nº 3).

II – Como decorre do seu nº 4 "Os requerimentos apresentados nos termos previstos nos números anteriores são remetidos aos órgãos competentes pelo registo do correio e no prazo de três dias após o seu recebimento, ***com a indicação da*** **data** ***em que este se verificou***".

III – Portanto, as normas contidas naquele preceito fixam não só o local de apresentação (prevendo-se diversas hipóteses), mas também a **data** *em que se verificar.*

IV – O art. 79 do CPA limita-se a permitir o envio do requerimento pela via postal, sem todavia introduzir qualquer alteração quanto ao local ou quanto à data (a da recepção).

V – O recurso hierárquico deve dar entrada no serviço competente dentro do prazo estabelecido por lei, mesmo que enviado pelo correio, não relevando neste caso, a data da expedição ou do registo postal.

Artigo 104º – Forma de apresentação dos requerimentos

1 – Os requerimentos dirigidos a órgãos administrativos podem ser apresentados por uma das seguintes formas:

a) Entrega nos serviços, valendo como data da apresentação a da respetiva entrega;

b) Remessa pelo correio, sob registo, valendo como data da apresentação a da efetivação do respetivo registo postal;

c) Envio através de telefax ou transmissão eletrónica de dados, valendo como data da apresentação a do termo da expedição;

d) Envio por transmissão eletrónica de dados, valendo como data da apresentação a da respetiva expedição;

e) Formulação verbal, quando a lei admita essa forma de apresentação.

2 – Os requerimentos enviados por telefax ou transmissão eletrónica de dados podem ser apresentados em qualquer dia e independentemente da hora da abertura e do encerramento dos serviços.

3 – A Administração pode estabelecer modelos e sistemas normalizados de requerimentos, disponibilizando aos interessados os respetivos formulários.

4 – Os requerentes podem juntar os elementos que considerem convenientes para precisar ou completar os dados do modelo, os quais devem ser admitidos e tidos em conta pelo órgão ao qual se dirige o requerimento.

5 – O requerimento eletrónico deve observar o formato definido, para cada caso, no sítio institucional da entidade pública.

6 – Quando a lei admita a formulação verbal do requerimento, é lavrado termo para este efeito, o qual deve conter as menções previstas no nº 1 do artigo 102º e ser assinado, depois de datado, pelo requerente e pelo agente que receba o pedido.

ANOTAÇÃO:

O presente artigo veio, de uma forma sistematizada e exaustiva, ao contrário do que acontecia com o art. 79º do anterior CPA, elencar as formas de apresentação dos requerimentos. Estas vão desde a formulação verbal (nº 1, alínea *e)*) sendo lavrado termo para esse efeito, de acordo com o previsto no nº 6, à remessa pelo correio (a que se cingia o referido art. 79º) sob registo (nº 1, alínea *b)* e por telefax ou transmissão eletrónica de dados (nº 1, alínea *c)*, passiveis de ser apresentados em qualquer dia e hora (nº 2).

A questão que o legislador deixou «em branco» foi aquela que diz respeito ao chamado correio simples. Assim, nos casos em que os requerimentos sejam enviados por correio simples haverá de considerar-se, necessariamente, a data de entrada nos serviços.

O nº 3 prevê a possibilidade, dada ao cidadão, de utilização de um modelo normalizado através de formulário.

O grande destaque desta nova redação da norma prende-se com a consagração expressa da obrigação que recai sobre a Administração de aceitar que os modelos por ela previamente normalizados e estabelecidos (nº 3), possam ser completados com vista a melhorar ou a suprir insuficiências dos mesmos, sendo a Administração obrigada não só a admiti-los, como a considerá-los.

Por maioria de razão, se o requerente pode carrear elementos que não constam do modelo normalizado, a entidade que o emite ao cidadão também o pode fazer. Exemplo desta nova realidade é o modelo RP5044 (Declaração de Situação de Desemprego), onde, na parte referente à iniciativa do empregador, não consta qualquer previsão relativa ao despedimento ilícito (v.g. o despedimento verbal). Quando o empregador assuma ser esse o caso, e apesar de o modelo não prever essa situação, a autoridade com competência inspetiva do ministério responsável pela área laboral, pode (e deve) "aditar" esse motivo. Se o cidadão pode colmatar insuficiências dos modelos normalizados, a Administração que os emita, também pode, naturalmente, fazê-lo.

Artigo 105º – Registo de apresentação de requerimentos

1 – A apresentação de requerimentos, qualquer que seja o modo por que se efetue, é sempre objeto de registo, que menciona o respetivo número de ordem, a data, o objeto do requerimento, o número de documentos juntos e o nome do requerente.

2 – Os requerimentos são registados segundo a ordem da sua apresentação, considerando-se simultaneamente apresentados os recebidos pelo correio na mesma distribuição.

3 – O registo é anotado nos requerimentos, mediante a menção do respetivo número e data.

4 – Nos serviços que disponibilizem meios eletrónicos de comunicação, o registo da apresentação dos requerimentos deve fazer-se por via eletrónica.

ANOTAÇÃO:

Corresponde ao art. 80º do anterior CPA.

O presente artigo mantém a redação da disposição correspondente na versão anterior do código, acrescentando-lhe o nº 4 relativo aos meios eletrónicos de comunicação.

Pretende-se, antes de mais, garantir a prova de que o requerimento foi entregue, condição determinante para a contagem dos prazos e concomitantemente determinar a forma como é feito o registo e que elementos informativos deve esse mesmo registo conter. Em segundo lugar, ordenar os registos. Por último, pretende-se, com a numeração atribuída aos registos, facilitar a sua identificação e localização.

O registo é um mero ato de expediente, que regista o fato jurídico da entrada do requerimento, cujo original é autuado e fica a constar do processo.

Para efeitos de início do procedimento, é relevante a data de apresentação do requerimento e não o registo que pode até ser feito em data posterior.

Artigo 106º – Recibo de entrega de requerimentos

1 – Os interessados podem exigir recibo comprovativo da entrega dos requerimentos apresentados.

2 – O recibo pode ser passado em duplicado ou em fotocópia do requerimento que o requerente apresente para esse fim.

3 – O registo eletrónico emite automaticamente um recibo comprovativo da entrega dos requerimentos apresentados por transmissão eletrónica de dados, contendo a indicação da data e hora da apresentação e o número de registo.

ANOTAÇÃO:

Corresponde ao art. 81º do anterior CPA.

A estipulação de que o interessado "pode" exigir recibo comprovativo da entrega de requerimentos, permite, quanto a nós mal, à administração não emitir recibo, quando o mesmo não é solicitado, pondo em causa a segurança jurídica do cidadão menos atento e porventura aquele que é menos informado.

O nº 2 estipula que pode ser utilizada a fotocópia a que é aposto um carimbo, uma vinheta ou um selo.

O nº 3, que é novo, trata do recibo por via eletrónica.

Artigo 107º – Outros escritos apresentados pelos interessados

O disposto na presente secção é aplicável, com as devidas adaptações, às exposições, reclamações, respostas e outros escritos semelhantes apresentados pelos interessados.

ANOTAÇÃO:

Corresponde ao art. 82º do anterior CPA.

Estranhamos que, na versão atual, o legislador continue a referir-se, especificamente, aos "escritos", quando na realidade o disposto na presente secção será aplicável, com as devidas adaptações, também, às situações que o código prevê como "não escritos", como é o caso dos requerimentos verbais.

Artigo 108º – Deficiência do requerimento inicial

1 – Se o requerimento inicial não satisfizer o disposto no artigo 102º, o requerente é convidado a suprir as deficiências existentes.

2 – Sem prejuízo do disposto no número anterior, devem os órgãos e agentes administrativos procurar suprir oficiosamente as deficiências dos requerimentos, de modo a evitar que os interessados sofram prejuízos por virtude de simples irregularidades ou de mera imperfeição na formulação dos seus pedidos.

3 – São liminarmente rejeitados os requerimentos não identificados e aqueles cujo pedido seja ininteligível.

ANOTAÇÃO:

Corresponde ao art. 76º do anterior CPA.

A presente norma impõe um dever e não uma faculdade.

O nº 1 prevê que, a administração profira um "despacho", com vista a ser efetuado o aperfeiçoamento, para que o interessado venha a efetuar, querendo, a correção ou o complemento do que falta no requerimento.

O legislador não prevê, expressamente, nenhum prazo (quando na verdade o devia ter feito) mas, ainda assim, a administração pode, e deve, conceder um prazo razoável para o suprimento oficioso (nº 1), concorrendo deste modo para a diminuição burocrática, comodidade do cidadão e celeridade processual.

Decorre do nº 2 que as simples irregularidades ou de mera imperfeição na formulação do pedido podem ser oficiosamente supridas, sem prejuízo do disposto no nº 1.

Por fim, o nº 3 determina o indeferimento liminar dos requerimentos não identificados, bem como daqueles cujo pedido seja ininteligível.

Artigo 109º – Questões que prejudiquem o desenvolvimento normal do procedimento

1 – O órgão competente para a decisão final, logo que estejam apurados os elementos necessários, conhece de qualquer questão que prejudique o desenvolvimento normal do procedimento ou impeça a tomada de decisão sobre o seu objeto e, nomeadamente, das seguintes questões:

a) Incompetência do órgão administrativo;
b) Caducidade do direito que se pretende exercer;
c) Ilegitimidade dos requerentes;
d) Extemporaneidade do pedido.

2 – Quando o requerimento haja sido apresentado a órgão incompetente, é aplicável o disposto no artigo 41º

ANOTAÇÃO:

Corresponde ao art. 83º do anterior CPA.

O nº 1 permite ao órgão administrativo tomar uma decisão, em sede preliminar, pelos motivos constantes nas suas alíneas, sem audição dos interessados. Tal ocorre devido ao facto de, enquanto a audiência prévia ter em vista uma tomada de decisão (art. 121º), aqui, ao invés, estamos perante uma situação que impede a tomada de decisão que não tenha a ver com o conhecimento de questão prejudicial ou que impeça a tomada de decisão sobre o objeto do procedimento.

Naturalmente que, da evocação de questão prejudicial cabe recurso nos termos gerais.

À incompetência do órgão prevista no nº 2 (que na redação do correspondente artigo da versão anterior do código era uma questão prejudicial), é-lhe, agora, aplicável o disposto no art. 41º.

SECÇÃO II – Das notificações

Artigo 110º – Notificação do início do procedimento

1 – O início do procedimento é notificado às pessoas cujos direitos ou interesses legalmente protegidos possam ser lesados pelos atos a praticar e que possam ser desde logo nominalmente identificadas.

2 – Não há lugar à notificação determinada no número anterior nos casos em que a lei a dispense e naqueles em que a mesma possa prejudicar a natureza secreta ou confidencial da matéria, como tal classificada nos termos legais, ou a oportuna adoção das providências a que o procedimento se destina.

3 – A notificação deve indicar a entidade que ordenou a instauração do procedimento, ou o facto que lhe deu origem, o órgão responsável pela

respetiva direção, a data em que o mesmo se iniciou, o serviço por onde corre e o respetivo objeto.

ANOTAÇÃO:

Corresponde ao art. 55º do anterior CPA.

O início do procedimento, oficioso ou não, é notificado aos titulares de direitos legalmente protegidos que possam vir a ser lesados pelos atos a praticar no procedimento.

A notificação é individual desde que estejam identificadas as pessoas a notificar (nº 1), a não ser nos casos em que a lei dispense a notificação. É, igualmente, dispensada a notificação nos casos em que esta possa prejudicar o secretismo ou a confidencialidade da matéria, assim classificada por lei, ou que a notificação prejudique a adoção de providências essenciais ao sucesso do procedimento (nº 2).

O nº 3 estipula o conteúdo da informação que deverá constar na notificação.

O dever de notificação, que recai sobre a Administração que o anterior código designava por comunicação, abrange todos os interessados, isto é, todas as pessoas individuais ou coletivas, cujos direitos ou interesses legalmente protegidos, sejam suscetíveis de lesão por atos a serem praticados no procedimento e possam, previamente, ser nominalmente identificadas. A importância desta notificação é significativa, desde logo, para que os interessados se possam constituir enquanto tal no procedimento, nos termos do art. 98º, nº 1. A lei não o determina, mas esta notificação cabe ao órgão que deliberou, ou seja, ao órgão que decidiu instaurar o procedimento, pois, no início do procedimento é comum nem sequer se saber quem irá ser designado responsável pelo procedimento.

JURISPRUDÊNCIA:

Ac. STA de 29-11-2005, Proc. 509/05

I – O despacho ministerial a que se refere o art. 11º, al. d) do Dec-Lei nº 120/97, de 16.5 (autorização do IPPAR para intimar o particular a demolir obras feitas contra a legislação do património cultural) é uma manifestação da chamada tutela administrativa prévia, ou a priori, *competindo à direcção do IPPAR, e não ao Ministro, a prática do acto externo e lesivo a determinar essa imposição. Por esse motivo, não tem aquele de ser obrigatoriamente notificado ao interessado, nem essa falta de notificação produz quaisquer efeitos no plano da validade da decisão do IPPAR.*

II – Se o acto foi praticado com delegação de poderes (nele não mencionada mas conhecida do recorrente) desnecessário se torna saber se foram cumpridas as condições legais para a intervenção do órgão delegado ao abrigo do regime de substituição nas faltas e impedimentos.

III – No domínio do exercício de poderes vinculados, não pode ditar-se a anulação contenciosa de um acto que não se ancora nos preceitos legais indicados como fundamentos pelo respectivo autor mas encontra o seu suporte decisório noutros que o mesmo não invocou, pois neste tipo de acto o que importa, para saber se a lei foi cumprida, é ver se ele se conforma ou não com os seus pressupostos legais, independentemente da motivação expressa que tenha sido utilizada.

IV – É diferente, e menos intenso, o grau de exigência da fundamentação de um acto do IPPAR que manda demolir uma obra realizada sem autorização em zona non aedificandi *de monumento nacional, pois, ao contrário do que sucede com a emissão de parecer vinculativo relativamente a projecto de construção em zona de jurisdição de imóvel classificado, a obra não é pura e simplesmente possível, não sendo por isso caso de o IPPAR ter de justificar a respectiva incompatibilidade com a existência do bem classificado e os valores do património cultural que inspiraram essa especial protecção.*

V – Degradam-se em meras irregularidades, quer a não comunicação do início do procedimento a que se reporta o art. 55º do CPA, quer a concessão de prazo inferior ao da lei na audiência prévia regulada no art. 100º, se o interessado interveio no procedimento expondo as suas razões e sem solicitar a respectiva prorrogação.

VI – Não há igualdade na ilegalidade, pelo não são invocáveis para anular determinado acto situações em que a Administração, em vez de se comportar de maneira tão diligente, teria deixado passar o tempo e contemporizado com a actuação ilegal de particulares.

Artigo 111º – Destinatários das notificações

1 – As notificações são efetuadas na pessoa do interessado, salvo quando este tenha constituído mandatário no procedimento, caso em que devem ser efetuadas a este.

2 – Para efeitos do disposto no número anterior, devem os interessados ou os mandatários, quando constituídos, comunicar ao responsável pelo procedimento quaisquer alterações dos respetivos domicílios que venham a acorrer na pendência do procedimento.

ANOTAÇÃO:

Este artigo determina a notificação do mandatário em todos os casos, exceto, naturalmente, quando este não tenha sido constituído (nº 1). O interessado ou o próprio mandatário têm o dever de comunicação desse facto ao responsável pelo procedimento, bem como as alterações de domicílio que venham a ocorrer na pendência do processo, quer estas digam respeito ao interessado quer ao mandatário.

O interessado que constitua mandatário deve comunicar esse fato à Administração para que, por um lado, esta conheça o âmbito de intervenção e o próprio mandato onde se encontram exarados os limites e a extensão do mesmo, e por outro, para a Administração poder notificar este de todos os atos processuais. Em cumprimento do princípio da colaboração dos interessados com a Administração, se p.e. ocorrer a mudança de residência do interessado (mandante) ou do próprio mandatário, recai sobre eles o dever de comunicação dessa alteração. Naturalmente que, o cumprimento desse dever por parte de um deles exonera o outro de o fazer.

JURISPRUDÊNCIA

Ac. TCAN de 25/01/2019, Proc. 01511/18.7BELSB

I – Tendo o requerente de asilo constituído mandatário, que em sua representação formulou tal pedido, a falta de notificação do mandatário para estar presente na data em que o requerente de asilo iria prestar declarações constitui fundamento de anulação do acto de indeferimento de concessão de asilo e protecção subsidiária, dado tal omissão contrariar o disposto no artigo 111º do CPA, conjugado com o artigo 49º nº 7 da Lei do Asilo.

II – O efeito anulatório não se produz se se verificar algum dos pressupostos ínsitos no nº 5 do artigo 163º do Código do Procedimento Administrativo (CPA) e, para tanto, é necessário que (a) o conteúdo do ato anulável não possa ser outro, por o ato ser de conteúdo vinculado ou a apreciação do caso concreto permita identificar apenas uma solução como legalmente possível; (b) O fim visado pela exigência procedimental ou formal preterida tenha sido alcançado por outra via; (c) Se comprove, sem margem para dúvidas, que, mesmo sem o vício, o ato teria sido praticado com o mesmo conteúdo.

III – A alínea c) do nº 5 do artigo 163º do CPA, referida aos actos praticados no exercício de poderes discricionários, aponta a irrelevância da ilegalidade do erro da Administração, material ou formal, desde que aquela comprove, sem margem para dúvidas, com a evidência de fundamentos jurídicos, de facto e de direito, que, mesmo sem o vício, o acto teria sido praticado com o mesmo conteúdo.

Ac. TCAS de 26-11-2020, Proc. 1940/19.9BELSB

I – O mandato forense é mandato especial, que inclui os poderes gerais de representação, seja em juízo, seja no âmbito de procedimentos administrativos. Por via do indicado contrato de mandato forense são conferidos ao mandatário poderes para representar o respectivo mandante em todos os actos e termos de qualquer processo e respectivos incidentes, mesmo perante tribunais superiores, pleiteando em juízo. Esse mesmo mandato confere poderes de representação geral no âmbito de quaisquer procedimentos administrativos. Por via do indicado mandato forense o mandatário passa a ter poderes para praticar actos jurídicos em nome do mandante;

II – Os arts. 67.º e 111.º do Código do Procedimento Administrativo (CPA) permitem que os interessados se façam representar no procedimento – ainda em aberto ou já concluído - por mandatário constituído e determinam que quando o interessado assim esteja representado, as notificações que devem ser feitas na sua pessoa passem a ser feitas ao seu mandatário;

III – O acto (jurídico) de receber uma notificação no âmbito de um procedimento administrativo deve ser entendido como se enquadrando no âmbito dos "actos de administração ordinária" – cf. art. 1159.º do CC;

IV – Trata-se também de um acto para o qual a lei não exige que se confiram poderes especiais ao representante quando advogado. Diversamente, atendendo ao consignado no art. 111.º do CPA estão incluídos nos poderes gerais do mandatário constituído no procedimento administrativo os poderes para receber notificações (da Administração) em nome e em representação do mandante;

V – Os actos que imponham deveres, encargos, ónus, sujeições ou sanções, que causem prejuízos ou restrinjam direitos e interesses legalmente protegidos, ou afectem condições do seu exercício devem ser notificados pessoalmente aos seus destinatários, interessados e só lhes são oponíveis após tal notificação. Porém, estando esse destinatário, interessado, representado no procedimento através do seu mandatário forense, devidamente constituído, essa notificação pessoal deve ser feita na pessoa desse mandatário, que o representa para efeitos de receber as notificações da Administração, conforme art. 111.º do CPA:

VI – Nos termos dos arts. 112.º, n.º 1, al. c) e 113.º, n.º 5, do CPA, a Administração pode proceder a notificações por correio electrónico;

VII – A imperfeição da notificação não equivale à omissão da notificação e não torna inoponível o acto notificado caso seja comunicado pela Administração o sentido e alcance do acto administrativo. Conforme o art. 60.º, n.º 1, do CPTA, o acto administrativo só deixa de ser oponível ao particular quando a notificação ou a publicação não dêem a conhecer o sentido da decisão.

Artigo 112º – Forma das notificações(*)

1 – As notificações podem ser efetuadas:

a) Por carta registada, dirigida para o domicílio do notificando ou, no caso de este o ter escolhido para o efeito, para outro domicílio por si indicado;

b) Por contacto pessoal com o notificando, se esta forma de notificação não prejudicar a celeridade do procedimento ou se for inviável a notificação por outra via;

c) Por telefax, telefone, correio eletrónico ou notificação eletrónica automaticamente gerada por sistema incorporado em sítio eletrónico pertencente ao serviço do órgão competente ou ao balcão único eletrónico;

d) Por edital, quando seja esta a forma de notificação prescrita por lei ou regulamento ou quando os notificandos forem incertos ou de paradeiro desconhecido;

e) Por anúncio, quando os notificandos forem em número superior a 25.

2 – As notificações previstas na alínea *c)* do número anterior podem ter lugar nos seguintes casos:

a) Por iniciativa da Administração, sem necessidade de prévio consentimento, para plataformas informáticas com acesso restrito ou para os endereços de correio eletrónico ou número de telefax ou telefone indicados em qualquer documento apresentado no procedimento administrativo, quando se trate de pessoas coletivas;

b) Mediante o consentimento prévio do notificando, prestado no decurso do procedimento, nos restantes casos.

3 – A notificação prevista na alínea *d)* do nº 1 é feita por reprodução e publicação do conteúdo do edital na Internet, no sítio institucional da entidade pública, e ainda:

a) No caso de incerteza das pessoas a notificar, por afixação de um edital na entrada do serviço da Administração por onde corre o procedimento administrativo;

(*) A redação do presente artigo foi alterada pelo artigo 8º da Lei nº 72/2020, de 16 de Novembro, que veio estabelecer um regime transitório de simplificação de procedimentos administrativos e alterar o Código do Procedimento Administrativo.

O nº 3 do artigo 11º da mesma Lei veio estipular um regime transitório determinando que a nova redação aplica-se aos procedimentos administrativos em curso à data da sua entrada em vigor.

b) No caso de incerteza do lugar onde se encontram as pessoas a notificar, por afixação de três editais, um, na entrada do serviço da Administração por onde corre o procedimento, outro, na porta da casa do último domicílio conhecido do notificando no país e, outro, na entrada da sede da respetiva junta de freguesia.

4 – O anúncio previsto na alínea *e)* do nº 1 é publicado, salvo o disposto em lei especial, no Diário da República ou na publicação oficial da entidade pública, num jornal de circulação nacional ou local, dependendo do âmbito da matéria em causa, e sempre na Internet, no sítio institucional da entidade em causa, com a visibilidade adequada à sua compreensão.

5 – Sempre que a notificação seja feita por telefone, a mesma é confirmada nos termos da alínea *a)* do nº 1, no dia útil imediato, sem prejuízo de a notificação se considerar feita na data da primeira comunicação.

ANOTAÇÃO:

Corresponde ao art. 70º do anterior CPA.

A redação do presente artigo veio, em relação à redação do artigo correspondente na versão anterior do código, manter a notificação através de telefone (confirmada a posteriori), nos termos do nº 5. Esta opção havia sido excluída no projeto, mas acabou por manter-se na letra da lei (nº 1 alínea *c)*). Quanto a estas, refere-se também o art. 113º, nº 7, que vem reforçar o sentido da data em que é considerada a comunicação como efetuada. Ao mesmo tempo veio introduzir-se a transmissão eletrónica de dados (nº 1), com as condicionantes impostas pelo nº 2, e ainda a publicação do conteúdo do edital na internet (nº 3).

Os requisitos substanciais previstos no presente artigo subordinam-se naturalmente às exigências do art. 268º, nº 3 da CRP.

São igualmente de cumprimento obrigatório, as formalidades previstas nos arts. 247º e segs. do Código de Processo Civil, com as devidas adaptações, quando se tratar de processos pendentes.

Por fim, cumpre referir, ainda, a importância das regras consagradas nos arts. 82º e ss do Código Civil, relativas ao domicílio, para efeito das notificações. Para melhor compreensão transcrevemos os preceitos em referência:

Artigo 82º – (Domicílio voluntário geral)

1 – A pessoa tem domicílio no lugar da sua residência habitual; se residir alternadamente, em diversos lugares, tem-se por domiciliada em qualquer deles.

2 – Na falta de residência habitual, considera-se domiciliada no lugar da sua residência ocasional ou, se esta não puder ser determinada, no lugar onde se encontrar.

Artigo 83º – (Domicílio profissional)

1 – A pessoa que exerce uma profissão tem, quanto às relações que a esta se referem, domicílio profissional no lugar onde a profissão é exercida.

2 – Se exercer a profissão em lugares diversos, cada um deles constitui domicílio para as relações que lhe correspondem.

Artigo 84º – (Domicílio electivo)

É permitido estipular domicílio particular para determinados negócios, contanto que a estipulação seja reduzida a escrito.

Artigo 85º – (Domicílio legal dos menores e interditos)

1 – O menor tem domicílio no lugar da residência da família; se ela não existir, tem por domicílio o do progenitor a cuja guarda estiver.

2 – O domicílio do menor que em virtude de decisão judicial foi confiado a terceira pessoa ou a estabelecimento de educação ou assistência é o do progenitor que exerce o poder paternal.

3 – O domicílio do menor sujeito a tutela e o do interdito é o do respectivo tutor.

4 – Quando tenha sido instituído o regime de administração de bens, o domicílio do menor ou do interdito é o do administrador, nas relações a que essa administração se refere.

5 – Não são aplicáveis as regras dos números anteriores se delas resultar que o menor ou interdito não tem domicílio em território nacional.

Artigo 86º – (Domicílio legal da mulher casada)

(Revogado pelo Decreto-Lei nº 496/77, de 25 de Novembro).

Artigo 87º – (Domicílio legal dos empregados públicos)

1 – Os empregados públicos, civis ou militares, quando haja lugar certo para o exercício dos seus empregos, têm nele domicílio necessário, sem prejuízo do seu domicílio voluntário no lugar da residência habitual.

2 – O domicílio necessário é determinado pela posse do cargo ou pelo exercício das respectivas funções.

Artigo 88º – (Domicílio legal dos agentes diplomáticos portugueses)

Os agentes diplomáticos portugueses, quando invoquem a extraterritorialidade, consideram-se domiciliados em Lisboa.

De destacar, nesta sede, que o domicílio postal é o do notificando ou outro por si escolhido (domicílio eletivo) que o interessado pode livremente indicar.

Para melhor compreensão desta questão transcrevemos abaixo, os artigos do Código de Processo Civil relativos às notificações:

Artigo 247º – (Notificação às partes que constituíram mandatário)

1 – As notificações às partes em processos pendentes são feitas na pessoa dos seus mandatários judiciais.

2 – Quando a notificação se destine a chamar a parte para a prática de ato pessoal, além de ser notificado o mandatário, é também expedido pelo correio um aviso registado à própria parte, indicando a data, o local e o fim da comparência.

3 – Sempre que a parte esteja simultaneamente representada por advogado ou advogado estagiário e por solicitador, as notificações que devam ser feitas na pessoa do mandatário judicial são feitas sempre na do solicitador.

Artigo 248º – (Formalidades)

Os mandatários são notificados nos termos definidos na portaria prevista no nº 1 do artigo 132º, devendo o sistema informático certificar a data da elaboração da notificação, presumindo-se esta feita no 3º dia posterior ao da elaboração ou no 1º dia útil seguinte a esse, quando o não seja.

Artigo 249º – (Notificações às partes que não constituam mandatário)

1 – Se a parte não tiver constituído mandatário, as notificações são feitas por carta registada, dirigida para a sua residência ou sede ou para o domicílio escolhido para o efeito de as receber, presumindo-se feita no 3º dia posterior ao do registo ou no 1º dia útil seguinte a esse, quando o não seja.

2 – A notificação não deixa de produzir efeito pelo facto de o expediente ser devolvido, desde que a remessa tenha sido feita para a residência ou a sede da parte ou para o domicílio escolhido para o efeito de a receber; nesse caso, ou no de a carta não ter sido entregue por ausência do destinatário, juntar-se-á ao processo o sobrescrito, presumindo-se a notificação feita no dia a que se refere a parte final do número anterior.

3 – Excetua-se o réu que se haja constituído em situação de revelia absoluta, que apenas passa a ser notificado após ter praticado qualquer ato de intervenção no processo, sem prejuízo do disposto no nº 5.

4 – Na hipótese prevista na primeira parte do número anterior, as decisões têm-se por notificadas no dia seguinte àquele em que os autos tiverem dado entrada na secretaria ou em que ocorrer o facto determinante da notificação oficiosa.

5 – As decisões finais são sempre notificadas desde que a residência ou sede da parte seja conhecida no processo.

Artigo 250º – (Notificação pessoal às partes ou seus representantes)

Para além dos casos especialmente previstos, aplicam-se as disposições relativas à realização da citação pessoal às notificações a que aludem os nºs 4 do artigo 18º, 3 do artigo 27º e 2 do artigo 28º.

Artigo 251º – (Notificações a intervenientes acidentais)

1 – As notificações que tenham por fim chamar ao tribunal testemunhas, peritos e outras pessoas com intervenção acidental na causa são feitas por meio de aviso expedido pelo correio, sob registo, indicando-se a data, o local e o fim da comparência.

2 – A secretaria entrega à parte os avisos relativos às pessoas que ela se haja comprometido a apresentar, quando a entrega for solicitada, mesmo verbalmente.

3 – A notificação considera-se efetuada mesmo que o destinatário se recuse a receber o expediente, devendo o distribuidor do serviço postal lavrar nota da ocorrência.

4 – O agente administrativo ou funcionário público que, dependendo de superior hierárquico, tiver sido notificado para comparecer em juízo, não carece de autorização, mas deve informar imediatamente da notificação o superior e apresentar-lhe documento comprovativo da comparência.

Artigo 252º – (Notificações ao Ministério Público)

Para além das decisões finais proferidas em quaisquer causas, são sempre oficiosamente notificadas ao Ministério Público quaisquer decisões, ainda que interlocutórias, que possam suscitar a interposição de recursos obrigatórios por força da lei.

Artigo 253º – (Notificação de decisões judiciais)

Quando se notifiquem despachos, sentenças ou acórdãos, deve enviar-se, entregar-se ou disponibilizar-se ao notificado cópia ou fotocópia legível da decisão e dos fundamentos.

Artigo 254º – (Notificações feitas em ato judicial)

Valem como notificações as convocatórias e comunicações feitas aos interessados presentes em ato processual, por determinação da entidade que a ele preside, desde que documentadas no respetivo auto ou ata.

Artigo 255º – (Notificações entre os mandatários)

As notificações entre os mandatários judiciais das partes são realizadas pelos meios previstos no nº 1 do artigo 132º e nos termos definidos na portaria aí referida, devendo o sistema informático certificar a data da elaboração da notificação, presumindo-se esta feita no 3º dia posterior ao da elaboração ou no 1º dia útil seguinte a esse, quando o não seja.

Artigo 256º – (Como se realizam)

1 – As notificações avulsas dependem de despacho prévio que as ordene e são feitas pelo agente de execução, designado para o efeito pelo requerente ou pela secretaria, ou por funcionário de justiça, nos termos do nº 9 do artigo 231º, na própria pessoa do notificando, à vista do requerimento, entregando-se ao notificado o duplicado e cópia dos documentos que o acompanhem.

2 – O agente de execução ou funcionário de justiça lavra certidão do ato, que é assinada pelo notificado.

3 – O requerimento e a certidão são entregues a quem tiver requerido a diligência.

4 – Os requerimentos e documentos para as notificações avulsas são apresentados em duplicado e, tendo de ser notificada mais de uma pessoa, apresentam-se tantos duplicados quantas forem as que vivam em economia separada.

5 – Quando os requerimentos e documentos sejam apresentados por transmissão eletrónica de dados, o requerente está dispensado de entregar os duplicados referidos no número anterior.

Artigo 257º – (Inadmissibilidade de oposição às notificações avulsas)

1 – As notificações avulsas não admitem oposição, devendo os direitos respetivos ser exercidos nas ações próprias.

2 – Do despacho de indeferimento da notificação cabe recurso até à Relação.

Artigo 258º – (Notificação para revogação de mandato ou procuração)

1 – Se a notificação tiver por fim a revogação de mandato ou procuração, é feita ao mandatário ou procurador, e também à pessoa com quem ele devia contratar, caso o mandato tenha sido conferido para tratar com certa pessoa.

2 – Não se tratando de mandato ou procuração para negociar com certa pessoa, a revogação deve ser anunciada num jornal da localidade onde reside o mandatário ou o procurador ou, se aí não houver jornal, publicando-se o anúncio num dos jornais mais lidos nessa localidade.

JURISPRUDÊNCIA:

Ac. Do STJ de 19-01-2012, Processo: 86/05.1TBRSD.P1.S1

I – Para efeitos de determinação das datas da notificação electrónica, o legislador consagrou duas presunções: (i) a notificação por transmissão electrónica de dados presume-se feita na data da expedição e (ii) a expedição presume-se feita no terceiro dia posterior ao da elaboração da notificação ou no primeiro dia útil seguinte a este, quando o final do prazo termine em dia não útil.

II – O prazo para apresentação de alegações de recurso inicia-se na data em que se presuma feita a notificação por transmissão electrónica do despacho que o receba, ou seja, no terceiro dia posterior ao da elaboração da notificação ou no primeiro dia útil seguinte a este, quando o final do prazo termine em dia não útil.

III – Tendo tal notificação ocorrido em data anterior àquela em que se presume efectuada, nenhum efeito se pode extrair de tal ocorrência, não podendo a contraparte invocar, para efeito de encurtamento do prazo, o recebimento ocorrido em data anterior, como decorre do disposto no nº 6 do art. 254º do CPC, segundo o qual as presunções da notificação postal ou electrónica só podem ser ilididas pelo próprio mandatário notificado, provando que não foram efectuadas ou que ocorreram em data posterior à presumida, por razões que lhe não sejam imputáveis.

IV – Ou seja, a presunção de notificação pode ser ilidida, mas sempre para alargamento do prazo e nunca para redução do mesmo, pelo que a ilisão da presunção da notificação não poderá ser efectuada pelo critério da leitura da peça processual, não se encontrando, aliás, elencado tal desiderato no texto legal.

Ac. TRL de 23-02-2010, Processo: 1479/09.0TJLSB-A.L1-1

I – Nos termos do nº 5 deste art. 254º do CPC., a notificação por transmissão electrónica de dados presume-se feita na data da expedição e face ao nº 6 do mesmo, as presunções estabelecidas nos números anteriores só podem ser ilididas pelo notificado provando que a notificação não foi efectuada ou ocorreu em data posterior à presumida, por razões que lhe não sejam imputáveis.

II – Há que conjugar duas presunções para efeitos de determinação de datas de notificações, ou seja, a presunção de que a notificação por transmissão electrónica se presume feita na data da expedição e a de que esta se presume feita no terceiro dia posterior ao da elaboração, ou no primeiro dia útil seguinte a esse, quando o final do prazo termine em dia não útil.

III – Não houve uma preocupação de redução de prazos aos advogados, ou seja, não se fez qualquer alteração para contemplar uma diferenciação entre a notificação postal e a electrónica.

IV – A expedição na via electrónica beneficiará da mesma dilação correspondente à do registo na via postal.

Ac. TRL de 22-06-2011, Processo 79-B/1994.L1-4

I – A notificação à parte, na pessoa do seu mandatário, quando realizada por transmissão electrónica de dados, beneficia da mesma dilação prevista, no artigo 254º, nº 3, do

Código de Processo Civil, para a notificação postal, presumindo-se feita no terceiro dia posterior ao do registo, ou no primeiro dia útil seguinte a esse, quando o não seja.

II – Trata-se uma presunção que apenas pelo notificado pode ser ilidida, provando ele que não foi efectuada a notificação ou que ocorreu em data posterior à presumida, para tanto não servindo o critério da leitura efectiva, por tal desiderato se não encontrar elencado no texto legal.

Ac. STA de 2-2-2006, Proc. 108/05

A possibilidade de comunicação do acto por via de anúncio no D.R., contemplada na alínea d) do nº 1, do art. 70º do CPA quando os interessados forem em tal número torne inconveniente outra forma de notificação não está dependente de um juízo discricionário da Administração.

Artigo 113º – Perfeição das notificações(*)

1 – A notificação por carta registada presume-se efetuada no terceiro dia útil posterior ao registo ou no primeiro dia útil seguinte a esse, quando esse dia não seja útil.

2 – A presunção prevista no número anterior só pode ser ilidida pelo notificando quando não lhe seja imputável o facto de a notificação ocorrer em data posterior à presumida, devendo para o efeito a Administração ou o tribunal, a requerimento do interessado, solicitar aos correios informação sobre a data efetiva da receção.

3 – A notificação por telefax presume-se efetuada na data da emissão, servindo de prova a cópia da remessa com a menção de que a mensagem foi enviada com êxito, bem como da data, hora e número de telefax do recetor.

4 – A presunção prevista no número anterior pode ser ilidida por informação do operador sobre o conteúdo e data da emissão.

5 – A notificação por meios eletrónicos considera-se efetuada, no caso de correio eletrónico, no momento em que o destinatário aceda

(*) A redação do presente artigo foi alterada pelo artigo 8º da Lei nº 72/2020, de 16 de Novembro, que veio estabelecer um regime transitório de simplificação de procedimentos administrativos e alterar o Código do Procedimento Administrativo.

O nº 3 do artigo 11º da mesma Lei veio estipular um regime transitório determinando que a nova redação aplica-se aos procedimentos administrativos em curso à data da sua entrada em vigor.

ao específico correio enviado para a sua caixa postal eletrónica, e, no caso de outras notificações por via de transmissão eletrónica de dados, no momento em que o destinatário aceda ao específico correio enviado para a sua conta eletrónica aberta junto da plataforma informática disponibilizada pelo sítio eletrónico institucional do órgão competente.

6 – Em caso de ausência de acesso à caixa postal eletrónica ou à conta eletrónica aberta junto da plataforma informática disponibilizada pelo sítio eletrónico institucional do órgão competente, a notificação considera-se efetuada no quinto dia útil posterior ao seu envio ou no primeiro dia útil seguinte a esse quando esse dia não seja útil, salvo quando se comprove que o notificando comunicou a alteração daquela, se demonstre ter sido impossível essa comunicação ou que o serviço de comunicações eletrónicas tenha impedido a correta receção, designadamente através de um sistema de filtragem não imputável ao interessado.

7 – Sem prejuízo do disposto no nº 5 do número anterior, a notificação por telefone considera-se efetuada na data em que ocorreu a comunicação telefónica.

8 – A notificação edital considera-se efetuada no dia em que os editais sejam afixados ou publicados na Internet, consoante o que ocorrer em último lugar.

9 – A notificação por anúncio considera-se feita no dia em que for publicado o último anúncio.

ANOTAÇÃO:

O legislador, ao estabelecer a presunção de 3 dias úteis posteriores ao registo, aproxima-se do regime processual civil, contribuindo para a harmonização dos vários ramos do Direito.

O nº 2 procura atenuar o problema da curta dilação estabelecida no nº 1.

É ao notificando (ou notificado se já o tiver sido) que cabe ilidir a presunção através de requerimento (nº 2).

O nº 3 debruça-se sobre a transmissão por telefax, cuja presunção, por regra, não levantará dúvidas. Ainda assim o legislador salvaguardou a possibilidade de ilição através de informação prestada pelo operador (nº 4).

O nº 5, a nosso ver, é demasiado simplista e vai levantar inúmeros problemas. Presume-se, feita a notificação efetuada por transmissão eletrónica, no momento em que o destinatário aceda à caixa postal eletrónica. O problema, desde logo, é saber quando, ou se o destinatário acede à referida caixa postal eletrónica. Se o destinatário não enviar recibo de leitura ou pratique atos que, inequivocamente, demonstrem que teve conhecimento dela, torna-se muito difícil a prova de que foi (e quando foi) recebida a notificação.

Remetemos a este propósito o que dissemos em comentário ao nº 1 do art. 63º quanto ao Serviço Público de Caixa Postal Eletrónica que se encontra concessionado aos CTT que o designou de «Serviço ViaCTT».

A adesão às notificações eletrónicas é de caráter obrigatório para todos os sujeitos passivos de IRC e para os sujeitos passivos residentes, enquadrados no regime normal de IVA nos termos do art. 19, nº 9 da Lei Geral Tributária(LGT). Os sujeitos passivos obrigados a possuir caixa postal eletrónica têm o dever de comunica-la à Autoridade Tributária e Aduaneira (AT), no prazo de 30 dias a contar da data do início de atividade ou da data do início do enquadramento no regime normal do IVA, quando o mesmo ocorra por alteração. O problema está em que o nº 1 do referido art. 63º veio estabelecer que, salvo disposição legal em contrário, as comunicações eletrónicas da Administração com os interessados, far-se-ão através da caixa postal eletrónica. O legislador, além de não ter regulamentado os requisitos para a utilização da caixa de correio eletrónico, ao invés do que consagrou para a administração tributária, previu, através do nº 2, a presunção de consentimento do interessado, abrindo, deste modo, a possibilidade de ser utilizado qualquer endereço eletrónico, através do qual o interessado tenha estabelecido contacto regular com a Administração. Assim tendo em consideração que, nos termos do nº 5 deste artigo, a notificação considera-se efetuada, no caso de correio eletrónico, no momento em que o destinatário aceda ao e-mail endereçado, afigura-se-nos, como dissemos e reiteramos, muito complicada ou até impossível a demonstração do momento em que tal acesso ocorreu. Parece-nos inevitável que a Administração continue a ter de usar a tradicional carta registada, pelo menos nos casos em que o interessado não seja uma empresa.

O nº 6 vem estabelecer uma presunção que só admite ilição se se comprovar que o notificado comunicou a alteração da caixa postal eletrónica. Tacitamente, vem estabelecer, em termos administrativos, a obrigatoriedade de comunicação de alteração de caixa postal eletrónico no prazo máximo de vinte cinco dias.

O nº 7 vem reforçar o disposto no art. 112º, nº 5.

O nº 8 estabelece que, quando a notificação é feita por afixação de edital e publicação do mesmo na Internet, considera-se feita por aquela que ocorrer em último lugar.

O nº 9 vem determinar que, quando os notificados são em número superior a cinquenta, a notificação considera-se feita no dia em que for publicado o último anúncio.

A imperfeição da notificação é erro da Administração que a faz incorrer, de entre outras consequências jurídicas, no vício de procedimento que impõe a esta a anulação oficiosa do ato administrativo conforme determina o art. 165º, nº 2. Quando daí resultarem prejuízos para o interessado, face à deficiência ou omissão da notificação, além de constituir o lesado no direito a indemnização, permite a este intimar judicialmente a Administração em ação urgente principal, com vista a efetivar o respetivo direito ofendido que, por regra, se realiza através da prática do ato devido, ou seja, por via da notificação perfeita.

JURISPRUDÊNCIA:

Ac. do STA de 5 de novembro de 2014, Processo 0609/13, 2ª Secção

I – É a administração tributária que tem o ónus de demonstrar que efectuou a notificação de forma correcta, cumprindo os requisitos formalmente exigidos pelas normas procedimentais.

II – O recibo de aceitação *e o* recibo de entrega *da carta registada pelos serviços postais, previstos nos nºs 2 e 4 do artigo 28º do Regulamento do Serviço Público de Correios são documentos idóneos para provar que a carta foi registada, remetida e colocada ao alcance do destinatário.*

III – Trata-se, porém, de uma formalidade simplesmente probatória ou ad probationem, *cuja falta pode ser substituída por outros meios de prova.*

IV – O registo informático dos mesmos dados de facto existente em entidades diferentes – o emissor (Administração Tributária) e o distribuidor da carta (CTT) – é uma circunstância concreta que, num sistema de livre apreciação das provas, ainda que limitado pelo princípio da persuasão racional, justifica suficientemente que se dê como provado que o registo foi efectivamente realizado.

V – O registo da carta faz presumir que o seu destinatário provavelmente a receberá, ou terá condições de a receber, três dias após a data registo, uma presunção legal que se destina a facilitar a prova de que a notificação foi introduzida na esfera de cognoscibilidade do notificando, presunção que, tendo por base o registo postal, só existe quando se prove que o registo foi efectuado.

Artigo 114º – Notificação dos atos administrativos(*)

1 – Os atos administrativos devem ser notificados aos destinatários, designadamente os que:

a) Decidam sobre quaisquer pretensões por eles formuladas;

b) Imponham deveres, encargos, ónus, sujeições ou sanções, ou causem prejuízos;

c) Criem, extingam, aumentem ou diminuam direitos ou interesses legalmente protegidos, ou afetem as condições do seu exercício.

2 – Da notificação do ato administrativo devem constar:

a) O texto integral do ato administrativo, incluindo a respetiva fundamentação, quando deva existir;

b) A identificação do procedimento administrativo, incluindo a indicação do autor do ato e a data deste;

c) A indicação do órgão competente para apreciar a impugnação administrativa do ato e o respetivo prazo, no caso de o ato estar sujeito a impugnação administrativa necessária.

3 – O texto integral do ato pode ser substituído pela indicação resumida do seu conteúdo e objeto, quando o ato tiver deferido integralmente a pretensão formulada pelo interessado.

4 – Para efeitos do disposto na alínea *c)* do nº 2, o reconhecimento jurisdicional da existência de erro ou omissão na indicação do meio de impugnação administrativa a utilizar contra o ato notificado não prejudica a utilização do referido meio no prazo de 30 dias, a contar do trânsito em julgado da decisão jurisdicional.

5 – Quando não exista prazo fixado na lei, os atos administrativos devem ser notificados no prazo de cinco dias.

ANOTAÇÃO:

Corresponde basicamente, ao disposto nos arts. 66º e 67º, do anterior CPA, embora com exigências diversas.

(*) A redação do presente artigo foi alterada pelo artigo 8º da Lei nº 72/2020, de 16 de Novembro, que veio estabelecer um regime transitório de simplificação de procedimentos administrativos e alterar o Código do Procedimento Administrativo.

O nº 2 do artigo 11º da mesma Lei veio estipular um regime transitório determinando que a nova redação aplica-se aos procedimentos administrativos que se iniciem após 1 de Dezembro de 2020.

O presente artigo vem elencar os atos administrativos que sujeitam a administração à notificação.

É entendimento assente, por parte do STA, que a publicação de um ato não dispensa a notificação ao interessado, entendendo ser essa a leitura a fazer do art. 268º, nº 3 da CRP.

Esse é também o entendimento do tribunal constitucional, quando considera inconstitucional a contagem do prazo a partir da publicação, por entender que o prazo se conta a partir da notificação (Ac. do Tribunal Constitucional nº 89/97 de 2 julho).

De notar que, nos termos do art. 158º, os atos não sujeitos a publicação só são alvo de notificação obrigatória quando "imponham deveres, encargos, ónus, sujeições ou sanções aos particulares", ou seja, mesmo que os atos não estejam sujeitos a publicação, a notificação é obrigatória para a Administração se os anos objeto de notificação impuserem deveres, encargos, ónus, sujeições ou sanções aos particulares. Aliás, na senda do art. 268º, nº 3 da CRP que impõe à administração a notificação aos interessados nos termos aí previstos.

Com as apertadas exigências relativas ao conteúdo da notificação dos atos administrativos, o legislador pretendeu garantir o "processo justo". Daí a exigência de fundamentação, quando obrigatória, e do texto integral, previstos na alínea *a)* do nº 2, particularmente quando a decisão seja favorável ao cidadão. No entanto, a fundamentação pode ser feita por súmula ou resumo quando a decisão seja favorável ao cidadão (nº 3).

De notar que, o erro ou a falta de indicação do órgão competente para apreciar a impugnação administrativa necessária, bem como o prazo para esse exercício, constitui uma mera irregularidade não constituindo, estes elementos, condição de validade ou eficácia da notificação. Assim, e nos termos do nº 4 (disposição aditada à redação do artigo correspondente na anterior versão do código) o reconhecimento jurisdicional da existência de erro ou omissão, não prejudica a via da impugnação administrativa, no prazo de 30 dias, a contar do trânsito em julgado da decisão jurisdicional.

Não fixando a lei o prazo, os atos administrativos serão fixados no prazo de oito dias (nº 5).

De referir que o legislador preferiu, nesta sede, o uso da expressão «destinatários» (da notificação), à expressão «interessados». Na verdade, a notificação só é obrigatória se os destinatários tiverem interesse suscetível de ser afetado (negativa ou positivamente) com a decisão, pelo que a alteração terminológica não é relevante. Na verdade a previsão do nº 1 não é taxativa não excluindo, por isso, o dever de notificação relativamente a atos favoráveis aos interessados. Se o interessado desconhecer a existência de um ato administrativo favorável, esse desconhecimento é natural, e tendencialmente, desfavorável quer ao conhecimento dos seus direitos quer à proteção dos seus interesses.

REFERÊNCIAS BIBLIOGRÁFICAS:

GOMES CANOTILHO e VITAL MOREIRA e segs.

MARCELO CAETANO, *Manual de Direito Administrativo*, Vol. I, Almedina, 1991, pág. 477 e segs.

FREITAS DO AMARAL, *Curso de Direito Administrativo*, Vol. II, Almedina 2001, pág. 352 e segs.

PINTO FERNANDES e NUNO PINTO FERNANDES, *CIMSISSD*, Anotado e Comentado 4.ª Ed., Rei dos Livros, 1997, pág. 657.

JURISPRUDÊNCIA:

Ac. STA de 8-7-2015 proc. 389/15

I – A insuficiência do acto de notificação por falta de indicação dos meios de defesa não conduz à nulidade do acto, mas faculta ao notificado o direito de requerer a notificação dos elementos omitidos ou a passagem de certidão que os contenha, dentro do prazo fixado no nº 1 do art. 37º do CPPT; usando dessa faculdade, o prazo para reagir contra o acto tributário conta-se a partir da notificação dos requisitos omitidos ou da passagem de certidão que os contenha.

II – Não sendo exercida a faculdade prevista no art. 37º, nº 1 do CPPT, a aludida omissão irreleva para afastar os efeitos normais da notificação já efectuada.

III – O prazo para deduzir impugnação judicial é um prazo de caducidade, de natureza substantiva, que se conta nos termos do art. 279º do Código Civil, como dispõe o art. 20º, nº 1 do CPPT.

Ac. TCAN de 9 de Junho de 2017, Proc. 01607/16

Tratando-se do júri do procedimento não tem aplicação a presunção constante do artº 469º, nº 2, do CCP, que estabelece «As notificações e as comunicações que tenham como destinatário a entidade adjudicante ou o contraente público e que sejam efectuadas através de correio electrónico, telecópia ou outro meio de transmissão escrita e electrónica de dados, após as 17 horas do local de recepção ou em dia não útil nesse mesmo local, presumem-se feitas às 10 horas do dia útil seguinte».

SECÇÃO III – Da instrução

Artigo 115º – Factos sujeitos a prova

1 – O responsável pela direção do procedimento deve procurar averiguar todos os factos cujo conhecimento seja adequado e necessário à tomada de uma decisão legal e justa dentro de prazo razoável, podendo, para o efeito, recorrer a todos os meios de prova admitidos em direito.

2 – Não carecem de prova nem de alegação os factos notórios, bem como os factos de que o responsável pela direção do procedimento tenha conhecimento em virtude do exercício das suas funções.

3 – O responsável pela direção do procedimento deve fazer constar do procedimento os factos de que tenha conhecimento em virtude do exercício das suas funções.

ANOTAÇÃO:

Corresponde ao art. 87º do anterior CPA

Pretende-se com este comando legal, antes de mais, que as provas a apresentar e a conhecer sejam as necessárias para a rápida e justa decisão.

Meios de prova são múltiplos e deles destacamos os depoimentos, os documentos, as peritagens ou qualquer outro meio físico, digital ou eletrónico admitido por lei como tal. O objeto da prova são as evidências da vida real cujo conhecimento seja essencial para a tomada de decisão por parte da Administração.

A prova consiste na determinação da veracidade de factos concretos e que são imprescindíveis ao processo de decisão administrativo.

O Código apresenta-se sob um modelo de instrução do procedimento administrativo que não contempla obrigatoriamente alegações como as que têm lugar em sede judicial. O procedimento administrativo português é fundamentalmente inquisitório (art. 58º) pelo que a atividade probatória e a própria instrução constituem um poder-dever da Administração.

Os factos que por serem notórios ou por serem do conhecimento do responsável pela direção do procedimento por força do exercício das suas funções, não carecem de prova nem de ser alegados dado que constitui um dever da Administração deles conhecer oficiosamente. Além do mais, cabe à Administração o comprimento da obrigação de carrear para o processo, tudo o que para ele seja relevante, dada a natureza e a sujeição ao princípio do inquisitório a que está sujeito, não apenas o responsável pela direção do procedimento, mas, também, os outros órgãos que participem na instrução.

JURISPRUDÊNCIA:

Ac. STA de 20-5-2009, Proc. 920/08

I – A fundamentação é um conceito relativo que varia em função do tipo de acto e das respectivas circunstâncias e ainda da específica situação do destinatário, considerado este como destinatário normal.

II – Essencial é que, através do conhecimento da fundamentação do acto seja dada ao interessado a possibilidade de rebater, em toda a sua dimensão, as irregularidades que o acto possa eventualmente comportar.

III – A impraticabilidade da realização da audiência a que se refere a al. c) do nº 1 do art. 103º do CPA é a que resulta do comprometimento da utilidade da audiência para os fins do procedimento, não só por razões de morosidade, mas de agravamento complexivo do procedimento decisório, em face da interdependência e multiplicidade das questões que possam ser levantadas por um número elevado de candidatos.

IV – Atendendo ao tipo de decisão e às questões que, num juízo de prognose, podem ser suscitadas pelos interessados, não é impraticável realizar a audiência de interessados num concurso para atribuição de alvará de instalação de farmácia com 79 candidatos.

V – Se o Júri do concurso, por iniciativa própria, fez juntar ao processo de concurso determinados documentos relativos a um candidato, tal facto não contraria o estabelecido no aviso de abertura do concurso quando determina que "O INFARMED poderá solicitar outros documentos que considere indispensáveis" o que, aliás, está em consonância com o dever que impende sobre o órgão administrativo, no sentido de procurar averiguar a verdade material, incluindo os factos constantes dos documentos juntos pelos interessados ou os "factos de que tenha conhecimento em virtude do exercício das suas funções", tendo em vista uma justa decisão do procedimento (cf. art. 87º e 76º, nº 2 do CPA).

Ac. STA de 11-2-2009, Proc. 895/08

I – A impraticabilidade da realização da audiência a que se refere a al. c) do nº 1 do art. 103º do CPA é a que resulta do comprometimento da sua utilidade para os fins do procedimento, não só por razões de morosidade, mas de agravamento complexivo do procedimento decisório, em face da interdependência e multiplicidade das questões que possam ser levantadas por um número elevado de candidatos.

II – Não se verifica impraticabilidade de realização de audiência num concurso para instalação de farmácia com 23 candidatos em que a classificação dos candidatos é feita com base em poucos elementos.

III – Há tantos concursos para instalação de farmácias, quantas as farmácias a instalar, pelo que é à face de cada um deles que há que apreciar se é ou não impraticável assegu-

rar aos interessados o exercício do direito de audiência, para efeitos do disposto no art. 103º, nº 1, al. c), do CPA.

IV – Não são admissíveis nos procedimentos administrativos restrições probatórias relativas às categorias de provas admissíveis, por tal ser incompaginável com o preceituado no art. 87º, nº 1, do CPA que estabelece que «o órgão competente deve procurar averiguar todos os factos cujo conhecimento seja conveniente para a justa e rápida decisão do procedimento, podendo, para o efeito, recorrer a todos os meios de prova admitidos em direito».

V – Por isso, mesmo que no aviso de abertura de concurso para a instalação de nova farmácia se preveja a prova de determinados factos através de certos documentos, o júri do concurso não está impedido de dar relevo probatório a outros meios de prova admitidos em direito.

VI – A fixação dos elementos de facto relevantes para a decisão dos procedimentos administrativos é tarefa legalmente atribuída à Administração cuja concretização envolve uma margem de subjectividade, em que as entidades administrativas, por imposição do princípios constitucionais da igualdade e da imparcialidade (art. 266º, nº 2, da CRP e 5º e 6º do CPA), devem utilizar critérios uniformes em relação à generalidade dos administrados.

VII – Por isso, o controle pelos Tribunais da actividade desenvolvida pela Administração, ao fixar os elementos fácticos relevantes para a decisão procedimental, deve limitar-se à apreciação da existência ou não de erros claros de avaliação da prova, não havendo suporte legal para, nos casos de dúvida sobre a correcção da actuação da Administração, os Tribunais fazerem prevalecer o seu próprio critério de avaliação da prova, com prejuízo do utilizado pela Administração, a quem a lei atribui a tarefa de fazer tal avaliação.

Ac. STA de 22-04-2004, Proc. 202/03

No âmbito do procedimento administrativo, inexistindo norma habilitante que a legitime, é ilegal, por violação do artigo 87, número 1 do Código do Procedimento Administrativo, qualquer restrição dos meios de prova admitidos em direito.

Ac. STA de 18-05-2004, Proc. 48.397/02

I – O princípio que domina a matéria da prova no procedimento administrativo é o dever de averiguação da verdade material que o nº 1 do art. 87º faz impender sobre a Administração e que lhe exige, em todos os casos, uma atitude pró-activa que se não compadece com a exigência exclusiva de prova pré-constituída, nem com a determinação de os intervenientes particulares juntarem documentos e/ou outros elementos, antes impõe a realização de diligências capazes de conduzir ao apuramento da verdade dos factos necessários para a decisão de modo que assegure a prossecução do interesse público em harmonia com o respeito dos direitos e interesses legítimos dos particulares.

II – A regra constante do nº 1 do artigo 87º a impôr o ónus de instrução à Administração assume especial relevância nos procedimentos em que é interessada e intervém no uso de poderes que lhe permitem unilateralmente produzir efeitos jurídicos sobre pré-existentes direitos subjectivos dos particulares, porque nestes procedimentos (em que p. e. impõe um tributo, uma sanção ou o sacrifício da propriedade através da requisição ou da expropriação) também por aplicação das regras gerais do ónus da prova é sobre a Administração que recai o ónus de provar os pressupostos que justificam a sua própria actuação.

III – Quando a Administração prossegue o interesse público sem necessidade de constituir direitos a seu favor, nem impôr sacrifício de direitos subjectivados, e aparece na veste dita "imparcial" de quem decide entre o interesse público já tipificado na lei e o interesse dos particulares, a prova dos factos necessários para a decisão incumbe aos interessados que alegam perante a Administração os factos de que pode brotar a posição, a vantagem ou o direito que pedem no procedimento, já que "ex facto jus oritur". É o que sucede nos procedimentos de concurso e nas pretensões de reconhecimento de qualificação para inscrição numa Câmara ou numa Ordem.

IV – Para os particulares se desempenharem do ónus da prova dos factos que lhes aproveitam a lei estabelece como regra geral, no nº 2 do artigo 88º do CPA (por forma que enuncia um verdadeiro direito procedimental) que podem juntar documentos e pareceres ou requerer diligências de prova úteis para o esclarecimento dos factos com interesse para a decisão. Esta norma significa que os particulares dispõem, tal como a Administração (2.ª parte do nº 1 do artigo 87º) de todos os meios de prova admitidos em direito cuja produção podem requerer à entidade que dirige a instrução. E contém ao mesmo tempo o imperativo de apenas ser permitido à Administração deixar de admitir toda a prova requerida bem como a respectiva produção, com fundamento em que é inútil ou impertinente, o que pressupõe e exige também, a elaboração do correspondente despacho fundamentado.

V – As normas dos artigos 1º e 2,º do Regulamento aprovado pela Comissão Instaladora da ATOC, em 3.6.98, que indicam o documento que deve instruir o requerimento de inscrição para provar o requisito de exercício da actividade de responsável directo por escrita organizada no período e condições previstos através dos modelos oficiais de impostos de IRC e IRS entregues antes da abertura do procedimento de inscrição nas Repartições de Finanças, onde conste a respectiva assinatura, foram emitidas entendidas e aplicadas como excluindo que aquele facto pudesse ser provado por outro meio.

VI – Com o referido alcance de limitação genérica e "a priori" sem respeito pela faculdade de os particulares requererem a prova útil para o esclarecimento daquele pressuposto fáctico de aplicação da Lei 27/98, as aludidas normas – que estão na base do acto de indeferimento das pretensões – contrariam o disposto no nº 2 do artigo 88º do CPA aplicável a todos os procedimentos administrativos, e portanto ao relativo à inscrição dos interessados como TOC ao abrigo do artigo 1º da Lei 27/98.

Ac. STA de 24-11-2004, Proc. 197/03

É ilegal a restrição dos meios probatórios da actividade profissional de odontologista durante 18 anos, aprovada em acta pela Comissão de Ética Profissional de Odontologistas, já depois da entrega do currículo e das provas, para excluir o interessado da lista de acreditação, sem apreciação, em concreto, das provas apresentadas por este último, ao arrepio do princípio da liberdade dos meios probatórios, não excluídos por lei, plasmado no artigo 87º, nº 1 do CPA.

Ac. STA de 2-3-2006, Proc. 528/05

I – O contra – interessado, no recurso contencioso, é aquele a quem o aproveitamento do recurso possa directamente prejudicar, ou seja, aquele que tem um interesse directo na manutenção do acto recorrido. Daí que, tendo a sentença negado provimento ao recurso contencioso, não tenha o contra – interessado legitimidade para dela recorrer.

II – É ilegal a restrição dos meios de prova feita através de um Regulamento, sem uma lei (em sentido formal) que especialmente a determine, uma vez que, segundo a lei geral, aplicável ao procedimento administrativo são possíveis todos os meios de prova admitidos em direito (art. 87º, 1 do CPA).

Ac. STA de 5-7-2005, Proc. 613/03

I – Em face do objectivo visado com a Lei nº 27/98, de 3 de Junho, de reparação de situações de injustiça, não podem considerar-se compatíveis com ela, restrições relativas aos meios de prova dos requisitos previstos no seu art. 1º, com vista à inscrição como técnico oficial de contas.

II – A referida Lei não autoriza essas restrições, pelo que tais requisitos poderão ser provados por quaisquer meios de prova admissíveis em procedimento administrativo, que o mesmo é dizer por quaisquer meios de prova em direitos admitidos (art. 87º do CPA).

III – O regulamento elaborado pela ATOC, em execução da referida Lei, ao restringir os meios de prova permitidos aos documentos ali consignados é ilegal, ilegalidade que se estende ao acto contenciosamente recorrido ao recusar a inscrição do recorrente, por não ter feito a prova exigida por aquele regulamento.

Artigo 116º – Prova pelos interessados

1 – Cabe aos interessados provar os factos que tenham alegado, sem prejuízo do dever cometido ao responsável pela direção do procedimento nos termos do nº 1 do artigo anterior.

2 – Quando os elementos de prova dos factos estiverem em poder da Administração, o ónus previsto no número anterior considera-se satisfeito desde que o interessado proceda à sua correta identificação junto do responsável pela direção do procedimento.

3 – Os interessados podem juntar documentos e pareceres ou requerer diligências de prova úteis para o esclarecimento dos factos com interesse para a decisão.

4 – Sendo necessário juntar documento passado em país estrangeiro, a lei que rege a produção da forma especial desse documento é a lei do Estado de emissão, aferindo-se a suficiência daquela forma especial por equiparação funcional à forma exigida pela lei nacional.

5 – As despesas resultantes das diligências de prova são suportadas pelos interessados que as tiverem requerido, sem prejuízo do disposto no nº 2 do artigo 15º.

ANOTAÇÃO:

Corresponde basicamente ao art. 88º do anterior CPA.

Este preceito legal reforça o cariz inquisitório, remetendo aliás para o nº 1 do artigo anterior, determinando concomitantemente o ónus aos interessados de provar os factos que tenham alegado (nº 1).

A Administração está desonerada do dever de instrução oficiosa nas situações procedimentais em que o ónus probatório recai em exclusivo sobre os particulares. Tal não obsta, no entanto, a que órgão possa convidar os interessados a juntar elementos que considere necessários. O órgão só não pode pedir elementos de prova aos particulares quando já os tiver na sua posse e tenham sido corretamente identificados pelos interessados ao responsável pela direção do procedimento (nº 2).

Cabendo o ónus da prova aos interessados, estes podem juntar documentos, pareceres ou requerer diligências de provas úteis ao processo de decisão (nº 3).

O nº 4 regula a junção de documento estrangeiro, remetendo para a lei do Estado que o emite a sua suficiência, desde que funcionalmente equiparável à forma exigida pela lei portuguesa. O legislador optou pelo termo «nacional» quando deveria ter optado por outra expressão menos equívoca como é o caso da expressão «portuguesa». Estando dois (ou mais) países em causa, a designação "nacional", podendo aplicar-se a ambos, é suscetível de gerar dúvidas de interpretação.

Não obstante, o disposto na primeira parte do nº 5, em caso de comprovada insuficiência económica prevalece o princípio da gratuitidade do art. 15º, nº 2, conforme resulta da própria letra da lei.

Em caso de insuficiência económica por parte do interessado operará o princípio da gratuitidade nos termos consagrados no art. 15º, nº 2.

JURISPRUDÊNCIA:

Ac. STA de 27-1-2010, Proc. 978/09

I – Em face do regime do ónus da prova no procedimento administrativo previsto no nº 1 do art. 88º do CPA apenas «cabe aos interessados provar os factos que tenham alegado», sendo, consequentemente, sobre a Administração que recai o ónus da prova de factos que possam constituir obstáculos à satisfação das suas pretensões, bem como dos pressupostos da sua actuação.

II – Embora especialmente previsto para o procedimento administrativo, este regime sobre a repartição do ónus da prova deve ser aplicado também nos processos contenciosos de impugnação de actos administrativos, uma vez que vale nos processos judiciais a ponderação de equilíbrio subjacente àquele art. 88º e não seria uma solução razoável valorar de formas diferentes as dúvidas sobre a matéria de facto quando está em causa a apreciação da mesma situação jurídica substantiva.

III – A sintonia entre as regras sobre o ónus da prova no procedimento administrativo e no processo judicial é imposta pela coerência valorativa e axiológica reclamada pelo princípio da unidade do sistema jurídico, que é o elemento primordial da interpretação jurídica (art. 9º, nº 1, do Código Civil).

IV – Assim, pelo facto de o interessado surgir no processo de impugnação contenciosa numa posição em que vem invocar vícios de um acto administrativo, não se lhe deve imputar o ónus de prova de factos que não tinha de provar no procedimento administrativo, designadamente o de provar que não se verificam os pressupostos que justificam que Administração actuasse como actuou, pressupostos esses cuja prova competia a esta demonstrar no procedimento administrativo.

V – Por isso, impõe-se a aplicação analógica ao contencioso administrativo daquele regime de repartição do ónus da prova no procedimento administrativo.

VI – Recai sobre Administração o ónus da prova de que não é possível constituir o júri de concurso interno com membros da área funcional para a qual ele é aberto.

Ac. STA de 12-6-2007, Proc. 159/07

I – De harmonia com o disposto no art. 88º, nº 1, do CPA, aos interessados apenas cabe o ónus de provarem os factos que tenham alegado, sendo, consequentemente, sobre a Administração que recai o ónus da prova de factos que possam constituir obstáculos à satisfação das suas pretensões.

II – Deve considerar-se inquinado de erro sobre os pressupostos de facto um acto administrativo que relativamente a quem vinha desde há alguns anos ocupando legalmente uma habitação municipal, determinou a sua exclusão de programa de realojamento, com os fundamentos de que os interessados não tinham ali residência permanente e que possuíam alternativa habitacional, sendo que a Administração não só não logrou fazer a prova de tais fundamentos de facto, como, ao invés, a que foi produzida nos autos vai em sentido oposto.

Ac. STA de 22-1-2004, Proc. 197/03

I – A lei nº 4/99, de 27/01, que disciplina a actividade profissional dos odontologistas, confere no art. 5º, al.a), ao Conselho Ético e Profissional de Odontologia competência instrutória para «iniciar» e «concluir» o processo de acreditação dos profissionais de odontologia.

A competência decisória para a acreditação cabe ao Ministro da Saúde, nos termos do art. 5º, al.g) desse diploma.

II – O espírito da lei é o de reconhecer a qualidade de odontologistas a todos quantos consigam demonstrar o exercício da actividade pelo período estabelecido nos nºs 1 a 3 do art. 2º, sem qualquer limitação quanto aos meios probatórios a utilizar.

III – Se, contra a lei, o Conselho definir que a prova do exercício da profissão durante aquele tempo só pode ser feita por determinados meios, além de a violar directamente, ofende também o princípio da verdade material e as regras de direito probatório plasmadas no art. 88º, nº 1, do CPA.

Ac. STA de 2-10-2007, Proc. 1094/09

I – Do disposto no art. 88º, nº 1 do CPA em que se estabelece que cabe aos interessados o ónus de provarem os factos que tenham alegado, conclui-se que é sobre a Administração que recai o ónus da prova de factos que possam constituir obstáculos à satisfação das pretensões daqueles.

II – Sendo as entidades contenciosamente recorridas que afirmam, como obstáculo à pretensão do Recorrente contencioso, que estava devidamente assinado o original do ofício onde lhe era solicitada a reposição de determinada ajuda aos produtores de culturas arvenses – ofício que não se provou ter sido recebido pelo Rte, e cuja cópia lhe foi entregue, a seu pedido, sem que contivesse qualquer assinatura – cabe-lhes provar esse facto; uma situação de non liquet sobre a matéria em causa terá de ser valorada a favor do Recorrente contencioso.

III – A assinatura do autor do acto (ou do presidente do órgão colegial de que emana) é um elemento essencial do acto administrativo, cuja falta acarreta a respectiva nulidade.

Ac. STJ de 3-5-2005, Proc. 1125/02

I – A fixação do montante da indemnização respeitante às culturas de regadio, a que se reporta o artigo 5º, nº 2 alínea b) do DL 199/88, de 31/5 (na redacção introduzida pelo D.L. 38/95, de 14/2), tem como base apenas as culturas efectivamente praticadas à data da ocupação, expropriação ou nacionalização.

II – Tendo uma determinada área sido explorada por seareiros na data da ocupação, através de contratos de arrendamentos de campanha, para efeito de cálculo da indemnização nos termos do disposto no art. 5º do DL. 199/88, essa situação não se identifica com o conceito de arrendamento.

III – No âmbito do procedimento administrativo, nos termos do art. 88º, nº 1 do CPA, cabe ao titular do alegado direito à indemnização fazer prova da existência do direito pretendido ou dos factos que o determinam.

Artigo 117º – Solicitação de provas aos interessados

1 – O responsável pela direção do procedimento pode determinar aos interessados a prestação de informações, a apresentação de documentos ou coisas, a sujeição a inspeções e a colaboração noutros meios de prova.

2 – É legítima a recusa às determinações previstas no número anterior, quando a obediência às mesmas:

a) Envolver a violação de sigilo profissional ou segredo comercial ou industrial;

b) Implicar o esclarecimento de factos cuja revelação esteja proibida ou dispensada por lei;

c) Importar a revelação de factos puníveis, praticados pelo próprio interessado, pelo seu cônjuge ou por seu ascendente ou descendente, irmão ou afim nos mesmos graus;

d) For suscetível de causar dano moral ou material ao próprio interessado ou a alguma das pessoas referidas na alínea anterior.

ANOTAÇÃO:

Corresponde ao art.89º do anterior CPA

Este preceito é mais um afloramento do princípio do inquisitório plasmado no artigo 58º, quando concede ao instrutor do procedimento poderes sobre a atuação do interessado em matéria probatória. O interessado, fica igualmente, sujeito a inspeções e é obrigado a colaborar noutros meios de prova (nº 1).

O nº 2 vem consagrar as situações de recusa legítima às determinações do órgão instrutor mas, estranhamente, não estatui qualquer consequência para as situações de recusa ilegítima.

Por outro lado, a recusa legítima tem de ser pelo menos alegada, dado que a prova, muitas vezes, contrariaria o próprio preceito, p.e., a alegação de existência de factos puníveis não obriga à sua especificação (alínea *c)* ou a alegação de ser suscetível de causar dano moral, face à letra da lei, não acarreta, claramente, a obrigação de identificação ou revelação do facto suscetível de causar esse dano moral (alínea *d)*.

Na verdade, o presente artigo resulta, também ele, do princípio do inquisitório no que respeita às relações entre o responsável pela direção do procedimento e os interessados.

O responsável pela direção do procedimento dispõe de poderes para impor, aos interessados, certas formas de colaboração relativamente à instrução desse mesmo procedimento. Para tanto, o responsável pela direção do procedimento notificará os interessados nos termos do art. 119º, devendo a notificação indicar o modo de cumprimento bem como o prazo para o efeito. Naturalmente que, este pedido será sempre anterior à audiência prévia, equiparando, aliás, idêntica prorrogativa concedida aos interessados prevista no art. 116º, nº 3.

Não obstante os relativamente amplos poderes inquisitórios, o certo é que, o responsável pela direção do procedimento não pode impor aos interessados atos contrários aos seus interesses que impliquem uma decisão prejudicial nos termos previstos no nº 2. Esta determinação vai no sentido da proibição da exigência da auto-incriminação como emanação do moderno direito constitucional aplicável não apenas ao direito penal e contra-ordenacional mas, também, a outras situações que impliquem a decisões desfavoráveis aqueles sobre os quais recai determinada obrigação de colaboração. Aliás, este tem sido o entendimento da jurisprudência da qual destacamos o acórdão do Tribunal da Relação de Lisboa de 17 de abril de 2012 que deliberou, nomeadamente, que: «As garantias próprias do processo penal têm vindo a ser paulatinamente adquiridas pelo processo contra-ordenacional e pelo direito sancionatório em geral»; que «o princípio da não auto-incriminação surge como uma emanação do catálogo dos direitos de defesa consagrados para os ilícitos contra-ordenacionais no art. 32, nº 10 da Constituição da República Portuguesa, devendo prevalecer sobre o direito de, as autoridades administrativas, utilizarem elementos fornecidos pelos arguidos» **e por fim que**: «**não obstante o princípio** *nemo tenetur* – seja na sua vertente de direito ao silêncio do arguido, seja na sua dimensão de "privilégio" do arguido contra uma auto-incriminação – não estar expressa e diretamente plasmado no texto constitucional, a doutrina e a jurisprudência portuguesas são unânimes não só quanto à sua vigência no direito processual penal português, como quanto à sua natureza constitucional».

Artigo 118º – Forma da prestação de informações ou da apresentação de provas

1 – A prestação de informações ou a apresentação de provas pelos interessados faz-se por escrito, podendo também ser feita oralmente, quando tal seja admitido, nos termos e condições que para o efeito forem fixados.

2 – Se o interessado não residir no município da sede do órgão responsável pela direção do procedimento, a prestação verbal de informações ou a apresentação de provas pode ter lugar através de órgão ou serviço com sede no município do seu domicílio, determinado pelo órgão responsável pela direção do procedimento, salvo se o interessado preferir comparecer perante este.

ANOTAÇÃO:

Corresponde ao art. 90º do anterior CPA.

A solicitação de informações ou provas aos interessados é, conforme dispõe o artigo anterior, conjugado com o presente artigo, feita pelo responsável pela direção do procedimento, através de notificação com indicação do modo de realização e o respetivo prazo.

Acarretando a prestação de informações (de forma verbal ou escrita), bem como a apresentação de provas, dificuldades ao interessado ou sendo manifestamente dispensável a presença do interessado no lugar da instrução do procedimento, a prestação pode ter lugar em órgão ou serviço no município da sua residência. Esta é, no entanto, uma determinação do responsável pela direção do procedimento, de cumprimento facultativo, já que o interessado pode, se assim preferir, comparecer perante o órgão instrutor.

Por fim importa referir que, não obstante a forma dos atos possa ser oral ou escrita a regra será esta última sendo a oralidade uma exceção. Tal prende-se com razões de segurança jurídica que implicam que as declarações orais sejam lavradas em auto que será assinado pelo autuante e pelo interessado.

O prazo geral para apresentação, pelo interessado, de provas e prestação de informações, determinadas pelo responsável pela direção do procedimento, encontra-se previsto no art. 86º.

JURISPRUDÊNCIA:

Ac. TCAN de 30 de novembro de 2016 Proc. 02807/06

A transmissão eletrónica de peças processuais ou de documentos deve ser feita através do formato rich txt format (rtf) ou portable document format (pdf), mecanismos estes adequados a manter a segurança dos mesmos para que não possam vir a ser alterados. No entanto, as peças processuais podem ser remetidas a Tribunal através de suporte físico devendo posteriormente ser digitalizadas. Nestes termos, se um requerimento ou uma peça processual pode ser apresentada em suporte físico, não há motivo para rejeitar a apresentação de um requerimento de prova por via eletrónica só pelo facto de ter sido transmitido em formato word (.doc). Com efeito, não está prevista a nulidade do ato pela apresentação eletrónica de peças processuais e documentos fora do formato previsto na lei e caso ocorram dúvidas sobre o documento apresentado sempre se poderá solicitar a remessa do original. Deste modo, deve ser admitido o requerimento de prova remetido via correio eletrónico, em formato Word.

Ac. STA de 22-1-2004, Proc. 2064/03

I – A intimação para a emissão do alvará de loteamento é um meio contencioso principal e não meramente acessório, nele se podendo apreciar todas as causas que legitimem a recusa de emissão de alvará.

II – A possibilidade, prevista no art. 68-A do DL 448/91 de os Tribunais intimarem a Administração para emitir o alvará que titula o licenciamento da operação de loteamento e das obras de urbanização, pressupõe a antecipada certeza de que o comportamento a impor à Administração corresponde a um dever de agir por ela omitido.

III – Face à deficiente instrução de que enfermava o requerimento apresentado nos termos do nº 2, do art. 30º do D.Lei 448/91 e tratando-se de elementos necessários à decisão do pedido de emissão de alvará, impendia sobre a Administração, o ónus de notificar o Particular para suprir tais deficiências instrutórias, sob pena de o procedimento não prosseguir, nos termos do nº 1 do art. 90º e nº 3, do art. 91, todos do CPA.

Artigo 119º – Falta de prestação de provas

1 – Se os interessados regularmente notificados para a prestação verbal de informações ou apresentação de provas não derem cumprimento à notificação, pode proceder-se a nova notificação ou prescindir-se da prática do ato, conforme as circunstâncias aconselharem.

2 – A falta de cumprimento da notificação é livremente apreciada para efeitos de prova, consoante as circunstâncias do caso, não dispensando o órgão administrativo de procurar averiguar os factos, nem de proferir a decisão.

3 – Quando as informações, documentos ou atos solicitados ao interessado sejam necessários à apreciação do pedido por ele formulado, não deve ser dado seguimento ao procedimento, disso se notificando o particular.

ANOTAÇÃO:

Corresponde ao art. 91º do anterior CPA.

A conjugação do incumprimento do dever de colaboração do interessado com o princípio do inquisitório do art. 58º tem como consequência legal a manutenção do ónus que impende sobre o órgão de procurar e averiguar todos os factos que possam ser importantes para a tomada de decisão, que terá sempre de proferir. Na prática a recusa de prestação de informações ou apresentação de provas, por parte do interessado, culmina, normalmente, no arquivamento do procedimento. Isto não significa, no entanto, que, face à recusa de colaboração por parte do interessado, a administração fique desonerada da obrigação da procura da verdade material, dado o papel preponderante que lhe é dado pela forma inquisitória desta fase do procedimento. Assim, nada impede a administração de, mesmo sem a colaboração do interessado, decidir favoravelmente a este se essa for a decisão legal, justa e adequada ao caso.

Artigo 120º – Produção antecipada de prova

1 – Havendo justo receio de vir a tornar-se impossível ou de difícil realização a produção de qualquer prova com interesse para a decisão, pode o órgão competente, oficiosamente ou a pedido fundamentado dos interessados, proceder à sua recolha antecipada.

2 – A produção antecipada de prova pode ter lugar antes da instauração do procedimento.

ANOTAÇÃO:

Corresponde ao art. 93º do anterior CPA.

O presente artigo transporta para o procedimento administrativo uma figura processual de caráter urgente, assumindo, assim, a figura cautelar face ao justificado receio na ocorrência de uma impossibilidade ou dificuldade superveniente, o que justifica a recolha antecipada da prova p.e as "declarações para memória futura".

A recusa, por parte da administração, em recolher prova antecipada, quando ela demonstre ser essencial, além de poder ter consequências no desenrolar do processo, nomeadamente na decisão final, constitui o Estado no dever de indemnizar o(s) lesado(s) pelos prejuízos decorrentes dessa recusa injustificada.

O presente artigo vai na linha do que se encontra previsto no artigo 419º do Código Processo Civil, com a mesma epígrafe.

Artigo 419º – (Produção antecipada de prova)

Havendo justo receio de vir a tornar-se impossível ou muito difícil o depoimento de certas pessoas ou a verificação de certos factos por meio de perícia ou inspeção, pode o depoimento, a perícia ou a inspeção realizar-se antecipadamente e até antes de ser proposta a ação.

Enquanto o Código de Processo Civil se cinge ao depoimento antecipado, aliás na linha do disposto no art. 271º do Código de Processo Penal (declarações para memória futura) em sede do direito administrativo optou-se, clara e inequivocamente, pela possibilidade de produção antecipada de (toda) prova com interesse para a decisão.

Artigo 271º – (Declarações para memória futura)

1 – Em caso de doença grave ou de deslocação para o estrangeiro de uma testemunha, que previsivelmente a impeça de ser ouvida em julgamento, bem como nos casos de vítima de crime de tráfico de pessoas ou contra a liberdade e autodeterminação sexual, o juiz de instrução, a requerimento do Ministério Público, do arguido, do assistente ou das partes civis, pode proceder à sua inquirição no decurso do inquérito, a fim de que o depoimento possa, se necessário, ser tomado em conta no julgamento.

2 – No caso de processo por crime contra a liberdade e autodeterminação sexual de menor, procede-se sempre à inquirição do ofendido no decurso do inquérito, desde que a vítima não seja ainda maior.

3 – Ao Ministério Público, ao arguido, ao defensor e aos advogados do assistente e das partes civis são comunicados o dia, a hora e o local da prestação do depoimento para que possam estar presentes, sendo obrigatória a comparência do Ministério Público e do defensor.

4 – Nos casos previstos no nº 2, a tomada de declarações é realizada em ambiente informal e reservado, com vista a garantir, nomeadamente, a espontaneidade e a sinceridade das respostas, devendo o menor ser assistido no decurso do acto processual por um técnico especialmente habilitado para o seu acompanhamento, previamente designado para o efeito.

5 – A inquirição é feita pelo juiz, podendo em seguida o Ministério Público, os advogados do assistente e das partes civis e o defensor, por esta ordem, formular perguntas adicionais.

6 – É correspondentemente aplicável o disposto nos artigos 352º, 356º, 363º e 364º.

7 – O disposto nos números anteriores é correspondentemente aplicável a declarações do assistente e das partes civis, de peritos e de consultores técnicos e a acareações.

8 – A tomada de declarações nos termos dos números anteriores não prejudica a prestação de depoimento em audiência de julgamento, sempre que ela for possível e não puser em causa a saúde física ou psíquica de pessoa que o deva prestar.

A produção antecipada da prova pode ter lugar a pedido dos interessados ou ex oficio por parte do órgão (nº 1).

O nº 2 estende o âmbito da produção antecipada da prova a período anterior à própria instauração do procedimento.

SECÇÃO IV – Da audiência dos interessados

Artigo 121º – Direito de audiência prévia

1 – Sem prejuízo do disposto no artigo 124º, os interessados têm o direito de ser ouvidos no procedimento antes de ser tomada a decisão final, devendo ser informados, nomeadamente, sobre o sentido provável desta.

2 – No exercício do direito de audiência, os interessados podem pronunciar-se sobre todas as questões com interesse para a decisão, em matéria de facto e de direito, bem como requerer diligências complementares e juntar documentos.

3 – A realização da audiência suspende a contagem de prazos em todos os procedimentos administrativos.

ANOTAÇÃO:

Corresponde ao art. 100º do anterior CPA.

O direito genérico de audiência dos interessados é uma inovação da versão anterior do Código do Procedimento Administrativo. A sua consagração veio cumprir o estipulado no art. 267º, nº 5 da CRP, que determina a participação dos cidadãos na formulação das decisões ou deliberações que lhes digam respeito.

A participação inclui a audição, bem como a informação sobre o sentido provável da decisão a proferir que será obrigatória e, previamente, comunicada ao interessado (nº 1).

No exercício do direito de audiência prévia, os interessados podem requerer diligências, juntar documentos e pronunciar-se sobre todas as questões no âmbito da matéria de facto e na de direito (nº 2).

A audiência prévia suspende a contagem dos prazos em todos os procedimentos administrativos (nº 3).

A audiência prévia do interessado permite o exercício do contraditório, verdadeiro pilar do estado de Direito Democrático e da conceção politico-constitucional das relações entre a administração e o cidadão, consubstanciando a concretização do princípio da participação plasmada no artigo 267º, nºs 1 e 5 da CRP.

O administrado é ouvido antes de ser proferida a decisão, devendo ser-lhe concedida a efetiva possibilidade, não apenas de ter uma participação ativa como os seus argumentos ser tidos em conta na ponderação que leva à decisão a proferir pela administração. A este propósito cf. por todos Manchete, Pedro. "A Audiência dos interessados no Procedimento Administrativo", p. 453; Acórdão do STA de 1999-02-11 – Proc. Nº 44 508, "Antologia de Acórdãos do STA/TCA" Ano II, nº 2, pp. 107 e segs.).

Além do mais, é hoje pacificamente aceite que sobre a Administração impende uma "obrigação de meios", com vista a garantir condições necessárias e bastantes ao interessado para a sua efetiva participação Nesse sentido, cf acórdão do Tribunal Central Administrativo Norte de 21 de abril de 2005, exarado no âmbito do Proc. nº 27/04.

Há que reconhecer que, apesar de a audiência prévia não ser uma figura criada por este código, ela evoluiu significativamente em termos qualitativos relativamente ao código anterior. A audiência prévia, contrariamente ao que acontecia antes, não encerra a fase da instrução do procedimento, passando isso sim a ser prévia à recolha de elementos de facto e de direito necessários ao projeto de decisão. Deste modo, o legislador veio impor que a audiência de interessados não seja uma mera formalidade embora de caráter obrigatório, mas antes um verdadeiro mecanismo de participação dos interessados no projeto e, por consequência, na decisão final.

Essa imposição impende sobre a Administração, mesmo que em sede de processos especiais e ainda que estes não exijam nem prevejam a audiência prévia, conforme resulta do nº 2 do art. 5º.

JURISPRUDÊNCIA:

Ac. TCAS de 24/02/2016, Proc. 12747/15

i) A audiência dos interessados prevista no artigo 121.º do Código de Procedimento Administrativo, com a redacção que lhe foi dada pelo Decreto-Lei n.º 4/2015, de 7 de Janeiro (anteriormente no art. 100.º), constitui juntamente com o princípio da participação, consagrado actualmente no artigo 12.º do mesmo diploma (anteriormente o art. 8.º), a concretização do modelo de administração participada, expresso nos n.ºs 1 e 5 do artigo 267.º da Constituição, que impõe à Administração Pública a participação dos particulares na formação das decisões que lhe digam respeito.

ii) A preterição da formalidade que constitui o facto de não ter sido assegurado o exercício do direito de audiência só pode degradar-se em formalidade não essencial, e assim destituída de efeito invalidante, se se demonstrar que, mesmo sem ela ter sido cumprida, a decisão final do procedimento não poderia ser diferente. Ónus esse de alegação e de prova que recai sobre a Administração

AC TCAS de 20/01/2022, Proc. 300/21.6BEALM

I – O direito de audiência prévia, previsto nos arts. 121.º e seguintes do CPA, representa o cumprimento da directiva constitucional de "participação dos cidadãos na formação das decisões ou deliberações que lhes disserem respeito" (art. 267º, nº 5 da CRP), determinando para o órgão administrativo competente a obrigação de associar o administrado à tarefa de preparar a decisão final.

II – O direito a ser ouvido e que se opera mediante a audiência prevista no citado normativo deve consistir na efectiva possibilidade de ser conferida ao interessado no procedimento uma participação útil no seu âmbito.

Ac. STA de 27-1-2016, Proc. 174/15

I – Não obstante o direito de audição prévia também possa ser exercido na forma oral, cabe à entidade que dirige o procedimento fazer a opção pela forma oral ou escrita.

II – A verificação de um vício de forma no procedimento de reclamação não pode projectar efeitos invalidantes sobre o acto tributário de liquidação que o antecede.

III – Apesar da não indicação expressa do preceito legal aplicável, a exigível fundamentação de direito do acto tributário será suficiente com a referência aos princípios jurídicos pertinentes, ao regime legal aplicável ou a um quadro normativo determinado, desde que, em qualquer caso, se possa concluir que aqueles eram conhecidos ou cognoscíveis por um destinatário normal colocado na posição em concreto do real destinatário.

Ac. TCAS de 8 de outubro de 2015 Proc. 07046/13

Se, em sede de direito de audição, a revertida juntou elementos contabilísticos que evidenciam um crédito de valor superior ao montante da dívida exequenda, impunha-se à Administração Tributária que diligenciasse no sentido de confirmar a existência do crédito.

Ac. STA de 25-6-2015, Proc. 1391/14

I – Destinando-se a audiência dos interessados a permitir a sua participação nas decisões que lhes digam respeito, contribuindo para um cabal esclarecimento dos factos e uma mais adequada e justa decisão, a omissão dessa audição constitui preterição de uma formalidade legal conducente à anulabilidade da decisão, a menos que seja inequívoco que esta só podia, em abstracto, ter o conteúdo que teve em concreto e que, por isso, se impunha aproveitá-la pela aplicação do princípio geral do aproveitamento do acto administrativo.

II – A possibilidade de aplicação do princípio do aproveitamento do acto exige um exame casuístico, de análise das circunstâncias particulares e concretas de cada caso, com vista a aferir se se está ou não perante uma situação de absoluta impossibilidade de a decisão do procedimento ser influenciada pela participação da requerente.

III – Para a formulação do juízo de prognose póstuma, no âmbito de aplicação do princípio do aproveitamento do acto tributário, é irrelevante a procedência ou improcedência dos vícios invocados na impugnação judicial.

IV – O facto de a matéria tributável que serviu de base à liquidação se dever considerar já estabilizada e fixada em procedimento autónomo de avaliação no qual o contribuinte teve oportunidade de participar, não significa, sem mais, que seja dispensável a notificação para exercício do direito de audiência prévia à liquidação pois o direito de audiência não tem como única finalidade a possibilidade de participar na fixação da matéria coletável, antes podendo essa participação (que o direito de audiência visa assegurar) assumir muitos outros domínios da formação da decisão final.

V – Tendo o contribuinte interposto reclamação graciosa da liquidação adicional e neste meio de reacção administrativa tido a oportunidade de se pronunciar sobre a liquidação adicional e sobre todas as questões relativamente às quais lhe deveria ter sido previamente concedida a faculdade de se pronunciar, devemos considerar que ficou sanado o vício de preterição de formalidade legal por omissão de notificação para exercício do direito de audiência prévia à liquidação.

Ac. STA de 8-7-2015, Proc. 760/15

I – O pedido de pagamento da dívida em prestações e o pedido de dação em pagamento, deduzidos no âmbito de processo de execução fiscal, provocam a instauração de um procedimento tributário na acepção que lhe é dada pelo art. 54º, nº 1, al. h), da LGT.

II – A esses procedimentos são aplicáveis os princípios gerais que regulam a actividade administrativa e as normas que a Lei Geral Tributária prevê para os procedimentos tributários, designadamente o direito de audição previsto no art. 60º da LGT.

III – Destinando-se a audiência dos interessados a permitir a sua participação nas decisões que lhes digam respeito, contribuindo para um cabal esclarecimento dos factos e uma mais adequada e justa decisão, a omissão dessa audição constitui preterição de uma formalidade legal conducente à anulabilidade da decisão, a menos que seja manifesto que esta só podia, em abstracto, ter o conteúdo que teve em concreto e que, por isso se impunha, o seu aproveitamento pela aplicação do princípio geral do aproveitamento do acto administrativo.

IV – Todavia, a possibilidade de aplicação do princípio do aproveitamento do acto exige sempre um exame casuístico, de análise das circunstâncias particulares e concretas de cada caso, com vista a aferir se se está ou não perante uma situação de absoluta impossibilidade de a decisão do procedimento ser influenciada pela audição da requerente.

Ac. STA de 4-2-2016, Proc. 205/15

I – Resulta do princípio do contraditório que o juiz não deve decidir qualquer questão, de facto ou de direito, mesmo que de conhecimento oficioso, sem que as partes tenham tido a possibilidade de sobre ela se pronunciarem, para que se possa assegurar a sua participação efetiva no desenvolvimento do litígio.

II – Quando a questão não tinha sido suscitada até ao momento no processo e a matéria em causa não estava sedimentada na ordem jurídica temos de concluir que a referida omissão de um ato que a lei prescreve, a audição das partes, é suscetível de influir no exame ou na decisão da causa, pelo que constitui nulidade processual secundária. (art. 195º, nº 1 do CPC).

Ac. STA de 17/12/2014, Proc. 1315/14

O acto de indeferimento do pedido de suspensão da execução fiscal mediante o oferecimento de bens à penhora é um acto administrativo em matéria tributária e não um acto do processo de execução fiscal e que ao contrário do que sucede com o pedido de dispensa de prestação de garantia (artigo 170 do CPPT) não reveste por lei natureza urgente, razão pela qual não há fundamento legal para se ter por excluído o direito de audição prévia ao indeferimento de bens à penhora "ex vi" do disposto na alínea b) do nº 1 do artigo 60 da Lei Geral Tributária".

Ac. STA de 30/9/2009, Proc. 166/09

I – O direito de audiência consagrado no art. 100º do CPA visa associar o interessado à formação da vontade da Administração por forma a permitir-lhe a influenciar a decisão final. Constitui, por isso, não só uma manifestação do princípio do contraditório, visto ser através dele que se possibilita o confronto dos pontos de vista da Administração com os do Administrado, como uma importante garantia de defesa dos direitos deste o que tem como consequência que o seu cumprimento seja considerado uma formalidade essencial.

II – Daí que a violação da referida norma ou a sua incorrecta realização tenha como consequência normal a ilegalidade do próprio acto final e a sua consequente anulabilidade.

III – Todavia, nem sempre assim acontece pois, em certos casos, a lei dispensa o seu cumprimento e, noutros, a mesma pode degradar-se em formalidade não essencial e, portanto, ser omitida sem que daí resulte ilegalidade determinante da anulação do acto.

IV – Acto administrativo é toda a determinação autoritária de um órgão da Administração que, ao abrigo de normas de direito público, decida uma situação jurídico-administrativa que afecte os direitos ou interesses legitimamente protegidos do seu destinatário.

V – Existe actividade instrutória quando, previamente à deliberação final, um jurista da Câmara elaborou uma informação e o seu Presidente se fundamentou nela para propor que aquela fosse adoptada.

Ac. STA de 18-3-2003, Proc. 1749/02

I – A audiência prévia prevista no art. 100º do Código de Procedimento Administrativo constitui uma manifestação do princípio do contraditório, assumindo-se também como uma dimensão qualificada a que alude o art. 8º do CPA, visto a mesma possibilitar não só o confronto dos critérios da Administração com os administrados, de modo a poderem ser obtidas plataformas de entendimento, mas também a possibilidade de estes apontarem razões e fundamentos, quer de facto quer de direito, que invalidem o caminho que a Administração intenta percorrer e levem a que outro seja o sentido da decisão.

II – Havendo que anular o acto por incumprimento do art. 100º do CPA, isto é, por falta de audiência prévia, haverá que repetir o procedimento que leva à prolação do acto, o que pode prejudicar o conhecimento dos outros vícios invocados.

Parecer da PGR 00001998/P001422001 de 10 de agosto de 2002
Audiência do Interessado
Princípio da Participação
Consulta Pública
Código do Procedimento Administrativo

1ª – A audiência dos interessados, como manifestação do princípio da participação, concretizada nos artigos 100º e seguintes do Código do Procedimento Administrativo (CPA), deve ter lugar nos procedimentos gerais, e, por aplicação supletiva daquelas normas, nos procedimentos previstos em lei específica, salvo os casos de inexistência ou dispensa expressamente indicados no artigo 103º do referido diploma;

2ª – A não previsão da formalidade da audiência dos interessados no complexo de normas que regule um procedimento especial só não é susceptível de integração subsidiária, se a actividade interpretativa, de acordo com os critérios hermenêuticos do artigo 9º do Código Civil, permitir concluir que se trata, no caso, de uma opção legislativa derrogatória do princípio da participação, naquela modalidade;

3ª – Em conformidade com as anteriores conclusões, a audiência dos interessados tem lugar nos procedimentos para concessão de apoio financeiro a actividades artísticas de iniciativa não governamental, organizados pelos organismos tutelados pelo Ministério da Cultura, e, designadamente, nos que se encontram regulados pelos Despachos Normativos nºs 23-A/2001, de 18 de Maio, 25/2001, de 30 de Maio, e 27/2001, de 31 de Maio, e pela Portaria nº 280/2000, de 22 de Maio;

4ª – As causas de inexistência de audiência dos interessados, a que se refere o nº 1 do artigo 103º do CPA, são objectivas e relevam do exercício de um poder administrativo estritamente vinculado quanto aos respectivos pressupostos, mesmo quando envolva um juízo de previsão sobre a utilidade do procedimento ou o preenchimento de um conceito indeterminado (alíneas a) e b) do nº 1 do artigo 103º);

5ª – A declaração de inexistência do direito de audição, nos termos previstos na alínea b) do nº 1 do artigo 103º do CPA, exige, segundo um juízo de prognose, que o cumprimento da formalidade implique, com grande probabilidade, a própria inutilização do procedimento – por não poder ser concluído em tempo útil –, ou a impossibilidade de executar a decisão – por não possuir já qualquer efeito prático;

6ª – A impraticabilidade da audiência dos interessados nos procedimentos de massa, a que se refere a alínea c) do nº 1 do artigo 103º do CPA, não resulta de num mero princípio de economia processual, mas antes da efectiva impossibilidade de o órgão instrutor reconsiderar individualmente a situação relativa de cada um dos opositores, caso se venha a cumprir a formalidade, pelo que não é de excluir que a mesma entidade, por identidade de razão, e com base no segmento final da mesma disposição, venha a prescindir também da consulta pública;

7ª – O conceito indeterminado constante da alínea c) do nº 1 do artigo 103º do CPA (número elevado de interessados), sendo meramente descritivo, é suscetível de controlo judicial, dado que a sua subsunção à situação de facto não carece de operações de valoração extra-legal.

Parecer da PGR 00001198/P00641999 de 12 de fevereiro de 2001
Audiência Prévia
Prova em Matéria Administrativa
Instrução do Processo Administrativo
Acto Administrativo
Garantias dos Particulares
Conselho Consultivo da PGR
Parecer não Vinculativo

1ª – A audiência dos interessados, que concretiza nos artigos 100º e seguintes do Código do Procedimento Administrativo o princípio da participação dos interessados nas decisões que lhes disserem respeito, deve ter lugar tanto nos procedimentos gerais, como nos que estejam previstos em lei específica, salvo os casos de inexistência ou dispensa expressamente indicados no artigo 103º do referido diploma;

2ª – Nos termos do artigo 100º do Código do Procedimento Administrativo, a audiência dos interessados deve ter lugar concluída a instrução, no momento em que estejam reunidos no procedimento todos os elementos de facto e de direito necessários à decisão;

3ª – No procedimento para a qualificação como deficiente das forças armadas nas situações previstas no artigo 1º, nº 2, 2ª parte, 4º item, do Decreto-Lei nº 43/76, de 20 de Janeiro, a decisão, da competência do Ministro da Defesa Nacional, é precedida de parecer obrigatório não vinculante da Procuradoria-Geral da República;

4ª – A audiência do interessado nos procedimentos previstos na conclusão anterior deve ter lugar após a emissão do parecer, mas, nos termos do artigo 103º, nº 2, alínea b), do Código de Procedimento Administrativo, pode ser dispensada quando autoridade competente se proponha decidir em sentido favorável à pretensão do interessado;

5ª – No caso de a intervenção do interessado ou a realização de novas diligências de prova, produzirem uma modificação dos elementos preexistentes no procedimento, deve ter lugar nova audição do órgão consultivo se a novidade dos elementos for substancialmente relevante.

Ac. do STA de 28 de janeiro de 2015, Processo 0654/14, 2ª Secção
Fazenda Pública – Audiência Prévia

Quando no caso de permuta de bens presentes por bens futuros (imóveis), ocorra a avaliação dos ditos bens futuros, mas não ocorra a avaliação dos bens presentes, deve ser cumprido o direito de audição prévia, uma vez que relativamente aos bens não reavaliados não é possível requerer segunda avaliação.

Ac. do STA de 31 de Janeiro de 2012, Processo 0927/11, 1ª Subsecção
Direito de Audição – Interessado

I – O direito de audiência consagrado no art. 100º do CPA visa associar o interessado à formação da vontade da Administração por forma a permitir-lhe a influenciar a decisão final. Constitui, por isso, não só uma manifestação do princípio do contraditório, visto ser através dele que se possibilita o confronto dos pontos de vista da Administração com os do Administrado, como uma importante garantia de defesa dos direitos deste o que tem como consequência que o seu cumprimento seja considerado uma formalidade essencial.

II – Daí que a violação da referida norma ou a sua incorrecta realização tenha como consequência normal a ilegalidade do próprio acto final e a sua consequente anulabilidade.

III – Todavia, nem sempre assim acontece pois, em certos casos, a lei dispensa o seu cumprimento e, noutros, a mesma pode degradar-se em formalidade não essencial e, portanto, ser omitida sem que daí resulte ilegalidade determinante da anulação do acto.

IV – Não ocorre essa degradação nos casos em que, encontrando-se os documentos junto do procedimento, os mesmos não são notificados ao interessado no seu final visto a sua análise ser indispensável para que aquele possa contestar a sua regularidade, quer no tocante ao seu conteúdo, quer no tocante ao momento da sua apresentação ou à sua forma.

V – São interessados tanto aqueles a quem a decisão prejudica ou desfavorece, como aqueles que com ela saem favorecidos ou, dito de forma diferente, aqueles cujos direitos e interesses possam ser directamente lesados pelos actos a emitir.

Ac. do STA de 28 de novembro de 2007, Processo 1237/06, 1ª Subsecção
Audiência dos Interessados

I – Constitui acto administrativo, susceptível de impugnação contenciosa, a decisão de vereador municipal, que, após haver sido determinada a demolição de obras ilegais e a execução de tal demolição, concorda com parecer dos serviços, no qual, após análise da petição de acção judicial, proposta pelo responsável pela realização dessas obras, se propõe o deferimento de requerimento deste, concluindo-se que «deve processo sobrestar nos termos do art. 31º do CPA».

II – Antes daquela decisão de suspensão, havia lugar, nos termos do artigo 100, do Código Procedimento Administrativo, à audiência dos interessados, participantes no procedimento, que culminou com a indicada decisão de demolição.

III – O tribunal só pode retirar efeito invalidante à omissão da formalidade, prevista no citado artigo 100, por aplicação do princípio do aproveitamento dos actos administrativos, se o acto tiver sido praticado no exercício de poderes vinculados e se puder concluir, com inteira segurança, num juízo de prognose póstuma, que a decisão administrativa impugnada era a única, concretamente, possível.

IV – Esta hipótese não se verificava, na situação descrita em I., sendo que, na acção judicial ali mencionada, se pedia, apenas, a declaração judicial de que o lesado com as obras ilegais consentira na respectiva realização, não constituindo a pendência de tal acção condição suficiente, nos termos do indicado artigo 31, para a decretada suspensão.

V – Tendo sido esta decisão de suspensão tomada sem audiência dos interessados, é de julgar procedente, com fundamento em violação do referido artigo 100, o recurso contencioso de anulação, contra essa mesma decisão interposto.

Ac. do STA de 2 de julho de 2002, Processo 0919/02, 2ª Subsecção
Audiência dos Interessados

I – A audiência prévia dos interessados ou entidades representativas dos interesses que previsivelmente sejam afectados por um regulamento bem como a sujeição do respectivo projecto a apreciação pública, previstas pelos artigos 116º e 117º do CPA não foram regulamentados em termos gerais, apesar de essa regulamentação estar prevista nas citadas normas, pelo que não são imediatamente exequíveis e o regulamento aprovado sem aquelas audiência e apreciação não sofre de vício invalidante, podendo ainda afirmar-se que a inaplicação dos citados preceitos não ofende a garantia constitucional da tutela judicial efectiva dos arts. 20º, nº 1 e 268º, nº 4.

II – Já quanto à garantia decorrente da obrigatoriedade de o regulamento ser acompanhado de uma nota justificativa fundamentada desde o momento em que o respectivo projecto é sujeito a apreciação e aprovação pelo competente órgão da Administração – art. 116º do CPA, exigência que é aplicável sem necessidade de norma regulamentar e cuja falta gera vício de forma invalidante, por omissão de formalidade essencial, sempre se impõe uma interpretação conforme às mencionadas normas constitucionais.

Ac. do STA de 22 de janeiro de 2014, Processo 0441/13, 2ª pleno
Audiência do Interessado – Princípio do Aproveitamento do Ato

(...)

III – Destinando-se a audiência dos interessados a permitir a sua participação nas decisões que lhes digam respeito, contribuindo para um cabal esclarecimento dos factos e uma mais adequada e justa decisão, a omissão dessa audição constitui preterição de uma formalidade legal conducente à anulabilidade da decisão, a menos que seja manifesto que esta só podia, em abstracto, ter o conteúdo que teve em concreto e que, por isso se impunha, o seu aproveitamento pela aplicação do princípio geral do aproveitamento do acto administrativo.

IV – Todavia, a possibilidade de aplicação do princípio do aproveitamento do acto exige sempre um exame casuístico, de análise das circunstâncias particulares e concretas de cada caso, com vista a aferir se se está ou não perante uma situação de absoluta impossibilidade de a decisão do procedimento ser influenciada pela audição da requerente.

Ac. do STJ de 27 de setembro de 2011, Processo 61/11.7 YFLSB
Audição Prévia das Partes

I – O direito de audiência consubstancia-se no direito do interessado a conhecer, previamente à decisão, o sentido provável desta, e a poder expor sobre ele o seu ponto de vista, direito que tem apoio no art. 267º, nº 5, da CRP.

II – Para poder exercer o seu direito, o interessado deverá ser notificado dos "elementos de facto e de direito relevantes para a decisão", pois sem esses elementos seria impossível ao interessado apresentar os seus argumentos.

III – Tal não significa, porém, que a administração tenha de comunicar ao interessado a fundamentação de facto e de direito do sentido provável da decisão, como pretendido pela recorrente. No fundo, a recorrente pretende é ter acesso ao projecto de decisão, para lhe opor as suas razões.

IV – Esta sua pretensão excede manifestamente o teor e o sentido da lei, que somente quis evitar a prolação de decisões surpresa para o interessado, atribuindo-lhe o direito de se pronunciar, previamente à decisão, sobre o sentido que a Administração considera provável (e que, aliás, não vincula a própria Administração).

V – O conhecimento do sentido provável da decisão constitui já um notável reforço das garantias dos administrados, permitindo-lhes intervir antes da decisão, de forma a poder influenciá-la. Porém, o conhecimento (e o direito de impugnação) da fundamentação da decisão a proferir envolveria uma verdadeira intromissão do interessado no próprio processo de decisão, o que descaracterizaria o poder decisório da Administração e excederia as garantias constitucionais (citado art. 267º, nº 5).

VI – O direito de audiência, no entendimento da recorrente, constituiria uma impugnação antecipada de uma decisão ainda não proferida, o que seria insólito e ultrapassa manifestamente o sentido da lei.

VII – O direito de impugnação da fundamentação da decisão só tem sentido depois de proferida, em sede de recurso contencioso. Aliás, o recurso contencioso (a possibilidade de impugnar o acto administrativo junto de uma entidade independente, os tribunais) é a garantia central e suprema dos administrados.

VIII – No caso dos autos, a recorrente, que fora notificada pelo Sr. Inspector da proposta de classificação de Suficiente, foi posteriormente notificada, nos termos dos arts. 100º, nº 1, e 101º do CPA, pelo órgão decisor, o CSM, de que aquela proposta poderia não ser homologada e ser-lhe consequentemente atribuída notação inferior (que só poderia ser Medíocre), sendo-lhe dado o prazo de 10 dias para dizer o que tivesse por conveniente.

IX – A recorrente tinha todos os elementos de facto e de direito, constantes do relatório de inspecção, para contestar o "sentido provável" de decisão do CSM, indicado naquela notificação, ou seja, a atribuição da nota de Medíocre, para rebater essa opção e defender que prevalecesse a classificação proposta; assim, é manifesto que foi dado cumprimento ao direito de audiência, tal como vem previsto nos arts. 100º e 101º do CPA.

X – O serviço prestado pelo magistrado deve ser avaliado segundo parâmetros objectivos exaustivamente discriminados no art. 13º do RIJ; por sua vez, o art. 15º do RIJ manda atender, além do "passado" do inspeccionado, às "circunstâncias em que decorreu o exercício de funções", ou seja, às condições objectivas em que se processou esse exercício: condições de trabalho, volume de serviço, particulares dificuldades do exercício da função, grau de experiência na judicatura, acumulação com outros tribunais, etc.

XI – É em face de todo esse circunstancialismo que deve ser avaliada a prestação do magistrado inspeccionado, ponderando-se se era exigível objectivamente um desempenho funcional mais positivo.

XII – Na inspecção ao serviço não se indaga, ao contrário do que sucede no processo disciplinar, a culpa do magistrado. Um exercício insuficiente pode ser, ou não, culposo. Um exercício insuficiente não culposo não deixa de ser insuficiente e, como tal, deve ser classificado.

XIII – No processo de inspecção trata-se somente de apurar a prestação funcional do magistrado, na sua objectividade, enquadrado no circunstancialismo objectivo que o rodeou, independentemente da existência de culpa do magistrado no desempenho negativo que se constatar.

XIV – Numa ponderação global, o CSM entendeu que o desempenho da recorrente foi insuficiente. Essa conclusão é perfeitamente coerente com as circunstâncias de facto apuradas, circunstanciadamente referidas no relatório de inspecção junto aos autos, em especial com os atrasos e a fraca produtividade revelada pela recorrente, demonstrando uma má adaptação ao serviço, "que ficou muito aquém do exigível a qualquer juiz"; nenhuma violação de lei foi, pois, cometida pelo CSM, nomeadamente a imputada pela recorrente, de preterição dos critérios de avaliação.

Ac. do STA de 26 de novembro de 2014, Processo 01667/13, 2ª Secção
Direito de Audição – Preterição de Formalidade Essencial

I – O Código de Processo Tributário enunciava, no art 19º, alínea c), o direito de audição como uma das garantias dos contribuintes.

II – Na falta de norma específica desse código que estatuísse sobre o momento em que tal direito tinha que ser exercido no procedimento tributário, terá de se aplicar subsidiariamente o artigo 100º do Código de Procedimento Administrativo de molde a obter a concretização desse direito de participação.

III – Apesar de só com a entrada em vigor da Lei Geral Tributária, em 1/1/1999, se prever o direito de audição dos contribuintes antes da liquidação – art. 60, nº 1, a) da Lei Geral Tributária – não estava o procedimento tributário dispensado de dar execução a tal direito, pelo menos numa das formas compatíveis com uma interpretação conforme à Constituição da República Portuguesa que, no seu art. 267º, nº 5, exige que o processamento da actividade administrativa assegure a participação dos cidadãos na formação das decisões e deliberações que lhes disserem respeito.

IV – A preterição da formalidade essencial obrigatória consubstanciada na falta de audição da Impugnante, constitui um vício de forma do procedimento tributário susceptível de afectar a decisão que nele foi tomada, gerando, por isso anulabilidade do acto final do procedimento, que é o acto de liquidação, conforme determinado pelo artigo 135º do CPA.

Ac. do Supremo Tribunal de Justiça – Processo nº 61/11.7YFLSB de 27-09-2011

I – O direito de audiência consubstancia-se no direito do interessado a conhecer, previamente à decisão, o sentido provável desta, e a poder expor sobre ele o seu ponto de vista, direito que tem apoio no art. 267º, nº 5, da CRP.

II – Para poder exercer o seu direito, o interessado deverá ser notificado dos "elementos de facto e de direito relevantes para a decisão", pois sem esses elementos seria impossível ao interessado apresentar os seus argumentos.

III – Tal não significa, porém, que a administração tenha de comunicar ao interessado a fundamentação de facto e de direito do sentido provável da decisão, como pretendido pela recorrente. No fundo, a recorrente pretende é ter acesso ao projecto de decisão, para lhe opor as suas razões.

Ac. do Tribunal Central Administrativo Sul – Processo nº 05791/12 de 23-10-2012

O direito de audiência prévia de que goza o administrado incide sobre o objecto do procedimento, tal como ele surge após a instrução e antes da decisão. Estando em preparação uma decisão, a comunicação feita ao interessado para o exercício do direito de audiência deve dar-lhe conhecimento do projecto da mesma decisão, a sua fundamentação, o prazo em que o mesmo direito pode ser exercido e a informação relativa à possibilidade de exercício do citado direito por forma oral ou escrita. A falta de audição prévia do contribuinte, nos casos consagrados no art. 60, nº 1, da Lei Geral Tributária, constitui um vício de procedimento susceptível de conduzir à anulação da decisão final que vier a ser tomada.

Ac. do Supremo Tribunal Administrativo Processo nº 0548/12 de 24-10-2012

Sob pena de o direito de audiência se transformar num ritual inócuo, ao qual recai sobre os argumentos e documentos apresentados pelo contribuinte sobranceira indiferença, exige-se a sua análise pela administração, por forma a tomar visível que a decisão do procedimento resulta de uma transparente ponderação dos elementos de facto e de direito submetidos à sua apreciação.

Artigo 122º – Notificação para a audiência

1 – Para efeitos do disposto no artigo anterior, o órgão responsável pela direção do procedimento determina, em cada caso, se a audiência se processa por forma escrita ou oral e manda notificar os interessados para, em prazo não inferior a 10 dias, dizerem o que se lhes oferecer.

2 – A notificação fornece o projeto de decisão e demais elementos necessários para que os interessados possam conhecer todos os aspetos relevantes para a decisão, em matéria de facto e de direito, indicando também as horas e o local onde o processo pode ser consultado.

3 – No caso de haver sítio na Internet da entidade em causa onde o processo possa ser consultado, a notificação referida no número anterior deve incluir a indicação do mesmo para efeitos de o processo poder também ser consultado pelos interessados pela via eletrónica.

ANOTAÇÃO:

Em obediência ao princípio da lealdade processual, o órgão responsável pela direção do procedimento determina se a audiência será oral ou escrita, notificando disso os interessados que podem dizer o que lhes aprouver no prazo mínimo de 10 dias. Da notificação constará, também, obrigatoriamente, o projeto de decisão e demais elementos necessários, além das horas e local onde o processo pode ser consultado, presencialmente ou através da internet, dando, assim a conhecer ao interessado todos os aspetos que podem ser relevantes no processo de decisão.

A consulta via internet far-se-á nos termos do art. 14º, nº 4, cabendo à administração garantir a acessibilidade dessa forma de consulta.

De notar que, o projeto de decisão final, que constará obrigatoriamente da notificação para a audiência prévia, é acompanhado dos elementos necessários ao cabal conhecimento, por parte do interessado, de todos os aspetos relevantes quer em termos de facto quer de direito, nomeadamente a fundamentação, sem a qual o conhecimento por parte do interessado não é garantido. O exercício do contraditório só será pleno, perante a adequada fundamentação, que, a faltar, gera a invalidade do ato final, sendo, por isso, anulável.

Naturalmente que a fundamentação relativa à audiência prévia é distinta da fundamentação que assistirá obrigatoriamente a decisão final.

Artigo 123º – Audiência oral

1 – Quando o órgão responsável pela direção do procedimento opte pela realização de audiência oral, esta realiza-se presencialmente, podendo ter lugar por teleconferência, quando tal se justifique e existam os meios necessários para o efeito.

2 – A falta de comparência do interessado não constitui motivo de adiamento da audiência, mas, se for apresentada justificação da falta até ao momento fixado para a audiência, deve proceder-se ao adiamento desta.

3 – No caso de se verificar o adiamento a que se refere o número anterior, o órgão responsável pela direção do procedimento deve tentar chegar a acordo com o interessado sobre a nova data da audiência, que, em qualquer caso, se deve realizar dentro dos 20 dias seguintes.

4 – Da audiência é lavrada ata da qual consta o extrato das alegações feitas pelo interessado, podendo este juntar alegações escritas, durante a diligência ou posteriormente.

ANOTAÇÃO:

Corresponde ao art. 102º do anterior CPA.

No exercício do poder discricionário, em sede de audiência prévia, o responsável pelo procedimento pode optar pela audiência oral sem ter de fundamentar concretamente a opção. É claro que, sobre ele impende o dever genérico de fundamentação dos atos administrativos que possam afetar os interessados no procedimento mas, neste caso, o legislador deveria ter ido mais longe, exigindo uma fundamentação que concretizasse, de forma especificada, as razões de tal opção. A redação do presente artigo permite ao responsável pelo procedimento fundamentar a opção pela forma oral de forma "superficial" p.e. com razões de «celeridade» ou «economia processual», sem mais.

O legislador, a nosso ver, mal, obriga ao adiamento da audiência sempre que faltando o interessado este justifique a falta até ao momento fixado para a audiência. Na verdade, mal se compreende esta previsão legal já que tal possibilidade vai causar enormes transtornos e despesas evitáveis à Administração que tem que disponibilizar tempo e meios para a realização do ato acabando por poder ser surpreendida «à ultima hora» pela falta do interessado. O legislador deveria ter sido mais exigente e prever a comunicação prévia da falta com, pelo menos, 24 horas de antecedência, sob pena de a audiência ser realizada sem a comparência do interessado, salvaguardando, naturalmente, os casos de impossibilidade absoluta nessa comunicação prévia, nomeadamente nos casos em que o motivo impeditivo ocorresse posteriormente a esse prazo.

O nº 3 introduz, em relação à redação do correspondente artigo no Código anterior, um novo dever que recai sobre o órgão responsável pela direção do procedimento com vista a reforçar as garantias do cidadão. Esse dever consiste, precisamente, na tentativa de acordo com o interessado na marcação de nova data dentro dos 20 dias seguintes. O legislador pôs fim à fixação unilateral de nova data por parte do órgão sem prévia consulta do interessado, na linha do que já é praticado em sede judicial.

Por razões de transparência, clareza e segurança jurídica da audiência, é lavrada ata das alegações dos interessados podendo estes juntar alegações escritas de imediato ou posteriormente (nº 4).

Artigo 124º – Dispensa de audiência dos interessados

1 – O responsável pela direção do procedimento pode não proceder à audiência dos interessados quando:

a) A decisão seja urgente;

b) Os interessados tenham solicitado o adiamento a que se refere o nº 2 do artigo anterior e, por facto imputável a eles, não tenha sido possível fixar-se nova data nos termos do nº 3 do mesmo artigo;

c) Seja razoavelmente de prever que a diligência possa comprometer a execução ou a utilidade da decisão;

d) O número de interessados a ouvir seja de tal forma elevado que a audiência se torne impraticável, devendo nesse caso proceder-se a consulta pública, quando possível, pela forma mais adequada;

e) Os interessados já se tiverem pronunciado no procedimento sobre as questões que importem à decisão e sobre as provas produzidas;

f) Os elementos constantes do procedimento conduzirem a uma decisão inteiramente favorável aos interessados.

2 – Nas situações previstas no número anterior, a decisão final deve indicar as razões da não realização da audiência.

ANOTAÇÃO:

Corresponde ao art. 103º do anterior CPA.

Diferentemente do que ocorria no código anterior, que admitia a inexistência da audiência prévia nos casos nele previstos, o atual código, e bem, impõe a audiência prévia exceto nos casos expressamente consagrados no presente artigo, em que é admitida a discricionariedade da Administração para a dispensa da mesma, casos em que tão decisão será, obrigatoriamente, notificada aos interessados que, não concordando com a fundamentação apresentada, poderão sempre impugnar de forma graciosa ou contenciosa. Assim, a omissão da audiência, quando obrigatória, constitui a violação de uma formalidade essencial do ato administrativo, reforçando, deste modo, as garantias de exercício do contraditório por parte dos interessados.

Nos procedimentos decisórios de primeiro grau, a não realização de audiência prévia constitui o órgão na violação de uma formalidade essencial, casos em que a jurisprudência do STA classifica como violação de uma formalidade essencial, acarretando esta a nulidade. Porém, admite que, em certos casos, essa falta possa degradar-se em formalidade não essencial, p.e., nos casos de urgência na decisão que obste liminarmente a audiência (Ac. STA de 29 de Junho de 2006 no âmbito do processo 8/6/2005).

Por seu turno, nos procedimentos decisórios de segundo grau, quer de iniciativa particular quer de iniciativa pública, só terá obrigatoriamente lugar a audiência do(s) interessado(s) quando o objeto do ato secundário seja constituído por nova matéria de facto que não faça parte do procedimento de primeiro grau e a decisão seja desfavorável ao particular.

A consulta pública, a que se refere a alínea *d)* no nº 1, não dispensa a informação do sentido provável da decisão de modo a que os particulares, querendo, possam consultar o processo e se pronunciarem dentro do prazo fixado.

Por fim, o nº 2 vem impôr o dever de fundamentação, em sede de decisão final, das razões que levaram à dispensa de audiência de interessados previstas no nº 1.

JURISPRUDÊNCIA:

Ac. STA de 7/4/2005, Proc. 1339/03

I – O pressuposto de dispensa de audiência, a que se refere a alínea a) do nº 2 do artigo 103º do Código do Procedimento Administrativo, apenas estará preenchido quando a pronúncia anterior do interessado respeite a todas as questões relevantes para decisão final.

II – A dispensa de audiência, prevista na alínea b) daquele mesmo número 2, pressupõe que se trate de decisão que seja inteiramente favorável ao interessado.

III – A dispensa de audiência deve ser fundamentada, por referência à situação material existente. Sem o que se verifica incumprimento do dever de audiência que impende sobre a Administração e ofensa do artigo 100º do Código do Procedimento Administrativo.

IV – Está insuficientemente fundamentada a deliberação camarária que defere pedido de loteamento sob diversas condições, designadamente a cedência gratuita de parcelas de terreno, sem que dela constem as concretas razões de facto e de direito que motivaram a imposição de tais condições e respectivo alcance.

V – Conforme o disposto nos números 1 e 5 do artigo 16º, do pelo DL 448/91, de 29 de Novembro, o proprietário do terreno, para o qual seja licenciada operação de loteamento e onde sejam necessárias obras de urbanização, cede gratuitamente à câmara municipal parcelas de terreno para espaços verdes públicos e de utilização colectiva, infra-estruturas, designadamente, arruamentos viários e pedonais, e equipamentos públicos, que, de acordo com a operação de loteamento, devam integrar o domino público.

VI – Nesse caso, e de acordo com o número 3 do citado artigo 16, as parcelas de terreno cedidas à câmara municipal integram-se automaticamente no domínio público municipal com a emissão do alvará e não podem ser afectas a fim distinto do nele previsto.

VII – Assim, é ilegal, por violar esse mesmo artigo 16, a deliberação camarária que defere pedido de loteamento de terreno nas circunstâncias indicadas em 2., destinando a «permuta com outros proprietários» algumas das parcelas de terreno cuja cedência exigiu como condição do deferimento, e estabelecendo que «às áreas cedidas pode ser dado qualquer outro fim».

Ac. STA de 25/5/2004, Proc. 16.15/02-12

I – Não está inquinado de invalidade absoluta o acto de classificação de imóvel como de interesse concelhio contido em PDM regularmente aprovado pela Assembleia Municipal.

II – O ponto de vista relevante para avaliar a suficiência do conteúdo da fundamentação é o da compreensibilidade do destinatário médio, colocado na situação concreta, devendo dar-se por cumprido o dever legal se a motivação contextualmente externada permitir àquele entender as razões de facto e de direito que determinaram o autor do acto a agir e/ou a escolher a medida adoptada.

III – Ocorrendo uma situação objectiva de urgência, nos termos do art. 103º, nº 1 do CPA, não há lugar a audiência prévia.

Ac. STA de 17/5/2005, Proc. 975/03-12

I – Os vícios de que o acto potencialmente possa sofrer têm de ser invocados na petição de recurso, apenas o podendo ser nas alegações finais quando só após a resposta/contestação da entidade recorrida e junção do respectivo procedimento administrativo vierem ao conhecimento do recorrente.

II – Só há que conhecer dos vícios invocados na petição de recurso e mantidos pelo recorrente nas alegações finais.

III – Um acto administrativo encontra-se devidamente fundamentado quando um seu destinatário médio ficou em condições de saber porque se decidiu naquele sentido e não noutro qualquer.

IV – A urgência da decisão tem que ser objectivamente urgente e, além disso, que o órgão que vai proferir a decisão sem audiência do interessado fundamente nos autos essa urgência mas, pode, também, tal urgência ser determinada por disposição legal.

V – Na actuação administrativa deve existir uma proporção equilibrada entre os meios empregados e o fim que se pretende atingir, devendo esta proporcionalidade verificar-se entre o fim da lei e o fim do acto, entre o fim da lei e os meios escolhidos para atingir tal fim e entre as circunstâncias de facto que dão causa ao acto e as medidas tomadas.

Ac. do STA de 14 de maio 2014, Processo 01491/13, 2ª Secção
Audição Prévia – Dispensa de Audição

I – O mero pedido de liquidação de IMT pelo contribuinte não pode, em princípio, ter o alcance de apresentação da declaração tributária para efeitos de dispensa da audição prévia antes da liquidação imposta pelo artigo 60 da LGT.

II – O mero pedido de liquidação entendido como impulso tem como efeito directo dar início ao procedimento da liquidação

III – A dispensa ilegal do direito da audição prévia antes da liquidação constitui preterição de formalidade essencial susceptível de invalidar o acto final da liquidação.

IV – Demonstrando-se, como no caso dos autos, que quer houvesse audição prévia do contribuinte ou tal formalidade fosse dispensada tal facto não alterava, face à natureza do imposto, a decisão tomada essa formalidade degradou-se em formalidade não essencial e com tal não é motivo da sua invalidade.

Deferido tacitamente o apoio judiciário na modalidade da dispensa da taxa de justiça os efeitos decorrentes do deferimento tácito cessam com a notificação do despacho que indefere expressamente o pedido de apoio.

II – Não tendo a petição inicial apresentada antes da vigência do novo CPC sido rejeitada pela secretaria face ao indeferimento do pedido de apoio judiciário deve o oponente ser notificado nos termos do preceituado no artigo 486/3 do CPC anterior para efectuar o pagamento da taxa de justiça devida sob pena de absolvição da instância da Fazenda Pública.

Ac. do STA de 8 de maio de 2013, Processo 0575/13, 2ª Secção
Audiência Prévia

Os elementos novos suscitados em sede de direito de audição são obrigatoriamente levados em conta na fundamentação da decisão (nº 7 do art. 60º da LGT).

Se, apesar de a audição prévia não ser legalmente imposta, a AT procedeu a tal diligência, então impõe-se-lhe que cumpra integralmente as regras prescritas para tal procedimento.

Ac. do STA de 8 de outubro de 2014, Processo 0114/11, 2ª Secção
Audiência do Interessado

(...)

III – A revisão oficiosa a favor do contribuinte não dispensa que a este seja facultado o exercício do direito de participação, a menos que da decisão resulte que não há montante algum a pagar nem qualquer outro prejuízo para o contribuinte (cfr. art. 60º, nº 2, da LGT).

Ac. STA de 29/06/2006, Prc. 0816/05

I – O direito de audiência – consagrado no art. 100º do CPA – constitui uma importante manifestação do princípio do contraditório pois que, dessa forma, não só se possibilita o confronto dos pontos de vista da Administração como os do Administrado como também se permite que este requeira a produção de novas provas que invalidem, ou pelo menos ponham em causa, os caminhos que a Administração intenta percorrer.

II – E, porque assim, e porque a mesma constituiu uma formalidade essencial a violação da referida norma procedimental ou a sua incorrecta realização tem como consequência normal a ilegalidade do próprio acto final e a sua consequente anulabilidade.

III – Todavia, nem sempre assim acontece pois, em certos casos, a lei dispensa o seu cumprimento (vd. art. 103º do CPA) e, noutros, a mesma pode degradar-se em formalidade não essencial e, portanto, ser omitida sem que daí resulte ilegalidade determinante da anulação do acto.

IV – Tal acontecerá, por exemplo, quando haja urgência na decisão a tomar (art. 103/1/a) do CPA) e nos casos em que, estando em causa uma actividade vinculada, o Tribunal concluir que a decisão não poderá ser outra que não a decisão efectivamente tomada.

V – A situação de urgência que justifica a não audiência dos interessados, nos termos da alínea a), do nº 1, do art. 103º do C.P.A. tem natureza excepcional, só ocorrendo quando haja de prosseguir determinada finalidade pública em que o factor tempo se apresente como elemento determinante e constitutivo e seja impossível ou, pelo menos, muito difícil, cumpri-la através da observância dos procedimentos normais.

VI – Ocorre uma situação desse tipo quando, com toda a verosimilhança e segundo as regras da experiência comum, se puder antecipar que, se a decisão não for tomada com rapidez, a situação irá, muito previsivelmente, evoluir numa certa direcção, que a mesma irá causar prejuízos ao interesse público e que estes são impossíveis de reparar ou de muito difícil reparação.

Ac. STA de 14/04/2005, Prc. 047310

I – Uma vez que a resolução de requerer a declaração de utilidade pública da expropriação constitui o primeiro passo do procedimento expropriativo, com a notificação dessa resolução ao expropriando fica satisfeita a exigência legal do conhecimento pelo interessado directo do início do processo, nos termos do art. 10º, nº 5, do Código das Expropriações aprovado pelo DL nº 168/99,de 18/09.

II – No processo expropriativo, por ser especial e ter carácter de urgência, não há lugar ao cumprimento do art. 100º do CPA, no tocante à audiência dos interessados, face ao disposto no art. 103º do CPA.

III – Os planos sectoriais, não visando directamente o ordenamento do território, são instrumentos de gestão de incidência territorial que desenvolvem e concretizam as políticas e directrizes definidas no programa nacional da política do ordenamento do território.

IV – As políticas de ordenamento territorial pautam-se pelos princípios da articulação e da compatibilidade entre os diversos planos, sendo que os planos sectoriais têm uma força vinculante superior à dos planos municipais, como os PDMs, obrigando-os a se adaptarem àqueles, segundo o princípio da hierarquia.

V – Os planos regionais de ordenamento do território (PROT) e os planos sectoriais de âmbito nacional com incidência espacial estão em primeiro lugar na salvaguarda dos respectivos interesses públicos a defender, como seja o caso da implementação de redes viárias nacionais (art. 16º do RJIGT: DL nº 380/99, de 22/09, alterado pelo DL nº 310/2003, de 10/12).

VI – O facto de um PDM não prever para determinada área a construção de infra-estruturas, tais como auto-estradas, e, pelo contrário, estabelecer a proibição de vias de comunicação, salvo caminhos municipais e vicinais, não significa que aquelas não venham a ser previstas em planos sectoriais posteriores, como é o caso do Plano Rodoviário Nacional.

VII – Se um PROT estabelecer uma zona imperativa de protecção aos sistemas aquíferos, ela ficará necessariamente afecta a um fim dominante ao qual todos os outros se subordinam e na qual fica proibido o desenvolvimento e a realização de obras ou acções que causem deterioração do meio ambiente, designadamente obras de que resulte a impermeabilidade de grandes superfícies de solo.

VIII – O PROT situa-se a um nível imediatamente superior ao do plano sectorial, nos termos dos arts. 10º, nº 2, al. c), da Lei nº 48/98, de 11/08, e 23º, nº 4, do DL nº 380/99, de 22/09.

IX – De acordo com o nº 5 da Base XXI da concessão de auto-estradas à ..., os traçados das auto-estradas deverão compatibilizar-se com as normas e princípios constantes dos planos regionais, especiais e municipais de ordenamento do território, bem como respeitar o consignado para as áreas abrangidas pelo regime das reservas agrícolas e ecológicas nacionais (RAN e REN).

X – O acto administrativo que afronte não só as normas que obrigam à apontada compatibilização, como as que proíbem a construção de auto-estradas em zona imperativa de protecção do aquífero é nulo, nos termos do art. 103º do DL nº 380/99.

Artigo 125º – Diligências complementares

Após a audiência, podem ser efetuadas, oficiosamente ou a pedido dos interessados, as diligências complementares que se mostrem convenientes.

ANOTAÇÃO:

Corresponde ao art. 104º da versão anterior ao CPA.

O legislador optou, a nosso ver bem, por não fazer qualquer elenco ainda que exemplificativo, das razões que possam justificar o pedido de diligências complementares.

No limite, a diligência complementar pode implicar nova audiência que, a ocorrer, seguirá todos os trâmites e formalismos previstos para a primeira audiência.

O instrutor pode efetuar oficiosamente diligências complementares ou realizá-las a pedido do interessado. Em caso de recusa ao pedido do interessado, o instrutor tem de fundamentar, no relatório, a não realização das diligências complementares requeridas, justificando a inconveniência da sua realização.

SECÇÃO V - Da decisão e outras causas de extinção do procedimento

Artigo 126º – Relatório do responsável pela direção do procedimento

Quando o responsável pela direção do procedimento não for o órgão competente para a decisão final, elabora um relatório no qual indica o pedido do interessado, resume o conteúdo do procedimento, incluindo a fundamentação da dispensa da audiência dos interessados, quando esta não tiver ocorrido, e formula uma proposta de decisão, sintetizando as razões de facto e de direito que a justificam.

ANOTAÇÃO:

Corresponde ao art. 105º da versão anterior ao CPA.

Este artigo começa por estipular que «quando o responsável pela direção do procedimento não for o órgão competente para a decisão final», ou seja, abre a possibilidade, por argumento *a contrário*, de o órgão competente para a decisão final ser também o responsável pela direção do procedimento, entrando em contradição com o disposto no art. 55º, nº 2 que determina imperativamente que «o órgão competente para a decisão final **delega** em inferior hierárquico seu, o poder de direção do procedimento» impondo, inquestionavelmente, um verdadeiro **dever de delegação**.

Nos termos do presente artigo quando o titular do órgão com competência para a decisão é diverso do responsável pela direção do procedimento, o relatório deste assume particular relevância.

Do relatório deve constar:

- O pedido do interessado.
- O resumo do conteúdo do procedimento.
- A fundamentação da dispensa da audiência (se tiver sido o caso).
- A elaboração de proposta de decisão da qual constem as razões de facto e de direito que a sustentam.

Se o órgão com competência para a decisão, decidir em sentido favorável ao interessado mas em desacordo com a proposta do instrutor, fundamentará a decisão nos termos previstos na alínea *c)* do nº 1 do artigo 152º. Esta exigência de fundamentação não está sujeita, pelo menos de forma tão rigorosa, como a que é exigida pelo art. 268º, nº 3 da CRP, dado que não são afetados em sentido negativo os direitos e interesses legalmente protegidos do cidadão. Por argumento *a contrario* carecem de especial fundamentação as decisões que afetem negativamente os referidos direitos e interesses. A fundamentação da decisão fará necessariamente referência à audiência, bem como aos elementos carreados pelo interessado, e ainda, a ponderação feita sobre estes.

REFERÊNCIAS BIBLIOGRÁFICAS:

Gomes Canotilho e Vital Moreira, *Constituição da República Portuguesa Anotada*, 1993, pág. 936 e segs.

Vieira de Andrade, *O Dever de Fundamentação Expressa dos Actos Administrativos*, 1990, pág. 53 e segs.

Antunes Varela e outros, *Manual de Processo Civil*, Coimbra Editora, 2.ª ed., 1985, pág. 687 e segs.

Alberto dos Reis, *Código de Processo Civil Anotado*, Coimbra Editora, 1984, Vol. V, pág. 139 e segs.

Marcelo Caetano, *Manual de Direito Administrativo*, Vol. I, Almedina, 1991, pág. 477 e segs.

Freitas Do Amaral, *Curso de Direito Administrativo*, Vol. II, Almedina 2001, pág. 352 e segs..

Pinto Fernandes e Nuno Pinto Fernandes, *CIMSISSD*, Anotado e Comentado 4.ª Ed. Rei dos Livros, 1997, pág. 657.

Artigo 127º – Decisão do procedimento

Salvo se outra coisa resultar da lei ou da natureza das relações a estabelecer, o procedimento pode terminar pela prática de um ato administrativo ou pela celebração de um contrato.

ANOTAÇÃO:

O procedimento é passível de ser concluído através de um ato administrativo ou através da celebração de um contrato, salvo se o contrário resultar da lei ou das relações a estabelecer. Isto é, o procedimento pode terminar com a tomada de decisão que põe fim ao procedimento propriamente dito (não significando, no entanto que o procedimento tenha terminado em absoluto, já que, se existirem, prosseguirão outros atos, tais como os integrativos da respetiva eficácia, tais como despesas a saldar ou taxas a liquidar), como pode terminar, também, por via da lei como são exemplo as situações de deserção, de inutilidade superveniente e da desistência ou da renúncia por parte do interessado.

Artigo 128º – Prazos para a decisão dos procedimentos(*)

1 – Os procedimentos de iniciativa particular devem ser decididos no prazo de 60 dias, salvo se outro prazo decorrer da lei, podendo o prazo, em circunstâncias excecionais devidamente fundamentadas, ser prorrogado pelo responsável pela direção do procedimento, por um ou mais períodos, até ao limite máximo de 90 dias, mediante autorização do órgão competente para a decisão final, quando as duas funções não coincidam no mesmo órgão.

2 – A decisão de prorrogação referida no número anterior é notificada ao interessado pelo responsável pela direção do procedimento.

3 – O prazo referido no nº 1 conta-se, na falta de disposição especial, da data de entrada do requerimento ou petição no serviço competente, salvo quando a lei imponha formalidades especiais para a fase preparatória da decisão e fixe prazo para a respetiva conclusão.

4 – No caso previsto na parte final do número anterior, o prazo conta-se do termo do prazo fixado para a conclusão daquelas formalidades.

5 – Para eventual apuramento de responsabilidade disciplinar, a inobservância dos prazos referidos nos números anteriores deve ser justificada pelo órgão responsável dentro dos 10 dias seguintes ao termo dos mesmos prazos.

6 – Os procedimentos de iniciativa oficiosa, passíveis de conduzir à emissão de uma decisão com efeitos desfavoráveis para os interessados caducam, na ausência de decisão, no prazo de 120 dias.

ANOTAÇÃO:

Corresponde ao art. 58º do anterior CPA.

O prazo de 90 dias para a conclusão do procedimento de iniciativa particular pode ser afastado por lei ou, em circunstâncias excecionais, ser prorrogado pelo responsável pela direção do procedimento, por um ou mais períodos, até ao limite máximo de 90 dias, mediante autorização do órgão competente para a decisão final, quando as duas funções não coincidam no mesmo órgão.

(*) A redação do presente artigo foi alterada pelo artigo 8º da Lei nº 72/2020, de 16 de Novembro, que veio estabelecer um regime transitório de simplificação de procedimentos administrativos e alterar o Código do Procedimento Administrativo.

O nº 2 do artigo 11º da mesma Lei veio estipular um regime transitório determinando que a nova redação aplica-se aos procedimentos administrativos que se iniciem após 1 de Dezembro de 2020.

Da nova redação do nº 1 resulta, em conjugação com o disposto no artigo 130º que é de 90 dias o prazo de formação do ato tácito. Como veremos, o prazo geral para a decisão final é distinto da contagem do prazo, improrrogável, para a formação do ato tácito. O prazo, aqui em análise, é o da decisão final que, como foi dito, é distinto de todos os atos procedimentais intermédios que se regem pela regra geral do art. 86º

Apesar de a prorrogação do prazo geral para a decisão não influir na contagem do prazo para a formação do ato tácito de procedimento intercalar, essa prorrogação é sempre notificada ao(s) interessado(s), conforme determina o nº 2.

O legislador vem, ex novo, através do nº 3, determinar que a contagem do prazo previsto no nº 1 se faz a partir da data de entrada do requerimento ou petição no serviço competente, salvo estipulação legal em sentido diverso que imponha formalidades especiais para a fase preparatória da decisão e fixe prazo para a respetiva conclusão.

O nº 5 vem condicionar os procedimentos de iniciativa oficiosa passíveis de conduzir a uma decisão desfavorável para os interessados determinando a sua caducidade caso se verifique a ausência de decisão no prazo de 180 dias.

Por fim, o nº 6 vem contribuir para o exercício mais eficaz do poder de direção.

Artigo 129º – Incumprimento do dever de decisão

Sem prejuízo do disposto no nº 2 do artigo 13º e no artigo seguinte, a falta, no prazo legal, de decisão final sobre pretensão dirigida a órgão administrativo competente constitui incumprimento do dever de decisão, conferindo ao interessado a possibilidade de utilizar os meios de tutela administrativa e jurisdicional adequados.

ANOTAÇÃO:

Este artigo, que é novo, merece a nossa concordância, pois vem dar um contributo significativo (que supostamente seria desnecessário) quanto ao dever de decidir. Decidir, para quem tem esse dever como tarefa, não pode ser considerado como uma prorrogativa, tipo *ancien régime,* pois constitui um verdadeiro ónus de função. Este preceito tem ainda o mérito de estatuir que, quem está obrigado a decidir e não o faz, pratica uma infração por «incumprimento do dever de decisão», com inevitáveis consequências disciplinares para o seu agente. Assim, nestes termos o particular pode beneficiar do deferimento tácito da sua pretensão (art. 130º, nº 2 e nº 4) ou intentar recurso hierárquico quando haja falta de decisão final (cfr arts. 195º, nº 5, 197º, nº 4 e 198º, nº 4) ou pode, caso o recurso não seja "necessário" recorrer judicialmente.

A falta de decisão dentro do prazo gera, apenas, o direito do interessado de socorrer-se dos meios de tutela ao seu dispor, na circunstância, a ação de condenação à prática do ato administrativo devido, dado que o legislador pôs termo ao ato tácito de indeferimento, inclusivamente nas situações em que se verifique o esgotamento do prazo para decisão por parte do superior hierárquico, nas situações de recurso hierárquico necessário, já que o órgão competente para decidir o recurso pode praticar o ato, substituindo o órgão omisso, nos termos do nº 4 do art. 197º. O ato contenciosamente impugnável é o do subalterno e não o do superior hierárquico, conforme resulta do nº 4 do art. 198º.

Artigo 130º – Atos tácitos

1 – Existe deferimento tácito quando a lei ou regulamento determine que a ausência de notificação da decisão final sobre pretensão dirigida a órgão competente dentro do prazo legal tem o valor de deferimento.

2 – Considera-se que há deferimento tácito se a notificação do ato não for expedida até ao primeiro dia útil seguinte ao termo do prazo da decisão.

3 – O prazo legal de produção de deferimento tácito suspende-se se o procedimento estiver parado por motivo imputável ao interessado e só se interrompe com a notificação de decisão expressa.

4 – Quando a prática de um ato administrativo dependa de autorização prévia ou um ato esteja sujeito à aprovação de um órgão da Administração Pública ou de outra entidade no exercício de poderes públicos, prescinde-se da autorização prévia ou da aprovação desde que o órgão que as solicitou tenha interpelado o órgão competente para as emitir.

5 – A interpelação a que se refere o número anterior deve ser efetuada decorridos 10 dias, a contar do termo do prazo para a autorização ou aprovação, devendo o órgão competente, nesse caso, emiti-las no prazo de 20 dias.

ANOTAÇÃO:

A presente redação difere, substancialmente, da redação do correspondente artigo na versão anterior do Código, sob a epígrafe "diferimento tácito". Ao mesmo tempo é revogada a disposição que tratava do indeferimento tácito.

O nº 2 vem determinar que há deferimento tácito se a notificação do ato não for expedida até ao primeiro dia útil seguinte ao termo do prazo para decisão. Ou seja, o ato tácito resulta da ausência de notificação do interessado, no prazo legal da decisão expressa.

De notar que, o que releva é a data da expedição e não a data de receção da notificação.

A ausência da notificação da decisão pode decorrer de ato positivo ou negativo, isto é, pode decorrer da ausência da notificação de decisão tomada ou ao silêncio da Administração.

O nº 3 corresponde, com as devidas adaptações, ao disposto no nº 4 do artigo correspondente na versão anterior do Código.

O preceito em anotação inova, também, por via do disposto no nº 4 quando determina que se considera concedida a autorização para a prática de ato administrativo que dependa de autorização prévia e a decisão não tenha sido proferida dentro do prazo legal.

Assim, podemos constatar a **significativa redução da amplitude do deferimento tácito** que ficou reduzida aos casos expressamente previstos em **lei ou regulamento**, sendo que, quando estes comandos legais o **estabeleçam expressamente,** a ausência de notificação da decisão final sobre o pedido dirigido a órgão competente, dentro do prazo legal, dará lugar a deferimento automático. De realçar que, neste caso, só estaremos perante um ato tácito se a notificação do ato **não for** expedida até ao primeiro dia útil seguinte ao termo do prazo da decisão.

Da conjugação do anterior e do presente artigo resulta, claramente, a alteração significativa do silêncio administrativo, no qual a falta de decisão dentro do prazo acarreta o incumprimento do dever de decidir. Nesta circunstância, é concedido ao particular o poder de socorrer-se dos meios de tutela administrativa e jurisdicional.

Nos termos do presente artigo considera-se deferido tacitamente o requerido relativamente a situações previstas em legislação especial ou regulamentar. Acresce que, se a prática do ato depender de autorização prévia ou aprovação, considera-se tacitamente deferido, se estas não forem expressamente dadas. No entanto, neste caso, o nº 4 impõe a prévia interpelação ao órgão competente para as emitir, a ser levada a cabo pelo órgão que as solicita. Daqui parece resultar que este preceito só procederá entre órgãos administrativos.

JURISPRUDÊNCIA:

Ac. do STA de 7 de setembro de 2010, Processo 0224/10, 2ª Subsecção

Licenciamento de Obras – Intimação para Emissão de Alvará – Deferimento Tácito

I – O deferimento expresso ou tácito do pedido de licenciamento de obras é requisito do deferimento do pedido de intimação judicial para emissão de alvará.

II – Improcede o pedido de intimação, sempre que o acto tácito, de deferimento do pedido de licenciamento em causa, tiver sido revogado por acto expresso posterior a que não seja atribuída ilegalidade geradora de nulidade.

III – Não obsta a tal conclusão, a circunstância de o acto expresso revogatório ter sido proferido na pendência do processo de intimação, uma vez que este acto superveniente deve ser valorado na apreciação do mérito da intimação, de acordo com o previsto no art. 663º do C. P. Civil.

Ac. do STA de 10 de fevereiro de 2010, Processo 01045/9, 2ª Subsecção

Deferimento Tácito – Fundamentação do Acto Administrativo – Licenciamento – Direito de Audição – Audiência do Interessado

I – Por força do disposto no nº 5 do art. 112º da CRP, em que se estabelece que «nenhuma lei pode criar outras categorias de actos legislativos ou conferir a actos de outra natureza o poder de, com eficácia externa», o que é estabelecido num diploma com valor legislativo não pode ser afastado por uma norma regulamentar autárquica.

II – Por isso, resultando do disposto no art. 6º, nº 8, do DL nº 11/2003, de 18 de Janeiro, que o presidente da câmara municipal deve decidir os pedidos de instalação infra-estruturas de suporte das estações de radiocomunicações no prazo de 30 dias a contar da data de recepção do pedido e estabelecendo o art. 80º, nº 1, do CPA que o registo de requerimentos se faça na data da sua apresentação aos serviços, não pode, por efeito de uma norma que prevê o pagamento de taxas autárquicas, contar-se aquele prazo apenas a partir da data do pagamento destas nem fazer-se depender o registo do requerimento do pagamento das mesmas.

III – Assim, a falta de decisão no prazo referido implica, nos termos do art. 8º do mesmo diploma e do art. 108º, nº 1, do CPA, deferimento tácito do pedido, podendo o requerente iniciar a colocação das infra-estruturas de suporte das estações de radiocomunicações, mediante a entrega prévia de requerimento em que solicite a emissão da guia de pagamento das taxas devidas.

IV – De harmonia com o disposto no nº 1 do art. 9º do DL nº 11/2003, o direito de audiência deve ser assegurado, nos termos aí especialmente previstos, de forma adequada a procurar atingir o objectivo de criação das condições de minimização do impacte visual e ambiental que possam levar ao deferimento do pedido.

V – A fundamentação do acto administrativo é um conceito relativo que varia conforme o tipo de acto e as circunstâncias do caso concreto, mas só é suficiente quando permite a um destinatário normal aperceber-se do itinerário cognoscitivo e valorativo seguido pelo autor do acto para proferir a decisão, isto é, quando aquele possa conhecer as razões por que o autor do acto decidiu como decidiu e não de forma diferente, de forma a poder desencadear dos mecanismos administrativos ou contenciosos de impugnação.

VI – Não pode considerar-se como fundamentação suficiente a que justifica o indeferimento de um pedido de instalação de infra-estrutura de estação de radiocomunicações «por não inserção na paisagem urbana, tanto prevista como edificada».

Artigo 131º – Desistência e renúncia

1 – Os interessados podem, mediante requerimento escrito, desistir do procedimento ou de alguns dos pedidos formulados, bem como renunciar aos seus direitos ou interesses legalmente protegidos, salvo nos casos previstos na lei.

2 – A desistência ou renúncia dos interessados não prejudica a continuação do procedimento, se a Administração entender que o interesse público assim o exige.

ANOTAÇÃO:

Corresponde ao art. 110º do anterior CPA.

Este preceito reproduz, na íntegra, a redação do correspondente artigo na versão anterior do Código. A *ratio* desta norma funda-se na prevalência dada ao particular em termos de continuidade, total ou parcial, da iniciativa por si requerida, permitindo-lhe renunciar aos seus direitos disponíveis.

A administração é obrigada a acatar o pedido de desistência do interessado, exceto se para a sua continuidade concorrerem razões de interesse público.

Sobre a desistência, cfr. Ac. STA 10 de Março de 2005 no âmbito do processo nº 46862/00-13.

Artigo 132º – Deserção

1 – É declarado deserto o procedimento que, por causa imputável ao interessado, esteja parado por mais de seis meses, salvo se houver interesse público na decisão do procedimento.

2 – A deserção não extingue o direito que o particular pretendia fazer valer.

ANOTAÇÃO:

Corresponde ao art. 111º do anterior CPA.

O presente artigo vem impelir o interessado à intervenção, sob pena de ser declarada a deserção se, por causa imputável ao mesmo, o processo estiver parado por mais de 6 meses, salvo nos casos em que, concomitantemente, se verifique a existência de interesse público na decisão do procedimento (nº 1).

A declaração de deserção é um ato administrativo procedimental com efeitos jurídicos constitutivos, proferido pelo responsável pela direção do procedimento, sendo aplicável a todos os procedimentos administrativos, excepto aos oficiosos.

A Administração, no entanto, só pode declarar o procedimento deserto se o interessado não observar as formalidades procedimentais a que está obrigado, normalmente no prazo de 10 dias nos termos do art. 86º, nº 2, durante, pelo menos, 6 meses. Verifica-se, assim, a presunção da falta de interesse e/ou inércia por parte do particular quando as informações, documentos ou atos que lhe foram solicitados sejam necessários à apreciação do pedido por ele formulado, não devendo ser dado seguimento ao procedimento, disso se notificando o particular nos termos previstos no art. 119º, nº 3.

O nº 2 vem garantir que se mantém o direito do particular, mesmo depois de declarada a deserção. Este comando legal faz todo o sentido, na medida em que, o interessado, por qualquer motivo (ausência ou doença impeditivas), pode deixar de intervir no procedimento contra sua vontade. Não faria, pois, qualquer sentido que o interessado viesse a ser penalizado, de forma tão gravosa, como seria no caso da perda do direito, apenas porque deixou de intervir por período superior a 6 meses.

Em todo o caso, se o interessado pretender, de novo, exercer o seu direito terá que efetuar requerimento com vista a ser aberto novo procedimento.

Artigo 133º – Falta de pagamento de taxas ou despesas

1 – O procedimento extingue-se pela falta de pagamento, no prazo devido, de quaisquer taxas ou despesas de que a lei faça depender a realização dos atos procedimentais, salvo nos casos previstos no nº 2 do artigo 15º.

2 – Os interessados podem obstar à extinção do procedimento se realizarem o pagamento em dobro da quantia em falta nos 10 dias seguintes ao termo do prazo fixado para o seu pagamento.

ANOTAÇÃO:

Corresponde ao art. 113º do anterior CPA.

Este artigo reproduz, com as devidas adaptações, a redação do artigo correspondente na versão anterior do código.

Salvo nos casos de comprovada insuficiência económica, regulados no artigo 15º, nº 2, os procedimentos extinguem-se, faltando o pagamento no prazo devido. No entanto, a extinção opera, apenas, se a falta de pagamento disser respeito a taxas ou despesas de que, a lei, faça depender a realização de atos procedimentais e não em quaisquer outros casos (nº 1). A falta de pagamento é a única forma de extinção do procedimento que não requer uma declaração administrativa nesse sentido, isto é, uma declaração de extinção. É uma consequência automática que, nem sequer obriga a Administração a notificar o interessado para o pagamento, ainda que a Administração tenha interesse no prosseguimento do procedimento. Essa notificação, a existir, levaria, cremos, a que o interessado viesse a pagar, voluntariamente, em grande parte das situações em que a falta de pagamento ocorre por esquecimento ou "desleixo".

O nº 2 determina que, se o interessado realizar o pagamento em dobro, da quantia em falta, nos 10 dias seguintes ao termo do prazo fixado para o seu pagamento, evitará a extinção do procedimento.

Em todo o caso, se o interessado não quiser ou não puder usar da prerrogativa que lhe é concedida, embora sob sanção pecuniária, manifestamente exagerada (pagamento em dobro), poderá em alternativa requerer novo procedimento.

No entanto, parte da doutrina inclina-se no sentido de que neste caso será aplicável o disposto no artigo 13º, nº 2, pelo que, o interessado terá que esperar dois anos até solicitar, de novo, o procedimento. Discordamos de tal entendimento pois, verdadeiramente, com a extinção por falta de pagamento não chegou a verificar-se uma decisão sobre o objeto do procedimento, pelo que, consideramos como não aplicável a este caso o disposto no referido artigo 13º, nº 2.

Dentro dos princípios da Justiça e da Razoabilidade, consagrados no art. 8º, podemos incluir os casos de justo impedimento por facto não previsível e não culposo, portanto, independente da vontade do obrigado ao cumprimento, em que este poderá requer o pagamento fora do prazo, impendendo sobre ele o ónus de fazer prova desse impedimento, dentro dos prazos fixados no código de Processo Civil, como aliás ocorre relativamente a todos os prazos peremptórios.

SECÇÃO VI – Comunicações prévias

Artigo 134º – Regime

1 – A lei pode prever que a produção de determinados efeitos jurídico-administrativos e o seu aproveitamento pelo interessado não dependa da emissão de um ato administrativo procedimentalizado, mas resulte, de forma imediata, da mera comunicação prévia pelo interessado do preenchimento dos correspondentes pressupostos legais e regulamentares.

2 – A lei também pode estabelecer um regime de comunicação prévia com prazo, determinando que a comunicação prévia do interessado só produza os efeitos visados se o órgão competente não se pronunciar em sentido contrário dentro de determinado prazo.

3 – Nas situações de comunicação prévia com prazo, a ausência de pronúncia do órgão competente não dá origem a um ato de deferimento tácito, mas habilita o interessado a desenvolver a atividade pretendida, sem prejuízo dos poderes de fiscalização da Administração e da possibilidade de esta utilizar os meios adequados à defesa da legalidade.

ANOTAÇÃO:

Este artigo é inteiramente novo e vem estabelecer um regime-regra que determina que a lei pode prever que um particular para começar a exercer determinada atividade não careça de autorização, bastando, para tal, fazer uma *comunicação prévia*. No entanto, o legislador teve, também, em consideração certas atividades, que dada a sua natureza especialmente perigosa o ou particularmente sensível, não poderem ser livremente exercidas, ou seja, livremente iniciadas por mera decisão do interessado. Daí prever-se que, certas atividades só possam vir a ser exercidas após uma verificação "preventiva".

Em suma, este artigo prevê ainda que, *ex vi legis,* seja admitida a **produção de efeitos jurídico-administrativos** e o seu aproveitamento pelo interessado **não dependa de um ato administrativo procedimentalizado**, mas que, ao invés, pode resultar, de forma imediata, da mera comunicação, por parte do interessado, que venha arguir o preenchimento dos respetivos pressupostos legais e regulamentares (nº 1).

Por outro lado, a lei pode prever a **comunicação prévia, com prazo**, estabelecendo que a comunicação prévia feita pelo interessado, só produza efeitos se o órgão competente para a decisão não se tenha pronunciado em sentido contrário, dentro do prazo que for estipulado (nº 2).

Quando ocorra a comunicação prévia, com prazo, e o órgão competente não se tenha pronunciado durante a vigência deste, tal **não importa o deferimento tácito, no entanto permite ao interessado desenvolver a atividade pretendida.** Tal consequência jurídica não prejudica os poderes de fiscalização da administração e a possibilidade de esta poder utilizar os meios adequados à defesa da legalidade, a todo o tempo.

PARTE IV – DA ATIVIDADE ADMINISTRATIVA

CAPÍTULO I – Do regulamento administrativo

SECÇÃO I – Disposições gerais

Artigo 135º – Conceito de regulamento administrativo

Para efeitos do disposto no presente Código, consideram-se regulamentos administrativos as normas jurídicas gerais e abstratas que, no exercício de poderes jurídico-administrativos, visem produzir efeitos jurídicos externos.

ANOTAÇÃO:

O conceito de regulamento administrativo consagrado neste artigo, pela primeira vez, veio preencher uma lacuna do nosso direito administrativo.

O novo conceito administrativo, aqui concretizado, veio ao encontro do consenso, praticamente unânime, da doutrina e da jurisprudência.

O legislador, seguindo a bem acolhida via da simplificação conceptual, definiu os regulamentos administrativos como normas jurídicas gerais e abstratas que, no âmbito dos poderes jurídico-administrativos, visem produzir efeitos jurídicos externos. O conceito de regulamento administrativo abrange, pois, os despachos, normas de execução permanente, circulares, diretivas, etc., com eficácia externa. Quanto a nós, é uma formulação feliz que prima, como referimos, pela simplicidade e rigor conceptual.

De notar que os regulamentos externos, consagrados neste artigo, são os únicos previstos no CPA em relação aos quais vale o princípio da irrevogabilidade singular imposta pelo nº 2 do art. 142º.

Sobre o regulamento interno, Luiz S. Cabral de Mocada expende: «muito embora gere efeitos diretos apenas no interior da Administração acaba por produzir em muitos casos efeitos externos tendo em conta o alcance da autovinculação administrativa que do regulamento resulta. É que, a autovinculação do regulamento significa que ele corporiza uma decisão prévia que vai vincular decisões futuras o que vincula a Administração a um exercício uniforme dos respetivos poderes, pelo que o regulamento, mesmo que interno, condiciona o exercício do poder vinculado e do discricionário da Administração na sua projeção externa sobre a esfera jurídica dos particulares, em geral» (CPA Anotado Coimbra Editora, 2015, p. 472).

Na verdade, não raras vezes, a Administração emana orientações internas violadoras das leis da República (v.g a orientação interna do IEFP que proíbe os partidos políticos de distribuir propaganda eleitoral durante (e fora) das campanhas eleitorais no espaço reservado ao público e salas de espera dos seus serviços desconcentrados). Subscrevemos, novamente "em toda a linha" Luiz S. Cabral de Mocada (ob. cit. pág. 472), quando afirma: «a realidade é que a Administração continua a arrogar-se poderes institucionais próprios para elaborar regulamentos, sem base legal, e sem observar o procedimento exigível sob o pretexto de os respetivos efeitos serem apenas internos e indiferentes a particulares. Ora, isso nem sempre corresponde à realidade, pelo que tais normas devem estar sujeitas ao procedimento regulamentar exigível e ao regime substantivo que lhe cabe».

Artigo 136º – Habilitação legal

1 – A emissão de regulamentos depende sempre de lei habilitante.

2 – Os regulamentos devem indicar expressamente as leis que visam regulamentar ou, no caso de regulamentos independentes, as leis que definem a competência subjetiva e objetiva para a sua emissão.

3 – Para efeitos do disposto no número anterior, consideram-se independentes os regulamentos que visam introduzir uma disciplina jurídica inovadora no âmbito das atribuições das entidades que os emitam.

4 – Embora não tenham natureza regulamentar para efeitos do disposto no presente capítulo, carecem de lei habilitante quaisquer comunicações dos órgãos da Administração Pública que enunciem de modo orientador padrões de conduta na vida em sociedade com, entre outras, as denominações de «diretiva», «recomendação», «instruções», «código de conduta» ou «manual de boas práticas».

ANOTAÇÃO:

Esta norma, também ela nova no nosso ordenamento jurídico-administrativo, vem determinar a habilitação para a emissão dos regulamentos administrativos. De notar, antes de mais, que os regulamentos dependem de habilitação legal prévia (nº 1).

O novo CPA vem exigir, pois, que o regulamento decorra de uma lei habilitante especifica. Ou seja, a exigência em sentido lato constante do nº 7 do art. 112º da CRP não é aplicável aos regulamentos internos, na medida em que estes são mais restritivos dependendo, como dissemos, de lei habilitante específica.

Além dessa exigência, os regulamentos têm de concretizar as leis que visam regulamentar, a não ser que se trate de regulamentos independentes, caso em que devem indicar as leis que definem a competência subjetiva e objetiva para a sua emissão, ou seja, a fonte legitimadora.

O nº 3 vem especificar o que são concretamente regulamentos independentes, que define como sendo aqueles que sem referência imediata ao conteúdo de uma determinada lei anterior, visam introduzir uma disciplina jurídica inovadora no âmbito das atribuições das entidades que os emitam.

Embora não constituindo natureza regulamentar, todas as comunicações dos órgãos da Administração Pública que enunciem de forma orientadora padrões de vida em sociedade com denominações como sejam a «diretiva», «recomendação», «instrução», «código de conduta» ou «manual de boas práticas», carecem de lei habilitante.

JURISPRUDÊNCIA:

Ac. TC. de 5/12/2006, Proc. 666/206

Para melhor compreensão da problemática dos regulamentos transcrevemos o ponto 4 do presente Acórdão do tribunal Constitucional.

4 – Formalidades constitucionais relativas aos regulamentos

Desde a revisão constitucional de 1982, consagraram-se, expressamente, na Lei Fundamental exigências formais a que devem obedecer os regulamentos: a indicação expressa da lei ou leis que visam regulamentar o que atribuem, especificamente, competência (subjectiva e objectiva) para a emissão do regulamento, ou, dito de outro modo, a referência expressa à lei habilitante, e, no que toca aos regulamentos do Governo, a sua sujeição à forma de decreto regulamentar, nas situações constitucionalmente previstas.

O artigo 112º, nº 8 (na versão vigente à data da edição do Despacho) da Constituição da República Portuguesa estipula que "os regulamentos devem indicar expressamente as leis que visam regulamentar ou que definem a competência subjectiva e objectiva para a sua emissão", pelo que o requerente infere, daí, que "o incumprimento do dever constitucional de citação da lei habilitante num regulamento que contém normas com evidente eficácia externa (...) determina a inconstitucionalidade formal de todas as normas nele contidas".

O Tribunal Constitucional tem, sobre esta matéria, uma jurisprudência extensa e clara. Entende o Tribunal, como pode ler-se no Acórdão nº 375/94 (in Acórdãos do Tribunal Constitucional, 28º volume, p. 215), que: "Ao impor o dever de citação da lei habilitante, o que a Constituição pretende é garantir que a subordinação do regulamento à lei (e, assim, a precedência da lei relativamente a toda a actividade administrativa) seja explícita (ostensiva)".

No Acórdão nº 188/00 (in Acórdãos do Tribunal Constitucional, 46º volume, p. 775) explica-se ainda o seguinte: "Tal orientação do Tribunal frisa, portanto, que – conforme se pode ler na norma constitucional que prevê tal exigência –, a indicação da lei que se visa regulamentar ou que define a competência objectiva ou subjectiva para sua emissão há-de ser expressa (questão, esta, da forma de citação que é, como se sabe, diversa da de saber se se devem admitir autorizações legais implícitas para a emissão de regulamento, relativa à forma da autorização legal)".

É por esta razão, e nos termos do Acórdão nº 665/94, que (in Acordãos do Tribunal Constitucional, 29º volume, p. 339): "'ainda que se pudesse identificar, com elevado grau de probabilidade, as normas legais que habilitavam a aprovação do regulamento em causa', 'a verdade é que a inconstitucionalidade formal se mantém, pois a função da exigência da identificação expressa consiste não apenas em disciplinar o uso do poder regulamentar (obrigando o Governo e a Administração a controlarem, em cada caso, a habilitação legal de cada regulamento), mas também em garantir a segurança e a transparência jurídicas, sobretudo à luz da princípiologia do Estado de direito democrático' (cfr. J.J. Gomes Canotilho/Vital Moreira, Constituição da República Portuguesa Anotada, 3ª Ed., Coimbra Editora, 1983, pág. 516)".

No que concerne aos regulamentos do Governo, o art. 112º, nº 7 (na redacção vigente à data da edição do Despacho, agora nº 6) da Constituição dispõe que eles "revestem a forma de decreto regulamentar quando tal seja determinado pela lei que regulamentam, bem como no caso de regulamentos independentes".

A sujeição a esta forma postula que tais regulamentos estejam sujeitos a promulgação do Presidente da República [art. 134º, alínea b)], com a consequente possibilidade de veto (art. 136º, nº 4).

Artigo 137º – Regulamento devido e sua omissão

1 – Quando a adoção de um regulamento seja necessária para dar exequibilidade a ato legislativo carente de regulamentação, o prazo para a emissão do regulamento é, no silêncio da lei, de 90 dias.

2 – Se o regulamento não for emitido no prazo devido, os interessados diretamente prejudicados pela situação de omissão podem requerer a emissão do regulamento ao órgão com competência na matéria, sem prejuízo da possibilidade de recurso à tutela jurisdicional.

ANOTAÇÃO:

Este artigo, que é novo, constitui um importante passo na efetivação dos direitos do cidadão. Na realidade, são inúmeros os casos de leis inúteis que se mantêm anos em vigor, aguardando por regulamentos que, tantas vezes, não chegam a ver "a luz do dia".

O legislador, a par do uso dos meios jurisdicionais, tendencialmente morosos, vem agora dar a possibilidade ao cidadão de requerer a emissão de regulamento sempre que a emissão pretendida não ocorra dentro do prazo, pelo que a emissão de regulamento deverá ocorrer no prazo de 90 dias, quando a lei não estipule prazo algum.

Artigo 138º – Relações entre os regulamentos

1 – Os regulamentos governamentais, no domínio das atribuições concorrentes do Estado, das regiões autónomas e das autarquias locais, prevalecem sobre os regulamentos regionais e autárquicos e das demais entidades dotadas de autonomia regulamentar, salvo se estes configurarem normas especiais.

2 – Os regulamentos municipais prevalecem sobre os regulamentos das freguesias, salvo se estes configurarem normas especiais.

3 – Entre os regulamentos governamentais estabelece-se a seguinte ordem de prevalência:

a) Decretos regulamentares;
b) Resoluções de Conselho de Ministros com conteúdo normativo;
c) Portarias;
d) Despachos.

ANOTAÇÃO:

O nº 1 do presente artigo determina que a prevalência dos regulamentos governamentais, no âmbito das atribuições concorrentes do Estado, das regiões autónomas e das autarquias locais, sobre os regulamentos regionais e autárquicos e outras entidades com autonomia regulamentar, salvo se estes configurarem normas especiais.

O nº 2 vem estipular que os regulamentos municipais prevalecem sobre os regulamentos das freguesias salvo se estes configurarem normas especiais.

O nº 3, por sua vez, vem estipular a prevalência, por esta ordem, dos decretos regulamentares, resoluções do conselho de ministros com conteúdo normativo, portarias e despachos.

SECÇÃO II – Da eficácia do regulamento administrativo

Artigo 139º – Publicação

A produção de efeitos do regulamento depende da respetiva publicação, a fazer no Diário da República, sem prejuízo de tal publicação poder ser feita também na publicação oficial da entidade pública, e na Internet, no sítio institucional da entidade em causa.

ANOTAÇÃO:

Neste preceito, o legislador veio estipular que a produção de efeitos depende da respetiva publicação, a fazer em Diário da República e, cumulativamente, na publicação oficial da entidade e no sitio institucional na internet, da entidade em questão.

A solução legal, a nosso ver, não faz qualquer sentido, sobretudo quando as normas jurídicas em causa, insertas em despachos, normas de execução permanente, circulares, diretivas, etc., com eficácia externa, produzidas por determinado órgão ou serviço da Administração Pública, visam produzir efeitos jurídicos na esfera jurídica dos respetivos trabalhadores, caso em que bastaria a publicação na *Intranet,* no sítio institucional da entidade em causa ou em Ordem de Serviço.

Artigo 140º – Vigência

Os regulamentos entram em vigor na data neles estabelecida ou no quinto dia após a sua publicação.

ANOTAÇÃO:

Neste artigo, o legislador vem estabelecer uma *vacatio* idêntica à da lei quando relativamente à data de entrada em vigor, cujo prazo geral é de 5 dias após a sua publicação (não se contando, para o efeito, o dia em que foi publicado).

Bem se compreende que, o legislador tenha estabelecido, de forma tão lata, a possibilidade dos regulamentos entrarem em vigor na data neles estabelecidos. A entrada em vigor pode ser imediata, por motivos de urgência ou conveniência de interesse público ou particular. Pode também, p.e., em casos de especial complexidade ou por necessidade de adaptações que requeiram um período mais alargado, a entrada em vigor ser protelada por um período relativamente longo.

Artigo 141º – Proibição de eficácia retroativa

1 – Não pode ser atribuída eficácia retroativa aos regulamentos que imponham deveres, encargos, ónus, sujeições ou sanções, que causem prejuízos ou restrinjam direitos ou interesses legalmente protegidos, ou afetem as condições do seu exercício.

2 – Os efeitos dos regulamentos não podem reportar-se a data anterior àquela a que se reporta a lei habilitante.

ANOTAÇÃO:

Em obediência ao princípio constitucional da legalidade do art. 1º da CRP, o presente artigo vem, também ele, estabelecer como princípio-regra a proibição da eficácia retroativa dos regulamentos que imponham deveres, encargos, ónus, sujeições ou sanções, que causem prejuízos ou restrinjam direitos ou interesses legalmente protegidos, ou afetem as condições do seu exercício (cfr. a este propósito o Ac. STA de 29 de Maio 2002, processo 47521). Esta formulação vai, também, ao encontro das imposições constitucionais plasmadas nos artigos 266º, nº 1 e art. 267, nº 4 da CRP.

JURISPRUDÊNCIA:

I – Antes da declaração de inconstitucionalidade, com força obrigatória geral, da alínea a) do nº 7 da Portaria nº 162/76, de 24 de Março, não existia qualquer norma que previsse a formulação da opção pelo serviço activo fora dos momentos indicados no art. 7º do Decreto-Lei nº 43/76, designadamente que a permitisse a qualquer momento, quando o interessado bem entendesse e fora do âmbito de uma «revisão do processo», tal como estava prevista naquela Portaria.

II – Se essa norma não existia antes dessa declaração de inconstitucionalidade, também não passou a existir com ela, pois os efeitos das declarações de inconstitucionalidade com força obrigatória geral, definidos no art. 282º da C.R.P., consistem apenas na eliminação jurídica retroactiva da norma declarada inconstitucional e repristinação de normas que a norma declarada inconstitucional eventualmente tenha revogado, efeitos estes que podem ser restringidos, nos termos do nº 4 do mesmo artigo, mas não ampliados.

III – Não há qualquer norma da Portaria nº 162/76 que contenha uma previsão que apresente similitude com a situação dos DFA que foram automaticamente considerados como tal por serem considerados deficientes ao abrigo do disposto no Decreto-Lei nº 210/73, pelo que não é possível encontrar por via de analogia, regulamentação para o exercício do direito de opção pelo serviço activo deste DFA, no âmbito do Decreto-Lei nº 43/76.

IV – Inexistindo qualquer regulamentação sobre a forma e momento de concretização por estes DFA, no âmbito do Decreto-Lei nº 43/76, do direito de opção pelo serviço activo que lhes é reconhecido no acórdão em que foi declarada a inconstitucionalidade da norma referida, não podia a Administração reconhecer tal direito, pois o princípio da legalidade (previsto no art. 266º, nº 2, da C.R.P. e enunciado no art. 3º do C.P.A.), a que está sujeita a generalidade da actuação da Administração, inclusivamente quando constitutiva, tem um conteúdo positivo, que se traduz em esta só poder fazer o que lhe é permitido pela Constituição e a lei e actos a que estas reconhecem força vinculativa.

V – Por isso, na falta de regulamentação aplicável ao exercício do direito referido, a Administração não podia deferir um requerimento de regresso ao serviço activo em condições que dispensem plena validez, apresentado por um DFA que tinha podido optar pelo serviço activo no âmbito do Decreto-Lei nº 210/73.

A propósito da segurança jurídica transcrevemos a parte essencial do acórdão do STA de 13 de Novembro de 2007:

«I – O princípio do Estado de Direito concretiza-se através de elementos retirados de outros princípios, designadamente, o da segurança jurídica e da proteção da confiança dos cidadãos.

II – Tal princípio encontra-se expressamente consagrado no artigo 2º da CRP e deve ser tido como um princípio politicamente conformado que explicita as valorações fundamentadas do legislador constituinte.

III – Os citados princípios da segurança jurídica e da proteção da confiança assumem-se como princípios classificadores do Estado de Direito Democrático, e que implicam um mínimo de certeza e segurança nos direitos das pessoas e nas expectativas juridicamente criadas a que está imanente uma ideia de proteção da confiança dos cidadãos e da comunidade na ordem jurídica e na atuação do Estado»

Artigo 142º – Aplicação de regulamentos

1 – Os regulamentos podem ser interpretados, modificados e suspensos pelos órgãos competentes para a sua emissão.

2 – Os regulamentos não podem ser derrogados por atos administrativos de caráter individual e concreto.

ANOTAÇÃO:

O nº 1 vem dar ao órgão competente para a emissão do regulamento a possibilidade de os interpretar, suspender ou modificar.

Naturalmente que, no que diz respeito à sua modificação (e nos casos de suspensão que não seja determinada por motivos de urgência), o órgão terá de cumprir a audiência de interessados, nos mesmos termos que lhe foram legalmente impostos para a sua aproximação.

Por sua vez, o nº 2 contém uma cláusula de salvaguarda que impede que os atos administrativos de caráter individual e concreto, ainda que posteriores, derroguem os regulamentos.

SECÇÃO III – Da invalidade do regulamento administrativo

Artigo 143º – Invalidade

1 – São inválidos os regulamentos que sejam desconformes com a Constituição, a lei e os princípios gerais de direito administrativo ou que infrinjam normas de direito internacional ou de direito da União Europeia.

2 – São também inválidos:

a) Os regulamentos que desrespeitem os regulamentos emanados dos órgãos hierarquicamente superiores ou dotados de poderes de superintendência;

b) Os regulamentos que desrespeitem os regulamentos emanados pelo delegante, salvo se a delegação incluir a competência regulamentar;

c) Os regulamentos que desrespeitem os estatutos emanados ao abrigo de autonomia normativa nas quais se funde a competência para a respetiva emissão.

ANOTAÇÃO:

A presente versão do CPA através do presente artigo e daquele que se lhe segue é, verdadeiramente, inovadora, relativamente à questão da invalidade do regulamento administrativo.

O nº 1 começa por acrescentar ao regime de invalidade os regulamentos desconformes ao direito internacional e ao direito da União Europeia que vêm juntar-se ao regime constituído pela constituição da república ou qualquer outra lei nesse sentido.

A alínea *a)* do nº 2 vem estabelecer a invalidade dos regulamentos que violem a cadeia hierárquica ou de superintendência.

Por sua vez, a alínea *b)* do mesmo número estabelece o princípio da prevalência do regulamento emanado pelo delegante, só excecionado se, a delegação, incluir a competência regulamentar.

Por fim, a alínea *c)* estabelece a invalidade dos regulamentos que colidam com os estatutos emanados ao abrigo de autonomia normativa na qual se funde a competência para a respetiva emissão.

Artigo 144º – Regime de invalidade

1 – A invalidade do regulamento pode ser invocada a todo o tempo por qualquer interessado e pode, também a todo o tempo, ser declarada pelos órgãos administrativos competentes, sem prejuízo do disposto no número seguinte.

2 – Os regulamentos que enfermem de ilegalidade formal ou procedimental da qual não resulte a sua inconstitucionalidade só podem ser impugnados ou declarados oficiosamente inválidos pela Administração no prazo de seis meses, a contar da data da respetiva publicação, salvo nos casos de carência absoluta de forma legal ou de preterição de consulta pública exigida por lei.

3 – A declaração administrativa de invalidade produz efeitos desde a data de emissão do regulamento e determina a repristinação das normas que ele haja revogado, salvo quando estas sejam ilegais ou tenham deixado por outro motivo de vigorar, devendo o órgão competente reconhecer o afastamento do efeito repristinatório, quando este se verifique.

4 – A retroatividade da declaração de invalidade não afeta os casos julgados nem os atos administrativos que se tenham tornado inimpugnáveis, salvo, neste último caso, quando se trate de atos desfavoráveis para os destinatários.

ANOTAÇÃO:

O legislador, neste novo regime da invalidade, veio consagrar como regra geral que, a invalidade do regulamento é invocável a todo o tempo, por qualquer interessado, bem como pelos órgãos administrativos competentes.

O nº 2 vem estabelecer o prazo de seis meses, a contar da respetiva publicação, para serem impugnados os regulamentos que enfermem de ilegalidade formal ou procedimental, salvo nos casos de carência absoluta de forma legal ou ausência de consulta pública quando a lei a imponha. Igual prazo é concedido à Administração Pública para declarar oficiosamente inválidos os regulamentos que enfermem dos mesmos vícios formais ou procedimentais.

Neste último caso, os efeitos da declaração retroagem à data de emissão do regulamento, repristinando, automaticamente, as normas que o regulamento declarado oficiosamente inválido, haja revogado (nº 3).

O nº 4 vem salvaguardar, no que concerne à declaração de invalidade, os casos julgados, que não são afetados. A invalidade não afeta igualmente os atos administrativos que se tenham tornado inimpugnáveis a não ser quando se trate de atos desfavoráveis para os destinatários.

SECÇÃO IV – Da caducidade e da revogação

Artigo 145º – Caducidade

1 – Os regulamentos sujeitos a termo ou condição resolutiva caducam com a verificação destes.

2 – Os regulamentos de execução caducam com a revogação das leis que regulamentam, salvo na medida em que sejam compatíveis com a lei nova e enquanto não houver regulamentação desta.

ANOTAÇÃO:

Inovadora é também a consequência agora estatuída no presente artigo quanto à omissão de regulamento de cuja aprovação esteja dependente a aplicação da lei.

O nº 1 estipula a caducidade dos regulamentos sujeitos a termo ou condição assim que estes verifiquem.

O nº 2, por sua vez, vem determinar que a caducidade dos regulamentos de execução quando são revogadas as leis que regulamentam.

No entanto, o legislador vem manter a vigência do regulamento cuja lei que regula é revogada, desde que o regulamento seja compatível com a lei nova, cessando apenas com a publicação de nova regulamentação ou, por maioria de razão, com a publicação de nova lei incompatível.

Artigo 146º – Revogação

1 – Os regulamentos podem ser revogados pelos órgãos competentes para a respetiva emissão, sem prejuízo do disposto nos números seguintes.

2 – Os regulamentos necessários à execução das leis em vigor ou de direito da União Europeia não podem ser objeto de revogação sem que a matéria seja simultaneamente objeto de nova regulamentação.

3 – Em caso de inobservância do disposto no número anterior, consideram-se em vigor, para todos os efeitos, até ao início da vigência do novo regulamento, as normas regulamentares do diploma revogado de que dependa a aplicabilidade da lei exequenda.

4 – Os regulamentos revogatórios devem fazer menção expressa das normas revogadas.

ANOTAÇÃO:

A revogação dos regulamentos administrativos de que trata o presente artigo mereceu especial atenção, e especial destaque, por parte do legislador. No fundo, o legislador veio, consabidamente, procurar corresponder às questões trazidas pela doutrina em torno do regime que vinha consagrado no art. 119º do anterior CPA. Assim, passou a prever-se expressamente que, os regulamentos de execução não podem ser objeto de revogação sem que a matéria seja objeto de nova regulamentação.

Fixou-se, como consequência, que a inobservância desta regra implicará a vigência, de novo, das normas regulamentares do diploma revogado (através do instituto de repristinação), das quais depende a aplicabilidade da lei exequenda.

JURISPRUDÊNCIA:

Ac. STA de 29/3/2006, Proc. 1.105/05-11

A norma do art. 119º do CPA não impõe a retroactividade da revogação de anterior acto normativo de execução, ainda que a mesma tenha por fundamento a ilegalidade do revogado e consagre um regime mais favorável para os particulares. Nesta matéria vale a regra de eficácia para o futuro, semelhante à consagrada, em sede contenciosa, para a declaração de ilegalidade de normas (art. 11º, nºs 1, 2 e 3 do ETAF), cabendo ao poder discricionário da Administração, ponderados todos os interesses envolvidos, atribuir-lhe, ou não, efeitos retroactivos, afectar, em benefício dos destinatários, ou manter intocadas as situações anteriormente constituídas à luz do acto normativo ilegal e consolidadas na ordem jurídica como "casos decididos."

SECÇÃO V – Da impugnação de regulamentos administrativos

Artigo 147º – Reclamações e recursos administrativos

1 – Os interessados têm direito a solicitar a modificação, suspensão, revogação ou declaração de invalidade de regulamentos administrativos diretamente lesivos dos seus direitos ou interesses legalmente protegidos, assim como a reagir contra a omissão ilegal de regulamentos administrativos.

2 – Os direitos reconhecidos no número anterior podem ser exercidos, consoante os casos, mediante reclamação para o autor do regulamento ou recurso para o órgão com competência para o efeito, caso exista.

3 – À impugnação administrativa de regulamentos é aplicável o disposto nos artigos 189º e 190º para a impugnação facultativa de atos administrativos.

ANOTAÇÃO:

Corresponde ao art. 158º do anterior CPA.

Este artigo trata da impugnação de regulamentos administrativos, constituindo, aliás, o único artigo da secção V com o mesmo nome.

O nº 1 concede, ao cidadão interessado, o direito a solicitar a modificação, suspensão, revogação ou declaração de invalidade de regulamentos administrativos que lesem, de forma direta, os seus direitos ou interesses legalmente protegidos.

Os interessados podem, ainda, reagir contra a omissão ilegal de regulamentos administrativos.

De notar que, a omissão ilegal aplica-se à emissão do próprio regulamento administrativo, nos termos do art. 137º, para o qual remetemos, bem como para a respetiva anotação.

De realçar que, a revogação de um ato administrativo elimina, completamente, a sua eficácia, enquanto a modificação mantém os seus efeitos (modificados), e a suspensão, por seu turno, mantém plenamente o ato, suspendendo apenas e, por definição, temporariamente, a produção dos efeitos nele previstos.

O nº 2 trata da declaração e recurso, enquanto o nº 3 regula a impugnação.

CAPÍTULO II – Do ato administrativo

SECÇÃO I – Disposições gerais

Artigo 148º – Conceito de ato administrativo

Para efeitos do disposto no presente Código, consideram-se atos administrativos as decisões que, no exercício de poderes jurídico-administrativos, visem produzir efeitos jurídicos externos numa situação individual e concreta.

ANOTAÇÃO:

Corresponde ao art. 120º do anterior CPA, eliminando da sua definição o elemento orgânico e especificando, na nova versão, que os efeitos jurídicos produzidos, resultantes das decisões emanadas ao abrigo do poder jurídico-administrativos, são externos.

JURISPRUDÊNCIA:

Ac. STA de 29/3/2011, Proc. 956/10

I – A função política traduz-se numa actividade de ordem superior, que tem por conteúdo a direcção suprema e geral do Estado, tendo por objectivos a definição dos fins últimos da comunidade e a coordenação das outras funções à luz desses fins.

II – A função administrativa é o conjunto dos actos de execução de actos legislativos, traduzida na produção de bens e na prestação de serviços destinados a satisfazer necessidades colectivas que, por virtude de prévia opção legislativa, se tenha entendido que incumbem ao poder político do Estado-colectividade.

III – Os actos políticos são os actos dos órgãos superiores do Estado, próprios da função política ou de Governo, relativos à definição dos interesses ou fins primaciais do Estado.

IV – A decisão de celebração ou não celebração de um contrato-programa entre o Estado e um estabelecimento de ensino tem natureza de acto administrativo.

Ac. STA de 21/10/2010, Proc. 713/10

I – A função política consiste na definição e prossecução do interesse geral da colectividade e na correspondente escolha das opções destinadas à melhoria, preservação e desenvolvimento do modelo económico e social escolhido, por forma a que os cidadãos se possam sentir seguros e possam alcançar os bens materiais e espirituais que o mesmo é susceptível de lhes proporcionar.

II – A actividade administrativa funciona a jusante da função política revestindo, no essencial, natureza executiva e complementar visto se destinar a pôr em prática as orientações gerais traçadas pela política com vista a assegurar em concreto a satisfação necessidades colectivas de segurança e de bem estar das pessoas.

III – Deste modo, e porque o Governo tem competências política e administrativa e porque esta última se materializa em actos administrativos que podem estar inclusos em diploma legislativo – pese embora não ser essa a regra – é fundamental apurar se uma determinada decisão decorre da sua da função política ou da sua actividade administrativa pois que só esta é susceptível de controlo judicial.

IV – A imposição contida numa norma de execução orçamental de transferência de determinadas verbas das autarquias locais para o SNS constitui uma decisão política e, por que assim, a mesma não é contenciosamente sindicável.

Ac. STA de 7/12/2010, Proc. 798/10

I – O art. 78º, nº 2 do DL 72-A/2010 não contém um acto materialmente administrativo.

II – Tratando-se de uma norma jurídica de execução orçamental, contida num decreto lei e, portanto, emanada no exercício da função legislativa, não é a mesma impugnável junto dos tribunais administrativos (art. 4º, nº 2 a) do ETAF).

Ac. STA de 28/10/2010, Proc. 390/10

Acto confirmativo é aquele que, emanado da mesma entidade, e dirigindo-se ao mesmo destinatário, repete o conteúdo de um acto anterior, perante pressupostos de facto e de direito idênticos, e sem que o reexame desses pressupostos decorra de revisão imposta por lei.

Ac. STA de 25/11/2010, Proc. 762/10

A decisão de retenção da transferência para os municípios dos montantes previstos na Lei do Orçamento de Estado para 2010 – Lei nº 3-B/2010, de 28-04 –, constante do artigo 78, nº 2, do DL nº 72-A/2010, de 18-06, é insusceptível de ser objecto da medida cautelar de suspensão de eficácia de acto administrativo, quer porque estamos perante um acto praticado no exercício da função política cuja impugnação está excluída do âmbito da jurisdição administrativa (artigo 4, nº 2, al. a), do ETAF) – o que obsta à instauração de qualquer processo junto dos tribunais administrativos –, quer porque o objecto de tal acção impugnatória, não sendo um acto administrativo, obstaria ao prosseguimento do processo principal (artigos 120, do CPA, 51, nºs 1 e 2, e 89, nº 1, al. c), do CPTA).

Ac. STA de 30/9/2009, Proc. 166/09

I – O direito de audiência consagrado no art. 100º do CPA visa associar o interessado à formação da vontade da Administração por forma a permitir-lhe a influenciar a decisão final. Constitui, por isso, não só uma manifestação do princípio do contraditório, visto ser através dele que se possibilita o confronto dos pontos de vista da Administração com os do Administrado, como uma importante garantia de defesa dos direitos deste o que tem como consequência que o seu cumprimento seja considerado uma formalidade essencial.

II – Daí que a violação da referida norma ou a sua incorrecta realização tenha como consequência normal a ilegalidade do próprio acto final e a sua consequente anulabilidade.

III – Todavia, nem sempre assim acontece pois, em certos casos, a lei dispensa o seu cumprimento e, noutros, a mesma pode degradar-se em formalidade não essencial e, portanto, ser omitida sem que daí resulte ilegalidade determinante da anulação do acto.

IV – Acto administrativo é toda a determinação autoritária de um órgão da Administração que, ao abrigo de normas de direito público, decida uma situação jurídico-administrativa que afecte os direitos ou interesses legitimamente protegidos do seu destinatário.

V – Existe actividade instrutória quando, previamente à deliberação final, um jurista da Câmara elaborou uma informação e o seu Presidente se fundamentou nela para propor que aquela fosse adoptada.

Ac. STA de 2/4/2009, Proc. 195/08

I – Actos políticos são os praticados no desempenho da função política e que têm por objecto directo e imediato a conservação da sociedade política e a definição e prossecução dos interesses essenciais da colectividade mediante a livre escolha dos rumos ou soluções consideradas preferíveis, exprimindo tais actos, precisamente, as opções do poder político, as quais não podem, por isso, ser sujeitas a controlo jurisdicional, por este se ter de situar ao nível do controle de legalidade, não podendo os tribunais exercer, assim, qualquer tipo de apreciação quanto ao mérito ou demérito de tais volições primárias dos órgãos políticos, quando actuem no exercício da função política.

II – Não é acto político o despacho do Primeiro Ministro, que exonera a Presidente da Comissão para a Igualdade e para o Direito das Mulheres.

III – Está suficientemente fundamentado o acto de exoneração no qual se explicitaram, em conformidade com o específico padrão de fundamentação estabelecido na lei, os motivos que conduziram à decidida exoneração, respeitantes quer à concreta prestação funcional da exonerada, quer à inadequação do respectivo perfil, relativamente a um novo modelo de gestão, definido para o organismo em causa.

Ac. STA de 25/9/2008, Proc. 782/07

I – Para que um acto administrativo possa ser considerado confirmativo de outro é necessário não só que tenham por pressupostos a mesma situação fáctica e o mesmo regime jurídico, mas também que em ambos seja utilizada a mesma fundamentação.

II – O indeferimento tácito de pretensões apresentadas à Administração é uma mera ficção jurídica destinada a possibilitar aos interessados o acesso à via contenciosa tendo em vista a defesa dos seus direitos nas situações de omissão pela Administração do seu dever de se pronunciar sobre as pretensões que lhe apresentaram.

III – A ficção de indeferimento tácito engloba um juízo negativo global sobre todas as questões suscitadas pelo interessado.

IV – Deste modo, se em novo requerimento são suscitadas novas questões ou são apresentados argumentos que não foram invocados nem apreciados em acto anterior (expresso ou tácito) haverá que concluir que a fundamentação do novo acto não pode ser considerada como uma reprodução da fundamentação que justificou o anterior indeferimento, o que impossibilita que o indeferimento tácito possa ser considerado como meramente confirmativo desse acto.

V – Assim, este novo indeferimento será contenciosamente recorrível.

Ac. STA de 25/9/2008, Proc. 158/08

I – Na interpretação do acto administrativo deve ter-se em conta as circunstâncias em que foi proferido e o seu fim legal, atendendo-se primacialmente aos termos da declaração do órgão administrativo (elemento textual), ao tipo legal de acto, aos seus antecedentes procedimentais e às demais circunstâncias em que foi emitido (elemento histórico), aos motivos que levaram o órgão a actuar e ao fim ou interesse que procurou alcançar (elemento racional) e às praxes administrativas, sem prejuízo da eventual consideração de elementos posteriores à prática do acto, desde que susceptíveis de revelar o sentido com que o acto foi adoptado pela Administração.

II – Estando-se perante obras já executadas ilegais, sendo o acto recorrido proferido num procedimento administrativo que visava a legalização de obras de construção já executadas em desconformidade com o licenciamento já concedido, razão por que foram embargadas, e o licenciamento das necessárias à conclusão da edificação do recorrido particular, o conteúdo do acto praticado quando diz que aprova as "alterações" propostas refere-se não ao projecto inicial desrespeitado, mas às obras já executadas, visando em primeira linha legalizá-las.

III – Aquele primeiro segmento do acto que mantém a construção da obra já existente a qual, segundo a alegação do recorrente, possui vãos na parede do lado confinante com o seu prédio e se encontra implantada a menos de quatro metros da extrema desse lado, violando os seus direitos de propriedade, reserva da vida privada e afectando o arejamento e salubridade da sua casa de habitação, definindo a situação jurídica dessa parte da construção, é imediatamente lesivo e, como tal contenciosamente recorrível.

Ac. STA de 14/7/2008, Proc. 803/07

I – Nos termos do art. 120º do CPA, o acto administrativo é necessariamente uma pronúncia autoritária, manifestadora de «jus imperii».

II – O acto da Administração que promoveu a denúncia do contrato de arrendamento de bem do domínio privado do Estado traduz o exercício de um direito potestativo contratual, não sendo um acto administrativo «proprio sensu».

III – A «confirmação» a que, nos termos do anúncio de uma arrematação em hasta pública de bens do Estado, estava «sujeita» a respectiva venda corresponde, ou à previsão de uma condição suspensiva do negócio, ou à própria aceitação dele – e, em qualquer dos casos, a recusa da confirmação não traduz o exercício de poderes de autoridade.

IV – Assim, é ilegal e deve ser rejeitado o recurso contencioso que tomou por objecto um despacho que meramente conjugou a denúncia e a recusa de confirmação ditas em II e III.

Ac. STA de 6/3/2008, Proc. 1011/07

I – Para que um acto administrativo se possa considerar meramente confirmativo de outro, torna-se necessário que ambos tenham por pressupostos a mesma situação fáctica e o mesmo regime jurídico, para além de em ambos ser utilizada a mesma fundamentação e ainda que o acto confirmado tenha sido regularmente notificado ao seu destinatário.

II – O acto confirmativo – porque se limita a manter, sem alteração, a situação jurídica já definida pelo acto confirmado e porque não introduz qualquer modificação naquela situação – não se traduz em qualquer ofensa ao direitos ou interesses legalmente protegidos do administrado e que, por isso, não sendo lesivo, não é recorrível contenciosamente.

III – Não tendo sido apresentado qualquer novo elemento de prova ou invocado fundamento jurídico diferente para a pretensão formulada inicialmente formulada pelo recorrente, limitando-se no novo requerimento que apresentou a tentar contrariar o fundamento do indeferimento daquela pretensão – falta de residência permanente – o acto que indefere esta nova pretensão é meramente confirmativo, nada inovando na ordem jurídica, pelo que o recurso contencioso dele interposto deve ser rejeitado por manifesta ilegalidade da sua interposição (artigos 57, §4º, do RSTA, 25, nº 1, da LPTA e 268, nº 4, da CRP).

Ac. STA de 12/7/2007, Proc. 1950/03

I – O art. 51º, nº 1, do CPTA permite a impugnação contenciosa de actos procedimentais não finais, tendo essa natureza uma Resolução do Conselho de Ministros que declare o interesse público da extinção de determinados direitos de uso privativo sobre bens do domínio público.

II – O princípio da imparcialidade impõe que a Administração Pública se comporte de forma isenta e equidistante em relação a todos os particulares, assegurando a igualdade de tratamento dos interesses dos cidadãos, através de um critério uniforme de prossecução do interesse público, não tendo campo de aplicação no domínio da ponderação do peso relativo de interesses públicos e privados conflituantes.

III – A fundamentação do acto administrativo é um conceito relativo que varia conforme o tipo de acto e as circunstâncias do caso concreto, mas ela só é suficiente quando permite a um destinatário normal aperceber-se do itinerário cognoscitivo e valorativo seguido pelo autor do acto para proferir a decisão, isto é, quando aquele possa conhecer as razões por que o autor do acto decidiu como decidiu e não de forma diferente, de forma a poder desencadear os mecanismos administrativos ou contenciosos de impugnação.

IV – Não sendo a eventual organização da America's Cup 2007, o único interesse público em que se baseou a declaração de extinção de direitos de uso privativo sobre bens do domínio público a que se reporta a Resolução do Conselho de Ministros nº 162/2003, de 2 de Outubro, antes se incluindo nos fundamentos de tal deliberação o interesse público da requalificação urbanística, afirmado como relevante independentemente do sucesso da candidatura àquela organização, não pode afirmar-se a inexistência de suporte fáctico para a deliberação tomada pelo Governo, pelo facto de esta organização ser um acontecimento futuro e incerto.

Ac. STA de 12/7/2007, Proc. 180/07

I – O núcleo da alteração introduzida no art. 268º da C.R.P. pela Lei Constitucional nº 1/89, consistiu em fazer recair a recorribilidade não na circunstância do acto ser definitivo e executório, mas na sua lesividade, isto é, na sua idoneidade para produzir efeitos imediata, actual e efectivamente lesivos de direitos ou interesses legalmente protegidos.

II – Um acórdão do Conselho Geral da Ordem dos Advogados que defere pedido de revisão de laudo de honorários (cf. Regulamento dos Laudos de Honorários – Regulamento nº 1/2001, aprovado por Deliberação do Conselho Geral da Ordem dos Advogados, publicado in DR.II.S, de 10 de Janeiro de 2001), porque apenas faz recuar o respectivo procedimento a uma fase anterior, inserindo-se no processo genético da decisão sobre a matéria, sem outro efeito de regulação material, não constitui um acto contenciosamente recorrível.

Ac. STA de 12/7/2007, Proc. 139/07

I – Não pode ser entendido como acto administrativo constitutivo de direitos, o acto de processamento de abonos e vencimentos, quando, por lapso ou erro de cálculo foi processado ao administrado uma remuneração diferente da correspondente ao escalão em que se encontrava posicionado.

II – O recebimento de quantias indevidas ou a mais recebidas a título de vencimento ou de abonos por erro dos serviços constitui, quem as recebeu, na obrigação de as repôr, nos termos dos art. 36º e sgs. do DL n. 155/92, de 28.7.

Ac. STA de 19/6/2007, Proc. 1239/06

I – A superintendência do Governo Regional da Madeira, através do Secretário Regional da Educação, sobre as escolas secundárias da Região Autónoma da Madeira resulta do preceituado no art. 2º, nºs 1, e 4, alíneas a) e b), do Decreto Regulamentar Regional nº 25/2001/M, de 18 de Outubro, e art. 3º, nº 1, e suas alíneas c) e d) do Decreto Regulamentar Regional nº 8/2001/M, de 12 de Maio.

II – Da decisão de um conselho directivo de uma escola secundária daquela Região Autónoma que deliberou no sentido da reposição de quantias indevidamente recebidas por um docente cabia recurso hierárquico para o Secretário Regional da Educação.

III – Os actos meramente confirmativos são contenciosamente impugnáveis quando o acto anterior não foi objecto de notificação válida ao interessado (art. 55º da LPTA).

IV – São requisitos essenciais da notificação, sem os quais ela não é oponível ao destinatário, os necessários para identificação do acto, que são, designadamente, o seu sentido, a indicação do autor do acto e a sua data.

V – Assim, sendo nulas as notificações efectuadas relativamente ao acto primário, por não indicarem quem foi o autor do acto nem a data em que o praticou, a decisão do recurso hierárquico que foi interposto pelo interessado relativamente à situação apreciada por aquele acto é contenciosamente recorrível.

VI – Os actos de processamento de abonos a funcionários só poderão ser considerados actos administrativos quando reunirem os requisitos que para este tipo de actos são exigidos pelo art. 120º do CPA, designadamente quando forem praticados por um órgão da Administração e não quando forem processados por qualquer funcionário sem qualificação do órgão ou mecanicamente.

Ac. STA de 19/6/2007, Proc. 997/06

I – Constitui acto confirmativo o que, emanado da entidade que proferiu decisão anterior, apresenta objecto e conteúdo idênticos aos desta e se dirige ao mesmo destinatário, limitando-se a repetir essa decisão, perante pressupostos de facto e de direitos idênticos.

II – Não é o caso de decisão camarária que, repetindo embora decisão anterior que ordenava a reversão de terreno municipal, foi proferida na sequência de requerimento em que o interessado confrontou a entidade com novos elementos de ponderação, que, em seu entender deveriam conduzir à revogação da primeira deliberação.

Ac. STA de 22/5/2007, Proc. 161/07

I – Se, no âmbito de um procedimento de licenciamento de construção sujeito a parecer favorável concordante da Comissão Directiva do Parque Natural Sintra-Cascais, for proferido um parecer expresso desfavorável, a câmara municipal competente para se pronunciar sobre o pedido de licenciamento não pode decidir em desconformidade com ele, mesmo que tenha sido recebido para além do prazo para formação de presunção de concordância previsto no art. 19º, nºs 8 e 9, do Decreto-Lei nº 555/99, de 16 de Dezembro, na redacção do Decreto-Lei nº 177/2001, de 4 de Junho.

II – O referido «parecer» tem natureza de acto administrativo de tipo permissivo, configurando uma «autorização», estando subordinado ao regime de revogação dos actos administrativos previsto nos arts. 140º e 141º do CPA.

III – Na alínea b) do nº 2 da Resolução do Conselho de Ministros nº 56/2002, de 13 de Março, que interdita os «actos e actividades» de «construção, reconstrução ou ampliação de edifícios ou outras instalações», inclui-se a alteração de um edifício em construção.

IV – Por força dos princípios do aproveitamento do acto e da inoperância dos vícios, a constatação de que um acto administrativo enferma de um vício procedimental nem sempre justifica que ele seja anulado, não se justificando a anulação, designadamente, quando decisão diferente da que foi adoptada pela autoridade administrativa estaria afectada por nulidade.

Ac. STA de 12/4/2007, Proc. 1218/06

I – Só se verifica uma situação de confirmatividade entre actos administrativos, quando exista perfeita identidade entre os mesmos, de modo que, sendo ambos proferidos com base no mesmo condicionalismo, de facto e de direito, o segundo acto se limita a repetir o anterior, utilizando a mesma fundamentação, sem nada inovar na ordem jurídica, caso em que não apresenta, em princípio, lesividade autónoma e, consequentemente, não será contenciosamente recorrível.

II – Não ocorre, manifestamente, uma relação de confirmatividade nos termos referidos em I, se o despacho impugnado indeferiu uma nova pretensão da recorrente, a de ver alterada a pensão de sobrevivência que lhe foi fixada pelo despacho anterior, invocando agora novos pressupostos de facto que o acto anterior não apreciou, nem foi chamado a apreciar.

Ac. STA de 1/2/2007, Proc. 47540/01

I – Em regra, no conhecimento dos vícios conducentes à anulação do acto administrativo, deve, em regra, ser dada primazia aos vícios de violação de lei substantiva, em detrimento dos vícios de forma, por serem aqueles cuja procedência conduzirá, em princípio, a uma mais estável e eficaz tutela dos interesses do recorrente.

II – Casos há, porém, em que se impõe uma apreciação prioritária dos vícios de forma ou procedimentais, designadamente quando estes afectam a manifestação da vontade administrativa (carência de fundamentação) e a formação dessa mesma vontade (preterição de audiência de interessado), revelando-se o seu conhecimento prioritário essencial a uma correcta apreciação dos referidos vícios de fundo.

III – É o caso do vicio de forma por falta da audiência prévia dos interessados, prevista no artigo 100 do CPA, que por dizer respeito à formação de uma vontade têm de ser apreciados antes dos que meramente influam na formulação dela e ainda antes do vício de falta de fundamentação.

Ac. STA de 1/2/2007, Proc. 30.256/A-11

I – Sendo acto administrativo toda a determinação autoritária de um órgão da Administração que, ao abrigo de normas de direito público, resolva uma situação jurídico-administrativa concreta que afecte os direitos ou interesses legitimamente protegidos do seu destinatário, nada impede que uma única decisão, ou seja, um único acto administrativo atinja múltiplos interesses ou direitos – convergentes, paralelos ou conflituantes – e diferentes destinatários, o que significa que a aparente unidade de uma decisão pode esconder uma multiplicidade de actos distintos e diferenciados.

II – E, se assim é, pode afirmar-se que o acto de indeferimento do pedido de reversão, apesar de formalmente unitário, contém tantos actos quantos os prédios que estavam em causa porquanto a individualidade de cada deles permitia uma pronúncia para cada um e, portanto, que se deferisse o pedido de reversão de um e se o indeferisse o dos outros, tudo dependendo da situação concreta.

III – A extensão dos recursos aos compartes não recorrentes encontra-se definida pelo art. 683º do CPC onde depois de se definir que no caso de litisconsórcio necessário "o recurso interposto por uma das partes aproveita aos seus compartes" *(seu nº 1) se estabelece que fora desse caso o recurso só aproveitará aos outros:*

"a) Se estes, na parte em que o interesse seja comum, derem a sua adesão ao recurso.

b) Se tiverem um interesse que dependa essencialmente do interesse do Recorrente.

c) Se tiverem sido condenados como devedores solidários, a não ser que o recurso, pelos seus fundamentos, respeite unicamente à pessoa do Recorrente." – *seu nº 2.*

IV – O que significa que a nossa lei, admitindo a possibilidade de qualquer dos vencidos interpor livre e separadamente o seu recurso – inexistindo, por isso, uma imposição legal de litisconsórcio necessário no acto de interposição – só consente que os efeitos de qualquer deles se estenda aos restantes nos casos nela especificamente previstos.

Ac. STA de 26/10/2006, Proc. 370/06

I – O poder legalmente reconhecido à Caixa Central de suspender do exercício de funções os directores das caixas de crédito agrícola suas associadas e de os substituir por directores provisórios constitui a manifestação de um «jus imperii» conferido àquela Caixa para garantia e satisfação de imperativos de ordem pública.

II – Sendo assim, o acto que exercite tal poder é materialmente administrativo e a sua sindicância deve fazer-se na jurisdição administrativa.

Ac. STA de 30/5/2006, Proc. 410/05

I – Uma deliberação de um órgão da Administração decidindo favoravelmente uma pretensão que lhe foi apresentada por particulares e que a eles aproveita exclusiva ou primacialmente, no âmbito de matéria incluída nas suas competências de direito público, constitui um acto administrativo, à face do preceituado no art. 120º do CPA).

II – Tendo-se consolidado na ordem jurídica essa deliberação, por falta de oportuna impugnação ou revogação, os particulares que formularam tal pretensão têm o direito de exigir o seu cumprimento.

III – No regime anterior ao CPTA, não existindo norma equivalente ao seu art. 157º, nº 3, a forma de os particulares obterem a possibilidade de execução coerciva de um acto administrativo consolidado era a propositura de uma acção para reconhecimento de um direito ou interesse legítimo, seguida do requerimento de execução da decisão favorável que nela fosse proferida.

Ac. STA de 14/3/2006, Proc. 1016/05

I – O princípio da impugnação unitária foi adoptado na L.P.T.A., estando subjacente ao nº 1 do seu art. 25º em que se estabelece «só é admissível recurso dos actos definitivos e executórios», norma esta que afasta a recorribilidade de actos inseridos em procedimentos administrativos que, por não lhe porem termo, não são qualificáveis como horizontalmente definitivos.

II – Sendo esta a opção legislativa feita na L.P.T.A. sobre o critério de recorribilidade contenciosa de actos administrativos, é esse o critério que, num Estado de Direito, tem de ser adoptado pelos tribunais, salvo nos casos em que, por força de norma especial ou norma de hierarquia superior, tenha de ser admitida a impugnabilidade contenciosa imediata de actos administrativos inseridos em procedimentos.

III – Os actos de aprovação do projecto de arquitectura são actos preparatórios da decisão de final sobre o pedido de licenciamento de construção, pois àqueles actos seguem-se outros actos procedimentais e, por isso, carecem de definitividade horizontal, não sendo, em regra, susceptíveis de impugnação contenciosa directa, só o sendo quando afectam imediatamente a esfera jurídica de quem os pretende impugnar, situação em que a impugnabilidade contenciosa imediata é imposta pelo art. 268º, nº 4, da C.R.P.

IV – Nos casos em que os actos procedimentais não são imediatamente lesivos, é constitucionalmente admissível o condicionamento das possibilidades de impugnar contenciosamente actos inseridos em procedimentos administrativos, pois esse condicionamento, limitado aos casos em que o afastamento da possibilidade de acesso imediato aos tribunais é desnecessário para assegurar eficazmente a tutela de direitos ou interesses legalmente protegidos, para além de não ser incompatível com os arts. 20º, nº 1, e 268º, nº 4, da C.R.P., até se harmoniza com a finalidade visada por essas normas, pois, ao dispensar os tribunais de intervenção nos casos em que ela não é imprescindível, lhes permitem mais eficazmente dar satisfação aos pedidos de apreciação jurisdicional que lhe sejam apresentados pela generalidade dos cidadãos.

Ac. STA de 14/3/2006, Proc. 126/04

*I – Na falta doutra decisão administrativa a sancionar (*ex ante *ou* a posteriori*) as despesas já efectuadas com a publicação de comunicado na imprensa local por membros da junta de freguesia, em reacção contra um outro elemento da junta, e ainda com a defesa dos mesmos em acção judicial posta por este último a peticionar uma indemnização pelos danos morais alegadamente sofridos em consequência daquele comunicado, deve considerar-se lesivo e portanto recorrível o acto da Assembleia de Freguesia que aprova o relatório anual e a conta de gerência em que tais despesas se mostram incluídas.*

II – Não é estranha às atribuições da freguesia nem extravasa do elenco de competências da respectiva junta a publicação desse comunicado, se nele são tratados assuntos e matérias relativas à gestão dos interesses da autarquia, muito embora num quadro de luta político-partidária entre a maioria e a oposição.

III – A actuação dos órgãos administrativos ao nível do que é meramente instrumental à realização das suas atribuições e competências pode dar origem a despesas feitas na legalidade, pois o que é preciso é que possa estabelecer-se uma conexão clara entre elas e a prossecução desses interesses.

IV – De harmonia com o Estatuto dos Eleitos Locais *(Lei nº 29/87, art. 5º, nºs 1 e 21), as autarquias devem suportar as despesas provenientes de processos judiciais em que os eleitos judiciais sejam parte, salvo se tiverem agido com dolo ou culpa, e com isso tenham dado causa à acção.*

Ac. STA de 9/3/2006, Proc. 1178/05

I – O pedido de que se prorrogue um prazo anteriormente estabelecido num acto administrativo traduz a manifestação da vontade de que a pretérita definição acerca do prazo seja substituída por uma nova que introduza, na prática, um prazo maior.

II – Simetricamente, o acto que indefira uma tal pretensão significa apenas a confirmação de que o prazo antes definido é precisamente aquele que deve valer na ordem jurídica.

III – Assim, o despacho que indeferiu o pedido de prorrogação de um prazo para legalizar ou demolir uma obra clandestina é meramente confirmativo do segmento do acto pretérito em que se concedera aquele mesmo prazo.

IV – Esse despacho simplesmente confirmativo carece de lesividade e, porque se não verifica a hipótese prevista no art. 55º da LPTA, deve rejeitar-se o recurso contencioso que de tal acto se interpusera.

Ac. STA de 25/1/2006, Proc. 1549/03

I – A execução do acto contenciosamente impugnado não determina inutilidade da lide no recurso contencioso de anulação, pois que os efeitos que se produziram através do acto administrativo impugnado e que se pretendem destruir permanecem intactos na ordem jurídica e só o recurso contencioso é adequado à respectiva erradicação e reposição da ordem jurídica violada.

II – Num procedimento administrativo em que um membro do Governo concorda com a informação do Director Geral que sugere se proceda ao abate de animais, com o que aquele concorda, mais dizendo que a respectiva Direcção Geral deverá determinar os abates, aquele acto do membro do Governa não assume natureza meramente opinativa, antes sim constitui um acto contenciosamente recorrível.

III – O interessado, relativamente a amostras respeitantes a animais e produtos destinados à sua alimentação, tem direito à respectiva contra-peritagem cuja garantia se mostra especialmente assegurada para o caso, nos nºs 4 do art. 15º do citado Dec. Lei 148/99 e nº 6 do art. 11º do Dec. Lei 247/2002, de 8/NOV.

IV – A medida de abate de animais prevista no art. 23º do citado Dec. Lei 148/99 não pode resultar de uma simples amostra (extraída de uma amostra de ração) que se revelou positiva a nitrofuranos, antes sim como resultado da confirmação de tratamento ilegal ministrado aos animais (que envolveu aquela substância), a detectar em conformidade com os termos previstos nos art.s 13º, 15º, 16º e 17º daquele mesmo diploma legal.

Ac. STA de 14/12/2005, Proc. 822/05

I – O acto do Chefe de Estado Maior do Exército (CEME) que estendia aos militares do exército o pagamento do suplemento de serviço aéreo nas condições nele previstas contém um sentido decisor constitutivo, na medida em que cria um "status" favorável à esfera dos destinatários.

II – O despacho do CEME que, louvando-se em parecer do Comandante do Comando Operacional das Forças Terrestres, determinou o não pagamento desse suplemento aos pilotos que não tivessem feito horas de voo, por inexistência de helicópteros, não se inscreve simplesmente nas relações inter-orgânicas da instituição militar, antes projecta a sua eficácia nos destinatários com um sentido decisor extintivo e revogatório daquele outro, na medida em que elimina da ordem jurídica os seus efeitos.

III – Este acto, mesmo sem individualizar cada um dos visados, contém uma única determinação decisória, a todos, porém, aplicável. É, nessa medida, um acto plural, sindicável contenciosamente.

Ac. STA de 21/5/2008, Proc. 162/07

I – A distinção entre acto administrativo e regulamento deve fazer-se através da apreciação das características da generalidade e abstracção.

II – A generalidade reporta-se à definição dos seus destinatários por meio de conceitos ou categorias universais, sem individualização de pessoas; a abstracção significa, no caso, a definição das situações de vida a que se aplica a norma também por meio de conceitos ou categorias.

O acto administrativo, ao invés, é individual, "reporta-se a uma pessoa ou algumas pessoas especificamente identificadas; e é concreto, isto é, visa regular uma certa situação bem caracterizada".

III – O acto publicitado num Edital camarário que se dirige aos moradores de determinado Bairro, estabelecendo as condições a que ficará sujeito o direito de superfície a transmitir pela Câmara aos moradores que se encontram em determinadas condições, é um regulamento e não um acto administrativo.

IV – É de rejeitar, por ilegal, o pedido de declaração de ilegalidade de normas, formulado (directamente e não após o trânsito em julgado de três decisões que afirmem a respectiva ilegalidade) na vigência do ETAF, aprovado pelo DL 129/84, de 27 de Abril (com as alterações introduzidas pela Lei 49/96, de 4 de Setembro e pelo DL 229/96, de 29/11), se as normas em causa não são imediatamente operativas – isto é, no caso, não têm qualquer efeito sobre os seus possíveis destinatários, antes da cedência do direito de superfície se concretizar – (art. 51º, nº 1, e), do aludido Estatuto).

Ac. STA de 2/4/2008, Proc. 39/08

I – Não é susceptível de integrar a prática de um acto administrativo, tal como surge configurado no art. 120º do CPA, a simples aposição da assinatura do Vereador recorrente numa proposta, sem indicar o sentido da decisão ou sem qualquer outro conteúdo (cf. ainda art. 123º /1/e) do CPA).

II – O art. 133º, nº 1 do CPTA determina a nulidade do "acto" quando lhe falte qualquer um dos seus elementos essenciais, devendo ser considerados como essenciais os elementos que integram o próprio conceito do acto administrativo contidos no art. 120º do CPTA (decisão, destinada a produzir efeitos jurídicos numa situação individual e concreta).

Ac. STA de 26/5/2004, Proc. 1305/03

I – São actos internos, e irrecorríveis, porque não modificam a situação jurídica dos administrados e portanto não são lesivos, aqueles cujos efeitos se produzem apenas nas relações interorgânicas no âmbito de orientações que transmitem aos serviços, com carácter genérico.

II – O acto do Director do IFADAP/INGA que determina aos serviços sob a sua tutela o modo como se há-de operar a tranferência da gestão de silos de cereais pertencentes à ex--EPAC, não produzindo quaisquer efeitos na esfera jurídica de pessoas estranhas à Administração, mas apenas nas relações inter-orgânicas, assume natureza de acto interno, como tal não lesivo e, por isso, contenciosamente não recorrível, nos termos do art. 268º, nº 4 da CRP e 57º parágrafo 4 do RSTA

Ac. STA de 16/10/2003, Proc. 47.543/01

I – A determinação da natureza jurídica dos actos praticados pela Administração no âmbito da execução dos contratos administrativos por si celebrados exige uma apreciação casuística para se poder discernir, em cada situação concreta, se a pronúncia administrativa traduz uma declaração de vontade negocial, integrando um direito potestativo de génese contratual, ou se, pelo contrário, traduz uma estatuição autoritária aplicadora do direito no caso, devendo tal dúvida ser dissipada através de critérios de ordem material, como sejam as causas jurídicas da conduta adoptada, o seu conteúdo dispositivo e o sentido e efeitos a que naturalmente tende.

II – Constitui acto administrativo o despacho ministerial que homologa proposta de rescisão de um contrato de atribuição de incentivo financeiro outorgado no âmbito do SIR (Sistema de Incentivos Regionais), ao abrigo do disposto no DL nº 193/94, de 19 de

Julho, e determina a desactivação do incentivo aprovado, com base numa invocada violação do contrato por parte do contratante privado, detectada e aferida em informações fornecidas por entidades incumbidas pela Administração do acompanhamento e fiscalização do projecto, e a que subjaz uma apreciação e interpretação unilateral de conteúdos normativos.

Ac. STA de 1/10/2003, Proc. 42.521/97

I – Os actos internos não são susceptíveis de lesarem a esfera jurídica de terceiros.

II – E daí que as decisões atinentes à remodelação de um serviço serão normalmente actos internos, porque se quedam "intra muros" e porque não são lesivas de direitos e interesses legalmente protegidos.

III – Todavia, se uma ordem de serviço lesar tais direitos e interesses a mesma é imediatamente recorrível.

IV – Cumpre ao Recorrente alegar a factualidade que importa a violação dos seus direitos e descrever de que forma é que a mesma é lesiva.

Ac. STA de 29/1/2003, Proc. 1003/02

Constitui acto administrativo, abrangido pela garantia constitucional de recurso contencioso, e não acto normativo, o acto que determina a suspensão da inscrição no CNV de variedade de semente geneticamente modificada, pois trata-se de uma decisão individual e concreta cujo principal destinatário, perfeitamente determinável, é a empresa que, detendo o exclusivo da importação e comercialização do produto, havia requerido e conseguido a inscrição no mesmo CNV.

Ac. STA de 22/4/2004, Proc. 933/02.13

I – O acto normativo caracteriza-se pela verificação cumulativa dos requisitos da generalidade e da abstracção, enquanto o acto administrativo visa produzir efeitos jurídicos numa situação individual e concreta.

II – Constitui acto administrativo o Despacho conjunto que estabelece os critérios para a integração nas categorias da função pública dos trabalhadores das extintas casas de cultura e juventude, com a publicação em anexo da lista provisória resultante da aplicação dos aludidos critérios; de facto, os funcionários a quem as determinações do referido despacho se aplicam estão concretamente determinados ab initio, constando de lista normativa publicada e esgotam-se com uma única aplicação, embora com pluralidade de destinatários concretos.

III – Enferma de incompetência absoluta por falta de atribuições, sendo consequentemente nulo, o despacho do Secretário de Estado da Juventude que decide, isoladamente, com carácter definitivo, acerca da integração da funcionária constante da Lista Provisória anexa ao Despacho conjunto referido em 2, após o cumprimento de audiência prévia.

Ac. STA de 14/1/2003, Proc. 37.128B

I – Na hipótese de acto renovável, a Administração deve praticar novo acto, podendo, inclusivamente, definir a sua situação jurídica ou a do particular interessado nos mesmos termos em que ela foi definida no acto anterior, desde que não repita o vício que determinou a anulação.

II – A Administração, nestes casos, tem diante de si múltiplas vias que pode percorrer para reintegrar a ordem jurídica violada e cumprirá correctamente o dever de executar desde que se decida por uma dessas vias abertas à sua escolha: só deixará de cumpri-lo se se abstiver de prover por algum de tais modos à reintegração da ordem jurídica.

III – Se o novo acto, proferido em execução de acórdão anulatório, contiver, agora um outro vício, é em sede de novo recurso contencioso que tal deve ser apreciado.

Ac. STA de 12/11/2003, Proc. 41291

I – Os poderes de cognição do Pleno da Secção, em processos que não sejam de conflitos, estão restritos a matéria de direito (art. 21º, nº 3, do E.T.A.F.), pelo que, em recurso jurisdicional interposto de acórdão da Secção proferido em processo de recurso contencioso, não pode esta formação censurar a fixação da matéria de facto efectuada no acórdão recorrido, nem as ilações de facto que ela daquela retirou, se não se verificar qualquer das situações previstas no nº 2 do art. 722º do C.P.C..

II – Por força dos princípios do aproveitamento do acto e da inoperância dos vícios, a constatação de que um acto administrativo enferma de um vício nem sempre justifica que ele seja anulado, não se justificando a anulação, designadamente, quando a existência de um vício de forma não afectou, no caso concreto, o procedimento administrativo e a sua decisão nem lesou os interessados.

III – Assim, que, nos casos em que se apurar em concreto, com segurança, atentas as específicas circunstâncias do caso, que não ocorreu uma lesão dos direitos dos interessados, não se justificará a anulação do acto, mesmo que se esteja perante qualquer erro de aplicação da lei.

IV – O juízo sobre a razoabilidade da fixação de um prazo para a prática de um acto, quando não estiver em causa a não observância do mínimo legal, tem natureza casuística e assenta numa análise em concreto sobre a sua suficiência ou não para a prática adequada desse acto, reconduzindo-se a um mero juízo de facto, a formular com base nas regras da experiência e não com apelo a normas jurídicas.

V – A notificação para exercício do direito de audiência prevista no nº 3 do art. 101º do C.P.A. não tem de conter uma síntese dos factos e razões de direito que sustentam o sentido provável da decisão final, exigindo-se apenas que seja fornecida aos interessados informação suficiente para ficarem a conhecer todos os aspectos relevantes para a decisão, nas matérias de facto e de direito, a fim de poderem pronunciar-se sobre elas, sendo a questão de saber se a informação fornecida foi suficiente, no caso concreto, uma questão essencialmente de facto.

VI – A formulação de juízos sobre a conveniência ou não da realização de diligências para averiguar factos cuja averiguação se mostre necessária é uma actividade que não tem a ver com a interpretação de qualquer norma legal, mas que exige apenas a aplicação de regras da experiência, não se englobando nos poderes de cognição dos tribunais com meros poderes de revista.

VII – Resulta do art. 107º do C.P.A. que, se no procedimento administrativo for proferida decisão final expressa, há um dever de pronúncia generalizado da Administração sobre todas as questões pertinentes suscitadas pelos interessados, pronúncia essa que, a não ocorrer antes da decisão final, deverá ser nela incluída, e que deve abranger a posição assumida sobre pedido de realização de diligências formulado pelos interessados no exercício do direito de audiência.

VIII – A interpretação do acto administrativo feita pela Secção, através dos elementos factuais da sua literalidade, no sentido de a referência nele feita a um relatório anterior ter o alcance de remeter para a sua fundamentação, sendo feita sem fazer apelo ao tipo legal do acto ou a interpretação de normas, princípios ou conceitos jurídicos, constitui matéria de facto, que o Pleno, funcionando como tribunal de revista, tem de acatar.

IX – A fundamentação do acto administrativo é um conceito relativo que varia conforme o tipo de acto e as circunstâncias do caso concreto, mas ela só é suficiente quando permite a um destinatário normal aperceber-se do itinerário cognoscitivo e valorativo seguido pelo autor do acto para proferir a decisão, isto é, quando aquele possa conhecer as razões por que o autor do acto decidiu como decidiu e não de forma diferente, de forma a poder desencadear dos mecanismos administrativos ou contenciosos de impugnação.

X – O art. 124º, nº 1, do C.P.A., ao referir o «dever de fundamentação» dos actos que «decidam em contrário de pretensão ou oposição formulada por interessado», ou «decidam de modo diferente da prática habitualmente seguida na resolução de casos semelhantes», não está a indicar requisitos da fundamentação, que constam do art. 125º, mas sim a arrolar os casos em que a fundamentação dos actos administrativos é obrigatória.

XI – Tendo uma escola profissional, na sequência de irregularidades financeiras e contabilísticas, atingido uma situação financeira deficitária com reflexos negativos no campo pedagógico, que se consubstanciaram em falta de cumprimento de planos curriculares, desorganização quanto a processos de alunos, falta de controlo da sua assiduidade, admis-

são de alunos que não dispunham das necessárias habilitações e a serem leccionadas disciplinas por professores sem habilitações para as leccionarem, a medida de encerramento compulsivo prevista no art. 24º, nº 1, do Decreto-Lei nº 70/93, de 10 de Março, não ofende os princípios da justiça e da proporcionalidade.

XII – Os direitos de ensinar e o direito à propriedade privada, reconhecidos pelos arts. 43º e 62º da C.R.P., não são direitos absolutos, tendo de ser compatibilizados com o manifesto interesse público em que seja ministrado ensino de qualidade, ínsito no direito a aprender também reconhecido por aquele art. 43º, interesse este que é tutelado pelo referido art. 24º do Decreto-Lei nº 70/93, ao permitir o encerramento compulsivo de escolas profissionais e a atribuição a outra escola profissional dos bens que hajam sido afectados pelo Estado, na escola encerrada, às finalidades do ensino profissional.

XIII – O art. 58º, nº 1, da Lei nº 46/86, de 14 de Outubro, impõe ao Estado o dever de fiscalizar pedagogicamente o ensino particular e cooperativo, dever este que tem como corolário a possibilidade de proibição de funcionamento de estabelecimentos de ensino não estatal que não satisfaçam os requisitos pedagógicos exigidos para assegurar a qualidade do ensino e, por isso, o Decreto-Lei nº 70/93, ao estabelecer no seu art. 24º, nº 1, a possibilidade de ser ordenado o encerramento das escolas profissionais quando o seu funcionamento decorra em situações de manifesta degradação pedagógica, encontra suporte bastante naquela Lei nº 46/86

Ac. STA de 5/11/2003, Proc. 1493/03

I – Por força do disposto no art. 25º da LPTA, que sustenta o princípio da impugnação unitária, os actos anteriores à decisão final que não sejam imediatamente lesivos não são contenciosamente recorríveis.

II – Não é imediatamente lesivo e, por isso, não é recorrível o acto que, dando provimento ao recurso hierárquico, revoga o acto de classificação da lista de classificação final do concurso para provimento de 3 lugares para chefe de serviço de clínica geral e ordena que o procedimento concursal regresse à fase de avaliação dos candidatos, a fim de nesta se observarem regras diferentes na contagem do tempo de serviço.

Ac. STA de 5/11/2003, Proc. 1185/03

I – O convite dirigido ao requerente de licenciamento de um loteamento, no sentido de este apresentar uma reformulação do respectivo projecto, não é contenciosamente recorrível, por se tratar de acto preparatório da decisão final.

II – O acto contenciosamente recorrível é a decisão final de aprovação ou de indeferimento daquele pedido.

Ac. STA de 5/11/2003, Proc. 660/03

I – Os actos que homologuem pareceres do Conselho Consultivo da PGR conduzem a que estes valham, perante os serviços dependentes das entidades que os homologaram, como interpretação oficial das matérias que os pareceres se destinem a esclarecer.

II – Tais actos, com esse alcance, são meramente internos, carecendo do predicado da recorribilidade contenciosa.

III – A natureza interna de um acto não desaparece pela circunstância de ele ter sido acidentalmente notificado a quem pretende impugná-lo.

Ac. STA de 20/1/2005, Proc. 47759

O despacho do Secretário de Estado da Administração Pública que no âmbito da aplicação do D.L. 81-A/96 de 21-6 nega a autorização para a celebração de contractos aí referidos, tem efeitos externos, definindo, por via negativa a situação jurídica dos destinatários, sendo assim contenciosamente recorrível.

Ac. STA de 5/11/2003, Proc. 569/03

I – Só os actos administrativos que operam, por si, a modificação da situação jurídica concreta dos recorrentes podem ser considerados lesivos, sendo que, a lesividade é condição "sine qua non" da recorribilidade contenciosa.

II – O despacho do Director-Geral dos Registos e Notariado de concordância com a Informação dos Serviços acerca do relatório da Inspecção a determinada Conservatória do Registo Predial, na qual se aponta, entre outras coisas, um procedimento incorrecto no recebimento de algumas participações emolumentares, por parte de funcionários da Conservatória (incluindo o Conservador), a merecer reposição das verbas indevidamente recebidas, mas sem especificação das mesmas nem identificação concreta dos funcionários abrangidos, é um acto apenas vinculante na ordem interna, preparatório da decisão final e, como tal, não lesivo.

Ac. STA de 29/11/2004, Proc. 1878/2

I – A aprovação do projecto de arquitectura constitui acto preparatório da decisão final de licenciamento, sem autonomia funcional para, por si só e desde logo, ter eficácia lesiva, imediata e efectiva na esfera jurídica de contra-interessados.

II – Assim, em virtude de a aprovação do projecto de arquitectura não constituir acto lesivo de direitos e interesses legalmente protegidos (cfr. nº 4 do artigo 268º, nº 4 da CRP e nº 1 do art. 25º da LPTA), não é contenciosamente recorrível.

Ac. STA de 1/2/2005, Proc. 971/04

I – Para que um acto se possa considerar confirmativo de outro, torna-se necessário não só que tenham por pressupostos a mesma situação fáctica e o mesmo regime jurídico, mas também que em ambos seja utilizada a mesma fundamentação.

II – Assim, não tem carácter meramente confirmativo o despacho de indeferimento de uma reclamação apresentada pelo interessado, se na apreciação da reclamação foram apreciados e desvalorizados novos meios de prova, não tidos em conta no primeiro despacho de indeferimento.

Ac. STA de 31/11/2005, Proc. 565/05

I – O acto que ordena ao proprietário de um muro que o repare e consolide em prazo certo, sob pena de a Administração o fazer a suas expensas, é imediatamente lesivo e recorrível.

II – O acto posterior que, para além de repetir aquela ordem, manda que se comunique ao interessado o conteúdo de um orçamento aonde consta a discriminação dos trabalhos a realizar e uma estimativa do seu custo, é confirmativo na parte daquela repetição, mas é inovador na parte restante.

III – Esse cariz inovador decorre do facto de, só com a junção do orçamento, o interessado ter ficado verdadeiramente ciente do grau de lesividade da ordem recebida, pois só então ele pôde precisamente apurar qual era, para a Administração, a magnitude dos trabalhos a fazer e do custo que provavelmente lhes corresponderia.

IV – Se, no recurso contencioso que tomou por objecto a segunda ordem recebida, o recorrente arguiu vícios directamente reportados ao acréscimo de determinação trazido pelo orçamento, não pode julgar-se tal recurso ilegal, por suposta confirmatividade do acto impugnado.

Ac. STA de 29/9/2005, Proc. 180/03

I – Em matéria de licenciamento de obras de construção, o alvará é o documento que titula o direito de edificar.

II – Não é, portanto, um acto administrativo e, por isso, é irrecorrível contenciosamente.

Ac. STA de 19/10/2005, Proc. 438/05

I – As faltas injustificadas, para além das consequências disciplinares a que possam dar lugar, determinam sempre a perda das remunerações correspondentes aos dias de ausência, não contam para efeitos de antiguidade e descontam nas férias (art. 71º, 2 do Dec. Lei 100/99, de 31/3).

II – Deste modo, o acto que declara não justificadas as faltas tem imediata produção de efeitos nefastos na esfera jurídica do seu destinatário (perda das remunerações, antiguidade e férias), sendo nessa medida lesivo e, por isso, contenciosamente recorrível.

Ac. STA de 11/10/2005, Proc. 738/04

I – Não integra a prática de um acto administrativo na configuração que ao mesmo é dada pelo art. 120º do CPA o Despacho do SEO de 19.04.91 que ao abrigo do disposto no art. 3º, nº 4 do DL 187/90, fixou o montante das remunerações acessórias para efeitos de integração do pessoal do regime geral da DGCI na nova estrutura salarial.

II – Do mesmo modo o Despacho Conjunto nº 943/99, datado de 09.03.99 que, reconhecendo expressamente que o anterior despacho do SEO de 19.04.91 não respeitou o princípio da equiparação prevista no nº 4 do art. 3º do DL 187/90 e em consequência determinou que os montantes nele fixados fossem calculados pelo mesmo critério que presidiu ao apuramento do montante dessas remunerações para o pessoal da administração tributária, também não integra a prática de um acto administrativo contenciosamente recorrível, por lhe faltar um dos elementos caracterizadores do acto administrativo, como seja a ausência de produção de efeitos jurídicos numa situação individual e concreta.

III – Não sendo o despacho conjunto a que se alude em II) qualificado como acto administrativo nos termos e para os efeitos previstos no Código do Procedimento Administrativo (cfr. art. 120º), também não pode o mesmo ser qualificado como "acto administrativo revogatório de anterior acto administrativo", sendo-lhe por conseguinte inaplicável o disposto no art. 145º, nº 2 do CPA e por isso insusceptível dele poderem ser retirados os efeitos previstos nessa disposição.

IV – Os actos administrativos contenciosamente recorríveis, através dos quais a Administração define a concreta situação remuneratória daqueles funcionários, são os actos de processamento de vencimentos ou abonos, concretizados em conformidade com as regras fixadas naqueles despachos normativos.

Ac. STA de 29/9/2005, Proc. 275/05

I – Nas situações em que se prevê que um acto administrativo seja praticado através de um despacho conjunto, cada um dos órgãos a quem é atribuída competência toma a sua posição autonomamente, sendo da cumulação de posições concordantes no sentido positivo que resulta o acto conjunto, pelo que, em tais situações, basta que um dos órgãos competentes se oponha ao deferimento do pedido para se verificar uma decisão de indeferimento, por ficar desde logo definitivamente prejudicada a possibilidade de deferimento.

II – Admitindo a lei a fundamentação por remissão, ao referir expressamente que a mesma pode consistir "em mera declaração de concordância com os fundamentos de anteriores pareceres, informações ou propostas, que constituirão neste caso parte integrante do respectivo acto" *(art. 125º, nº 1 do CPA), é evidente que a fundamentação do acto, em tais situações, terá que ser aferida pela suficiência dos fundamentos constantes dos referidos pareceres ou informações.*

Ac. STA de 12/7/2005, Proc. 2071/03

I – As Comissões de Coordenação e Desenvolvimento Regional são serviços desconcentrados, nos termos do artigo 4º, nº 5 do DL 97/2003, de 7/5 e encontram-se sob a direcção imediata do Ministro das Cidades Ordenamento do Território e do Ambiente, pelo que uma instrução concreta, para embargar determinadas obras de urbanização, dada em Despacho daquele Ministro ao Presidente da CCDRA tem o efeito jurídico de uma ordem.

II – A ordem dada pelo órgão superior ao órgão subordinado não tem efeitos externos, mesmo que o seu conteúdo seja destinado à imediata emissão pelo subordinado, no uso de competência própria, mas não exclusiva, de um acto administrativo, produzindo efeitos na esfera jurídica de particulares individualizados.

Tal ordem não é objecto válido de recurso contencioso de anulação.

Ac. STA de 29/6/2005, Proc. 1898/03

I – O acto que revoga o acto de homologação da lista de classificação final de concurso interno, que graduara a recorrente contenciosa em 1º lugar, não é um mero acto de trâmite, mas sim um acto lesivo dos legítimos interesses da recorrente, já que revoga um acto constitutivo de direitos, tanto mais que, na sequência do mesmo, foi determinado que a recorrente regressasse à anterior categoria e repusesse as diferenças de vencimento recebidas, pelo que, como tal, é contenciosamente recorrível.

II – O facto de, na pendência do recurso contencioso, ter sido praticado novo acto de homologação da lista de classificação final e a recorrente contenciosa graduada, de novo, em 1º lugar, não importa a inutilidade superveniente da lide, uma vez que, nem o novo acto homologatório, nem o subsequente acto de nomeação atribuiu efeitos retroactivos à data da primeira nomeação.

III – O referido acto revogatório, inserindo-se no procedimento concursal e revogando um acto constitutivo de direitos, com fundamento em meros vícios de forma, devia ter sido precedido de audiência prévia da recorrente contenciosa, única lesada com a revogação do acto de homologação, pelo que a sua omissão, não justificada, impõe a anulação do acto revogatório, por violação do art. 100º do CPA, uma vez que não se tratando de poderes estritamente vinculados não é de excluir que a decisão da administração não pudesse ter sido outra.

Ac. STA de 25/5/2005, Proc. 230/04

I – Os factos de conhecimento jurisdicional e dispensados de alegação, a que alude o artigo 514, número 2 do Código do Processo Civil, são os que tenham sido apurados ou demonstrados e considerados exactos em processo, acto ou peça em que o juiz tenha intervindo como tal.

II – Não constitui acto administrativo lesivo, sendo, por isso, insusceptível de recurso contencioso, a deliberação camarária que se limita a formular proposta, no sentido de que a assembleia municipal tome deliberação em que considere aplicável a um prédio urbano em construção determinada norma do plano director municipal, válido para a área de localização desse mesmo prédio.

III – Assim, interposto recurso contencioso das referidas deliberações, deve o mesmo ser rejeitado, na parte em que tem por objecto aquela deliberação camarária.

Ac. STA de 23/2/2005, Proc. 45.502/99

I – Cabe ao Supremo Tribunal Administrativo e não ao Tribunal Central Administrativo a competência para o conhecimento de um recurso contencioso de acto de membro do Governo que indeferiu um pedido de equiparação de funções desempenhadas em organização internacional a funções diplomáticas.

II – Para que um acto administrativo se possa considerar confirmativo de outro, torna-se necessário não só que tenham por pressupostos a mesma situação fáctica e o mesmo regime jurídico, mas também que em ambos seja utilizada a mesma fundamentação.

III – Se um acto administrativo de indeferimento se baseia em vários fundamentos, cada um deles com potencialidade para, por si só, justificar o indeferimento, para obter a sua anulação o interessado terá de impugná-lo em relação a todos esses motivos de indeferimento, pois, se não for imputado qualquer vício em relação a um deles, a decisão de indeferimento manter-se-á com base nesse fundamento inabalado, por ter de considerar-se como uma decisão cujo sentido está de acordo com a legalidade.

Ac. STA de 1/2/2005, Proc. 1201/04

I – Cada acto de processamento de vencimentos, gratificações e abonos constitui, em princípio, um verdadeiro acto administrativo, e não simples operação material, já que, como acto jurídico individual e concreto, define a situação do funcionário abonado perante a Administração, e que, por isso, se consolida na ordem jurídica como "caso decidido" ou "caso resolvido", se não for objecto de atempada impugnação graciosa ou contenciosa;

II – Tal doutrina tem implícitos dois limites essenciais, consubstanciados: (i) por um lado, na necessidade de uma definição inovatória e voluntária, por parte da Administração, no exercício do seu poder de autoridade, da situação jurídica do administrado relativamente ao processamento "em determinado sentido e com determinado conteúdo"; (ii) por outro lado, na necessidade de o conteúdo desse acto ser levado ao conhecimento do o interessado através da notificação.

Ac. STA de 1/10/2003, Proc. 4150/96

I – É lesivo o despacho do Director Regional do Ambiente e dos Recursos Naturais do Alentejo que com fundamento no art. 14º do DL nº 93/90, de 19/3, embarga obras realizadas em violação ao disposto no próprio diploma.

II – O posterior despacho do Secretário de Estado do Ambiente e dos Recursos Naturais que "homologa" aquele outro, já que nada acrescenta ao mesmo, uma vez que a expressão usada no despacho não passa de simples "nomen juris" vazia de sentido.

Ac. STA de 2/12/2004, Proc. 287/04

I – Só os actos administrativos que operam, por si, a modificação da situação concreta dos recorrentes podem ser considerados lesivos, sendo que, a lesividade é condição "sine qua non" da recorribilidade contenciosa.

II – O despacho da Ministra da Justiça que, na sequência da Resolução do Conselho de Ministros, ordena aos Serviços tutelados pelo respectivo Ministério, entre os quais o Instituto de Reinserção Social, a não renovação dos contratos de trabalho a termo certo, é um acto genérico, apenas produtor de efeitos nas relações interorgânicas, sem aptidão lesiva concreta.

Ac. STA de 30/9/2003, Proc. 826/03

I – É vinculativo o parecer emitido pelo IPPAR relativamente à construção ou reconstrução de obras urbanas em zonas de protecção de imóveis classificados como de interesse público (artigos 22º, 23º e 60º da Lei nº 13/85, de 6/7, que manteve o regime estabelecido nos artigos 26º e 30º do Decreto nº 20 985, de 7/3).

II – Esse parecer consubstancia uma competência dispositiva do Instituto, autoridade da Administração Central, ao abrigo de competências constitucionais e legais próprias (cfr. artigos 66º, nº 2, alínea c) da CRP e as disposições citadas da Lei nº 13/85 e dos Decretos nºs 20 985 e 28 536), bem diferenciadas das do órgão da autarquia local a quem a CRP e a lei ordinária (artigos 237º, nº 2 e 239º da CRP e 64º, nº 5, alínea a) da Lei nº 169/99, de 18/9) confiam outro tipo de interesses subordinados ao "princípio da unidade do Estado", exercício esse que não configura qualquer forma de tutela, mas antes o exercício de competências próprias ou concorrentes com a Administração Local.

III – Trata-se, assim, de um verdadeiro acto administrativo, que produz efeitos no âmbito das relações externas entre dois órgãos administrativos de pessoas colectivas e um particular e que se pode considerar como uma estatuição autoritária (que cria uma obrigação a um órgão administrativo – Câmara Municipal – e a um particular – a ora recorrente) relativa a um caso concreto, produzido por outro órgão de pessoa colectiva diferente, no uso de poderes administrativos, pelo que é de considerar um acto prejudicial do procedimento, cuja força jurídica é mais intensa do que a dum mero acto pressuposto, visto ter influência sobre os termos em que é exercido o poder decisório final, na medida em que define logo a posição jurídica dos interessados, ou seja compromete irreversivelmente o sentido da decisão final, sendo, por isso, atenta a sua lesividade, de considerar destacável para efeitos de recorribilidade directa.

Ac. STA de 3/11/2004, Proc. 1419/03

I – Só se pode considerar como acto administrativo uma decisão de um órgão da Administração que, ao abrigo de normas de direito público, vise produzir efeitos jurídicos na esfera individual e concreta do interessado. – Vd art. 120 do CPA.

II – Deste modo, e sendo que o ofício do Sr. Secretário de Estado do Ambiente se limitou a notificar o Recorrente do conteúdo de anterior ofício da Direcção Regional do Ambiente do Centro, é forçoso concluir que aquele ofício não transmitiu ao Recorrente a prática de um acto deste membro do Governo que se tenha pronunciado sobre a sua pretensão concreta e que a tenha decidido de forma definitiva e autoritária. Ou seja, aquele ofício não comunicou ao Recorrente a prática de qualquer acto administrativo susceptível de recurso contencioso.

III – Só assim são seria se fosse evidente que o Recorrente, pela forma como articulara a sua petição e formulara o seu pedido, pretendia atacar anterior despacho do Sr. SEA que, noutras circunstâncias que não as desencadeadas pelo requerimento do Recorrente, estabeleceu a proibição aproveitamentos hídricos no troço do rio onde aquele intentava construir uma central hidroeléctrica e que, por isso, inviabilizava a sua pretensão.

IV – Ora, sendo evidente do teor da petição de recurso que não era esse o acto que o Recorrente pretendia impugnar, tanto mais quanto é certo que o mesmo é anterior à formulação do seu pedido de licenciamento, o seu recurso contencioso carece de objecto.

Ac. STA de 27/10/2004, Proc. 856/02

I – Para que um acto administrativo possa ser considerado confirmativo de anterior decisão administrativa, é necessário que entre ambos haja identidade de sujeitos, de objecto e de decisão e que o primeiro haja sido legalmente notificado ao respectivo destinatário.

II – Só a existência de notificação do primeiro acto anteriormente à notificação do acto que alegadamente o "confirma" permite a rejeição do recurso contencioso com fundamento em confirmatividade. Sendo a notificação dos dois despachos simultânea, nada obsta a que o interessado eleja como objecto do recurso o acto praticado em segundo lugar.

III – Se face à matéria de facto dada como demonstrada bem como do processo não constarem todos os elementos de facto considerados indispensáveis para decisão do objecto do recurso jurisdicional no que respeita à legalidade ou ilegalidade do despacho contenciosamente impugnado, impõe-se a anulação da decisão proferida em primeira instância para ampliação da matéria de facto quanto aos pontos considerados insuficientes, como é permitido pelo nº 4 do art. 712º do C.P.C., aplicável por força do disposto no art. 1º da L.P.T.A.

Ac. STA de 13/10/2004, Proc. 194/02

I – O despacho do Secretário de Estado das Obras Públicas que, – concordando com a Informação da Auditoria Jurídica –, ordena a remessa do Relatório de inquérito levado a efeito por uma Comissão designada pelo Ministro do Equipamento Social (na sequência de um acidente ocorrido em viaduto da A 15, do qual resultou a morte de quatro pessoas), à Procuradoria Geral da República, ao Instituto de Desenvolvimento e Inspecção das Condições de Trabalho e ao Presidente do Instituto das Estradas de Portugal, não é um acto administrativo produtor de efeitos jurídicos externos em relação às empresas que intervieram na construção do viaduto em causa.

II – A possibilidade de as empresas referidas em I serem afectadas negativamente na respectiva esfera jurídica depende do que for subsequentemente decidido pelos destinatários do despacho impugnado, de cuja actuação (não comprometida pelo despacho em causa) se poderão oportunamente defender pela forma tida por adequada.

III – Só os actos administrativos que operam, por si, a modificação da situação jurídica concreta das recorrentes, podem ser considerados lesivos.

IV – O juízo sobre a lesividade do acto recorrido, porque respeitante à própria legalidade do processo, precede a análise das restantes questões, sendo independente de qualquer consideração quanto a eventuais ilegalidades do acto em causa.

Ac. STA de 3/7/2003, Proc. 1605/02

I – Um acto administrativo é confirmativo de outro anterior quando, proferidos ao abrigo do mesmo regime legal, entre eles existe identidade quanto à pretensão do interessado, ao conteúdo e fundamentação da decisão.

II – O despacho proferido na sequência da reclamação facultativa daquele acto administrativo anterior devidamente notificado ao seu destinatário, que, com base nos mesmos pressupostos de facto e de direito, se limitou a manter o indeferimento ali decidido, nada acrescentando ou inovando na ordem jurídica, é contenciosamente irrecorrível.

Ac. STA de 2/7/2003, Proc. 25749

I – Não é acto administrativo em sentido material, passível de recurso contencioso, mas acto normativo, a inclusão de um terreno particular na área do Parque Natural da Ria Formosa, criada pelo Dec-Lei nº 373/87, de 9.12.

II – As prescrições deste diploma encerram uma vocação vincadamente normativa, possuindo as marcas da generalidade e da abstracção – resolvem-se na previsão hipotética de situações objectivas, não se esgotando numa única aplicação, e não dão a conhecer os seus destinatários específicos, que são indeterminados.

III – A delimitação dos terrenos que ficam incluídos na zona do Parque Natural, não obstante apresentar traços de individualização que a aproximam da decisão administrativa lesiva, está de tal modo adstrita e é de tal modo indissociável da ordem normativa introduzida pelo diploma que não pode ser autonomizada como acto administrativo a se, com o fim da respectiva impugnação contenciosa.

Ac. STA de 2/7/2003, Proc. 561/03

I – Só se pode falar em acto administrativo – e consequentemente só se pode encarar a possibilidade recurso contencioso – quando um qualquer órgão da Administração, no exercício de um poder público e ao abrigo de normas de direito público profere uma decisão que interfere de forma autoritária na situação concreta do administrado, atingindo os seus interesses ou direitos legalmente protegidos.

II – Por força do disposto no art. 186º do CPA está vedado à Administração pronunciar-se autoritariamente sobre a interpretação e validade dos contratos por ela celebrados.

III – Não constitui, assim, acto administrativo, mas acto opinativo, aquele em que a CML, em resposta a um pedido de pagamento de uma indemnização, fundado na alegada violação de uma obrigação constituída aquando da celebração de um contrato, nega que o direito a tal indemnização se tenha constituído, acrescentando que, a ter-se constituído, tal direito já prescrevera.

Ac. STA de 26/6/2003, Proc. 46.273/00

I – O núcleo da alteração introduzida no artigo 268º da C.R.P., pela Lei Constitucional nº 1/89, consistiu em fazer recair a recorribilidade não na circunstância do acto ser "definitivo e executório", mas na sua lesividade, assim se pretendendo consagrar uma garantia de accionabilidade em relação aos actos que lesem os direitos ou interesses legalmente protegidos dos particulares.

II – O preceituado no nº 1, do art. 25º da LPTA terá, por isso, de ser interpretado à luz do regime decorrente do nº 4 do art. 268º da CRP.

III – A recorribilidade contenciosa não assenta num critério formal-processual que atenda fundamentalmente à função do acto em relação ao acto final, antes relevando o da idoneidade de que se revista tal acto para lesar as posições subjectivas dos particulares.

Ac. STA de 26/6/2003, Proc. 1.140/02

Constitui acto administrativo susceptível de recurso hierárquico o despacho de um chefe de serviço da Caixa Geral de Aposentações que determina o arquivamento do procedimento de atribuição de uma pensão ao abrigo do regime instituído pelo DL 362/78, de 28 de Novembro, com fundamento em que o requerente não juntou documento probatório, que lhe foi exigido, da nacionalidade portuguesa.

Ac. STA de 4/6/2003, Proc. 41.100/02

I – São actos administrativos susceptíveis de recurso contencioso os actos administrativos que constituam uma decisão ou estatuição autoritária de um caso individual e concreto proveniente de um órgão ou agente da administração no uso de um poder administrativo que vise produzir efeitos jurídicos externos, isto é, vinculantes de terceiros.

II – Não constitui acto administrativo recorrível o despacho lançado sobre pedido de alteração do PDM que visa "esclarecer" o requerente de que "o respectivo processo vem estabelecido no art. 19º do Decreto-Lei 69/90 de 2 de Março, sendo que a competência para elaboração da revisão pertence à Câmara Municipal e a respectiva aprovação à Assembleia Municipal".

Ac. STA de 28/5/2003, Proc. 486/03

I – Acto confirmativo é aquele que, emanado da mesma autoridade e dirigido ao mesmo destinatário, repete, perante os mesmos pressupostos de facto e de direito, o conteúdo e a fundamentação do acto definitivo lesivo anterior. E, porque assim, o acto confirmativo não é contenciosamente recorrível.

II – Os actos que, embora se sustentando em actos internos anteriores, definem a situação do interessado e se reflectem na sua esfera jurídica com carácter lesivo, não são meramente confirmativos do acto interno anterior e, por isso, são contenciosamente impugnáveis.

III – A ordem de conhecimento dos vícios deve obedecer ao estabelecido no art. 57º da LPTA, o que significa que importa observar o respeito dessa ordem mas também ter em conta a eficácia e a estabilidade dos interesses em causa, pelo que há-de ser o concreto reporte da situação em juízo que deve orientar o prudente critério do julgador e não considerações genéricas e dogmáticas que a situação específica pode negar.

Ac. STA de 29/5/2003, Proc. 48.376

I – Tem natureza de acto administrativo contenciosamente recorrível a decisão do Secretário de Estado do Desenvolvimento Rural que indefere o pedido de cessação, sem penalizações, de contrato de concessão de ajudas agro-ambientais celebrado entre o requerente e o IFADAP, com fundamento na inexistência do motivo de força maior previsto no art. 12 do Regulamento CEE nº 746/96, de 24.4.96.

II – O IFADAP é um instituto público, dotado de personalidade jurídica, com autonomia jurídica e financeira, ao qual compete, nos termos da Portaria nº 745-0/96, de 18.12, assegurar o controlo e fiscalização dos compromissos assumidos pelos beneficiários daquelas ajudas.

III – O acto de indeferimento indicado em 1. respeita a matéria da competência do IFADAP, sendo nulo, por incompetência absoluta do seu autor.

Ac. STA de 3/4/2003, Proc. 45941

I – Não é acto interno o despacho do Director-Geral das Contribuições e Impostos, de 28/2/96, que altera a situação remuneratória de um conjunto de funcionários resultante de acto anterior que indeferira o pedido de cada um deles de promoção à classe imediata, o que condicionara os termos de transição para os escalões do "novo sistema retributivo" (NSR), na parte em que nega ao reposicionamento efeitos retroactivos.

II – O acto secundário absorve a identificação dos destinatários constante do acto primário. É "identificação adequada" dos destinatários do acto administrativo, para efeitos dos artigos 120º e 123º/2/b) do CPA, a que se alcança através da remissão para a identificação nominal contida no acto administrativo cujos efeitos o acto em causa alterou.

III – Após o decurso do prazo de impugnação do acto ilegal sem que esta ocorra, a sua revogabilidade (ou alteração) passa a depender dos requisitos fixados no art. 140º do CPA.

IV – O acto pelo qual a Administração reforma a situação do particular resultante de acto consolidado por falta de impugnação oportuna, ainda que envolva o reconhecimento da ilegalidade do acto anterior, só produz, em regra, efeitos para o futuro, sem prejuízo de a Administração poder atribuir-lhe efeitos retroactivos, nos termos do art. 145º/3 do CPA.

Ac. STA de 12/2/2003, Proc. 511/02

I – De harmonia com o que dispõe na Resolução do Conselho de Ministros nº 154/96 compete às CCR celebrar e rescindir os contratos de concessão de incentivos, sempre que se verifiquem os requisitos legais que justifiquem a prática de um e outro daqueles actos.

II – Todavia, quando se trate de rescisão esta está sujeita a homologação ministerial.

III – O conceito de homologação comporta três diferentes sentidos, sendo que um deles, o da homologação aprovação, se traduz na prática de um acto em que se exprime um juízo de conformidade com uma decisão anterior, já definitiva, mas a que falta executoriedade, que lhe é conferida por esse acto.

IV – Antes da homologação aprovação a decisão que dela necessita não constitui um acto lesivo porquanto, carecendo de executoriedade, não é ainda susceptível de se repercutir na esfera jurídica do interessado e, portanto, não é ainda um acto contenciosamente recorrível, qualidade que só adquire com a homologação.

V – Aquele acto homologatório, apesar de constituir a última palavra no procedimento, não é contenciosamente recorrível, salvo por vícios próprios.

VI – O acto contenciosamente recorrível é, assim, o acto da CCR, devidamente homologado.

Ac. STA de 20/10/2004, Proc. 301/04

I – O acto de concessão de ajudas comunitárias é um acto administrativo constitutivo de direitos, pois é a resolução final do pedido de ajuda, não estando previsto qualquer outro momento decisório no respectivo procedimento.

II – E, além disso, é definitivo e não precário ou condicional, pois que só pode ser qualificado de acto sujeito a condição aquele em cujo texto haja referência, expressa e clara, a essa circunstância ou aquele em que a lei, igualmente de forma clara e expressa, prescreva que o mesmo está sujeito a condição e isto porque a reserva ou a condição não podem ser implícitas têm de ser expressas.

III – Sendo um acto constitutivo de direitos, está sujeito ao regime de revogação de actos administrativos constante do art. 141º do CPA, nos termos do qual os actos administrativos inválidos só podem ser revogados com fundamento na sua invalidade e dentro do prazo do respectivo recurso contencioso.

IV – Constitui acto revogatório o acto posterior do INGA que, invocando erro sobre os pressupostos de facto, detectado posteriormente, ordena a reposição das ajudas já pagas.

V – Todavia, se a ordem de reposição se fundar em ilegalidades posteriores ao acto de concessão e se, por isso, a mesma resultar de ilegalidades praticadas no decurso da aplicação do subsídio recebido e não da ilegalidade genética do acto de concessão, a ordem de reposição não configura um verdadeiro acto revogatório e, porque assim, não está sujeito à disciplina do art. 141º do CPA.

Ac. STA de 7/7/2004, Proc. 1011/02

I – O acto normativo caracteriza-se pela verificação cumulativa dos requisitos da generalidade e da abstracção, enquanto o acto administrativo visa produzir efeitos jurídicos numa situação individual e concreta.

II – Constitui acto administrativo o Despacho conjunto que estabelece os critérios para a integração nas categorias da função pública dos trabalhadores das extintas casas de cultura e juventude, com a publicação em anexo da lista provisória resultante da aplicação dos aludidos critérios; de facto, os funcionários a quem as determinações do referido despacho se aplicam estão concretamente determinados ab initio, constando de lista normativa publicada e esgotam-se com uma única aplicação, embora com pluralidade de destinatários concretos.

III – Enferma de incompetência absoluta por falta de atribuições, sendo consequentemente nulo, o despacho do Secretário de Estado da Juventude que decide, isoladamente, com carácter definitivo, acerca da integração da funcionária constante da Lista Provisória anexa ao Despacho conjunto referido em 2, após o cumprimento de audiência prévia.

Ac. STA de 22/6/2004, Proc. 963/03

I – São recorríveis contenciosamente os actos administrativos que lesem direitos ou interesses legalmente protegidos dos administrados (artigo 268º, nº 4 da CRP).

II – Actos administrativos são as decisões dos órgãos da Administração que, ao abrigo de normas de direito público, visem produzir efeitos jurídicos numa situação individual e concreta (artigo 120º do CPA).

III – Não é acto administrativo, conforme definido em II., o despacho de um Secretário de Estado que, na sequência de uma exposição de uma concessionária de auto-estradas para providenciar pela implementação de medidas legislativas com vista a estender-lhe a comparticipação do custo das portagens concedida à rede de auto-estradas concessionadas pela B..., estabelecida no Decreto-Lei nº 130/2 000, de 13/7, informou que não era intenção do Governo tornar extensiva a outras concessionárias a comparticipação criada pelo referido diploma legal.

IV – Este acto é um acto da Administração, em que esta se limitou a manifestar a sua intenção quanto ao seu procedimento futuro relativamente à referida alteração legislativa, nada tendo decidido em concreto sobre a aludida comparticipação, o que, aliás, não podia fazer, limitando-se a manter a situação anterior resultante da disciplina legal, sendo desta que decorrem os prejuízos alegados pela recorrente.

V – Não é, assim, um acto administrativo lesivo de direitos da recorrente, pelo que não é contenciosamente impugnável (artigo 268º, nº 4, da CRP, e 25º, nº 1, da LPTA), donde resulta que o recurso dele interposto é manifestamente ilegal, pelo que deve ser rejeitado (artigo 24º, alínea b), da LPTA e 57º, § 4º do RSTA).

Ac. STA de 5/2/2003, Proc. 1094/02

I – A homologação é o acto administrativo pelo qual o órgão competente aceita a sugestão, parecer ou proposta apresentados por órgão consultivo ou subalterno, assim absorvendo o seu conteúdo e convertendo-a em decisão própria.

II – Não é recorrível, por não ser esse o acto lesivo, o acto do gestor do sub-programa Integrar *que, nos termos do art. 26º, nº 1, al. h) do D-L nº 99/94, de 19.4 e do Regulamento de Acesso à Medida nº 5, publicado no D.R., II série, nº 245, de 22.10.96, resolve submeter à consideração do Ministro do Trabalho e Solidariedade a pré-decisão de revogar o financiamento no âmbito da mesma medida, pois toda a lesividade vem do acto ministerial que o homologar.*

III – Tendo sido interposto recurso contencioso de dois actos (o acto revogatório da concessão do financiamento e o acto da entidade promotora que resolveu não celebrar o contrato com o recorrente), ficando rejeitado o recurso daquele primeiro acto e mostrando-se que não foi interposto recurso do acto ministerial de homologação, não deve conhecer-se do recurso contencioso restrito àquele segundo acto, pois a partir da emissão e consolidação do outro ele perdeu toda a sua apetência lesiva para atingir os interesses do recorrente, cuja situação passou a estar definitivamente resolvida, no sentido de não poder beneficiar do apoio inicialmente concedido.

IV – Nessa hipótese, deve o recurso contencioso do acto da entidade promotora ser rejeitado, por irrecorribilidade (falta de lesividade), do mesmo acto.

Ac. STA de 22/6/2004, Proc. 232/04

I – A deliberação de uma câmara municipal de, com precedência de concurso público, celebrar com determinada pessoa, em certas circunstâncias, um contrato promessa de compra e venda de um lote, em loteamento industrial, sendo o terreno municipal, é um acto administrativo.

II – Idêntica natureza tem a ulterior deliberação que revoga aquela primeira.

III – Os tribunais administrativos são competentes para apreciar, em recurso contencioso, a validade do acto revogatório.

Ac. STA de 5/2/2003, Proc. 48.365

I – É interno e genérico o Despacho nº 371/2001, do Secretário de Estado da Indústria, Comércio e Serviços, que, ponderando que já se atingira a quota de 35% prevista na Portaria nº 739/97, de 26/9, e relativa à instalação de unidades comerciais de dimensão relevante, determinou que, enquanto a legislação actual se mantivesse em vigor, não seriam concedidas novas autorizações prévias de instalação.

II – Por isso, tal despacho não é contenciosamente recorrível, sendo de rejeitar, por manifesta ilegalidade da sua interposição, o recurso que tomou esse acto por objecto.

Ac. STA de 29/1/2003, Proc. 1133/02

I – A adopção pelo nº 4 do art. 268º da CRP do critério da lesividade do acto administrativo para a determinação da sua recorribilidade não implica que todo o acto lesivo seja susceptível de imediato recurso contencioso e que o interessado esteja dispensado do esgotamento dos procedimentos graciosos para a abertura da via contenciosa.

II – Só assim não será quando o percurso imposto por lei para a abertura da via contenciosa esteja de tal modo eriçado de dificuldades que, na prática, suprima, ou restrinja em medida intolerável, o direito ao recurso contencioso.

III – Na interpretação de uma norma importa considerar o teor do seu texto mas não se deverá ficar por aí, pelo que se impõe procurar nas restantes normas do diploma e no espírito que delas se retira o melhor sentido para a referida norma.

IV – O recurso à analogia, nessa interpretação, só é legítimo quando haja um caso omisso e as normas a que se recorre disciplinem situações iguais ou muito semelhantes.

Ac. STA de 15/6/2004, Proc. 721/03

I – Os actos administrativos constitutivos de direitos são apenas revogáveis, nos termos do art. 141º do C. P. Adm com fundamento na sua invalidade e dentro do prazo do respectivo recurso contencioso.

II – A deliberação que autorizou o interessado a construir num determinado prédio, ao abrigo do disposto no art. 7º, nº 1 do Dec. Lei 166/70 é constitutiva de direito.

III – Deste modo, tal revogação só poderia ser revogada, no prazo legalmente previsto e com fundamento na sua invalidade.

Ac. STA de 26/5/2004, Proc. 167/04

I – A prática de um acto administrativo susceptível de imediata impugnação contenciosa é, por via de regra, precedida de uma série de trâmites e formalidades cuja observância a lei impõe como meio de garantir a sua legalidade e de se alcançar a decisão mais acertada.

II – No entanto, e apesar de, por vezes, estes actos trâmite e estas formalidades se traduzirem em verdadeiros actos administrativos certo é que, normalmente, os mesmos têm a natureza de actos preparatórios da decisão final e, por isso, não é através deles que a esfera jurídica dos seus destinatários é atingida com carácter lesivo. E daí que os mesmos, por princípio, não possam ser objecto de imediato recurso contencioso mesmo que estejam feridos de ilegalidade.

III – Todavia, nem sempre assim acontece e, por vezes, é o próprio acto trâmite a colocar um ponto final na relação estabelecida com a Administração para uma parte dos seus destinatários. Nestes casos, e ainda que estes actos continuem a ser, na economia geral do procedimento, actos preparatórios, são para aqueles destinatários actos definitivos, e porque assim e sendo eles susceptíveis de, per se, lesar os seus direitos ou interesses legítimos podem ser impugnados imediatamente.

IV – Não é lesivo e, portanto, é irrecorrível o acto em que a Administração, constatando que o Aviso do Concurso continha graves incorrecções, anula o procedimento e ordena a publicação de um novo Aviso, mesmo que à data dessa anulação já houvesse deliberação do Júri a classificar os concorrentes e a Recorrente tivesse sido posicionada em 1º lugar.

Ac. STA de 29/4/2004, Proc. 786/02

I – De acordo com a noção legal de acto administrativo (art. 120º do CPA) são seus elementos: 1º – uma decisão; 2º – de um órgão da Administração; 3º – ao abrigo de normas de direito público; 4º – produção de efeitos jurídicos, e; 5º –numa situação individual e concreta.

II – O elemento decisão significa ser o acto administrativo uma estatuição autoritária, um comando jurídico vinculativo (positivo ou negativo), que produz, por si só, mesmo perante terceiros, os efeitos jurídicos, a modificação jurídica nele definida.

III – Daqui ressalta que este elemento decisão tem três características: 1ª – a unilateralidade; 2ª – a autoridade; 3ª – a inovação. Faltando uma delas não estamos perante uma decisão como elemento do acto administrativo.

IV – Há toda uma série de actos praticados pela Administração que, por lhes faltarem uma destas características, não revestem a categoria de actos administrativos, designadamente os actos confirmativos.

V – Por actos confirmativos entendem-se aqueles que dirigindo-se ao mesmo destinatário, repete o conteúdo de um acto administrativo definitivo e executório anterior, sem que o reexame dos pressupostos decorra de revisão imposta por lei.

Assim, os actos confirmativos, por se limitarem a repetir estatuição anterior não incorporam uma decisão não inovando no ordenamento jurídico.

VI – Os actos confirmativos não são contenciosamente impugnáveis, por falta de lesividade.

Ac. STA de 29/4/2004, Proc. 165/04

Não é acto administrativo contenciosamente recorrível o despacho de "proceda-se conforme o proposto" lançado sobre precedente informação dos serviços que, dando nota, com listagem detalhada da existência de quantias em divida que o administrado, não obstante repetidas insistências, ainda não pagara, terminava propondo se procedesse à respectiva cobrança coerciva.

Ac. STA de 16/3/2004, Proc. 1343/03

I – Nem todos os litígios surgidos no âmbito de uma relação jurídica administrativa são do conhecimento dos tribunais administrativos, dado que o referido art. 4º do ETAF exclui várias situações que cairiam na previsão do art. 3. do mesmo diploma legal, como sejam, as acções que tenham por objecto normas legislativas e responsabilidade pelos danos decorrentes do exercício da função legislativa.

II – Além das funções política e legislativa, o Governo tem também uma competência (função) administrativa (art. 199º da CRP).

As principais funções administrativas do Governo são: a) garantir a execução das leis; b) assegurar o funcionamento da Administração Pública; c) promover a satisfação das necessidades colectivas.

III – A elaboração de regulamentos faz parte da função administrativa do Estado.

IV – A Constituição inclui entre os actos legislativos não só as leis formais da Assembleia (leis do parlamento, leis formais) mas também os actos normativos editados pelo Governo no exercício de funções legislativas – os decretos-lei. Por outro lado, reflectindo o sentido de autonomia regional instituída pelo diploma básico de 1976, ligou-se a função legislativa ao exercício de poderes normativos autónomos (competência legislativa autónoma), daí resultando a existência de actos legislativos de âmbito regional: os decretos legislativos regionais. A articulação de todos estes actos legislativos justifica o sentido formal de lei no ordenamento constitucional português: são leis todos os actos que, independentemente do seu conteúdo, são emanados pela Assembleia da República, pelo Governo e pelas assembleias legislativas regionais, de acordo com os procedimentos e no exercício das competências legislativas jurídico-constitucionalmente estabelecidas.

V – A função legislativa como a actividade permanente do poder político consiste na elaboração de regras de conduta social de conteúdo primacialmente político, revestindo determinadas formas previstas na Constituição.

Já a função administrativa é o conjunto dos actos de execução de actos legislativos, traduzida na produção de bens e na prestação de serviços destinados a satisfazer necessidades colectivas que, por virtude de prévia opção legislativa, se tenha entendido que incumbem ao poder político do Estado-colectividade.

VI – Assim, o conhecimento da ilegalidade do art. 11º do DL. nº 227-B/2001 está excluída da jurisdição administrativa.

VII – Para o conhecimento do recurso interposto de um despacho regulamentar são competentes os tribunais administrativos de círculo.

Ac. STA de 9/3/2004, Proc. 44960

I – O núcleo da alteração introduzida no art. 268º da C.R.P. pela Lei Constitucional nº 1/89, consistiu em fazer recair a recorribilidade não na circunstância do acto ser defi-

nitivo e executório, mas na sua lesividade, isto é, na sua idoneidade para produzir efeitos imediata, actual e efectivamente lesivos de direitos ou interesses legalmente protegidos.

II – Tem assim a natureza de acto administrativo recorrível, um despacho de concordância sobre uma proposta de arquivamento do procedimento administrativo conducente à satisfação do direito a uma pensão de aposentação, por o requerente não ter apresentado a documentação que a CGA considerou necessária para o efeito.

Ac. STA de 12/2/2004, Proc. 2035/03

O despacho que revoga autorização anteriormente concedida para a celebração de contrato de trabalho a termo certo constitui acto administrativo passível de recurso contencioso.

Artigo 149º – Cláusulas acessórias

1 – Os atos administrativos podem ser sujeitos, pelo seu autor, mediante decisão fundamentada, a condição, termo, modo ou reserva, desde que estes não sejam contrários à lei ou ao fim a que o ato se destina, tenham relação direta com o conteúdo principal do ato e respeitem os princípios jurídicos aplicáveis, designadamente o princípio da proporcionalidade.

2 – A aposição de cláusulas acessórias a atos administrativos de conteúdo vinculado só é admissível quando a lei o preveja ou quando vise assegurar a verificação futura de pressupostos legais ainda não preenchidos no momento da prática do ato.

ANOTAÇÃO:

Corresponde ao art. 121º do anterior CPA.

A condição, termo, modo ou reserva, afetam potencialmente a eficácia do ato administrativo e, por vezes, constituem mesmo "condição de eficácia" do mesmo. Por essa razão, o legislador subordinou-os, expressamente, à inexistência de lei em contrário; ao fim a que o ato se destina; adequação com o conteúdo principal do ato e o respeito pelos princípios jurídicos aplicáveis, nomeadamente o da proporcionalidade.

Este artigo vem inovadoramente esclarecer, em matéria de cláusulas acessórias, as condições de validade da sua oposição e criar uma cláusula de reserva, típica das decisões de direito público, que não se encontrava prevista na redação do correspondente artigo da versão anterior do código.

JURISPRUDÊNCIA:

Ac. STA de 29/5/2003, Proc. 10/03-11

I – Ataca a sentença a alegação do recorrente quando logo no seu nº 1 se aponta a "decisão recorrida" como o alvo da impugnação e a conclusão final também se dirige à "decisão recorrida" pedindo-se a sua "revogação". A referência que se vai fazendo ao acto impugnado, na referida alegação e mesmo nas conclusões, não visa senão apontar a discordância do recorrente quanto à referida decisão, de forma indirecta, uma vez que ali se acolheu a posição adoptada pela autoridade administrativa que praticou o acto. A imputação de ilegalidades ao acto impugnado, neste contexto, mais não visa do que fazer a sua transposição para a decisão que as acolheu.

II – Caracteriza-se como condição resolutiva aquela que foi aposta a um acto de licenciamento de exploração de inertes, traduzida na obrigação de o interessado apresentar, no prazo de 6 meses contados a partir desse acto, à Direcção Regional do Ambiente do Centro (DRAC) de um Plano de Recuperação Paisagística para o local.

III – O acto sujeito a condição resolutiva é um acto provisório que apenas se consolida na ordem jurídica com a observância da condição.

IV – O incumprimento da condição, traduzido na falta de apresentação desse parecer no prazo determinado, acarreta a cessação automática dos efeitos do acto de licenciamento, assumindo-se o acto administrativo que o cancelou como meramente conformador da situação já existente.

Artigo 150º – Forma dos atos

1 – Os atos administrativos devem ser praticados por escrito, desde que outra forma não seja prevista por lei ou imposta pela natureza e circunstâncias do ato.

2 – A forma escrita só é obrigatória para os atos dos órgãos colegiais quando a lei expressamente a determinar, mas esses atos devem ser sempre consignados em ata, sem o que não produzem efeitos.

ANOTAÇÃO:

Corresponde ao art. 122º do anterior CPA.

O regime-regra estipulado no nº 1 determina que os órgãos não colegiais reduzam a escrito as suas decisões. É o mesmo que dizer que, o teor das decisões, é, em regra, formalmente registado por escrito. Esta exigência é fixada em nome da certeza e segurança jurídica e, ao mesmo tempo, é uma garantia com vista ao exercício pleno dos direitos dos interessados. A sua inobservância, quando obrigatória, constitui, quanto a nós, uma situação de nulidade, nos termos do artigo 161º alínea *g)*.

Quanto aos órgãos colegiais o regime-regra é, por assim dizer, invertido no sentido que a forma escrita só é obrigatória se a lei expressamente o exigir.

Os órgãos colegiais tomam as suas decisões, através de deliberações resultantes de votação que são registadas em ata nos termos do art. 34º, nº 1, sendo lavradas pelo secretário (art. 34º, nº 2). A ata pode ser aprovada na própria reunião a que disser respeito, desde que o órgão assim o delibere, através de minuta sintética, devendo ser posteriormente, com maior detalhe, lavrada no livro de atas, e ser confirmada através de aprovação (art. 34º, nº 4), constituindo esta "aprovação confirmativa", condição de eficácia da própria ata.

JURISPRUDÊNCIA:

Ac. TCAN de 30 de novembro de 2016 Proc. 02807/06

A transmissão eletrónica de peças processuais ou de documentos deve ser feita através do formato rich txt format (rtf) ou portable document format (pdf), mecanismos estes adequados a manter a segurança dos mesmos para que não possam vir a ser alterados. No entanto, as peças processuais podem ser remetidas a Tribunal através de suporte físico devendo posteriormente ser digitalizadas. Nestes termos, se um requerimento ou uma peça processual pode ser apresentada em suporte físico, não há motivo para rejeitar a apresentação de um requerimento de prova por via eletrónica só pelo facto de ter sido transmitido em formato word (.doc). Com efeito, não está prevista a nulidade do ato pela apresentação eletrónica de peças processuais e documentos fora do formato previsto na lei e caso ocorram dúvidas sobre o documento apresentado sempre se poderá solicitar a remessa do original. Deste modo, deve ser admitido o requerimento de prova remetido via correio eletrónico, em formato Word.

Artigo 151º – Menções obrigatórias

1 – Sem prejuízo de outras referências especialmente exigidas por lei, devem constar do ato:

a) A indicação da autoridade que o pratica e a menção da delegação ou subdelegação de poderes, quando exista;

b) A identificação adequada do destinatário ou destinatários;

c) A enunciação dos factos ou atos que lhe deram origem, quando relevantes;

d) A fundamentação, quando exigível;

e) O conteúdo ou o sentido da decisão e o respetivo objeto;

f) A data em que é praticado;

g) A assinatura do autor do ato ou do presidente do órgão colegial que o emana.

2 – As menções exigidas no número anterior devem ser enunciadas de forma clara, de modo a poderem determinar-se de forma inequívoca o seu sentido e alcance e os efeitos jurídicos do ato administrativo.

ANOTAÇÃO:

Corresponde ao art.123 do anterior CPA.

A exigência das menções obrigatórias elencadas no nº 1 não significa, necessariamente, que elas não existam no "processo". O nº 1 subsume-se, exclusivamente às referências que devem constar do documento que é dirigido ao interessado. Assim, se o ato contiver todos os elementos essenciais e obrigatórios, mas o documento que o "externaliza" omitir algum ou alguns dele(s), tal gerará, apenas, situações de anulabilidade, diferentemente do que acontece se a falta também se verificar no ato em si, caso em que estaremos perante uma situação de nulidade nos termos do art. 159º.

REFERÊNCIAS BIBLIOGRÁFICAS:

GOMES CANOTILHO e VITAL MOREIRA, *Constituição da República Portuguesa Anotada*, 1993, pág. 936 e segs.

VIEIRA DE ANDRADE, *O Dever de Fundamentação Expressa dos Actos Administrativos*, 1990, pág. 53 e segs.

ANTUNES VARELA e outros, *Manual de Processo Civil*, Coimbra Editora, 2.ª ed, 1985, pág. 687 e segs.

ALBERTO DOS REIS, *Código de Processo Civil Anotado*, Coimbra Editora, 1984, Vol. V, pág. 139 e segs.

MARCELO CAETANO, *Manual de Direito Administrativo*, Vol. I, Almedina, 1991, pág. 477 e segs.

FREITAS DO AMARAL, *Curso de Direito Administrativo*, Vol. II, Almedina 2001, pág. 352 e segs.

PINTO FERNANDES e NUNO PINTO FERNANDES, *CIMSISSD*, Anotado e Comentado, 4.ª Ed., Rei dos Livros, 1997, pág. 657.

JURISPRUDÊNCIA:

Ac. STA de 6/5/2010, Proc. 88/09

I – Um dos elementos essenciais do acto administrativo é a identificação do seu destinatário ou destinatários (artigo 123, nº 1, al. b), do CPA).

II – Um acto administrativo que contenha uma ordem relativa à realização de obras em bem integrante da herança, para produzir o seu efeito útil e normal, tem, necessariamente, que ser dirigido a todos os herdeiros, que, como tal, nele devem ser identificados, constituindo a ausência de identificação a falta um elemento essencial do acto administrativo para que este atinja o seu fim, gerador de nulidade (artigo 133, nº 1, do CPA).

III – Assim, não constando da deliberação camarária impugnada a identificação dos herdeiros do arrendatário, já falecido, tal acto é nulo, não produzindo quaisquer efeitos nem em relação ao recorrente nem em a ninguém.

Artigo 152º – Dever de fundamentação

1 – Para além dos casos em que a lei especialmente o exija, devem ser fundamentados os atos administrativos que, total ou parcialmente:

a) Neguem, extingam, restrinjam ou afetem por qualquer modo direitos ou interesses legalmente protegidos, ou imponham ou agravem deveres, encargos, ónus, sujeições ou sanções;

b) Decidam reclamação ou recurso;

c) Decidam em contrário de pretensão ou oposição formulada por interessado, ou de parecer, informação ou proposta oficial;

d) Decidam de modo diferente da prática habitualmente seguida na resolução de casos semelhantes, ou na interpretação e aplicação dos mesmos princípios ou preceitos legais;

e) Impliquem declaração de nulidade, anulação, revogação, modificação ou suspensão de ato administrativo anterior.

2 – Salvo disposição legal em contrário, não carecem de ser fundamentados os atos de homologação de deliberações tomadas por júris bem como as ordens dadas pelos superiores hierárquicos aos seus subalternos em matéria de serviço e com a forma legal.

ANOTAÇÃO:

Corresponde ao art. 124º do anterior CPA.

O dever de fundamentação em sede administrativa tem, compreensivamente, uma previsão mais detalhada que a própria Constituição, o que bem se compreende dada a função orientadora da CRP e a natureza operativa do CPA.

Assim, ainda que no exercício de poderes vinculados, devem ser fundamentados todos os atos, relativamente aos quais a lei faça essa exigência, e ainda, todos os outros que afetam interesses legalmente protegidos.

Na senda dos arts. 266º e 268º da CRP o vasto elenco das alíneas do nº 1 vem reforçar a importância do dever de fundamentação.

O nº 2 vem dispensar, salvo disposição legal em contrário, o dever de fundamentação dos atos de homologação das deliberações tomadas por júris e as ordens dadas pelos superiores hierárquicos aos seus subalternos em matéria de serviço e com forma legal.

Para melhor compreensão da temática transcrevemos o teor dos arts. 266º e 268º do CRP:

Artigo 266º – (Princípios fundamentais)

1. A Administração Pública visa a prossecução do interesse público, no respeito pelos direitos e interesses legalmente protegidos dos cidadãos.

2. Os órgãos e agentes administrativos estão subordinados à Constituição e à lei e devem actuar, no exercício das suas funções, com respeito pelos princípios da igualdade, da proporcionalidade, da justiça, da imparcialidade e da boa-fé.

Artigo 268º – (Direitos e garantias dos administrados)

1. Os cidadãos têm o direito de ser informados pela Administração, sempre que o requeiram, sobre o andamento dos processos em que sejam directamente interessados, bem como o de conhecer as resoluções definitivas que sobre eles forem tomadas.

2. Os cidadãos têm também o direito de acesso aos arquivos e registos administrativos, sem prejuízo do disposto na lei em matérias relativas à segurança interna e externa, à investigação criminal e à intimidade das pessoas.

3. Os actos administrativos estão sujeitos a notificação aos interessados, na forma prevista na lei, e carecem de fundamentação expressa e acessível quando afectem direitos ou interesses legalmente protegidos.

4. É garantido aos administrados tutela jurisdicional efectiva dos seus direitos ou interesses legalmente protegidos, incluindo, nomeadamente, o reconhecimento desses direitos ou interesses, a impugnação de quaisquer actos administrativos que os lesem, independentemente da sua forma, a determinação da prática de actos administrativos legalmente devidos e a adopção de medidas cautelares adequadas.

5. Os cidadãos têm igualmente direito de impugnar as normas administrativas com eficácia externa lesivas dos seus direitos ou interesses legalmente protegidos.

6. Para efeitos dos nºs 1 e 2, a lei fixará um prazo máximo de resposta por parte da Administração.

REFERÊNCIAS BIBLIOGRÁFICAS:

GOMES CANOTILHO e VITAL MOREIRA, *Constituição da República Portuguesa Anotada*, 1993, pág. 936 e segs.

VIEIRA DE ANDRADE, *O Dever de Fundamentação Expressa dos Actos Administrativos*, 1990, pág. 53 e segs.

ANTUNES VARELA e outros, *Manual de Processo Civil*, Coimbra Editora, 2.ª ed, 1985, pág. 687 e segs.

ALBERTO DOS REIS, *Código de Processo Civil Anotado*, Coimbra Editora, 1984, Vol. V, pág. 139 e segs.

MARCELO CAETANO, *Manual de Direito Administrativo*, Vol. I, Almedina, 1991, pág. 477 e segs.

FREITAS DO AMARAL, *Curso de Direito Administrativo*, Vol. II, Almedina 2001, pág. 352 e segs.

PINTO FERNANDES e NUNO PINTO FERNANDES, *CIMSISSD*, Anotado e Comentado, 4.ª Ed., Rei dos Livros, 1997, pág. 657.

JURISPRUDÊNCIA:

Ac. STA de 16/9/2015, Proc. 156/15

I – A fundamentação de um despacho que decide a arguição de irregularidades e deficiências da notificação de um acto de liquidação adicional não afecta a fundamentação deste acto porque não é contemporânea do mesmo, nem contextual;

II – O disposto no artigo 12º, nº 1 do CIMT não encerra qualquer violação do princípio da igualdade pelo facto de não ser aceite como valor atendível para efeitos de cálculo do imposto o valor da transacção no caso de ser inferior ao VPT;

III – O cálculo do imposto –CIMT – tendo por base o VPT, é a metodologia que melhor assegura o respeito pelo princípio da igualdade entre os contribuintes, por ser esse o que melhor reflecte o valor de mercado dos imóveis.

Ac. STA de 3/3/2016, Proc. 768/15

I – A discricionariedade consiste numa liberdade de escolha entre várias soluções tidas como igualmente possíveis [a Administração escolhe livremente uma das soluções apontadas na lei, sendo tidas como igualmente boas, qualquer uma delas]. Por outro lado o controlo jurisdicional do poder discricionário obedece apenas ao controlo da legalidade não se estendendo à esfera da oportunidade, onde o poder discricionário ocupa o seu espaço por excelência.

II – No caso das provas de conhecimento como método de selecção, os Tribunais não podem proceder à avaliação das prestações dos concorrentes e substituir-se à Administra-

ção, atribuindo a classificação que entendem ser a justa, salvo nos casos em que seja flagrante que o júri não procedeu de forma correcta na aplicação dos critérios de classificação, que estabeleceu como padrão da resposta exacta.

III – No caso de avaliação traduzida na realização de um teste de escolha múltipla, "multiple choice", *vulgo, teste americano, das soluções de resposta apresentadas aos candidatos, só uma é considerada correcta, por assim haver sido previamente determinado por uma Comissão de Avaliação, supostamente em cumprimento da legislação aplicável; Ou seja, estamos perante um quadro em que tudo aponta para que a discricionariedade atribuída à Administração seja negativa, tudo se passando como se houvesse discricionariedade, mas não há. No caso de teste de escolha múltipla, a aparente discricionariedade ou discricionariedade negativa verifica-se num momento prévio ao da correcção do teste e apuramento concreto da resposta considerada certa; ou seja, verifica-se no momento em que o júri/comissão de avaliação determina qual a resposta considerada correcta nas várias hipóteses previstas e apresentadas aos candidatos. De seguida, o que se sucede é apenas uma mera aplicação mecânica, ou seja, o júri, quando corrige a prova, limita-se, ao olhar para a grelha de correcção e, a fazer uma mera operação mecânica/automática no sentido de verificar se o candidato assinalou a alínea considerada previamente a correcta.*

IV – Esta aplicação mecânica tem subjacente uma definição prévia do júri em determinar a resposta considerada correcta e é aqui que temos de fazer incidir a sindicância e controlo jurisdicional, dado que o que a recorrente verdadeiramente pretende sindicar não é o momento da aplicação mecânica, mas sim o momento prévio em que o júri considerou determinada resposta como certa, pois só aqui existe a chamada discricionariedade imprópria, e só aqui o Tribunal pode sindicar da existência do erro manifesto.

Ac. STA de 24/2/2016, Proc. 195/15

I – Se a liquidação adicional impugnada foi originada por falta de apresentação, da declaração de substituição quanto ao valor não reinvestido referido na 1ª declaração de rendimentos apresentada pelo contribuinte e este apresentou uma declaração de substituição, que foi considerada certa após validação central pelo sistema informático da Autoridade Tributária, na fundamentação daquela liquidação adicional era imprescindível indicar porque não foi tida em conta a declaração de substituição.

II – A liquidação adicional, não se baseou nos dados fornecidos pelo contribuinte, na medida em que desconsiderou vários dos dados que ele fez integrar na sua declaração de substituição.

III – A informação dúbia que lhe foi facultada pelo sistema informático, induzia em erro por permitir a um cidadão médio considerar que aqueles dados seriam tidos em conta no apuramento do imposto.

IV – Para obstar à falta de fundamentação do acto de liquidação adicional impugnado não basta que nas alegações de recurso se indique todo o itinerário lógico seguido pela Administração Tributária desde a 1ª liquidação de IRS até à liquidação adicional aqui impugnada, mostrando-se, pois, violado do disposto no art. 66º, nº 1 do CIRS.

Ac. STA de 8/10/2009, Proc. 498/09

I – A anulação do acto impugnado produz a sua eliminação retroactiva da ordem jurídica pelo que, a partir do trânsito em julgado da decisão anulatória, tudo se passa como se aquele jamais tivesse sido praticado.

II – Sendo assim, declaração de nulidade do acto que demitiu o Recorrente determinou a repristinação da realidade factual e jurídica existente à data da sua prática e o consequente reatamento da relação administrativo-laboral existente entre ele a Administração, tudo se passando como se esse acto punitivo nunca tivesse sido praticado e, consequentemente, o laço laboral nunca tivesse sido quebrado.

III – Deste modo, o Recorrente não só não tinha de tomar novamente posse do lugar de que fora demitido como se deveria apresentar ao serviço logo que fosse notificado, ficando de imediato sujeito ao poder disciplinar da Administração pois que, a partir do trânsito da decisão anulatória, tudo se processaria como se o mencionado acto sancionatório nunca tivesse sido praticado.

IV – A justificação das faltas ao serviço tem de ser efectuada em despacho próprio e no local próprio, sendo que essa justificação só poderá ter lugar se o funcionário ou agente fizer prova de motivos atendíveis.

V – É meramente indicativo, ordenador ou disciplinar o prazo destinado a balizar ou regular a tramitação procedimental, pelo que o seu eventual desrespeito não extingue o direito de o praticar, nem acarreta a nulidade do processo ou ilegalidade passível de afectar o acto, podendo apenas implicar infracção disciplinar.

VI – A Administração tem o dever de fundamentar os seus actos que afectem os direitos ou interesses legítimos dos administrados – vd. nº 3 do art. 268º da CRP, art. 1º do DL 256-A/77, de 17/6, art. 124º do CPA e art. 21º, nº 1 do CPT – o qual se traduz na exposição das razões que a levam a praticar o acto e a dar-lhe determinado conteúdo, com a descrição expressa das premissas em que assenta.

Ac. STA de 6/3/2007, Proc. 42.940

I – Em recurso interposto de acórdão da Secção, o Pleno apenas conhece de matéria de direito (art. 21º, nº 3, do ETAF), devendo considerar-se como assente a matéria de facto apurada no acórdão da Subsecção, excepto se ocorrer alguma das circunstâncias previstas no nº 2 do art. 722º do CPC (haver ofensa de uma disposição expressa de lei que exija certa espécie de prova para a existência do facto ou que fixe a força de determinado meio de prova) não sendo por isso e fora desses casos, de admitir diligências instrutórias visando a alteração ou ampliação da matéria de facto dada como provada no acórdão da subsecção.

II – A exigência de fundamentação do acto tem como objectivo directo esclarecer o respectivo destinatário das razões ou dos motivos (de facto e de direito) que determinaram a administração a decidir no sentido em que decidiu e não em sentido diferente.

III – Não se verifica o vício de falta de fundamentação quando no acto expropriativo, ainda que de forma sucinta, se expressa claramente o fim e os motivos da expropriação e a necessidade dele.

IV – O direito de propriedade, face ao disposto no art. 62º da CRP não goza de protecção constitucional em termos absolutos, apenas estando garantido ao respectivo proprietário o direito de não ser arbitrariamente privado da propriedade bem como o direito de ser indemnizado em caso de expropriação.

Ac. STA de 3/11/2005, Proc. 355/05

I – O dever de fundamentação expressa dos actos administrativos tem uma tripla justificação racional: habilitar o interessado a optar conscientemente entre conformar-se com o acto ou impugná-lo; assegurar a devida ponderação das decisões administrativas e permiti um eficaz controlo da actuação administrativa pelos tribunais.

II – Nenhum dos objectivos indicados em 1. é alcançável se a deliberação do júri do concurso para instalação de uma farmácia atribuir uma pontuação numérica global a cada concorrente sem explicitar a pontuação parcial atribuída em cada um dos itens a que se reportam as alíneas a) e b) do nº 1, do art. 10º da Portaria 936-A/99, de 22 de Outubro.

Ac. STA de 2/4/2008, Proc. 39/08

I – Não é susceptível de integrar a prática de um acto administrativo, tal como surge configurado no art. 120º do CPA, a simples aposição da assinatura do Vereador recorrente numa proposta, sem indicar o sentido da decisão ou sem qualquer outro conteúdo (cf. ainda art. 123º/1/e) do CPA).

II – O art. 133º, nº 1 do CPTA determina a nulidade do "acto" quando lhe falte qualquer um dos seus elementos essenciais, devendo ser considerados como essenciais os elementos que integram o próprio conceito do acto administrativo contidos no art. 120º do CPTA (decisão, destinada a produzir efeitos jurídicos numa situação individual e concreta).

Ac. STA de 13/11/2008, Proc. 471/08

I – A dispensa de fundamentação dos actos de homologação de deliberações tomadas por júris, prevista no art. 124º/2 do CPA, justifica-se pela obrigatoriedade destas últimas serem fundamentadas e de, havendo apropriação pelo acto homologatório da deliberação do júri, aquele se apropriar das suas razões.

II – Daí que, carecendo a deliberação do Júri de fundamentação, este vício se propague ao acto homologatório fazendo-o padecer do mesmo vício de forma.

III – A fundamentação do acto administrativo é um conceito relativo que varia conforme o tipo de acto e as circunstâncias do caso concreto, mas a fundamentação só é suficiente quando permite a um destinatário normal aperceber-se do itinerário cognoscitivo e valorativo seguido pelo autor do acto para proferir a decisão, isto é, quando aquele possa conhecer as razões por que o autor do acto decidiu como decidiu e não de forma diferente, de forma a poder desencadear dos mecanismos administrativos ou contenciosos de impugnação.

IV – Enferma de vício de forma por falta de fundamentação o acto de homologação de uma deliberação de júri de concurso para instalação de nova farmácia, em que apenas se refere que o júri analisou a documentação entregue e atribuiu as pontuações que atribuiu de acordo com os critérios descritos na Portaria nº 936-A/99 de 22 de Outubro.

V – A impraticabilidade da realização da audiência a que se refere a al. c) do nº 1 do art. 103º do CPA é a que resulta do comprometimento da sua utilidade para os fins do procedimento, não só por razões de morosidade, mas de agravamento complexivo do procedimento decisório, em face da interdependência e multiplicidade das questões que possam ser levantadas por um número elevado de candidatos e, por isso, haverá de ser analisada consoante as características de cada procedimento individual e concreto.

VI – Não se verifica impraticabilidade de realização de audiência num concurso para instalação de farmácia com 8 candidatos em que a classificação dos candidatos é feita com base em poucos elementos.

VII – Há tantos concursos para instalação de farmácias, quantas as farmácias a instalar, pelo que é à face de cada um deles que há que apreciar se é ou não impraticável assegurar aos interessados o exercício do direito de audiência, para efeitos do disposto no art. 103º, nº 1, al. c), do CPA.

Ac. STA de 14/2/2008, Proc. 440/07

I – A Administração tem o dever de fundamentar os seus actos que afectem os direitos ou interesses legítimos dos administrados e que esse dever passa pela exposição das razões que a levaram a praticar o acto e a dar-lhe determinado conteúdo, com a descrição expressa das razões, de facto e de direito, que determinaram a sua prática e porque motivo se decidiu num sentido e não noutro.

II – Se o Parecer final emitido a coberto do disposto no nº 3 do art. 66º do ED não acrescentar novos factos aos constantes da acusação e se, portanto, o arguido não foi confrontado com uma factualidade que dela não constava e com uma pena que dela não decorria e se, por isso, aquele não se viu confrontado com nada que, a seu tempo, não tivesse tido a oportunidade de se defender não há que o notificar desse Parecer.

III – A atribuição de competência aos directores gerais para aplicar penas de multa, de suspensão e de inactividade não é a atribuição de uma competência exclusiva e, porque assim, nada impede que o SEAF aplique ao arguido uma pena de suspensão. Ou seja, ainda que, prima facie, *a competência disciplinar relativa à função pública resida nos seus órgãos dirigentes, a competência daqueles é, por princípio, uma competência separada e não uma competência reservada ou exclusiva e, porque assim é, nada impede que os seus superiores hierárquicos a avoquem e a exerçam por si.*

IV – O procedimento disciplinar prescreve se, conhecida a falta pelo dirigente máximo do serviço, aquele não for instaurado no prazo de três meses. Porém, esse conhecimento não é o conhecimento material dos factos que, abstractamente, possam ser subsumíveis num ilícito disciplinar mas sim um conhecimento que já comporte uma valoração de ilicitude disciplinar.

V – O cumprimento dos prazos de natureza administrativa traduz-se no cumprimento de um dever meramente funcional, dirigido ao bom funcionamento da actividade administrativa pelo que o seu desrespeito acarreta apenas consequências de natureza administrativa e/ou disciplinar, susceptíveis de fundamentar um pedido indemnizatório. A sua violação não interfere, assim, com a legalidade da decisão e não afectam a sua validade.

Ac. STA de 25/1/2005, Proc. 1425/02-20

I – Na omissão de pronúncia há que distinguir entre "questões" ou "razões ou argumentos": a omissão de pronúncia só constitui nulidade da sentença quando o juiz se tenha abstido de conhecer de questão suscitada pelas partes, não ocorrendo quando o juiz deixou de apreciar qualquer consideração ou argumento apresentado pela parte.

II – O ponto de vista relevante para avaliar a suficiência do conteúdo da fundamentação é o da compreensibilidade do destinatário médio, colocado na situação concreta, devendo dar-se por cumprido o dever legal se a motivação contextualmente externada permite àquele entender as razões de facto e de direito que determinaram o autor do acto a agir e/ou a escolher a medida adequada.

III – Não há qualquer obscuridade na fundamentação que, utilizando os conceitos de "acréscimo de esforço", "serviço não especialmente exigente" e de "reduzida expressão processual", depois de mencionar a quantidade do trabalho produzido, dá a conhecer ao destinatário que o serviço mereceu aquelas qualificações tendo como padrão de avaliação o preenchimento do tempo do horário do funcionamento do tribunal.

Ac. STA de 6/2/2007, Proc. 631/06

I – A jurisprudência do Supremo Tribunal Administrativo tem, por via de regra, recusado ao vício de forma, e, designadamente, ao vício de forma por falta de fundamentação, aptidão para servir de suporte à indemnização pelos prejuízos que os interessados, nas situações analisadas, apontam como derivados da referida ilegalidade, predominantemente por falta do necessário nexo de causalidade adequada entre os danos referidos e a mencionada ilegalidade formal.

II – Se a causa de pedir invocada na acção abranger não só a falta de fundamentação do acto anulado, mas também a não renovação desse acto pela Administração, o afastamento da responsabilidade civil exige que seja feita prova da inexistência de nexo de causalidade entre a "não renovação do acto anulado" e os danos invocados pelo A., só assim podendo concluir-se pela ausência de ilicitude relevante.

Ac. STA de 1/4/2003, Proc. 42197

I – No recurso contencioso do acto do superior que decide recurso hierárquico necessário, o recorrente pode arguir vícios ou ilegalidade do acto hierarquicamente impugnado e não arguidos neste;

II – No recurso contencioso não deve conhecer-se dos vícios que o recorrente invocou na petição mas abandonou nas conclusões da alegação;

III – A fixação dos critérios de classificação insere-se nos poderes da denominada discricionariedade técnica do júri, baseada na experiência pessoal e profissional dos seus membros.

IV – Essa fixação não tem de ser fundamentada e a sua apreciação não pode ser levada a cabo pelos tribunais para além dos casos em que possa ficar-se com uma certeza de que se está perante um erro, designadamente pela inidoneidade do sistema adoptado face à lei ou ao fim em vista.

V – A fundamentação do acto administrativo é um conceito relativo que varia conforme o tipo de acto e as circunstâncias do caso concreto, sendo suficiente quando permite a um destinatário normal aperceber-se do itinerário cognoscitivo e valorativo seguido pelo autor do acto para proferir a decisão, isto é, quando aquele possa conhecer as razões por que o autor do acto decidiu como decidiu.

VI – Ainda que o júri tenha tomado em consideração um critério que não poderia ser considerado, se essa ilegalidade não influenciou o resultado do concurso, pois todos os con-

correntes obtiveram nele a mesma classificação, não subsiste motivo para, com esse fundamento, anular o acto administrativo.

Ac. STA de 6/12/2005, Proc. 1126/02

I – A fundamentação é um conceito relativo que varia em função do tipo de acto e das respectivas circunstâncias e ainda da específica situação do destinatário, considerado este como destinatário normal.

II – Não está suficientemente fundamentado um acto administrativo que ao classificar as candidaturas a apoios financeiros ao teatro profissional, não concretiza os factos que determinaram a pontuação obtida e se limita a remeter para fórmulas genéricas previamente definidas como parâmetros de avaliação.

III – A mera invocação da disparidade de classificações atribuídas (facto normal em qualquer procedimento de apreciação e selecção de candidaturas) nada substancia em termos de violação dos princípios da igualdade e da justiça e imparcialidade da actividade administrativa, violação que só seria concebível se reportada a candidaturas objectivamente iguais, ou sobre as quais tivesse recaído uma idêntica apreciação por parte do júri, incompatível com uma diversa valoração.

IV – As regras de transparência e isenção aplicáveis aos procedimentos concursais exigem que a escolha dos critérios de valoração, tomados em consideração na decisão final, não sejam efectuados depois de conhecidas as propostas.

Ac. STA de 12/4/2005, Proc. 6/04

I – A fundamentação é um conceito variável, não existindo por assim dizer um modelo único aplicável a todo o tipo de actos administrativos.

II –É que, convenhamos, a concretização do grau de densificação do dever de fundamentar está dependente de vários factores, designadamente, do tipo e da natureza do acto em questão, ponto é que, obviamente, em qualquer das situações sejam patentes, a um destinatário normal, as razões pelas quais se decidiu num determinado sentido, devendo explicitar-se os motivos de facto e de direito que levaram à decisão tomada, tudo isto mediante a adução de fundamentos claros e suficientes, que não permitam qualquer dúvida, legitima e razoável, sobre os reais motivos em que a Entidade em causa se pretendeu basear.

Ac. STA de 24/11/2004, Proc. 672/02

I – Está suficientemente fundamentada a decisão do SEC de recusar a exportação de uma pintura para o estrangeiro quando nela se identifica e referencia a obra, se invoca a sua raridade no contexto das colecções nacionais e internacionais, e se evidencia a respectiva importância para o património cultural.

II – O facto de o Estado não ter usado do seu direito de preferência no momento em que o recorrente adquiriu a pintura não o impede de posteriormente recusar a sua exportação, pois estas medidas são vias distintas da realização do interesse público, a adoptar segundo critérios de adequação e proporcionalidade, oportunidade e conveniência, sem esquecer as condicionantes de natureza orçamental.

III – Essa restrição legal não atenta contra os princípios da justiça – igualdade, confiança e boa-fé e justa indemnização, pois é ditada a benefício de valores e interesses que segundo a Constituição constituem tarefas fundamentais do Estado e não atinge o proprietário nos poderes de uso e fruição da coisa nem na faculdade genérica de disposição, apenas se ficando pela introdução de limites espaciais ao respectivo comércio

Ac. STA de 11/11/2004, Proc. 1953/02

I – Não se encontra suficientemente fundamentado de facto um despacho que declarou a nulidade de um despacho anterior invocando, como fundamento da decisão, a circunstância de o empreendimento imobiliário a licenciar se situar numa zona de protecção dos sistemas aquíferos, quando a lei faz depender essa necessidade de protecção da ocorrência de determinadas situações descritas a título meramente exemplificativo.

II – Não pode suprir essa deficiência (por apelo ao completo conhecimento da fundamentação do acto) o facto de a recorrente ter negado a verificação de qualquer dessas hipóteses expressamente previstas na norma, uma vez que sempre restaria a possibilidade, através da referida cláusula aberta, de ter sido outro o fundamento concreto do despacho.

Ac. STA de 13/10/2004, Proc. 44.015

I – A incongruência ou contradição, quando reportada à fundamentação do acto administrativo, pode significar uma de duas coisas: que tal fundamentação é contraditória entre si, anulando-se mutuamente, ou que, não o sendo, a mesma briga contudo com a estatuição contida no acto, hipóteses ambas estas que de modo igual conduzem à sua falta de fundamentação.

II – O tribunal administrativo pode sindicar a deliberação do CSMP que classifica o serviço de certo magistrado à luz do princípio da proporcionalidade, por forma a apurar se tal classificação não se mostra desadequada aos fundamentos em que se baseia.

Ac. STA de 6/5/2004, Proc. 47.790

I – O acto só está fundamentado quando, pela motivação aduzida, se mostra apto a revelar a um destinatário normal as razões de facto e de direito que determinaram a decisão, habilitando-o a reagir eficazmente pelas vias legais contra a respectiva lesividade, caso com a mesma se não conforme.

II – Variando a densidade da fundamentação em função do tipo legal de acto e das suas circunstâncias, é aceitável uma fundamentação menos densa de certos tipos de actos, considerando-se suficiente tal fundamentação desde que corresponda a um limite mínimo que a não descaracterize, ou seja, fique garantido o "quantum" indispensável ao cumprimento dos requisitos mínimos de uma fundamentação formal: a revelação da existência de uma reflexão e a indicação das razões principais que moveram o agente".

III – Trata-se de afirmar, em ambos os casos, um princípio adquirido no âmbito do contencioso administrativo, que consagra o carácter relativo da fundamentação, a variar conforme os casos e as situações, mas visando sempre dar a conhecer ao destinatário o que se decidiu e porque se decidiu assim.

IV – Está devidamente fundamentado o acto administrativo que declara a utilidade pública de uma expropriação e autoriza a tomada de posse administrativa, de duas parcelas de terreno, "sitas na Freguesia de Alfena, identificadas nas Informações Técnicas (IT) nº 289/DSJ, de 27 de Novembro de 2000, e nº 36/DSJ, de 2001/01/26, da Direcção-Geral das Autarquias Locais, com os fundamentos de facto e de direito aí expostos", se nessas informações se indicam as razões da expropriação (alargamento e pavimentação de uma via pública) e os motivos por que se adoptou uma solução técnica que previa a construção de um talude, contra a opinião do expropriado que defendia a construção de muros de suporte e vedação.

Ac. STA de 13/2/2003, Proc. 1961/02

I – Na responsabilidade civil extracontratual do Estado por actos de gestão pública não está excluída a ilicitude formal.

Os vícios de forma, como o decorrente de falta de fundamentação, preenchem a noção ampla de ilicitude constante do art. 6º do DL nº 48 051 de 26/11/67.

II – No entanto, para que proceda a acção de indemnização é indispensável que o vício de forma por falta de fundamentação, e que levou à anulação judicial do acto, tenha sido a causa adequada e típica dos danos produzidos.

Na acção fundada em acto anulado por esse motivo, só haverá nexo de causalidade adequada dos danos eventualmente sofridos, se a falta de fundamentação tiver inquestionavelmente determinado o conteúdo substancial e resolutório do acto ilegal.

III – Caberá, para isso, ao autor alegar e provar que nem mesmo a repetição do acto, expurgado do vício que determinou a sua anulação, poderá levar a um acto diferente do ponto de vista da sua dispositividade ou da definição da posição jurídica substantiva do interessado.

Ac. STA de 6/11/2003, Proc. 117/03

I – Em execução de acórdão que anulou um acto administrativo com base no vício de forma por falta de fundamentação deverá o autor do acto aduzir com clareza, suficiência e congruência, as razões que determinaram a prática do acto anulado.

II – A renovação do acto com repetição dos fundamentos do acto judicialmente anulado implica a sua nulidade, por violação do caso julgado anulatório.

Ac. STA de 15/1/2004, Proc. 813/02

I – Ocorre a nulidade prevista no artigo 668, nº 1, al. d), do C.P. Civil, quando o tribunal deixa de pronunciar-se sobre qualquer questão levada às conclusões da alegação de recurso, cuja decisão não esteja prejudicada pela solução dada a outras.

II – Consistindo a omissão no não conhecimento de um vício extemporaneamente arguido pelo recorrente, de conhecimento não oficioso, a nulidade deve ser considerada inoperante porque não faria sentido – até porque o artigo 137, do CPC proíbe a prática de actos inúteis – anular o acórdão recorrido para que o tribunal a quo proferisse nova decisão em que, para suprir a omissão cometida, iria repetir que não conhecia de tal vício porque não tinha de conhecer, dada a sua extemporânea alegação.

III – Estando em causa actos dos júris de concursos públicos, o dever de fundamentação imposto pelos artigos 124 e 125, do CPA, deve considerar-se satisfeito desde que das respectivas actas constem, directamente ou por remissão inequívoca para outros documentos do processo do concurso, os elementos factores parâmetros ou critérios na base dos quais o júri procedeu à ponderação determinante do resultado concreto a que chegou.

Artigo 153º – Requisitos da fundamentação

1 – A fundamentação deve ser expressa, através de sucinta exposição dos fundamentos de facto e de direito da decisão, podendo consistir em mera declaração de concordância com os fundamentos de anteriores pareceres, informações ou propostas, que constituem, neste caso, parte integrante do respetivo ato.

2 – Equivale à falta de fundamentação a adoção de fundamentos que, por obscuridade, contradição ou insuficiência, não esclareçam concretamente a motivação do ato.

3 – Na resolução de assuntos da mesma natureza, pode utilizar-se qualquer meio mecânico que reproduza os fundamentos das decisões, desde que tal não envolva diminuição das garantias dos interessados.

ANOTAÇÃO:

Corresponde ao art. 125º do anterior CPA.

Corresponde sem alterações à redação do artigo correspondente na anterior redação do código. Esta "transcrição "por decalque" deve-se, a nosso ver, a uma desatenção do legislador, quando no nº 3 admite a utilização de qualquer meio mecânico (tal como na redação anterior do código), esquecendo-se de acrescentar, como devia, a utilização dos meios eletrónicos prevista, *ex novo* com a revisão.

Quanto à fundamentação do ato administrativo, é pacifico na doutrina e na jurisprudência que só se considera, devidamente, levada a cabo quando cumpridas as exigências externas de clareza e suficiência, exigências essas que são, concomitante e endogenamente, exigíveis, aliás, na linha do disposto no artigo 268º, nº 3 da CRP.

A falta de fundamentação constitui um vício de forma que tem como consequência jurídica a anulabilidade do ato nos termos do art. 163º.

Sobre a suficiência da fundamentação, enquanto conceito variável e relativo, *vide* Ac. do STA de 23 de janeiro de 2003.

REFERÊNCIAS BIBLIOGRÁFICAS:

GOMES CANOTILHO e VITAL MOREIRA, *Constituição da República Portuguesa Anotada*, 1993, pág. 936 e segs.

VIEIRA DE ANDRADE, *O Dever de Fundamentação Expressa dos Actos Administrativos*, 1990, pág. 53 e segs.

ANTUNES VARELA e outros, *Manual de Processo Civil*, Coimbra Editora, 2.ª ed, 1985, pág. 687 e segs.

ALBERTO DOS REIS, *Código de Processo Civil Anotado*, Coimbra Editora, 1984, Vol. V, pág. 139 e segs.

MARCELO CAETANO, *Manual de Direito Administrativo*, Vol. I, Almedina, 1991, pág. 477 e segs.

FREITAS DO AMARAL, *Curso de Direito Administrativo*, Vol. II, Almedina 2001, pág. 352 e segs..

PINTO FERNANDES e NUNO PINTO FERNANDES, *CIMSISSD*, Anotado e Comentado, 4.ª Ed., Rei dos Livros, 1997, pág. 657.

JURISPRUDÊNCIA:

Ac. STA de 12/03/2014, Prc. 01674/13

I – A Administração Tributária tem o dever de fundamentar os actos de liquidação impugnados de harmonia com o princípio plasmado no art. 268º da CRP e acolhido nos arts. 125º do CPA e 77 º da LGT.

II – O acto estará suficientemente fundamentado quando o administrado, colocado na posição de um destinatário normal – o bonus pater familiae *de que fala o art. 487º nº 2 do Código Civil – possa ficar a conhecer as razões factuais e jurídicas que estão na sua génese, de modo a permitir-lhe optar, de forma esclarecida, entre a aceitação do acto ou o accionamento dos meios legais de impugnação, e de molde a que, nesta última circunstância, o tribunal possa também exercer o efectivo controle da legalidade do acto, aferindo o seu acerto jurídico em face da sua fundamentação contextual.*

III – Significa isto que a fundamentação, ainda que feita por remissão ou de forma muito sintética, não pode deixar de ser clara, congruente e encerrar os aspectos, de facto e de direito, que permitam conhecer o itinerário cognoscitivo e valorativo prosseguido pela Administração para a determinação do acto.

IV – Não tendo a Administração Tributária explicado, ainda que minimamente, as razões de facto e de direito que a conduziram a integrar no IRS de 2003 os rendimentos apurados em relatório de peritagem realizado no âmbito de inquérito-crime que abrangeu o espaço temporal decorrido entre 1 de Janeiro de 2000 e Fevereiro de 2003, impõe-se concluir que esse acto de liquidação adicional de IRS não se encontra suficientemente fundamentado nem de facto nem de direito.

O Ac. do T.C. nº 666/2006 de 5 de dezembro considerou que a norma constante no nº 7 do art. 112 da CRP não diz respeito aos regulamentos internos excluindo estes do âmbito da norma.

Ac. STA de 10/9/2014, Proc. 1226/13

I – A Administração Tributária tem o dever de fundamentar os actos de liquidação oficiosa de tributos, de harmonia com o princípio plasmado no art. 268º da CRP e acolhido nos arts. 125º do CPA, e 77 º da LGT.

II – O acto estará suficientemente fundamentado quando o administrado, colocado na posição de um destinatário normal – o bonus pater familiae *de que fala o art. 487º, nº 2, do Código Civil – possa ficar a conhecer as razões factuais e jurídicas que estão na sua génese, de modo a optar, de forma esclarecida, por aceitar ou não o acto.*

III – A Administração Tributária cumpre esse dever quando, estando em causa acto de liquidação adicional de IVA, dá a conhecer ao sujeito passivo as razões de facto e de direito que a determinaram a desconsiderar as regularizações de IVA que este levou a efeito em diversas declarações periódicas que aquela identifica.

Ac. STA de 27/5/2003, Proc. 1835/02

I – Um acto está suficientemente fundamentado sempre que um destinatário normal, colocado perante o acto em causa, possa ficar ciente das razões que sustentam a decisão nele prolatada;

II – Para que a fundamentação de direito se considere suficiente não é imprescindível a indicação dos preceitos legais aplicáveis, bastando a referência aos princípios pertinentes, ao regime jurídico, ou a um quadro normativo determinado;

III – Padecem de vício de falta de fundamentação de direito os actos administrativos que determinam "anulação de adjudicação, "cancelamento de licença de ocupação da via pública", "imediata retirada dos quiosques", sem invocar qualquer preceito legal nem fazer apelo a qualquer princípio, regime jurídico, ou quadro normativo determinado que alicerce tais decisões.

Ac. STA de 6/11/2003, Proc. 117/03

I – Não cumpre o dever previsto nos arts. 124º e 125º do CPA se a fundamentação do acto administrativo não é contextual e apenas vem a ser dada na contestação do recurso contencioso dele interposto.

II – Se num concurso público para adjudicação de empreitada, um dos critérios era o da "experiência em obras semelhantes", em que por cada uma era atribuído um valor de 5% até ao limite de 15%, padece de vício de forma por falta de fundamentação o acto que, sem qualquer justificação, apenas atribui a um concorrente nesse item o valor de 5%, apesar de ter apresentado várias obras que, em sua opinião, caberiam no critério.

Ac. STA de 24/3/2004, Proc. 691/03

I – A fundamentação de direito é suficiente quando a decisão administrativa indica o DL 336/93 de 29 de Setembro como fundamento para a medida de polícia sanitária de encerramento de um estabelecimento de restaurante por grave risco para a saúde pública, porque permite, nas circunstâncias do caso, à destinatária concreta, tal como permitia a um destinatário médio no seu lugar, saber a norma concreta que se tinha em vista aplicar e que até vem atacada com fundamento (inverificado) em não prever os pressupostos materiais da actuação.

II – A audiência prévia dos interessados não tem lugar, independentemente de invocação de motivos pela Administração, quando a decisão seja urgente, nos termos da al. a) do nº 1 do art. 103º da LPTA, o que sucede quando a situação factual que está explicita no acto administrativo revela objectivamente a urgência, como a medida de encerramento que preventivamente visa afastar riscos graves para a saúde pública por falta de condições de higiene de um estabelecimento até que tais condições fossem asseguradas mediante obras e procedimentos que foram indicados pela autoridade de saúde.

Ac. STA de 2/3/2006, Proc. 2068/02-20

I – O dever de fundamentação dos actos administrativos traduz a exigência de externação das razões ou motivos determinantes da decisão administrativa, tendo como objectivos essenciais os de habilitar o destinatário a reagir eficazmente contra a respectiva lesividade, e assegurar a transparência e imparcialidade das decisões administrativas.

II – Só consubstancia erro nos pressupostos de facto a desconformidade entre os factos referidos e valorados na decisão administrativa e aqueles que, à data a que a decisão se reporta, correspondiam à realidade.

III – O princípio da proporcionalidade previsto nos arts. 5º, nº 2 do CPA e 266º, nº 2 da CRP, reporta-se à necessidade de adequação e de harmonia quantitativa da medida administrativa aos objectivos a realizar, em ordem a que essa medida não se revele objectivamente desajustada e desproporcionada à consecução daqueles objectivos, impondo ao particular, dentro dessa ponderação relativa, um sacrifício excessivo e desadequado, em lugar de um sacrifício menor e mais adequado que poderia ter sido conseguido com a adopção de uma outra medida administrativa menos gravosa.

Artigo 154º – Fundamentação de atos orais

1 – A fundamentação dos atos orais abrangidos pelo nº 1 do artigo 152º, que não constem de ata deve, a requerimento dos interessados, e para efeitos de impugnação, ser reduzida a escrito e comunicada integralmente àqueles, no prazo de 10 dias.

2 – O não exercício, pelos interessados, da faculdade conferida pelo número anterior não prejudica os efeitos da eventual falta de fundamentação do ato.

ANOTAÇÃO:

Corresponde ao art. 126º do anterior CPA.

A redação deste preceito corresponde, praticamente na íntegra, à redação do artigo correspondente na versão anterior do código.

O legislador "deixou cair", como exigência obrigatória e exclusiva, a "expedição de ofício, sob registo, de correio ou entrega de notificação pessoal" (antigo art. 126º, nº 1, *in fine*). Tal decorre, naturalmente, da admissibilidade, consagrada nesta nova versão do código, da utilização dos meios eletrónicos, da internet e o telefax.

Através deste artigo, fica clara a prevalência da substância sobre a forma, uma vez que sujeita os atos orais ao dever de fundamentação (mesmo que os interessados não exerçam a faculdade concedida no nº 1), podendo os interessados impugnar o ato por falta de fundamentação (nº 2), ou seja, mesmo que o interessado não requeira a fundamentação dos atos para efeitos de impugnação (nos termos do nº 1), pode sempre intentar a correspondente impugnação.

REFERÊNCIAS BIBLIOGRÁFICAS:

GOMES CANOTILHO e VITAL MOREIRA, *Constituição da República Portuguesa Anotada*, 1993, pág. 936 e segs.

VIEIRA DE ANDRADE, *O Dever de Fundamentação Expressa dos Actos Administrativos*, 1990, pág. 53 e segs.

ANTUNES VARELA e outros, *Manual de Processo Civil*, Coimbra Editora, 2.ª ed, 1985, pág. 687 e segs.

ALBERTO DOS REIS, *Código de Processo Civil Anotado*, Coimbra Editora, 1984, Vol. V, pág. 139 e segs.

MARCELO CAETANO, *Manual de Direito Administrativo*, Vol. I, Almedina, 1991, pág. 477 e segs.

FREITAS DO AMARAL, *Curso de Direito Administrativo*, Vol. II, Almedina 2001, pág. 352 e segs..

PINTO FERNANDES e NUNO PINTO FERNANDES, *CIMSISSD*, Anotado e Comentado, 4.ª Ed., Rei dos Livros, 1997, pág. 657.

SECÇÃO II – Da eficácia do ato administrativo

Artigo 155º – Regra geral

1 – O ato administrativo produz os seus efeitos desde a data em que é praticado, salvo nos casos em que a lei ou o próprio ato lhe atribuam eficácia retroativa, diferida ou condicionada.

2 – O ato considera-se praticado quando seja emitida uma decisão que identifique o autor e indique o destinatário, se for o caso, e o objeto a que se refere o seu conteúdo.

ANOTAÇÃO:

Corresponde ao art. 127º do anterior CPA.

A presente disposição veio, assumidamente, proceder à clarificação normativa de situações que vinham levantando dúvidas sobre a produção diferida ou condicionada dos efeitos, em termos de eficácia, do ato administrativo. Para tal o legislador veio, expressamente, incluir a possibilidade de o ato poder ter eficácia condicionada (nº 1 *in fine*), o que não acontecia na redação da versão anterior do código.

O ato é eficaz desde a sua prática, produzindo efeitos a partir desse momento, sem prejuízo de a lei ou o próprio ato consignarem eficácia retroativa, deferida ou condicionada (nº 1).

O nº 2 vem reforçar a ideia de que o ato considera-se praticado assim que estiverem preenchidos os seus elementos essenciais para a sua prática que consistem na identificação do autor, do destinatário (quando exista), e o objeto do ato administrativo.

Artigo 156º – Eficácia retroativa

1 – Têm eficácia retroativa os atos administrativos:

a) Que se limitem a interpretar atos anteriores;

b) A que a lei atribua efeito retroativo.

2 – Fora dos casos abrangidos pelo número anterior, o autor do ato administrativo só pode atribuir-lhe eficácia retroativa:

a) Quando a retroatividade seja favorável para os interessados e não lese direitos ou interesses legalmente protegidos de terceiros, desde que à data a que se pretende fazer remontar a eficácia do ato já existissem os pressupostos justificativos dos efeitos a produzir;

b) Quando estejam em causa decisões revogatórias de atos administrativos tomadas por órgãos ou agentes que os praticaram, na sequência de reclamação ou recurso hierárquico;

c) Quando tal seja devido para dar cumprimento a deveres, encargos, ónus ou sujeições constituídos no passado, designadamente em execução de decisões dos tribunais ou na sequência de anulação administrativa, e não envolva a imposição de deveres, a aplicação de sanções, ou a restrição de direitos ou interesses legalmente protegidos.

d) Quando a lei o permita ou imponha.

ANOTAÇÃO:

Corresponde ao art. 128º do anterior CPA.

Embora com redação diversa do correspondente artigo da versão anterior do código, mantém-se, na essência, o regime da retroatividade da eficácia dos atos administrativos.

Além da concretização mais aprofundada em sede de cumprimento de deveres, encargos, ónus e sujeições constituídas no passado, nomeadamente as decisões judiciais (alínea *c)* do nº 2), o legislador acrescentou também a imposição legal, como exceção ao princípio da não aplicação retroativa do nº 2, por via da respetiva alínea *c)*.

Não obstante, o princípio geral é o da eficácia retroativa, se os atos se reportarem a situações ou atos anteriores, desde que não sejam restritivos de direitos, liberdades e garantias, por força do previsto no art. 18º, nº 3 da CRP.

A eficácia retroativa é atribuída, pelo autor do ato administrativo, sempre balizada pelos princípios da segurança jurídica e da legalidade.

A propósito do conceito e importância destes princípios vide nota ao art. 141º.

JURISPRUDÊNCIA:

Ac. STA de 5/2/2004, Proc. 30.655-a)

I – Na execução de sentença anulatória de acto administrativo, o critério a seguir não é necessariamente o da reposição da situação anterior à prática do acto ilegal, mas o da reconstituição da situação actual hipotética.

II – Se o fundamento da anulação for a existência de um vício de legalidade externa, como, por exemplo, o de forma por falta de fundamentação, o acto anulado considera-se renovável.

Nesse caso, a execução do julgado cumpre-se com o expurgo da violação detectada, isto é, com a prolação de novo acto (renovador), mas sem o vício que caracterizava o anterior (renovado).

III – Os actos que dêem execução a decisões anulatórias de actos administrativos renováveis não têm, geralmente, eficácia retroactiva(art. 128º, nº 1, al.b), "in fine", do CPA).

Artigo 157º – Eficácia diferida ou condicionada

O ato administrativo tem eficácia diferida ou condicionada:

a) Quando estiver sujeito a aprovação ou a referendo;

b) Quando os seus efeitos ficarem dependentes de condição ou termo suspensivos;

c) Quando os seus efeitos, pela natureza do ato ou por disposição legal, dependam de trâmite procedimental ou da verificação de qualquer requisito que não respeite à validade do próprio ato.

ANOTAÇÃO:

Corresponde ao art. 129º do anterior CPA.

Transcreve a redação do correspondente artigo da versão anterior do código. Como referimos no comentário ao art. 155, o legislador veio proceder à clarificação normativa de situações que vinham levantando dúvida, sobre a produção diferida ou condicionada dos efeitos, no que toca à eficácia do ato administrativo.

A anterior epígrafe "eficácia diferida" passou agora a "eficácia diferida ou condicionada" sendo certo que todos os casos de eficácia diferida (suspensão), previstos nas alíneas do presente artigo, estão sujeitos à verificação de condição.

Assim, a eficácia do ato administrativo é diferida ou condicionada, quando sujeito a aprovação ou a referendo (alínea *a)*, cujo sentido de decisão tem implicações diretas na eficácia. Quando seja aposto (ou resulte da lei), terá efeito suspensivo (alínea *b)*. Por fim, e nos termos da alínea *c)*, quando dependa da verificação de qualquer requisito alheio à validade do próprio ato (p.e. o visto).

Artigo 158º – Publicação obrigatória

1 – A publicação dos atos administrativos só é obrigatória quando exigida por lei.

2 – A falta de publicação do ato, quando legalmente exigida, implica a sua ineficácia.

ANOTAÇÃO:

Corresponde ao art. 130º do anterior CPA.

O presente preceito transcreve, na íntegra, o correspondente artigo da versão anterior do código.

Ele estabelece como regime-regra a não obrigatoriedade da publicação dos atos administrativos, só obrigatória quando exigida por lei.

Sobre a publicidade dos atos cfr. o art. 119º da CRP.

O nº 2, na linha do art. 119º, nº 2 da CRP, vem determinar a ineficácia dos atos por falta de publicação quando ela é exigida por lei.

A violação das imposições legais respeitantes à publicação origina a invalidade do ato (e eventualmente a sua ineficácia), mas não põe em causa a sua existência jurídica.

De notar que, apesar de a publicidade, quando é exigida por lei, ser condição de validade, pode, ainda assim, como dissemos no comentário ao artigo anterior, estar sujeita à verificação de determinada condição para ser efetivamente, eficaz (p.e. a existência de visto, documento que é alheio à validade do ato em si, mas quando obrigatório, a sua existência é condição de eficácia. (Cfr. art. 122º, nº 3 da CRP).

Artigo 159º – Termos da publicação obrigatória

Quando a lei impuser a publicação do ato, mas não regular os respetivos termos, deve a mesma ser feita no Diário da República ou na publicação oficial da entidade pública, e na Internet, no sítio institucional da entidade em causa, no prazo de 30 dias, e conter todos os elementos referidos no nº 1 do artigo 151º

ANOTAÇÃO:

Corresponde ao art. 131º do anterior CPA.

A redação deste preceito corresponde, integralmente, à redação do respetivo artigo na versão anterior do código.

Fica assim expresso que, da publicação deve constar, nomeadamente, a indicação da autoridade que o pratica; a identificação dos destinatários; o objeto e conteúdo da decisão, além da data e assinatura do autor do ato.

Por fim, fica clara, também, que, da publicação deve constar, igualmente, a fundamentação que esteve na base da decisão, como decorre do art. 152º.

Artigo 160º – Eficácia dos atos constitutivos de deveres ou encargos

Independentemente da sua forma, os atos que imponham deveres, encargos, ónus, sujeições ou sanções, que causem prejuízos ou restrinjam direitos ou interesses legalmente protegidos, ou afetem as condições do seu exercício, só são oponíveis aos destinatários a partir da respetiva notificação.

ANOTAÇÃO:

O presente artigo corresponde ao art. 132º da anterior versão do CPA.

Este preceito veio dar importantes passos, quer em sede de eficácia do ato administrativo constitutivo de deveres, encargos, ónus, sujeições ou sanções aos particulares (ou que lhes causem prejuízos ou restrinjam direitos ou interesses legalmente protegidos, ou afetem as condições do seu exercício), quer também, em termos de reforço da garantia de inoponibilidade aos respetivos destinatários sem prévia notificação. Ao contrário do que acontecia na versão anterior do código, passam a ser inoponíveis aos destinatários as repercussões jurídicas como, nomeadamente, os atos constitutivos de deveres, ainda que sujeitos a publicação, quando estes não tenham lhes tenham sido notificados.

O presente artigo cumpre, de resto, o estipulado no art. 2º da lei de autorização legislativa (Lei nº 42/2014, de 11 de julho) onde o legislador se comprometeu a esclarecer o regime específico do procedimento do ato administrativo em matéria de notificações do início do procedimento e do ato, através da consagração do dever de notificação, aos seus destinatários, dos atos que decidam sobre pretensões por eles formulados, que imponham deveres, encargos, ónus, sujeições ou sanções ou que causem prejuízos, e que criem, extingam, aumentem ou diminuam direitos ou interesses legalmente protegidos, ou afetem as condições do seu exercício

JURISPRUDÊNCIA:

Ac. do STA de 1 outubro 2014, Processo 0603/13, 2ª Secção

Notificação Postal – Carta Registada – Recibo – Formalidade *Ad Probationem* – Ónus de Prova – Registo Informático

I – É a administração tributária que tem o ónus de demonstrar que efectuou a notificação de forma correcta, cumprindo os requisitos formalmente exigidos pelas normas procedimentais.

II – O «recibo de aceitação» e o «recibo de entrega» da carta registada pelos serviços postais, previstos nos nºs 2 e 4 do artigo 28º do Regulamento do Serviço Público de Correios são documentos idóneos para provar que a carta foi registada, remetida e colocada ao alcance do destinatário.

III – Trata-se, porém, de uma formalidade simplesmente probatória ou «ad probationem», cuja falta pode ser substituída por outros meios de prova.

IV – O registo informático dos mesmos dados de facto existente em entidades diferentes, o emissor (Administração Tributária) e o distribuidor da carta (CTT), é uma circunstância concreta que, num sistema de livre apreciação das provas, ainda que limitado pelo princípio da persuasão racional, justifica suficientemente que se dê como provado que o registo foi efectivamente realizado.

V – O registo da carta faz presumir que o seu destinatário provavelmente a receberá, ou terá condições de a receber, três dias após a data registo, uma presunção legal que se destina a facilitar a prova de que a notificação foi introduzida na esfera de cognoscibilidade do notificando, presunção que, tendo por base o registo postal, só existe quando se prove que o registo foi efectuado.

VI – Não tendo a oponente elidido a referida presunção, o que levou a que no probatório da decisão de 1ª Instância tenha sido dado como assente a recepção das liquidações na sede daquela falece o fundamento de inexigibilidade da dívida exequenda por falta de notificação.

SECÇÃO III – Da invalidade do ato administrativo

Artigo 161º – Atos nulos

1 – São nulos os atos para os quais a lei comine expressamente essa forma de invalidade.

2 – São, designadamente, nulos:

a) Os atos viciados de usurpação de poder;

b) Os atos estranhos às atribuições dos ministérios, ou das pessoas coletivas referidas no artigo 2º, em que o seu autor se integre;

c) Os atos cujo objeto ou conteúdo seja impossível, ininteligível ou constitua ou seja determinado pela prática de um crime;

d) Os atos que ofendam o conteúdo essencial de um direito fundamental;

e) Os atos praticados com desvio de poder para fins de interesse privado;

f) Os atos praticados sob coação física ou sob coação moral;

g) Os atos que careçam em absoluto de forma legal;

h) As deliberações de órgãos colegiais tomadas tumultuosamente ou com inobservância do quorum ou da maioria legalmente exigidos;

i) Os atos que ofendam os casos julgados;

j) Os atos certificativos de factos inverídicos ou inexistentes;

k) Os atos que criem obrigações pecuniárias não previstas na lei;

l) Os atos praticados, salvo em estado de necessidade, com preterição total do procedimento legalmente exigido.

ANOTAÇÃO:

Corresponde ao art. 133º do anterior CPA.

O legislador veio, ainda, alargar o elenco, ainda assim meramente exemplificativo, dos atos nulos previsto no nº 1. Fê-lo reconhecidamente, no seguimento, quer da doutrina quer da jurisprudência. São eles:

– os atos cujo fim seja a prossecução de um interesse privado ilícito (alínea *e)*;

– os atos que criem obrigações pecuniárias sem base legal (alínea *k)*

– os atos certificativos de factos inverídicos ou inexistentes (alínea *j)*.

Este último caso é, notoriamente, fruto da abertura legal no que diz respeito à competência certificativa concedida a outros profissionais além dos notários, o que, quanto mais não seja pelo aumento exponencial do número de intervenientes, sofreu, seguramente, uma significativa diminuição da segurança na certificação.

JURISPRUDÊNCIA:

Ac. TCAS de 21/01/2021, Proc. 2278/19.7BELSB

i) Em regra, os vícios dos actos administrativos implicam a sua mera anulabilidade, só ocorrendo nulidade quando falte qualquer elemento essencial do acto, quando a lei expressamente o determine, ou quando se verifiquem as circunstâncias referidas nas diversas alíneas do n.º 2 do artigo 161.º do CPA, designadamente quando ocorra ofensa do conteúdo essencial de um direito fundamental.

ii) O vício de falta de fundamentação não é susceptível de inquinar o acto impugnado de nulidade por falta de um elemento essencial, nos termos do disposto no artigo 161.º, n.º 2, alínea g), do CPA.

iii) Nos termos do disposto no artigo 58.º, n.º 2, al. b) do CPTA, é de três meses o prazo para impugnação do acto administrativo impugnado.

Ac. STA de 1/10/2003, Proc. 44.125

Tendo o acto contenciosamente impugnado sido praticado com fundamento (único) em norma declarada inconstitucional, padece o mesmo de falta absoluta, de base legal, o que acarreta a sua anulabilidade e não a nulidade (art. 133º e 135º do C.P.A.).

Ac. do STA de 30 de abril de 2013, Processo 01428/12, 1ª Secção
Nulidade do Acto Administrativo – Falta de Elementos Essenciais

I – A dispensa de um estágio probatório, mesmo que se mostre ilegal, não torna nulo o subsequente acto de nomeação por assim lhe faltar algum dos seus elementos essenciais, sejam estes considerados em sentido formal ou material.

II – E também não é possível imputar ao mesmo acto a nulidade que adviria da ofensa do conteúdo essencial do direito de acesso a cargos públicos, previsto no art. 50º da CRP.

Ac. do STA de 30 de abril de 2013, Processo 01491/121, 1ª Secção
Notificação Contra Alegações Nulidade

Se a falta de notificação ao recorrente das contra-alegações não teve qualquer interferência no exame e decisão da causa não se verifica a nulidade prevista no artigo 201º, nº 1, do CPC.

Ac. do TCAN de 9 de novembro de 2012, Processo 00893/08.3 BECBR, 1ª Secção

Acto Nulo – Violação – Conteúdo Essencial – Direito Fundamental

I – O artigo 63º da Constituição da República Portuguesa, relativo à segurança social, não tem, por regra, a força jurídica estabelecida pelos artigos 17º e 18º, nº 1, do mesmo diploma fundamental, ou seja, a possibilidade de aplicação directa e vinculação das entidades públicas e privadas.

II – De igual modo, por regra, a violação do conteúdo essencial do direito à segurança social não se traduz na nulidade do acto administrativo que a pratique, face ao disposto na alínea d) do número 2 do artigo 133º do Código de Procedimento Administrativo.

III – Verifica-se no entanto, nos termos alegados, esta violação, no caso do acto administrativo que determinou a suspensão das pensões de sobrevivência que recebiam a viúva e a filha órfã de um funcionário, nos valores de 180,08 e 120,05 euros por mês e quando os únicos rendimentos que ambas têm são as pensões pagas por uma seguradora nos valores mensais de 233,40 e 155,40 euros por mês.

IV – A verificar-se a invocada violação de lei, este acto será nulo por violação do conteúdo essencial de um direito fundamental, pelo que a acção destinada a declara essa nulidade pode ser intentada a todo o tempo, nos termos do nº 2 do artigo 134º do Código de Procedimento Administrativo.

Ac. do STA de 5 de fevereiro de 2015, Processo 01775/13, 2ª Secção

Nulidade – Audiência Prévia

Só em casos excepcionais os vícios de falta de fundamentação e de violação do dever de audiência prévia poderão ter como consequência a nulidade do acto.

Ac. do TCAS de 21 de março de 2013, Processo 05067/09, 2º Juízo

Nulidade *Versus* Anulabilidade do Acto Administrativo

Notificação por Carta Registada com Aviso de Recepção

I – No nosso direito administrativo a nulidade tem carácter excepcional, ao contrário da anulabilidade que possui carácter geral, de acordo com o artigo 135º do CPA. Esta opção legislativa prende-se com razões de certeza e segurança da ordem jurídica na medida em que não se poderia admitir que, dado o regime da nulidade – e, designadamente, a possibilidade dela ser declarada a todo o tempo e por qualquer tribunal ou por qualquer autoridade – pairasse indefinidamente a duvida sobre se os actos da Administração são legais ou ilegais, são válidos ou inválidos.

II – Do cotejo entre a primeira e a segunda parte do nº 1 do artigo 133º do CPA, serão nulos os actos administrativos destituídos de algum elemento essencial, bem como os actos que a lei especialmente sancione com a nulidade.

III – A notificação por carta registada com aviso de recepção apenas pode ser considerada feita, quando dirigida ao domicilio do notificando, ainda que o aviso não tenha sido assinado por este.

Ac. do STA de 25 de maio de 2011, Processo 091/11, 2ª Secção
Falta de Fundamentação – Nulidade – Anulabilidade

I – Em regra, os vícios dos actos administrativos e tributários implicam a sua mera anulabilidade, só ocorrendo nulidade quando falte qualquer elemento essencial do acto, quando a lei expressamente o determine, ou quando se verifiquem as circunstâncias referidas nas diversas alíneas do nº 2 do artigo 133º do CPA, designadamente quando ocorra ofensa do conteúdo essencial de um direito fundamental.

II – A fundamentação do acto tributário de liquidação não constitui um direito fundamental, ou, sequer, um direito análogo aos direitos, liberdades e garantias, e a sua falta ou insuficiência não implica a ausência de elemento essencial do acto, não podendo, assim, gerar a nulidade do acto.

III – Esse vício, sendo gerador de mera anulabilidade, tem de ser suscitado no prazo previsto na alínea a) do nº 1 do artigo 102º do CPPT.

Artigo 162º – Regime da nulidade

1 – O ato nulo não produz quaisquer efeitos jurídicos, independentemente da declaração de nulidade.

2 – Salvo disposição legal em contrário, a nulidade é invocável a todo o tempo por qualquer interessado e pode, também a todo o tempo, ser conhecida por qualquer autoridade e declarada pelos tribunais administrativos ou pelos órgãos administrativos competentes para a anulação.

3 – O disposto nos números anteriores não prejudica a possibilidade de atribuição de efeitos jurídicos a situações de facto decorrentes de atos nulos, de harmonia com os princípios da boa-fé, da proteção da confiança e da proporcionalidade ou outros princípios jurídicos constitucionais, designadamente associados ao decurso do tempo.

ANOTAÇÃO:

Corresponde ao art. 134º do anterior CPA.

Este artigo mantém, com ligeiras alterações, a redação do correspondente artigo na versão anterior do código.

Vem introduzir, no entanto, a possibilidade de a nulidade não ser invocável a todo o tempo se tal estiver previsto na lei (nº 2).

Por outro lado, acentua, por alargamento do leque de abrangência, os efeitos putativos dos atos nulos. Tal ocorre por força da previsão que mantém as situações associadas ao decurso do tempo (na nova redação), já não como situação única, mas meramente exemplificativa, como claramente resulta da expressão "designadamente" aditada ao nº 3.

O artigo presente trata do regime nulidade tal como o artigo seguinte o faz relativamente à anulabilidade. A nulidade é, de todos os vícios da invalidade, a que tem maior repercussão, dado que determina a ineficácia total *ab initio*, pois o ato nulo não produz quaisquer efeitos, sendo insuscetível de ser objeto de atos de segundo grau como resulta da alínea *a)* do nº 1 do artigo 166º. É invocável, a todo o tempo, por qualquer interessado perante qualquer autoridade, muito embora só possa ser declarada pelos tribunais administrativos ou pelos órgãos administrativos competentes para a anulação do ato.

A nulidade tem lugar, apenas, nas situações expressamente previstas como tal na lei, isto é, os atos são nulos apenas quando a lei o determine.

No entanto, o regime regra não é o da *nulidade* que tem caracter *excecional.*

O presente artigo mantém grande parte do regime da nulidade, previsto na redação do correspondente artigo da versão anterior. No entanto, o legislador estabeleceu, desde logo, objetivos claros nesta sede, tal como os que se encontram previstos no art. 2º da lei de autorização legislativa (Lei nº 42/2014, de 11 de julho):

hh) No âmbito do regime referido na alínea anterior, instituir que, em matéria de invalidade, a nulidade do ato administrativo tem de estar prevista em lei que comine expressamente essa forma de invalidade, prevendo-se a possibilidade de os atos nulos serem sujeitos a reforma ou conversão;

ii) No âmbito do regime referido nas alíneas *gg)* e *hh)*, instituir e definir as figuras de revogação e anulação administrativas, incluindo a iniciativa e a competência para a revogação e anulação administrativas, forma e formalidades do ato de revogação ou de anulação administrativa, bem como os efeitos da revogação e anulação administrativas e consequências desta última;

jj) Prever, no âmbito da anulação administrativa, as situações nas quais o efeito anulatório possa ser afastado, designadamente quando se demonstre que o ato anulável sempre seria praticado com o mesmo conteúdo, por este ser vinculado, ou por o vício não afetar o sentido da decisão;

kk) Prever que, no domínio da revogação administrativa, os atos administrativos constitutivos de direitos podem ser objeto de revogação, designadamente, com fundamento na superveniência de conhecimentos técnicos e científicos ou em alteração objetiva das circunstâncias de facto, em face dos quais, num ou noutro caso, não poderiam ter sido praticados;

ll) Prever que, nos casos em que ocorra a revogação prevista na alínea anterior, os beneficiários de boa fé têm direito a ser indemnizados, nos termos do regime geral aplicável às situações de indemnização pelo sacrifício, sendo que, nas situações em que pela sua gravidade e intensidade seja eliminado ou restringido o conteúdo do direito, tais beneficiários terão direito a uma indemnização correspondente ao valor económico do direito eliminado ou da parte do direito que tiver sido restringida;

mm) Prever que, no domínio da anulação administrativa, os atos administrativos, podem ser objeto de anulação administrativa no prazo de seis meses, a contar da data do conhecimento pelo órgão competente da causa de invalidade ou, nos casos de invalidade resultante de erro do agente, desde o momento da cessação do erro, em qualquer dos casos desde que não tenham decorrido cinco anos, a contar da respetiva emissão;

nn) Prever que, na situação em que o ato tenha sido objeto de impugnação jurisdicional, a anulação administrativa só pode ter lugar até ao encerramento da discussão, mais se prevendo que, quando, nos casos previstos nas alíneas *mm)* e *qq)*, o ato se tenha tornado inimpugnável por via jurisdicional, o mesmo só pode ser objeto de anulação administrativa oficiosa;

oo) Prever, como regra geral, que a anulação administrativa, no caso de atos constitutivos de direitos, só pode ter lugar no prazo de um ano, a contar da data da emissão do ato;

pp) Prever que a anulação administrativa de atos constitutivos de direitos constitui os beneficiários que desconhecessem, sem culpa, a existência da invalidade e tenham auferido, tirado partido ou feito uso da posição de van tagem em que o ato os colocava, no direito a serem indemnizados pelos danos anormais que sofram em consequência da anulação;

qq) Prever as circunstâncias especiais, salvo se a lei ou o direito da União Europeia prescreverem prazos diferentes, da anulação administrativa de atos constitutivos de direitos no prazo de cinco anos, a contar da data da respetiva emissão, quando o respetivo beneficiário tenha utilizado artifício fraudulento com vista à sua obtenção, apenas com eficácia para o futuro quando se trate de atos para obtenção de prestações periódicas, no âmbito de uma relação continuada e quando se trate de atos de conteúdo pecuniário cuja legalidade, nos termos da legislação aplicável, possa ser objeto de fiscalização administrativa para além do prazo de um ano, com imposição do dever de restituição das quantias indevidamente auferidas;

rr) Prever, desde que ainda o possa fazer, que a Administração Pública tem o dever de anular o ato administrativo, que tenha sido julgado válido, por sentença transitada em julgado, proferida por um tribunal administrativo com base na interpretação do direito da União Europeia, invocando para o efeito nova interpretação desse direito em sentença posterior, transitada em julgado, proferida por um tribunal administrativo que, julgando em última instância, tenha dado execução a uma sentença de um tribunal da União Europeia vinculativa para o Estado português;

REFERÊNCIAS BIBLIOGRÁFICAS:

Sobre a nulidade e anulabilidade cf. FREITAS DO AMARAL, "Curso de Direito Administrativo", Vol. II; e VIEIRA DE ANDRADE, "Validade (do ato administrativo)" em "Dicionário Jurídico da Administração Pública", VII, p. 581 e segs, e ainda, "Nulidade e Anulabilidade do Ato", "Cadernos de Justiça Administrativa", nº 43, 2004, pp. 41 a 48.

MARCELLO CAETANO, *Manual de Direito Administrativo*, Volume I, 10º Edição (10º Reimpressão), Almedina, Coimbra, 1973, p. 516. Para uma leitura ampla do artigo 134, nº 3, relativizando a exigência de decurso do tempo, JOSÉ C. VIEIRA DE ANDRADE, *A nulidade administrativa*, pp. 778 e ss. Em sentido contrário, com argumentos ponderosos, JORGE SILVA MARTINS, *Os efeitos putativos*, pp. 173 e ss.

JURISPRUDÊNCIA:

Ac. STA de 3/3/2016, Proc. 905/15

I – A nomeação para um determinado lugar num concurso aberto para o seu preenchimento é um acto consequente do despacho homologatório da lista de classificação final, pelo que anulado este acto homologatório aquela nomeação é nula ope legis; *anulada a lista de classificação final, por violação de lei, todos os actos consequentes são nulos, incluindo o acto de nomeação da recorrente, o que só não ocorreria se houvesse contra interessados com interesse legítimo na manutenção do acto.*

II – A restrição/excepção enunciada na segunda parte da al. i), do nº 2, do art. 133º do CPA, não abarca os contra interessados que foram parte na acção impugnatória interposta do acto anulado.

III – Tendo a recorrente sido parte [contra interessada] na acção judicial que anulou o acto de homologação da lista de classificação final, não é terceiro *para efeitos do nº 4 do art. 173º do CPTA, não tendo por isso interesse legítimo na manutenção do acto consequente, que se oponha ao dever de executar, imposto pelo nº 2 do mesmo artigo; e, não se lhe aplica igualmente o nº 3 dado que neste apenas se refere* «...os beneficiários de actos consequentes praticados há mais de um ano que desconheciam sem culpa a precariedade da sua situação têm direito a ser indemnizados...”.

IV – O art. 83º, nº 1 da Lei nº 59/2008 de 11/09 que aprovou o Regime do Contrato de Trabalho em Funções Públicas, previa uma ficção legal de validade, ficção esta que já se mostrava consagrada no art. 115º do Código do Trabalho então em vigor e, actualmente no art. 53º da LGTFP «O vínculo de emprego público declarado nulo ou anulado produz efeitos como válido em relação ao tempo em que seja executado» *e art. 122º do Código do Trabalho. Trata-se, pois, de uma nulidade que, apesar de subsistir enquanto se prolongar a prestação de trabalho, não impede que o contrato de trabalho produza os seus efeitos como se fosse válido enquanto o vício não for decretado e a prestação de trabalho não cessar. E esta solução, pese embora, parecer estar em divergência dogmática com o regime regra da nulidade [art. 134º], acaba por ser a única que responde aos princípios da justiça e da proporcionalidade, e ancora-se de alguma forma no disposto no art. 133º, nº 3 do CPA que prevê a possibilidade de atribuição de certos efeitos jurídicos a situações de facto decorrentes de actos nulos, por força do simples decurso do tempo de harmonia com os princípios gerais do direito.*

V – O trabalhador, nestes casos, tem direito às prestações correspondentes ao tempo em que o contrato esteve em execução; ou seja, o trabalho prestado, por imposição da Administração, ao abrigo de um título inválido, deve ser compensado de forma equitativa ao que seria devido a um trabalhador investido no cargo com título válido.

Ac. STA de 17/1/2008, Proc. 925/07

I – Actos administrativos consequentes são os que estão intrinsecamente dependentes de um outro, anterior, de tal modo que se o acto primário não puder manter-se na ordem jurídica o subsequente também não pode subsistir.

II – Um acto que sanciona um trabalhador por ter cometido uma falta disciplinar debaixo de um acto de requisição civil não é seu consequente se a infracção nada tem a ver com a requisição de tal modo que possa dizer-se que sempre teria lugar sem ela.

III – Ainda que o acto que implementou a requisição civil venha a ser contenciosamente anulado, o acto administrativo punitivo entretanto praticado pela autoridade administrativa, apenas, por força da requisição, deve aproveitar-se se a anulação contenciosa nada teve a ver com a requisição, a deficiente avaliação dos seus pressupostos, e se tal acto correspondeu, tão somente, à intervenção final de um procedimento que sempre teria existido com ou sem requisição.

IV – O aproveitamento desse tipo de actos apresenta-se como natural e como a melhor forma de salvaguardar o interesse público, o respeito pela ordem jurídica estabelecida, designadamente, a inerente à estabilidade das relações jurídicas constituídas à luz do quadro normativo existente na altura.

V – Trata-se, afinal, se observar, nesta área das decisões jurisdicionais, o princípio da justa medida, *adoptando, dentre as medidas necessárias e adequadas para atingir o equilíbrio entre os interesses em jogo, aquelas que impliquem menos gravames, sacrifícios ou perturbações, sem violarem direitos de terceiros.*

VI – Em situações que podem considerar-se como equivalentes, o Tribunal Constitucional, invocando o disposto no art. 282, nº 4, da CRP, tem salvaguardado, repetidamente, "por motivos de equidade e segurança jurídica" os efeitos produzidos por preceitos inconstitucionais (ou ilegais), decidindo que os efeitos da inconstitucionalidade (ilegalidade) detectada somente se projectam para o futuro.

VII – O regime jurídico da nulidade contempla, igualmente, a possibilidade de os actos nulos poderem produzir certos efeitos (efeitos putativos, por possuírem aparência de legalidade) "por força do simples decurso do tempo, de harmonia com os princípios gerais de direito" (art. 134, nº 3, do CPA).

Ac. do TCAN de 28 de fevereiro de 2014, Processo 00742/08.2 BECBR, 1ª Secção

Nulidade

I – O prazo de 10 anos previsto para a dedução da impugnação contenciosa conta-se da data do início de vigência do nº 4 do art. 69º do RJUE [ou seja, 03.03.2008].

II – A pronúncia jurisdicional emitida em nada coloca em causa a possibilidade de legalização da obra, sendo que nenhuma realidade factual foi aportada aos autos, nem mesmo nesta sede, que demonstrasse uma qualquer atuação diligente por parte quer do contrainteressado quer mesmo da edilidade R. tendente a prosseguir tal caminho de reposição da legalidade, mediante apresentação do necessário e devido requerimento devidamente instruído, dos pareceres/informações dos serviços concordantes e da emissão dum ato que aprovasse tal pretensão, conformando a obra realizada com o regime normativo.

III – Na ausência duma tal atuação não restava ao Tribunal outra pronúncia que não aquela que veio a tomar à luz daquilo que resulta do acervo factual apurado e daquilo que se mostrava como quadro normativo aplicável à data da emissão do ato e que disciplinava da sua legalidade, na certeza de que a mesma não significava, nem significa, uma impossibi-

lidade de emissão por parte da R. dum futuro ato de legalização da obra desde que não desconforme com o julgado invalidatório e muito menos uma ordem de demolição do edificado.

Ac. do STA nº 01316/2 de 16 de janeiro de 2003

I – É nula, nos termos do art. 52º, nº 2, al. b) do DL nº 445/91, de 20 de Novembro (violação de normas de plano municipal de ordenamento do território) a deliberação camarária que defere pedido de licenciamento de construção com índice de ocupação do solo de 0,45 m, quando o Regulamento do Plano de Urbanização aprovado para o local apenas permite o índice de 0,30 m.

II – A necessidade do licenciamento não afronta o direito de propriedade tal como está gizado na Constituição (art. 62º), devendo o direito de construir ser sempre exercido dentro dos condicionamentos urbanísticos legalmente estabelecidos, de molde a não serem afrontados outros direitos e deveres também constitucionalmente consagrados.

III – Os denominados efeitos putativos atribuídos a situações de facto decorrentes de actos nulos, previstos no nº 3 do art. 134º do CPA, para além de deverem decorrer, em princípio, da necessidade de estabilidade das relações jurídico-sociais, dependem, em grande parte, de períodos dilatados de tempo em que tais situações se verificam, não podendo, por razões de coerência do próprio instituto, beneficiar aqueles que directa, ou mesmo dolosamente, deram causa à nulidade do acto à sombra do qual os referidos efeitos são reclamados, devendo a sua admissão estar sempre ligada à ideia de persecução do interesse público.

Quanto à questão da nulidade cfr. ainda o acórdão nº 319/03 do Tribunal Constitucional de 2 de julho de 2003 – Proc. nº 49/03.

Artigo 163º – Atos anuláveis e regime da anulabilidade

1 – São anuláveis os atos administrativos praticados com ofensa dos princípios ou outras normas jurídicas aplicáveis, para cuja violação se não preveja outra sanção.

2 – O ato anulável produz efeitos jurídicos, que podem ser destruídos com eficácia retroativa se o ato vier a ser anulado por decisão proferida pelos tribunais administrativos ou pela própria Administração.

3 – Os atos anuláveis podem ser impugnados perante a própria Administração ou perante o tribunal administrativo competente, dentro dos prazos legalmente estabelecidos.

4 – Os atos anuláveis podem ser anulados pela Administração nos prazos legalmente estabelecidos.

5 – Não se produz o efeito anulatório quando:

a) O conteúdo do ato anulável não possa ser outro, por o ato ser de conteúdo vinculado ou a apreciação do caso concreto permita identificar apenas uma solução como legalmente possível;

b) O fim visado pela exigência procedimental ou formal preterida tenha sido alcançado por outra via;

c) Se comprove, sem margem para dúvidas, que, mesmo sem o vício, o ato teria sido praticado com o mesmo conteúdo.

ANOTAÇÃO:

Corresponde, com significativas alterações, aos arts. 135º e 136º do anterior CPA.

O presente artigo tem o grande mérito de, ao contrário do que ocorria na redação da versão anterior do Código, proceder a uma aturada pormenorização do regime da anulabilidade, determinando, quer as circunstâncias quer as condições em que é admissível o aproveitamento judicial do ato anulável. A anulabilidade pode originar a anulação administrativa, quer oficiosamente quer a requerimento dos particulares. A anulabilidade do ato administrativo determina o despojamento dos efeitos originados pelo ato anulável cujos condicionalismos constam do art. 168º.

A anulabilidade é a ilegalidade mais recorrente e menos grave verificada no âmbito dos ato administrativo, resultando esta da violação da legalidade emanada do universo jurídico nacional e internacional.

O ato anulável é eficaz até ser posta em causa a sua validade jurídica, precisamente através do mecanismo da anulabilidade, dentro dos prazos legais, junto da Administração ou dos Tribunais.

Assim, o nº 1 vem estipular a anulabilidade, dos atos ofensivos dos princípios ou das normas jurídicas, se outra consequência mais gravosa não for prevista.

O nº 2 vem permitir que por decisão não só dos tribunais mas também por decisão da própria administração, a produção dos efeitos jurídicos de ato anulável pode ter eficácia retroativa. Estas decisões podem ser, naturalmente, impugnadas perante quem as tomou, dentro dos prazos legais (nº 3). Pelo que faz todo o sentido, o legislador ter concedido o poder de anulação à administração (nº 4).

O nº 5 vem elencar as situações em que não ocorre o efeito anulatório.

Resulta claro que, é no regime da anulabilidade que se assinalam as alterações mais relevantes sendo fundamentalmente as seguintes:

a) Clarificação da distinção entre os regimes da *anulação administrativa* (relativa aos atos praticados com ofensa dos princípios ou normas jurídicas para cuja violação não se preveja outra sansão e a *revogação* que determina a cessação dos efeitos jurídicos de um ato administrativo por razões de mérito, conveniência ou oportunidade.

b) Possibilidade de revogação de atos válidos constitutivos de direitos com fundamento na superveniência de conhecimentos técnicos e científicos ou em alteração objetiva das circunstâncias de facto, no prazo de um ano, prorrogável por mais dois anos, a contar da data do conhecimento, salvaguardando-se porém o direito de indemnização dos beneficiários de boa fé do ato revogado conforme previsto no art. 167º.

c) Distinção, clara, entre a anulação administrativa e a judicial, impondo-se prazos insuscetíveis de serem simultâneos para ambos os efeitos e admitindo-se, em certas circunstâncias, a anulação de atos administrativos que se tenham tornado judicialmente irrecorríveis como é o caso p.e. das situações previstas no art. 168º relativamente a beneficiário que tenha utilizado expediente fraudulento.

A anulabilidade é figura mais comum de invalidade e reflete uma menor gravidade da ilegalidade subjacente, ao ponto de o ato ser eficaz até ser anulado administrativa ou judicialmente. Em princípio, a eficácia desta é retroativa, destruindo os efeitos entretanto produzidos pelo ato sem prejuízo do disposto no nº 5 do artigo 163º. O regime regra é o da anulabilidade, tendo a *nulidade* caracter *excecional.*

Na anulabilidade, o ato produz efeitos precários, na medida em que, se o ato vier a ser anulado, podem vir a ser destruídos com eficácia retroativa.

Verifica-se, nestes, a faculdade de serem objeto de atos de segundo grau, podendo o ato, nomeadamente, ser revogado ou objeto de anulação administrativa. A invocação da anulabilidade faz-se, necessariamente, através da invocação dentro de determinado prazo findo o qual o ato deixa de poder ser impugnado, tornando-se inimpugnável, originando a caducidade do direito de impugnação.

Nos termos do nº 5 – os atos são anuláveis mas não produzem o efeito anulatório. A Administração e os tribunais estão obrigados a aplicar esses atos.

A alínea a) levanta, desde logo, as questões da formalidade e da competência.

A alínea c) está pensada para um controlo *a posteriori*. Constitui, a nosso ver, uma verdadeira habilitação para a Administração atuar *contra legem*.

A compreensão do regime do nº 5 remete-nos para a questão da discricionariedade e para os atos vinculados.

A defesa da Administração em juízo vai ser muito importante: a estratégia de defesa não pode ser contrária aos efeitos que pretendia, e o juiz não se limitará obrigatoriamente a aplicar a norma positiva – aplicará cada vez mais os princípios passando a dispor de legitimidade de fazer valer, isto é, de aplicar ou não princípios que por definição são elásticos. Um juiz deverá fazer um juízo de ponderação de interesses e valores que apelam a resultados (a um resultado em concreto que a anulação em causa produzirá no ordenamento jurídico). Desta forma o dever de fundamentação acentua-se, isto porque se o juíz anular o ato tem de fundamentar devidamente. Poder-se-á considerar que, nestes casos, não haverá um juízo de «legal» ou «ilegal», mas antes um juízo de «preferível».

Acórdãos relevantes que admitem a aplicação deste regime a atos discricionários:

Ac. do Supremo Tribunal Administrativo – 046611 de 7 de Fevereiro de 2002: Acórdão que veio sintetizar cinco argumentos invocados pela jurisprudência administrativa.

Acórdão do Supremo Tribunal Administrativo – 01521/02 de 11 de Outubro de 2007

No entanto, existe falta de unanimidade, tanto na jurisprudência como na doutrina, quanto à possibilidade de aplicação (apenas) a atos vinculados ou (apenas) a atos não vinculados.

Os acórdãos, mais relevantes, que admitem apenas a atos vinculados são: Acórdão do Supremo Tribunal Administrativo nº 01618/02 de 23 de Maio de 2006 e Acórdão do Supremo Tribunal Administrativo nº 0418/03 de 4 de Julho de 2006.

JURISPRUDÊNCIA:

Ac. STA de 14/10/2020, Proc. 02046/04.0BELSB 0808/18

I – A falta de audiência prévia à decisão administrativa, quando não seja legalmente dispensada, constitui preterição de formalidade essencial, conducente, em regra, à anulabilidade do acto (cfr. art. 135.º do CPA antigo, a que corresponde o n.º 1 do art. 163.º do actual CPA).

II – O afastamento do efeito anulatório por preterição do direito de audiência, por via da aplicação do princípio do aproveitamento do acto administrativo, apenas pode ocorrer quando a intervenção do interessado no procedimento tributário for inequivocamente insusceptível de influenciar a decisão final, o que acontece, em geral, nos casos em que se esteja perante uma situação legal evidente ou se trate de actividade administrativa vinculada.

Ac. TCAN de 30 Nov. 2016, Proc. 01563/13

PRESCRIÇÃO DE CRÉDITOS DO ESTADO. REVOGAÇÃO DE ATO ADMINISTRATIVO. Se um ato administrativo que reconheceu o direito de um funcionário a receber do Estado uma determinada importância está afetado de um vício que determina apenas a sua anulabilidade, a sua restituição deve ser exigida no prazo de um ano. Ora, tendo em conta que o ato impugnado, que ordenou a reposição nos cofres do Estado das quantias indevidamente recebidas, constitui ato revogatório do ato que posicionou aquela num determinado índice remuneratório e que esse ato revogatório foi praticado para além do prazo de um ano, tal ato é insuscetível de revogação. Com efeito, as quantias pagas à docente pelo índice remuneratório não foram indevidamente recebidas, face à colocação daquela nesse índice remuneratório, pelo que é de manter a anulação do despacho proferido pelo Diretor-Geral dos Estabelecimentos Escolares que ordenou a reposição nos cofres do Estado das quantias recebidas pela docente, a título de remuneração.

Ac. TCAS de 27 Out. 2016, Proc. 07896

Sendo a revogação do ato de deferimento do pedido de benefício fiscal anulável, o prazo para impugnar tal ato é de noventa dias a contar a partir do termo do prazo de pagamento da dívida exequenda.

IMPUGNAÇÃO JUDICIAL. BENEFÍCIO FISCAL. A regra geral da invalidade dos atos administrativos é a da anulabilidade, sendo a nulidade de caráter excecional em casos em que se verifique a falta de qualquer dos elementos essenciais do ato. Em conformidade, o prazo para a interposição da impugnação judicial de atos anuláveis é de três meses contados a partir do termo do prazo de pagamento da dívida exequenda, podendo a nulidade dos atos administrativos ser impugnável a todo o tempo. Ora, considerando que o despacho de revogação do deferimento do pedido de benefício fiscal de isenção do imposto automóvel foi notificado ao sujeito passivo a 6 de dezembro de 2005, este dispunha do prazo de dez dias para proceder ao pagamento da liquidação de Imposto Automóvel e IVA. Nestes termos, tendo a petição inicial da impugnação judicial sido apresentada a 29 de agosto de 2007, tal impugnação ocorreu para além do prazo de 90 dias, julgando-se verificada a exceção da caducidade do direito de impugnar.

...Face a este enunciado factual, importa apurar, para efeitos de aferir da caducidade do direito de acção, se, na eventualidade de os vícios invocados pelo recorrente existirem, os mesmos podem ou não ser qualificados como geradores de nulidade.

Vejamos, então.

No nosso ordenamento jurídico-administrativo a forma de invalidade da nulidade reveste-se de natureza excepcional porquanto o regime regra é o da anulabilidade (cfr. artigo 135º do CPA – na redacção em vigor à data dos factos).

Os actos nulos encontram-se definidos e enumerados, com caracter exemplificativo no artigo 133º do CPA, que trata do âmbito de aplicação da anulabilidade nos artigos 135º e seguintes.

Em Acórdão do TCAN, de 09.06.2010, proferido no processo nº 0007/09.2BEMDL e com interesse para o caso, fixou-se jurisprudência no seguinte sentido: «Conforme diz a doutrina, a invalidade de um acto administrativo consiste na sua inaptidão intrínseca para a produção de efeitos, decorrente de uma ofensa à ordem jurídica [ver Freitas do Amaral, Curso de Direito Administrativo, volume II, páginas 342 e seguintes]. Trata-se de saber se o acto comporta, ou não, vícios ou malformações, em face das normas que estabelecem os termos em que é possível a produção de efeitos jurídicos por via de autoridade [Vieira de Andrade, DJAP, volume VII, página 582].

Esses vícios ou malformações, capazes de afectar a validade do acto administrativo, não têm todos as mesmas consequências, como é sabido.

A nulidade constitui a forma mais grave de invalidade, tornando o acto totalmente ineficaz, é insusceptível de sanação, é impugnável a todo o tempo perante os tribunais, sendo que este conhecimento judicial concorre com o conhecimento administrativo [artigos 134º, nº 1 e nº 2, e 137º, nº 1, do CPA].

A anulabilidade traduz um desvalor menos grave, sendo o acto eficaz até ser anulado [ou suspenso], é passível de sanação, é obrigatório enquanto não for anulado, e esta anulação, que tem prazo, apenas pode ser judicial [ver artigos 127º, nº 2 a contrario, 136º, nº 1 e nº 2, 137º, nº 2, e 141º, todos do CPA, e 58º do CPTA].

No nosso ordenamento jurídico-administrativo o regime regra é o da anulabilidade, tendo a nulidade carácter excepcional [ver Freitas do Amaral, obra citada, páginas 408 e 409; Vieira de Andrade, obra citada, páginas 586 e 587, e ainda em Nulidade e Anulabilidade do Acto, CJA, nº 43, 2004, páginas 41 a 48].

Daí que os casos de nulidade são os fixados no artigo 133º do CPA, normativo este que, além de remeter para as nulidades que são previstas em lei especial, consagra um enunciado genérico e exemplifica um conjunto de actos nulos.

Poder-se-á dizer que nesse artigo 133º a nulidade corresponde à falta de qualquer dos elementos essenciais do acto, onde cabem os casos de inidentificabilidade orgânica mínima, e os casos de inidentificabilidade material mínima [Marcelo Rebelo de Sousa, Inexistência Jurídica, DJAP, volume V, página 242].» (disponível em texto integral em www.dgis.pt).

Ora, no caso vertente, a existirem os vícios (erro nos pressupostos de facto e de direito) imputados ao despacho datado de 06.10.2005, os mesmos não geram a nulidade mas antes a respectiva anulabilidade.

*Em **primeiro lugar**, porque os invocados vícios não se reportam a nenhum dos elementos indispensáveis à constituição de todo e qualquer acto administrativo.*

Em **segundo lugar**, *não se constata existir qualquer normativo que expressamente comine as ilegalidades em questão com o desvalor da nulidade.*

E sendo assim, o recorrente dispunha do prazo de três meses (cfr.artigo 58º nº 3 do CPTA), para impugnar o despacho de 6.10.2005, que revogou o despacho de deferimento do pedido de benefício fiscal, mecanismo que não utilizou.

Veja-se sobre o assunto o acórdão deste TCA de 21.02.2012, proferido no processo nº 4948/11: «[n]o caso dos benefícios fiscais dependentes de reconhecimento, como é o caso dos autos, a impugnação do acto que recair sobre o pedido de reconhecimento é autónoma em relação à impugnação do acto de liquidação, não podendo a questão do direito ao benefício ser discutida no processo de impugnação.» *(disponível em texto integral em www.dgsi.pt)*

Assim sendo, resultando dos autos, que o recorrente dispunha do prazo de 10 dias, contados deste a data da notificação do ofício de 06.12.2005, para proceder ao pagamento da liquidação, é de concluir que a petição inicial da presente impugnação judicial apresentada no Serviço de Finanças de ... em 29.08.2007, ocorreu para além do prazo de 90 dias fixado no artigo 102º, nº 1 al. a) do CPPT (O prazo da impugnação judicial é de natureza substantiva e não um prazo judicial contando-se nos termos do artigo 279º do CC, como expressamente se refere no nº 1 do artigo 20º do CPPT, correndo continuamente, sem qualquer interrupção ou suspensão. Na contagem do prazo não se inclui o dia em que ocorrer o evento a partir do qual o prazo começa a correr – notificação, citação ou formação de indeferimento tácito).

Conclui-se, assim, que bem decidiu a sentença recorrida ao julgar verificada a excepção da caducidade do direito de impugnar.

Improcedem, pois, todos os fundamentos do recurso.

IV. CONCLUSÕES

I. A impugnação do acto de revogação de benefício fiscal de isenção de tributo, é autónoma em relação à impugnação do acto de liquidação, que dele deriva, não podendo a questão do direito ao benefício ser discutida no processo de impugnação judicial

Ac. STA de 23/2/2012, Proc. 66/10

I – A nulidade da sentença nos termos previstos no art. 668º do CPC, sendo um vício formal, não se confunde com eventual erro de julgamento sobre as questões nela apreciadas.

II – A fundamentação é um conceito relativo *e, como tal, varia conforme o tipo de acto e as circunstâncias do caso concreto.*

III – O direito de audiência prévia dos interessados, embora uma importante garantia de defesa dos administrados, não deixa de ser um direito instrumental *e, por isso, em certos casos pode ser dispensado.*

IV – Nos casos em que estando em causa uma actividade vinculada *da Administração, de tal modo que não há qualquer margem de discricionariedade quanto ao* conteúdo *do acto, pelo que o acto a proferir não pode ter outro conteúdo senão aquele que lhe foi dado.*

V – Nesses casos, torna-se inútil a anulação do acto para retomar o procedimento com a audiência de interessados, já que a decisão a proferir teria de ser necessariamente a mesma (princípio utile per inutile non vitiatur, *vulgarmente designado como o* princípio do aproveitamento do acto*).*

Ac. do STA de 2 de dezembro de 2014, Processo 01446/13, 1ª Secção

Princípio do Aproveitamento do Ato – Proibição de Prática de Atos Inúteis

I – A entidade administrativa ao apreciar o pedido de autorização da licença de utilização tem apenas que atender à verificação da conformidade da obra com os elementos apontados no art. 26º, 445/91, de 20 novembro, alterado e republicado em anexo ao Decreto-Lei nº 250/94, de 15 de outubro: o projeto aprovado, as condições do licenciamento e o uso previsto no alvará de licença de utilização.

II – Estando em causa um pedido de anulação do ato de licença de utilização, com fundamento em incompetência relativa do autor, e mostrando-se comprovada a conformidade da obra executada com o projeto aprovado e cumpridos todos os necessários requisitos legais, por se tratar de um ato renovável com o mesmo conteúdo a sua anulação visaria apenas que fosse praticado ou melhor ratificado pelo órgão competente, ou seja, o Presidente da Câmara Municipal.

III – Concluindo-se que a licença de utilização e o respetivo alvará não poderiam deixar de ser emitidos com aquele conteúdo, torna-se inútil proceder à sua anulação, por força do princípio do aproveitamento do ato administrativo, decorrência do princípio da preponderância do conteúdo sobre as formas, que aponta para a não invalidação de um ato administrativo quando, embora enfermando de ilegalidade formal ou externa, se possa afirmar, de forma inequívoca, que o ato só podia ter o conteúdo que teve em concreto.

Ac. do STA de 5 de fevereiro de 2015, Processo 01775/13, 2ª Secção

Anulabilidade – Nulidade

I – Os vícios dos actos tributários só são sancionados com a nulidade quando se verifique a falta de qualquer dos elementos essenciais do acto, quando houver lei que expressamente preveja esta forma de invalidade ou ainda quando se verifiquem as circunstâncias previstas no art. 133º, nº 2, do CPA, nomeadamente quando ofendam o conteúdo essencial de um direito fundamental.

II – Só em casos excepcionais os vícios de falta de fundamentação e de violação do dever de audiência prévia poderão ter como consequência a nulidade do acto.

III – No caso de os vícios imputados ao acto tributário impugnado apenas determinarem a anulabilidade do mesmo, o direito de impugnação fica sujeito aos prazos estabelecidos no nº 1 do art. 102º do CPPT.

Ac. do STA de 13 de janeiro de 2011, Processo 01121/09, 1ª Subsecção

I – A identificação do autor do acto constitui uma formalidade obrigatória constituindo o seu incumprimento uma irregularidade susceptível de determinar a sua anulação. Porém, nem sempre assim acontece visto a mesma só ter essa consequência quando se traduza numa diminuição das garantias de defesa ou dos direitos dos destinatários do acto. De contrário, a mesma degrada-se em formalidade não essencial, irrelevante, incapaz de determinar a anulação do acto.

II – Muito embora seja certo que o licenciamento da construção de um edifício destinado a Centro Comercial não se confunde com o licenciamento das actividades que nele irão ser instaladas também o é que o licenciamento destas actividades não é independente e pode condicionar o licenciamento do edifício pois que, se assim não fosse, o licenciamento de um edifício multifuncional não careceria de nenhum dos pareceres prévios que a lei exigisse para cada uma das suas partes.

III – Deste modo, se o edifício se destinar, entre outras actividades, à instalação de salas de cinema o seu licenciamento não pode ser autorizado sem, previamente, ser colhido o parecer das autoridades que obrigatoriamente a lei exigia, como o caso do parecer da DGESP (art. 4º/1 do DL 315/95).

IV – Não justifica anular um acto, mesmo que ele enferme de vício de violação de lei ou de forma, sempre que, estando em causa um comportamento vinculado, o acto que haja de proferir não possa ter outro conteúdo senão aquele que lhe foi dado ou não possa ser menos lesivo do que o acto que se pretende anular.

V – Os poderes da Câmara Municipal em matéria de licenciamento podem ser delegados no seu Presidente que, por sua vez, os pode subdelegar. Sendo assim, atenta a liberdade que essa delegação de poderes confere, nada impede que ele o delegado, tendo concluído pela conformidade do projecto de arquitectura com instrumentos de gestão territorial para a área em questão, possa ultrapassar a condição constante da deliberação da Câmara que aprovou o projecto e licenciar o empreendimento sem o cumprimento dessa condição.

VI – Tendo sido aprovados dois Planos para uma cidade, um de carácter geral que englobava a cidade no seu todo e outro de pormenor para a sua zona histórica e havendo conflito entre os dois deve aplicar-se o que se estabelece no Plano de Pormenor do Centro Histórico.

Ac. do STA de 4 de outubro de 2007, Processo 0523/07, 1ª Subsecção

I – A sanção que geralmente recai sobre um acto administrativo inválido é a sua anulabilidade (art. 135º do CPA), sendo que a lei só determina a sua nulidade quando lhe falte qualquer um dos seus elementos essenciais ou quando expressamente o sancione com essa forma de invalidade – art. 133º do mesmo diploma. Deste modo, só são nulos os actos administrativos especificamente indicados na lei – é o caso dos enumerados no nº 2 daquele art. 133º – e aqueles a que falte um dos seus elementos essenciais.

II – Por elementos essenciais do acto administrativo para efeitos do art. 133º, nº 1, do CPA, deve entender-se os elementos integrantes do próprio acto administrativo contidos no art. 120º do mesmo código e, por isso, só são nulos os actos a que falte qualquer dos seus elementos constitutivos, pelo que só na aparência são actos administrativos.

III – Deste modo, e sendo a fundamentação dos actos uma formalidade instrumental dirigida à defesa dos direitos de conteúdo material a mesma não pode ser considerada como um elemento essencial do acto administrativo salvo se, em concreto, servir para a defesa de um direito fundamental.

IV – Com efeito, sendo a falta de fundamentação um vício relacionado com a legalidade externa do acto, que nada tem a ver com a sua legalidade interna, não pode a mesma considerar-se um elemento essencial do acto, um seu elemento constitutivo, e portanto um elemento cuja falta determinaria a sua nulidade.

V – Daí que a sindicância de acto administrativo com fundamento na falta de fundamentação tenha de ser feita no prazo de 2 meses estabelecido no art. 28º da LPTA.

Ac. do STA nº 01938/02 de 3 de março de 2004

I – A sanção que geralmente recai sobre um acto administrativo inválido é a sua anulabilidade (art. 135º do CPA), sendo que a lei só determina a sua nulidade quando lhe falte qualquer um dos seus elementos essenciais ou quando expressamente o sancione com essa forma de invalidade – art. 133º do mesmo diploma. Deste modo, só são nulos os actos administrativos especificamente indicados na lei – é o caso dos enumerados no nº 2 daquele art. 133º – e aqueles a que falte um dos seus elementos essenciais

II – Por elementos essenciais do acto administrativo para efeitos do art. 133º, nº 1, do CPA, deve entender-se os elementos integrantes do próprio acto administrativo contidos no art. 120º do mesmo código e, por isso, os mesmos têm a ver com a sua densificação, a qual decorre dos tipos de actos em causa ou da gravidade dos vícios que os afectam.

III – Ainda que se admitisse que, nos termos da lei, a adjudicação de uma empreitada de obras públicas estava dependente da abertura de concurso público, certo era que a substituição desse tipo de concurso por um concurso limitado sem apresentação de candidaturas, não se traduzia numa ausência de elementos fundamentais do acto e, por conseguinte, a omissão daquela formalidade não se constituía em ilegalidade determinante da sua nulidade.

IV – A preterição do concurso público e a sua substituição por um concurso limitado nem sequer se traduziu numa falta absoluta de forma legal ao nível desse procedimento, pois que de todo o modo sempre houve um procedimento concursal, se bem que não o porventura legalmente exigido, e portanto ficou por preencher o requisito indicado na al. f) do nº 2 do art. 133º do CPA.

Artigo 164º – Ratificação, reforma e conversão

1 – São aplicáveis à ratificação, reforma e conversão dos atos administrativos as normas que regulam a competência para a anulação administrativa dos atos inválidos e a sua tempestividade.

2 – Os atos nulos só podem ser objeto de reforma ou conversão.

3 – Em caso de incompetência, o poder de ratificar o ato cabe ao órgão competente para a sua prática.

4 – A reforma e a conversão obedecem às normas procedimentais aplicáveis ao novo ato.

5 – Desde que não tenha havido alteração ao regime legal, a ratificação, a reforma e a conversão retroagem os seus efeitos à data dos atos a que respeitam, mas não prejudicam a possibilidade de anulação dos efeitos lesivos produzidos durante o período de tempo que as tiver precedido, quando ocorram na pendência de processo impugnatório e respeitem a atos que envolvam a imposição de deveres, encargos, ónus ou sujeições, a aplicação de sanções ou a restrição de direitos e interesses legalmente protegidos.

ANOTAÇÃO:

Corresponde ao art. 137º do anterior CPA.

Assumidamente, este preceito vem esclarecer os efeitos da ratificação, reforma e conversão, aos quais são aplicáveis as normas que regulam a competência para a anulação administrativa dos atos inválidos e a sua tempestividade (nº 1).

O nº 2 vem permitir a reforma ou conversão dos atos nulos que, nos termos do nº 4, obedeçam às normas procedimentais aplicáveis ao novo ato, esclarecendo, concomitantemente, os efeitos da ratificação, reforma e conversão (os efeitos da anulação encontram-se previstos no art. 172º).

O nº 3 vem determinar que, quando praticado o ato ferido de incompetência, cabe ao órgão competente para a sua prática o poder de o ratificar.

O nº 5, condicionado, desde logo, à não alteração do regime legal, vem estabelecer como regime-regra a retroatividade dos efeitos à data a que respeitam, nos casos de retificação, reforma ou reconversão.

No entanto, quando ocorram durante a pendência de processo impugnatório e digam respeito a atos impositivos de deveres, ónus, encargos ou sujeições, quer a aplicação de sanções quer a restrição de direitos ou interesses, legalmente protegidos, não prejudicam a possibilidade da anulação dos efeitos lesivos produzidos, durante o período de tempo anterior à ratificação, reforma ou reconversão.

SECÇÃO IV – Da revogação e da anulação administrativas

Artigo 165º – Revogação e anulação administrativas

1 – A revogação é o ato administrativo que determina a cessação dos efeitos de outro ato, por razões de mérito, conveniência ou oportunidade.

2 – A anulação administrativa é o ato administrativo que determina a destruição dos efeitos de outro ato, com fundamento em invalidade.

ANOTAÇÃO:

Corresponde 140º e 141º do anterior CPA.

A revogação consistia, no antigo CPA, na cessação de vigência do ato administrativo por força de razões de mérito ou com base na sua ilegalidade.

O Novo CPA veio alterar as figuras da revogação e da anulação administrativa.

Conceitos: Enquanto a revogação se traduz na cessação da vigência com fundamento em razões de oportunidade e mérito, a anulação, por sua vez, significa que a vigência do ato administrativo cessa com fundamento na sua ilegalidade.

Há diferenças assinaláveis quanto ao regime da revogação e da anulação.

Relativamente às espécies de revogação, podemos identificar alguns aspetos:

1) Se se tratar de revogação por iniciativa da própria Administração, trata-se de revogação oficiosa, e que pode ser feita quer pelo seu próprio autor como por órgão superior (p.e. delegante). Se for por iniciativa do particular, deverá ser efetuada por meio de reclamação ou recurso administrativo.

2) A revogação pode ser simples, tendo um efeito destrutivo ou pode ser substitutiva.

3) Os efeitos da revogação podem valer para o futuro ou ter eficácia retroativa (artigo 161º, nº 1).

Relativamente à competência para a revogação:

1) A revogação cabe, em princípio, ao autor do ato administrativo (artigo 169º, nº 2), no entanto o autor do ato não o poderá fazer, nos termos da lei, quando tinha o poder e deixou de o ter, p.e. quando o autor do ato tinha poderes delegados para a prática do ato mas que entretanto deixou de ter.

2) A revogação caberá, em regra, ao superior hierárquico, nos termos do artigo 169º, nº 2, mas no caso de o subalterno ter competência exclusiva o superior hierárquico não poderá revogar. Nestes casos, o superior poderá, apenas, dar ordem de revogação a que o subalterno está obrigado a cumprir por força do dever de obediência.

3) Quando a lei o preveja expressamente, a revogação caberá ao órgão que exerce poderes de superintendência e tutela.

O princípio da prossecução do interesse público exige que a Administração procure sempre melhores soluções, pelo que há uma livre revogabilidade de atos válidos. Há, no entanto, exceções – os atos constitutivos de direitos (artigo 167º, nº 1).

Relativamente à anulação, quem pode anular são as mesmas entidades que podem revogar, com uma diferença: o superior hierárquico que não pode revogar atos praticados ao abrigo da competência exclusiva do subalterno, pode no entanto anular (nº 3 do 169º).

Sobre o regime da anulação podemos extrair 7 ideias:

1ª) há atos de anulação impossível – nº 1 do 166º.

2ª) a validade da anulação encontra-se sujeita a prazo nos termos do artigo 168º, nº 1 – se a anulação não for feita num determinado prazo estará o próprio ato de anulação sujeito a ser anulado.

3ª) Relativamente ao prazo-regra da anulação é de cinco anos (artigo 168º, nº 1, *in fine*), mas pode ser encurtado para seis meses, a contar da data do conhecimento da invalidade. Se se tratar de um caso de erro, os seis meses contam-se a partir do momento em que cessou o erro.

4ª) Nos termos do nº 5 do 168º, a inimpugnabilidade judicial torna a anulação oficiosa, ou seja, apenas a Administração poderá anular esses atos.

5ª) A anulação dos atos constitutivos de direitos inválidos (entenda-se anuláveis) deverá ocorrer dentro de três prazos distintos, conforme a situação:

- 1 ano – pode ser anulado a contar da data da sua emissão (nº 2 do 168º)

- 5 anos – (artigo 168º, nº 4) se o beneficiário utilizou artifícios fraudulentos (que não consubstancie crime) para obter esse ato. O legislador deveria ter acrescentado a formulação relativa ao crime, pois se consubstanciar crime os atos são nulos a todo o tempo, ou seja, sem prazo.

6ª) consolidada uma invalidade, o ato está sujeito às regras do ato válido: pode ser revogado mas não anulado;

7ª) o regime da anulação dos atos administrativos suscita duas questões de constitucionalidade: o princípio da segurança e tutela da confiança.

Mérito da presente revisão é, também, a concretização e aprofundamento da distinção entre a revogação *tout court* e a revogação anulatória que passa (tal como na maioria dos países europeus) a designar-se por anulação administrativa.

Assim, a revogação implica a cessação dos efeitos de outro ato, tendo como fundamento necessário, razões de mérito, razões de conveniência ou razões de oportunidade (nº 1).

Os efeitos da revogação consubstanciam-se na cessação da eficácia do ato anterior, também nos termos do nº 1, podendo, no entanto, ser-lhe atribuída eficácia retroativa conforme resulta do art. 171º, nº 1 e 2.

A revogação pode ser levada a cabo por quem tiver poderes dispositivos sobre a questão em crise, nos termos do art. 169º, sendo que relativamente ao seu objeto, esta só pode recair sobre atos de eficácia duradoura enquanto eficazes, ou de eficácia instantânea enquanto não forem executados e contanto que se trate de atos discricionários (art. 171º, nº 1).

A revogação do ato administrativo pode ocorrer a todo o tempo com exceção da que diga respeito a atos constitutivos de direitos (art. 167º, nº 2) e que se funde na superveniência de conhecimentos técnicos e científicos ou ainda face à alteração objetiva de determinada circunstância de facto em face das quais, num ou noutro caso, não poderiam ter sido praticados esses atos. Nesta eventualidade, a revogação, apenas, pode ter lugar no prazo de um ano, a contar da data do conhecimento da superveniência ou da alteração das circunstâncias, podendo esse prazo ser prorrogado, por mais dois anos, por razões fundamentadas nos termos do nº 4 do art. 167º.

Por seu turno, a anulação administrativa é, nos termos do presente artigo, aquela que determina a destruição dos efeitos de outro ato, cujo fundamento seja a sua invalidade.

Os efeitos dessa destruição são *ex tunc*, podendo, no entanto ser-lhe atribuída somente eficácia futura (art. 171, nºs 3 e 4). Quanto às consequências da anulação administrativa, até aqui resultantes apenas do Código de Processo nos Tribunais Administrativos, estão agora inovadoramente previstas no art. 172º.

A anulação pode ser decidida por quem dispuser de poderes de controlo e fiscalização sobre aquela questão, podendo recair sobre quaisquer atos administrativos, à exceção dos previstos no artigo 169º, desde que não tenha sido objeto de impugnação judicial, caso em que, nos termos do art. 168º, nº 3 só pode ter lugar até ao encerramento da discussão. O prazo que decide a anulação é de 6 meses, a contar da data do conhecimento pelo órgão competente da causa de invalidade, ou, nos casos de invalidade resultante de erro do agente, desde o momento da cessação do erro, em qualquer dos casos desde que não tenham decorrido cinco anos a contar da respetiva emissão (art. 168º, nº 1). No entanto, o prazo relativo a atos constitutivos de direitos só podem ser objeto de anulação administrativa dentro do prazo de um ano, a contar da data da respetiva emissão, quando o ato não tenha sido objeto de impugnação jurisdicional. Se o direito da União Europeia determinar prazo diferente, os atos constitutivos de direitos podem ser objeto de anulação administrativa no prazo de cinco anos, a contar da data da respetiva emissão, nas seguintes circunstâncias:

a) Quando o respetivo beneficiário tenha utilizado artifício fraudulento com vista à obtenção da sua prática;

b) Apenas com eficácia para o futuro, quando se trate de atos constitutivos de direitos à obtenção de prestações periódicas, no âmbito de uma relação continuada;

c) Quando se trate de atos constitutivos de direitos de conteúdo pecuniário cuja legalidade, nos termos da legislação aplicável, possa ser objeto de fiscalização administrativa para além do prazo de um ano, com imposição do dever de restituição das quantias indevidamente auferidas.

Excutido o prazo de 6 meses, a contar da data do conhecimento pelo órgão competente da causa de invalidade, ou, decorrido cinco anos, a contar da respetiva emissão nos casos de invalidade resultante de erro do agente, desde o momento da cessação do erro, e, em qualquer dos casos, o ato se tenha tornado inimpugnável por via jurisdicional, o mesmo só pode ser objeto de anulação administrativa oficiosa.

Ainda nos termos do art. 168º, desde que ainda o possa fazer, a Administração tem o dever de anular o ato administrativo que tenha sido julgado válido por sentença transitada em julgado, proferida por um tribunal administrativo com base na interpretação do direito da União Europeia, invocando para o efeito nova interpretação desse direito em sentença posterior, transitada em julgado, proferida por um tribunal administrativo que, julgando em última instância, tenha dado execução a uma sentença de um tribunal da União Europeia vinculativa para o Estado português.

Artigo 166º – Atos insuscetíveis de revogação ou anulação administrativas

1 – Não são suscetíveis de revogação nem de anulação administrativas:

a) Os atos nulos;

b) Os atos anulados contenciosamente;

c) Os atos revogados com eficácia retroativa.

2 – Os atos cujos efeitos tenham caducado ou se encontrem esgotados só podem ser objeto de anulação administrativa ou de revogação com eficácia retroativa.

ANOTAÇÃO:

Corresponde ao art. 139º do anterior CPA.

Elencam-se, neste artigo os atos insuscetíveis de anulação administrativa. Reproduz, na íntegra, a redação do correspondente artigo da versão anterior do código, aditando, relativamente aos atos cujos efeitos tenham caducado ou se encontrem esgotado, a possibilidade de serem objeto de anulação administrativa.

O nº 1, portanto, vem excluir a possibilidade de revogação ou de anulação administrativa as situações previstas nas suas alíneas.

O nº 2 vem limitar a possibilidade de revogação ou de anulação administrativa condicionando esta a uma eficácia retroativa obrigatória.

A revogação, bem como a anulação administrativa, opera sobre efeitos não extintos quer eles sejam atuais, passados ou futuros.

Um ato que possa vir a produzir efeitos é suscetível de revogação ou anulação, tal como aquele que se encontra a produzir estes (bem como os que já foram produzidos mas que possam gerar por si, também eles, efeitos).

Do mesmo modo, são suscetíveis de revogação ou anulação, os atos cujos efeitos se encontram suspensos.

Artigo 167º – Condicionalismos aplicáveis à revogação

1 – Os atos administrativos não podem ser revogados quando a sua irrevogabilidade resulte de vinculação legal ou quando deles resultem, para a Administração, obrigações legais ou direitos irrenunciáveis.

2 – Os atos constitutivos de direitos só podem ser revogados:

a) Na parte em que sejam desfavoráveis aos interesses dos beneficiários;

b) Quando todos os beneficiários manifestem a sua concordância e não estejam em causa direitos indisponíveis;

c) Com fundamento na superveniência de conhecimentos técnicos e científicos ou em alteração objetiva das circunstâncias de facto, em face das quais, num ou noutro caso, não poderiam ter sido praticados;

d) Com fundamento em reserva de revogação, na medida em que o quadro normativo aplicável consinta a precarização do ato em causa e se verifique o circunstancialismo específico previsto na própria cláusula.

3 – Para efeitos do disposto na presente secção, consideram-se constitutivos de direitos os atos administrativos que atribuam ou reconheçam situações jurídicas de vantagem ou eliminem ou limitem deveres, ónus, encargos ou sujeições, salvo quando a sua precariedade decorra da lei ou da natureza do ato.

4 – A revogação prevista na alínea *c)* do nº 2 deve ser proferida no prazo de um ano, a contar da data do conhecimento da superveniência ou da alteração das circunstâncias, podendo esse prazo ser prorrogado, por mais dois anos, por razões fundamentadas.

5 – Na situação prevista na alínea *c)* do nº 2, os beneficiários de boa-fé do ato revogado têm direito a ser indemnizados, nos termos do regime geral aplicável às situações de indemnização pelo sacrifício, mas quando a afetação do direito, pela sua gravidade ou intensidade, elimine ou restrinja o conteúdo essencial desse direito, o beneficiário de boa-fé do ato revogado tem direito a uma indemnização correspondente ao valor económico do direito eliminado ou da parte do direito que tiver sido restringida.

6 – Para efeitos do disposto no número anterior, consideram-se de boa-fé os beneficiários que, à data da prática do ato revogado, desconheciam sem culpa a existência de fundamentos passíveis de determinar a revogação do ato.

ANOTAÇÃO:

Corresponde ao art. 140º do anterior CPA.

O nº 1 do preceito em anotação vem determinar a impossibilidade de revogação dos atos cuja irrevogabilidade resulte da lei ou de obrigações legais ou direitos irrenunciáveis da Administração.

O nº 2, por sua vez, vem consagrar quais os atos constitutivos (e só esses) que podem ser revogados.

O nº 3 vem concretizar em que consistem os atos constitutivos de direito, classificando-os como atos administrativos que atribuem ou reconheçam quer situações jurídicas vantajosas quer as situações jurídicas que limitem ou eliminem deveres, ónus, encargos ou rejeições, exceto se a precaridade resulte da natureza do ato ou da lei.

O nº 4 vem conceder o prazo de um ano para a revogação prevista na alínea *c)* do nº 2, admitindo a possibilidade de prorrogação do prazo por mais dois anos. O legislador vem, desta forma, possibilitar que o prazo seja triplicado admitindo que um ano de prazo possa passar a três anos, apenas com a exigência de fundamentação. Não curou o legislador de concretizar em que se baseará a fundamentação, p.e. o interesse público, ou outro, bastando ao decisor, portanto, dar uma qualquer fundamentação.

O nº 5, por seu turno, vem prever a indemnização, nos termos do Regime Geral aplicável às situações de indemnização pelo sacrifício, dos destinatários do ato de revogação, estando estes de boa fé. No entanto, se a afetação do direito, pela sua gravidade e intensidade, eliminar ou restringir o conteúdo essencial desse direito, o destinatário da revogação do ato revogado, estando de boa fé, será indemnizado em montante equivalente ao valor económico do direito eliminado ou da parte deste que tenha sido alvo de restrição.

O nº 6 vem, por fim, tipificar o conceito de boa fé, que sumariamente, consiste no desconhecimento, sem culpa, da existência de fundamento passível de originar a anulação, por parte do destinatário do ato revogado, estando este de boa fé, à data da prática do ato revogado.

Em suma, prevê-se a possibilidade de revogação de atos válidos constitutivos de direitos com fundamento na superveniência de conhecimentos técnicos e científicos ou em alteração objetiva das circunstâncias de facto, no prazo de um ano, prorrogável por mais dois anos, a contar da data do conhecimento, salvaguardando-se, porém, o direito de indemnização dos beneficiários de boa fé do ato revogado.

A revogação consiste na destruição ou cessação de efeitos de uma ato administrativo já praticado.

Com o aprofundamento da distinção entre a revogação propriamente dita e a revogação anulatória (anulação administrativa) feita no art. 164º, que remonta aos exatos termos do preâmbulo do projeto-lei: «estabelecem-se os condicionalismos aplicáveis a cada uma das figuras, em função da sua finalidade e razão de ser, regulando-se, com algum pormenor, várias situações e resolvendo-se alguns problemas que têm sido suscitados, dando-se expressão às propostas de alteração que, ao longo dos últimos vinte anos, têm sido formuladas na doutrina e que, no essencial, são inspiradas pela lei de procedimento alemã.

Houve, designadamente, a preocupação de evitar soluções puramente logicistas, operando-se distinções de regime em função do conteúdo dos atos (favorável ou desfavorável), dos seus efeitos (instantâneos ou duradouros) e das posições jurídicas dos destinatários e de terceiros (direitos, interesses legalmente protegidos ou posições precárias), permitindo-se a ponderação de interesses e valores pela administração nos casos concretos (tendo em conta a boa ou má fé, a proteção da confiança legítima e a relevância dos interesses públicos e privados envolvidos). Neste contexto, conferiu-se especial importância à garantia de um equilíbrio entre a estabilidade do ato administrativo e a sua adequação às mudanças da realidade e à evolução dos conhecimentos, no quadro da realização dinâmica dos interesses públicos, com respeito pelos direitos e interesses legalmente protegidos dos particulares – um equilíbrio indispensável na atual sociedade de risco e de incerteza».

Sobre a revogação cfr. Osvaldo Gomes "Revogação do Ato Administrativo" in revista da Ordem dos Advogados, ano 40 José Carlos Viera de Andrade, "Revogação do Ato Administrativo" in revista Direito e Justiça Vol. VI 1992.

Artigo 168º – Condicionalismos aplicáveis à anulação administrativa

1 – Os atos administrativos podem ser objeto de anulação administrativa no prazo de seis meses, a contar da data do conhecimento pelo órgão competente da causa de invalidade ou, nos casos de invalidade resultante de erro do agente, desde o momento da cessação do erro, em qualquer dos casos desde que não tenham decorrido cinco anos, a contar da respetiva emissão.

2 – Salvo nos casos previstos nos números seguintes, os atos constitutivos de direitos só podem ser objeto de anulação administrativa dentro do prazo de um ano, a contar da data da respetiva emissão.

3 – Quando o ato tenha sido objeto de impugnação jurisdicional, a anulação administrativa só pode ter lugar até ao encerramento da discussão.

4 – Salvo se a lei ou o direito da União Europeia prescreverem prazo diferente, os atos constitutivos de direitos podem ser objeto de anulação

administrativa no prazo de cinco anos, a contar da data da respetiva emissão, nas seguintes circunstâncias:

a) Quando o respetivo beneficiário tenha utilizado artifício fraudulento com vista à obtenção da sua prática;

b) Apenas com eficácia para o futuro, quando se trate de atos constitutivos de direitos à obtenção de prestações periódicas, no âmbito de uma relação continuada;

c) Quando se trate de atos constitutivos de direitos de conteúdo pecuniário cuja legalidade, nos termos da legislação aplicável, possa ser objeto de fiscalização administrativa para além do prazo de um ano, com imposição do dever de restituição das quantias indevidamente auferidas.

5 – Quando, nos casos previstos nos nºs 1 e 4, o ato se tenha tornado inimpugnável por via jurisdicional, o mesmo só pode ser objeto de anulação administrativa oficiosa.

6 – A anulação administrativa de atos constitutivos de direitos constitui os beneficiários que desconhecessem sem culpa a existência da invalidade e tenham auferido, tirado partido ou feito uso da posição de vantagem em que o ato os colocava, no direito de serem indemnizados pelos danos anormais que sofram em consequência da anulação.

7 – Desde que ainda o possa fazer, a Administração tem o dever de anular o ato administrativo que tenha sido julgado válido por sentença transitada em julgado, proferida por um tribunal administrativo com base na interpretação do direito da União Europeia, invocando para o efeito nova interpretação desse direito em sentença posterior, transitada em julgado, proferida por um tribunal administrativo que, julgando em última instância, tenha dado execução a uma sentença de um tribunal da União Europeia vinculativa para o Estado português.

ANOTAÇÃO:

Da profunda alteração levada a cabo, quer no presente artigo, quer no anterior para o qual remetemos a consulta às suas notas e cometários, também, aqui nos socorremos da síntese do legislador: «é de salientar a diferenciação entre a anulação administrativa e a anulação judicial dos atos administrativos, fixando-se prazos, que podem não coincidir para ambos os efeitos, e permitindo-se, em certas circunstâncias e condições, a anulação administrativa de atos tornados, contenciosamente, inimpugnáveis, com efeitos retroativos ou apenas para o futuro, no pressuposto de que o mero decurso do prazo de impugnação judicial não torna válido o ato anulável.

Destaque merece, ainda, a harmonização, nesta matéria, entre o Direito interno e outros ordenamentos jurídicos, em especial quando a atuação administrativa envolva a aplicação de regras do Direito da União Europeia».

Destacamos a criação, inovadora, da possibilidade de os atos administrativos poderem ser objeto de anulação administrativa oficiosa, mesmo quando se tenham tornado inimpugnáveis, por via jurisdicional, nos termos e condições previstas no nº 5.

O nº 7 desta disposição causa bastante desconforto, isto porque começa logo com uma previsão contraditória, "a Administração tem um **dever** desde que **o possa fazer** (...)". Além de que, com esta disposição, o legislador violou o princípio da intangibilidade do caso julgado, o princípio da tutela da confiança e do contraditório.

A doutrina tem vindo a considerar que, o novo regime da anulação administrativa consagrado no nº 7 põe em causa a Constituição da República Portuguesa, violando:

- O princípio da separação de poderes
- O princípio da intangibilidade do caso julgado

JURISPRUDÊNCIA:

Ac. TCAN de 11/02/2022, Proc. 02201/16.0BEBRG

1. O acto de aprovação da candidatura ao Programa PROMAR constitui um verdadeiro acto constitutivo de direitos, à luz da art. 167.º, n.º 3 do CPA/2015.

2. Este acto constitutivo de direitos pode ser revogado por ilegalidade – revogação anulatória, à luz do art. 141.º do CPA 1991 – correspondente ao art. 168 do CPA/2015 – anulação administrativa – diploma aplicável ao caso dos autos, atento o princípio tempus regit actum –, concretamente pela circunstância de se ter considerado que o projecto não se enquadrava no Eixo prioritário em causa.

3. Tendo-se concluído que a entidade administrativa revogou implicitamente um anterior acto constitutivo de direitos – aprovação da candidatura – afastada a aplicação do prazo de revogação de um ano permitido pelo art. 141.º do CPA1991, em nome do primado da legislação europeia, mostra-se aplicável o prazo de 4 anos, previsto no Reg. CEE 2988/95 (arts. 2.º e 4.º), ainda não decorrido à data da decisão, que apenas finalizaria em 2016.

Ac. TCAS de 14/10/2021, Proc. 23/16.8BELRS

I. Não constando da LGT nem do CPPT norma definidora do prazo para a revogação e anulação administrativas dos atos tributários, hão de acolher-se as regras constantes dos artigos 165º a 174º do Código de Procedimento Administrativo (CPA).

II. Os atos administrativos podem ser objeto de anulação administrativa no prazo de 6 meses, a constar da data do conhecimento do órgão da causa da invalidade ou, nos casos de invalidade resultante de erro do agente, desde o momento da cessação do erro e em qualquer caso, desde que não tenham decorrido 5 anos, a contar da respetiva emissão – artigo 168/1 CPA.

III. Salvo nos casos previstos nos n.ºs 3 a 7, do artigo 168º CPA, os atos constitutivos de direitos só podem ser objeto de anulação administrativa dentro do prazo de um ano, a contar da data da respetiva emissão – artigo 168º, n.º 2, do CPA.

IV. A falta de audiência prévia à decisão administrativa, quando não seja legalmente dispensada, constitui preterição de formalidade essencial, conducente, em regra, à anulabilidade do ato (artigo 163/1 CPA).

V. A preterição do direito de audiência prévia, por via da aplicação do princípio do aproveitamento do ato administrativo, apenas é admissível quando a intervenção do interessado no procedimento tributário for inequivocamente insuscetível de influenciar a decisão final, o que acontece em geral nos casos em que se esteja perante uma situação legal evidente ou se trate de atividade administrativa vinculada.

VI. A possibilidade de aplicação do princípio do aproveitamento do ato deve ser apreciada casuisticamente pela análise das circunstâncias particulares do caso concreto, aferindo-se se a decisão do procedimento não poderia de forma alguma ser influenciada pela participação do contribuinte no procedimento.

Ac. STA de 30/10/2014, Proc. 092/14

I – Mercê da interpretação firmada pelo «TJUE» no seu acórdão de 17.09.2014 [Proc. nº C-341/13] e em aplicação dos princípios comunitários da primazia do Direito Europeu, da lealdade comunitária e da interpretação conforme aos Tratados e às normas jurídicas da União, o prazo de prescrição do procedimento visando a aplicação de sanções e a restituição de ajudas comunitárias irregulares, no âmbito da política agrícola comum, é de quatro anos nos termos dos arts. 01º e 03º do Regulamento (CE/EURATOM) nº 2988/95.

II – Não existindo, no direito interno um prazo especialmente previsto para tal finalidade, deve ser aplicado o referido prazo, em detrimento do prazo geral da prescrição do art. 309º do CC e do prazo de 05 anos previsto no nº 1 do art. 40º do DL nº 155/92.

III – Aquele prazo de prescrição interrompe-se, nos termos do art. 03º do referido Regulamento, com a emissão de qualquer ato que dê conhecimento à pessoa/entidade visada que se irá instruir ou instaurar procedimento por irregularidade, regime esse que afasta, pelos seus termos, a regra de direito interno constante do art. 323º do CC.

Ac. do STA de 17 de dezembro de 2014, Processo 0454/14, 2ª Secção

I – Na determinação das consequências jurídicas da invalidade de acto administrativo em matéria tributária de concessão de benefício fiscal, no conspecto da possibilidade legal da sua revogação, há que aplicar as normas do CPA em conformidade com o que dispõe o art. 2º do CPPT.

II – O acto de revogação parcial da decisão de Reclamação Graciosa, por ilegalidade, que produz efeitos ex tunc e ocorre mais de 15 dias depois da prolação da decisão parcialmente revogada, é ilegal por violação do disposto no art. 141º do CPA.

Artigo 169º – Iniciativa e competência

1 – Os atos administrativos podem ser objeto de revogação ou anulação administrativas por iniciativa dos órgãos competentes, ou a pedido dos interessados, mediante reclamação ou recurso administrativo.

2 – Salvo disposição especial e sem prejuízo do disposto nos números seguintes, são competentes para a revogação dos atos administrativos os seus autores e os respetivos superiores hierárquicos, desde que não se trate de ato da competência exclusiva do subalterno.

3 – Os atos administrativos podem ser objeto de anulação administrativa pelo órgão que os praticou e pelo respetivo superior hierárquico.

4 – Enquanto vigorar a delegação ou subdelegação, os atos administrativos praticados por delegação ou subdelegação de poderes podem ser objeto de revogação ou de anulação administrativa pelo órgão delegante ou subdelegante, bem como pelo delegado ou subdelegado.

5 – Nos casos expressamente permitidos por lei, os atos administrativos praticados por órgãos sujeitos a superintendência ou tutela administrativa podem ser objeto de revogação ou de anulação administrativa pelos órgãos com poderes de superintendência ou tutela.

6 – Os atos administrativos praticados por órgão incompetente podem ser objeto de revogação ou de anulação administrativa pelo órgão competente para a sua prática.

ANOTAÇÃO:

O nº 1 corresponde ao art. 138º do anterior CPA.

O nº 1, tal como referimos, abarca todo o conteúdo do art. 138º do anterior CPA, acrescentando-lhe, para os mesmos efeitos, a anulação.

O nº 2 dispõe a possibilidade, salvo disposição especial em contrário, dos atos administrativos serem revogados quer pelos seus autores quer pelos superiores hierárquicos destes, salvo nos casos de competências exclusiva do subalterno.

O nº 3 vem prever idêntico regime para a anulação administrativa, diferindo do nº 2, apenas, no que diz respeito à competência exclusiva do subalterno.

Quer a revogação, quer a anulação administrativa, podem ter lugar "por mão" do órgão delegante ou do subdelegante e, ainda, pelo delegado ou subdelegado, enquanto vigorar a delegação ou subdelegação (nº 4).

Do mesmo modo, podem ser objeto de revogação ou de anulação administrativa pelos órgãos com poderes de superintendência ou tutela, os atos administrativos praticados por órgãos sujeitos a superintendência ou tutela administrativa, desde que tal seja, expressamente, permitido por lei (nº 5).

O nº 6, por sua vez, vem conferir a possibilidade de serem revogados ou anulados, pelo órgão competente, os atos administrativos praticados por órgão incompetente para a sua prática.

De referir o Ac. STA de 11/09/1979 que exara que o ato administrativo que substitui outro revoga implicitamente este. Ou seja, mesmo que o novo ato administrativo nada diga relativamente à revogação, ela opera tacitamente.

JURISPRUDÊNCIA:

Ac. STA de 11/12/2003, Proc. 689/02

I – Com a rectificação, permanecem intocáveis os efeitos jurídicos do acto rectificado com o sentido realmente querido pelo seu autor e não com aquele que, por defeituosa expressão, aparentemente lhe tinha sido dado.

II – Embora possa ter-se prestado a alguma confusão na identificação do seu objecto, não é, por essa razão, nulo o acto que, em erro manifesto na expressão da vontade do seu autor, enganando-se na localização de um prédio a classificar como imóvel de interesse público, veio posteriormente a ser rectificado nos termos do art. 148º do CPA de forma a não deixar quaisquer dúvidas.

Artigo 170º – Forma e formalidades

1 – Salvo disposição especial, o ato de revogação ou anulação administrativa deve revestir a forma legalmente prescrita para o ato revogado ou anulado.

2 – Sem prejuízo do disposto no nº 6 do artigo anterior, quando a lei não estabelecer forma alguma para o ato revogado ou anulado, ou este

tiver revestido forma mais solene do que a legalmente prevista, o ato de revogação ou anulação administrativa deve revestir a mesma forma utilizada na prática do ato revogado ou anulado.

3 – Salvo disposição especial, são de observar na revogação ou anulação administrativa as formalidades exigidas para a prática do ato revogado ou anulado que se mostrem indispensáveis à garantia do interesse público ou dos direitos e interesses legalmente protegidos dos interessados.

ANOTAÇÃO:

Os nºs 1 e 2 correspondem ao art. 143º do anterior CPA, acrescentando-lhe a anulação administrativa. O nº 3, por seu turno, corresponde ao previsto no art. 144º.

O nº 1 vem estipular que, salvo disposição especial, o princípio da identidade ou do paralelismo, entre a forma exigida para a criação do ato administrativo e a forma exigida para a sua revogação ou anulação administrativa.

O nº 2 reafirma a regra da observância da forma devida, relativamente ao ato revogado, ser igual aquela que foi praticada para a criação do mesmo.

Na esteira da exigência prevista dos nºs anteriores, o nº 3 exige o paralelismo formal entre a produção do ato e a sua revogação ou anulação administrativa.

Diversamente do que ocorria na redação do correspondente artigo da versão anterior do código (art. 144º), o legislador veio exigir que, quer a revogação, quer a anulação administrativa, tenham lugar quando se mostrem indispensáveis à garantia do interesse público ou dos direitos e interesses legalmente protegidos dos interessados.

Artigo 171º – Efeitos

1 – Por regra, a revogação apenas produz efeitos para o futuro, mas o autor da revogação pode, no próprio ato, atribuir-lhe eficácia retroativa quando esta seja favorável aos interessados ou quando estes concordem expressamente com a retroatividade e não estejam em causa direitos ou interesses indisponíveis.

2 – A revogação de um ato revogatório só produz efeitos repristinatórios se a lei ou o ato de revogação assim expressamente o determinarem.

3 – Salvo disposição especial, a anulação administrativa produz efeitos retroativos, mas o autor da anulação pode, na própria decisão, atribuir-lhe

eficácia para o futuro, quando o ato se tenha tornado inimpugnável por via jurisdicional.

4 – A anulação administrativa produz efeitos repristinatórios e, quando tenha por objeto a anulação de um ato revogatório, só não determina a repristinação do ato revogado se a lei ou o ato de anulação assim expressamente dispuserem.

ANOTAÇÃO:

Corresponde ao art. 145º do anterior CPA.

O nº 1 abarca a generalidade do disposto nos nºs 1 e 3 do correspondente artigo da versão anterior do código (art. 145º), expurgando o disposto no respetivo nº 2 que determinava a retroatividade obrigatória quando se verificasse a invalidade do ato revogado.

O nº 2 vem prever a possibilidade de ocorrência da repristinação nos casos em que a lei ou o ato de revogação a determinem.

O atual nº 3 vem regular os efeitos da anulação administrativa, ditando que, salvo disposição especial, estes são por regra retroativos, podendo, no entanto, o autor da anulação atribuir-lhe, no próprio ato, eficácia para o futuro, desde que o ato se tenha tornado judicialmente inimpugnável.

O nº 5 vem consagrar a repristinação nos casos em que a anulação administrativa tenha, ela própria, por objeto a anulação de ato revogatório. Neste caso, só não ocorrerão efeitos repristinatórios se a lei ou o ato de anulação dispuserem de maneira diversa.

JURISPRUDÊNCIA:

Ac. do STA de 17 de dezembro de 2014, Processo 1423/13, 1ª Secção

I – Na parte em que revogou a anterior deliberação de licenciamento de construção, a Câmara fê-lo por reconhecer a sua ilegalidade, em consonância com a informação dos serviços, e que obrigava a reformular a pretensão do requerente e a rever os termos do licenciamento. Assim, tendo sido destruídos administrativamente os efeitos jurídicos próprios de tal aprovação (revogação sem substituição imediata), porque a eficácia da revogação anulatória (anulação administrativa, noutra terminologia) opera retroactivamente (art. 145º, nº 2, do CPA), não pode iniciar-se ou prosseguir o recurso contencioso do acto revogado.

II – E tendo a deliberação camarária optado por aquela revogação e não estando essa potencial disfuncionalidade relativamente ao objectivo último do procedimento questionada por quem teria legitimidade, é inválido o segmento da deliberação em que se suspendeu a "licença de obra", como quer que a expressão se interprete.

III – A falta de notificação às partes do parecer final do Ministério Público que se limite a remeter para a posição de uma das partes no processo não viola o princípio do contraditório, nem produz nulidade processual.

IV – As nulidades da sentença eram aquelas que o art. 668º do Código de Processo Civil então vigente enunciava. Outros desvios ou imperfeições formais face ao modelo estabelecido pelo art. 659º do mesmo Código, designadamente a omissão de enunciação das questões a resolver, não geram, por si, nulidade da sentença. Para se verificar a nulidade da sentença a que se refere a al. c) do nº 1 do art. 668º do CPC apenas releva a contraditoriedade que subsista no plano lógico entre a fundamentação e a decisão, não o erro ou debilidade na determinação das consequências jurídicas que resultam – seja no plano da impugnabilidade contenciosa, seja no da validade do acto administrativo impugnado – da situação fáctica ou jurídica dada por existente.

Artigo 172º – Consequências da anulação administrativa

1 – Sem prejuízo do eventual poder de praticar novo ato administrativo, a anulação administrativa constitui a Administração no dever de reconstituir a situação que existiria se o ato anulado não tivesse sido praticado, bem como de dar cumprimento aos deveres que não tenha cumprido com fundamento naquele ato, por referência à situação jurídica e de facto existente no momento em que deveria ter atuado.

2 – Para efeitos do disposto no número anterior, a Administração pode ficar constituída no dever de praticar atos dotados de eficácia retroativa, desde que não envolvam a imposição de deveres, encargos, ónus ou sujeições, a aplicação de sanções ou a restrição de direitos ou interesses legalmente protegidos, assim como no dever de anular, reformar ou substituir os atos consequentes sem dependência de prazo, e alterar as situações de facto entretanto constituídas, cuja manutenção seja incompatível com a necessidade de reconstituir a situação que existiria se o ato anulado não tivesse sido praticado.

3 – Os beneficiários de boa-fé de atos consequentes praticados há mais de um ano têm direito a ser indemnizados pelos danos que sofram em consequência da anulação, mas a sua situação jurídica não pode ser posta em causa se esses danos forem de difícil ou impossível reparação e for manifesta a desproporção existente entre o seu interesse na manutenção da situação e o dos interessados na concretização dos efeitos da anulação.

4 – Quando à reintegração ou recolocação de um trabalhador que tenha obtido a anulação de um ato administrativo se oponha a existência de terceiros com interesse legítimo na manutenção de situações incompatíveis, constituídas em seu favor por ato administrativo praticado há mais de um ano, o trabalhador que obteve a anulação tem direito a ser provido em lugar ou posto de trabalho vago e na categoria igual ou equivalente àquele em que deveria ter sido colocado, ou, não sendo isso imediatamente possível, em lugar ou posto de trabalho a criar no quadro ou mapa de pessoal da entidade onde exercerá funções.

ANOTAÇÃO:

Sem correspondência na versão anterior do código, este artigo é, verdadeiramente novo e inovador cuja previsão faz todo o sentido. Pela primeira vez, vem regular-se, expressamente, em sede administrativa, os efeitos da anulação. Até aqui, tal ocorria apenas no CPTA (Código de Processo nos Tribunais Administrativos).

O nº 1 vem determinar a "reconstituição in natura", decorrente do ato de anulação, isto é, reconstituir a situação que existiria se o ato anulado não tivesse sido praticado e, concomitantemente, cumprir os deveres implícitos que não foram cumpridos com as consequências reportadas ao momento em que a administração deveria ter atuado.

No entanto, pode ser praticado novo ato administrativo em substituição do ato anulado, que tem de ser, necessariamente, diferente do que foi anulado já que, caso contrario, seria inútil, além de violar o princípio do caso julgado.

O nº 2, inevitavelmente, vem conceder a possibilidade de ser atribuída eficácia retroativa, para efeitos do nº 1, como forma de pôr em prática a reconstituição *in natura*.

O nº 3, consequentemente, vem proteger os direitos adquiridos, por via da expectativa jurídica, dos beneficiários de boa-fé, dos atos praticados há mais de um ano, garantindo que, caso a reconstituição *in natura* não seja possível e dentro das "balizas" da proporcionalidade, possam os lesados ser indemnizados pelos danos sofridos em consequência da anulação.

O nº 4, por fim, vem determinar que, quando se verifique a reintegração ou recolocação de trabalhador visado pela anulação do respetivo ato administrativo e se oponha terceiro com interesse legítimo incompatível ao seu que decorra há mais de um ano, também criado por ato administrativo, confere ao trabalhador que obteve a referida anulação o direito a ser provido em lugar ou posto de trabalho vago, de igual ou equivalente categoria onde estaria colocado. Não havendo lugar ou posto de trabalho vago, será o mesmo criado no quadro ou mapa de pessoal da respetiva entidade.

Artigo 173º – Alteração e substituição dos atos administrativos

1 – Salvo disposição especial, são aplicáveis à alteração e substituição dos atos administrativos as normas reguladoras da revogação.

2 – A substituição de um ato administrativo anulável, ainda que na pendência de processo jurisdicional, por um ato válido com o mesmo conteúdo sana os efeitos por ele produzidos, assim como os respetivos atos consequentes.

3 – No caso previsto no número anterior, se o ato substituído tiver tido por objeto a imposição de deveres, encargos, ónus ou sujeições, a aplicação de sanções ou a restrição de direitos ou interesses legalmente protegidos, a renovação não prejudica a possibilidade da anulação dos efeitos lesivos produzidos durante o período de tempo que precedeu a substituição do ato.

ANOTAÇÃO:

Corresponde ao art. 147º do anterior CPA.

O nº 1, tal como acontece com o artigo anterior, corresponde literalmente ao disposto no correspondente artigo do anterior CPA (art. 147º).

Este nº 1 vem mandar aplicar, supletivamente, as regras fixadas para a revogação, em caso de alteração ou substituição dos atos administrativos, exceto disposição especial em sentido diverso.

O nº 2 vem determinar que a substituição de um ato administrativo anulável, por ato válido com o mesmo conteúdo, sana os efeitos por ele produzidos, bem como os respetivos atos dele resultantes, ainda que tal ocorra na pendência de processo jurisdicional. No entanto, se o ato substituído implicar a imposição de deveres, ónus, encargos ou sujeições, quer a aplicação de sanções, quer a restrição de direitos ou interesses legalmente protegidos, não poderá prejudicar a possibilidade de anulação de eventuais efeitos lesivos produzidos em data anterior à da substituição do ato.

Artigo 174º – Retificação dos atos administrativos

1 – Os erros de cálculo e os erros materiais na expressão da vontade do órgão administrativo, quando manifestos, podem ser retificados, a todo o tempo, pelos órgãos competentes para a revogação do ato.

2 – A retificação pode ter lugar oficiosamente ou a pedido dos interessados, produz efeitos retroativos e deve ser feita sob a forma e com a publicidade usadas para a prática do ato retificado.

ANOTAÇÃO:

Corresponde ao art. 148º do anterior CPA.

O nº 1 trata da correção do chamado "*lapsos calami*", que determina que os erros materiais na expressão da vontade do órgão administrativo que são manifestos, isto é, evidentes, facilmente identificáveis devido à desconformidade entre o que o órgão administrativo quis e o que acabou por manifestar, podem ser retificados, a todo o tempo, pelo órgão competente para a revogação do ato.

Se o erro não for manifesto, a única solução legal é a revogação seguida de nova publicação que expurgue o erro.

O nº 2 vem determinar que a retificação possa ser feita, oficiosamente, ou a pedido dos interessados sem especiais requisitos formais.

JURISPRUDÊNCIA:

Ac. do STA de 26 de junho de 2014, Processo 0586/14, 1ª Secção

I – Acolhe e exprime-se no art. 249º do CC um princípio geral de direito que se mostra aplicável a todos os erros de cálculo ou de escrita juridicamente relevantes. II – Para o preenchimento legítimo do referido normativo importa que, como é entendimento uniforme, se considerem apenas como lapsos de escrita os que sejam ostensivos, aqueles que facilmente se detetem e se identifiquem como tais pelo e no seu contexto e que respeitem à expressão material da vontade e já não os que possam ter influenciado a formação dessa vontade.

III – Os erros dizem-se de escrita quando se escreve ou representa, por lapso, coisa diversa da que se queria escrever ou representar, sendo que se consideram manifestos os erros quando estes são de fácil deteção, isto é, quando a própria declaração ou as circunstâncias em que ela é feita permitem a sua imediata identificação.

IV – Está-se perante uma mera retificação quando a intenção que a motiva é, apenas e tão só, a correção de um evidente erro de escrita e não a sua modificação ou alteração substancial.

V – A causa de pedir não consiste na categoria legal invocada, no facto jurídico abstrato configurado pela lei, mas, antes, nos concretos factos da vida a que se virá a reconhecer ou não, força jurídica bastante e adequada para desencadear os efeitos pretendidos pelo A., consubstanciando-se numa indicação de factos suficientes para individualizar o facto jurídico gerador da mesma [cfr. arts. 05º e 581º, nº 4 do CPC/2013].

VI – A individualização duma ação, face ao que se mostra previsto no nº 4 do citado art. 581º do CPC/2013, afere-se pela causa [facto genético] do direito, o que a substancia ou fundamenta [teoria da substanciação].

VII – Para que o tribunal reconheça ao A o direito que o mesmo invoca procedendo a sua pretensão há-de este alegar e provar os factos suscetíveis de gerar esse direito segundo a ordem jurídica constituída.

VIII – Ressalvadas as situações em que se mostra como legalmente admissível a alteração/modificação da causa de pedir/pedido [cfr., nomeadamente, arts. 264º e 265º do CPC/2013] vigora o princípio da estabilidade da instância não sendo admissível, mormente, a alteração/modificação da causa de pedir após citação do R. [cfr. art. 260º do mesmo Código].

IX – Não poderá aceitar-se que face à constatação da insubsistência da alegação na qual o A. sustentou a pretensão o mesmo possa pretender operar uma modificação/alteração do pedido e causa de pedir, "maxime" com vista a que, diferenciadamente do quadro factual invocado em sede de petição inicial, passasse a ser outra a conduta omissiva ilícita/ilegal imputada ao R. e, dessa forma, lograr obter a sua condenação na inibição do exercício de funções decorrente da aplicação conjugada dos arts. 02º, 03º e 04º da Lei nº 4/83.

Ac. do STA de 30 de outubro de 2013, Processo 0952/13, 2ª Secção

I – O STA tem afirmado a possibilidade de anulação parcial das liquidações sendo referência o acórdão do Pleno da SCT de 10.04.2013 tirado no processo nº 298/12. Porém, existem situações em que, como no presente caso, ocorre, um vício substancial invalidante de todo o acto de liquidação.

II – Efectivamente, no caso dos autos, não se trata de ter ocorrido apenas um mero lapso de escrita ou irregularidade aritmética nas contas, facilmente determinável e quantificável, meramente gerador de uma desconformidade legal insusceptível de invalidar a totalidade do acto.

III – Ao invés, sucede que a Fazenda Pública nunca antes do recurso invocou que a quantificação da matéria colectável padecia de lapso de escrita no que toca à margem de lucro aplicada (de 3,4265%) por se ter enganado e querido, antes, escrever 2,4265%, tendo sempre defendido a inteira legalidade e justeza da quantificação efectuada (que a Comissão de Revisão manteve) e pugnado, na sua contestação pela improcedência da impugnação.

IV – Não pode, pois, este STA dar como certo e assente que esse valor provém de erro de escrita e com base nisso proceder à anulação parcial do acto de liquidação como pede a recorrente Fazenda Pública. Ocorre, um vício invalidante que justifica a anulação total do referido acto como bem decidiu a sentença recorrida.

Ac. do STA de 20 de junho de 2014, Processo 0467/13, 1ª Secção

I – Integra-se na matéria de facto a afirmação do TAF de que um determinado escrito ocorrera «por lapso», pelo que o TCA não podia tomar essa expressão como uma conclusão de direito e declará-la não escrita.

II – Em adjudicações por lotes, o júri não tem de colmatar «ex officio» o erro de escrita havido na proposta dirigida a um deles, pesquisando o que o mesmo concorrente escrevera em propostas que direcionou para lotes diferentes.

III – Se a proposta tem um «lapsus calami» ostensivo e se é absolutamente seguro o que, na vez do que aí se escreveu, se pretendera escrever, deve o júri aceitar a rectificação da proposta à luz do princípio geral de direito acolhido no art. 249º do Código Civil, abstendo-se de propor a exclusão dela.

IV – Uma tal rectificação limita-se a, suprimindo a anomalia derivada do erro, restituir a proposta à sua verdade original, pelo que não fere os princípios da estabilidade das propostas ou da concorrência.

SECÇÃO V – Da execução do ato administrativo

Artigo 175º – Objeto

1 – A presente secção estabelece o regime comum aplicável aos procedimentos administrativos dirigidos à obtenção, através de meios coercivos, da satisfação de obrigações pecuniárias, da entrega de coisa certa, da prestação de factos ou ainda do respeito por ações ou omissões em cumprimento de limitações impostas por atos administrativos.

2 – A adoção de medidas policiais de coação direta, dirigidas à execução de obrigações diretamente decorrentes do quadro normativo aplicável, é objeto de legislação própria.

ANOTAÇÃO:

O presente preceito vem estabelecer o objeto da presente secção, que determina o regime comum aplicável aos procedimentos administrativos com vista à obtenção, através dos meios coercivos legalmente admissíveis, da satisfação de obrigações, sejam elas de cariz pecuniário, seja da obrigação de entrega de coisa certa, prestação de factos ou, ainda, por ações ou omissões em cumprimento do respeito pelas limitações impostas por atos administrativos (nº 1).

O nº 2, vem remeter para a legislação própria, a adoção de medidas de polícia, com vista a execução de obrigações, diretamente, decorrentes do quadro normativo aplicável.

O regime da execução coerciva obedece ao Princípio da Legalidade em sentido estrito, ou seja, impõe a exigência de uma habilitação específica relativamente à execução dos atos administrativos – A Administração só pode executar quando tenha essa habilitação específica; p.e. artigo 179º para pagamento de quantia pecuniária. Fora destes casos a Administração só pode executar quando estiver munida de decisão judicial – o ato continua a ser titulo executivo mas não é executório por regra. Há uma aproximação ao regime anglo-saxónico. Aliás, esta reforma tem como desiderato anunciado a europeização, isto é, uma aproximação aos regimes administrativos europeus, nomeadamente o britânico.

JURISPRUDÊNCIA:

Ac. TCAN de 10/03/2022, Proc. 00186/18.8BECBR

Cfr. Ac. do STA, de 25-02-2010, proc. nº 0320/08:

I – O prazo, de 30 dias, estabelecido no artigo 175, número 1, do Código do Procedimento Administrativo, para a decisão de recurso hierárquico, conta-se a partir da remessa do processo ao órgão competente para dele conhecer, no caso de tal remessa ocorrer dentro do prazo de 15 dias, previsto no artigo 172, número 1, do mesmo Código, para o autor do acto se pronunciar sobre o recurso e proceder aquela remessa.

II – No caso de tal remessa se verificar depois de decorrido este prazo de 15 dias, conta-se a partir do respectivo termo aquele prazo, de 30 dias, para decisão do recurso hierárquico.

III – Segue-se no actual CPA mesmo juízo.

Ac. STA de 14-10-2010, Proc. 941-A/05/04

I – O prazo previsto no nº 1 do art. 175º do CPTA tem natureza administrativa (procedimental) contando-se, por isso, nos termos do art. 72º do CPA.

II – O prazo fixado no nº 2, do art. 176º do CPTA é um prazo de caducidade, que terá de ser contado nos termos do art. 144º do CPC.

III – A decisão que anulou um acto administrativo deve ser executada pela Administração, reconstituindo a situação actual hipotética como se o acto anulado não tivesse existido na ordem jurídica.

IV – Perante um acto anulado, a Administração não pode ficar inactiva, sem nada fazer, deixando subsistir a situação produzida pelo acto ilegal.

V – De acordo com o disposto no art. 163º, nº 1, do CPA só são figuráveis como causa legítima de inexecução, a impossibilidade **absoluta** *de executar e o* **grave** *prejuízo para o interesse público na execução da sentença.*

Ac. STA de 20/2/2008, Proc. 549/02

I – Acto consequente é aquele que é praticado ou dotado de certo conteúdo, em virtude da prática de outro anterior que o causa e lhe serve de fundamento;

II – Tem esta natureza o acto que ordena a remoção de uma edificação de apoio de praia, já que se limita a dar execução a acto anterior que decidiu não prorrogar a licença de uso privativo de que o recorrente era titular;

III – O referido acto de remoção apenas poderá ser impugnado por vícios próprios ou autónomos e já não por vícios que se prendam com o acto primário em que se escora (art. 151º, nºs 3 e 4 do CPA).

Artigo 176º – Legalidade da execução

1 – Sem prejuízo do disposto no nº 2 do artigo anterior, a satisfação de obrigações e o respeito por limitações decorrentes de atos administrativos só podem ser impostos coercivamente pela Administração nos casos e segundo as formas e termos expressamente previstos na lei, ou em situações de urgente necessidade pública, devidamente fundamentada.

2 – A execução coerciva de obrigações pecuniárias é sempre possível, nos termos do artigo 179º

ANOTAÇÃO:

Corresponde ao art. 151º da versão anterior ao CPA.

A grande novidade, trazida por este artigo, consiste na consagração do princípio segundo o qual a execução coerciva dos atos administrativos só pode ser levada a cabo pela administração, nos casos, expressamente, previstos na lei ou em caso de urgente necessidade pública acompanhada da fundamentação devida (nº 1). A aplicação deste novo regime é, no entanto, protelada para a data de entrada em vigor de diploma (a aprovar no prazo de 60 dias a contar do dia 8 de abril de 2015 conforme previsto no arts. 6º e 8º, nº 2 do preâmbulo) que estipulará as situações, as formas e os termos em que os atos administrativos poderão ser impostos, coercivamente, pela administração,

Retira-se o privilégio de execução prévia do "panteão" dos principais princípios do direito administrativo, ao abrigo do qual o cumprimento das obrigações e o acatamento das limitações que decorrem de um ato administrativo poderem ser impostos pela Administração sem prévio recurso aos tribunais.

O legislador veio ao encontro da posição manifestada pela doutrina, desde os anos oitenta do século passado.

O nº 1 *in fine* vem excecionar a necessidade de previsão legal, expressa nos casos de urgência, devidamente fundamentada.

Tal é, de resto, claramente assumido em diversas alíneas do art. 2º da lei de autorização legislativa (Lei nº 42/2014, de 11 de julho):

gg) Definir o regime substantivo do ato administrativo, em matéria de cláusulas acessórias, eficácia, invalidade e execução;

ss) Definir o regime da execução do ato administrativo, prevendo que a satisfação de obrigações e o respeito por limitações decorrentes de atos administrativos só podem ser impostos, coercivamente, pela Administração Pública nos casos e segundo as formas, expressamente previstas na lei;

uu) Instituir o regime de garantias dos executados, prevendo que estes podem impugnar administrativa e contenciosamente o ato exequendo e, por vícios próprios, a decisão de proceder à execução administrativa ou outros atos administrativos praticados, no âmbito do procedimento de execução, assim como requerer a suspensão contenciosa dos respetivos efeitos;

vv) Prever, no âmbito do regime referido na alínea anterior, que os executados podem propor ações administrativas comuns ou requerer providências cautelares para prevenir a adoção de operações materiais de execução ou promover a remoção das respetivas consequências, quando tais operações sejam ilegais por violação do regime referido na alínea *ss)*, por não ter sido emitido ou notificado ao executado a decisão de proceder à execução, por desconformidade com o conteúdo e termos da decisão de proceder à execução ou por violação do princípio da proporcionalidade ou por ofensa à dignidade da pessoa humana.

Trata-se de opção sustentada, ao longo dos últimos 30 anos por uma parte muito significativa da doutrina, sendo este novo regime clara e assumidamente inspirado no caso francês, com ressalva, no entanto, do regime aplicável à execução coerciva de obrigações pecuniárias que, nos termos do nº 3, é sempre admissível de acordo com o art. 179º. Resultando desta opção a desnecessidade de se prever no Código os meios de execução. Nesta senda «no artigo 177º, propõe-se a explicitação do que, presentemente, apenas, resulta implícito: que os procedimentos de execução têm início com a emissão de uma decisão autónoma de proceder à execução; a exigência que a esta decisão é associada de determinar o conteúdo e os termos da execução; a clarificação da função de interpelação ao cumprimento, que é associada à notificação da decisão de proceder à execução, a qual pode ser feita, conjuntamente com a notificação do ato exequendo. No artigo 182º, procura-se aperfeiçoar e densificar o regime das garantias dos executados perante atos administrativos e operações materiais de execução ilegais.

Por último, com o novo artigo 183º pretende-se preencher uma lacuna, desde há muito identificada no nosso ordenamento jurídico, no que respeita à determinação do modo de execução dos atos administrativos, por via jurisdicional, quando não seja admitida a execução coerciva pela via administrativa».

O legislador procurou reforçar as garantias dos administrados, através nomeadamente, da fixação do princípio da legalidade da execução plasmada no nº 1, através da obrigatoriedade de aviso prévio do ato administrativo, salvo quando se verifique Estado de Necessidade, conforme consagra o art. 177º.

De realçar que, a satisfação de obrigações e o respeito por limitações decorrentes de atos administrativos só podem ser impostos, coercivamente, pela Administração nos casos em situações de urgente necessidade pública, devidamente fundamentada e, ainda, segundo as formas e termos, expressamente, previstos na lei, conforme determina a parte final do nº 2 do artigo anterior. A legislação em causa será aprovada no prazo de 60 dias a contar da data da entrada em vigor deste CPA conforme estabelece o art. 8º, nº 2 da lei preambular a este Código. Assim, o nº 1 do artigo 176º do Código aplica-se a partir da data da entrada em vigor do diploma que definirá os casos, as formas e os termos em que os atos administrativos podem ser impostos, coercivamente, pela Administração. Até lá, nesta questão, a Administração terá de reger-se, necessariamente, pelo que se encontra estipulado no nº 2 do art. 149º.

JURISPRUDÊNCIA:

Ac. STA de 3/2/2011, Proc. 869/10

I – A impugnação de um acto de execução apenas é admissível na medida em que exceda "os limites do acto exequendo" *(art. 151º, nº 3, do CPA) ou a ilegalidade que lhe for imputada* "não seja consequência da ilegalidade do acto exequendo" *(nº 4), isto é, por vícios próprios.*

II – A notificação de um acto administrativo é requisito de eficácia e não vício do acto

Ac. STA de 5/7/2007, Proc. 296/06

I – O nosso ordenamento jurídico acolhe o princípio da inimpugnabilidade dos actos de execução de anterior acto administrativo, por os mesmos não conterem outros efeitos jurídicos que não sejam a mera concretização ou desenvolvimento da estatuição jurídica contida no acto executado – sendo, portanto, este que deve ser objecto de impugnação.

II – O art. 151º do CPA veio consagrar duas excepções a esse princípio: admite, por um lado, a impugnação autónoma dos actos ou operações de execução "que excedam os limites do acto exequendo" (nº 3); e admite, por outro lado, a impugnação autónoma dos actos ou operações de execução que sejam "arguidos de ilegalidade, desde que esta ilegalidade não seja consequência da ilegalidade do acto exequendo".

III – É insusceptível de impugnação autónoma, face ao disposto no art. 151º, nº 4 do CPA, o acto de execução que determinou a reposição de ajudas comunitárias indevidamente recebidas, por compensação de créditos do recorrente relativos a outras ajudas, quando vem assacado ao acto de execução (que determinou a compensação) um tipo de ilegalidade (prescrição dos créditos invocados pela Administração) já apontado pelo recorrente, em anterior recurso contencioso, como fundamento de invalidade do acto inicial que lhe ordenou a reposição.

Ac. STA de 17/1/2007, Proc. 719/06

I – Os actos de execução *limitam-se a desenvolver e aplicar a anterior definição do direito contido em acto administrativo anterior.*

II – Os actos de execução são irrecorríveis, *tanto administrativa, como contenciosamente, a não ser nos casos em que excedam os limites do acto exequendo (art. 151º, nº 3, do CPA), ou quando a sua ilegalidade seja intrínseca e autónoma e não mera consequência da ilegalidade do acto que executa (art. 151º, nº 4, do cit. dip.).*

Ac. STA de 19/1/2005, Proc. 181/04

I – Em regra, os actos de execução só são passíveis de recurso contencioso autónomo na medida em que sejam inovatórios, por alterarem, excederem ou modificarem a situação definida pelo acto executado (art. 151º, nºs 3 e 4, do C.P.A.).

II – Constitui acto de execução o que marca a data e hora de demolição, pelos serviços camarários, de obras ilegais, que havia sido previamente ordenada ao proprietário por decisão camarária e não foi por este cumprida no prazo fixado.

III – Não pode ser rejeitado, com fundamento em irrecorribilidade do acto de execução, o recurso contencioso em que são imputados a tal acto vícios próprios, não derivados de vício do acto executado.

Ac. STA de 1/4/2003, Proc. 1581/02

I – Os actos de execução são actos praticados em consequência necessária da definição de situações jurídicas constantes de acto administrativo anterior; não possuindo conteúdo lesivo próprio são, em regra, irrecorríveis (cfr., como excepção, o disposto no artigo 25º, nº 2, da LPTA, e no artigo 151º, nº 3 e nº 4 do CPA);

II – Determinado pela direcção do Instituto do Vinho da Madeira, e comunicado ao destinatário, que certa quantidade de uvas por este alegadamente adquiridas não seria considerada na conta corrente existente entre ambos, ficou fixada a posição daquele Instituto quanto a tal matéria;

III – A mera subtracção daquela quantidade de uvas no boletim respeitante ao vinho a tratar para fabrico de vinho generoso, quando ele veio a ser conferido, assinado e rubricado no IVM, não configura actuação com conteúdo lesivo próprio, constituindo, antes, mera execução da prévia determinação do órgão competente.

Artigo 177º – Ato exequendo e decisão de proceder à execução

1 – Os órgãos da Administração Pública não podem praticar qualquer ato jurídico ou operação material de execução sem terem praticado previamente o ato administrativo exequendo.

2 – Salvo em estado de necessidade, os procedimentos de execução têm sempre início com a emissão de uma decisão autónoma e devidamente fundamentada de proceder à execução administrativa, na qual o órgão competente determina o conteúdo e os termos da execução.

3 – A decisão de proceder à execução é notificada ao destinatário, com a cominação de um prazo razoável para o cumprimento da obrigação exequenda.

4 – A notificação da decisão de proceder à execução pode ser feita conjuntamente com a notificação do ato administrativo exequendo.

ANOTAÇÃO:

O mérito da presente disposição consiste em tornar explícito, ao contrário do que acontecia na anterior versão do Código:

Primeiro – que os procedimentos de execução começam com a tomada de uma decisão autónoma, tendo em vista proceder à execução;

Segundo – que a exigência que a esta decisão é associada, precisamente a de determinada o conteúdo e os termos da execução; e, por último, a clarificação da função de interpelação ao cumprimento, que é ligada à notificação da decisão de proceder à execução.

Assim, resulta, do nº 1 que, não podem ser praticados quaisquer atos jurídicos ou operações materiais de execução, por parte da Administração Pública, sem que tenha sido praticado, previamente, o ato administrativo exequendo.

O nº 2 determina que, os procedimentos executivos têm, invariavelmente, início através da emissão de uma decisão autónoma e, devidamente, fundamentada de proceder à execução administrativa, salvo nos casos de estado de necessidade. Dessa decisão constará o conteúdo e os termos da execução determinados pelo órgão competente. A decisão de proceder à execução é notificada ao destinatário na qual é concedido um prazo considerado razoável para o cumprimento da obrigação exequenda.

JURISPRUDÊNCIA:

Ac. STA, de 17 Nov. 2016, Processo 01357

A nomeação e a exoneração dos titulares dos cargos de embaixador são da exclusiva competência do Presidente da República, sob proposta do Governo, tratando-se de atos políticos, ao contrário da promoção que consiste num ato administrativo. Com efeito, a nomeação ou exoneração de determinado embaixador em determinado país encontram-se pela natureza do ato, excluídas da sindicância do poder judicial, regendo-se apenas por critérios de condução de política e estratégia. Nestes termos, não sendo o ato impugnado um ato administrativo, inexiste o dever de fundamentação, assim como o dever de notificação, dado que a decisão de exoneração assume a forma de despacho, com publicação obrigatória no Diário da República.

Ac. STA de 8/7/2003, Proc. 44.411

I – Os actos impositivos e os actos permissivos são de diferente natureza.

II – O acto impositivo embargo, o acto impositivo ordem de demolição, podem radicar na inexistência de um acto permissivo, mas não significam que o acto permissivo não venha a ser adoptado.

III – O acto de comando, ordem de demolição, não tem condições para decidir um pedido de acto permissivo – essa matéria é estranha à sua natureza.

IV – Assim, em princípio não há relação de confirmatividade entre um acto que denega uma permissão e um anterior acto impositivo assente na inexistência de tal permissão;

V – O acto de execução pressupõe uma definição anterior da situação jurídica, que não altera em termos de conteúdo

VI – O interesse legítimo não se confunde com a procedência do pedido.

VII – Existe interesse legítimo desde que utilidade que se pretende obter é protegida pela ordem jurídica. Pode acontecer é que ela não seja alcançável, por não estarem reunidos os pressupostos de uma favorável decisão de mérito.

Artigo 178º – Princípios aplicáveis

1 – Na execução dos atos administrativos, deve ser respeitado o princípio da proporcionalidade, designadamente utilizando os meios que, garantindo a realização integral dos seus objetivos, envolvam menor prejuízo para os direitos e interesses dos particulares.

2 – A coação direta sobre indivíduos, quando permitida por lei, só pode ser exercida com observância dos direitos fundamentais e no respeito pela dignidade da pessoa humana.

ANOTAÇÃO:

O nº 1 vem realçar a exigência pelo respeito dos princípios aplicáveis na execução dos atos administrativos. Na verdade, o princípio em apreço seria sempre aplicável independentemente de se encontrar aqui previsto face ao disposto no art. 266º, nº 2 da CRP. O legislador, ainda assim, quis reforçar a exigência do cumprimento dos princípios jurídicos, nomeadamente o da proporcionalidade da necessidade e da exigibilidade.

Do mesmo modo, reforça a exigência pelo respeito dos direitos fundamentais e dignidade da pessoa humana, na linha dos artigos 1º, 13º, 16º, 17º, 18º, 26º, nº 2 e 266º, nº 2 da CRP.

JURISPRUDÊNCIA:

Ac. TCAN de 2/2/2017, Proc. 00015/16

Processo cautelar para suspensão da eficácia do tarifário «curbsides» do aeroporto do Porto. PERICULUM IN MORA. A empresa que explora os parques de estacionamento do aeroporto conjuga o serviço de «parking» fora do aeroporto com o serviço de «transfer» gratuito de e para os «curbsides» do aeroporto e esse serviço torna-se impossível financeiramente se for aplicado o tarifário «curbsides», uma vez que obriga a empresa a assumir custos muito superiores aos do seu volume de faturação anual. Ora, considerando que o tarifário inviabiliza financeiramente o modelo de negócio e põe em risco a sobrevivência da empresa, tendo em conta que a sua posição e mercado assenta nesse modelo de negócio, é decretada a providência cautelar de suspensão de eficácia do tarifário «curbsides» do aeroporto do Porto.

Ac. STA de 3/2/2011, Proc.0869/10

Acto de Execução – Falta de Notificação

I – A impugnação de um acto de execução apenas é admissível na medida em que exceda "os limites do acto exequendo" (art. 151º, n.º 3, do CPA) ou a ilegalidade que lhe for impu-

tada "não seja consequência da ilegalidade do acto exequendo" (n.º 4), isto é, por vícios próprios.

II – A notificação de um acto administrativo é requisito de eficácia e não vício do acto.

Ac. STA de 4/5/2006, Proc. 47790/01

I – À luz dos artigos 2º e 3º, nº 1, da Código das Expropriações e no quadro da observância do princípio da proporcionalidade, a que está vinculada no exercício de poderes discricionários, a Administração deverá actuar por forma a que a medida adoptada seja não só idónea para lograr o fim legalmente proposto mas também deverá optar pela via que se mostre menos gravosa para o Particular, causando-lhe menos "danos", tudo em sintonia com o princípio da intervenção mínima, destarte se compaginando com o princípio favor libertatis, postergando-se ou limitando ao mínimo necessário, sempre que possível, as intervenções contra cives, desde que, como é obvio, a via menos gravosa se compatibilize com os interesses públicos.

II – Temos, assim, que o princípio da proporcionalidade acaba por funcionar como factor de equilíbrio, de garantia e de controle dos meios e medidas adoptadas pela Administração.

Ac. STA de 23/10/2008, Proc. 596/08

I – O princípio da proporcionalidade postula que a limitação dos bens ou interesses privados por actos dos poderes públicos deve ser adequada e necessária aos fins concretos que tais actos prosseguem, bem como tolerável quando confrontada com aqueles fins.

II – Não viola esse princípio a deliberação camarária que, no termo de procedimento iniciado com participação de munícipe, sobre o funcionamento de oficina de reparação automóvel no rés do chão de moradia geminada com a do participante, determina o encerramento, no prazo de trinta dias, dessa oficina, com fundamento em que o prédio, relativamente ao qual não foi emitida licença de utilização, se situa em urbanização residencial

Ac. STA de 29/11/2006, Proc. 45899/00-20

I – Nos termos do artigo 15 do Código das Expropriações, aprovado pelo Decreto-Lei nº 438/91, de 9 de Novembro, a declaração de utilidade pública será sempre publicada por extracto, na 2ª série do Diário da República (nº 1) e deve identificar sucintamente os bens sujeitos a expropriação, com referência à descrição predial e à inscrição matricial, mencionar os direitos, ónus e encargos que sobre ele incidem e os nomes dos respectivos titulares e indicar o fim da expropriação (nº 2), podendo tal identificação ser substituída por planta, em escala adequada e graficamente representada, que permita delimitação legível do bem necessário ao fim da utilidade pública (nº 3).

II – Assim, ocorre violação desse preceito legal, se a publicação da declaração de utilidade pública, contida em determinado acto administrativo, não identifica os prédios sujeitos a expropriação nem os respectivos proprietários e remete para a planta para que, pela sua escala, não dá sequer noção clara da área, delimitação ou localização do bem a expropriar.

III – Face à clareza da exigência, contida naquele mesmo preceito legal, de que a identificação dos bens sujeitos a expropriação conste da publicação na folha oficial, não basta ao cumprimento dessa norma que tal identificação conste eventualmente do procedimento administrativo organizado pela entidade expropriante.

IV – O princípio da proporcionalidade, consagrado no artigo 3, número 1 do Código das Expropriações de 1991, postula que a Administração prossiga o interesse público pelo meio que represente um menor sacrifício para os particulares.

V – É ilegal, por violação desse princípio, a declaração de utilidade pública de expropriação, para construção de habitação social, de uma parcela de terreno com edifícios de habitação do respectivo proprietário e seus familiares, se, em torno daqueles edifícios e incluída no perímetro dessa parcela, existe área livre, onde é possível a construção da habitação social, invocada como fim da expropriação.

Ac. STA de 4/5/2006, Proc. 47790/01

I – À luz dos artigos 2º e 3º, nº 1, da Código das Expropriações e no quadro da observância do principio da proporcionalidade, a que está vinculada no exercício de poderes discricionários, a Administração deverá actuar por forma a que a medida adoptada seja não só idónea para lograr o fim legalmente proposto mas também deverá optar pela via que se mostre menos gravosa para o Particular, causando-lhe menos "danos", tudo em sintonia com o princípio da intervenção mínima, destarte se compaginando com o princípio favor libertatis, postergando-se ou limitando ao mínimo necessário, sempre que possível, as intervenções contra cives, desde que, como é obvio, a via menos gravosa se compatibilize com os interesses públicos.

II – Temos, assim, que o princípio da proporcionalidade acaba por funcionar como factor de equilíbrio, de garantia e de controle dos meios e medidas adoptadas pela Administração.

Ac. STA de 18/5/2004, Proc. 47693/02

I – O princípio da proporcionalidade funciona como limite interno da actividade discricionária da Administração, não sendo operante na zona vinculada da sua intervenção, e só sairá violado, relativamente a acto expropriativo, se se mostrar que os bens expropriados não eram necessários, ou indispensáveis, à obra ou iniciativa que constituía o fim concreto da expropriação, e não a outra expropriação hipotética ou alternativa.

II – Assim, alegando o recorrente que a expropriação do seu terreno desrespeitou as prescrições do PDM, que só prevê a construção de uma via de 15-20 metros de largura, e não uma alameda com 60-80, improcede a alegação de violação do princípio da proporcionalidade baseada no facto de não ser necessário expropriar os terrenos para construir uma via com as características do PDM, pois não foi esse, na tese do próprio recorrente, o acto praticado, mas um acto com conteúdo e fim diferente.

III – Se a planta de zonamento do PDM define a implantação duma via pública de ligação numa planta à escala 1:5000, de tal modo que a respectiva largura, assim medida, rondará os 15 a 20 metros, a construção de uma larga alameda com 60 ou 80 metros, ladeada por duas vias marginantes, não é indiferente nem se conforma com as prescrições do PDM, pois isso representa uma solução de planeamento diferente, com implicações no ambiente urbano construído, gerando efeitos reflexos de vária ordem, como ao nível da profundidade dos lotes confinantes e da altura das edificações.

IV – Essa diferença não é, porém, susceptível de modificar a destinação ou finalidade da unidade urbana atravessada pela nova via, retirando-lhe ipso facto a afectação predominantemente habitacional.

V – A definição das grandes vias de comunicação faz parte dos grandes objectivos do planeamento, e integra-se na função dos planos directores, aos quais incumbe a fabricação dos espaços e do modo de se interligarem.

VI – A marcação em planta de zonamento de uma grande via de ligação é um modo de lhe definir vinculativamente as características (dimensões, implantação, traçado), com as quais os projectos de intervenção concreta no terreno se terão de conformar.

VII – O Regulamento do PDM do Porto (art. 9º) afirma o carácter vinculativo da estrutura viária fundamental definida na sua planta de zonamento.

VIII – Se a declaração de utilidade pública assentou expressamente na consideração de que aquela obra constituía uma estrutura viária prevista no PDM, o acto expropriativo mostra-se inquinado por erro nos pressupostos.

Ac. STA de 9/10/2003, Proc. 1797/02

I – Está devidamente fundamentado o acto de DUP, de expropriação que remete para pareceres técnicos constantes do respectivo procedimento onde se conclua pela necessidade de tal expropriação.

II – O principio de proporcionalidade, ou de proibição de excesso impõe que a expropriação se contenha dentro dos limites imprescindíveis à realização de fins de utilidade pública.

III – Impende sobre as recorrentes o ónus de prova do eventual excesso de expropriação em relação ao necessário à satisfação dos declarados fins de utilidade pública de expropriação.

Artigo 179º – Execução de obrigações pecuniárias

1 – Quando, por força de um ato administrativo, devam ser pagas prestações pecuniárias a uma pessoa coletiva pública, ou por ordem desta, segue-se, na falta de pagamento voluntário no prazo fixado, o processo de execução fiscal, tal como regulado na legislação do processo tributário.

2 – Para efeitos do disposto no número anterior, o órgão competente emite, nos termos legais, uma certidão com valor de título executivo, que remete ao competente serviço da Administração tributária, juntamente com o processo administrativo.

3 – Nos casos em que, nos termos da lei, a Administração proceda, diretamente ou por intermédio de terceiro, à execução coerciva de prestações de facto fungível, o procedimento previsto no presente artigo pode ser sempre utilizado para obter o ressarcimento das despesas efetuadas.

ANOTAÇÃO:

Corresponde ao art. 155º do anterior CPA.

A remissão para a administração tributária e respetiva legislação representa uma atribuição de competências exclusiva, mas, partilhada por organismos externos à administração fiscal. Exemplo disso mesmo são as Secções de Processo de Execução Tributária da Segurança Social (SPET), criadas pelo DL 42/2001 de 9 de Fevereiro. Quanto a nós, melhor fora que as SPET fizessem parte da administração fiscal e não do sistema de solidariedade e segurança social. A sua função é de cobrança e a lei aplicável é a lei tributária, no entanto o organismo a que pertencem é o Instituto de Gestão Financeira da Segurança Social e não a AT (Administração Tributária e Aduaneira).

Nos temos do presente artigo, a execução incide sobre as prestações pecuniárias resultantes do ato exequendo sem prejuízo de, em processo de execução fiscal autónomo, poderem ser executadas prestações pecuniárias como taxas, emolumentos ou até despesas decorrentes do processo administrativo que resultou do ato exequendo.

A inovação deste artigo resulta do facto de, a prestação sucedânea da prestação de facto abranger, apenas, as despesas efetuadas e já não (como acontecia na anterior redação) as eventuais indemnizações e sanções pecuniárias que pudessem ter lugar.

JURISPRUDÊNCIA:

Ac. do Tribunal Constitucional nº 452/95

A função jurisdicional consubstancia-se, assim, numa 'composição de conflitos de interesses', levada a cabo por um órgão independente e imparcial, de harmonia com a lei ou com critérios por ela definidos, tendo como fim específico a realização do direito e da justiça (cf. o Acórdão deste Tribunal nº 182/90, publicado no Diário da República, 2ª série, de 11 de Setembro de 1990). Aquela função estadual diz respeito a matérias em relação às quais os tribunais têm de ter não apenas a última palavra, mas logo a primeira palavra (cf. Acórdãos deste Tribunal nºs 98/88 e 211/90, o primeiro publicado no Diário da República, 2ª série, de 22 de Agosto de 1988, e o segundo nos Acórdãos do Tribunal Constitucional, 16º vol., pp. 575 e segs.). A função administrativa é, ao invés, uma actividade que, partindo de uma situação de facto traduzida numa 'questão de direito', visa a prossecução do interesse público que a lei põe a cargo da Administração e não a paz jurídica que decorre da resolução dessa questão. Daí que, na actividade administrativa, a primeira palavra deva caber à Administração, cabendo aos tribunais a última e definitiva palavra, de acordo com a garantia constitucional do recurso contencioso, condensada no artigo 268º, nº 4, da lei fundamental.

Ac. do Tribunal Constitucional nº 104/85

A separação real entre a função jurisdicional e a função administrativa passa pelo campo dos interesses em jogo: enquanto a jurisdição resolve litígios em que os interesses em confronto são apenas os das partes, a Administração, embora na presença de interesses alheios, realiza o interesse público. Na primeira hipótese a decisão situa-se num plano distinto do dos interesses em conflito. Na segunda hipótese verifica-se uma osmose entre o caso resolvido e o interesse público.

Ac. do STA de 17 de abril de 2013, Processo 297/12, 2ª Secção

I – O processo de execução fiscal está na dependência do juiz do tribunal tributário mesmo na fase em que corre perante as autoridades administrativas e é nesse contexto que se pode afirmar que as execuções fiscais instauradas no serviço de finanças são da competência do tribunal tributário.

II – Quando o Instituto de Infra-Estruturas Rodoviárias – I.P. instaura no serviço de finanças um processo de execução fiscal para cobrança de taxa de portagem, coima e custos administrativos que liquidou ao contribuinte/executado, não há como afirmar que o tribunal tributário não é competente para a apreciação do processo de oposição deduzido contra essa execução fiscal.

Ac. do STA de 26 de agosto de 2009, Processo 0609/09, 2ªSecção
Execução Fiscal – Contrato Administrativo – Acto Administrativo

I – Os contratos celebrados entre o IFADAP (ora IFAP) e os beneficiários das ajudas no âmbito da Portaria nº 195/08, de 24 de Março (Programa de Apoio à Modernização Agrícola e Florestal (PAMAF), são contratos de natureza administrativa.

II – O acto de natureza sancionatória de rescisão desse contrato e ordem de reposição dos montantes indevidamente recebidos, enquanto estatuição autoritária aplicadora do direito ao caso, define-se como acto administrativo.

III – Nos termos do artigo 148º alínea a) do CPPT podem ser cobrados mediante processo de execução fiscal, nos casos e termos expressamente previstos na lei, as dívidas ao Estado e outras pessoas colectivas de direito público que devam ser pagas por força de acto administrativo, sendo que a previsão constante do nº 1 do artigo 155º do CPA satisfaz a aludida exigência de lei expressa.

Artigo 180º – Execução para entrega de coisa certa

Se o obrigado não fizer a entrega da coisa devida, o órgão competente procede às diligências que forem necessárias para tomar posse administrativa da mesma.

ANOTAÇÃO:

O presente artigo determina que o órgão competente tome a posse administrativa da coisa devida se o obrigado a não entregar. A posse administrativa é regulada nos arts. 19º a 22º do Código das expropriações aprovado pela Lei nº 168/99, de 18 de setembro, na redação conferida pela Lei nº 13/2002, de 19 de fevereiro; Declaração de Retificação nº 18/2002, de 12 de abril; Lei nº 4-A/2003, de 19 de fevereiro; Lei nº 67-A/2007, de 31 de dezembro e Lei nº 56/2008, de 04 de setembro, que transcrevemos para melhor compreensão do problema:

Artigo 19º – (Posse administrativa)

1 – Se a entidade expropriante for pessoa coletiva de direito público ou empresa pública, nacionalizada ou concessionária de serviço público ou de obras públicas, pode ser autori-

zada pela entidade competente para declarar a utilidade pública da expropriação a tomar posse administrativa dos bens a expropriar, desde que os trabalhos necessários à execução do projeto de obras aprovado sejam urgentes e aquela providência se torne indispensável para o seu início imediato ou para a sua prossecução ininterrupta.

2 – A autorização de posse administrativa deve mencionar expressa e claramente os motivos que a fundamentam e o prazo previsto para o início das obras na parcela expropriada, de acordo com o programa dos trabalhos elaborado pela entidade expropriante.

3 – A autorização pode ser concedida em qualquer fase da expropriação até ao momento de adjudicação judicial da propriedade.

4 – Se as obras não tiverem início dentro do prazo estabelecido nos termos do nº 2 anterior, salvo motivo justificativo, nomeadamente por atraso não imputável à entidade expropriante, o expropriado e os demais interessados têm o direito de ser indemnizados pelos prejuízos que não devam ser considerados na fixação da justa indemnização.

Artigo 20º – (Condições de efetivação da posse administrativa)

1 – A investidura administrativa na posse dos bens não pode efetivar-se sem que previamente tenham sido:

a) Notificados os atos de declaração de utilidade pública e de autorização da posse administrativa;

b) Efetuado o depósito da quantia mencionada no nº 4 do artigo 10º em instituição bancária do lugar do domicílio ou sede da entidade expropriante, à ordem do expropriado e dos demais interessados, se aquele e estes forem conhecidos e não houver dúvidas sobre a titularidade dos direitos afetados;

c) Realizada vistoria ad perpetuam rei memoriam destinada a fixar os elementos de facto suscetíveis de desaparecerem e cujo conhecimento seja de interesse ao julgamento do processo.

2 – A notificação a que se refere a alínea a) do número anterior deve conter o local, o dia e a hora do ato de transmissão da posse.

3 – O ato de transmissão de posse deverá ter lugar no prédio, parcela ou lanço expropriado.

4 – Se o expropriado e os demais interessados, estando ou devendo considerar-se devidamente notificados, não comparecerem ao ato de transmissão de posse, esta não deixará de ser conferida.

5 – O depósito a que se refere a alínea b) do nº 1 pode ser substituído por caução prestada por qualquer das formas legalmente admissíveis.

6 – O depósito prévio é dispensado:

a) Se a expropriação for urgente, devendo o mesmo ser efetuado no prazo de 10 dias, contados nos termos do artigo 279º do Código Civil, a partir da data da investidura administrativa na posse dos bens;

b) Se os expropriados e demais interessados não forem conhecidos ou houver dúvidas sobre a titularidade dos direitos afetados, devendo o mesmo ser efetuado no prazo de 10 dias a contar do momento em que sejam conhecidos ou seja resolvido o incidente regulado no artigo 53º

7 – Na situação prevista na alínea a) do número anterior, caso o depósito da quantia mencionada no nº 4 do artigo 10º não seja efetuado no prazo fixado, são devidos juros moratórios ao expropriado, os quais incidem sobre o montante do depósito.

8 – Atribuído caráter urgente à expropriação ou autorizada a posse administrativa, a entidade expropriante solicita diretamente ao presidente do tribunal da Relação do distrito judicial do lugar da situação do bem ou da sua maior extensão a indicação de um perito da lista oficial para a realização da vistoria ad perpetuam rei memoriam.

9 – Pode ser solicitada a indicação de dois ou mais peritos sempre que tal se justifique pela extensão ou número de prédios a expropriar.

Artigo 21º – (Vistoria ad perpetuam rei memoriam)

1 – Recebida a comunicação do perito nomeado, a entidade expropriante marca a data, a hora e o local do início da vistoria ad perpetuam rei memoriam, notificando de tal facto o perito, os interessados conhecidos e o curador provisório, por carta ou ofício registado com aviso de recepção, a expedir de forma a ser recebido com a antecedência mínima de cinco dias úteis, no qual indicará, ainda, se a expropriação é total ou parcial; a comunicação ao perito será acompanhada de cópia dos elementos a que se referem as alíneas a), b) e d) do nº 1 do artigo 10º e, sempre que possível, de indicação da descrição predial e da inscrição matricial dos prédios; a comunicação ao expropriado e demais interessados mencionará, ainda, a instituição bancária, o local, a data e o montante do depósito a que se refere a alínea b) do anterior nº 1 e, se for o caso, que o mesmo se encontra à sua ordem.

2 – O perito que pretenda pedir escusa pode fazê-lo nos dois dias seguintes à notificação prevista no número anterior, devendo a entidade expropriante submeter o pedido à apreciação do presidente do tribunal da Relação para efeitos de eventual substituição.

3 – Os interessados, o curador provisório e a entidade expropriante podem comparecer à vistoria e formular por escrito os quesitos que tiverem por pertinentes, a que o perito deve responder no seu relatório.

4 – O auto de vistoria ad perpetuam rei memoriam deve conter:

a) Descrição pormenorizada do local, referindo, designadamente, as construções existentes, as características destas, a época da edificação, o estado de conservação e, sempre que possível, as áreas totais construídas;

b) Menção expressa de todos os elementos suscetíveis de influírem na avaliação do bem vistoriado, nos termos dos artigos 23º e seguintes;

c) Plantas, fotografias ou outro suporte de captação da imagem do bem expropriado e da área envolvente;

d) Elementos remetidos ao perito nos termos do nº 8 anterior;

e) Respostas aos quesitos referidos no nº 10 anterior.

5 – Nos 15 dias ulteriores à realização da vistoria ad perpetuam rei memoriam deve o perito entregar à entidade expropriante o respectivo relatório, aplicando-se, com as necessárias adaptações, o disposto no artigo 50º.

6 – Em casos devidamente justificados, designadamente pelo número de vistorias, o prazo a que se refere o número anterior pode ser prorrogado até 30 dias pela entidade expropriante, a requerimento do perito.

7 – Recebido o relatório, a entidade expropriante, no prazo de cinco dias, notificará o expropriado e os demais interessados por carta registada com aviso de receção, remetendo-lhes cópia do mesmo e dos respetivos anexos, para apresentarem reclamação contra o seu conteúdo, querendo, no prazo de cinco dias.

8 – Se houver reclamação, o perito pronunciar-se-á no prazo de cinco dias, em relatório complementar.

9 – Decorrido o prazo de reclamação, sem que esta seja apresentada, ou recebido o relatório complementar do perito, a entidade expropriante poderá utilizar o prédio para os fins da expropriação, lavrando o auto de posse administrativa e dando início aos trabalhos previstos, sem prejuízo do disposto na legislação aplicável sobre a desocupação de casas de habitação.

Artigo 22º – (Auto de posse administrativa)

1 – O auto de posse deve conter os seguintes elementos:

a) Identificação do expropriado e dos demais interessados conhecidos ou menção expressa de que são desconhecidos;

b) Identificação do Diário da República onde tiver sido publicada a declaração de utilidade pública e de urgência da expropriação ou o despacho que autorizou a posse administrativa;

c) Indicação da data e demais circunstâncias suscetíveis de identificarem o relatório da vistoria, que dele constará em anexo.

2 – Na impossibilidade de identificação do prédio através da inscrição matricial ou da descrição predial, o auto de posse deve referir a composição, confrontações e demais elementos que possam contribuir para a identificação física do terreno onde se encontra o bem expropriado.

3 – No prazo de cinco dias, a entidade expropriante remete, por carta registada com aviso de receção, ao expropriado e aos demais interessados conhecidos cópias do auto de posse administrativa.

Artigo 181º – Execução para prestação de facto

Se o obrigado não cumprir prestação de facto fungível dentro do prazo fixado, o órgão competente pode determinar que a execução seja realizada diretamente ou por intermédio de terceiro, ficando, neste caso, todas as despesas, incluindo indemnizações e sanções pecuniárias, por conta do obrigado.

ANOTAÇÃO:

A presente disposição regula a execução para prestação de facto, no caso do obrigado não cumprir a prestação de facto fungível, dentro do prazo fixado, a ser levada a cabo pela administração, diretamente ou por terceiro. O legislador, estranhamente, consagrou o pagamento das despesas de execução, por parte do obrigado, quando esta for levada a cabo por terceiro. Nada justifica, a nosso ver, o ónus do pagamento recair descricionariamente sobre o obrigado que nada pagará se a administração decidir fazer a execução pelos seus próprios meios.

Para melhor compreensão da problemática em apreço, reproduzimos, aqui, o art. 207º do Código Civil, relativamente à fungibilidade, e os artigos 868º a 877º do Código de Processo Civil, quanto à execução para prestação de facto.

Código Civil:

Artigo 207º – (Coisas fungíveis)

São fungíveis as coisas que se determinam pelo seu género, qualidade e quantidade, quando constituam objecto de relações jurídicas.

Código do Processo Civil

TÍTULO V – Da execução para prestação de facto

Artigo 868º – (Citação do executado)

1 – Se alguém estiver obrigado a prestar um facto em prazo certo e não cumprir, o credor pode requerer a prestação por outrem, se o facto for fungível, bem como a indemnização moratória a que tenha direito, ou a indemnização do dano sofrido com a não realização da prestação; pode também o credor requerer o pagamento da quantia devida a título de sanção pecuniária compulsória, em que o devedor tenha sido já condenado ou cuja fixação o credor pretenda obter no processo executivo.

2 – O devedor é citado para, no prazo de 20 dias, deduzir oposição à execução, mediante embargos, podendo o fundamento da oposição consistir, ainda que a execução se funde em sentença, no cumprimento posterior da obrigação, provado por qualquer meio.

3 – O recebimento da oposição tem os efeitos indicados no artigo 733º, devidamente adaptado.

Artigo 869º – (Conversão da execução)

Findo o prazo estabelecido para a oposição à execução, ou julgada esta improcedente, tendo a execução sido suspensa, se o exequente pretender a indemnização do dano sofrido, observar-se o disposto no artigo 867º.

Artigo 870º – (Avaliação do custo da prestação e realização da quantia apurada)

1 – Se o exequente optar pela prestação do facto por outrem, requer a nomeação de perito que avalie o custo da prestação.

2 – Concluída a avaliação, procede-se à penhora dos bens necessários para o pagamento da quantia apurada, seguindo-se os demais termos do processo de execução para pagamento de quantia certa.

Artigo 871º – (Prestação pelo exequente)

1 – Mesmo antes de terminada a avaliação ou a execução regulada no artigo anterior, pode o exequente fazer, ou mandar fazer sob a sua orientação e vigilância, as obras e trabalhos necessários para a prestação do facto, com a obrigação de prestar contas ao juiz do processo.

2 – A liquidação da indemnização moratória devida, quando pedida, tem lugar juntamente com a prestação de contas.

3 – Na contestação das contas é lícito ao executado alegar que houve excesso na prestação do facto, bem como, no caso previsto na última parte do número anterior, impugnar a liquidação da indemnização moratória.

Artigo 872º – (Pagamento do crédito apurado a favor do exequente)

1 – Aprovadas as contas pelo juiz, o crédito do exequente é pago pelo produto da execução a que se refere o artigo 870º.

2 – Se o produto não chegar para o pagamento, seguem-se, para se obter o resto, os termos estabelecidos naquele mesmo artigo.

Artigo 873º – (Direito do exequente quando não se obtenha o custo da avaliação)

Tendo-se excutido todos os bens do executado sem se obter a importância da avaliação, o exequente pode desistir da prestação do facto, no caso de não estar ainda iniciada, e requerer o levantamento da quantia obtida.

Artigo 874º – (Fixação do prazo para a prestação)

1 – Quando o prazo para a prestação não esteja determinado no título executivo, o exequente indica o prazo que reputa suficiente e requer que, citado o devedor para, em 20 dias, dizer o que se lhe oferecer, o prazo seja fixado judicialmente; o exequente requer também a aplicação da sanção pecuniária compulsória, nos termos da segunda parte do nº 1 do artigo 868º.

2 – Se o executado tiver fundamento para se opor à execução, deve logo deduzi-la e dizer o que se lhe ofereça sobre o prazo.

Artigo 875º – (Fixação do prazo e termos subsequentes)

1 – O prazo é fixado pelo juiz, que para isso procede às diligências necessárias.

2 – Se o devedor não prestar o facto dentro do prazo, observa-se, sem prejuízo da segunda parte do nº 1 do artigo anterior, o disposto nos artigos 868º a 873º, mas a citação prescrita no artigo 868º é substituída por notificação e o executado só pode deduzir oposição à execução nos 20 dias posteriores, com fundamento na ilegalidade do pedido da prestação por outrem ou em qualquer facto ocorrido posteriormente à citação a que se refere o artigo anterior e que, nos termos dos artigos 729º e seguintes, seja motivo legítimo de oposição.

Artigo 876º – (Violação da obrigação, quando esta tenha por objeto um facto negativo)

1 – Quando a obrigação do devedor consista em não praticar algum facto, o credor pode requerer, no caso de violação, que esta seja verificada por meio de perícia e que o juiz ordene:

a) A demolição da obra que eventualmente tenha sido feita;

b) A indemnização do exequente pelo prejuízo sofrido; e

c) O pagamento da quantia devida a título de sanção pecuniária compulsória, em que o devedor tenha sido já condenado ou cuja fixação o credor pretenda obter na execução.

2 – O executado é citado para, no prazo de 20 dias, deduzir oposição à execução, mediante embargos, nos termos dos artigos 729º e seguintes; a oposição ao pedido de demolição pode fundar-se no facto de esta representar para o executado prejuízo consideravelmente superior ao sofrido pelo exequente.

3 – Concluindo pela existência da violação, o perito deve indicar logo a importância provável das despesas que importa a demolição, se esta tiver sido requerida.

4 – A oposição fundada em que a demolição causará ao executado prejuízo consideravelmente superior ao que a obra causou ao exequente suspende a execução, em seguida à perícia, mesmo que o executado não preste caução.

Artigo 877º – (Termos subsequentes)

1 – Se o juiz reconhecer a falta de cumprimento da obrigação, ordena a demolição da obra à custa do executado e a indemnização do exequente, ou fixa apenas o montante desta última, quando não haja lugar à demolição.

2 – Seguem-se depois, com as necessárias adaptações, os termos prescritos nos artigos 869º a 873º.

Artigo 182º – Garantias dos executados

1 – Os executados podem impugnar administrativa e contenciosamente o ato exequendo e, por vícios próprios, a decisão de proceder à execução administrativa ou outros atos administrativos praticados no âmbito do procedimento de execução, assim como requerer a suspensão contenciosa dos respetivos efeitos.

2 – Sem prejuízo da aplicabilidade das garantias previstas na lei processual tributária, durante a tramitação dos procedimentos de execução de obrigações pecuniárias não são admitidos embargos, administrativos ou judiciais, em relação à execução coerciva de atos administrativos.

3 – Os executados podem propor ações administrativas comuns e requerer providências cautelares para prevenir a adoção de operações materiais de execução ou promover a remoção das respetivas consequências, quando tais operações sejam ilegais, por serem adotadas:

a) Em cumprimento de decisão nula de proceder à execução, por violação do disposto no nº 1 do artigo 177º;

b) Sem que tenha sido emitida e ou notificada ao executado a decisão de proceder à execução;

c) Em desconformidade com o conteúdo e termos determinados na decisão de proceder à execução ou com os princípios consagrados no artigo 178º.

ANOTAÇÃO:

O legislador procurou aperfeiçoar, quanto a nós bem, o sistema, através da densificação do regime das garantias dos executados, para fazer face a atos administrativos e operações materiais de execução ilegais, de forma mais eficaz.

Os executados podem defender-se através da impugnação administrativa e/ou contenciosa do ato exequendo bem como da decisão de proceder à execução administrativa por vícios desta, ou outros atos administrativos praticados no âmbito do procedimento de execução, podendo requerer igualmente a suspensão contenciosa dos respetivos efeitos (nº 1).

Durante a tramitação dos procedimentos de execução de obrigações pecuniárias não são admitidos embargos, quer administrativos quer judiciais, relativos à execução coerciva de atos administrativos, naturalmente sem prejuízo da aplicabilidade das garantias previstas na lei tributária (nº 2).

O nº 3 vem permitir ao executado, pugnar contra operações ilegais que tenham tido por base o disposto nas suas alíneas, permitindo-lhe intentar ações administrativas comuns e requerer providências cautelares para prevenir quaisquer operações materiais de execução ou para promover a remoção das respetivas consequências.

Artigo 183º – Execução pela via jurisdicional

Sempre que, nos termos do presente Código e demais legislação aplicável, a satisfação de obrigações ou o respeito por limitações decorrentes de atos administrativos não possa ser imposto coercivamente pela Administração, esta pode solicitar a respetiva execução ao tribunal administrativo competente, nos termos do disposto na lei processual administrativa.

ANOTAÇÃO:

O legislador veio, assumidamente, preencher uma lacuna do nosso ordenamento jurídico-administrativo no que concerne à determinação do modo de execução dos atos administrativos por via judicial, nos casos em que não seja admitida a execução coerciva pela via administrativa.

Assim, decorrendo do Código do Procedimento Administrativo ou de qualquer outra legislação aplicável, a satisfação de obrigações ou o respeito por limitações decorrentes de atos administrativos, será chamado a intervir, em sede de execução, o tribunal administrativo competente, nos termos da respetiva lei processual, quando tais imposições não possam ser levadas a cabo pela administração.

SECÇÃO VI – Da reclamação e dos recursos administrativos

SUBSECÇÃO I – Regime geral

Artigo 184º – Princípio geral

1 – Os interessados têm o direito de:

a) Impugnar os atos administrativos perante a Administração Pública, solicitando a sua revogação, anulação, modificação ou substituição;

b) Reagir contra a omissão ilegal de atos administrativos, em incumprimento do dever de decisão solicitando a emissão do ato pretendido.

2 – Os direitos reconhecidos no número anterior podem ser exercidos, consoante os casos, mediante reclamação ou recurso, nos termos da presente secção.

3 – As reclamações e os recursos são deduzidos por meio de requerimento, no qual o recorrente deve expor os fundamentos que invoca, podendo juntar os elementos probatórios que considere convenientes.

ANOTAÇÃO:

Corresponde ao art. 158º do anterior CPA.

O presente artigo apresenta o regime geral da reclamação e dos recursos administrativos, reconhecendo aos interessados o direito de requerer a revogação, a anulação ou a modificação de atos administrativos e ainda a prática de atos que deveriam ter sido praticados, podendo reagir contra a sua omissão ilegal com o fundamento de ter sido incumprido o dever de decisão.

Ao contrário do que ocorria na versão anterior ao Código, em que se previa num só artigo a forma de exercício das impugnações graciosas concedidas ao cidadão (a reclamação, o recurso hierárquico, o recurso hierárquico impróprio e o recurso tutelar), o presente artigo remete para o regime geral disposto nesta secção (nº 2).

As reclamações e recursos são deduzidos através de requerimento fundamentado ao qual podem juntar-se outros elementos probatórios.

Os até aqui designados "recursos hierárquicos impróprios" e o "recurso tutelar" passam a ser englobados nesta nova versão do Código na categoria dos recursos administrativos especiais previstos no art. 199º.

JURISPRUDÊNCIA:

Ac. STA de 4/6/2009, Proc. 377/08

I – O art. 51, nº 1, do CPTA, introduzindo um novo paradigma de impugnação contenciosa de actos administrativos lesivos, convive com a existência de impugnações administrativas necessárias, não só quando a lei o disser expressamente, como também em todos aqueles casos, anteriores à vigência do CPTA, que contemplavam impugnações administrativas, previstas na lei, comummente tidas como necessárias.

II – A reclamação contemplada no art. 29, nº 5, do EMP é, só por isso, uma reclamação necessária.

III – A menção feita no respectivo Estatuto ao CSMP, sem qualquer especificação, corresponde ao seu Plenário já que o funcionamento em secções, para além de ser excepcional e só estar especialmente previsto para a Secção disciplinar (art. 29) corresponde a uma faculdade que o plenário utilizará ou não (nos termos do nº 1 o Conselho "pode funcionar em secções").

IV – Em consequência, quando o art. 33 do Estatuto assinala que das deliberações do CSMP (plenário) cabe recurso contencioso está a dizer que só delas cabe recurso, assim saindo claramente qualificada como necessária a reclamação contemplada no citado nº 5 do art. 29.

V – A impugnação administrativa contida nesse preceito do EMP, segundo o qual "Das deliberações das secções cabe reclamação para o plenário do Conselho" é uma verdadeira e própria reclamação prevista no art. 158, nº 2, a) do CPA, a deduzir no prazo de 15 dias nos termos do art. 162 do Código.

VI – No âmbito do exercício de poderes vinculados o princípio da legalidade consome a generalidade dos restantes princípios administrativos.

VII – Não podendo excluir-se situações excepcionalíssimas resultantes do caso concreto e das suas particularidades, a violação desses princípios é, normalmente, própria do exercício de poderes discricionários.

Ac. STA de 19/12/2006, Proc. 825/06

I – A reclamação graciosa consiste na impugnação do acto administrativo perante o seu próprio autor (artigo 158, nº 1 e 2, al. a), do CPA), podendo revestir a natureza necessária – quando é pressuposto legal do recurso contencioso ou do recurso hierárquico de certos actos administrativos – ou facultativa, como é a regra.

II – Quando a lei prevê em termos expressos uma reclamação, inserida em determinado trâmite a seguir no respectivo processo, impõe-se considerá-la, na falta de outra explicação adequada resultante da lei, como reclamação necessária, constituindo pressuposto do uso de ulterior meio de impugnação graciosa ou contenciosa.

III – A reclamação prevista nos artigos 186º e 187º do Estatuto dos Militares da GNR, aprovado pelo DL nº 265/93, de 31-07, é um pressuposto necessário do recurso hierárquico.

IV – A omissão, na notificação do acto administrativo, das menções previstas no art. 68º /1/c) do CPA não habilita o particular a presumir que do acto cabe impugnação contenciosa, nem o desonera de proceder a uma correcta avaliação da situação concreta e ajuizar sobre a recorribilidade ou irrecorribilidade da decisão administrativa em causa.

Ac. STA de 29/6/2006, Proc. 838/05

I – A reclamação graciosa consiste na impugnação do acto administrativo perante o seu próprio autor (artigo 158, nº 1 e 2, al. a), do CPA), podendo revestir a natureza necessária – quando é pressuposto legal do recurso contencioso ou do recurso hierárquico de certos actos administrativos – ou facultativa, como é a regra.

II – Quando a lei prevê em termos expressos uma reclamação, inserida em determinado trâmite a seguir no respectivo processo, impõe-se considerá-la, na falta de outra explicação adequada resultante da lei, como reclamação necessária, constituindo pressuposto do uso de ulterior meio de impugnação graciosa ou contenciosa.

III – A reclamação prevista nos artigos 186º e 187º do Estatuto dos Militares da GNR, aprovado pelo DL nº 265/93, de 31-07, é um pressuposto necessário do recurso hierárquico.

Artigo 185º – Natureza e fundamentos

1 – As reclamações e os recursos são necessários ou facultativos, conforme dependa, ou não, da sua prévia utilização a possibilidade de acesso aos meios contenciosos de impugnação ou condenação à prática de ato devido.

2 – As reclamações e os recursos têm caráter facultativo, salvo se a lei os denominar como necessários.

3 – Sempre que a lei não determine o contrário, as reclamações e os recursos de atos administrativos podem ter por fundamento a ilegalidade ou inconveniência do ato praticado.

ANOTAÇÃO:

O nº 1 vem determinar que são necessários ou facultativos os meios de impugnação, previstos no artigo anterior, consoante dependa, ou não, da sua utilização prévia, a possibilidade de acesso prévio aos meios contenciosos de impugnação ou condenação à prática de ato devido.

Em sede de **reclamação e recurso,** como já referimos, foram introduzidas alterações importantes, sendo que uma das mais importantes, quanto a nós, consiste no facto inovador, muito significativo, de quer as reclamações, quer os recursos, em regra, terem caráter **facultativo, salvo** se a lei os classificar como **necessários** (nº 2).

Nos termos do nº 3, salvo disposição legal em sentido contrário, as reclamações e os recursos podem ter por fundamento, quer a inconveniência do ato praticado, quer a sua ilegalidade, e, dentro desta, inovadoramente, inclui-se o recurso relativo à omissão ilegal de atos administrativos, em incumprimento do dever de decisão, tal como resulta da conjugação com o nº 1 do art. 182.

De referir, também, a importância da eliminação da figura do indeferimento tácito (em sintonia com o disposto no art. 130º quanto ao procedimento declarativo de 1º grau). Este foi um dos passos mais importantes, dado pelo legislador nesta revisão, em termos de direitos e garantias do cidadão.

O deferimento tácito ficará para a história, do direito administrativo português como o instrumento através do qual aqueles que detinham o poder faziam, recorrentemente uso dele em desprezo pelos direitos dos seus concidadãos. Esse poder, que decorre de um dever, era tantas vezes utilizado, deliberadamente, como afirmação de uma autoridade, afinal arbitrária, logo autoritária.

Esteves Oliveira, António Francisco de Sousa, *in CPA anotado e comentado, Quid Juris* Editora, páginas 193 e 194, expende que: «os tribunais devem ser particularmente atentos na apreciação de indícios reais da referida "malignidade", tão lamentável e tão frequente na Administração Pública do Estado de Direito, de arrogância, de prepotência, de autoritarismo, de pessoas que não sabem o significado de exercer o poder público apenas como cumprimento de um dever em função do interesse público»

Apesar de, em nossa opinião, o comentário transcrito ser algo exagerado nos seus termos, deve pelo menos servir de base de reflexão, não apenas ao poder judicial, mas para todos, no âmbito da Administração Pública, particularmente, para aqueles em relação aos quais a tomada de decisões constitui a sua principal tarefa, logo, o principal dever.

Este novo regime do CPA vem introduzir no âmbito das impugnações administrativas, a regra, até agora inexistente, relativamente ao dever de decidir, fixando o prazo para reagir contra a omissão ilegal de atos administrativos prevendo-se, concomitantemente, a possibilidade de, quer a autoridade recorrida, quer a autoridade para a qual se recorre, suprir a omissão (art. 195º, nº 5 e 197º nº 4). Alterou-se, também, o formalismo relativo ao recurso hierárquico, com vista a simplificar a sua tramitação (art. 195º) e estabeleceu-se que o órgão competente para conhecer do recurso não fica obrigado à proposta de pronúncia do autor do ato ou da omissão, mas que deve cumprir os requisitos gerais da fundamentação do ato administrativo quando não aceite o que foi proposto pelo autor do ato recorrido (art. 197º, nº 2). O recurso, até aqui designado por "recurso hierárquico impróprio», bem como o «recuso tutelar», passam a estar englobados na categoria do «recurso administrativo especial, nos termos do art. 199º.

Artigo 186º – Legitimidade

1 – Têm legitimidade para reclamar ou recorrer:

a) Os titulares de direitos subjetivos ou interesses legalmente protegidos que se considerem lesados pela prática ou omissão do ato administrativo;

b) As pessoas e entidades mencionadas nos nºs 2 a 4 do artigo 68º

2 – Não pode reclamar nem recorrer quem, sem reserva, tenha aceitado, expressa ou tacitamente, um ato administrativo depois de praticado.

ANOTAÇÃO:

Corresponde ao art.160º do anterior CPA.

O presente artigo vem clarificar o regime da legitimidade, esclarecendo na redação que «têm legitimidade para reclamar ou recorrer» as pessoas e entidades previstas no art. 68º, ao contrário da anterior redação que utilizava a fórmula «é aplicável à reclamação e ao recurso...»

Assim, têm legitimidade para reclamar ou recorrer as pessoas e entidades referidas, desde que não tenham aceitado, sem reserva, expressa ou tacitamente, um ato administrativo depois de praticado.

Artigo 187º – Prazo em caso de omissão

As reclamações e recursos contra a omissão ilegal de atos administrativos podem ser apresentados no prazo de um ano.

ANOTAÇÃO:

A presente disposição concede o prazo de um ano para efetuar a reclamação ou intentar recurso contra a omissão ilegal de ato administrativo. Os efeitos jurídicos encontram-se previstos nos arts. 189º e 190º deste código.

Artigo 188º – Início dos prazos de impugnação

1 – O prazo da reclamação e dos recursos pelos interessados a quem o ato administrativo deva ser notificado só corre a partir da data da notificação, ainda que o ato tenha sido objeto de publicação obrigatória.

2 – O prazo da reclamação e dos recursos por quaisquer outros interessados dos atos que não tenham de ser obrigatoriamente publicados começa a correr do seguinte facto que primeiro se verifique:

a) Notificação;

b) Publicação;

c) Conhecimento do ato ou da sua execução.

3 – O prazo da reclamação e dos recursos contra a omissão ilegal de ato administrativo conta-se da data do incumprimento do dever de decisão.

ANOTAÇÃO:

O nº 1 do presente artigo vem dispor que, ainda que o ato tenha sido objeto de publicação obrigatória, o prazo da reclamação e dos recursos pelo(s) interessado(s) a quem o ato administrativo deva ser notificado, só corre a partir da data em que a este(s) tenha sido efetuada a notificação.

O nº 2, através das suas alíneas *a)*, *b)* e *c)* vem determinar que o prazo de reclamação e dos recursos, concedido a todos os outros interessados, dos atos que não sejam de publicação obrigatória, começa a correr a partir do ato ou facto constante das referidas alíneas, que ocorra em primeiro lugar.

Por fim, conta-se desde a data do incumprimento do dever de decisão, o prazo da reclamação e dos recursos, contra a omissão ilegal de ato administrativo.

Artigo 189º – Efeitos das impugnações de atos administrativos

1 – As impugnações administrativas necessárias de atos administrativos suspendem os respetivos efeitos.

2 – As impugnações facultativas não têm efeito suspensivo, salvo nos casos em que a lei disponha o contrário ou quando o autor do ato, ou o órgão competente para conhecer do recurso, oficiosamente ou a pedido do interessado, considere que a sua execução imediata causa prejuízos irreparáveis ou de difícil reparação ao destinatário e a suspensão não cause prejuízo de maior gravidade para o interesse público.

3 – A suspensão da execução pode ser pedida pelos interessados a qualquer momento, devendo a decisão ser tomada no prazo de cinco dias.

4 – Na apreciação do pedido, deve verificar-se se as provas revelam uma probabilidade séria de veracidade dos factos alegados pelos interessados, devendo ser decretada, em caso afirmativo, a suspensão da execução.

5 – O disposto nos nºs 2 a 4 não prejudica o pedido de suspensão de eficácia perante os tribunais administrativos, nos termos da legislação aplicável.

ANOTAÇÃO:

Quanto aos efeitos das impugnações de atos administrativos o nº 1, estabelece o regime regra da suspensão de efeitos, no caso das impugnações administrativas necessárias, ao passo que o nº 2 fixa como regime-regra o efeito não suspensivo das impugnações facultativas, embora admitindo exceções, são elas a disposição legal em sentido contrário ou quando o autor do ato, quer a pedido do interessado, quer oficiosamente, preveja que a sua execução imediata cause ao destinatário prejuízos irreparáveis ou de difícil reparação e a suspensão não cause prejuízo sério para o interesse público. A todo o tempo pode ser pedida a suspensão da execução, pelos interessados, tendo a administração 5 dias para se pronunciar (nº 3).

O nº 4 vem determinar a verificação de, pelo menos, uma probabilidade séria de veracidade, relativamente aos factos alegados pelos interessados que, a verificar-se, implica para a administração, o dever de decretar a suspensão da eficácia em apreço.

Por fim, o nº 5 vem permitir que o interessado efetue o pedido de suspensão de eficácia, perante os tribunais administrativos, classificando como não prejudiciais os atos praticados em sede administrativa previstos nos números anteriores.

JURISPRUDÊNCIA:

Ac. TCAN de 25/03/2022, Proc. 00592/20.8BECBR

I – O recurso hierárquico constitui um meio de impugnação de um ato administrativo, que tenha sido praticado por um órgão subalterno, perante o respetivo superior hierárquico, a fim de obter deste a sua revogação, modificação ou a substituição por outro e, como dispõe o artigo 185.º, n.º 1 do CPA, será necessário ou facultativo «conforme dependa, ou não, da sua prévia utilização a possibilidade de acesso aos meios contenciosos de impugnação ou condenação à prática de ato devido», sendo que os recursos terão em regra caráter facultativo, só assim não sendo se «a lei os denominar como necessários» (n.º 2).

II- Por força do regime previsto nos artigos 224º e 225º, nº 4 da Lei de Trabalho em Funções Púbicas, a impugnação administrativa das decisões disciplinares sob a forma de recurso hierárquico ou tutelar, com atribuição expressa de efeito suspensivo da eficácia do ato recorrido, por disposição expressa do artigo 3º, nº 1, al. c) do DL 4/2015 de 07.01, diploma que aprovou a revisão do CPA, assume a natureza de impugnação necessária, tal como estabelece o art.º 189º, nº 1, CPA/revisão de 2015.

Ac. STA de 23/02/2017, Prc. 01268/16

Uniformização de Jurisprudência. Recurso Hierárquico. Suspensão do Prazo.

É fixada jurisprudência no sentido de que a suspensão do prazo de impugnação contenciosa decorrente de interposição de recurso hierárquico facultativo cessa com a notificação da decisão proferida sobre essa impugnação administrativa ou com o decurso do prazo legal para a decidir, conforme o facto que ocorrer em primeiro lugar. Com efeito, a notificação da decisão da impugnação administrativa e o decurso do respetivo prazo legal põem termo à suspensão do prazo de impugnação. Nestes termos, o prazo para a propositura da impugnação contenciosa começou a contar a partir da notificação do despacho que negou provimento à reclamação do ato que ordenou a reposição da quantia, referente a prestações de desemprego recebidas, suspendendo-se com a interposição do recurso hierárquico e recomeçando no final do prazo para a sua decisão por ter sido o primeiro dos momentos a ocorrer. Deste modo, a ação foi proposta extemporaneamente, pelo que se julga procedente a caducidade do direito de ação.

Artigo 190º – Efeitos sobre prazos

1 – A reclamação de atos ou omissões sujeitos a recurso administrativo necessário suspende o prazo da respetiva interposição.

2 – Nos demais casos, a reclamação não suspende o prazo de interposição dos recursos administrativos que no caso couberem.

3 – A utilização de meios de impugnação administrativa facultativos contra atos administrativos suspende o prazo de propositura de ações nos tribunais administrativos, que só retoma o seu curso com a notificação da decisão proferida sobre a impugnação administrativa ou com o decurso do respetivo prazo legal.

4 – A suspensão do prazo prevista no número anterior não impede o interessado de propor ações nos tribunais administrativos na pendência da impugnação administrativa, bem como de requerer a adoção de providências cautelares.

ANOTAÇÃO:

Como bem se compreende, o nº 1 vem determinar que a reclamação de atos ou omissões sujeitos a recurso administrativo necessário suspende o prazo da respetiva interposição, ao contrário do que acontece nos restantes casos em que o recurso não é obrigatório (nº 2).

Suspende-se, também, o prazo de propositura de ações nos tribunais administrativos quando o interessado usar meios de impugnação (administrativos) contra atos também administrativos. No entanto, a suspensão cessa com a notificação da decisão proferida sobre a impugnação administrativa, ou ainda com o decurso do respetivo prazo legal, fazendo retomar a contagem do prazo (nº 3). No entanto, esta suspensão não constitui impedimento para o interessado, podendo este intentar ações nos tribunais administrativos paralelamente à impugnação administrativa, bem como requerer ao tribunal, durante a pendência administrativa, a adoção de providências cautelares (nº 4).

SUBSECÇÃO I – Da reclamação

Artigo 191º – Regime geral

1 – Salvo disposição legal em contrário, pode reclamar-se, para o autor, da prática ou omissão de qualquer ato administrativo.

2 – Não é possível reclamar-se de ato que decida anterior reclamação ou recurso administrativo, salvo com fundamento em omissão de pronúncia.

3 – Quando a lei não estabeleça prazo diferente, a reclamação deve ser apresentada no prazo de 15 dias.

ANOTAÇÃO:

Corresponde ao art. 161º do anterior CPA.

Remetemos, antes de mais, para o comentário ao artigo 183º, nº 2.

O presente artigo estabelece o princípio geral da reclamação que é de 15 dias resultando daí que, ao cidadão e concedida a garantia de que, em tempo razoável e a seu pedido, será efetuada reapreciação do ato administrativo pelo seu autor, salvo se a lei dispuser em sentido contrário.

Se o órgão administrativo, ao pronunciar-se sobre a reclamação, deixar por responder a alguma das questões suscitadas nesta, constitui o requerente no direito a reclamar de novo. Esta é, de resto, a única exceção prevista no nº 2.

No entanto, a interpretação do STA tem sido no sentido de ser feita uma nova apreciação (atual) do pedido, considerando que, caso se verifiquem os mesmos pressupostos, a nova decisão é meramente confirmativa, não se abrindo sequer o prazo para recorrer contenciosamente, já que tal prazo correu e excutiu-se na decisão anterior.

Artigo 192º – Notificação dos contrainteressados e prazo para a decisão

1 – Apresentada a reclamação, o órgão competente para a decisão deve notificar aqueles que possam ser prejudicados pela sua procedência para alegarem, no prazo de 15 dias, o que tiverem por conveniente sobre o pedido e os seus fundamentos.

2 – O prazo para o órgão competente apreciar e decidir a reclamação é de 30 dias, podendo confirmar, revogar, anular, modificar ou substituir o ato reclamado, ou praticar o ato ilegalmente omitido.

3 – Quando a reclamação for necessária, o decurso do prazo referido no número anterior, sem que haja sido tomada uma decisão, confere ao interessado a possibilidade de utilizar o meio de tutela, administrativo ou contencioso, adequado para satisfação da sua pretensão.

ANOTAÇÃO:

No prazo de 15 dias, após ter sido apresentada a reclamação, o órgão competente para a decisão notifica os contra-interessados para, querendo, alegarem o que tiverem por conveniente acerca do pedido bem como os seus fundamentos. É de 30 dias o prazo para o órgão decidir a reclamação (nº 1).

A administração pode em resposta, confirmar, revogar, anular, modificar ou substituir o ato reclamado, ou em alternativa praticar o ato ilegalmente omitido (nº 2).

Nos casos de «reclamação necessária», sem que sobre ela tenha sido tomada decisão dentro do prazo de 30 dias, o interessado pode utilizar o meio de tutela administrativa ou contencioso que mais se adeque à satisfação dos seus interesses (nº 3).

JURISPRUDÊNCIA:

Ac. STA de 12/4/2007, Proc. 392/06

I – Os recursos hierárquicos das deliberações dos júris dos concursos públicos, regidos pelo DL 197/99, de 8.6, têm natureza facultativa.

II – A decisão tomada em apreciação de recurso referido em 1, se nada inovou em relação à decisão do júri, é irrecorrível contenciosamente.

III – A interpretação legal aludida em 2 não viola o direito à tutela judicial efectiva, consagrado no art. 268º, nº 4 da C.R.P.

SUBSECÇÃO III – Do recurso hierárquico

Artigo 193º – Regime geral

1 – Sempre que a lei não exclua tal possibilidade, o recurso hierárquico pode ser utilizado para:

a) Impugnar atos administrativos praticados por órgãos sujeitos aos poderes hierárquicos de outros órgãos;

b) Reagir contra a omissão ilegal de atos administrativos, por parte de órgãos sujeitos aos poderes hierárquicos de outros órgãos.

2 – Quando a lei não estabeleça prazo diferente, o recurso hierárquico necessário dos atos administrativos deve ser interposto no prazo de 30 dias e o recurso hierárquico facultativo, no prazo de impugnação contenciosa do ato em causa.

ANOTAÇÃO:

Corresponde ao art. 166º do anterior CPA.

Remetemos, antes de mais, para o comentário ao art. 191º a propósito da reclamação.

Consagra-se aqui, também (tal como acontece com a reclamação), o princípio da reapreciação do pedido, neste caso a ser efetuada pelo nível hierárquico acima daquele que tomou a decisão objeto de recurso. Só assim não será se a lei, expressamente, dispuser em sentido diverso (alínea *a)*. Assim, este artigo veio acrescentar a alínea *b)* à redação do artigo correspondente na versão anterior do Código, permitindo ao interessado reagir (através de recurso hierárquico), contra a omissão ilegal de atos administrativos, por parte de órgãos sujeitos aos poderes hierárquicos de outros órgãos.

Nos termos do nº 2, quando a lei não estipula, o prazo o recurso hierárquico necessário tem o prazo de 30 dias. Por sua vez, o recurso hierárquico facultativo poderá ser interposto no mesmo prazo concedido para a impugnação contenciosa do ato em crise.

De grande relevância prática, dada a enorme recorrência de decisões de âmbito ministerial ou governativo, em sede graciosa, o acórdão do STA de 9 de Março de 2006 (no âmbito do processo nº 578/05-11), veio expender que sendo os secretários-de-Estado membros do governo sem subordinação hierárquica, quer ao respetivo ministro ou a qualquer outro (onde se inclui o primeiro-ministro) os atos por eles praticados não são suscetíveis de recurso hierárquico. Assim, estes são atos verticalmente definitivos no plano administrativo.

JURISPRUDÊNCIA:

Ac. STA de 5/5/2010, Proc. 023/10

I – O que releva para efeitos de obstar à rejeição do recurso contencioso de um acto meramente confirmativo de outro anterior, nos termos do art. 55º da LPTA, não é o simples facto de o interessado não ter impugnado o acto confirmado, mas sim o facto de não o ter impugnado, por não ter tido dele conhecimento prévio de modo a poder impugná-lo.

II – O recurso, para o plenário da Câmara, dos actos do seu presidente, praticados ao abrigo de competência delegada por esta e a que se alude no art. 65º, nº 6 da LAL, aprovada pela Lei nº 169/99, de 18.09, é um recurso hierárquico impróprio *e tem natureza* facultativa. *(cf. art. 167º, nº 1, 176º do CPA).*

III – Os referidos actos do presidente da Câmara são imediatamente recorríveis contenciosamente (cf. art. 65º, nº 6 da LAL).

IV – A deliberação do plenário que se limita a confirmá-los, com os mesmos fundamentos, carece de lesividade própria e, por isso, é contenciosamente irrecorrível.

V – O referido em IV, não ofende o princípio do acesso ao direito e a uma tutela judicial efectiva, previsto no art. 20º da CRP.

Ac. STA de 16/1/2008, Proc. 392/06

I – Improcede a denúncia de que a decisão de facto pecou por deficiência ou omissão se nenhuma razão há para os acrescentamentos pedidos e se a factualidade coligida se mostra bastante para suportar a adequada decisão de direito.

II – Contra o despacho que só rejeitou um recurso hierárquico por o acto da entidade «a quo» ser confirmativo, é vão insistir-se na tempestividade desse recurso.

III – O acto confirmativo não absorve ou substitui o acto confirmado.

IV – Os actos confirmativos são irrecorríveis nas ordens graciosa ou contenciosa, salvo na situação prevista no art. 55º da LPTA.

V – Cada recurso hierárquico tem por objecto efectivo o acto nele indicado como tal, e não o acto que aí poderia figurar como seu objecto possível.

Artigo 194º – Interposição

1 – O recurso é dirigido ao mais elevado superior hierárquico do autor do ato ou da omissão, salvo se a competência para a decisão se encontrar delegada ou subdelegada.

2 – O requerimento de interposição do recurso é apresentado ao autor do ato ou da omissão ou à autoridade a quem seja dirigido, que neste caso, o remete ao primeiro, no prazo de três dias.

ANOTAÇÃO:

O recurso hierárquico é dirigido ao mais elevado superior do autor do ato ou omissão, salvo se a competência para a decisão se encontrar delegada ou subdelegada.

No entanto, ainda que se verifique a delegação de competências decisórias, o autor do ato não pode, nunca, decidir em sede de recurso. Se o fizer, a decisão continua a não ser definitiva, logo, continua a ser recorrível para o superior hierárquico máximo, questão de maior importância relativamente à impugnação contenciosa.

Nos termos do nº 2, o requerimento de interposição do recurso (dirigido ao superior hierárquico mais elevado do autor do ato ou da omissão), é apresentado, obrigatoriamente, ao autor do ato ou da omissão, tal como acontece com a impugnação contenciosa. A obrigatoriedade foi introduzida na presente versão do Código, que difere da anterior, na medida em que o requerimento era entregue, facultativamente, ao autor do ato ou ao superior hierárquico a quem era dirigido.

Artigo 195º – Tramitação

1 – Recebido o requerimento, o autor do ato ou da omissão deve notificar aqueles que possam ser prejudicados pela sua procedência para alegarem, no prazo de 15 dias, o que tiverem por conveniente sobre o pedido e os seus fundamentos.

2 – No mesmo prazo referido no número anterior, ou no prazo de 30 dias, quando houver contrainteressados, deve o autor do ato ou da omissão pronunciar-se sobre o recurso e remetê-lo ao órgão competente para dele conhecer, notificando o recorrente da remessa do processo administrativo.

3 – Quando os contrainteressados não hajam deduzido oposição e os elementos constantes do processo demonstrem suficientemente a procedência do recurso, pode o autor do ato recorrido revogar, anular, modificar ou substituir o ato, informando da sua decisão o órgão competente para conhecer do recurso.

4 – Para efeitos do disposto no número anterior, o autor do ato recorrido não pode modificar ou substituir o ato recorrido em sentido menos favorável ao recorrente.

5 – O órgão responsável pelo incumprimento do dever de decisão pode praticar o ato ilegalmente omitido na pendência do recurso hierárquico, disso dando conhecimento ao órgão competente para conhecer do recurso e notificando o recorrente e os contrainteressados que hajam deduzido oposição.

6 – Na hipótese prevista no número anterior, o recorrente ou os contrainteressados podem requerer que o recurso prossiga contra o ato praticado, com a faculdade de alegação de novos fundamentos e da junção dos elementos probatórios que considerem pertinentes.

7 – O requerimento a que se refere o número anterior deve ser apresentado dentro do prazo previsto para a interposição de recurso hierárquico contra o ato praticado.

ANOTAÇÃO:

O presente artigo tem parte da sua correspondência inscrita no art. 172º (intervenção do órgão do órgão recorrido) do anterior CPA.

Com a alteração decorrente da nova redação veio o legislador, na nossa opinião bem, modificar as formalidades do recurso hierárquico, através da simplificação da respetiva tramitação.

Cfr. nota ao art. 185º.

JURISPRUDÊNCIA:

Ac. STA de 5/6/2003, Proc. 2018/02

A intervenção do autor do acto recorrido, nos termos do art. 172º CPA não ofende o princípio da imparcialidade imposto na al. g) do nº 1 do art. 44º do mesmo diploma legal, mesmo se a autoridade decidente se limita a manifestar concordância com a pronúncia do acto recorrido.

Artigo 196º – Rejeição do recurso

1 – O recurso deve ser rejeitado nos casos seguintes:

a) Quando o ato impugnado não seja suscetível de recurso;

b) Quando o recorrente careça de legitimidade;

c) Quando o recurso haja sido interposto fora do prazo;

d) Quando ocorra qualquer outra causa que obste ao conhecimento do recurso.

2 – Quando o recurso haja sido interposto para órgão incompetente, é aplicável o disposto no artigo 41º.

ANOTAÇÃO:

Corresponde ao art.173º do anterior CPA.

À imagem do que ocorre em sede processual civil, fixam-se, aqui os pressupostos processuais que, quando não preenchidos, implicam a rejeição do recurso.

Nos termos do Ac. do STA de 2 de Julho de 2008 (Processo 1328ª/03-20), em caso de anulação do ato recorrido, a eficácia do caso julgado anulatório circunscreve-se aos vícios que determinaram a anulação contenciosa do ato, nada obstando, nos casos em que o ato é renovável, a que a administração emita novo ato com idêntico conteúdo decisório, liberto dos vícios que levaram à referida anulação.

JURISPRUDÊNCIA:

Ac. STA de 2/7/2008, Proc. 1328A/03

I – A eficácia do caso julgado anulatório encontra-se circunscrita aos vícios que ditaram a anulação contenciosa do acto, nada obstando, nos casos em que o acto é renovável, a que a Administração emita novo acto com idêntico conteúdo decisório, mas liberto dos referidos vícios (cf. art. 173º, nº 1 do CPA).

II – Assim, tendo o acto que excluiu os recorrentes da fase de estágio do concurso para ingresso na jurisdição administrativa e fiscal, sido anulado com fundamento na violação do princípio da imparcialidade, por ter assentado em critérios de avaliação fixados pelo júri em momento temporal que afectou a transparência do procedimento, não viola o caso julgado anulatório o novo acto que, no reexercício do poder administrativo, voltou a excluir os recorrentes, agora apenas com recurso ao critério de avaliação estabelecido na lei.

III – Hoje, o art. 128º, nº 1 d) do CPA deve ser interpretado em conjugação com o art. 173º do CPTA que, embora integrado na lei do processo administrativo, estabelece o regime jurídico substantivo, pelo qual a Administração se deve pautar sempre que lhe cumpra extrair consequências da anulação dos seus actos administrativos.

IV – Assim, e nos termos conjugados dos nº 1 e 2 do citado art. 173º do CPTA, a Administração pode ficar constituída no dever de praticar actos dotados de eficácia retroactiva, desde que não envolvam a imposição de deveres, a aplicação de sanções ou a restrição de direitos ou interesses legalmente protegidos.

V – Circunscrevendo-se a relação jurídica dos recorrentes com a Administração ao âmbito do concurso onde foi proferida a deliberação impugnada que os havia excluído da fase de estágio e sendo o novo acto no mesmo sentido do acto anulado, não vindo impugnado o seu conteúdo, a pretensão dos recorrentes, de serem integrados na jurisdição administrativa como consequência decorrente da anulação, não é digna de protecção legal, independentemente da eficácia temporal do novo acto.

Ac. STA de 6/2/2003, Proc. 818/02

I – Não há relação de mera confirmatividade entre dois actos administrativos, ainda que decidam no mesmo sentido sobre a mesma pretensão ou sobre o mesmo aspecto da relação jurídica administrativa, desde que sejam diferentes os pressupostos de direito ou de facto relevantes.

II – O objecto imediato do recurso hierárquico é o concreto acto do subalterno que o interessado submete a reapreciação do superior. É ilegal o despacho que rejeita o recurso hierárquico por falta de objecto idóneo (art. 173º /b) do CPA), com fundamento em que o fim último dos interessados é questionar um acto normativo anterior de que o acto do subalterno fez aplicação.

Artigo 197º – Decisão

1 – O órgão competente para conhecer do recurso pode, salvas as exceções previstas na lei, confirmar ou anular o ato recorrido e, se a competência do autor do ato recorrido não for exclusiva, pode também revogá-lo, modificá-lo ou substituí-lo, ainda que em sentido desfavorável ao recorrente.

2 – O órgão competente para conhecer do recurso não fica obrigado à proposta de pronúncia do autor do ato ou da omissão, e deve respeitar, na fundamentação da decisão que venha a tomar, quando não opte por aquela proposta, os requisitos previstos no artigo 153º.

3 – O órgão competente para decidir o recurso pode, se for caso disso, anular, no todo ou em parte, o procedimento administrativo e determinar a realização de nova instrução ou de diligências complementares.

4 – No caso de ter havido incumprimento do dever de decisão, o órgão competente para decidir o recurso pode substituir-se ao órgão omisso na prática desse ato, se a competência não for exclusiva deste, ou ordenar a prática do ato ilegalmente omitido.

ANOTAÇÃO:

Corresponde ao art. 174º do anterior CPA.

A competência para conhecer do recurso não se limita ao pedido do recurso, como resulta não só do princípio do inquisitório inscrito no art. 55º, mas, também, da clarificação feita pelo legislador ao acrescentar à redação do nº 1 a possibilidade de a decisão poder ser confirmada, ou anulada, e se a competência não for exclusiva, o poder de revogar, modificar ou substituir a decisão, ainda que em sentido contrário, ou seja, desfavorável ao recorrente.

Também nova é a determinação prevista no nº 2 na qual se determina que, o órgão competente para conhecer do recurso não fica obrigado à proposta de pronúncia emitida pelo autor do ato ou omissão, e o dever, que sobre o decisor impende, de respeitar a fundamentação da decisão que venha a tomar, observando os requisitos previstos no art. 153º, quando opte por não aderir à proposta de pronuncia do autor.

O nº 3 trata da anulação *tout court* com fundamento em ilegalidade procedimental, nomeadamente por deficiência ou insuficiência.

O nº 4, tal como o número anterior, não constava da redação do correspondente artigo da versão anterior do Código. O mesmo vem determinar que, em caso de omissão, relativa ao dever de decidir, o órgão com competência para a decisão do recurso, pode ordenar a prática do ato ilegalmente omitido ou, em alternativa, substituir-se ao órgão responsável pela omissão, praticando o ato devido, se a competência não for exclusiva do órgão responsável pela omissão em crise. O órgão competente pode, em alternativa e nos termos do nº 4 *in fine*, optar por ordenar a prática do ato ilegalmente omitido.

Cfr. nota ao art. 185º.

JURISPRUDÊNCIA:

Ac. STA de 15/2/2005, Proc. 1235/04

I – Sob pena de extemporaneidade, que conduz à respectiva rejeição, o recurso hierárquico deve dar entrada no serviço competente dentro do prazo estabelecido por lei, mesmo que enviado pelo correio (arts. 79º e 173º, al. d) do CPA).

II – Neste caso, não releva a data da respectiva expedição ou registo postal, sendo inaplicável por analogia a regra do art. 151º, nº 1, do Código de Processo Civil.

III – O enunciado entendimento não viola o princípio da igualdade.

Ac. STA de 24/3/2004, Proc. 1497/02

I – "Atribuições" são os interesses públicos cuja realização cabe à pessoa colectiva, com vista à prossecução dos seus fins específicos, sendo a "competência" o conjunto de poderes funcionais conferidos por lei aos órgãos dessas pessoas colectivas, para o desempenho das suas atribuições.

II – Sendo o Governo constituído pelo Primeiro Ministro, Ministros, Secretários e Subsecretários de Estado (artigo 183º, nº 1 da CRP), apesar de todos fazerem parte da mesma pessoa colectiva (Estado), a prática por um ministro de um acto inserido na esfera de atribuições de outro determina a nulidade dos respectivos actos, por falta de atribuições.

III – O recurso hierárquico necessário é, por norma, um recurso de reexame (cfr. artigo 174º do CPA), o que significa que a autoridade ad quem tem de levar em conta, na sua apreciação, todos os elementos, de facto e de direito, de que dispuser no momento da sua decisão, independentemente de terem ou não sido alegados, pois que, consubstanciando o seu acto a última palavra da Administração, aquela que verdadeiramente define a situação jurídica em causa, este acto tem de ser actual.

IV – Está inquinado do vício de violação de lei o acto que, em decisão de recurso hierárquico necessário, se limita a ponderar a actuação do recorrido, com base nos pressupostos de facto existentes à data da decisão deste, se, entretanto, esses pressupostos se alteraram e a alteração foi levada ao conhecimento quer da entidade a quo, em sede de reclamação, quer da entidade ad quem, que a não valorizaram.

V – A fundamentação dos actos administrativos é um conceito relativo, que varia de acordo com o tipo legal de acto e as circunstâncias concretas do caso, estando preenchido sempre que a externação das circunstâncias de facto e de direito operadas permitam a um destinatário normal perceber as razões que o determinaram, relevando, portanto, verdadeiramente, a compreensão do sentido da decisão, das razões porque foi decidido dessa maneira e não de outra e já não a veracidade dos pressupostos de facto ou a correcção dos pressupostos de direito invocados, que só com eventuais erros nos pressupostos de facto ou de direito, determinantes de vício de violação de lei, contende.

Artigo 198º – Prazo para a decisão(*)

1 – Quando a lei não fixe prazo diferente, o recurso hierárquico deve ser decidido no prazo de 30 dias, a contar da data da remessa do processo ao órgão competente para dele conhecer.

2 – O prazo referido no número anterior é elevado até ao máximo de 60 dias, quando haja lugar à realização de nova instrução ou de diligências complementares.

3 – No âmbito do recurso hierárquico necessário, o superior hierárquico deve apreciar todas as questões suscitadas pelo recorrente, excetuadas aquelas cuja decisão esteja prejudicada pela solução dada a outras.

4 – O indeferimento do recurso hierárquico necessário ou o decurso dos prazos referidos nos nºs 1 e 2, sem que haja sido tomada uma decisão, conferem ao interessado a possibilidade de impugnar contenciosamente o ato do órgão subalterno ou de fazer valer o seu direito ao cumprimento, por aquele órgão, do dever de decisão.

ANOTAÇÃO:

Corresponde ao art. 175º do anterior CPA.

O presente artigo vem estabelecer a regra sobre os prazos para a decisão de recurso nos mesmos termos aos do código anterior.

Salvo quando a lei fixe diversamente, o prazo para a decisão do recurso hierárquico é de 30 dias (úteis), contados a partir da remessa do processo ao órgão competente para dele conhecer (nº 1). Nos termos do art. 193º, serão notificados os eventuais prejudicados para alegarem, no prazo de 15 dias, o que tiverem por conveniente. Nos termos do nº 2 da referida disposição, havendo contra-interessados, deve o autor do ato ou omissão pronunciar-se sobre o recurso e remetê-lo ao órgão competente para dele conhecer, notificando o recorrente da remessa do processo, com indicação da data em que foi remetido.

O prazo para interposição de recurso hierárquico passará de 30 para 90 dias quando o ato for anulado (no todo ou em parte) ou se verifique necessidade,

(*) A redação do presente artigo foi alterada pelo artigo 8º da Lei nº 72/2020, de 16 de Novembro, que veio estabelecer um regime transitório de simplificação de procedimentos administrativos e alterar o Código do Procedimento Administrativo.

O nº 2 do artigo 11º da mesma Lei veio estipular um regime transitório determinando que a nova redação aplica-se aos procedimentos administrativos que se iniciem após 1 de Dezembro de 2020.

determinada pelo órgão competente para conhecer do recurso, de realização de diligências complementares, como resulta, aliás, do nº 3 do artigo 197º.

O nº 3 estipula o objeto mediato do recurso hierárquico ao determinar que todas as questões suscitadas pelo recorrente, no âmbito de recurso hierárquico necessário, devem ser apreciadas pelo superior hierárquico, a não ser aquelas cuja decisão esteja prejudicada pela solução dada a outras. É uma norma que pretende que o alcance administrativo seja nesta matéria idêntico ao judicial, abrindo, desta forma, a possibilidade da verificação do vício de omissão de pronúncia em sede administrativa. O recorrente não tem apenas o direito de apresentar a sua versão, mas, também, de obter uma resposta da administração relativamente às questões por si suscitadas.

A possibilidade de impugnar, contenciosamente, o ato, ou de fazer valer o seu direito relativo ao dever de decisão do órgão subalterno, decorre quer do indeferimento do recurso hierárquico necessário, quer do decurso dos prazos previstos nos nºs 1 e 2, sem que tenha sido tomada qualquer decisão (nº 4).

JURISPRUDÊNCIA:

Ac. STA de 25/9/2003, Proc. 1402/02

I – Interposto um recurso hierárquico, ainda que facultativo, o orgão competente tem obrigação legal de o decidir no prazo fixado no prazo de 30 dias (ou no máximo de 90), nos termos do artigo 175, nº 1 e 2, do CPA.

II – Decorrido esse prazo, considera-se o recurso tacitamente indeferido (artigo 175, nº 3, do CPA).

III – Em caso de recurso hierárquico facultativo, tal indeferimento não é, porém, contenciosamente recorrível, por não lesivo dos direitos e interesses legalmente protegidos do recorrente, já que tal lesão ocorreu com o acto objecto do recurso gracioso.

SUBSECÇÃO IV – Dos recursos administrativos especiais

Artigo 199º - Regime

1 – Nos casos expressamente previstos na lei, há lugar a recursos administrativos:

a) Para órgão da mesma pessoa coletiva que exerça poderes de supervisão;

b) Para o órgão colegial, de atos ou omissões de qualquer dos seus membros, comissões ou secções;

c) Para órgão de outra pessoa coletiva que exerça poderes de tutela ou superintendência.

2 – Sem prejuízo dos recursos previstos no número anterior, pode ainda haver lugar, por expressa disposição legal, a recurso para o delegante ou subdelegante dos atos praticados pelo delegado ou subdelegado.

3 – O recurso tutelar previsto na alínea *c)* do nº 1 só pode ter por fundamento a inconveniência ou inoportunidade do ato ou da omissão nos casos em que a lei estabeleça uma tutela de mérito.

4 – No recurso tutelar, a modificação ou a substituição do ato recorrido ou omitido só é possível se a lei conferir poderes de tutela substitutiva e no âmbito destes.

5 – Aos recursos previstos no presente artigo são aplicáveis as disposições reguladoras do recurso hierárquico, mas, quanto ao recurso tutelar, apenas na parte em que não contrariem a natureza própria deste e o respeito devido à autonomia da entidade tutelada.

ANOTAÇÃO:

O nº 1 elenca os casos e as circunstâncias em que, estando previstos na lei, há lugar a recursos administrativos especiais.

O nº 2 vem impor que, em sede de recurso administrativo especial, que impugne atos praticados pelo delegado ou subdelegado, se tal tiver previsto na lei, pode haver recurso para o delegante ou subdelegante.

Por sua vez, o nº 3 vem estipular que, nos casos em que a lei estabeleça uma tutela de mérito, o recurso tutelar terá, exclusivamente, por fundamento a inconveniência ou inoportunidade do ato ou da omissão.

Nos termos do nº 4, a modificação ou substituição do ato recorrido ou omitido, pedidos em sede de recurso tutelar, só é se a lei conferir poderes de tutela substitutiva e no âmbito destes. O legislador cometeu aqui uma falta ao referir apenas a **modificação** ou a **substituição** dado que, no caso de o ato ter sido omitido, logo inexistente, não poder nunca ser modificado ou substituído. Neste caso, deveria ter sido previsto, também, particular e expressamente, o poder de emissão do ato em falta, até porque constitui uma importante inovação da atual versão do Código a possibilidade de a omissão ser suprida quer pela entidade recorrida quer por parte da entidade para a qual se recorre.

Por fim, o nº 5 vem estabelecer a aplicação das disposições reguladoras do recurso hierárquico aos recursos administrativos especiais, no entanto, e no que diz respeito ao recurso tutelar, essa aplicação far-se-á apenas na parte em que essas disposições não contrariem a natureza própria deste, bem como o respeito devido à autonomia da entidade tutelada.

A categoria dos «**recursos administrativos especiais**» engloba Os recursos até aqui designados por "**recursos hierárquicos impróprios**», bem como os «**recursos tutelares**».

Cfr. nota ao art. 185º.

JURISPRUDÊNCIA:

Ac. STA de 5/5/2010, Proc. 023/10

I – O que releva para efeitos de obstar à rejeição do recurso contencioso de um acto meramente confirmativo de outro anterior, nos termos do art. 55º da LPTA, não é o simples facto de o interessado não ter impugnado o acto confirmado, mas sim o facto de não o ter impugnado, por não ter tido dele conhecimento prévio de modo a poder impugná-lo.

II – O recurso, para o plenário da Câmara, dos actos do seu presidente, praticados ao abrigo de competência delegada por esta e a que se alude no art. 65º, nº 6 da LAL, aprovada pela Lei nº 169/99, de 18.09, é um recurso hierárquico impróprio *e tem natureza* facultativa. *(cf. art. 167º, nº 1, 176º do CPA).*

III – Os referidos actos do presidente da Câmara são imediatamente recorríveis contenciosamente (cf. art. 65º, nº 6 da LAL).

IV – A deliberação do plenário que se limita a confirmá-los, com os mesmos fundamentos, carece de lesividade própria e, por isso, é contenciosamente irrecorrível.

V – O referido em IV, não ofende o princípio do acesso ao direito e a uma tutela judicial efectiva, previsto no art. 20º da CRP.

CAPÍTULO III – Dos contratos da Administração Pública

Artigo 200º – Espécies de contratos

1 – Os órgãos da Administração Pública podem celebrar contratos administrativos, sujeitos a um regime substantivo de direito administrativo, ou contratos submetidos a um regime de direito privado.

2 – São contratos administrativos os que como tal são classificados no Código dos Contratos Públicos ou em legislação especial.

3 – Na prossecução das suas atribuições ou dos seus fins, os órgãos da Administração Pública podem celebrar quaisquer contratos administrativos, salvo se outra coisa resultar da lei ou da natureza das relações a estabelecer.

ANOTAÇÃO:

Este artigo inserido no capítulo que encerra o Código vem estabelecer, por fim, a prorrogativa concedida à Administração Pública de celebrar contratos sujeitos quer ao regime substantivo de direito administrativo quer ao regime de direito privado (nº 1).

O nº 2 vem tipificar os contratos administrativos por remissão para a classificação que lhes é dada quer no Código dos Contratos Públicos quer em legislação especial.

O nº 3 vem consagrar a possibilidade de a Administração Pública poder celebrar quaisquer contratos administrativos, salvo disposição legal em contrário, com vista à prossecução das suas atribuições e dos seus fins. No entanto, os órgãos da Administração Pública estão obrigados às regras do CPA que concretizem normas constitucionais e princípios gerais da atividade administrativa por força do disposto no art. 2º, nº 3.

Artigo 201º – Procedimentos pré-contratuais

1 – A formação dos contratos cujo objeto abranja prestações que estejam, ou sejam suscetíveis de estar, submetidas à concorrência de mercado, encontra-se sujeita ao regime estabelecido no Código dos Contratos Públicos ou em lei especial.

2 – À formação dos contratos a que se refere o número anterior são especialmente aplicáveis os princípios da transparência, da igualdade e da concorrência.

3 – Na ausência de lei própria, aplica-se à formação dos contratos administrativos o regime geral do procedimento administrativo estatuído pelo presente Código, com as necessárias adaptações.

ANOTAÇÃO:

Atendendo ao regime de contratação pública (constante do Código dos Contratos Públicos) que não se aplica à formação de todos os contratos administrativos, vem estatuir-se que na ausência de lei própria se aplica, *mutatis mutandis,* à formação destes, o regime geral do procedimento administrativo.

O presente artigo *ex vi* do seu nº 2 vem, mais uma vez, reforçar a aplicabilidade dos princípios da transparência, da igualdade, e aqui com especial enfoque, e bem, os princípios que tutelam a concorrência.

Artigo 202º – Regime substantivo

1 – As relações contratuais administrativas são regidas pelo Código dos Contratos Públicos ou por lei especial, sem prejuízo da aplicação subsidiária daquele quando os tipos dos contratos não afastem as razões justificativas da disciplina em causa.

2 – No âmbito dos contratos sujeitos a um regime de direito privado são aplicáveis aos órgãos da Administração Pública as disposições do presente Código que concretizam preceitos constitucionais e os princípios gerais da atividade administrativa.

ANOTAÇÃO:

Este artigo regula o regime substantivo. Esta aplicação legislativa simplificada deveu-se, assumidamente, ao facto de o código dos contratos públicos estabelecer, com algum rigor, o regime dos procedimentos administrativos. Assim, optou-se por sintetizar, mediante remissão, o sistema das fontes disciplinadoras e os aspetos estruturais relativos ao regimes aplicáveis. O legislador fê-lo na vertente substantiva, é certo, mas, também, o fez do ponto de vista procedimental, relativamente a todos os contratos celebrados pela Administração Pública. Como dissemos na nota ao artigo anterior em comentário ao nº 3, atendendo a que o código dos contratos públicos não se aplica à formação de todos os contratos administrativos, vem estatuir-se que na ausência de lei própria se aplica, à formação destes, o regime geral do procedimento administrativo.

QUADROS SINÓTICOS

PRAZOS NO NOVO CÓDIGO DO PROCEDIMENTO ADMINISTRATIVO
Regra: Não se conta o próprio dia e suspende-se sábados, domingos e feriados. Se terminar num destes dias, incluindo a *tolerância de ponto*, o termo transfere-se para o dia útil seguinte;
Informação procedimental: 10 dias úteis (nº 3 artigo 82º)
Prazo geral: 10 dias úteis (artigo 86º)
Envio do requerimento apresentado ao órgão competente: 3 dias (artigo 103º)
Notificações: 8 dias (nº 5 do artigo 114º)
Audiência dos interessados: 10 dias úteis (artigo 122º)
Prazo para decidir: 90 dias (nº 1 a 4 do artigo 128º)

Arguição de ato nulo:
Sem prazo

Ato anulável:
6 meses, 1 ano ou 5 anos (artigo 168º)

Reclamação:
15 dias (artigo 191º)

Decisão da reclamação:
30 dias (nº 2 do artigo 102º)

Suspensão da execução do ato:
5 dias (nº 3 do artigo 189º)

Recurso hierárquico necessário:
30 dias (nº 2 do artigo 193º)

Decisão do recurso hierárquico:
30 dias (nº 1 do artigo 198º)

Notificação de contrainteressados:
15 dias (artigo 192º)

PROCEDIMENTO ELETRÓNICO NO NOVO CÓDIGO DO PROCEDIMENTO ADMINISTRATIVO
Artigo 14º *"Princípios aplicáveis à administração eletrónica"* Fomenta a divulgação e a utilização, em segurança, de meios eletrónicos na atividade administrativa: Mais eficiência – transparência e proximidade
Artigo 61º *"Utilização de meios eletrónicos"* na instrução dos procedimentos Utilização de meios eletrónicos para facilitar o acesso simples e rápido; Simplificar; Direito a conhecer o estado dos procedimentos que lhes digam respeito.
Artigo 63º Comunicações através de meios eletrónicos Comunicar por correio eletrónico com o particular apenas quando o tiver expressamente consentido ou revelado essa intenção ao longo do procedimento.
Artigo 82º *"Direito dos interessados à informação"* Nos procedimentos eletrónicos a Administração deve colocar na internet, em sítio de acesso reservado, o estado em que o processo se encontra.
Artigo 94º *"Decisão final"* À decisão final proferida através de meios eletrónicos deve ser aposta assinatura eletrónica.
Artigo 102º *"Requerimento inicial"* O interessado pode indicar desde logo no requerimento inicial o seu endereço de correio eletrónico.

Artigo 104º *"Forma de apresentação dos requerimentos"* Os requerimentos podem ser remetidos por correio eletrónico;
Artigo 112º *"Forma das notificações"* As notificações podem ser efetuadas por correio eletrónico, independentemente do consentimento quando se tratem de pessoas coletivas ou mediante o consentimento quando estejamos perante particulares.
Artigo 113º *"Perfeição das notificações"* A notificação considera-se efetuada quando o particular aceda ao específico correio enviado ou no 20º dia posterior ao seu envio.
Artigo 122º *"Notificação para a audiência"* Consulta do processo por via eletrónica.

ÍNDICE REMISSIVO

B

C

D

E

F

Q

ÍNDICE